동맹의 기원

1914년 8월 2일, 벨기에의 브로크빌 수상은
다음과 같이 말하면서 독일의 최후통첩을 거절했다.
"만약 우리가 죽어야만 한다면, 명예롭게 죽겠다.
우리는 다른 방법이 없다. 우리의 굴복은 끝이 없을 것이다.
우리는 실수하지 않아야 한다.
만약 독일이 승리자가 된다면, 독일의 태도가 어떻든 간에,
벨기에는 독일제국에 합병될 것이다."

The Origins of Alliances

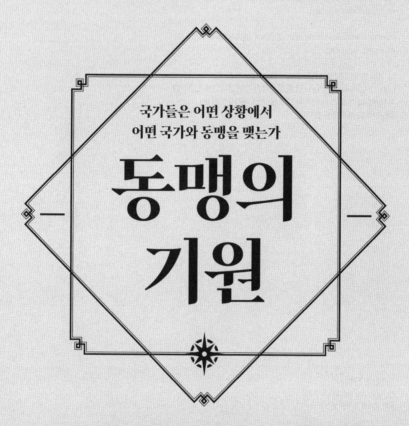

국가들은 어떤 상황에서
어떤 국가와 동맹을 맺는가

동맹의 기원

Stephen M. Walt

스티븐 M. 월트 지음 | 이준상 옮김

김앤김북스

The Origins of Alliances

by Stephen M. Walt, originally published by Cornell University Press

Copyright © 1987 by Cornell University
This edition is a translation authorized by the original publisher,
via Duran Kim Agency.

Korean translation copyright © 2024 by KIM & KIM BOOKS
All rights reserved.

이 책의 한국어판 저작권은 DuranKimAgency를 통해
Cornell University Press와 독점계약한 김앤김북스에 있습니다.
저작권법에 의해 한국 내에서 보호를 받는 저작물이므로
무단전재와 복제를 금합니다.

동맹의 기원
국가들은 어떤 상황에서
어떤 국가와 동맹을 맺는가

초판 1쇄 발행 2024년 5월 4일

지은이   스티븐 M. 월트
옮긴이   이준상
펴낸이   김건수

디자인   이재호 디자인
펴낸곳   김앤김북스
출판등록   2001년 2월 9일(제12302호)
주소   서울시 마포구 월드컵로42길 40, 326호
전화   (02)773-5133
전자우편   apprro@naver.com
ISBN   978-89-89566-90-8 (03340)

차례

01   서론: 동맹 형성의 탐구

02   동맹 형성의 설명

03   바그다드 협약에서 6일 전쟁까지

04   6일 전쟁에서 캠프 데이비드 협정까지

05   균형과 편승

06   이념과 동맹 형성

07   동맹의 수단: 원조와 침투

08   결론: 동맹 형성과 세계 권력의 균형

『동맹의 기원』은 냉전이 한창이던 1987년 처음 출판되었다. 나는 국가들이 동맹을 형성하게 하는 힘에 대한 잘못된 이해가 미국의 대전략에 악영향을 미칠 것이라는 믿음으로 이 책을 집필했다. 국가들은 어떤 방식으로, 어떤 이유로 동맹을 선택하는지를 명확히 설명함으로써 외교정책이 좀더 좋은 방향으로 나아가기를 기대했다.

이 책이 제시하는 "위협균형(balance-of-threat) 이론"은 간단하다. 신현실주의의 세력균형(balance-of-power) 이론이 국가들 간의 상대적 국력 차이에 초점을 맞추는 반면, 위협균형 이론은 국가들이 그들이 직면한 가장 큰 위협에 대응하기 위해 동맹을 형성한다고 주장한다. 이 차이는 그리 크지는 않지만 매우 중요하다. 국가의 총체적 국력(aggregate power, 즉, 전반적인 경제적, 군사적 능력)은 분명 의미 있는 요소이지만, 위협의 수준은 지리적 위치, 공격 능력(전형적으로 군사력), 그리고 인지된 의도에 의해서도 영향을 받는다. 강력한 국가들은 그들이 더 가까이 있을 때, 그들이 정복을 용이하게 하는 군사적 또는 비군사적 능력을 갖고 있을 때, 그리고 그들이 매우 수정주의적인 야망을 가진 것처럼 보일 때 더 위협적이다.

일반적으로, 국가들은 위험의 주된 근원과 동맹을 맺기보다는 가장 위협적인 국가에 대해 균형을 이루려고 동맹을 추구한다. 비록 작고 고립된 국가들이 때때로, 그 위험이 다른 곳으로 비켜가기를 바라면서 위협적인 국가와 동맹을 맺는(즉, "편승하는bandwagoning") 선택을 하지만, 이러한 전략은 강력한 파트너 국가가 영원히 자비로운 상태로 있을 것이라는 신뢰가 필요하기 때문에 위험하다. 더 안전한 전략은 스스로의 능력을 구축하고 파트너 국가를 쉽게 지배할 수 없는 국가와 힘을 합치는 것이다. 이는 파트너 국가를 쉽게 지배할 수 있는 국가에 의해 지배되는 상황을 피하려는 것이다

이 책은 또한 동맹에 관한 여러 다른 설명들을 검증한다. 이를테면, 비슷한 정치 체제와 통치 이념을 가진 국가들은 동맹을 맺는 경향이 있다는 주장이나, 강대국은 경제적, 군사적 원조를 제공하거나 동맹국의 국내 정치를 조작함으로써 믿을 만한 동맹국을 만들어낼 수 있다는 믿음 같은 것이다. 이러한 설명들은 드물게 일정한 역할을 하기는 하지만, 그다지 강력하지 않은 것으로 드러났다. 마르크스주의-레닌주의나 범아랍주의 같은 몇몇 사례에서는 같은 이념을 가진 국가들이 협력하기보다는 다투는 경우가 많았다.

중동 지역의 동맹들이 이 연구를 위한 주요한 역사적 증거들을 제공하기는 하지만, 마지막 장은 왜 전 세계의 중견 국가들이 냉전 기간 동안 미국과 동맹을 맺는 선택을 했는지를 설명하기 위해 이 이론을 사용한다. 미국은 소련보다 더 강력했지만, 소련은 이러한 국가들 중 많은 국가들과 더 인접해 있었다. 또한 소련은 공격적인 정복을 위해 만들어진 강력한 군사력을 보유했고, 소련 지도자들은 비공산주의 국가를 공공연히 전복, 지배하고자 하는 혁명적 이념을 여전히 공개적으로 지지하고 있었다. 이런 이유들로 인해, 많은 국가들은 소련을 목전의 위협으로 보았다.

미국은 소련보다 훨씬 더 강력한 국가였다. 훨씬 큰 경제, 훨씬 우수한 해군력과 공군력, 그리고 더 발전된 기술을 보유했다. 그러나 십여 개국과 국경을 맞대고 있으며, 유럽과 아시아 양쪽에 적대국이 있는 소련과 달리, 미국은 유라시아와 바다를 사이에 두고 수천마일 떨어져 있다. 게다가 미국의 자유주의 이념은 대부분의 국가들에게 위협적이지 않다. 이 국가들에게 미국은 훨씬 매력적인 동맹국이다. 유럽에서는 소련의 팽창이라는 공동의 위협이 NATO의 형성으로 이어졌고, 아시아에서는 미국과 호주, 일본, 뉴질랜드, 필리핀, 한국의 양자적 동맹이라는 "허브앤스포크(hub-and-spoke)" 체제를 낳았다. 1970년대 후반, 소련의 힘에 대한 미중 양국의 우려는 위협균형 이론이 예측한 대

로 두 나라의 관계 회복을 가져왔다.

위협균형 이론은 국제정치학의 일반 이론이다. 위협균형 이론이 옳다면, 지금에도 적용이 가능할 것이다. 위협균형 이론은 세월의 시험을 얼마나 잘 견뎌 냈는가? 비록 나는 이 질문에 객관적일 수 없을지라도, 위협균형 이론이 이 책이 처음 출간된 이후 34년 동안 일어난 많은 중요한 발전들을 여전히 설명할 수 있다고 믿는다.

예를 들면, 위협균형 이론은 1991년 1차 걸프전쟁 동안 사담 후세인의 이라크가 왜 훨씬 더 강력한 연합에 맞닥뜨렸는지 설명할 수 있다. 이라크는 쿠웨이트 침공에 반대하여 연합한 국가들보다 훨씬 약했다. 당시 동맹국들의 GDP는 이라크의 80배에 달했고, 군사력 차이 또한 압도적이었다. 1990년 이라크의 국방예산은 130억 달러였는데, 당시 미국의 국방비만 해도 3,000억 달러가 넘었으며, 게다가 30개 이상 국가들의 추가적인 지원이 있었다. 걸프전 연합은 이라크가 강한 국가였기 때문에 형성된 것이 아니었다. 후세인이 상당한 규모의 군대를 지휘했고, 그 군대의 쿠웨이트 주둔이 사우디아라비아를 비롯한 많은 산유국들에게 심각한 위협을 제기했으며, 이라크의 행동이 후세인이 위험한 야망을 가졌음을 보여주었기 때문이었다. 더욱이 이라크의 적들은 이라크가 쿠웨이트의 석유 자산을 획득하게 하고 그 추가적인 수익을 군사력을 훨씬 더 증가시키는 데 사용하도록 둔다면, 이라크가 훨씬 더 위험해질 것이라고 우려했다. 이러한 이유로 거대하고 강력한, 일견 예상하기 쉽지 않은 동맹이 이라크를 쿠웨이트에서 축출하고 그 군사력을 파괴하기 위해 형성되었다.

냉전 이후의 단극체제 하에서 미국에 균형을 이루려는 시도가 상대적으로 적은 이유도 위협균형 이론으로 설명할 수 있다. 세력균형 이론에 따르면, 국가들은 체제 내의 가장 강력한 국가에 맞서 동맹을 형성한다. 소련의 붕괴 이후, 미국은 국제체제에서 가장 강력한 국가였는데, 미국에 균형을 이루려는 시도는 상당히 드물게 나타났으며, 다른 강대국들 또한 미국을 억제하기 위한 노력을 하지 않았다. 이러한 현상은 세력균형 이론 측면에서는 매우 이례적인 일이지만, 위협균형 이론을 활용하면 쉽게 설명이 가능하다.

첫째, 미국은 지리적으로 많은 강대국들과 멀리 떨어져 있다. 유럽, 페르시아만, 동아시아의 많은 국가들은 미국보다는 서로를 더 우려하는 경향이 있다. 실제로 이러한 지역들의 중견국들은 미국에 대해 균형을 이루는 것보다는 지역적 안보 도전에 대응하기 위해 미국의 지원을 얻는 데 더 많은 관심이 있다. 둘째, 비록 미국이 세계적인 군사 능력을 갖고 있지만, 미국이 이를 이용해 대다수의 중견국들을 정복하거나 통제하고자 한다는 증거는 없다. 요컨대, 미국은 매우 강력하지만, 그 총체적 국력이 보여줄 수 있는 것만큼 위협적이지는 않다.

여기에는 두 가지 예외가 존재한다. 미국은 중동에 대해서만큼은 군사력을 빈번하게 사용했고—2003년 이라크 침공이 특히 두드러진다—그리고 미국의 이러한 행동은 일부 지역 국가들이 미국에 맞서 균형을 이루기 위한 행동을 취하도록 이끌었다. 예를 들면, 부시 행정부가 사담 후세인의 축출에 이어 이란과 시리아 정부를 무너뜨리려 했기 때문에, 두 국가는 사담 후세인의 축출 이후 발생한 반미 폭동들을 지원함으로써 미국의 점령 활동을 좌절시키려고 했다. 시리아와 이란은 미국이 이라크에 발이 묶이게 함으로써 자신들을 축출하는 데 전적으로 주의를 기울이지 못하도록 만들었다.

이와 유사하게, 미국이 행하는 일련의 행동—NATO의 확장, 코소보 전쟁, 리비아의 카다피 정권 실각, ABM 조약 파기 등—에 대한 러시아의 우려는 러시아의 지도자들을 불안하게 하고, 모스크바와 베이징이 더욱더 가까워지게 만들었다. 비록 러시아와 중국 사이에는 상호 불신의 긴 역사가 있지만, 어느 쪽도 미국이 국제정치를 마음대로 주무르게 두는 것을 원치 않는다. 위협균형 이론이 예측한 대로, 이러한 공통의 목표는 비록 이들이 완전한 전략적 동맹을 체결하지는 않더라도 정치적, 경제적 협력관계를 강화하도록 만들었다.

최근 NATO가 보이는 취약성 또한 위협균형 이론을 통해 설명할 수 있다. 소련이 붕괴하면서 NATO의 주된 근거가 사라졌고, 동쪽으로 확장하고 발칸반도, 아프가니스탄, 리비아 등에 개입하여 NATO에 새로운 목적을 부여하려는 노력은 성공적이지 못했다. 트럼프 대통령의 빈번한 비판이 보여주는 것처럼, 비용 분담을 둘러싼 논란은 미국의 동맹에 대한 지지를 약화시켰고, 더 이상 명확한 공동의 적이 없는 상황에서 EU 내에서의 다툼이 커져갔다. 우크라이나 위기와 모스크바의 다른 활동들은 러시아에 대한 공포를 다시 일으켰고 NATO에 일시적인 유예를 주었지만, 러시아는 소련에 비하면 위협의 정도는 매우 낮다. 명확하고 임박한 위험이 없는 상황에서, NATO의 미래는 여전히 의심스럽다.

위협균형 이론의 논리는 중동 지역에서도 명백하다. 특히 이스라엘, 사우디아라비아, 아랍 에미리트, 그리고 이집트 사이의 의외의 동맹은 분명히 이란에 대한 이 나라들의 공통된 두려움에서 비롯된 것이다. 비록 오늘날 이란이 더 약할지라도(그리고 특히 이란의 적들 편에 미국을 포함한다면), 이란은 상당한 장기적 잠재력이 있으며, 그들의 핵 프로그램과 헤즈볼라와 같은 집단에 대한 지원은 이웃 국가들의 우려를 고조시키고 있다. 이란의 다양한 적들이 서로 친밀해지는 것은 놀랄 일이 아니다. 이란이 완전한 핵연료 주기를 통제하고자 하는 열망(그리고 따라서 필요하다면 핵무기를 획득할 수 있는 옵션을 갖고자 하는 열망) 역시 놀랍지 않으며, 중국과의 긴밀한 협력에 대한 이란의 관심 또한 커지고 있다.

마지막으로, 위협균형 이론은 우리에게 변화하는 아시아의 전략 환경에 대해서 많은 것을 알려준다. 중국의 괄목할 만한 성장—1980년 세계 경제의 2% 정도에 불과했으나 현재에 와서는 18%에 근접했다—은 동아시아의 전략 환경을 변화시키고 있으며, 이곳의 국가들은 위협균형 이론의 예측대로 대응하고 있다. 중국은 이제 더욱 위협적이 되어가고 있다. 이는 중국의 국력이 극적으로 증가했을 뿐만 아니라, 중국이 공격적인 군사 능력(대규모의 탄도미사일과 훨씬 더 역량 있는 해군력을 포함해)을 확보하기 시작했고, 그리고 중국의 국력이 상승함에 따라 그 야심도 커졌기 때문이다.

특히 중국은 동중국해와 남중국해에서 영토적 현상을 변경하려 하고 있으며, 시진핑은 21세기 중반까지 중국이 미국과 동등하거나 우세해질 것이라고 선언한 바 있다. 최근, 중국의 군부대는 히말라야 지역의 국경에서 인도군과 충돌했으며, 베이징은 다양한 비경제적 이슈들을 놓고 무역 파트너들을 응징하기 위해 경제적 영향력을 반복적으로 사용해왔다. 2017년 한국의 사드(THAAD) 배치 결정은 중국 내 한국 기업에 대한 파괴적인 불매운동으로 이어졌고, 호주 정부가 코로나 바이러스의 기원에 대한 독립적인 조사를 제안하자 중국은 호주의 일부 수출을 금지시켰다. 중국은 1991년 WTO에 가입하며 맺은 협약을 준수하기를 포기했고, 홍콩의 정치적 자율성을 보장하겠다던 약속 또한 저버렸다. 최근에 중국 외교관들이 "늑대전사(wolf warrior) 외교"라고 알려진, 외국의 상대에 대한 전투적인 접근법을 채택하면서, 중국의 힘이 훨씬 더 커지면 다른 국가들을 어떻게 대할 것인지에 대한 더 큰 우려를 낳고 있다.

다른 국가들은 어떻게 이런 추세에 대응하지 않을 수 있겠는가? 미국은 부분적으로는 무역전쟁을 일으킴으로써 대응했고, 갈수록 화웨이를 비롯한 중국의 기술 기업들을 마비시킴으로써 미국의 기술적 우위를 지키려고 했다. 워싱턴은 또한 일본과의 관계를 공고히 했고, 인도와 전략적 협력관계를 형성했으며, 힘의 "재균형(rebalancing)"과 아시아에 대한 전념(commitment)을 선언했다. 이를 통해 미국은 싱가포르, 호주와의 관계를 보강했으며, 과거에는 적이었던 베트남과도 가까워졌다. 쿼드 모임—호주, 일본, 미국, 인도를 연결하는 비공식 외교 네트워크—은 그 중요성을 더해가고 있다.

트럼프 대통령의 TPP(환태평양경제동반자협정) 포기 결정과 같은 종종 잘못된 조치에도 불구하고, 미국이 중국의 부상에 대응하고자 한다는 점에는 의심의 여지가 없다. 이러한 노력은 분명히 바이든 정권에서도 계속되고 있으며, 그 핵심 요소는 아시아에서 동맹 관계를 강화하기 위한 더 많은 노력일 것이다. 비록 캄보디아와 같은 약한 이웃 국가들이 중국과 어느 정도 협력하고 있지만, 동아시아의 대다수 국가들은 미국의 많은 우려들을 공유하고 있으며, 동시에 역내의 평화와 번영을 유지하기를 원하고 있다. 따라서 중국의 능력이 크게 감소하는 경우를 제외하고, 이 책에서 제시하는 이론은 미국과 아시아의 파트너 국가들이 앞으로 오랜 기간 동안 긴밀한 동맹 관계를 유지할 것임을 시사한다.

나는 최근에 출간한 책『미국 외교의 대전략(The Hell of Good Intentions)』에서 앞으로 수십 년은 미국의 전략적 우선순위가 유럽과 중동으로부터 아시아로 옮겨가는 것을 보게 될 것이라고 주장했다. 한 세기 이상 동안, 미국의 대전략을 인도한 원칙은 유럽, 아시아, 또는 석유 지대인 페르시아만 지역에서 어떤 단일 국가도 패권적 지위를 차지하지 못하도록 막는 것이었다. 유럽이나 아시아에서 지역 패권국의 등장을 막는 것은 미국이 궁극적으로 제1차 세계대전과 제2차 세계대전에 참전하기로 결정한 이유이고, 냉전 동안 전 세계적 동맹을 형성하고 이끈 이유이다.

현재 유럽에는 잠재적 패권국이 없으며, 그곳에 미국이 전념할 필요성은 줄어들고 있다. 이와 유사하게, 중동 지역은 매우 분열되어 있으며, 현재나 가까운 장래에 어떤 단일 국가도 이 지역을 통제할 수 없을 것이다. 지역 정치를 지도하려는 미국의 노력은 값비싼 실패였다. 시간이 지날수록, 미국은 자신의 공약을 축소하고 지역 국가들이 스스로의 안보에 대해 더 큰 책임을 지게 할 것이다.

아시아의 상황은 사뭇 다르다. 중국은 아시아에서 잠재적 패권국이며, 그 이웃 국가들은 스스로 중국과 균형을 이룰 만큼 강하거나 단합되어 있지 않다. 그들로서는 다행히도, 미국은 중국이 아시아라도 지배하는 상황을 원하지 않으며, 이런 상황이 발생하지 않도록 균형 연합(balancing coalition)을 주도하려 할 것이다. 이러한 노력이 항상 쉽지는 않을 것이다. 아시아 국가들은 중국과의 경제적 관계를 중시하고 있으며, 지리적으로 그리고 몇몇 경우에는 고통스런 역사적 유산에 의해 서로 분리되어 있기 때문이다. 심각한 위기를 피하면서 이 연합을 결속시키기 위해서는 지속적이고 노련한 외교, 그리고 미국 지도자들의 더 많은 시간과 관심이 필요할 것이다.

미국이 아시아 지역의 주요 파트너들과의 관계를 강화하고자 하는 상황에서, 위협균형 이론은 미국이 평화의 가치를 강조해야 한다는 것을 시사한다. 아시아 국가들은 자신들의 인근 지역이 치열한 미중 경쟁의 중심지가 되는 것을 원치 않는다. 그리고 특히 이 경쟁이 모두가 손해를 보는 전쟁으로 이어질 것을 우려하고 있다.

이러한 이유로, 미국은 지역 국가들에게 "평화를 뒤흔드는" 존재로 보여지지 않는 것이 필수적이다. 만약 중국이 현상에 도전하고 전쟁의 위험을 높이는 존재로 여겨진다면, 아시아 국가들은 미국과 그리고 서로서로 더욱 친밀해지기를 원할 것이다. 그러나 현명치 못하게 갈등의 온도를 높이는 존재로 보여지는 것이 미국이라면, 그들은 미국과 거리를 둘 것이고 중국의 패권을 수용하려 할지도 모른다. 따라서 위협균형 이론은 미국이 신뢰할 수 있고 단호하되 도발적이지 않아야 하며, 핵심 이익을 위태롭게 하지 않는 외교적 해결책을 기꺼이 받아들이기 위해 노력해야 한다고 제시한다.

한국에 대한 함의 또한 분명하다. 중국의 상승하는 힘과 커지는 야망은 한국과 미국의 동맹 관계를 그 어느 때보다 가치 있게 만들고 있다. 일본을 포함하여 다른 아시아 국가들과의 협력 또한 갈수록 한국의 안보와 번영에 핵심적이 될 것이다. 비록 한국이 중국과 호의적이고 유익한 관계를 유지할 충분한 이유가 있다고 해도, 지역 내에서 유리한 균형을 유지하기 위해서는 중국에 편승하려는 어떤 유혹도 떨쳐버리고 대신에 다른 국가들과 협력하는 데 초점을 맞춰야 한다.

매사추세츠 브루클린
스티븐 M. 월트

동맹을 끌어들일 수 있는 능력은 어떤 경쟁 체제에서든 매우 가치 있는 자산이다. 대조적으로, 다른 국가들이 동맹을 맺어 자신에게 대적하는 상황을 야기하는 것은 상당한 불이익이다. 그러므로 국제사회에서 동맹을 형성하는 힘을 이해하는 것은 국가 지도자에게 핵심적인 사항이다. 이 책은 동맹 형성에 관한 몇몇 가설들을 상세히 설명하고 검증하는 방법을 통해 동맹에 대한 이해에 기여하고자 한다.

대부분의 학술적 노력과 마찬가지로, 이 연구 또한 몇몇 의문점으로부터 시작되었다. 대학원 재학 시절, 나는 학자들이 동맹에 대해 서술한 것과 현대의 정책결정자들이 명백히 믿고 있는 것 간의 불일치에 충격을 받았다. 실제로 이 두 그룹은 거의 180도 달라 보였다. 예를 들어, 동맹이 강력한 국가에 대항하기 위해 형성된다는 개념은 당시 학자들 사이에서 자명한 것이었다. 하지만 소련과 미국의 지도자들은 그 반대가 진실이고, 약한 모습을 보이는 것이 동맹국의 이탈을 야기하게 된다고 주장했다. 이와 유사하게, 많은 학자들은 이념을 동맹의 약한 원인으로 보았지만, "자본주의 포위망"에 대한 소련의 두려움, "사회주의 연방"에 있는 국가들에 대한 소련의 지원, 그리고 "공산주의 거대 단일체(communist monolith)"에 대한 미국의 우려는 두 초강대국의 정치지도자들이 이념을 상당히 진지하게 받아들였다는 사실을 보여준다. 견해 차이는 동맹의 원인으로서 대외 원조와 정치적 침투를 놓고도 나타났다. 이런 상이한 믿음이 중요한 정책적 논쟁들(신뢰의 중요성, 해외 개입의 필요성, 군사적 지출과 대외 원조의 정치적 효과 등을 포함해)의 밑바닥에 있었기 때문에, 어느 쪽의 시각이 더 정확한지 판별하는 것은 그만한 노력의 가치가 있다고 느껴졌다.

내가 동맹에 관한 이론과 실행을 조사하고 중동 지역에서의 경험들을 검토했을 때, 그 과정에서 추가적인 의문점들이 나타났다. 가장 중요한 것은 세력균형 이론에 관한 것이었다. 나는 세력균형 이론이 가장 유용한 일반적인 이론이라고 확신하고 있었지만, 몇 가지 이례적인 상황들로 인해 혼란스러웠다. 케네스 월츠(Kenneth Waltz)에 의하면,—그의 『국제정치이론』은 세력균형 이론의 가장 세련되고 엄격한 설명을 포함하고 있다—국제 체제는 힘의 균형을 형성하려는 경향으로 특징지워진다. 그러나 국제 체제가 그렇다면, 제1차 세계대전과 제2차 세계대전에서 연합국이 그랬던 것처럼, 왜 어떤 동맹은 시간이 갈수록 (종종 그들의 반대편을 왜소해 보이게 만들면서) 더 커지고 더 강해졌는가? 냉전 기간 동안 미국과 그 동맹국들이 매년 국방비에 더 많은 지출을 하면서도 소련과 바르샤바 조약기구 국가들의 국내 총생산보다 세 배나 더 많은 국내 총생산을 통제해왔다는 사실을 어떻게 설명할 수 있겠는가? 비록 세력균형 이론은 이러한 상황에 대한 소련의 대응(즉, 소련은 약한 동맹국들을 보유한 대신에 국내 총생산의 더 큰 비율을 군사적 지출에 할당했다)을 설명할 수는 있지만, 왜 소련이 애초에 그렇게 인기가 없었는지를 설명하지는 못한다. 더욱이 만약 세력균형 이론이 주로 강대국의 행동에 관한 이론이라면, 그보다 약한 국가들의 동맹 선호는 어떻게 설명해야 하는가? 그들도 마찬가지로 균형을 이루려고 하는가? 만약 그렇다면, 누구에 대한 균형인가? 마지막으로, 우리는 국가 지도자가 누구와 동맹을 맺을지 결정할 때 고려하는 다른 요인들—총체적 국력과는 직접적인 관련이 없는 요인들—을 포함할 수 있을까?

이 책에 제시된 해결책은 세력균형 이론을 내가 위협균형 이론이라고 부르는 것으로 변경하는 것이다. 무정부 상태에서, 국가들은 스스로를 보호하기 위해 동맹을 형성한다. 그 행동은 그들이 인지한 위협에 의해 결정되고, 상대국의 국력은 (비록 중요한 요소일지라도) 그들의 계산에서 한 부분일 뿐이다. 다른 국가의 힘은 그것이 어디에 위치해 있고, 무엇을 할 수 있고, 어떻게 사용하는가에 따라 불이익이 되기도 하고 자산이 되기도 한다. 국가 주권에 대한 위협을 만들어내는 다른 요인들을 포함함으로써, 위협균형 이론은 세력균형 이론보다 동맹 형성에 대한 더 나은 설명을 제공한다.

그 이유는 1장에서 설명하겠지만, 본 연구에서 조사된 대부분의 증거는 최근의 중동 외교에서 나온 것이다. 불행히도 중동 지역의 외교에 관한 포괄적이고 믿을 만한 기록은 거의 없다. 패트릭 실레(Patrick Seale)의 『시리아의 투쟁』은 훌륭하나 1958년까지만 기록되었으며, 말콤 커(Malcolm Kerr)의 『아랍 냉전』은 뛰어난 저작이지만 1958년부터 1970년까지의 아랍 국가들 간 정치만을 기술하고 있다. 이와 대조적으로, 아랍-이스라엘 갈등에 관한 수많은 문헌들은 대체로 아랍 국가들 사이의 관계를 경시하는 경향이 있다. 가장 학술적으로 뛰어난 연구들—나다브 사프란(Nadav Safran)의 『사우디아라비아: 안보를 위한 끊임없는 탐구』, 스티븐 L. 스피겔(Steven L. Spiegel)의 『또 하나의 아랍-이스라엘 갈등』, 마이클 브레처(Michael Brecher)의 이스라엘의 외교정책에 관한 뛰어난 저작인 『이스라엘의 외교정책 체계』, 『이스라엘의 외교정책 결정』 등—은 주로 한 국가에 집중한다. 중동 지역의 동맹들을 조사함으로써 몇몇 가설을 검증해보기로 결정한 이후, 나는 탐구하기로 한 모든 사건들에 관해 믿을 만한 설명이 없다는 사실을 발견했다.

결국 나는 스스로 설명을 제공해야 했다. 이러한 요구는 부담이자 기회이기도 했다. 3장과 4장은 두 초강대국의 외교를 포함해, 내가 알고 있는 중동에서의 전후 동맹 외교에 관한 유일하게 완전한 설명을 제공한다. 비록 이 책이 결코 이 지역의 외교 역사에 관한 완전판은 아니지만, 나는 이 책에 담긴 이론적이고 역사적인 자료들이 국제정치와 중동을 다같이 공부하는 학생들에게 유용하기를 바란다.

이 책을 집필하는 과정은 내게 충실한 동맹의 중요성을 알려주었다. 다행히 내게는 그런 동맹이 많이 있었다. 케네스 왈츠(Kenneth N. Waltz)는 중요한 질문들을 던짐으로써 나를 북돋아주었다. 더욱 도움이 된 것은, 그가 중요한 결론이 나올 수 있는 모델을 제공했다는 것이다. 조지 브레슬라우어(George

Breslauer)는 아낌없는 비판과 후한 칭찬을 해주었다. 이러한 학자들과의 우정은 매우 감사한 일이다. 월터 맥두걸(Walter McDougall)은 내가 외교적 사실을 엄격하게 사용할 수 있게 했고, 몇몇 오류를 바로잡아주었다. 논평과 격려를 통해 원고를 더 쉽게 수정할 수 있도록 해준 로버트 아트(Robert Art)에게도 도움을 받았다.

많은 학자들이 인터뷰를 통해 내가 복잡하게 얽혀 있는 중동 정치에서 길을 찾도록 도와주었다. 윌리엄 B. 콴트(William B. Quandt), 대니스 로스(Dennis Ross), 나다브 사프란(Nadav Safran)은 연구 초기에 조언해주었다. 세스 틸만(Seth Tillman)과 스티븐 로젠(Steven Rosen)은 미국의 중동 정책의 국내 정치에 대한 통찰력 있는 의견을 제시해주었다. 이집트에서는, 알 아흐람 신문 전략연구센터의 게하드 아우다(Gehad Auda)와 압둘 모넴 사예드(Abdul-Monem Sayed), 카이로 대학의 압둘 모넴 알 마샤트(Abdu-Monem al-Mashat), AUFS(American Universities Field Staff)의 안 모슬리 리치(Ann Mosely Lesch), 모하메드 시드 아메드(Mohammed Sid Aqmed) 등이 아랍 국가들 간의 관계에 대한 나의 이해를 도왔다. 이스라엘에서는 야코브 바르 시만 토브(Ya' acov Bar-Siman-Tov), 갈리아 골란(Galia Golan), 야코브 로이(Ya' acov Roi), 단 슈에프탄(Dan Schueftan) 등이 고맙게도 나와의 토론에 적극적으로 참여해주었다. 아이디어를 함께 나눈 모든 학자들에게 감사의 마음을 전한다.

텔 아비브의 야페 센터(Jaffe Center for Strategic Studies)에서 세미나를 개최한 덕분에 아이디어를 더욱 다듬을 수 있었다. 나를 초청해준 아하론 야리브(Aharon Yariv) 센터장, 방문과 논의 과정에서 많은 도움을 준 샤이 펠드먼(Shai Feldman)에게도 감사를 전한다.

여러 기관들의 도움도 필수적이었다. 이 책의 초고가 쓰였을 때, 나는 하버드 대학의 CSIA(Center for Science and International Affairs)에서 리서치 펠로우로 있었다. CSIA는 이상적인 지식의 전당이었다. 창립자인 폴 도티(Paul Doty)와 그곳 직원들에게 많은 은혜를 입었다. 연구의 일부는 내가 해군분석센터(Center for Naval Analyses)에 체류하고 있을 때 이뤄졌는데, 이곳에서 나의 지적 성장에 많은 도움을 준 분들—특히 브래드포드 디스무크(Bradford Dismukes), 제임스 M. 맥코넬(James M. McConnell), 찰스 C. 피터슨(Charles C. Peterson), 로버트 G. 웨인랜드(Robert G. Weinland)—에게도 감사의 마음을 느낀다.

ISWP(Institute for the Study of World Politics), CSIA, 프린스턴 대학의 국제연구센터에서 재정적 지원을 받았다. 프린스턴 대학 연구위원회에서 받은 보조금으로 나는 중동을 답사할 수 있었다. 우드로 윌슨 스쿨(Woodrow Wilson School)에서는 아그네스 피어슨(Agnes Pearson)이 관리상의 많은 세부 사항들을 처리해주었다. 에드나 로이드(Edna Lloyd), 그웬 하처(Gwen Hatcher), 린 카루소(Lynn Caruso), 테리 바르작(Terry Barczak), 밀리아 클락(Mililia Clark)도 나의 일을 성실하게 지원해주었다.

2장과 8장의 일부는 〈국제 안보〉 1985년 봄호에 소개된 바 있다. 해당 내용을 이 책에 사용할 수 있도록 허가해준 저널 관계자들께 감사를 표한다. 동시에 젊은 저자에게 관대하게 대해준 코넬 대학 출판부와 글을 깔끔하게 정리하는 데 도움을 준 조앤 네이플스(Jo-Anne Naples)에게도 감사를 전한다.

가장 크게 감사받을 네 사람이 있다. 스티븐 반 에버라(Stephen Van Evera)는 집필 과정 내내 아이디어를 내고 나를 격려해주었다. 간단히 말해서, 그는 동료가 해줄 수 있는 모든 것을 해주었다. 헬렌 블레어 마도니크(Helene Blair Madonick)는 내게 이 책이 어떤 의미인지를 잘 알고 있었다. 그녀의 도움이 매우 컸다는 사실을 알리고 싶다. 마지막으로, 나는 나이 들수록 더 감사하게 되는 나의 부모님께 이 책을 바치고 싶다.

스티븐 M. 월트

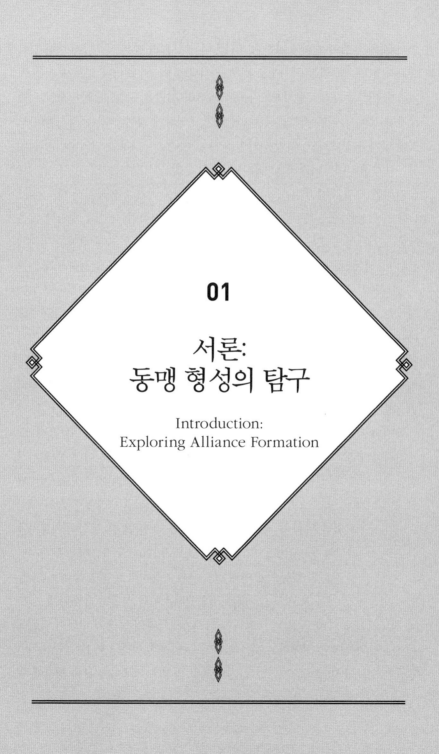

01

서론:
동맹 형성의 탐구

Introduction:
Exploring Alliance Formation

이 책은 동맹의 기원에 관한 것이다.[1] 나는 다음과 같은 질문들에 대한 답을 찾고자 한다. "무엇이 국가들로 하여금 서로의 외교정책이나 영토 보전을 지지하게 만드는가?", "정치지도자들은 외부적 지원을 구할 때 잠재적인 위협 국가들 중에서 어떤 국가를 선택하는가?", "어떻게 강한 국가는 자신들이 보호할 국가를 선택하고, 어떻게 약한 국가들은 누구의 보호를 받아들일지 선택하는가?" 요컨대, "어떻게 국가들은 자신의 우방을 선택하는가?"

이러한 주제의 중요성은 두말할 필요가 없다.[2] 국가들을 뭉치게 하고 국가들을 갈라놓는 힘들은 국가들이 얼마나 큰 위협에 직면해 있고, 얼마나 많은 도움을 기대할 수 있는지를 결정함으로써 개별 국가의 안보에 영향을 미치게 된다. 동시에 국가들이 어떻게 동맹 파트너를 선택하는지를 결정하는 요인들은 전체로서 국제 체제의 변화에 영향을 미치게 된다. 예를 들어, 지속력 있는 제국을 구축할 수 있는 능력은 대체로 잠재적인 희생국들이 어떻게 대응하느냐에 달려 있다. 잠재적 희생국들은 제국이 되려는 국가의 야심을 좌절시키기 위해 힘을 합칠 것인가, 또는 잠재적인 패권국은 반대세력들을 고립시키고 약화시킬 수 있는가? 매번 새로운 정복을 할 때마다 침략이 더 쉬워지는가, 아니면 저항이 더 빠른 속도로 증가하는가?

동맹의 기원을 이해하지 못하는 것은 치명적일 수 있다. 예를 들어, 프랑스-프러시아 전쟁에서 프랑스는 오스트리아-헝가리가 곧 프러시아를 상대로 참전할 것이라는 확신을 가지고 전쟁에 들어갔다. 오스트리아가 중립을 지키기로 결정하자(비스마르크의 외교가 이러한 결정을 부추겼다.) 프랑스 전략의 핵심 요소가 붕괴되었다.[3] 제1차 세계대전이 벌어지기 수십 년 전, 독일의 지도자들은 프랑스-러시아 동맹(1972), 영러 협상(entente, 1907)의 가능성을 무시하였고, 결국 그들 자신의 행동으로 인해 그들이 불가능하다고 믿었던 바로 그 동맹이 만들어진 것을 보고 무척 당혹스러워했다.[4] 이와 상당히 유사하게, 일본의 지도자들도 나치 독일 및 이탈리아 파시스트들과의 동맹이 미국이 극동에서 자신들의 팽창을 반대하는 것을 억제할 수 있을 것이라고 확신했다. 하지만 그들은 이보다 더 틀릴 수 없었다. 추축국의 형성은 미국이 일본의 팽창에 훨

씬 더 강력하게 저항하게 하고 영국 및 소련과의 전시 동맹에 다 가까이 다가가게 만들었다.[5]

이러한 각각의 사례들에서, 실수는 동맹의 원인에 대한 잘못된 이해에 있다. 결과적으로, 이러한 국가들은 치명적 오류가 있는 대전략을 채택했다. 가장 간단히 말해서, 국가의 대전략은 어떻게 국가가 스스로 안보를 "이루어낼" 수 있는지를 설명하는 이론이라 할 수 있다.[6] 따라서 전략은 일단의 가설 또는 예측이다. 즉, 우리가 A, B, C라는 행동을 한다면, X, Y, Z라는 결과가 뒤따르게 된다. 이상적으로, 대전략의 진술은 이러한 결과들을 얻게 될 가능성이 높은 이유와 적절한 증거들을 제시해야 한다. 한 국가가 직면할 수 있는 도전과 한 국가가 활용할 수 있는 능력은 다른 국가들의 행동(예를 들어, 그들은 도울 것인가, 중립을 유지할 것인가, 또는 반대할 것인가?)에 의해 영향을 받을 것이기 때문에, 정치지도자들이 동맹의 기원에 관해 수용하는 가설은 국가들이 선택하는 전략을 결정하는 데 매우 중요한 역할을 하게 된다. 이러한 정책의 성공은 그들이 받아들인 가설이 옳은지 여부에 달려 있다.

미국도 이러한 원칙의 예외가 아니다. 무엇보다도, 미국과 소련 사이의 냉전은 동맹국을 확보하기 위한 경쟁이었다. 결과적으로 미국 외교정책의 수행과 관련해 되풀이되는 많은 논의들은 궁극적으로 동맹의 원인에 대한 의견 차이에 기초하고 있다. 정책의 수립은 동맹 형성에 관한 어떤 가설이 승인되었는지에 달려 있다. 문제는 과연 이러한 가설들이 옳은지, 옳지 않은지 여부다. 이 문제에 답하는 것이 이 책의 핵심적 목표이다.

한 가지 중요한 쟁점은 국가들은 어떻게 위협에 반응하는가이다. 국가들은 위협적인 세력에 균형을 이루기 위해 동맹을 추구하는가, 아니면 그들은 가장 위협적인 국가에 편승할 가능성이 높은가? 이러한 기본적인 질문이 여러 정책 이슈들의 핵심에 자리하고 있다. 예를 들어, 미국은 유럽의 "핀란드화"를 야기할 수 있는 소련의 군사력 성장을 막기 위해 자신의 군사비 지출과 NATO에 대한 공약을 확대해야 하는가? 그렇지 않으면, 미국은 자신의 역할을 줄이고 동맹국들이 더 많은 역할을 하게 해야 하는가? 마찬가지로, 이란 샤(Shah) 왕조의 몰락과 소련의 아프가니스탄 침공은 걸프지역 국가들을 친소련 성향으로 만들 것인가, 아니면 그들이 미국과 힘을 합치거나 서로 힘을 합칠 가능성이 높은가? 이 질문에 대한 대답은 국가들이 대체로 위협적인 세력에 맞서 동맹을 맺는지, 아니면 그 세력을 달래려고 하는지에 달려 있다.

냉전 기간 내내, 미국의 정치지도자들은 일관되게 후자의 관점을 수용했다. 1953년 국가안전보장회의에서 공식화된 "국가안보 기본정책"이 기술하는 것처럼, "만약 우리의 동맹국들이 소련의 공격을 대응하는 우리의 능력이나 우리의 의지에 대해 확신을 가지지 못한다면, 그들은 중립적 입장을 채택하려는 유혹을 강하게 받게 될 것이다."[7] "팩토마니아(Pactomania, 미국이 42개의 동맹에 참여하고 거의 100여 개의 조약에 합의한 1945년에서 1955년 사이의 기간—옮긴이)"는 그 논리적 결과였다. 이와 유사하게, 미국의 베트남에 대한 장기간의 개입도 만약 미국이 철수한다면 동맹국들이 미국을 떠나버릴 수 있다는 널리 퍼진 두려움에 의해 정당화되었다. 당시 국무장관이었던 딘 러스크(Dean Rusk)가 언급한 것처럼, "미국의 동맹들은 평화를 유지하는 데 있어 핵심에 있다. 만약 미국의 서약이 쓸모 없는 것으로 밝혀진다면, 평화의 구조는 깨지고 우리는 끔찍한 재앙을 맞이하게 될 것이다."[8] 미국의 정치지도자들은 동맹국들이 힘과 의지의 현시에 끌린다고 믿어왔기 때문에, 그들은 명백한 비용에도 불구하고, 신뢰의 이미지와 군사적 우위를 유지하기 위해 노력했다.[9]

두 번째 쟁점은 국가들은 국내 질서가 다른 국가보다는 국내적으로 유사한 특성을 가진 국가와 동맹할 가능성이 높은가 여부다. 예를 들어, 봉쇄 정책의 실행을 둘러싼 초기의 논쟁은 부분적으로 이 점에 대한 불일치에 기인했다. 조지 케넌(George F. Kennan)은 공산 진영이 이념적 불화와 내부적 분열의 경향이 있다(그리고 따라서 미국의 회유blandishments에 취약하다)고 바라본 반면, 트루먼 정부 내 그의 반대세력들은 공산주의 세계를 응집력 있는 이념적 동맹으로 보았고 긍정적인 유인을 통해서는 해체될 수 없기 때문에 군사적으로 맞서야 한다고 주장했다. 소련 동맹 체제의 결속력에 대한 상이한 믿음은, 따라서 매우 다른 정책적 처방들을 낳았다.[10] 그 이후로, 전 세계의 마르크스주의와 좌익 집단에 대한 미국의 반대는 주로 이념적 연대가 이러한 정권들을 소련의 충성스런 동맹으로 만들 것이라는 믿음에 근거해왔다.[11] 다시 한 번, 동맹의 원인에 대한 무언의 가설이 오늘날 미국의 외교정책의 핵심 요소가 되고 있다.

마지막 쟁점은 특정한 정책 수단이 다른 국가들이 그들의 동맹 선호를 바꾸도록 만들 수 있는가 하는 점이다. 특히 경제 및 군사 원조의 제공이 충성스런 동맹을 만들어낼 수 있는가? 얼마나 쉽게 그리고 얼마나 믿을 만하게 만들어낼 수 있는가? 해외 요원(foreign agents)이나 고문관, 또는 정치선전은 영향력을 행사하거나 통제할 수 있는 효과적인 수단인가? 이러한 수단들이 동맹 선택에 중요한 효과가 있을 것이라는 믿음은 대규모 소련군 혹은 쿠바군이 주둔해 있는 국가는 크렘린 궁의 믿을 만한 도구라는 널리 퍼진 미국의 확신뿐만 아니라 제3세계에 대한 소련의 무기 제공에 대한 우려의 기저를 이루고 있다.[12] 다시 한 번, 미국 국가안보 정책의 핵심 요소가 동맹에 대한 특정한 수단들의 효과에 관한 검증되지 않은 주장에 기초하고 있다.

이러한 널리 퍼진 가설들은 미국의 안보가 불안하다는 극적인 그림을 그려낸다. 국가들이 힘에 끌린다는 믿음은 미국이 약한 모습이나 우유부단함을 보이면 미국의 국제적 위상이 돌이킬 수 없이 손상될 수 있음을 암시한다. 이념이 동맹의 강력한 원인이라는 믿음은 사실상 세계의 모든 마르크스주의 정부와 좌익 집단들이 소련의 믿을 만한 자산이라는 것을 암시한다. 그리고 만약 대외 원조나 해외 요원들이 충성스런 위성국가를 만들어낼 수 있다면, 그러면 미국도 마르크스주의를 신봉하지 않는 국가들이 소련의 물질적 원조를 받을 때 위험에 처하게 된다. 요컨대, 만약 이러한 가설들이 맞다면 미국은 엄청난 도전에 직면하고 있는 것이다.

주요 주장

이 책에서 나는 이러한 각각의 믿음들이 과장되었다고 주장한다. 첫째, 나는 균형이 편승보다 더 일반적이라는 점을 입증한다. 그러나 전통적인 세력균형 이론가들과는 달리, 나는 국가들이 힘만이 아니라 위협에 균형을 이루기 위해 동맹을 맺는다고 제시한다. 비록 힘의 분배가 아주 중요한 요소임에는 틀림없지만, 위협의 수준은 지리적 근접성, 공격 능력, 그리고 인지된 의도에 의해서도 영향을 받는다. 따라서 나는 세력균형 이론 대신 더 나은 대안으로서 위협균형 이론을 제안한다.

둘째, 증거들은 이념이 동맹의 동기로서 균형보다 덜 강력하다는 것을 보여준다. 실제로 나는 많은 외관상 이념 동맹들이 사실상 균형 행동의 한 형태라고 주장한다. 그러한 기록은 또한 어떤 이념들은 극심한 분열을 초래한다는 것을 보여주는데, 이러한 이념을 공유한 국가들은 지속적인 동맹을 형성하기보다는 경쟁할 가능성이 더 높다.

셋째, 나는 어떤 대외 원조나 정치적 침투도 그 자체로 동맹의 강력한 원인이 아니라고 결론을 내린다. 훨씬 더 중요한 것으로, 어느 것도 매우 이례적인 조건 하에서를 제외하고 영향력을 얻는 효과적인 수단이 되지 못한다.

종합적으로 볼 때, 이러한 결과들은 왜 미국의 국제적 입지가 극도로 유리하고 그리고 앞으로도 그럴 가능성이 높은지를 설명한다. 국가들은 (힘에 대해서만이 아니라) 위협에 대해 균형을 이루고자 하기 때문에, 미국은 소련과 그 동맹국들의 능력을 상당한 정도로 능가하는 글로벌 동맹을 창출하고 유지할 수 있었다. 이념적 불화(예를 들어, 중국과 소련의 분열)는 소련의 고립을 강화한다. 어떤 광범위한 대외 원조나 은밀한 정치적 침투도 이러한 경향을 바꾸기 쉽지 않다.

일단 우리가 동맹의 기원을 이해한다면, 미국의 국가 안보를 유지하기 위해 져야 할 부담을 올바로 판단할 수 있다. 그 부담은 상대적으로 가벼운 것이다. 우리는 또한 어떻게 최근 미국의 외교정책이 잘못 인도되어 왔는지를 알 수 있고, 어떻게 현재의 실수들이 바로잡힐 수 있는지 파악할 수 있다. 따라서 동맹의 기원에 대한 이론적 이해를 높이는 것은 중요한 실질적 결과를 만들어낼 것이다.

동맹 관련 문헌

동맹에 관한 문헌들이 아주 많이 있지만, 그중 많은 문헌들이 이 책에서 제기한 질문들을 다루고 있지 않다.[13] 동맹에 관한 수많은 기존 연구들은 동맹의 형성과 전쟁 가능성 간에 관계가 있는지, 그리고 동맹 형성률이 어떤 특정한 수학적 모델에 부합하는지와 같은 다른 문제들을 분석하고 있다.[14] 마찬가지로 동맹에 관한 광범위한 집합재(collective goods) 문헌은 동맹이 위협에 대한 안보를 제공하기 위해 만들어진다고 암묵적으로 가정하지만, 이러한 모델들은 왜 애초에 동맹이 형성되는가를 설명하기보다는 기존 동맹 내에서 부담의 배분을 설명하는 데 초점을 맞추고 있다.[15]

그럼에도 불구하고 수많은 저작들이 동맹의 기원을 분석하고 있다. 특히 국제정치에 관한 전통적인 저작들에는 개별 동맹들에 대한 많은 고찰과 몇 가지 중요한 이론적 논의들이 포함되어 있다. 예를 들어, 한스 모겐소(Hans Morgenthau)의 『국제관계론(Politics among Nations)』은 다양한 역사적 실례들에 의해 뒷받침되는, 동맹에 관한 많은 논의를 포함하고 있다. 조지 리스카(George Liska)와 로버트 L. 로스스타인(Robert L. Rothstein)도 유사한 분석을 제공한다. 모겐소와 마찬가지로, 리스카는 자신의 주장을 뒷받침하기 위해 일화적인 증거들에 의존하고 있으며, 로스스타인은 1920년대와 1930년대 벨기에와 소협상(체코슬로바키아, 루마니아, 유고슬라비아)에 대한 사례 연구를 바탕으로 결론을 도출하고 있다.[16]

다른 가설들이 등장하기는 했지만, 전통적인 문헌들은 거의 항상 세력균형 이론의 범주 내에 있었다. 리스카는 "동맹은 어떤 사람이나 어떤 것에 대항하는 것이고, 단지 파생적으로 어떤 사람이나 어떤 것을 위하는 것"이라고 말하며, 모겐소는 동맹을 "많은 국가들로 이루어진 체제에서 작동하는 세력균형의 필요 기능"이라고 언급한다.[17] 그러나 동시에 리스카는 동맹 관계는 이념적 또는 민족적 친근성의 표시일 수 있고, "기회주의적 동맹(opportunistic alignment)"은 국가들이 세력균형 노력이 실패할 것이라고 믿을 때 발생할 수 있다고 말한다.[18] 한편, 폴 슈레더(Paul Schroeder)는 동맹은 1) 위협에 대항하기 위해서, 2) "자제의 협약(pact of restraint)"을 통해 위협에 순응하기 위해서, 또는 3) 더 약한 국가들에 대한 "관리의 도구"를 강대국에 제공하기 위해 형성된다고 주장한다.[19] 간단히 말해, 동맹에 대한 대부분의 기존 문헌들은 세력균형 개념에 상당히 의존하고 있지만, 이러한 가설들이 보편적으로 적용될 수 있는가에 대해서는 의문이 남는다.

전통적인 접근의 한계는 그 옹호자들이 일반 가설에 대한 체계적 검증을 거의 제공하지 않는다는 점이다. 비록 리스카가 많은 적절한 사례들을 제공하고 있지만, 그는 자신의 흥미로운 명제들에 대한 상대적 타당성을 평가하기 위한 시도를 하지 않았다. 개별 동맹에 대한 사례 연구들은 좀더 신뢰할 만한 증거들을 제공할 수 있지만 서로 다른 국가들이 서로 다른 환경에서 어떻게 행동할 것인지에 대해 많은 것을 말해주지는 않는다. 그런 면에서 슈레더의 연구는 높이 평가할 만하다. 그는 1815년에서 1945년까지 유럽의 주요 동맹들에 대한 연구를 통해 자신의 주장을 뒷받침했다. 하지만 슈레더조차도 동맹의 동기들 중 어느 것이 가장 일반적인지를 분석하거나 또는 동맹의 강도에 영향을 미칠 수 있는 요인들을 파악하지 않고 있다.[20] 어떤 가설이 정책을 위한 최선의 안내를 제공하는가의 문제는 여전히 해결되지 않았다.

국가는 강력하거나 위협적인 국가에 대항하기 위해 동맹을 맺는다는 믿음은 몇몇 정량적 연구들에 의해 도전을 받아왔다. 국가 능력에 대한 정교한 지수(index)와 외교적 사건들을 분류해서 만든 협력-갈등 척도를 사용하여, 브라이언 힐리(Brain Healy)와 아더 스테인(Arthur Stein)은 1870년부터 1881년까지의 유럽 강대국들의 동맹들이 힘의 균형을 이루려는 열망이 아니라 편승(그들은 이를 영합 효과ingratiation effect라고 이름 붙였다)에서 비롯되었다고 주장한다.[21] 1870년 이후 독일의 상승세는 대부분의 국가들과의 협력 증대와 관련이 있고 이 시기에 반독일 동맹이 형성되지 않았기 때문에, 힐리와 스테인은 국가들은 "지배적 위치를 추구하려는 어떤 국가 또는 연합에 대항하기 위해 행동한다"라는 가설을 거부했다.[22]

28

이 연구가 정교하고 독창적인 것은 사실이지만, 이 연구에는 몇 가지 심각한 오류가 있다. 우선, 방법론이 의심스럽다. 왜냐하면 이 연구는 분류자가 역사적 맥락과 분리된 개별 외교적 사건들의 진정한 의미(즉, 분쟁 또는 협력의 수준)를 평가할 수 있다고 가정하기 때문이다.[23] 둘째, 이 연구 결과는 이례적인 사건들에 근거하고 있다. 독일의 유리한 입장(보불 전쟁 기간 동안 독일이 누렸던 자유 재량을 포함하여)은 주로 다른 국가들에게 독일이 공격적인 국가가 아니라는 것을 확신시킨 비스마르크의 노력에 기인한 것이었다.[24] 따라서 힐리와 스테인의 연구는 지배적인 강대국에 대항하는 국가들의 경향을 반박하기는커녕, 국력(power)이 인지된 의도와 같은 다른 요인들보다 덜 중요할 수 있다는 것을 보여준다.[25] 특히 독일이 대항 동맹을 유발하지 않았던 것은 비스마르크의 노련한 외교가 독일과의 우호관계를 가능하고 더 나은 선택으로 보이게 만들었기 때문이다.

세력균형 이론에 대한 또 다른 도전은 기대효용론자들로부터 제기되었다. 어떻게 국가들이 동맹 파트너를 선택하는지에 대한 공식적인 이론을 제공한다고 하면서, 그 저자들은 국가들이 안보, 위험, 복지의 측면에서 측정되는 효용을 증가시키기 위해 동맹을 형성한다고 제시한다.[26] 마이클 알트펠트(Michael Altfelt)는 양자동맹의 효용성에 대한 상관분석을 바탕으로 "동맹은 무작위적으로 생겨나지 않는다. … 양국의 안보를 모두 향상시키지 못하는 잠재적 동맹은 결코 형성될 수 없다"는 결론을 내렸다.[27] 이와 유사한 연구에서, 데이비드 뉴먼(David Newman)은 국력이 증가하는 국가들은 그들이 더 매력적인 파트너이기 때문에 동맹들을 형성할 가능성이 더 높다는 것을 보여주면서 세력균형 이론을 반박한다.[28]

하지만 여기에도 심각한 문제가 있다. 기대효용 이론은 누가 누구와 동맹을 맺게 되는지를 파악하지 못한다. 이 이론은 단지 언제 국가들이 누군가와의 동맹을 추구하는지 예측할 수 있을 뿐이다. 더욱이 능력이 증가하는 국가들이 동맹을 형성하는 경향이 있다는 사실은 세력균형 이론을 반박하지 못한다. 결국, 자신의 안보 입지가 위협받는 국가는 상대적 국력을 증가시키면서(예를 들어,

국방에 더 많은 지출을 함으로써), 동시에 또 다른 국가들과의 동맹을 형성하려 할 것이다. 따라서 뉴먼이 주장하는 것은 인과관계(힘의 증대가 동맹을 촉진한다) 가 비논리적일 수 있다. 심지어 이것이 사실이 아니어도, 능력이 증가하고 있 는 두 국가가 여전히 더 빠르게 성장하거나 유난히 공격적인 제3국에 대항하 기 위해서 동맹을 형성할 수 있다. 이러한 유형의 대응은 여전히 균형 행동의 한 예라고 할 수 있다.

마지막으로, 몇몇 연구자들은 동맹 행동을 분석하기 위해 게임 이론을 사용 하기도 했다. 윌리엄 라이커(William Riker)의 정치적 동맹에 관한 매우 중요한 연구는 다자(n-person) 동맹의 최적의 규모를 분석한다. 글랜 스나이더(Glenn Snyder)는 양자 게임 이론을 사용해 국가들이 동맹국들로 인해 원치 않는 전쟁 에 휘말리게 되는 위험을 피하면서 동맹국의 지원을 유지하려고 하는 데 따른 상충관계(trade-offs)를 조명한다.[29] 이 두 연구 모두 세력균형 이론과 일치하는 결론에 도달하는데, 예를 들면 국가들이 "최소 승리 연합(minimum winning coalition)"을 추구할 것이라는 라이커의 예측은 국가들이 더 약한 편에 가담할 것이라는 사실을 의미한다.

유감스럽게도, 게임 이론 모델은 단지 권력 분포와 가능한 보상 구조에 근 거하고 있기 때문에 인식, 이념, 지리의 영향을 고려하지 않고 있다. 이런 이유 로, 국제정치에 자신의 통찰을 적용하려는 라이커의 시도는 부분적으로만 성 공을 거두었을 뿐이다.[30] 그리고 스나이더가 인정하였듯, 양자 게임 이론은 국 가들이 동맹 파트너를 선택하는 과정보다는 동맹 내에서 국가들의 행동을 설 명하는 데 더 유용하다. 즉, "게임 이론은 누가 누구와 동맹을 맺을지를 예측하 지 못한다."[31] 요컨대, 동맹에 관한 대부분의 다른 문헌처럼 게임 이론도 결국 다른 질문들에 대한 흥미로운 답을 제공해온 것이다.

물론 동맹에 관한 기존 학술 연구들은 가설의 원천으로서 유용하다. 그러나 기존 연구들은 어떤 가설이 타당한지는 알려주지 못한다. 즉, 이러한 주제의 한 연구자가 언급했듯이, "우리는 국가들이 동맹을 형성하는 다양한 이유들의 상대적 중요성에 관한 어떤 믿을 만한 정보를 거의 갖고 있지 않다."[32] 따라서,

동맹의 기원에 대한 논쟁이 미국 외교정책의 수행에 미치는 엄청난 영향에도 불구하고, 똑같은 논쟁이 여전히 계속되고 있다. 지금 필요한 것은 이 문제를 해결할 수 있는 전략이다.

연구 방법 및 과정

내가 채택한 방법은 간명하다. 주요 역사적 증거로 1955년에서 1979년 사이 중동의 외교 역사를 사용했다.[33] 이러한 사건들에 대한 조사를 통해서 나는 86개의 국가적 결정을 포함해서 36개의 개별 양자 또는 다자 동맹 공약들을 확인했다. 각 국가들이 각기 다른 시기에 어떤 동맹을 선택하도록 이끌었던 요인들을 파악한 후에, 나는 이러한 결과들을 각 가설들의 예측과 비교했다. 핵심적인 질문은 다음 두 가지다. 첫째, 어떤 가설이 가장 많은 수의 동맹들을 설명하는가? 둘째, 어떤 유형의 행동이 예상되는지(즉, 어떤 가설이 적용될 가능성이 높은지)에 영향을 미치는 조건이 있는가?

이러한 접근은 앞에서 제시한 많은 연구들의 한계를 극복하기 위해 고안되었다. 비록 역사적 사례 연구가 특정한 동맹의 원인과 관련해 가장 상세한 증거를 제공하지만, 단 하나의 사례만으로 몇 개의 일반 가설을 검증하는 것은 분명히 문제가 있다. 비교 사례 연구가 좀더 효과적이지만, 타당한 결론을 도출하려면 많은 수의 사례들이 필요할 것이다. 이러한 어려움은 고려 중인 가설들이 상호 배타적이지 않을 때 특히 문제가 된다.

역사적 일화나 대규모의 통계적 표본에 의존하는 것도 마찬가지로 문제가 있다. 일화들은 어떤 원인이 가장 강력한지 또는 포괄적인지를 설명할 수 없으며, 통계적 방법은 특정한 동맹 결정을 야기한 인식과 동기에 관한 직접적인 증거를 제공하지 못한다.

이러한 한계를 극복하기 위해, 나는 집중 비교와 통계적 상관 분석의 특징들을 결합하는 방법론을 적용했다.[34] 36개라는 많은 수의 동맹들을 분석함으로써 나는 연구 결과의 외적 타당성을 강화하고 견고성을 증가시켰다. 물론 증거의 모호성으로 인해 몇몇 사례들에 대한 나의 해석에 논쟁의 여지가 있을 수 있지만, 대부분의 분석이 타당하다면 나의 결론은 유효할 것이다. 마지막으로, 각 동맹에 대한 나의 평가는 이용 가능한 역사적 기록에 대한 신중한 검토를 기반으로 하기 때문에, 평가 결과는 고유한 상황적 요인들의 영향뿐만 아니라 인식과 동기에 대한 증거를 반영하게 된다. 연구의 목적을 고려할 때, 일반성과 특수성 간의 이러한 타협은 필요하고 또 적절해 보인다.

정의

나는 이 책에서 동맹(alliance)과 제휴(alignment)라는 단어를 구별 없이 사용한다. 나의 목적상, 동맹은 2개 또는 그 이상의 주권 국가 간의 안보협력을 위한 공식적 또는 비공식적 합의(arrangement)이다. 이러한 다소 폭넓은 정의는 몇 가지 이유로 타당하다. 첫째, 오늘날 많은 국가들은 그들의 동맹국과 공식적인 조약을 맺는 것을 꺼린다. 나의 분석을 공식적인 동맹으로 한정하는 것은 많은 수의 중요한 사례들을 제외하게 된다. 둘째, 정확한 구분— 예를 들어, 공식적, 비공식적 동맹 간의 구분—은 뭔가를 드러내기보다는 왜곡하게 된다. 예를 들어, 미국과 이스라엘 간에는 공식적인 조약이 체결된 적이 없지만, 어느 누구도 이 두 국가 간의 공약의 수준(level of commitment)을 의심하지 않을 것이다. 더욱이 그러한 공약의 변화는 주로 문서의 재작성을 통해서가 아니라 행동의 변화나 구두 진술로 밝혀져 왔다. 마찬가지로, 이집트와 소련은 1971년까지 공식적인 조약을 체결하지 않았지만 명백히 그 훨씬 전부터 긴밀한 동맹 관계에 있었다. 그리고 1971년 체결된 이집트-소련 우호 협력 조약은 사실상 강화된 공약의 상징이 아니라 두 나라 사이의 고조되는 긴장의 신호였다. 마지막으로, 아랍 국가들 간 연대를 곧이곧대로 공식화하려는 어떤 노력도, 모든 중동 정치 연구자들이 알고 있듯이 위험이 도사리고 있었다. 따라서 동맹 공약을 엄밀하게 분류하려는 시도는 쉽게 오도될 수 있는데, 공식적 합의이든

비공식적인 합의이든 그 진정한 의미가 사례마다 다를 수 있기 때문이다.[35]

여기서 더 중요한 점은, 동맹 공약을 엄밀하게 분류하는 것이 내 목적상 불필요하다는 것이다. 나는 국제적 사안들에서 국가들이 서로를 지원하게 하는 폭넓은 요인들을 파악하는 데 관심이 있지만, 당사국들이 궁극적으로 선택한 정확한 합의에 대해서는 설명할 생각이 없다. 동맹국들이 수용하는 특정한 공약은 쉽게 일반화될 수 없는 특이한 특징을 반영하게 된다. 따라서 나는 국가들이 그들의 상호 공약을 이행하기 위해 정확히 어떤 선택을 할지를 예측할 수 있다고 주장하지 않는다. 하지만 나는 그들이 왜 애초에 그렇게 하기로 선택했는지를 설명하고자 하며, 몇몇 잠재적 파트너들 중 누구를 선호할 가능성이 높은지를 규명하고자 한다. 이러한 문제들을 해결하는 것은 충분히 도전적인 일이다.

왜 중동을 선택했는가

내가 중동 지역의 동맹 형성을 조사하기로 한 것에는 몇 가지 이유가 있다. 첫째, 중동은 상당한 전략적 중요성을 가진 지역이었고 현재에도 그렇다. 그 중요성은 미국과 소련 두 초강대국이 이 지역의 동맹국을 획득하고 지원하기 위해 기울인 노력들, 즉 몇 차례 심각한 초강대국 간의 대결로 이어졌던 노력들을 보면 알 수 있다.[36] 둘째, 중동 지역의 동맹 공약들은 이 지역 국가들이 대내외적 환경 변화에 적응하는 과정에서 전후 시기 내내 빈번하게 바뀌어왔다. 결과적으로 중동 지역의 외교는 수많은 고려 대상 사례들을 제공하며, 동맹 선택을 결정하는 요인과 관련해 덜 혼란스런 지역에 대한 조사보다는 더 많은 것을 밝혀줄 수 있다.

무엇보다 중요한 것으로, 중동은 잘 알려진 여러 가설들을 철저히 검증할 수 있는 기회를 제공한다. 동맹 형성에 대한 대부분의 명제들(또는 일반적으로 국제관계 이론)은 유럽 강대국 체제의 역사에서 비롯되었기 때문에, 중동은 유럽 국가도 아니고 강대국도 아닌 국가들의 행동을 예측하는 데 있어 그 가설들의 유용성을 조사하기에 특히 적절하다. 더욱이 이 지역의 정권들은 상대적으로 역사가 짧고 유럽 강대국들의 외교적 경험과 전통을 결여하고 있다. 따라서, 잘 알려진 가설들이 이 지역에도 적용된다면, 그 가설들의 설명력에 대한 강력한 증거가 될 수 있다. 더 나아가, 중동에서는 해당 기간 동안 격렬한 이념적 경쟁, 상대적 국력의 중요한 변화, 그리고 초강대국들의 중대한 개입이 있었다. 2장에서 살펴보겠지만, 이러한 요소들은 동맹 형성에 관한 가장 일반적인 가설들의 핵심에 있다. 따라서 중동은 그러한 요소들을 평가하기에 매우 적절한 지역이다.

방법론상의 장벽

이러한 강점에도 불구하고, 나는 이 책을 쓰면서 수많은 방법론상의 문제들에 직면했다. 비록 일부 문제는 부분적으로만 완화되었지만, 어떤 문제도 극복 불가능한 장벽이 되지는 않았다.

이미 언급했듯이, 동맹의 개념은 엄밀하게 정의하고 평가하기가 어렵다. 다음 장에서 명확해지겠지만, 위협과 이념적 연대의 수준과 같은 독립 변수들도 마찬가지이다. 더욱이 이 연구에서 검토한 많은 동맹들이 다양한 원인들에 의해 결정되었다. 즉, 동맹들이 별개의 수많은 원인들에서 비롯된 것이다. 이러한 상황에서, (서로 다른 가설들을 구별하기 위해) 서로 다른 원인들의 중요성을 정확히 평가하는 것은 극히 어려운 일이다. 이 문제를 해결하기 위해, 나는 수많은 개별 동맹들을 검토하면서, 다른 가설들을 배제하고 하나의 가설만을 지지하는 결정적 사례들에 주의를 기울였다. 또한 특정한 사례에서 어떤 인과적 요인이 가장 중요한지를 확인해주는 (지도자들의 증언과 같은) 직접적인 증거들을 포함시켰다.

두 번째 잠재적 어려움은 중동에 초점을 맞추는 데서 기인한다. 이 지역은 매우 독특하기 때문에 중동 지역 동맹에 대한 분석을 통해 얻은 결과는 다른 지역이나 다른 시기에 적용될 수 없다는 주장이 제기될 수 있다. 또한 중동 외교를 정확히 이해하기 위해서는 전문 교육이나 독특한 문화적 요인에 대한 지식이 필요하다는 주장도 있을 수 있다.[37]

물론 이런 주장들이 전혀 의미가 없는 것은 아니지만, 그렇다고 극복할 수 없을 정도의 큰 문제는 아니다. 중동이 매우 독특하다는 주장은 어떤 다른 지역에도 적용될 수 있다. 지금까지 국제관계를 연구하는 학자들은 유럽의 외교 역사에서 도출한 역사적 사례와 수많은 자료들에 오랫동안 의존해왔지만 협소한 지리적 시간적 문화적 초점에 대해 비판 받지 않았다. 그럼에도 불구하고 나는 이러한 문제를 두 가지 방법으로 해결하고자 했다. 첫째, 가설들을 설명하면서 유럽의 역사를 활용했다. 둘째, 가설들을 중동 지역에서 검증한 후, 현재의 다양한 전 세계 동맹 공약들에 적용했다. 여러 다른 상황들에서 나온 증거들을 활용함으로써 중동 지역의 증거들에 의존하는 데 따른 한계를 줄이고자 했다.

물론 중동 지역 동맹들이 독특한 행동 패턴을 보인다는 주장이 사실일 수 있다. 그렇다 해도, 이는 이론적 작업에 대한 장벽이라기보다는 이론가에 대한 도전이라 할 수 있다. 문제는 어떻게 독특한 지역적 특성이 관찰된 행동을 낳는지를 설명하는 것이다. 실제로 나는 이 책의 후반부에서 범아랍주의가 아랍 세계의 동맹에 미치는 영향을 분석하면서 그러한 작업을 시도하고 있다.

마지막으로, 동맹들에 대한 조사를 주로 2차 자료에 의존하고 있기 때문에, 현대 중동 외교에 대한 나의 평가는 지역 전문가들이 제공하는 연구결과를 토대로 하고 있다. 하지만 불행히도 현대 중동 정치에 관한 역사적 설명은 문헌 조사의 어려움과 문서 기록들의 명백한 편향성으로 인해 일관적이지 않다. 심지어 1차 자료와 지도자들의 증언도 중동 외교의 당사자들이 설명을 제공하면서 갖는 동기들을 고려할 때, 주의해서 다뤄야 한다. 이러한 문제에 대처하기 위해 나는 다수의 출처와 가장 널리 수용되는 역사적 설명을 활용해 사건과 주장들을 가능한 한 폭넓게 뒷받침하고자 했다.

이 책의 전개는 다음과 같다. 2장에서는 본 연구를 안내할 개념과 가설들을 개발한다. 3장과 4장에서는 1955년 바그다드 협약에서부터 1979년 이집트-이스라엘 평화협정에 대한 아랍의 대응에 이르기까지 중동 지역 동맹 공약들의 변화를 기술한다. 이 장들에서는 이 시기 동안 형성된 다양한 동맹 관계를 기술하고 그 기원을 파악하고 그리고 더 넓은 역사적 맥락에서 자리매김한다.

이러한 과제를 마친 후에는 가설과 증거를 비교하는 작업이 이루어진다. 5장에서는 국가들은 위협에 대해 균형을 이루거나 또는 편승하기 위해서 동맹을 맺는다는 서로 대립하는 명제들을 검토한다. 6장에서는 동맹의 원인으로서 이념의 중요성을 검토한다. 7장에서는 동맹 형성의 수단으로서 대외 원조와 초국가적 침투(transnational penetration)의 역할을 분석한다. 마지막으로, 8장에서는 가설들에 대한 비교 평가를 제공하고 그 분석을 중동 밖의 동맹들로 확대한다. 그런 다음 이러한 결과가 미국의 외교정책에 의미하는 바가 무엇인지를 밝힌다.

마지막으로 하고 싶은 말은, 이 책이 주로 국제관계 이론 분야의 작업이며, 중동 연구가 아니라는 점이다. 나는 1955년 이후의 완벽한 중동 외교 역사를 제공하려고 하지 않았다. 대신에 국제관계 이론과 국가안보 정책 분야의 몇 가지 중요한 논쟁을 해결하기 위해 중동 지역 동맹들을 분석했다. 이제 이러한 논쟁을 좀더 상세히 검토할 것이다.

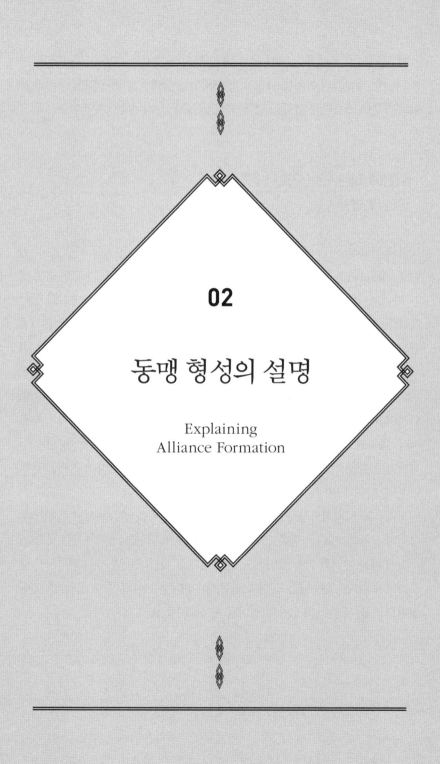

02

동맹 형성의 설명

Explaining
Alliance Formation

이 장에서는 국제적 동맹에 관한 다섯 가지 일반적인 설명을 제시한다. 나는 다양한 가설들의 논리를 살펴보고, 해당되는 사례들을 제시한다. 그리고 각각의 가설이 예측하는 행동이 기대되는 조건들을 개략적으로 설명한다.

위협에 대한 반응으로서 동맹: 균형과 편승

중대한 외부 위협에 직면했을 때, 국가들은 균형을 이루거나 편승할 수 있다. 균형(balancing)은 국가들이 지배적인 위협에 맞서 다른 국가와 동맹을 맺는 것이고, 편승(bandwagoning)은 국가들이 위험의 근원이 되는 국가와 동맹을 맺는 것이다. 따라서 국가들이 어떻게 자신의 동맹 파트너를 선택하는지에 관한 2개의 다른 가설은 국가들이 주요한 외부 위협에 맞서 동맹을 맺는지, 아니면 그 위협과 동맹을 맺는지 여부로 확인될 수 있다.[1]

이 2개의 가설은 매우 상이한 세계를 묘사한다. 만약 균형이 편승보다 더 일반적이라면 국가들은 더 안전하다. 침략국이 반대 연합에 직면할 것이기 때문이다. 하지만 편승이 더 지배적인 경향이라면 국가들의 안보가 취약해진다. 침략에 성공한 국가가 추가적으로 동맹국을 끌어들이고, 그에 따라 침략국의 힘은 더 강화되고 반대편의 힘은 더 약화될 것이기 때문이다.

학자들과 정치지도자들 모두 이러한 가설 중 한쪽을 반복해서 수용해왔다. 그러나 그들은 자신의 믿음을 체계화하거나 그 정확성을 평가하지는 못했다. 따라서 나는 각각의 가설을 가장 단순한 형태로 제시하고 몇 가지 변형들을 검토하고자 한다. 그런 다음 균형과 편승 중 어떤 행동 유형이 더 일반적인지를 살펴보고, 언제 각각의 반응이 일어날 가능성이 있는지 제시한다.

균형 행동

국가들이 더 강한 국가가 자신을 지배하는 것을 막기 위해 동맹을 형성한다는 믿음은 전통적인 세력균형 이론의 중심에 있다.[2] 이러한 견해에 따르면, 국가들은 위협을 가할 수 있는 더 우월한 자원을 지닌 국가나 연합으로부터 자신을 보호하기 위해 동맹에 가담한다. 국가들은 두 가지 주된 이유로 균형을 선택한다.

첫째, 국가들이 잠재적 패권국이 너무 강해지기 전에 억제하지 못하면 자신의 생존이 위험에 처하게 된다. 지배적인 국가와 동맹을 맺는다는 것은 그 국가의 자비가 계속된다는 믿음을 갖는 것을 의미한다. 더 안전한 전략은 자신의 동맹국을 쉽게 지배할 수 없는 국가와 힘을 합치는 것이다.[3] 이와 관련하여 윈스턴 처칠(Winston Churchill)은 영국의 전통적인 동맹정책을 다음과 같이 설명했다.

> "400년 동안 영국의 외교정책은 대륙에서 가장 강하고, 가장 공격적이며, 가장 지배적인 국가에 대항하는 것이었다. … 더 강한 국가와 협력하고 정복의 과실을 공유하는 것이 더 쉽고 솔깃했을 것이다. … 그러나 우리는 항상 어려운 과정을 택했다. 덜 강한 국가와 손을 잡았고, 그렇게 해서 그가 누구였든지 간에 대륙의 군사적 폭군을 쳐부수었다."[4]

또한, 보다 최근에는 헨리 키신저(Henry Kissinger)가 중국과의 화해를 주장했는데, 이는 그가 삼각관계에서는 더 약한 편과 동맹을 맺는 것이 낫다고 믿었기 때문이다.[5]

둘째, 더 약한 편에 합류하는 것은 동맹 내에서 새로운 구성국의 영향력을 증가시킨다. 더 약한 편이 원조를 더 절실히 필요로 하기 때문이다. 이와 대조적으로 더 강한 편과 동맹을 맺는 것은 연합에 상대적으로 적은 힘을 보태기 때문에 새로운 구성국에 적은 영향력을 부여하고 파트너 국가의 변덕에 취약

하게 만든다. 따라서 국가들은 약한 편에 합류하는 것을 더 선호하게 된다.[6]

편승 행동

국가들이 위협적인 국가나 연합에 맞서 힘을 합쳤던 많은 사례들을 고려할 때, 국가들이 균형을 이루려 한다는 믿음은 놀라운 일이 아니다.[7] 그러나 역사적으로 균형 가설을 지지하는 강력한 증거들이 존재함에도 불구하고, 그 반대 반응인 편승이 더 가능성이 높다는 생각도 널리 퍼져 있다. 한 학자에 의하면, "국제정치에서는 성공이 성공을 부른다. 기세는 승자에게 생기고 그의 움직임을 가속화한다. 승자가 얻은 이득의 불가역적 상황은 한쪽을 약화시키고 다른 쪽을 더욱 강화시킨다. 편승은 관망하던 국가들을 끌어모은다."[8]

편승 가설은 특히 해외 개입이나 국방 예산의 증가를 정당화하려는 정치인들에게 인기가 있다. 예를 들어, 독일의 해군 제독 알프레드 폰 티르피츠(Alfred von Tirpitz)의 유명한 위험 이론(risk theory)은 이러한 논리를 기반으로 했다. 티르피츠 제독은 독일이 대함대(a great battle fleet)를 구축해 영국의 사활적인 해양 우위에 위협을 가함으로써 영국이 중립 또는 독일과 동맹을 선택하도록 강요할 수 있다고 주장했다.[9]

또한 편승은 냉전 기간 내내 되풀이되는 주제였다. 소련은 노르웨이와 터키가 NATO에 가입하지 않도록 협박했는데, 이러한 노력은 국가들이 쉽게 위협에 순응할 것이라는 소련의 확신을 드러낸 것이었다. 그러나 이러한 행동은 오히려 노르웨이와 터키가 서방과 더 긴밀하게 연대를 하도록 부추겼다.[10] 또한 1960년대와 1970년대 소련의 관리들은 유사한 오류를 범했는데, 소련 군사력의 성장이 서방에 대한 힘의 상관관계에 있어 영구적인 변화를 가져올 것이라고 믿었기 때문이었다. 그러나 이러한 행동은 1970년대 중국과 미국의 화해와 1980년대 미국 군사력의 평시 최대 규모 증가에 일조했다.[11]

미국의 관리들도 편승의 개념을 동일하게 선호했다. 1950년대 미국의 주요 군사력 증강을 정당화한 기밀연구(NSC-68)에 의하면, "미국의 군사 능력을 증가시키려는 확고한 결정이 없으면 … 우리의 우방들은 우리에게 큰 골칫거리가 될 것이고, 소련이 힘이 늘어나는 데 기여하게 될 것이다."[12] 케네디(John F. Kennedy) 대통령은 "만약 미국이 비틀거린다면, 전 세계는 … 불가피하게 공산주의 진영으로 다가갈 것이다"라고 주장한 바 있다.[13] 그리고 키신저는 종종 소련을 봉쇄하기 위해 미국이 균형 동맹을 형성해야 한다고 주장했지만, 그는 분명히 미국의 동맹국들이 편승할 가능성이 높다고 믿었다. 그가 언급했듯이, "만약 전 세계의 지도자들이 … 미국이 힘이나 의지가 결여되었다고 생각한다면 … 그들은 자신들이 생각하는 지배적인 경향에 순응할 것이다."[14] 레이건(Ronald Reagan) 대통령도 같은 논리로 미국의 해외 개입을 정당화했다.[15] "만약 우리가 (중앙아메리카에서) 스스로를 방어하지 못한다면 … 우리는 어디서든 우세를 기대하지 못할 것이다. … 우리의 신뢰는 붕괴될 것이며, 우리의 동맹은 무너질 것이다."

이러한 주장들은 국가들이 힘에 이끌린다는 공통적인 논리를 포함하고 있다. 국가의 힘이 강할수록 그리고 그러한 힘이 더 확실하게 보여질수록 다른 국가들이 적극적으로 동맹을 맺으려 한다는 것이다. 결국 국가들이 편승하려는 경향이 있다는 믿음은 대부분의 동맹들이 극도로 깨지기 쉽다는 것을 의미한다.

이러한 가설들의 배후에 있는 논리는 무엇인가? 두 개의 뚜렷이 다른 동기를 찾아볼 수 있다. 첫째, 편승은 유화정책의 한 형태일 수도 있다. 편승하는 국가는 우세한 국가나 연합과 동맹을 맺음으로써 공격이 다른 곳으로 비켜가기를 바랄 수 있다.

둘째, 국가는 승리의 전리품을 나누기 위해 전시에 우세한 쪽과 동맹을 맺을 수 있다. 예를 들어, 제1차 세계대전 당시 이탈리아와 루마니아의 동맹 선택이 보여주는 것처럼, 1940년 프랑스에 대한 무솔리니의 선전포고, 그리고 1945년 일본에 대한 러시아의 선전포고는 이러한 편승 유형을 보여준다.[16] 그들은 자신들이 승리할 것이라고 믿는 편에 합류함으로써 전쟁 종결 후 영토적 이익을 얻기를 바랐다.

특히 1939년 히틀러와 동맹을 맺기로 한 스탈린의 결정은 2가지 동기를 모두 보여준다. 먼저, 독일과 소련의 불가침조약은 폴란드의 분할로 이어졌고, 히틀러의 야망이 일시적으로 서쪽으로 향하게 했다. 따라서 스탈린은 독일에 편승함으로써 시간과 영토를 모두 얻을 수 있었다.[17] 그러나 일반적으로 이러한 2가지 편승의 동기는 상당히 다르다. 첫 번째 동기의 경우, 편승은 방어적인 이유로, 즉 잠재적인 위협에 직면해서 자신의 독립을 보존하기 위한 수단으로써 선택된다. 두 번째 동기의 경우, 편승하는 국가는 승리 과실의 공유라는 공격적인 이유로 우세한 쪽을 선택한다. 하지만 어느 경우든, 이러한 행동은 균형 가설의 예측과는 뚜렷한 대조를 이룬다.

위협의 다양한 원천

균형과 편승은 일반적으로 능력의 측면에서만 논의된다. 균형은 약한 세력과 동맹을 맺는 것이고, 편승은 강한 세력과 동맹을 맺는 것이다.[18] 그러나 이러한 개념은 정치지도자들이 동맹을 맺을 때 고려하는 다른 요소들을 반영하도록 수정되어야 한다. 물론 힘(power)이 그 방정식의 가장 중요한 요소이기는 하지만, 유일한 요소는 아니다. 따라서 국가들은 가장 큰 위협을 가하는 국가와 동맹을 맺거나 그에 맞서 다른 국가와 동맹을 맺는 경향이 있다고 말하는 것이 더 정확하다. 예를 들어, 다른 이유들로 인해 힘이 더 약한 국가가 더 위험하다면, 국가들은 다른 강한 국가와 동맹을 맺어 균형을 이루려 할 수 있다. 따라서 제1, 2차 세계대전 당시 독일을 패배시킨 연합국들은 총 자원에 있어 상당한 우위에 있었지만, 빌헬름의 독일과 나치 독일의 공격적인 목표가 더 큰 위험이라는 사실이 확실해지자 힘을 합쳤다.[19] 이처럼 균형과 편승은 위협에 대한 대응이라고 보는 게 더 정확하기 때문에, 국가들이 가하는 위협의 수준에 영향을 미치는 다른 요인들(총체적 국력, 지리적 근접성, 공격 능력, 그리고 공격 의도)을 고려하는 것이 중요하다.

총체적 국력

모든 것들이 동일하다면, 국가의 총 자원(인구, 산업화, 군사력, 기술력 등)이 클수록, 다른 국가를 위협할 수 있는 잠재적 위협은 더 커질 것이다. 리프먼 (Walter Lippmann)과 케넌(George Kennan)이 이러한 논리에 따라 미국 대전략의 목표를 "어떤 단일 국가도 미국보다 더 많은 산업 자원을 통제하지 못하도록 하는 것"으로 정의했다. 실질적인 측면에서 이는 산업화한 유라시아의 전체 자원들을 지배하기에 충분히 강해 보이는 어떤 국가에 맞서 동맹을 맺는 것을 의미한다.[20] 이와 유사하게, 1914년 영국의 외교장관 그레이(Edward Grey) 경도 2국 동맹(독일과 오스트리아-헝가리의 동맹)에 대한 영국의 개입을 다음과 같이 정당화했다. "방관하는 것은 독일의 지배, 즉 프랑스와 러시아의 예속과 영국의 고립을 의미하게 될 것이다. … 그리고 궁극적으로 독일은 대륙의 모든 힘을 휘두르게 될 것이다."[21] 마찬가지로 "유럽에서 힘의 적정한 배분"을 만들어내고자 한 캐슬레이(Castlereagh)의 노력은 총체적 국력의 배분에 대한 그의 우려를 드러낸 것이었다.[22] 따라서 국가가 동원할 수 있는 전체적 국력은 그 국가가 다른 국가에게 가할 수 있는 위협의 중요한 요소라고 할 수 있다.

비록 힘은 위협을 가할 수도 있지만, 또한 상을 줄 수도 있다. 강력한 힘을 가진 국가는 적을 벌하거나 우호국에 보상할 수 있는 능력이 있다. 그러므로 국력은 그 자체로 균형이나 편승을 위한 동기를 제공할 수 있다.

지리적 근접성

힘을 투사하는 능력은 거리가 멀수록 감소하기 때문에, 가까이 있는 국가는 멀리 있는 국가들보다 더 큰 위협이 된다.[23] 그러므로 다른 조건들이 동등하다면, 국가들은 멀리 있는 국가보다는 가까이 있는 국가에 대응하는 동맹 선택을 할 가능성이 높다. 예를 들어, 영국 외교부는 독일의 해군력 확장에 주의를 기울이는 것에 대한 독일의 불만에 대해 다음과 같이 말했다. "만약 영국 언론이 브라질의 해군력 증가보다 독일의 해군력 증가에 더 많은 주의를 기울인다면

… 이는 의심할 여지없이 독일의 해안은 가까이에 있고 브라질은 멀리 떨어져 있기 때문입니다."[24] 레이건 대통령 또한 상당히 유사한 방식으로 미국의 중앙 아메리카 개입을 정당화했다. "중앙아메리카는 우리가 걱정하는 세계의 많은 문제 지역들보다 미국에 훨씬 더 가까이 있습니다. 엘살바도르에서 텍사스까지는 텍사스에서 메사추세츠까지보다 더 가깝습니다. 또한 니카라과에서 마이애미, 샌안토니오, 그리고 투싼까지는 이 도시들에서 워싱턴까지만큼이나 가깝습니다."[25]

총체적 국력과 마찬가지로, 근접한 위협은 균형이나 편승을 유발할 수 있다. 근접한 위협이 균형 반응을 유발할 경우, 그 결과는 체커판과 같은 동맹 관계일 수 있다. 외교사를 연구하는 사람들은 오랫동안 이웃의 이웃은 친구라고 배워왔다. 중심 국가에 맞서 주변 국가들이 동맹을 맺는 경향은 4세기경 고대 인도의 정치가 가우틸랴(Kautilya)가 쓴 『아르타샤스트라』에 처음으로 기술되었다.[26] 그러한 사례로는, 빌헬름의 독일에 맞서는 프랑스와 러시아, 1930년대 나치 독일에 맞서는 프랑스와 소협상(the Little Entente), 1970년대 중국과 캄보디아에 맞서는 소련과 베트남, 그리고 이라크와 그 아랍 지원국들에 맞서는 이란과 시리아의 암묵적인 동맹을 들 수 있다.

이와는 달리, 근접한 국가로부터의 위협이 편승으로 이어지는 경우, 세력권과 유사한 현상이 나타난다. 강대국과 국경을 접하고 있는 소국들은 너무 취약하기 때문에, 그들은 강력한 이웃 국가가 복종을 강요하기 위해 위력을 보여줄 경우 균형보다는 편승을 선택하게 된다. 따라서 핀란드는 소련에게 5년 동안 두번의 패배를 당하고 나서 소련에 편승하기로 결정했다. 핀란드라는 이름은 억울하게도 편승의 동의어가 되었다.

공격 능력

모든 조건들이 동일하다면, 대규모 공격 능력을 가진 국가는 지리, 군사적 준비태세, 혹은 다른 요인들 때문에 공격할 능력이 없는 국가에 비해 동맹을 야기할 가능성이 더 높다.[27] 비록 공격 능력과 지리적 근접성이 밀접하게 연관

되어 있지만—근접해 있는 국가들은 서로를 더 쉽게 위협할 수 있다—양자는 동일한 것이 아니다.[28]

또한 공격 능력은 총체적 국력과 밀접하게 연관되어 있지만, 동일한 것은 아니다. 공격 능력은 적정한 비용으로 다른 국가의 주권이나 영토 보전을 위협할 수 있는 능력을 의미한다. 국력이 공격 능력(즉, 대규모의 기동력 있는 군사 능력을 축적함으로써)으로 얼마나 용이하게 변환되는가는 어떤 특정 시기에 공격이나 방어의 상대적 이점을 결정하는 다양한 요인들에 의해 영향을 받는다.

다시 한번, 공격 능력의 효과는 다르게 나타날 수 있다. 공격 능력이 불러일으키는 즉각적인 위협은 다른 국가들이 균형을 이루도록 강한 유인을 만들어낼 수 있다.[29] 따라서 앞서 언급한 티르피츠(Tirpitz) 위험 전략(risk strategy)은 정확히 이러한 이유로 역효과를 낳았다. 영국은 독일의 전투 함대를 강력한 공격 위협으로 간주하였고 프랑스, 러시아와의 관계를 강화하는 한편, 자신의 해군력을 증강시켰다.[30] 그러나 공격 능력이 신속한 정복을 가능하게 할 경우, 취약한 국가들은 저항할 엄두를 내지 못할 수도 있다. 동맹국이 신속하게 원조를 제공하지 못할 수 있기 때문에 균형 행동은 어리석은 선택으로 보일 수 있다. 이러한 경향은 세력권이 형성되는 한 가지 이유이다. 즉, 대규모의 공격 능력을 가진 국가에 근접해 있는 (그리고 잠재적 동맹국과는 멀리 떨어져 있는) 국가는 균형 동맹이 실행 가능하지 않기 때문에 편승해야만 할 수도 있다.[31]

공격 의도

마지막으로, 공격적으로 여겨지는 국가는 다른 국가들이 그 국가에 대해 균형을 이루도록 자극할 가능성이 높다. 앞서 언급한 것처럼, 나치의 독일은 상당한 국력뿐만 아니라 극도로 위험한 야심을 가졌기 때문에 압도적인 대항 연합에 직면했다. 실제로 보통 수준의 군사력을 지닌 국가라도 유난히 공격적이라고 인식된다면, 다른 국가들이 균형을 이루도록 자극할 수 있다. 그래서 리비아의 행동은 이집트, 이스라엘, 프랑스, 미국, 차드 그리고 수단이 카다피(Qadhafi)의 활동에 대한 정치적, 군사적 대응을 조직하게 만들었다.[32]

의도에 대한 인식은 동맹의 선택에 있어 특히 결정적인 역할을 할 수 있다. 예를 들어, 독일의 목표에 대한 인식 변화는 삼국협상의 결성에 일조했다. 1870년 이후 비스마르크(Bismarck)는 신중한 현상유지를 옹호한 반면, 그의 계승자들의 팽창주의적 야심은 다른 유럽 국가들을 불안하게 만들었다.[33] 비록 독일의 국력 성장이 중요한 역할을 했지만, 독일의 의도 또한 중요했다는 점을 간과해서는 안 된다. 인식의 영향은 영국의 대 독일 정책을 정의한 아이어 크로우(Eyre Crowe)의 유명한 메모(1907년 1월 작성)에 잘 드러나 있다. 크로우의 분석은 아주 놀라웠는데, 그가 독일 국력의 성장 자체에 대해서는 거의 반대를 하지 않았기 때문이다.

> "강력한 독일의 존재 자체와 건전한 활동은 이 세계에 의심할 여지없이 축복이다. … 독일이 영국이 부러워할 수밖에 없는 고유의 자연적 이점과 자원을 기반으로 지적이고 도덕적인 세계의 지도자가 되기 위해 노력하는 한, … 독일의 행동이 기존 권리의 합법적인 보호라는 선을 넘지 않는 한, 독일은 항상 공감과 선의를 기대할 수 있으며, 심지어 영국의 도덕적 지지를 얻을 수도 있다. … 만약 독일의 정당하고 평화로운 팽창을 막지 않기로 한 결정이 가능한 한 권위 있게 발표된다면, 진정한 이득이 될 것이다. 단, 이러한 자비로운 태도가 영국이나 동맹의 이익이 침해되는 첫 징후가 보이는 즉시 단호한 반대로 전환된다는 점을 분명히 한다면 말이다."[34]

요컨대, 영국은 오직 독일이 공격적이며 정복을 통해 팽창을 추구하는 경우에만 반대한다는 것이다. 힘이 아니라 의도가 결정적인 것이다.

한 국가가 변함없이 공격적일 것이라고 여겨진다면, 다른 국가들은 편승하려 하지 않을 것이다. 결국, 침략국의 의도가 그 국가와 동맹을 맺는다고 해서 바뀌는 게 아니라면, 취약한 국가는 동맹을 맺어도 결국 희생자가 될 가능성이 높다. 따라서 다른 국가들과 힘을 합해 균형을 이루는 것이 이러한 운명을 피할 수 있는 유일한 방법일 수 있다. 이와 관련하여 1914년 8월 2일, 벨기에의 브로크빌(Charles de Broqueville) 수상은 다음과 같이 말하면서 독일의 최후 통첩을 거절했다.

> "만약 우리가 죽어야만 한다면, 명예롭게 죽겠다. 우리는 다른 방법이 없다. 우리의 굴복은 끝이 없을 것이다. … 우리는 실수하지 않아야 한다. 만약 독일이 승리자가 된다면, 독일의 태도가 어떻든 간에, 벨기에 는 독일제국에 합병될 것이다."[35]

따라서 국가가 공격적이거나 팽창주의적으로 보일수록, 반대 연합을 촉발할 가능성도 더 높아진다.

이처럼 힘(power)보다는 위협(threat)의 차원에서 기본 가설을 정의함으로써 우리는 정치지도자들이 동맹을 선택할 때 고려할 요소들에 대한 더 완전한 그림을 얻는다. 그러나 어느 누구도 어떤 주어진 경우에 어떤 위협의 원천이 가장 중요한지 선험적으로 결정할 수 없고, 단지 모든 위협의 원천이 작용할 가능성이 있다고 말할 수 있을 뿐이다. 그리고 위협이 더 증대될수록, 취약한 국가가 동맹을 추구할 가능성도 더 높아진다.

균형과 편승의 함의

위협과 편승에 관한 2개의 일반 가설은 국제정치에 대한 완전히 대조적인 그림을 보여준다. 어떤 가설이 더 정확한지의 문제를 해결하는 것은 특히 중요한데, 두 가지 가설은 매우 다른 정책적 처방을 의미하기 때문이다. 그렇다면 각각의 가설은 어떤 종류의 세계를 묘사하고 있으며, 어떤 정책을 함의하고 있는가?

만약 균형이 지배적인 경향이라면, 위협적인 국가는 다른 국가들이 자신에게 맞서 동맹을 맺도록 유발할 것이다. 다른 국가들을 지배하려는 국가는 광범위한 반대를 유발하기 때문에, 현상 유지 국가들은 위협에 대해 상대적으로 낙관적인 견해를 가질 수 있다. 균형의 세계에서는 신뢰성(credibility)이 덜 중요한데, 동맹국들이 다른 국가를 위해서가 아니라 자신의 이익을 위해 위협적인 국가에 저항할 것이기 때문이다. 따라서 동맹국의 배반에 대한 두려움은 감소하게 된다. 더욱이 균형이 일반적인 현상이고 정치지도자들이 이러한 경향을 이해한다면, 침략을 고려하는 정치지도자들은 저항을 예견할 것이기 때문에 침략을 포기하게 된다.

균형의 세계에서는 자제(restraint)와 자비로움(benevolence)에 기초한 정책이 최선이다. 강대국은 파트너 국가에게 많은 것을 제공할 수 있기 때문에 동맹으로서 가치가 높게 평가될 수 있다. 하지만 강대국은 공격적인 모습을 보이지 않도록 특별히 조심해야 한다. 균형의 세계에서는 다른 국가에 대한 위협을 최소화하는 외교와 안보 정책이 가장 합당하다.

대조적으로 편승의 세계는 훨씬 더 경쟁적이다. 만약 국가들이 가장 위험해 보이는 국가와 동맹을 맺는 경향이 있다면, 국가는 강하고 공격적으로 보일 때 보상을 받게 된다. 단 한 번의 패배는 한쪽이 쇠퇴하고 다른 쪽이 부상한다는 신호를 보내기 때문에, 국가 간의 경쟁이 더욱 격화될 것이다. 편승의 세계에서는 이러한 상황이 특히 우려스러운데, 추가적인 이탈과 추가적인 지위 하락이 예견되기 때문이다. 더욱이 정치지도자들이 편승이 보편적이라고 믿게 된다면, 그들은 무력을 사용하려는 의향을 더 갖게 될 것이다. 그리고 이러한 경향은 침략 국가와 현상유지 국가 모두 마찬가지일 것이다. 침략 국가는 다른 국가들이 자신에 대해 균형을 이루려 하지 않을 것이라고 가정하기 때문에, 그리고 호전성과 벼랑끝 전술(brinkmanship)를 통해 더 많은 동맹국들을 끌어모을 수 있기 때문에 무력을 사용하게 된다. 반면 현상유지 국가는 자신의 적이 강력하고 단호해 보임으로써 이득을 얻을 것을 우려하기 때문에 그들도 따라하게 된다.[36]

마지막으로, 균형을 이루거나 또는 편승하려는 상대적 성향을 잘못 파악하는 것은 위험하다. 왜냐하면 한 가지 상황에 적합한 정책은 다른 상황에서는 역효과를 낼 수 있기 때문이다. 만일 정치지도자들이 편승의 세계에서 균형 정책을 택한다면, 위협에 대한 그들의 온건한 대응과 안이한 시각은 동맹국들의 이탈을 조장하고 압도적인 연합을 상대로 고립을 자초할 것이다. 역으로, 균형의 세계에서 편승 정책을 택하는 것은, 즉 무력과 위협을 빈번하게 사용하는 것은 다른 국가들이 더욱 격렬하게 저항하도록 만들 것이다.[37]

이러한 우려는 단지 이론적인 것이 아니다. 예를 들어, 1930년대에 프랑스는 소협상(Little Entente)에 속한 동맹국들이 편승하려는 경향이 있다는 것을 인식하지 못했다. 이러한 경향은 프랑스의 군사와 외교 정책이 강화시킨 것이었다.[38] 앞서 언급한 것처럼, 제2차 세계대전 이후 소련은 터키와 노르웨이를 위협함으로써 정반대의 실수를 저질렀다. 소련의 시도는 이 지역들에 대한 미국의 공약을 강화시켰고 터키와 노르웨이가 북대서양조약기구에 가입하게 만들었다. 마찬가지로 빌헬름의 독일과 제국주의 일본의 자기 포위적인(self-encircling) 호전성은 국제문제에서 편승이 지배적일 것이라는, 두 나라에 팽배했던 잘못된 가정에서 비롯되었다.

국가들은 언제 균형을 선택하고 언제 편승을 선택하는가

앞서 언급한 사례들은 국가들이 균형과 편승 중 무엇을 선택할 가능성이 높은지, 그리고 어떤 위협의 원천이 그러한 결정에 가장 큰 영향을 미치는지를 식별하는 것이 얼마나 중요한지 보여준다. 국가들이 언제 균형 또는 편승을 선택하는지에 대한 대답은 5장에서 다루겠지만, 몇 가지는 여기서 제시하도록 하겠다. 대체로 우리는 균형이 편승보다 훨씬 더 일반적이며, 편승은 어떤 식별 가능한 조건 하에서만 일어난다고 예상할 수 있다.

비록 많은 정치지도자들이 잠재적 동맹국들이 가장 강한 세력과 동맹을 맺을 것이라고 두려워함에도 불구하고, 세계 역사에서 이러한 두려움이 현실화된 사례는 매우 드물다. 예를 들어, 30년전쟁 이래 유럽에서 패권을 차지하려는 모든 시도들은 잠재적 패권국을 패배시키려는 목적으로 형성된 방어연합에 의해 저지되었다.[39] 다른 사례들도 다를 바 없다.[40] 비록 드물게 편승의 사례가 있었지만, 강대국들은 다른 유혹을 무시하고 균형 처방을 따르는 놀라운 경향을 보여왔다.

이러한 경향은 놀랄 일이 아니다. 어떤 정치지도자도 다른 국가가 어떻게 행동할지 완벽하게 확신할 수 없다는 단순한 이유로 균형이 선호될 수밖에 없다. 편승은 위협적인 국가의 가용 자원을 증가시키고, 그 국가의 자제(forbearance)가 계속되는 것에 대한 신뢰를 요구하기 때문에 위험하다. 인식은 신뢰할 수 없고 의도는 변할 수 있기 때문에, 국가가 호의적인 태도를 유지할 것이라는 희망에 의지하기보다는 잠재적 위협에 대한 균형을 선택하는 것이 더 안전한 전략이다.

그러나 균형 행동이 예상된다 할지라도, 편승은 여전히 하나의 가능성으로 남아 있다. 몇 가지 요인들이 국가들이 이러한 과정을 선택하는 상대적 성향에 영향을 미칠 수 있다.

강한 국가 vs. 약한 국가

일반적으로 국가가 약할수록 균형보다는 편승을 선택할 가능성이 높다. 이러한 상황은 약한 국가들의 경우 방어 연합에 거의 힘을 보태지 못하지만, 그럼에도 불구하고 더 위협적인 국가의 분노를 사기 때문이다. 약한 국가들은 결과에 거의 영향을 미칠 수 없고, 그 과정에서 큰 고통을 겪을 수 있기 때문에 그들은 이기는 편을 동맹으로 선택해야만 한다. 결과에 영향을 미칠 수 있을 경우에만 더 약한 동맹에 참여하는 것이 합리적인 결정이라 할 수 있다.[41] 반대로 강대국들은 지는 연합을 승리하는 연합으로 바꿔놓을 수 있다. 그리고 그들의 결정이 승리와 패배의 차이를 의미할 수 있기 때문에, 그들은 자신의 기여에 대해 충분한 보상을 받을 가능성이 있다.

약한 국가는 또한 근접한 국가에 대해 특히 민감할 가능성이 높다. 강대국들이 세계적인 이해관계와 세계적인 역량 모두를 지니고 있는 데 반해, 약한 국가들은 자신의 인접 지역에서 발생하는 사건에 대해 주로 관심을 갖는다. 한편, 약한 국가들은 거의 동등한 능력을 가진 국가의 위협을 받을 때는 균형을 선택하게 되고, 강대국의 위협을 받을 때는 편승의 유혹을 받게 된다. 그리고 강대국이 빠르고 효과적으로 행동할 수 있을 때 (즉, 강대국의 공격 능력이 특히 강할 때) 이러한 편승의 유혹은 훨씬 더 클 것이다.

동맹국의 이용 가능성

국가들은 동맹국의 지원을 받기 어려운 상황에서 편승의 유혹을 받게 된다. 이는 단순히 같은 말을 반복하는 것이 아니다. 국가들은 동맹국의 지원에 의존하는 대신 자국의 자원을 동원해 균형을 이룰 수도 있기 때문이다. 그러나 국가들은 동맹국의 지원이 이용 가능하다고 확신할 때 그렇게 행동할 가능성이 더 높다. 따라서 균형 행동의 추가적인 전제조건은 효과적인 외교적 의사소통 체계라고 할 수 있다. 의사소통 능력은 잠재적인 동맹국들이 그들의 공동 이익을 인식하고 대응을 조직할 수 있게 한다.[42] 그러나 약한 국가가 외부 원조를 기대할 수 없다면, 그들은 가장 임박한 위협에 순응할 수밖에 없을 것이다. 예를 들어, 이란의 초대 왕은 1881년 영국의 칸다하르 철수를 러시아에 편승해야 한다는 신호로 보았다. 그가 영국 대표에게 말했듯이, 영국으로부터 그가 받은 전부는 "좋은 충고와 달콤한 말뿐이었다."[43] 소련과 부분적인 동맹을 맺은 핀란드의 정책은 동일한 교훈을 제시한다. 제2차 세계대전 당시 핀란드는 나치 독일의 편에 섰고, 그로 인해 잠재적 동맹국들(미국과 영국)과 소원해졌다. 그렇지 않았다면 미국과 영국은 제2차 세계대전 후 소련의 압박으로부터 핀란드를 보호했을지도 모른다.[44]

물론, 동맹국의 지원에 대한 과도한 확신은 약한 국가가 안보를 제공하는 다른 국가에 의존하면서 무임승차를 하도록 조장할 수 있다. 약한 국가로서는 자신의 노력이 어쨌든 별다른 도움이 되지 못하기 때문에 무임승차가 최선의 정책이다. 강대국들 사이에서는 동맹국의 지원을 쉽게 받을 수 있다는 믿음은 책임전가를 부추기게 된다. 즉, 위협받는 국가는 침략국에 맞서는 부담을 다른 국가들에게 떠넘기려고 한다. 무임승차나 책임전가 모두 편승의 형태는 아니지만, 둘 다 동맹의 구성국들이 자신의 파트너가 무조건적으로 충성스럽다고 확신하지 못할 때 효과적인 균형 행동이 나타날 가능성이 높다는 것을 제시한다.[45]

종합적으로 이러한 요인들은 강대국을 중심으로 한 세력권의 형성을 설명하는 데 도움이 된다. 비록 강한 국가에 이웃한 강한 국가는 균형을 이루려 할 가능성이 높지만, 강한 국가의 작고 약한 이웃 국가는 편승할 의향이 더 클 수도 있다. 그들은 팽창의 첫 번째 희생자가 될 수 있기 때문에, 홀로 맞설 능력이 없기 때문에, 그리고 방어적인 동맹이 그들에게 큰 도움이 되기에는 너무나 천천히 작동할 것이기 때문에, 위협적인 강대국에 순응하려는 유혹을 받을 수 있다.[46]

평화와 전쟁

마지막으로, 동맹의 선택이 이뤄지는 상황이 균형 또는 편승의 결정에 영향을 미치게 된다. 평시나 전쟁의 초기에는 국가들은 가장 큰 위협이 되는 국가들을 억제하거나 물리치기 위해 균형을 이루려 할 가능성이 더 높다. 하지만 일단 결과가 확실해 보이면, 일부 국가들은 적당한 때에 지고 있는 팀에서 이탈하고 싶어할 것이다. 예를 들어, 제2차 세계대전 당시 루마니아와 불가리아는 처음에는 나치 독일과 동맹을 맺었지만, 유럽에서 전쟁의 흐름이 바뀌자 연합국에 합류하기 위해 독일을 버렸다.[47]

그러나 평화가 회복되면, 균형을 이루고자 하는 동기도 다시 돌아온다. 많은 관찰자들이 언급한 것처럼, 승리 연합은 평화의 확립과 함께 해체되기 쉽다. 눈에 띄는 예로는 1864년 덴마크와의 전쟁 이후 오스트리아와 프러시아, 제1차 세계대전 이후 영국과 프랑스, 제2차 세계대전 이후 소련과 미국, 그리고 미국의 베트남 철수 이후 중국과 베트남이 있다. 이렇게 반복되는 패턴은 균형이 국제정치에서 지배적인 경향이며, 편승은 기회주의적 예외 상황(opportunistic exception)이라는 명제를 다시 한번 뒷받침한다.[48]

균형과 편승 가설의 요약

균형 가설

1. 일반적 형태: 외부의 위협에 직면한 국가들은 위협을 가하는 국가에 대항해 다른 국가들과 동맹을 맺게 된다.
2. 위협적인 국가의 총체적 국력이 강할수록, 그 국가에 맞서 다른 국가들이 동맹을 맺으려는 경향이 커진다.
3. 강력한 국가가 가까이에 있을수록, 그 국가에 맞서 인근 국가들이 동맹을 맺으려는 경향이 커진다. 따라서 이웃하는 국가들은 적어도 하나의 다른 국가를 사이에 두고 떨어져 있는 국가들보다 동맹을 맺을 가능성이 낮다.
4. 한 국가의 공격 능력이 강할수록, 그 국가에 맞서 다른 국가들이 동맹을 맺으려는 경향이 커진다. 따라서 공격 지향적인 군사적 능력을 가진 국가는 다른 국가들이 방어 연합을 형성하도록 유발할 가능성이 높다.
5. 한 국가의 인지된 의도가 공격적일수록, 그 국가에 맞서 다른 국가들이 동맹을 맺을 가능성이 커진다.
6. 전시 기간 동안 형성된 동맹들은 적이 패배한 후 해체된다.

편승 가설

편승 가설은 균형 가설과 반대이다.

1. 일반적 형태: 외부의 위협에 직면한 국가들은 가장 위협적인 국가와 동맹을 맺게 된다.
2. 한 국가의 공격 능력이 클수록, 다른 국가들이 그 국가와 동맹을 맺으려는 경향이 커진다.
3. 강력한 국가가 가까이에 있을수록, 근처에 있는 국가들이 그 국가와 동맹을 맺으려는 경향이 커진다.
4. 한 국가의 공격 능력이 클수록, 다른 국가들이 그 국가와 동맹을 맺으려는 경향이 커진다.

5. 한 국가의 인지된 의도가 더 공격적일수록, 그 국가에 맞서 다른 국가들이 동맹을 맺을 가능성이 낮아진다.
6. 위협에 반대하기 위해 형성된 동맹은 위협이 심각해지면 해체된다.

균형 또는 편승에 유리한 조건 가설
1. 균형은 편승보다 더 일반적이다.
2. 국가가 강할수록 균형을 이루려는 경향이 커진다. 약한 국가는 다른 약한 국가에 대해서는 균형을 이루려 하겠지만, 강대국에 의해 위협받게 될 때는 편승할 수도 있다.
3. 동맹국의 지원 가능성이 더 클수록 균형을 이루려는 경향이 커진다. 그러나 동맹국들의 충분한 지원이 확실할 때는 무임승차와 책임전가의 경향이 증가한다.
4. 한 국가가 변함없이 공격적이라고 인식될수록, 다른 국가들이 그 국가에 맞서 균형을 이루려는 경향이 커진다.
5. 전시에 한쪽이 승리에 더 가까워질수록, 다른 국가들이 그 쪽에 편승하려는 경향이 커진다.

같은 무리끼리 어울리고 분열하기: 이념과 동맹 형성

이념적 연대—한스 모겐소의 용어를 사용하자면—는 정치적, 문화적 또는 다른 특성(trait)을 공유하는 국가들 간 동맹을 가리킨다. 이념적 연대에 관한 가설에 따르면, 둘 또는 그 이상의 국가들이 서로 유사한 특성을 가지고 있을수록 동맹을 맺을 가능성이 높다. 이 가설은 방금 고려했던 가설, 즉 동맹을 외부의 위협에 대한 임시방편적인 대응으로 보는 가설과는 매우 대조적이다. 결과적으로 대부분의 현실주의 학자들은 동맹의 선택에 있어 이념의 영향을 경시한다.[49]

현실주의 학자들의 회의적인 시각에도 불구하고, 유사한 국가들은 서로에게 끌린다는 믿음이 강하고 빈번하게 선언되어 왔다. 예를 들어, 영국의 정치가 버크(Edmund Burke)는 동맹이 "규범과 관습 그리고 삶의 습관에 있어 유사성"의 산물이라고 믿었다.[50] 파머스톤(Palmerston) 경은 "영국의 영원한 친구는 없으며, 다만 영원한 이익이 있을 뿐이다"라는 유명한 주장을 했지만, 외교장관으로서 그의 정책은 민주주의 국가들의 자연스러운 친근감에 대한 믿음을 보여준다. 1834년, 그는 다음과 같이 말했다.

"우리의 정책은 이제 전제 정부들로 이루어진 동부 연합에 대한 평형추로서 자유국가들의 서부 연맹을 형성하는 것이어야 합니다. 우리는 전진하고 있고 그들은 쇠퇴하고 있습니다. 유럽의 모든 소국들은 우리의 체제에 끌리는 자연스런 경향을 갖게 될 것입니다."[51]

이와 유사한 사례로는 최근 에티오피아의 마리암(Mengistu Haile Mariam) 대령과 모잠비크의 마셀(Samora Machel)이 사회주의 국가들의 '자연스러운' 동맹을 강조한 것을 들 수 있다.[52] 또한 레이건(Ronald Reagon)은 미국과 미국의 동맹국들이 어떻게 "그들의 민주적 가치를 재발견"했는지 설명하기를 좋아했는데, 이러한 가치가 "평화와 자유를 수호하는 활동에서 미국과 동맹국들을 단결시킨다"고 보았다.[53] 그리고 1장에서 언급한 것처럼, 미국이 제3세계의 좌익 운동을 반대한 것 또한 이러한 세력들이 자연스럽게 소련과 가까워질 것이라는 생각에서 기인했다. 실제로 개발도상국의 반공산주의 반란 세력에 대한 적극적인 지원을 요구한 소위 '레이건 독트린'은 이러한 일반적 정책의 표현이라고 할 수 있다.[54]

이러한 믿음의 배후에 있는 논리는 무엇인가? 몇 가지 논리가 있을 수 있다. 첫째, 유사한 국가와의 동맹은 자국의 정치적 원칙을 보호하기 위한 방법으로 여겨질 수 있다. 무엇보다 정치지도자들이 그들의 정부 체제가 본질적으로 좋다고 믿는다면, 비슷한 체제의 국가를 보호하는 것 또한 좋은 일로 고려되어야 한다. 둘째, 유사한 특성을 가진 국가들은 서로를 두려워할 가능성이 낮다. 왜냐하면 본질적으로 좋은 국가가 자신을 공격할 것이라고 상상하기 어렵기 때문이다.[55] 셋째, 자국과 유사한 특성을 가진 국가와의 동맹은 자신이 크고 인기 있는 세력의 일부임을 입증해줌으로써 기반이 약한 정권의 합법성을 강화시킬 수 있다. 넷째, 이념 그 자체가 동맹을 규정할 수도 있다. 마르크스–레닌주의가 아마도 가장 좋은 사례일 것이다.[56]

많은 사례들이 이러한 가설들을 뒷받침하기 위해 인용될 수 있다. 먼저, 오스트레일리아는 두 차례 세계대전 당시 직접적으로 독일의 위협을 받지 않았음에도 불구하고 독일과 전쟁을 치렀다. 한 설명에 의하면, 대영제국에 대한 식민지 국가들의 충성은 "전체 중 하나 대 하나가 아니라 전체 대 전체였고, 영국의 이상과 생활 방식에 대한 것이었다."[57] 19세기에 나폴레옹 패배 후의 신성 동맹과 1873년의 삼제 동맹은, 비록 힘과 안보의 문제도 한몫을 하기는 했지만, 새로운 정치 체제에 반대하는 유사한 국가들을 단결시켰다.[58] 이념적 경계를 따라 유럽을 깔끔하게 분리한 1833년 뮌헨그라츠(Munchengratz) 조약과 1834년 4국 동맹 또한 적절한 예라고 할 수 있다.[59]

분열적 이념

앞서 언급된 사례들은 공통적인 이념이 효과적인 동맹 형성에 어떻게 영향을 미쳤는지 보여준다. 그러나 이보다 덜 알려진 사실도 있는데, 특정한 형태의 이념은 결속과 지지가 아닌 갈등과 불화를 유발한다는 것이다. 특히 이념이 구성국들에게 단일한 권위적 리더십에 복종하는 중앙집권적 집단(movement)을 형성하도록 요구할 때, 구성국 사이에 갈등이 발생할 가능성이 증가한다. 이러한 다소 역설적인 결과는 다음의 이유들로 인해 발생할 수 있다.

첫째, 이념이 각 구성국 정권들의 합법성의 원천이기 때문에 그들은 그 이념의 타당성을 인정해야 한다. 이념이 단일 지도국을 요구할 때, 그 이념을 받아들인 정권들은 또한 누가 지도적 역할을 차지할지에 대해 동의해야 한다. 실제로 최상위에 올라선 정권을 제외한 모든 정권들은 지도국의 권위적인 지침을 수용하도록 압력을 받게 될 것이다. 따라서 모든 구성국 정권들은 같은 집단 내의 다른 구성국에 의해 그들의 자주성이 위협받는 상황에 처하게 된다.[60]

둘째, 지도적 그룹의 권위는 공동의 이념에 대한 그들의 해석에 기초하기 때문에 이념 분쟁이 발생할 수 있다. 각 분파는 자신의 행동을 옹호하려면 경쟁자를 반역자나 이단자로 몰아야만 하기 때문에 이념 분쟁이 극렬해질 가능성이 높다.

국제 공산주의의 역사는 이와 관련하여 눈에 띄는 사례들을 제공한다. 소련의 권위 있는 문서는, "마르크스-레닌주의에 기초한 이념적 결속은 공산주의의 국제적 결속의 토대이다"라고 밝히고 있다.[61] 그러나 여러 학자들이 주장한 것처럼, 공산당 인터내셔널의 결속은 외국의 공산당들이 모스크바의 지원에 의존하는 동안에만 유지되었다. 제2차 세계대전 이후 독립적인 공산주의 국가들이 등장했을 때, 소련 공산당의 역할은 과거의 일이 되었다.[62] 공산주의 국가들 사이의 갈등은 세계에서 가장 맹렬했으며, 이념적 분쟁이 갈등의 기원과 진화에 있어 중요한 역할을 했다. 공산주의의 "자연스러운" 결속은 동유럽에서만 지속되었으며, 주로 소련군의 직접적인 주둔을 통해서 이루어졌다.

통합적 이념

주목할 만한 점은 이러한 문제들이 자유주의 국가나 군주제 국가에서는 발생하지 않는다는 것이다. 먼저, 자유주의 국가들의 합법성은 단일 지도국 아래 초국가적 단결을 규정하는 이념에 기초하지 않기 때문에, 자유주의 국가들은 서로에 대해 이념적 위협을 제기하지 않는다. 자유주의 사회의 경우, 합법성은 다른 국가들과의 관계가 아니라 선거와 여론에 기초한다. 그리고 군주제 국가의 경우, 통치권은 왕의 전통적 권리나 신성한 권리에 기초한다. 또한 군주제나 자유주의적 통치의 원칙은 자국의 영역에 대해서만 합법적인 권위를 부여하고, 다른 국가들의 영역에 대해서는 부여하지 않는다. 따라서 군주제 국가나 자유주의 국가들 간 동맹 관계는 이념적 갈등에 의해 와해되지 않는다. 게다가 이러한 정권들은 자신의 합법성을 위협하는 어떤 세력에 대항하기 위해 협력하는 데 관심을 갖고 있으며, 이는 그들이 동맹을 맺도록 하는 추가적인 동기로 작용한다.[63] 따라서 1820년대에 러시아, 프러시아, 그리고 오스트리아-헝가리가 자유주의 운동을 진압하기 위해 힘을 합친 것이나, 현재의 산업 민주주의 국가들의 동맹이 대단히 안정적인 것은 놀랄 만한 일이 아니다.[64] 그리고 마이클 도일(Michael Doyle)이 주장한 것처럼, 민주적이고 공화적인 정권들 간에 의외로 전쟁이 발생하지 않는다는 사실은 국내적 질서가 그들 사이의 분쟁 또한 감소시킬 수도 있다는 것을 의미한다.[65]

이념적 연대의 중요성

이념적 연대가 동맹의 요인으로서 얼마나 중요한가? 어떤 조건 하에서 이념적 요인들이 강력한 통합 효과를 발휘하는가? 그리고 언제 분열을 일으키는가? 편승이나 균형의 가설처럼, 동맹의 원인으로서 이념적 연대의 실제 중요성은 중요한 이론적, 현실적 결과를 수반한다. 만약 이념이 동맹 선택에 있어서 실제로 중요한 결정 요소라면, 적과 아군을 식별하기는 상대적으로 쉬울 것이다. 따라서 국내 제도가 유사한 국가들은 자연스러운 동맹국이 되고, 다른 정치적 체제나 신념을 가진 국가들은 의심을 가지고 보게 된다. 그리고 이러한 믿음은 또한 다른 함의들을 갖고 있다. 만약 국내적 특성이 국가의 국제적 행동에 강력한 영향을 미친다면, 국가들은 다른 국가의 내정에 개입하려는 유혹을 받게 될 것이다. 게다가 비슷한 국가로부터 지원을 이끌어내는 라이벌 국가의 능력은 이념적 힘과 함수 관계이기 때문에, 이념이 동맹의 중요한 원인이 되면 거대한 단일 동맹이 형성될 위험이 증가한다.[66] 언제 이런 일이 일어날 가능성이 있을까? 한 가지 변수는 이념 자체의 유형(통합적인 이념인가, 분열적인 이념인가)이다. 다른 몇 가지 변수들도 고려되어야 한다.

첫째, 국가들은 이미 상당한 안보가 확보되었을 때 이념적 선호를 따르는 경향이 더 크다. 그러나 큰 위험에 직면했을 때 국가들은 자신이 얻을 수 있는 어떤 동맹이든 구하려 할 것이다. 이는 윈스턴 처칠의 유명한 발언에 잘 드러나 있다. "만약에 히틀러가 지옥을 침공한다면, 나는 하원에서 악마의 편을 들 것이다." 이는 루스벨트 대통령도 마찬가지였다.[67] 이러한 관점은 이전의 영국과 미국의 태도와 비교될 수 있다. 1930년대 후반까지 독일이 약했기 때문에 영국과 프랑스와 미국은 이념에 기반한 경멸과 혐오감으로 소련을 대할 수 있었고, 소련도 동일하게 반응했다. 그러나 나치 독일이 심각한 위협을 가하기 시작하자 이러한 이념적 선호는 힘을 잃었다.[68] 요컨대, 안보적 고려가 이념적 선호에 우선할 가능성이 많으며, 이념을 기반으로 한 동맹은 현실적인 이익들이 개입될 때 유지되지 못할 수 있다.

여기서 몇 가지 흥미로운 함의들이 제기된다. 먼저, 국가들을 더 안전하게 만드는 어떤 요인이든 동맹의 선택에 있어 이념의 중요성을 증가시킨다. 만약 양극 체제가 가장 안정적이라는 케네스 왈츠의 주장이 맞다면, 이념의 영향은 양극 세계에서 가장 커야 한다. 양극적 경쟁관계는 두 초강대국이 제3국을 자유롭게 지지할 수 있게 하고(제3국이 이념적으로 가장 비슷한 쪽을 선택할 옵션을 제공하면서), 양극 상황이 초강대국 행동에 부과하는 신중함은 대부분의 나머지 국가들이 안보적 요구보다는 이념적 선호를 따를 수 있게 한다.[69] 게다가 방어를 쉽게 만들고 공격을 어렵게 만드는 다른 요인들이 동맹 선택에 있어 이념의 중요성을 증가시킨다. 이와 관련하여 1820년대와 1830년대 이념 동맹의 근본적인 원인은 이 시기에 지배적으로 보였던 방어 우위의 상황이었을 수 있다.[70] 핵무기는 바로 이러한 이유로 오늘날 이념을 좀더 중요한 요인으로 만들 수 있다. 핵 억지력(nuclear deterrence)은 강대국이 약소국을 위협하기 더 어렵게 만들고 초강대국들이 다른 국가들의 행동도 완화시켜야 할 강력한 동기를 제공하기 때문에, 제3국들은 공식적인 동맹을 덜 필요로 하게 되거나 동맹 파트너를 선택할 때 이념적 요인에 더 많은 관심을 갖게 된다.

이러한 상황은 한 가지 중요한 역설을 드러낸다. 방어가 지배적이고 국가들이 가장 안전할 때, 이념이 가장 중요해진다. 즉, 국가들은 스스로를 방어하기가 비교적 쉬운 환경에서는 이념적인 거대 단일조직(monoliths)을 가장 우려해야 한다. 다시 말해, 이념이 동맹의 중요한 원인인 상황에서는 이념에 기반한 대규모 동맹이 가장 덜 위험하다.

둘째, 약하거나 불안정한 정권들이 자신의 합법성을 강화하기 위해 이념적 주장에 의존할 때, 이러한 의존이 그들의 동맹 선택에 영향을 미칠 수 있다. 특히 약한 정권들은 크고 인기 있는 집단에 참여함으로써 그들의 인기를 강화하고 외부적 지지를 받기 위해 노력할 것이다. 또한 대규모 집단과 동맹함으로써 약한 정권은 그들이 가치 있고 보편적으로 인정되는 목적을 추구하고 있다고 국민들이 믿어주길 바랄 수 있다. 예를 들어, 쿠바가 스스로 공산주의 진영에 합류한 것은 이러한 행동 유형의 사례라 할 수 있다. 카스트로는 스스로 마르크스-레닌주의자임을 선언함으로써 거대하고 세계적인 집단의 구성원이라는 이득을 얻는 한편, 소련의 지원을 이끌어내고 제국주의 사상에 대한 자신의 거부를 보여줄 수 있었다. 따라서 우리는 합법성이 불안정한 정권들이 이념 기반의 동맹에 가담할 것이라고 예측할 수 있다.

셋째, 우리가 정치가들의 수사적 표현을 너무 진지하게 받아들여서 이념의 중요성을 과장할 수 있다는 점을 유의할 필요가 있다. 대내외적 이유로 정치가들은 이념적으로 아주 가깝다는 점을 내비치면서 그들의 동맹을 우호적으로 설명하는 경향이 있다. 이러한 전술은 적대국에게 동맹이 실효적임을 인지시키고, 두 나라 모두에서 동맹에 대한 대중적 지지를 높이는 데 유용하다. 그래서 제2차 세계대전 동안 미국 내에서는 스탈린(Joseph Stalin)에 대한 의도적인 이미지 세탁을 통해 이전의 "공산주의 폭군"을 영웅적인 "조 삼촌"으로 바꾸어놓았다.[71]

게다가 만약 한 국가의 지도자들이 이념이 국제 동맹의 결정 요인이라고 믿는다면, 그들은 유사한 이념을 지지하는 국가는 잠재적 우호국이고, 다른 이념을 지지하는 국가는 잠재적 적국이라고 볼 것이다. 그들은 전자에 대해서는 좋게 보고, 후자는 의구심을 갖고 바라볼 것이기 때문에, 이념이 유사한 국가와의 관계는 좋을 것이며 이념이 다른 국가와의 관계는 좋지 못할 것이다. 결과적으로 다른 이념을 지지하는 국가들은 반대 세력에 합류할 가능성이 높다. 그리고 유사한 국가들이 서로에게 끌린다는 믿음은 대부분의 국가들이 이념적 고려에 대해 상대적으로 무관심할지라도 자기 충족적이 되기 쉽다. 두 가지 이유로 인해 이러한 유유상종의 경향은 과장될 수 있다.

마지막으로, 이념적 요인과 안보적 고려 간의 밀접한 관계를 간과해서는 안된다. 모든 국가들이 국내적 반대(폭력적인 내부 격변을 말하는 것은 아니다)를 최소화하려고 하기 때문에, 특정한 국내 질서를 위태롭게 하는 이념적 집단은 군사력 못지않게 상당한 위협이 될 수 있다. 결과적으로, 많은 이념적 동맹들이 적대적 이념의 확산에 반대하기 위해 만들어진 것이라면, 그것들은 단지 위장한 균형 동맹일 수 있다. 러시아, 프러시아, 오스트리아-헝가리 간의 신성동맹이 명백한 사례이다. 마찬가지로, 약한 정권들은 새로운 이념적 집단이 기세를 얻는 것처럼 보일 때, 자신의 이념적 입장을 변경함으로써 편승할 수 있다. 이러한 가설들 간의 구분은 현실주의적 관점이 제시하는 것만큼 분명하지 않을 수 있다. 나중에 검토해야 할 핵심적 문제는 현대의 중동 국가들이 자신의 이념적 선호를 충족시키기 위해 기꺼이 안보를 희생하려고 했는지, 아니면 이념이 필요하다면 쉽게 무시되는 열망을 반영하는지이다.

이념과 동맹 형성 가설 요약

1. 일반적 형태: 둘 또는 그 이상의 국가들의 국내 이념이 비슷할수록, 그들이 동맹을 맺을 가능성이 커진다.
2. 이념에 의해 규정되는 집단이 중앙집권적이고 위계적일수록, 어떤 동맹이든 더 갈등적이며 깨지기 쉽다. 그러므로 레닌주의 집단은 군주제나 민주주의에 비해서 안정적 동맹을 지속하기가 더 어렵다는 것을 알게 된다.
3. 국가가 스스로 더 안전하다고 인식할수록, 이념이 동맹 선택에 미치는 영향이 커진다. 그러므로 이념적 동맹은 양극 체제에서 가능성이 더 높다. 그리고 전쟁에서 방어의 이점이 더 클수록, 동맹 선택에서 이념의 영향이

커진다.

4. 국내적 합법성을 결여한 국가들은 국내적, 대외적 지지를 증가시키기 위해 이념적 동맹을 추구할 가능성이 높다.

5. 동맹 파트너 선택에 대한 이념의 영향은 과장될 수 있다. 즉, 정치인들은 동맹국들과 적대국들 모두의 이념적 일치 정도를 과대평가하게 된다.

대외 원조와 동맹 형성

일단의 주장들에 따르면, 경제 혹은 군사 원조의 제공은 호의적인 의도를 전달하고, 상대방이 감사하는 마음을 갖도록 하거나, 피지원국이 지원국에 의존하도록 만들기 때문에 효과적인 동맹을 만들 수 있다. 간단히 말해, 더 많이 원조할수록 동맹의 결속이 더 강화된다. 이 가설은 다양한 제3세계 국가에 대한 소련의 무기 수송과 경제 원조에 대한 미국의 우려뿐만 아니라 약소국에 대한 대부분의 경제 및 군사 원조 계획들을 정당화한다. 예를 들어, 1983년 이클레(Fred C. Ikle) 미 국방 차관은 쿠바와 니카라과에 대한 소련의 무기 지원과 관련하여 중앙아메리카를 "또 다른 동부 유럽"으로 바꿔놓을 위험이 있다고 경고했다. 이는 다른 미국의 관리들이 다른 지역에서의 소련의 군사 원조를 믿을 만한 영향력 수단으로 보았던 것과 동일하다.[72] 맥락에 관계없이, 주장은 동일하다. 즉, 군사 혹은 경제 원조의 제공은 지원국에 피지원국에 대한 상당한 영향력을 제공하는 것으로 믿어진다.[73]

이 장에서 분석된 다른 가설들과 마찬가지로, 이러한 믿음에는 근거가 있다. 역사를 통해서 국가들은 종종 동맹을 얻기 위해 일종의 지원금을 제공해왔다. 프랑스의 왕 루이 14세는 유럽에서 패권 추구를 하는 동안 빈곤한 제임스 2세 왕실에 지원금을 제공해서 잉글랜드의 중립을 얻었다.[74] 그리고 제1차 세계대전 당시 영국과 프랑스는 금으로 지원금을 제공하고 전후 영토 획득을 약속함으로써 여러 아랍 지도자들의 지지를 얻었고, 유사한 약속으로 이탈리아 또한 같은 편으로 바꾸었다.[75] 또한 역사가들은 대체로 1892년 프랑스-러시아 동맹을 촉진하는 데 프랑스의 러시아에 대한 차관이 중요한 역할을 했다고 본다.[76] 즉, 다양한 형태의 대외 원조가 동맹 형성 과정에서 자주 나타난다.

그러나 원조 제공이 동맹의 주요 요인이거나 영향력 행사의 강력한 수단이라고 결론내리는 것은 너무 섣부른 판단일 수 있다. 원조가 동맹을 야기한다는 개념은 두 국가가 서로에게 이익이 된다고 믿을 때에만 군사 혹은 경제 지원이 제공되고 수락된다는 사실을 무시하고 있다. 특히 원조를 제공하거나 받아들이는 것은 상이한 능력을 지닌 국가들이 공통의 위협에 대응하는 방법 중 하나이다. 이와 관련하여 헤이그(Alexander Haig) 국무장관은 다음과 같이 말하면서 미국의 안보 지원 계획을 정당화했다. "우리가 지원하는 우방국들은 우리가 우리의 핵심 국익을 보장하는 데 도움을 줄 수 있습니다."[77] 이러한 표현은 원조 관계가 정치적 동맹의 원인이기보다는 결과일 가능성이 더 높다는 것을 나타낸다. 예를 들어, 제2차 세계대전 당시 누구도 '대동맹(Grand Alliance)'이 영국과 러시아에 대한 미국의 '무기 대여' 원조에서 기인했다고 주장할 수 없다. 미국의 '무기 대여' 정책은 공통의 적에 대항하여 미국의 산업적 힘이 보다 효과적으로 이용될 수 있는 수단이었다고 말하는 것이 더 정확하다.[78] 그리고 오늘날 소련이나 미국이 군사적 원조를 통해 믿을 만한 '대리국'을 만들 수 있다고 주장하는 사람은 사실상 그와 같은 주장을 하고 있는 것이다. 그들은 최초에 그러한 관계에 영향을 주었던 공통의 정치적 목표를 무시하고 오로지 동맹이 실현되는 방식에만 초점을 맞추고 있다.

그러므로 동맹에 대한 경제 또는 군사 원조의 중요성을 평가할 때는 그와 같은 원조가 피지원국의 행동에 미치는 강력하고 독립적인 영향의 정도와 원조가 가져오는 영향을 증가시키는 조건을 고려해야 한다. 예를 들어, 만약 소련의 군사적 지원을 우려한다면, 그러한 지원을 통해 모스크바가 지원을 받는 국가의 행동을 통제할 수 있는지 여부를 알아봐야 한다. 또한 미국은 동맹국에 군사적 지원을 제공하기 전에 그 지원이 자신의 이익과 부합하는지를 고민해야 한다. 그에 따른 질문은 다음과 같다. 언제 대외 원조가 지원국에게 피지원

국에 대한 효과적인 정치적 영향력을 제공하는가? 몇 가지 추가적인 가설들이 이러한 점을 다룬다.[79]

중요 자산의 독점 공급

제공되는 자산의 가치가 클수록 그리고 지원국이 누리는 독점의 정도가 클수록, 동맹 형성의 수단으로서 자산이 더 효과적일 것이다. 여기서 제시하는 논리는 명백하다. 원조가 특별히 가치 있고 대안들이 존재하지 않을 때, 피지원국들은 원조를 얻기 위해 지원국의 요구를 더 기꺼이 따를 것이며, 따라서 지원국들은 강한 영향력을 갖게 될 것이다. 분명한 것은 대안이 존재한다면 영향력이 상당히 감소할 것이라는 점이다.

이에 따른 몇 가지 함의는 다음과 같다. 첫째, 동맹 선택에 있어 원조의 효과와 대외 원조를 통해 얻게 되는 영향력의 정도는 공급이 불확실한 물품이 지속적으로 필요할 때 강화된다. 예를 들어, 전시에는 식량과 경화 그리고 군사 장비 등이 이러한 물품에 포함된다. 즉, 가치 있고 저장하기 어렵거나 재공급이 수시로 필요한 물품은 비축 가능하며 일회성으로 제공되는 물품에 비해서 지원국에게 더 큰 영향력을 제공한다.[80]

둘째, 군사 원조는 피지원국이 상당한 외부 위협에 직면했을 때 더 많은 영향력을 발휘한다. 이러한 측면에서 대외 원조는 공통의 적에 대해 균형을 이루는 방법이 될 수 있다. 이는 또한 제공된 자산의 중요성이 해당 자산이 제공되는 맥락, 즉 피지원국이 직면한 특정한 환경에 달려 있다는 생각을 강화한다.

비대칭적 의존성

지원국이 피지원국에 대해 의존의 비대칭성을 누린다면 영향력이 강화된다. 예를 들어, 피지원국이 임박한 위험에 처했으나 주요 지원국은 그렇지 않을 때 전자의 행동에 대한 후자의 영향력이 증가한다. 그러나 의존성이 상호 동등할 때, 두 국가 모두 상대국의 이익에 자신을 맞추어야 한다. 다시 말해, 한 동맹국이 다른 동맹국을 그다지 필요로 하지 않을 때, 이 동맹국의 영향력이 증가한다.

역으로, 피지원국의 가치가 클수록 피지원국은 지원국으로부터 더 많은 원조를 받을 가능성이 있지만, 이러한 원조를 통해 지원국이 얻을 수 있는 영향력은 작을 것이다. 따라서 지원국은 지원 규모를 심각하게 줄임으로써 중요한 동맹국에게 압력을 가하기를 꺼릴 것이다. 그리고 이러한 경향은 원조의 제공이 대개 지원국 자신의 위신과 관련 있다는 사실로 인해 증가한다. 자국의 이익이 충족되지 않는 경우 동맹을 재조정하겠다는 피지원국의 위협은 지원국이 피지원국과의 관계에 이미 많은 투자를 했을 때 더 효과적이다. 사실상, 대규모 원조 프로그램은 지원국에게 피지원국에 대한 효과적인 영향력을 제공하기는커녕 피지원국이 원조 규모를 늘리도록 지원국을 성공적으로 강요했다는 사실을 의미하는 것일 수 있다.

동기의 비대칭성

사안의 상대적 중요성이 동맹의 구성국마다 다르다는 점 또한 후원국이 피후원국에 대해 행사할 수 있는 영향력의 정도에 영향을 미치게 된다. 다른 모든 것들이 동일하다면, 피후원국이 특정 사안을 중요하게 생각할 때 피후원국에 영향력을 행사할 수 있는 후원국의 능력이 감소한다. 이러한 감소는 피후원국이 후원국의 요구에 따르는 비용이 지원을 포기하는 비용보다 더 크기 때문에 발생한다.[81]

따라서 강력한 후원국조차 자신의 피후원국에 대해 완벽한 통제력을 발휘하지 못할 가능성이 있다. 지원을 받는 국가는 일반적으로 지원하는 국가보다 약하기 때문에, 그들은 더 절박한 처지에 있다고 할 수 있다. 따라서 그들은 자신의 이익을 보장하기 위해 더 열심히 협상하는 경향이 있다. 그러므로, 일반적으로 동기의 비대칭성은 지원을 받는 국가에 유리하게 작용한다. 결과적으로 대규모 대외 원조 프로그램을 통해 얻을 수 있는 영향력은 일반적으로 지원국이 기대한 것보다 작을 것이다.

의사결정의 자율성

마지막으로, 후원국이 피후원국에게 제공하는 지원의 수준을 정치적으로 조작할 수 있을 때 영향력이 강화된다. 권위주의적인 정부들은 동맹국의 정책에 영향을 미치기 위해 대외 원조를 더 잘 사용하는 경향이 있다. 왜냐하면 그들은 지원을 감소시키는 데 있어서 내부적인 장애가 적기 때문이다. 반면에 국내 정치가 대립하는 이익집단들에 의해 쉽게 영향을 받는 국가는 아주 의존적인 피후원국에 대해서조차 그들의 행동을 통제하는 수단으로서 지원을 축소하겠다는 신뢰할 만한 위협을 가하는 것이 어려울 수 있다.[82]

이러한 4가지 조건들이 대체로 동맹에 대한 대외 원조의 독립적인 효과를 결정한다. 따라서 4가지 조건을 이미 조사한 가설들에 비추어 검토해보면, 다음의 몇 가지 추가적인 가설들이 제기될 수 있다.

첫째, 대외 원조는 강대국이 공격적인 의도가 없다는 것을 명확하게 전달하는 것이기 때문에 동맹 선택에 긍정적인 영향을 미칠 수 있다. 그리고 대규모 군사 원조는 다수의 우호적인 말보다 가치가 있다. 왜냐하면 강대국들은 그들이 공격할 의도가 있는 국가의 군사적 능력을 증가시키려고 하지 않을 것이기 때문이다.

둘째, 지원하는 국가의 지도자들이 편승 가설을 받아들일수록, 피후원국은 압력을 가하려는 후원국의 시도를 더 쉽게 거부하고 추가적인 지원을 얻어낼 수 있게 된다. 정치가들이 편승을 두려워할 때, 그들은 일국의 이탈이 연속적인 이탈로 이어지는 상황을 두려워한다. 그러한 환경에서 후원국은 상대적으로 가치가 낮은 동맹국이더라도 이탈을 방지하기 위해 기꺼이 많은 원조를 제공하려고 한다. 결과적으로, 후원국은 자신의 잠재적 영향력이 더욱 감소하는 것을 보게 된다. 한편, 정치가들이 이념이 매우 중요하다고 여길 때, 그들은 이념적으로 유사한 정권을 보호하는 것에 높은 가치를 부여한다. 그들은 원조를 줄여서 이러한 동맹국이 위험에 처하게 만드는 것을 주저하기 때문에 대외 원조의 효과는 더욱 감소하게 된다.[83]

셋째, 원조의 제공은 종종 후원국 스스로 영향력을 감소시키는 길이 될 수 있다. 결국, 지원이 충분히 이루어진다면 피후원국은 전보다 상황이 나아질 가능성이 높다. 피후원국의 능력이 향상되면서, 피후원국은 후원국의 회유에 저항하거나 뒤이은 압박에 더 잘 대응할 수 있게 된다. 따라서 원조와 영향력 사이의 연결이 훨씬 더 약해질 것이다.

종합적으로, 이러한 명제들은 동맹 형성에 있어서 대외 원조의 상대적 중요성이 낮다는 것을 나타낸다. 대외 원조는 지원국에 대한 인식을 호의적으로 만들지만, 아주 드문 환경 하에서만 지원국에 효과적인 영향력을 제공한다. 이러한 조건은 그 자체로 함의하는 바가 있다. 대외 원조는 피지원국이 너무 취약하고 의존적이어서 피지원국이 지원국의 요구를 따를 수밖에 없을 때 신뢰할 만한 대리국가(proxy)를 만들 가능성이 있다. 아이러니하게, 대외 원조는 그다지 중요하지 않은 동맹국을 조종하거나 또는 지원국에 핵심적으로 중요한 문제들에 대해서만 더 중요한 국가들에 영향을 미치는 데 유용할 가능성이 있다. 이와 관련한 많은 사례들이 있다. 영국은 나폴레옹을 패배시킨 연합에 자금과 장비를 지원했지만, 영국은 그 연합을 통제할 수 없었고 연합 내 영국의 영향력은 일정하지 않았다. 또한 제2차 세계대전 당시 미국도 연합군에게 '무기 대여법'을 통해 원조를 제공했지만 마찬가지 교훈을 얻었다.[84]

대외 원조와 동맹 형성 가설의 요약

1. 일반적인 형태: 한 국가가 다른 국가에 더 많은 원조를 제공할수록, 두 국가가 동맹을 형성할 가능성이 커진다. 더 많은 원조를 할수록, 피지원국에 대한 지원국의 통제력이 커진다.

2. 대외 원조는 균형 행동의 특별한 형태이다. 그러므로 피지원국이 직면한

외부 위협이 커질수록, 동맹에 대한 원조 효과도 커진다.

3. 제공되는 물품에 대한 지원국의 독점이 클수록, 지원국의 피지원국에 대한 영향력이 커진다.

4. 지원국에 유리한 방향으로 의존의 비대칭성이 클수록, 지원국의 피지원국에 대한 영향력이 커진다.

5. 지원국에 유리한 방향으로 동기의 비대칭성이 클수록, 지원국의 피지원국에 대한 영향력이 커진다. 그러나 피지원국의 안보는 일반적으로 더 위태롭기 때문에 동기의 비대칭성은 대개 피지원국에 더 유리하다.

6. 지원국의 국내정치적 의사결정 기구가 복잡할수록, 피지원국에 대해 발휘할 수 있는 영향력이 줄어든다.

초국가적 침투와 동맹 형성

마지막 가설들은 초국가적 침투(transnational penetration)의 효과에 관한 것이다. 여기서 초국가적 침투란 한 국가의 국내 정치 체제가 다른 국가에 의해 조작되는 것으로 정의된다.[85] 이 침투는 최소한 3가지 형태로 취해질 수 있다. 1) 충성심이 분열된 관료들은 자신의 국가가 다른 국가에 더 가까워지도록 자신의 영향력을 행사할 수 있다. 2) 로비스트들은 잠재적 동맹에 대한 대중의 인식과 정책 결정을 바꾸기 위해서 다양한 수단을 사용할 수 있다. 3) 대외선전은 지도층과 대중을 동요시키기 위해 사용될 수 있다. 이러한 가설들은 외국 정부가 이러한 간접적인 영향력의 수단을 조작함으로써 동맹이 쉽게 형성될 수 있다고 예측한다.

비록 침투가 최근의 학문적 연구에서 상대적으로 관심을 받지 못하고 있지만, 관련된 사례들은 찾기 쉽다.[86] 예를 들어, 제1차 세계대전 당시 독일과 동맹을 맺은 터키의 결정은 부분적으로 터키군의 감사관으로 복무한 독일군 장교 리만(Liman von Sanders)의 영향에 기인한다.[87] 또한 제1차 세계대전 동안

68

에 영국은 미국에서 효과적인 정치선전을 했고, 이는 미국의 개입 결정에 중요한 역할을 했다.[88] 1950년대에 중국 로비(China Lobby, 여기서 중국은 대만)는 미국의 여론과 영향력 있는 관리들을 조작함으로써 미국의 동아시아 정책, 특히 대만 정책에 대해 실질적인 영향을 미쳤다.[89] 마지막으로, 미국은 침투가 동맹 구축의 효과적인 수단이라고 생각했기 때문에 개발도상 국가들에 대한 소련의 침투 프로그램을 우려하면서 이들 국가에 대한 군사 훈련과 교육 지원이 수반된 정치적 교화 프로그램을 추진했다.[90]

그러나 대외 원조의 경우처럼, 초국가적 침투와 동맹의 인과관계는 종종 불분명하다. 특히 두 국가 간의 (교육 지원, 군사 훈련 같은 형태의) 광범위한 접촉은 공통의 이해관계와 긴밀한 동맹의 원인인 것만큼이나 그 결과일 수도 있다. 이러한 관찰된 연계는 부분적으로 거짓일 수도 있다. 예를 들어, 광범위한 접촉과 동맹은 모두 대외 원조가 아니라 외부 위협과 같은 또 다른 원인에서 비롯된 결과일 수 있다. 그러므로 한 번 더 말하자면, 우리는 침투가 동맹의 형성에서 가장 크게 독립적으로 영향을 미칠 수 있는 상황을 고려해야 한다. 그렇다면 침투는 언제 기존의 선호를 반영하기보다는 동맹의 선택을 바꿀 가능성이 있는가?

개방된 사회 VS 폐쇄된 사회

첫째, 침투는 개방된 사회에 대해 더 효과적이다. 권력이 분산되어 있을 때, 국가나 사회가 외국으로부터의 정치선전이나 외국의 이익을 대변하는 로비스트들에게 보다 접근가능할 때, 혹은 검열이 드물 때, 초국가적 침투가 성공할 가능성이 더 높다. 따라서 우리는 미국과 같은 민주주의 사회가 소련과 같은 권위주의적인 정권에 비해 침투를 허용하기가 더 쉽다는 것을 예상할 수 있다.

목적과 수단

침투의 효과는 다른 국가에 침투하려는 국가가 추구하는 목적에 달려 있다. 특히 한 국가가 단지 다른 국가의 대중과 지도층의 태도를 조작함으로써만 동맹을 촉진하려고 한다면, 이러한 노력은 해당 국가의 독립성에 대한 직접적인 위협으로 간주되지 않을 가능성이 있다. 그러나 동맹이 적대적인 정치선전이나 반체제 인사들에 대한 지원 등을 통한 정권의 전복을 통해 추구된다면, 타깃이 되는 정권은 아마도 그러한 침투를 시도하는 국가에 대해 부정적으로 반응할 것이다.

또한 사용된 수단들에 따라 차이가 나타날 수 있다. 수단들이 합법적으로 여겨진다면, 적대적인 역효과의 가능성은 감소된다. 예를 들어, 군사 훈련 프로그램을 통해 외국 군대를 자기 편으로 만들거나 세뇌하려는 시도는 의심을 사게 될 가능성이 높은 반면, 민주적 사회의 공인 대표에 의한 로비 활동은 평상시 정치활동처럼 보일 것이다.[91]

이 두 가지 조건들은 밀접히 연관되어 있다. 정치 체제가 더 개방적일수록 합법적인 영향력의 수단으로 간주되는 활동의 범위가 더 클 것이고, 변화를 가져오기 위해 요구되는 노력은 더 적을 것이다. 반대로 고도로 중앙집권적이고 권위주의적인 정권의 행동을 바꾸는 것은 최고지도부의 포섭이나 제거를 필요로 한다. 이러한 노력은 우호 관계와 동맹보다는 의심과 적개심으로 이어질 수 있다. 따라서 침투가 동맹의 형성에 기여하는 것은 일반적으로 수단이 합법적으로 인식되거나 동맹을 위한 다른 중요한 동기가 이미 존재할 때 가능하다.

종합적으로, 이러한 조건들은 오직 드문 상황에서만 침투가 동맹 형성의 중요한 이유가 된다는 것을 의미한다. 두 가지 가능한 상황이 있을 수 있다. 첫째, 안정된 정부기구가 결여된 국가는 압력에 더 취약할 수 있다. 특히 그들이 핵심적 기술을 제공하는 외국에 의존해야만 하는 경우 더욱 그럴 것이다. 그와 같은 국가는 대개 약하고 상대적으로 중요하지 않은 국가일 것이다. 둘째, 역으로 침투는 대규모 국가에 대해서는 상대적으로 효과적일 수 있다. 왜냐하면 그러한 국가들의 주의는 분산되어 있고 외국의 엘리트들은 그 체제를 조작하는 법에 대한 전문 지식을 쉽게 얻을 수 있기 때문이다. 특히 그들이 침투 대상이 되는 국가에서 교육을 받았을 경우 더욱 쉬울 것이다. 그러나 두 개의 상황 모두, 침투가 동맹의 다른 동기를 강화하기 위한 것일 때, 즉 로비스트나 대중

정치선전가들이 개종자들을 상대로 설교를 하려고 할 때 가장 효과적이다.

침투와 동맹 형성 가설의 요약

1. 일반적인 형태: 한 국가가 다른 국가의 정치 체제에 더 접근할 수 있을수록, 두 국가가 동맹을 형성하는 경향이 더 커진다.
2. 침투는 개방된 사회를 대상으로 할 때 더 효과적이다.
3. 침투는 목표가 제한적일 때 더 효과적이다. 그러므로 침투 행동이 침해적(intrusive)일수록 동맹에 부정적인 효과를 미칠 가능성이 더 커진다.
4. 침투는 다른 원인들이 동맹에 기여할 때 가장 효과적이다.

결론

이 장에서 검토한 가설들은 매우 다른 세계들을 암시한다. 만약 균형이 표준이라면, 만약 이념이 효과를 발휘하지 못하거나 종종 분열을 일으킨다면, 그리고 만약 대외 원조와 침투가 다소 약한 동맹 형성의 원인이라면, 국제 체제에 대한 패권은 달성하기가 극도로 어려울 것이다. 대부분의 국가들은 안보가 충분하다고 느낄 것이다. 그러나 만약 편승의 가설이 더 정확하다면, 만약 이념이 동맹의 강력한 요인이라면, 그리고 만약 대외 원조와 침투가 다른 국가들을 쉽게 통제할 수 있게 한다면, 패권은 (비록 그것이 다소 취약할지라도) 달성하기가 훨씬 더 쉬울 것이.[92] 강대국들조차도 그들의 안보가 위태롭다고 여길 것이다.

각각의 가설들이 의미하는 바가 다르기 때문에, 여기서 제시한 가설 중 어떤 가설이 국가의 행동에 최선의 기준을 제공하는지 결정하는 것이 중요하다. 따라서 다음 과제는 이러한 평가를 수행할 수 있게 해줄 증거들을 한데 모으는 것이다.

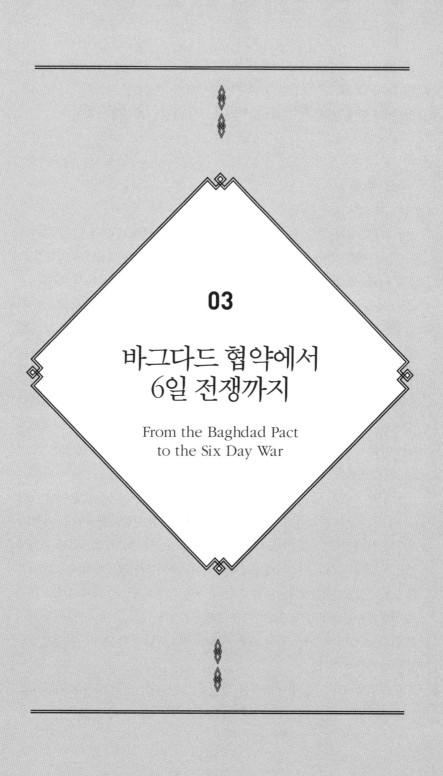

03

바그다드 협약에서
6일 전쟁까지

From the Baghdad Pact
to the Six Day War

이 장과 다음 장은 1955년에서 1979년까지 중동 지역의 주요 동맹에 관해 설명한다. 그 목적은 다양한 동맹의 가장 중요한 원인들을 파악함으로써 이후 5장부터 7장에 걸쳐 다루게 될 분석의 역사적 배경을 제공하는 것이다.

주요 주제

바그다드 협약에서 6일 전쟁까지의 중동 외교는 서로 관련되어 있는 3가지 주제들에 의해 지배되었다. 첫 번째는 자신의 카리스마와 이집트의 지역적 위상을 아랍 세계에서의 영원한 패권으로 전환하고자 했던 나세르(Garmal Adbel Nasser)의 다양한 노력들이 계속 실패한 것이다. 그는 정치선전과 전복, 그리고 아랍 통합 이념의 교묘한 조작에 의존하면서 다른 아랍 국가들을 유혹하거나 협박해 이집트의 리더십을 수용하게 하려고 했다. 하지만 이러한 노력들은 결국에는 실패했다. 나세르의 타깃이 된 국가들이 간혹 유화정책을 취하기도 했지만 그에 맞서 동맹을 형성할 수 있었고, 나세르가 주창한 범아랍주의의 이념이 협력보다는 갈등을 더 유발했기 때문이다. 간단히 말해, 나세르가 다른 아랍 국가들에게 그의 우위를 받아들이도록 강요하면 할수록 그는 더 큰 저항에 직면했다.

두 번째 주제는 중동 지역에 대한 초강대국의 관여가 꾸준히 늘어난 것이다. 이 시기 동안 미국과 소련 모두 많은 실책을 범했음에도 불구하고, 이집트, 시리아, 북예멘, 그리고 이라크는 1967년까지 소련과 비공식적인 동맹 관계에 있었다. 미국의 경우 이스라엘, 요르단, 그리고 사우디아라비아와 중요한 안보 관계를 수립했다. 초강대국들과 그들의 지역 피후원국들은 다르면서도 대체로 양립가능한 목표들에 의해 단결되었다. 초강대국들은 서로 균형을 이루려고 했고, 그들의 피후원국들은 다른 지역 국가의 위협에 대응하기 위해 외부의 지원을 얻고자 했다.

마지막 주제는 아랍과 이스라엘 간 갈등의 지속과 소위 '시온주의 정치체'

에 맞서 효과적인 동맹을 형성하지 못하는 아랍 국가들의 무능력이다. 비록 아랍 연대의 이념이 이스라엘에 대항하는 광범위한 아랍 연합이 유지되도록 도왔지만(특별히 위기 동안), 아랍 국가들이 같은 정도로 서로를 의심했다는 사실은 이스라엘과의 갈등을 아랍 국가들 간 경쟁의 또 다른 무대로 바꾸어놓았다. 즉, 6일 전쟁의 사례에서 드러난 것처럼, (경쟁 국가의 반이스라엘 의지를 폄하하면서) 자국의 그러한 의지를 입증하기 위한 아랍 국가들의 대체로 상징적인 노력은 누군가에 맞서 효과적인 동맹을 구축하기에 빈약한 기반이었다. 따라서 이 국가들이 초강대국의 지원에 심하게 의존하는 것은 놀라운 일이 아니다. 지역의 다른 국가들과 균형을 이루는 것이 어렵거나 위험할 경우, 역외 강대국으로부터 지원을 받는 게 유일한 대안이기 때문이었다.

배경과 관련 국가들

제2차 세계대전 이후 중동 지역의 안보 환경은 4개의 주요 정세의 영향을 크게 받았다. 첫째, 프랑스와 영국이 구축한 제국주의 질서는 식민지 세력들이 제1차 세계대전 이후 오스만 제국으로부터 물려받은 지역에 대한 통제를 포기하면서 급속하게 쇠퇴하는 중이었다.[1]

영국과 프랑스의 영향력 쇠퇴는 '중동 전역에서 부활한 민주주의' 때문이었다. 19세기에 시작된 이러한 '아랍의 각성'은 이 지역을 오랫동안 지배했던 외세에 맞서는 투쟁을 통해 형성되었다. 그리고 1950년까지 지역 전체에서 민족주의 이념을 지지하는 다양한 정치 집단들이 등장했다.[2]

아랍의 민족주의자들은 여러 가지 중요한 믿음을 공유했다. 실제로 모든 민족주의자들은 '제국주의' 활동에 대해 적대적이었으며, 경제발전과 더 공정한 부의 분배를 증진하는 데 전념했다. 더욱이 아랍의 분할이 외세의 지배에 의한 결과로 여겨졌기 때문에, 아랍 세계의 정치적 통합을 회복하고자 하는 소망은 민족주의 운동의 영향력 있는 주제가 되었다.[3]

셋째, 이스라엘의 건국과 1948년 전쟁에서 이스라엘의 승리는 지속적인 갈등을 발생시키는 원천이 되었다. 전쟁 기간 동안 많은 아랍 국가들은 굴욕적인 패배를 겪었고 팔레스타인 지역에서 탈출한 70만 명에 달하는 아랍인들은 난민이 되었다. 아랍인들에게 수 세기 동안 그들의 손에 있었던 땅에 다른 민족이 존재한다는 것은 아랍 세계에 널리 퍼진 민족주의 정서에 대한 직접적인 도전이었다. 따라서 1948년 이후부터 아랍 민족주의 이상에 대한 충성은 이스라엘에 대한 단호한 반대를 의미했다. 더욱이 아랍의 패배는 아랍의 전통적인 지배층에 대한 신뢰를 무너뜨렸고, 팔레스타인을 회복하고 아랍의 독립성을 보존하기 위해 아랍의 통합이 필수적이라는 믿음을 강화시켰다.[4]

마지막으로, 중동 지역에 대한 미국과 소련의 관심이 빠르게 증가하고 있었다. 먼저 미국은 이미 지중해 동부에서 영국의 전통적인 역할을 떠맡기 시작했으며, 미국과 소련 두 초강대국 모두 이스라엘의 창설과 관련하여 중요한 역할을 했다. 1948년 전쟁 이후 미국은 아랍과 이스라엘의 분쟁에 대해 중립적인 입장을 추구했고 이 지역에 새로운 친서방 안보체제를 도입하는 데 전념했다.[5] 한편 소련은 아랍 민족주의가 '제국주의'에 대항하는 주요 세력이 될 것이라고 인식하면서 아랍 쪽으로 돌아서기 시작했다.[6] 수 년 동안 중동에 대해 그다지 신경쓰지 않았던 소련과 미국은 중동 지역에서 점점 더 적극적인 역할을 맡을 준비가 되어 있었다.

각 국가의 상황

이집트

아랍 세계 인구의 30%를 차지하는 이집트는 분명 가장 강력한 아랍 국가이다. 인구 덕분에 이집트는 상당한 군사적 잠재력을 갖게 되었고 카이로는 교육 및 문화의 주요 중심지가 되었다. 또한 아랍 세계의 중심에 있으면서 수에즈 운하를 경비하는 이집트의 지리적 입지 또한 이웃 국가들에 비해서 이집트의 힘을 증가시켰다.[7]

1952년 파로크 국왕에 대한 '자유 장교단'의 쿠데타는 현대 이집트 역사에서 중대한 분기점이 되었다. 나세르가 지배하는 새로운 군사 독재 정권은 무엇보다 외세로부터 이집트의 자유를 유지하고 국내의 사회 및 경제적 상황을 개선하는 데 전념했다.

초창기 나세르의 성공은 그의 야망을 점차 커지게 했다. 이후 나세르가 추구한 외교정책의 기본 원칙은 공식적인 통합을 통해서든 아니면 다른 방법을 통해서든 아랍 혁명에 대한 그의 주도권을 보전하는 것이었다. 또한 1960년대 초반 나세르는 혁명 계획의 일부로서 사회주의 경제 개발 계획을 의욕적으로 추진했다. 그 정책들은 목표를 달성하지 못했으며, 많은 그의 대외 및 국내 정책들은 후임자들에 의해 폐기되었다.[8] 그러나 나세르가 살아있던 동안, 그는 아랍 세계에서 가장 지배적인 정치적 인물이었다.

시리아

시리아의 전후 역사는 바트당과 밀접한 관련이 있다. 1941년에 설립된 바트당은 초국가적 당으로 아랍 세계 전역에 지부를 두었다. 바트당의 이념은 통합과 자유, 그리고 사회주의라는 목표로 강조했으며, 그 지도자들은 아랍 연합(Arab union)의 가장 중요한 옹호자들이었다.

시리아는 1945년에 프랑스로부터 완전히 독립했다. 그러나 시리아의 의회제도는 일련의 군사 쿠데타로 인해 곧 무너졌다. 시리아의 점진적인 좌익화는 바트당과 공산주의자들의 영향력을 모두 증가시켰다. 바트당은 1958년 시리아와 이집트의 연합을 추진했는데, 이는 공산주의와의 경쟁에서 승리하기 위한 것이기도 했다. 연합은 1961년 무너졌으며, 바트당은 2년 뒤 영구적인 통치권을 장악했다. 같은 시기에, 바트당의 시리아와 이라크 분파 간 격렬한 분쟁이 일어났고, 이후 시리아와 이라크 간의 균열이 지속되었다. 그리고 극단적인 좌파 세력이 1966년 권력을 잡았지만, 1970년 아사드가 이끄는 좀더 온건한 집단에 의해 축출되었다.

시리아의 지위는 군사력의 꾸준한 증가뿐만 아니라 아랍 민족주의의 발상

지로서의 국가 이미지에 근거했다. 시리아의 외교정책은 팔레스타인 대의명분에 대한 공약 외에도 레바논, 요르단, 그리고 이스라엘의 일부를 아우르는 대시리아 창설과 같은 다수의 수정주의적 목표들을 포함했다.[9]

이라크

이라크는 제2차 세계대전 이후 이집트의 주요 경쟁자였다. 이라크는 자원과 인구가 풍부한 국가였음에도 불구하고, 지리적 고립과 친서방 성향으로 인해 지역적 영향력이 감소했다. 1921년 영국은 제1차 세계대전 동안 하심(Hashemite) 왕조의 수장인 세리프 후세인(Sherif Hussein)이 영국에 주었던 도움에 대한 보답으로 후세인 아들인 파이살(Feisal)에게 이라크 왕좌를 넘겨주었다. 1941년 영국이 반영국적인 정권을 축출하고 보수적이고 친영국적인 지도자들을 복귀시키기 위해 이라크를 점령했지만 10년 후에 공식적인 독립이 이루어졌다.

파이살 2세의 통치 기간 동안, 이라크는 시리아에 대한 그들의 전통적 야망을 성공적으로 추구하지는 못했지만 영국과의 관계를 유지했다.[10] 그러나 1958년 이라크의 왕정체제는 전복되었고 10년간의 불안정한 군사통치가 이어졌다. 이라크의 국내 안정은 1968년 정권을 잡은 바트당에 의해 최종적으로 달성되었으며, 그 이후로 엄격한 독재체제가 유지되었다. 혁명 이후 등장한 정권들은 모두 일정한 형태의 사회주의를 주창했지만, 바트당만이 광범위한 사회주의적 경제 개발 프로그램을 실제로 실행했다.[11]

요르단

요르단 하심 왕조는 영국의 또 다른 창조물이다. 영국은 이라크에 하심 왕국을 세운 후, 트랜스요르단(Transjordan)을 파이살의 형인 압둘라(Abdullah)에게 주었다. 영국은 1950년대 중반까지 광범위한 지원금을 제공하고 요르단의 아랍 부대를 훈련시키면서 상당한 영향력을 행사했다.

이 부대들이 1948년 전쟁에서 잘 싸워준 덕택에 압둘라는 서안지구와 그 지역에 거주하는 수많은 팔레스타인 주민을 얻었다. 그러나 압둘라는 이스라엘과의 평화를 정착시키려 한 그의 노력 때문에 1950년에 암살되었고, 18살이던 그의 손자 후세인이 왕위에 올랐다. 그 후 후세인은 요르단의 허약함과 취약성이라는 내부적 도전과 외부적 위협에도 불구하고, 30년간 왕좌를 유지했다. 후세인의 외교정책은 사우디아라비아처럼, 일반적으로 매우 조심스러웠다. 그는 자신의 연약한 정권에 대한 위협을 억제하기 위해 서구의 지원과 노련한 유화정책의 결합에 의지했다.[12]

사우디아라비아

사우디아라비아는 다른 중동 국가들과 다르게 직접적인 식민지 지배를 받은 적이 없다. 압둘 아지즈 이븐 사우드(Abdul Aziz Ibn Saud)는 1932년까지 아라비아 반도 정복을 마무리하고 사우디아라비아 왕국을 세웠다. 하심의 경쟁자인 이븐 사우드는 광대하지만 인구가 희박한 왕국을 보호하기 위해 영국(나중에는 미국)의 지원에 의존했다. 사우디아라비아와 미국의 관계는 미국의 기업들이 사우디아라비아에 매장된 엄청난 양의 석유를 개발하는 데 중요한 역할을 하면서 더욱 강화되었다.[13]

사우디아라비아는 사우드의 자손들에 의해 통치되는 전통적인 군주정이다. 이에 따라 전후 기간 내내 가장 지배적인 관심사는 급속한 사회 변화의 시대에 국내적 안정성을 유지하는 것이었다. 비록 다수의 심각한 도전들에 직면하기도 했지만, 이러한 목표는 지금까지 달성되고 있다. 사우디아라비아의 영향력은 이 나라에 매장된 풍부한 석유와 이슬람의 성지인 메카와 메디나에 대한 지배에서 비롯되고 있다. 그리고 사우디아라비아의 외교정책은 제한된 능력과 수많은 대내외적 취약성 때문에 대체로 방어적이고 수동적이었다.[14]

예멘

예멘인들은 2개의 국가로 나뉘어 있으며, 그들의 관계는 명백한 적대성과 공식적인 통일에 대한 실현되지 않는 열망 사이에서 오락가락하고 있다(1994

년 7월 북예멘의 승리로 통일 국가가 되었다—옮긴이). 1948년에서 1962년까지 북예멘은 이맘 아메드의 통치를 받는 원시적 부족 왕국이었다. 이맘이 통치하는 국가는 1962년 9월 나세르주의 군 장교 단체에 의해 전복되었다. 그리고 그 쿠데타는 이집트와 사우디아라비아에 반대하는 세력들에 의해 내전으로 확대되었다. 북예멘의 내전은 1970년이 되어서야 최종적으로 정리되었고, 이후에는 일련의 온건 성향의 군사 정권에 의해 통치되었다.

남쪽에는 아랍 세계에서 유일한 마르크스주의 정권인 예멘인민민주주의공화국(PRDY)이 들어섰다. 남예멘은 오랜 기간 혁명적 투쟁을 벌인 후 1968년 영국으로부터 독립했다. 독립 이후 남예멘 정권은 점차 급진적으로 변해갔고, 이 과정은 경쟁하는 파벌들 사이의 폭력적 투쟁으로 점철되었다. 그리고 남예멘은 아라비아 반도 전역에서 혁명활동을 지원함으로써 사우디아라비아와의 관계를 망가뜨렸다. 그리고 이 가난하고 약한 국가는 자신의 짧은 역사 동안 소련의 경제 및 군사 원조에 크게 의존했다.[15]

레바논

민족적으로 분열되어 있으며 국력도 약한 레바논은 이 책에서 연구한 사건들에서 크게 중요한 역할을 하지 못했다. 레바논은 1945년 프랑스로부터 완전히 독립했다. 레바논의 독립 결정은 레바논이 자신의 소유라고 주장하는 시리아 민족주의자들의 분노를 일으켰다. 당시 레바논의 기독교인과 무슬림의 인구는 비슷했으며, 레바논의 정치적 안정은 두 종교 집단 간 권력 분할 합의에 의존하고 있었다. 레바논 정부는 두 세력을 모두 만족시키기 위해 엄격하게 중립을 유지했다. 그러나 너무나 잘 알려진 것처럼, 이 불안정한 동맹은 시리아와 이스라엘 등 외세의 반복된 개입으로 인한 내전이 지속되면서 1970년대에 점차적으로 붕괴했다.[16]

이스라엘

이스라엘은 종교가 상당한 영향을 미치는 의회 민주주의 국가이며, 그들만의 사회주의 복지국가의 형태를 갖추고 있다. 이스라엘은 수십 년에 걸친 시온주의 운동과 두 초강대국의 지지로 1947년에 국가를 수립했으며, 최초로 비동맹 정책을 채택했다. 그러나 이 정책은 1950년대 초반 소련과의 긴장이 증대되면서 명백한 친서방 노선으로 변화되었다.

이스라엘에게 군사안보는 가장 중요한 문제였다. 이스라엘은 국가 수립 이래로, 프랑스와 미국의 지원을 포함한 자신의 다양한 자산을 지역에서의 군사적 우위로 전환시키는 데 성공했다. 이스라엘은 소규모의 인구와 영토에도 불구하고 중동 지역에서 으뜸가는 군사력을 소유했다. 또한 이스라엘은 적대세력에 대한 선제공격과 보복 원칙을 이용하여 국제적 승인과 아랍과의 평화 정착을 동시에 추구했다. 그리고 이스라엘은 몇몇 이웃 국가들과 마찬가지로, 보다 야심찬 행동 또한 마다하지 않고 있다.[17]

요약

1950년대 초반까지 중동 지역은 종종 양립할 수 없는 목표를 추구하는 다양한 성향의 국가들로 가득했다. 기존의 지역적 경쟁 관계는 많은 신생 국가들이 급속한 사회적 변화를 겪고 있고 심각한 국내적 정당성의 문제에 직면하고 있다는 사실로 인해 악화되었다.[18] 이러한 상황은 위험성을 크게 높였는데, 대외적 성공은 큰 이득을 가져다줄 수 있고 대외적 도전은 총체적 패배를 가져올 우려가 있기 때문이었다. 이러한 대략적인 배경 설명을 통해서 우리는 이제 바그다드 협약을 시작으로 동맹의 제1라운드를 살펴볼 수 있다.

바그다드 협약과 나세르 이집트의 부상

이라크와 이집트의 경쟁

중동에서 전후 동맹의 첫 번째 물결은 1955년 바그다드 협약과 함께 시작했다. 이러한 동맹은 영국, 미국, 그리고 이라크 간 상호 보완적인 목표들의 산물이었다. 협정은 원래 이라크의 총리 누리 알 세이드(Nuri Al-Said)가 아랍 연맹(Arab League)과 터키(당시에도 나토의 구성국), 영국, 여기에 더해 비공식적으로 미국을 묶는 다자 동맹을 목적으로 고안한 것이었다. 미국과 영국은 협약을 통해 소련의 압박에 맞서 서방의 이익을 지키면서 중동 지역에서 전반적으로 감소하고 있던 영향력을 유지할 수 있기를 기대했다.[19] 그리고 이라크는 이 계획을 소련으로부터 스스로를 보호하면서 아랍 세계에서 자신의 지위를 강화할 수 있는 방법으로 보았다.[20]

그러나 불행하게도 이 제안은 다른 아랍 국가들, 특히 이집트의 즉각적인 반대를 불러일으켰다. 협약에 대한 나세르의 반대는 다음과 같은 우려에 따른 것이었다.

첫째, 나세르는 그 협약이 강대국들이 아랍의 일에 개입할 수 있게 만드는 또 다른 형태의 음모일 뿐이라고 믿었다.[21] 그가 영국인에게 말했듯이, 이집트와 서방의 방어 조약은 "동맹이 아닐 것이다. 그건 종속일 뿐이다."[22] (수에즈에서의 영국 기지 철수에 관한 공식적인 합의를 통해) 이집트에서 영국군을 축출하는 데 성공한 나세르와 그의 동료들은 강대국들의 개입 빌미를 제공할 수 있는 동맹에 들어가는 것을 당연히 꺼렸다.[23]

둘째, 나세르는 소련이 중대한 위협이라고 믿지 않았다. 이와 관련하여 그는 덜레스(John Foster Dulles)에게 소련은 이집트를 위협했던 적이 없으며, "수천 마일 밖에 떨어져 있다"고 말했다. 즉, 이집트인들은 영국이나 이라크가 가진 소련에 대한 우려에 공감하지 못했기 때문에, 바그다드 협약이 자신들을 겨냥한 것이라는 의심이 증가했다.[24]

간단히 말해서, 문제는 영국 및 미국과 연계된, 누리 알 세이드의 지역안보 구상이 나세르의 대안, 즉 단결된 비동맹 아랍 진영보다 더 큰 지지를 끌어모을 것인가였다. 따라서 이집트와 이라크의 경쟁은 아랍 세계 내의 동맹 경쟁이 되었다. 아랍 연대(Arab solidarity)의 상징적 중요성을 감안할 때, 더 많은 동맹의 지지를 이끌어냄으로써 자신의 경쟁자를 소수집단으로 만들어버리는 것은 매우 효과적인 전술이었다.

　이집트는 이 경쟁에서 쉽게 이겼다. 이라크와 터키, 그리고 영국을 연결하는 이 조약이 1955년 2월과 4월에 조인되기도 전에, 이집트의 정치선전과 사우디의 매수, 그리고 이집트의 교묘한 외교가 결합되어 시리아가 이 협정을 거부하도록 만들었다.[25] 이스라엘과 국경 분쟁이 한창이었던 이집트는 시리아 및 사우디아라비아와 통합 군사령부를 결성해 이라크에 대항했고, 1955년 10월에 일련의 상호방위조약을 체결했다. 따라서 중동의 주도권을 쥐려는 이라크의 시도는 그에 맞서는 아랍 연합에 의해 견제를 받았다.[26] 한편, 예멘은 남아라비아에서의 영국의 지배에 맞서는 자신의 활동에 대한 아랍의 지지를 얻기 위해 그 이후에 즉시 새로운 동맹에 가담했다.[27]

　이집트에 대해서는 이미 살펴보았다. 그렇다면 이라크의 또 다른 적은 누가 있을까? 사우디아라비아가 바그다드 협약에 반대한 것은 이라크의 하심 왕조와의 전통적인 경쟁관계, 부라이미 오아시스 영유권 분쟁을 둘러싼 영국과의 불화, 그리고 사우디아라비아 내부의 혁명적 정서를 진정시키고자 하는 바람 때문이었다.[28] 시리아의 결정은 식민지 독립 이후 시리아에서의 중립주의적 범아랍 정책에 대한 광범위한 호소에 근거했다. 시리아는 이라크가 시리아에 대해 여전히 수정주의적 목적을 품고 있다고 의심했으며, 승리한 좌파 연합은 서방과의 긴밀한 관계를 강하게 반대했다. 그리고 이집트가 정치선전과 사적 외교를 통해 이러한 경향을 부추긴 것도 영향을 미쳤다.

　바그다드 협약에 맞서는 나세르의 마지막 조치는 레바논과 요르단의 중립화였다. 두 국가 모두 협약에 가입하라는 상당한 압박을 영국으로부터 받았지만, 레바논 정부는 요르단의 결정을 기다리겠다고 선언했다. 영국은 후세인이 알 세이드의 계획을 수용할 경우 지원금을 늘리겠다고 제안했고, 후세인은 1955년 가을까지는 이라크와의 동맹 쪽으로 기울고 있었다.[29] 요르단이 바그다드 협약에 가입할 기미를 보이자 이집트는 카이로 라디오를 통해 악랄한 정치선전을 실시했다. 그리고 이어서 1955년 12월과 1956년 1월에 수도에서 발생한 폭동으로 인해 요르단 내각이 무너졌다. 후세인은 재빨리 중립을 유지하겠다고 발표했고, 아랍 연맹의 영국군 사령관 글루브(John Glubb) 장군을 해임함으로써 중립주의적 정서를 달랬다.[30] 따라서 1956년이 시작되자 이라크는 효과적으로 고립되었고, 이집트는 광범위한 아랍 연합의 지도국이 되었다.

아랍과 이스라엘의 긴장

바그다드 협약을 둘러싼 갈등은 아랍과 이스라엘의 갈등으로 빠르게 옮겨 갔다. 이스라엘은 여러 측면에서 위협을 느꼈다. 1) 영국군의 수에즈 철수로 이집트와 이스라엘 사이의 중요한 완충지대가 제거되었다. 2) 나세르는 팔레스타인 대의명분에 가장 헌신하는 아랍 지도자로서 이미지를 강화하기 위해 이스라엘을 크게 압박하기 시작했다. 3) 이집트-시리아-사우디아라비아 동맹의 형성은 아랍의 포위라는 이스라엘의 두려움을 증가시켰다.[31] 이스라엘의 반응은 예측 가능했다. 이스라엘은 1955년 2월 가자지구에 있는 이집트 마을에 대한 기습을 포함해 이웃 국가들에 대한 보복 공격을 강화했다. 그리고 이집트와의 잠정 협정에 도달하기 위한 노력을 재개하고 강대국의 지원을 얻기 위한 노력을 강화했다.[32] 이스라엘은 마지막 목표를 달성하는 데 가장 성공적이었다. 1954년에 프랑스와 이스라엘은 이후 거의 10년간 지속되는 암묵적인 동맹을 체결했다.[33]

이러한 이스라엘의 대응은 이집트가 강대국의 지원을 모색하도록 했다. 나세르는 영국과 미국으로부터 무기를 구하려 했지만 실패했고, 이스라엘의 가자지구 습격은 이집트 군의 무능력한 국경 방어 능력을 보여주었다.[34] 1955년 4월, 나세르는 소련으로부터 군사 원조를 얻기 위한 협상을 시작했으며, 같은 해 9월 소련의 무기 제공 제안을 수락했다. 이를 통해 이집트는 중동 지역에 대한 서방의 독점적인 무기 공급을 파괴했으며 잠재적 군사력을 크게 증가시켰다. 더 중요한 사실로, 이러한 자주성의 시현은 아랍 세계에서 이미 상당한 나세르의 위신을 더욱 강화했다는 점이다.[35]

이집트와 시리아의 동맹 또한 소련 쪽으로 다가가고 있었다. 바그다드 협약에 참여하라는 터키와 이라크의 공공연한 압박에 직면해서, 그리고 이스라엘과의 간헐적인 국경 분쟁에 휘말리면서, 시리아는 1954년에 이미 소련으로부터 소규모의 무기를 공급받았었다. 소련의 외교적 지원은 시리아가 1955년 3월 이웃 국가들의 계속된 압박에 저항하는 데 도움이 되었다. 그리고 시리아는 특히 이스라엘의 맹렬한 12월 기습 이후 소련의 추가적인 지원이 필요하다는 사실에 대한 어떤 의심도 지워버렸다.[36]

초강대국 경쟁과 시나이 전쟁

수에즈 위기

소련의 갑작스런 중동 지역 개입은 미국의 일련 반응을 유발했다. 미국은 이집트의 아스완 댐 건설을 지원함으로써 처음으로 소련의 이집트와 시리아 지원에 대해 반격했다.[37] 그러나 동시에 소련과의 무기 거래는 나세르의 친공산주의 성향에 대한 미국의 의심을 증가시켰다. 이집트가 소련의 원조를 받겠다고 위협하면서 댐 자금 조달을 위한 더 유리한 조건을 계속 주장했을 때, 그리고 1956년 5월 중국의 공산주의 정권을 공식 승인했을 때, 덜레스 미 국무장관은 미국의 원조를 철회하기로 결정했다.[38] 그것은 운명적인 조치였다. 나세르는 7월에 수에즈 운하를 국유화하는 것으로 반응했다. 그리고 그는 이집트가 댐 자금을 조달하기 위해 운하 통행료를 사용할 것이라고 발표했다.[39]

이 대담한 행동은 나세르의 위신을 더욱 상승시켰을 뿐만 아니라, 그의 주요 적대 세력들이 그에 맞서 힘을 합치게 만들었다. 프랑스는 이집트에 대해 이미 적대적이었는데, 알제리에서 계속되는 반란에 대해 이집트를 비난했다.[40] 영국은 나세르의 바그다드 협약 반대와 요르단에 대한 그의 정치선전에 매우 화가 나 있었다. 비록 이집트가 수에즈 운하 회사의 주주들에 대한 완전한 보상을 제안했음에도 불구하고, 나세르의 이미지는 이제 프랑스와 영국의 지도자들에게 완전히 '아랍의 히틀러'로 각인되었다. 그리고 그들은 운하를 탈환하고 나세르를 몰락시키기 위한 군사작전을 계획하기 시작했다.[41]

시나이 전쟁

이스라엘은 1956년 8월에 영국과 프랑스 연합에 합류했다. 지난 2년의 사건들—영국의 수에즈 철수, 아랍의 봉쇄 확대, 반이스라엘 아랍 무장 조직의 활동 증가, 소련과 이집트의 무기 거래, 그리고 이집트-시리아-사우디아라비아의 삼각 동맹—은 이미 이스라엘이 자체적으로 공격적인 행동 계획을 시작하도록 이끌었다.[42] 수에즈 운하 위기는 좋은 기회를 제공했다. 프랑스의 무기 지원은 이스라엘의 능력을 더욱 증가시켰으며, 프랑스는 이스라엘의 도시들에 대한 방공망을 제공하는 데도 동의했다. 그리고 티란 해협 장악과 이집트의 아카바만 봉쇄 해제를 겨냥한 이스라엘의 시나이 침공은 "운하를 보호하기 위한" 영국과 프랑스의 개입을 정당화하는 구실을 제공했다.[43] 마지막 계획은 10월 25일에 승인되었고, 공격은 29일에 시작되었다.

이 행동은 군사적으로는 성공했지만, 이집트에 대한 공격은 주요 목적을 달성하는 데 실패했다. 이집트를 공격한 국가들의 바람과 달리 나세르는 실각하지 않았다. 그리고 시리아는 이라크발 송유관을 차단함으로써 이집트를 지원했고, 이에 따라 영국과 프랑스는 심각한 석유부족 사태에 빠지게 되었다. 무엇보다 중요한 점은 미국이 교전국들에 대해 신속하게 강한 외교적, 경제적 압박을 가했다는 사실이다. 아이젠하워 대통령은 나세르에 대한 우려에도 불구하고 군사력 사용이 단지 서방의 입지를 더 약화시킬 뿐이라는 자세를 견지했다.[44] 게다가 그는 공격을 감행하는 과정에서 영국과 프랑스 그리고 이스라엘이 보인 이중성에 대해 몹시 분노했다. 영국과 프랑스는 대체로 미국의 압력에 의해 12월에 수에즈 운하 지대를 떠났다. 이스라엘도 많은 실랑이 끝에 1957년 3월에 시나이와 가자지구에서 철수했다. 비록 이스라엘은 나세르를 끌어내리거나 추가적인 영토를 획득하거나 공식적인 평화조약을 강요하지는 못했지만 티란 해협에서 이스라엘 선박의 자유 통행을 보장하는 미국의 약속을 얻어 냈다. 또한 시나이 군사작전은 이스라엘이 군사적으로 우세하다는 이미지를 강화했고, 이는 향후 10년간 아랍의 행동을 온건하게 만들었다.[45]

전쟁의 여파

수에즈 사태는 여러 가지 차원에서 분수령이었다. 소련은 재빨리 이집트 편으로 돌아섰다. 소련의 정치선전은 위기 내내 이집트를 지지했고, 소련의 불가닌 수상은 이집트에 대한 더 많은 지원을 발표했다. 알려진 바에 따르면, 소련은 1957−1958년 기간에 이집트에 700대의 MIG−17 항공기, 추가적인 대포, 그리고 다수의 해군 함정을 포함하여 150만 달러 가치의 무기를 제공했다.[46]

소련과 시리아의 관계 또한 확대되었다. 1956년 12월 새로운 무기의 제공이 승인되었으며, 셰필로프(Shepilov) 소련 외교장관과 꾸와틀리(Qwatli) 시리아 대통령은 6월과 10월에 상호 방문했다. 그리고 다수의 문화적, 경제적 교류가 진행되었다. 이러한 소련과 시리아의 동맹은 부분적으로 광범위한 이념적 양립 가능성이 있었기에 가능했다. 그러나 이보다 더 중요한 것은 시리아가 터키, 이라크, 영국, 그리고 미국으로부터 상당히 공공연하고 은밀한 압력에 직면했으며, 그들 모두 여전히 시리아가 바그다드 협약에 가입하도록 압력을 가하고 싶어했다는 사실이었다.[47]

마지막으로, 영국과 프랑스에 대한 나세르의 성공적인 저항은 그의 위신을 급상승시켰으며, 아랍 내부 관계에 광범위한 영향을 미쳤다. 앞서 언급한 것처럼, 요르단은 영국−요르단 조약과 영국의 지원금을 포기하도록 지속적으로 압박을 받았다. 수에즈 위기 전, 후세인은 형세를 관망했고 자신의 독립성을 보존하기 위해 노력했다. 따라서 그는 1956년 5월 사우디아라비아, 레바논, 이집트 그리고 이라크와 일련의 방위조약을 체결했다. 그는 9월에 마침내 이집트 및 시리아와의 군사협정에 가입하는 것에 동의했다. 그러나 동시에, 그는 요르단과 이라크의 관계를 유지하기 위해 노력했다.[48]

후세인은 수에즈 위기와 시나이 전쟁으로 이집트와 화해할 필요성을 느꼈다. 1956년 10월 21일 새로운 선거로 친나세르 성향의 정치인들이 내각에 입성한 후 요르단은 점차적으로 이집트, 시리아, 그리고 사우디아라비아와 동맹을 추진하게 되었다. 후세인은 10월 24일에 이집트 및 시리아와 방위조약을 체결했다. 그는 전쟁 기간 프랑스와의 관계를 끊고 나세르를 지원했다. 요르단 의회는 11월에 영국과의 기존 방위 조약을 폐지하는 투표를 실시했고, 새로운 수상 나불사이(Suleiman Nabulsi)는 다른 아랍 국가들과 영국의 지원금을 대체하는 것에 대한 협상을 시작했다. 요르단은 1957년 1월 19일에 열린 카이로 정상회담에서 아랍연대 협약에 서명했고, 그럼으로써 이집트 동맹 네트워크 내의 시리아 및 사우디아라비아와 함께했다.[49]

한 학자는 이것을 "나세르의 만조(Nasser's high tide)"라고 부른다.[50] 이라크의 중동 지역 내 리더십은 축소되었고, 서방의 영향력은 감소했으며, 이집트와 시리아가 모두 소련과 관계를 맺으면서 서방의 군사 및 경제 원조 독점은 무너졌다. 시나이에서의 이스라엘의 승리 또한 상쇄되었다. 무엇보다 중요한 것은, 나세르가 시리아, 요르단, 사우디아라비아, 그리고 예멘과 공식적인 동맹을 체결하는 데 성공했으며, 중동 지역과 세계에서 이집트의 지위를 강화하는 데 성공했다는 점이다.

나세르의 성공은 의미심장하다. 서방의 압력을 거부하는 그의 능력은 초강대국 경쟁의 직접적인 결과였다. 초강대국들이 서로 균형을 이루려고 할수록, 이집트의 행동의 자유는 더욱 확대되었다. 바그다드 협약에 대한 반대를 집결시키는 나세르의 능력은 유사한 역학이 반영된 것이다. 시리아와 사우디아라비아는 이라크의 야망을 두려워했기 때문에 (그리고 서방의 영향력이 점점 더 인기가 없었기 때문에) 이집트와 전 아랍 동맹을 지지하고 바그다드 협약을 포기하는 선택을 한 것이다. 마지막으로, 나세르는 요르단과 같은 취약한 국가를 위협해 자신의 리더십을 인정하도록 만들기 위해 민족주의적 신념을 성공적으로 이용했다. 따라서 나세르의 '만조'는 그의 전술적 능력, 상당한 운, 그리고 일련의 유리한 국제 환경이 반영된 것이었다.

나세르로서는 불행하게도, 이러한 우세한 지위는 빠르게 침식되었다. 이유는 간단하다. 나세르의 초창기 성공은 그가 이전에 누렸던 여러 가지 이점을 제거했다. 소련의 지원으로 인해 그를 더욱 효과적으로 억제하려는 미국의 관심이 높아졌고, 지역에서의 그의 지배적인 지위는 이제 그를 이라크보다 주변 국에 더 위협적인 존재로 만들었기 때문이다.

'아이젠하워 독트린'과 지역 동맹의 재조정

미국은 지역 내 이집트의 영향력 상승을 우려했다. 비록 영국과 프랑스의 침략에 반대하면서 미국과 이집트의 관계가 일시적으로 개선되긴 했지만, 미국은 1956년 1월 "중동 지역의 기존 진공상태가 러시아에 의해 채워지기 전에 반드시 미국이 그것을 채워야 한다"고 주장하며, 소련의 역할이 증대되는 것에 대해 깊게 우려했다. 아이젠하워 대통령은 "국제 공산주의에 의해 통제되는 국가들에 맞서서 … 지원을 요청하는 국가나 단체를 지원하기 위해 무력을 사용할 수 있도록" 허가하는 의회 결의안을 얻어냈다. 동시에, '아이젠하워 독트린'은 중동의 우호적 국가들이 그들의 안보와 복지를 향상시키는 것을 돕기 위한 경제 및 군사 원조에 200만 달러를 쓸 수 있도록 했다.[51]

아이젠하워 독트린은 행정부의 소련에 대한 집착과 나세르의 목적에 대한 지속적인 우려를 드러냈다. 미국의 정책입안가들은 이집트 내의 공산주의에 대한 나세르의 적대성을 인식하고 있었지만, 이 새로운 독트린은 소련이 영국과 프랑스의 영향력 감소를 이용하여 "석유를 장악하고 운하와 송유관을 차단하고, 그럼으로써 서방을 심각하게 약화시킬 것"이라는 압도적인 우려를 반영했다.[52] 이집트와 시리아가 점점 더 소련의 위성국으로 비춰짐으로써 미국의 정책은 이 두 정권에 대한 소련의 영향을 제한하는 데 집중되었다.[53]

아이젠하워 독트린에 대한 반응은 혼재되었다. 예상대로 나세르와 소련은 아이젠하워 독트린이 제국주의의 부활이라며 비난했다. 그리고 바그다드 협약 국가들은 레바논의 친서방 정부가 그랬듯이, 동의를 표했다. 미국 대통령 특사인 리처드(James Richards)는 1975년 3월 중동 지역을 친선 방문하는 동안 경제 원조로 대략 1억 2천만 달러를 나눠 주기로 했지만, 워싱턴의 반공산주의 운동에 대한 즉각적이고 열성적인 참가를 표명하는 국가는 없었다.[54]

왕정 동맹

아이젠하워 독트린은 나세르와 마지못해 동맹을 맺은 사우디아라비아와 요르단에 가장 큰 영향을 미쳤다. 후세인이 이집트와 동맹을 맺은 것은 이집트의 위협에 의한 것이었고 사우디 왕조는 나세르의 영향력 증가와 공격적인 전술을 상당한 위험의 근원으로 보았다. 실제로 이집트는 1957년 초 두 왕정을 상대로 한 음모와 관련이 있었다. 이집트가 임박한 위협을 가하고 미국이 지원을 제공하기로 하면서 나세르에 맞서는 동맹의 재조정이 시작되었다.[55]

첫 번째 단계는 사우드 왕이 2월에 미국을 방문함으로써 이루어졌다. 사우드를 "나세르에 대한 평형추"로 사용하고자 했던 아이젠하워 대통령은 그와 폭넓은 논의를 진행했다.[56] 결과는 고무적이었다. 사우드는 미국의 다란 공항 임차 기간을 연장했고 아이젠하워 독트린에 대한 지지 성명을 발표했다. 더 중요한 사실은, 사우디와 이라크 왕세자 간 비밀 회담을 통해 두 왕조 사이의 화해가 시작되었다는 것이다. 그리고 그해 말 추가적인 군사훈련 계획이 실행되었고, 미국의 제트기 훈련 중대가 5월에 사우디아라비아를 친선 방문했다.[57]

다음으로 요르단이 이집트를 버렸다. 후세인은 1957년 1월 이집트의 동맹 네트워크에 가담하기로 동의했고, 요르단의 친이집트 내각은 3월에 공산주의 중국을 승인하려 했다. 이 시점에 국왕과 내각은 완벽하게 분리되었다. 후세인이 "정치적 조건이 없는 제공"을 전제로 미국의 원조에 대한 관심을 나타냈을 때, 야당은 항의 청원으로 반응했다. 4월이 되자 상황이 종료되었다. 후세인은 나불시(Nabulsi) 총리를 해임하고 요르단이 "국제 공산주의"로부터 위협을 받고 있다고 선언했다. 이에 따라 미국은 천만 달러의 원조와 다양한 군사 장비를 제공했으며, 사우드 왕은 요르단에 파견된 사우디 부대에게 후세인이 국내 반대파와 싸우게 될 경우 그의 명령에 따를 것을 지시했다. 이라크는 시리아의 개입을 억제하기 위해 국경지역에 대규모 부대를 배치했고, 수에즈 전쟁 이래 요르단에 배치되었던 시리아군은 철수하라는 명령을 받았다.[58]

이집트에 맞서는 보수적 동맹은 요르단과 이라크의 하심 왕국들 간 합의에 의해 완성되었다. 1957년 7월 이라크의 파이살 왕과 후세인의 정상회담은 두 하심 왕국 간의 상호방위조약으로 이어졌고, 두 왕의 상호 방문이 뒤따랐다. 군주 동맹은 3개의 아랍 왕정이 미국의 적극적인 지원을 받으면서 이집트에 맞서는 암묵적 동맹으로 바뀌었다.[59]

아랍 세계를 지배하려는 이집트의 첫 번째 시도는—아무리 그것이 즉흥적이었다 해도—좌절되었다. 비록 나세르는 아랍 민족주의 정치선전과 동서 진영 간 경쟁을 이용해 주목할 만한 외교적 승리를 이룰 수 있었지만, 그의 성공은 1955년 이후 사우디아라비아 같이 초기에 지지한 국가들과 요르단 같이 마지못해 지지한 국가들을 모두 불안하게 만들었다. 즉, 아이젠하워 독트린으로 인해 대안적인 방안이 이용 가능해지자, 이라크와 사우디아라비아 같은 전통적인 경쟁자들조차 나세르에 맞서는 동맹을 더 현명한 정책으로 여겼다.

이러한 전개는 중동 지역을 뚜렷하게 양극화했다. 소련은 계속해서 시리아와 이집트를 지원하면서 아이젠하워 독트린을 "폐쇄적이고 공격적인 군사블럭을 만드는 정책"으로 비판했다.[60] 이집트와 시리아 또한 미국의 새로운 정책을 자신들의 행동의 자유에 대한 위협으로 보았다. 아랍 민족주의자들의 시각에서 보면, 미국은 이제 중동 지역에 대한 제국주의 감독관으로서 영국과 프랑스를 대신하려 하는 중이었다. 따라서 소련과 동맹을 지속하는 것만이 그들의 예측 가능한 반응이었다.[61]

시리아 위기

이러한 전개들은 시리아의 갑작스런 위기로 강화되었다. 1957년 여름 아이젠하워 행정부는 시리아가 "공산주의화"되고 있다고 확신했다. 이 믿음은 시리아와 소련의 관계 증진에 따른 것으로, 시리아 내각에서 친소련 성향으로 의심되는 인물들의 존재가 밝혀지고, 8월에 3명의 시리아 주재 미 외교관이 추방되면서 더욱 확실해졌다. 이 과정에서 간과되었던 점은 이러한 전개들이 부분적으로, 영국과 미국의 지원을 받아 시리아 정권을 전복하려는 이라크의 계속된 노력의 결과였다는 사실이다.[62]

이 시점에서 미국은 이라크와 터키, 요르단을 압박해 그들의 군대를 시리아 국경으로 이동시키도록 했다. 그러나 이러한 위협은 시리아 정부가 붕괴되거나 패배를 인정하도록 만드는 것과는 거리가 멀었고, 단지 소련에게 시리아와 한층 더 가까워질 수 있는 기회를 제공했다.[63] 이라크와 터키, 요르단은 결국 후퇴했고, 사우드 왕은 위기를 중재하기 위한 노력을 시작했다.[64] 그러나 나세르는 사우드 왕의 개입을 시리아에서 자신의 영향력에 대한 위협으로 판단하였고, 이집트의 주요 아랍 동맹국을 "방어"한다는 목적으로 이집트군을 파견해 맞대응했다. 이러한 조치는 사우드 왕의 중재를 소심해 보이게 만들었다. 이집트군과 시리아군 간의 교류가 급속히 증가함에 따라, 시리아에 대한 이집트의 상징적인 방어는 이 지역에서 나세르의 인기와 위신을 보존하는 데 도움이 되었다.[65] 이집트와 시리아는 이전보다 훨씬 가까워졌고, 소련과도 더 가까워졌다. 그리고 미국의 냉전 개념과 다른 행위자들의 대체로 지역적인 관심사 간의 불일치가 명확히 드러났다.

중동 동맹의 제1라운드 결과는 〈표 1〉에서 요약한 것과 같다.

통일아랍공화국: 패권을 위한 두 번째 시도

미국은 나세르가 소련의 영향력의 수단이라고 우려했지만, 아이러니하게도 이집트의 두 번째 지역적 패권 추구는 부분적으로 공산주의에 대한 나세르의 반대에서 비롯되었다. 이 국면은 아랍 통합의 꿈을 실행하려는 시도로 시작되

<표 1> 중동 지역 동맹 현황, 1955-1957

동맹	설명
바그다드 협약(1955-1958)	이라크는 소련과 이집트에 대해 균형을 이루기 위해 영국 및 미국과 동맹을 맺었다. 미국과 영국은 중동 지역에서 소련의 팽창을 봉쇄하려 했다.
아랍연대 협약(1955-1956)	이집트는 바그다드 협약에 맞서 시리아, 사우디아라비아와 동맹을 맺었다. 예멘은 아덴을 놓고 영국을 압박하기 위해, 요르단은 나세르에 대한 유화정책의 일환으로 가입했다. 사우디아라비아와 예멘에게는 편승의 목적도 있었다.
소련-이집트(1955-1974)	이집트는 바그다드 협약과 이스라엘에 맞서 강대국과의 동맹을 추구했고, 소련은 바그다드 협약과 미국에 맞대응하기 위해 이집트와 동맹을 맺었다. 이 동맹은 1960년대에 크게 확장되었다.
소련-시리아(1955-1958)	시리아는 이라크, 터키, 이스라엘에 맞서 지원을 구했고, 소련은 바그다드 협약과 미국에 맞대응하기 위해 동맹을 맺었다. 이념적인 유사성도 어느 정도 영향을 미쳤다.
소련-예멘(1955-1961)	예멘은 아덴을 놓고 영국에 맞서 지원을 구했으며, 소련은 영국의 영향력을 약화시키기 위해 예멘을 지원했다.
수에즈 전쟁 연합(1956)	영국, 프랑스, 이스라엘은 이집트를 패배시키거나 나세르를 실각시키기 위해 동맹을 맺었다.
왕정동맹(1957-1958)	이라크, 요르단, 사우디아라비아의 왕들은 나세르의 위협에 맞서 동맹을 맺었다.
미국-사우디아라비아(1957-현재) 미국-요르단(1957-현재) 미국-레바논(1957-1958)	아이젠하워 독트린은 친서양 아랍국가들이 이집트와 소련의 위협에 맞서 균형을 추구하도록 유도했다.

었다. 시리아 위기의 여파로 시리아 정부는 바트당과 공산주의 파벌들로 분열되었다. 시리아군의 바트주의 장교들은 공산주의자들의 권력장악 가능성을 두려워하며, 시리아-이집트 연합군 사령관 하킴 아메르(Abdel Hakim Amer) 장군의 중재를 요청했다. 그리고 시리아 군대표단은 1958년 1월 나세르에게 시리아와 이집트의 통합을 이끌도록 설득하기 위해 카이로로 날아갔다. 나세르는 마지못해 동의했지만, 두 국가에 대한 단독 통제권을 달라고 주장했다. 비록 시리아와의 통합은 그의 생각이 아니었지만, 자신의 목표를 위해 그것을 사용할 준비가 되어 있었다.[66]

통일아랍공화국과 이라크 혁명

통일아랍공화국(the United Arab Republic)의 형성은 "아랍 세계 전역에서 열광적인 환영을 받았다."[67] 또 다른 아랍 국가들은 재빨리 반응했다. 예멘은 (비록 예멘의 참여가 큰 의미를 갖는 건 아니었지만) 3월에 통일아랍공화국에 합류했다.[68] 요르단과 이라크는 2월에 연방연합(Federal Union)을 결성했는데, 통일아랍공화국과 마찬가지로 범아랍주의 정서를 지지했지만 사실상 나세르에 대항하여 고안된 것이었다. 연방연합의 동기는 후세인이 "요르단은 자신을 보호해줄 국가를 찾았다"고 언급한 것처럼 방어적인 성격이었다. 반면 이라크 외교장관은 통일아랍공화국을 "정치선전과 개인적 이익에 기반한 인위적인 창조물"이라고 비난했다.[69] 사우드 국왕은 나세르를 암살하기 위해 시리아 군사정보국 수장에 대한 매수를 시도하는 등 통일아랍공화국을 파괴하기 위한 더 극적인 노력을 했다. 그러나 시리아 장교는 그 제안을 즉각적으로 폭로했고, 이 실패로 인해 사우디아라비아는 친이집트 정책으로 전환해야만 했다.[70]

통일아랍공화국에 대한 반대는 일시적이었고 나세르의 권위와 영향력은 더욱 강화되었다. 1959년 7월 14일, 이라크 군장교 단체가 왕정을 전복하고 '이집트 혁명' 모델에 기초한 공화정을 선포했다.[71] 나세르는 혁명을 승인하고 군사 원조를 제공했다. 그리고 쿠데타를 일으킨 지도자들 중 한 명인 아레프

(Abdel Salam Aref) 대령은 이집트와 군사, 경제, 그리고 문화 협력에 대한 협정에 서명했다. 요르단의 보호자는 하룻밤 만에 사라졌고, 나세르는 또 다른 동맹을 얻었다.[72]

사우디아라비아는 이집트를 달래기 위해 재빨리 나섰다. 나세르를 암살하려 했던 음모가 드러난 이후 사우드 국왕은 황태자인 파이살에게 왕위를 물려주었다. (그러나 사우드는 명목상 왕가의 수장으로 남아 있었다.) 파이살은 사우디아라비아가 통일아랍공화국과 이라크-요르단 연방연합 사이에서 중립을 유지할 것이라고 발표했다. 그리고 나세르주의의 구호인 "적극적 중립(positive neutrality)"이 사우디의 공식 발표에서 재등장했다. 사우디아라비아는 미국으로부터의 자주성을 보여주기 위해 이라크 혁명 이후 긴장 기간 동안 미군 항공기가 요르단까지 비행하는 것을 거부했으며, 다란 비행장이 미군기지가 아니라고 반복적으로 주장했다. 또한 나세르와 파이살은 1958년 8월 정상회담에서 "양국의 완벽한 합의와 우의를 재확인"했다고 선언했으며, 사우디의 외교장관은 두 나라를 "아랍의 이익을 증진시키는 것이 최우선인 동맹"으로 묘사했다.[73]

대조적으로 요르단은 서방과의 동맹에 지속적으로 의지했다. 내부적 반대세력을 제거한 후세인은 이라크에서 쿠데타가 발생한 이후 외부의 위협을 가장 우려했다. 이때, 미국은 이라크에 새로운 정권이 들어서면서 석유 공급이 중단된 요르단에 석유 수송을 시작했고 영국은 요르단에 공수부대를 파병했다.[74] 이로 인해 요르단과 이집트는 몇몇 전술적 변화에도 불구하고 향후 십년간 적대적인 관계를 유지했다.

비록 지역 내 반나세르 세력을 지원함으로써 나세르를 봉쇄하려던 노력이 초기에는 성공적이었을지라도, 이 정책의 주요 수단인 바그다드 협약과 왕정동맹이 이라크 혁명에 의해 손상되었다. 그 결과, 서방의 이익이 위태로워졌다는 공포가 미국에서 또다시 발생했다.[75]

이에 따라 레바논 위기가 발생하자 미국은 즉각적으로 강력하게 반응했다. 당시 레바논의 샤문(Camille Chamoun) 대통령은 아이젠하워 독트린을 지지한 아랍의 첫 번째 지도자였다. 독트린에 대한 지지는 레바논 내부의 미묘한 정치적 균형을 받치는 중립주의 전제를 침해했다. 그리고 샤문의 재선을 위한 불법적인 활동들은 오히려 그의 국내적 지지를 더욱 훼손했다.[76] 결국 1958년 5월 상황은 전면적인 내전으로 악화되었다.[77] 아이젠하워는 내전이 7월까지 이어지자 "공산주의자들에게 이 분쟁의 주요 책임이 있으며, 이제 행동할 시기가 되었다"고 확신했다. 이에 따라 미 해병대에게 7월 15일에 개입하도록 지시했고, 미국의 특사는 샤문 대통령의 교체를 준비했다. 미 해병대 투입 후 1958년 말 레바논의 질서는 회복되었다. 레바논은 이전의 중립정책으로 복귀했고, 나세르주의자들의 위협은 제거된 것처럼 보였다.

아랍 파벌주의의 재기승

사실, 이러한 공포들은 많이 과장되었다. 1958년 말 나세르의 상승세는 수에즈 위기 이후의 상승세와 마찬가지로 덧없는 것으로 드러났다. 주요 도전이 이라크로부터 제기되었다. 이라크의 새로운 혁명정권은 이집트와의 관계라는 문제를 놓고 빠르게 분열되었다. 혁명평의회(Revolutionary Command Council)의 주요 지도자인 아레프와 카셈 사이의 균열은 아레프의 첫 번째 체포로 이어졌고, 그는 곧 추방되었다. 그리고 이집트와의 전쟁 가능성이 급속하게 증가했다.[78] 특히 카셈은 아랍 세계 리더십에 대한 나세르의 주장에 도전했으며 공식적인 아랍 통합보다 이라크의 독립된 주권을 강조했다. 카셈에 맞서다 실패한 쿠데타에 대한 이집트의 지지는 단지 문제를 더 심각하게 만들 뿐이었다. 또한 시리아 공산당이 시리아에서 나세르의 리더십에 도전하고 있던 시기에 카셈은 공산주의자들의 지지에 의존하고 있었다.[79] 그 결과 "연말이 되자, 이라크와 통일아랍공화국의 관계는 예전 정권시절의 관계보다 더 나빠졌다."[80]

이집트와 이라크의 경쟁은 소련에게 있어서 심각한 문제가 되었다. 우선적으로 소련은 통일아랍공화국의 형성을 적극적으로 지지하지 않았다. 비록 소련과 이집트의 관계가 즉각적으로 영향을 받지는 않지만—나세르는 1958년 4월에 17일간 소련을 방문했고 아스완댐 건설에 대한 소련의 지원 약속을 받았다—시리아와 이집트의 통합으로 한때 중요한 정치적 세력이었던 시리아 공산당이 제거되었다. 더욱이 소련은 아랍 통합에 대해 모호한 태도를 유지했다. 왜냐하면 소련의 관점에서 보면, 소련 남쪽 국경지역에서 통일된 아랍 국가가 출현하는 것은 위협적일 수 있기 때문이었다.[81] 따라서 소련은 아랍의 통일에 반대하거나 나세르의 정책을 문제 삼을 경우 소련과 이집트의 관계가 위태로워지는 딜레마에 직면하게 되었다.

반면 소련은 이라크 혁명에 대해서는 통일아랍공화국에 대한 미온적인 태도와 달리 열렬히 환영했다. 왜냐하면 소련에 있어서 서방의 주요 지역 동맹의 붕괴는 가장 환영할 만한 전개이기 때문이었다. 나세르의 요청에 따라 소련은 서방의 개입을 막기 위해 코카서스까지 부대를 기동시켰으며, 그해 말 이라크에 대한 경제 원조 협정에 서명했다.[82] 그리고 혁명 후 이라크 공산당이 중요한 위치를 차지했기 때문에 소련의 적극적인 반응은 당연한 것이었다.

따라서 나세르와 카셈 사이에 발생한 균열은 양국 모두와 좋은 관계를 유지하려는 소련에게는 난처한 상황을 야기했다. 이러한 노력이 불가능한 것으로 드러났을 때, 소련은 공산당이 좀더 큰 역할을 수행하고 있는 이라크 쪽으로 기울어졌다. 이라크에서 공산주의의 영향력은 나세르가 엄격하게 억누르고 있는 통일아랍공화국의 상황과 매우 달랐다. 1959년 3월 바트주의자들이 반란을 시도한 뒤 이라크에 대한 소련의 지원이 더욱 증가했다. 1958년 11월에 이미 대규모 무기 지원을 받았던 이라크는 이 시기에 소련으로부터 5억 달러의 차관을 받았다.[83]

이와 대조적으로 소련과 이집트의 관계는 틀어졌다. 문제는 중동 지역에서 공산주의의 역할이었으며, 이 논쟁은 이후 수년 간 간헐적으로 대두되었다. 양국의 균열은 시리아 공산당이 통일아랍공화국에 "민주적 자유가 결여"되어 있다고 항의하는 성명을 발표하면서 시작되었다. 발표를 들은 나세르는 아랍의 공산주의가 "아랍의 통합을 훼손한다"고 비난했다. 흐루쇼프(Khrushchev)는 아랍 공산주의에 대한 나세르의 공격을 "반동적인 기획"이자 "진보적 세력에 맞서는 활동"이라고 칭했다. 1959년 3월 흐루쇼프는 나세르의 견해를 "노골적인 중상모략"으로 치부했고, 나세르를 "성급한 젊은이"라고 비하했다. 그러자 나세르는 아랍 공산주의자들에게 "외국의 앞잡이" 또는 "일급 기회주의자"라고 비난했으며, 그들에게 "무신론과 종속"의 죄가 있다고 선언했다.[84]

그러나 이러한 논쟁에도 불구하고 소련과 이집트의 협력은 중단되지 않았다. 아스완 댐의 건설은 소련이 후원하는 다른 계획들과 함께 계속 진행되었다 그리고 소련은 1959년 대략 1억 2천만 달러 규모의 무기를 이집트에 인도했고, 이집트가 다수의 비행장과 해군 시설들을 건설하는 것을 도와줬다.[85] 따라서 소련과 이집트 협력의 핵심 요소들은 온전하게 유지되었다.

그러나 이러한 협력이 소련과 이집트 사이의 모든 것들이 잘 되고 있다는 것을 의미하지 않았다. 비록 소련과 이라크의 관계가 소원해진 것이 한 가지 중요한 장애를 제거했을지라도, 공산주의에 대한 나세르의 반대는 여전히 소련을 괴롭혔다. 1961년 5월 흐루쇼프는 소련을 방문한 이집트 대표단에게 그러한 정책의 어리석음에 대해 다음과 같이 언급했다. "나는 여기에 있는 누군가는 미래에 공산주의자가 될 것이라고 느낀다. 왜냐하면 삶은 스스로를 인간에게 부과하기 때문이다." 대표단이 이집트로 돌아간 후에 지도자인 사다트 (Anwar Sadat)는 흐루쇼프의 발언에 대한 장문의 답장을 발표했다. 비록 기본적인 전략적 이익이 여전히 두 국가를 단결시켰을지라도, 이러한 계속되는 분쟁은 소련과 이집트의 동맹이 심각한 이념적 차이에 의해 손상되었다는 것을 드러낸다.[86]

한편 소련의 이라크에 대한 희망은 환상에 불과한 것으로 드러났다. 후르쇼프는 한때 이라크가 이집트보다 "더 진보한 체제"를 건설 중이라고 주장했고, 소련은 이라크에 대한 원조와 무역을 급속하게 확대했었다. 하지만 이러한 노력에도 불구하고 1959년 후반 카셈은 소련으로부터 벗어나려고 움직이기 시작했다.[87] 카셈은 국내의 다른 경쟁자를 누르기 위해 이라크 공산당을 이용한 후에는 그들의 활동 역시 억제하기 시작했고, 이는 소련 언론의 반복적인 비판을 촉발했다.[88] 1960년 내내 카셈은 공산주의에 대한 그의 반대와 소련과 이라크 간 관계의 비대칭성을 강조했다. 그리고 이라크에 대한 소련 영향력의 위험성에 대한 그의 경고는 예상대로 소련의 비판을 받았다. 그러나 경제 및 군사 원조는 계속되었고, 두 국가 사이의 완전한 단절은 없었다.[89]

이러한 전개는 미국의 정책에도 영향을 주었다. 후세인 왕에 대한 지원은 요르단이 "확고하게 자유세계를 향하고" 있고 "중동 지역의 기존 균형을 유지하는 데 있어 핵심"이라는 믿음을 기반으로 계속되었다.[90] 미국과 사우디아라비아의 관계는 사우디의 나세르에 대한 유화정책에도 불구하고 지속적으로 유지되었다.[91]

당시 미국의 주요한 변화는 나세르에 대해 명시적으로 문을 연 것이었다. 이것은 아이젠하워 행정부 말기에 시작하여 케네디 대통령 시절 더욱 확대되었다. 아랍 민족주의가 소련 공산주의에 대해 매우 적대적이라는 것을 인식한 미국은 "이 나라들에게 공산주의의 대규모 원조에 대한 대안을 제공하기 위해" 원조를 더 확대하기 시작했다.[92] 2년간의 중단 후에, 통일아랍공화국은 1958년에서 1961년 사이에 경제 원조로 약 2억 5천만 달러를 받았다. 케네디 대통령은 원조 총액을 증가시키고 1961년 카이로에 있는 아메리칸 대학 전 총장 바두(John S. Badeau)를 이집트 대사로 임명하면서 이 정책을 지속적으로 추진했다.[93] 그 결과, 비록 일시적이었을지라도 아랍 세계 전역에서 미국의 지위 상승이 뚜렷하게 나타났다.

나세르의 또 다른 좌절: 통일아랍공화국의 붕괴

아랍 통합에 대한 추진력은 통일아랍공화국의 형성에 의해 만들어졌다. 그리고 이라크 혁명은 카셈이 아랍 통합보다 이라크의 이익을 강조함으로써 효과적으로 사그라들었다. 비록 이집트와 이라크의 분열이 사우디아라비아가 이집트로부터 다소 멀어지도록 영향을 미쳤음에도 불구하고, 이라크는 카셈이 통치하는 동안 매우 고립되었다. 종종 변덕스러운 카셈의 통치와 그의 혁명적인 목표를 고려할 때, 이집트와 요르단, 그리고 사우디아라비아 모두 이 당시 이라크를 특별히 바람직한 동맹으로 보지 않았다. 실제로 요르단과 사우디아라비아는 이집트와 이라크 중 누가 더 큰 위협인지 명확하지 않았기 때문에 점차적으로 두 국가 사이에서 중립적인 위치를 추구했다.[94]

1961년 여름 이라크의 쿠웨이트 침략을 막기 위해 아랍 연맹이 오랜만에 만장일치로 행동하면서 이라크의 고립은 심화되었다. 7월에 영국이 쿠웨이트의 독립을 선언하자 카셈은 이라크가 쿠웨이트를 합병하고자 한다고 선언했다. 아랍 연맹은 이라크의 행동을 비난했으며, 영국군이 빠진 자리는 요르단과 사우디아라비아, 그리고 통일아랍공화국이 파견한 부대들로 채워졌다. 카셈은 합병 의도를 재빨리 철회했고, 아랍의 부대들은 1962년 2월에 철수했다.[95] 또 한번, 동맹들은 그들의 이익이 위협받았을 때 기꺼이 함께 행동할 의지가 있다는 것을 보여주었다.

한편, 1961년 여름 이집트의 상황은 대단히 좋아 보였다. 이집트는 두 아랍 국가 간 첫 번째 공식적인 연합을 구축했고, 겉보기에 사우디아라비아와 우호적 관계에 있었으며, 요르단과 관계를 다소 개선했고, 경쟁자인 이라크를 성공적으로 고립시켰다. 그리고 이제 두 초강대국으로부터 상당한 지원을 받고 있었다. 그러나 이처럼 강력한 위치는 빠르게 소멸되었다. 1961년 9월 28일, 시리아군 장교들이 다마스쿠스의 통일아랍공화국 정권에 맞서 쿠데타를 일으켰다. 시리아의 정치 및 경제 상황의 악화와 이집트의 정치적 지배에 분노한 새로운 정권은 연합에서 탈퇴하고 비동맹 정책을 선언했으며, 시리아가 독립적인 국가로서 아랍 연맹에 다시 가입하겠다고 선언했다.

국제적 반향은 즉각적이었다. 요르단, 사우디아라비아, 그리고 터키는 다음날 시리아의 새 정권을 승인했다. 그리고 초강대국들도 그 다음 주에 그들을 따라 새 정권을 승인했다. 시리아와 이라크는 11월에 경제 협정을 맺었고, 사우디아라비아, 요르단, 그리고 이집트 사이의 데탕트는 무너졌다. 심지어 예멘의 이맘은 통일아랍공화국의 붕괴를 이집트와의 관계를 폐기할 기회로 보았다. 나세르는 요르단과의 관계를 중단하는 한편, 시리아 내부의 "반동적" 세력

〈표 2〉 중동 지역 동맹 현황, 1958-1961

동맹	설명
통일아랍공화국(1958-1961)	이집트와 시리아는 나세르 주도 하에 범아랍주의 이념을 구현하고 시리아에서 공산주의자들의 정권 장악을 막기 위해 연합을 형성했다.
이라크-요르단(1958)	연방연합은 통일아랍공화국에 맞서 균형을 이루기 위해 형성되었다. 이라크 혁명 이후 1958년 1월에 붕괴되었다.
이집트-사우디아라비아(1958-1961)	사우디아라비아는 나세르를 암살하려다 실패하고, 이후 유화정책의 일환으로 이집트에 편승했다.
이집트-이라크(1958)	이라크와 통일아랍공화국을 통합하기 위한 간략한 합의가 이루어졌다. 그러나 카셈이 아레프를 지도부에서 축출함으로써 연합은 종료되었다.
소련-이라크(1958-1959)	소련은 이라크 공산당의 중요한 역할 때문에 미국과 영국의 개입을 막기 위해 이라크를 지원했다. 카셈은 이집트와는 균형, 이라크 공산당과는 유화정책을 추구했으나 이라크에서의 입지를 공고히한 후 소련과 거리를 두었다.
쿠웨이트 개입(1961)	사우디아라비아, 요르단, 이집트는 이라크가 셰흐국을 합병하려 하자 이를 억제하기 위해 쿠웨이트에 군대를 파견했다. 이집트는 1961년 통일아랍공화국 붕괴 후 철수했다.

에 분열의 책임을 돌렸다. 그리고 사우드와 후세인, 그리고 이맘 아메드를 "제국주의와 반동의 앞잡이"라고 비난했다.[96] 나세르의 패권을 향한 두 번째 시도는 끝났으며, 새로운 접근이 필요해졌다.(〈표 2〉 참조)

나세르의 새로운 접근

1954년에서 1956년까지 이집트는 바그다드 협약에 맞서 아랍 동맹을 형성하기 위해 두 초강대국의 경쟁과 부활한 아랍 민족주의를 이용했다. 그리고 이라크와 "서방 제국주의"를 겨냥한 이 동맹은 나세르의 야망과 위신이 다른 아랍 국가들에게 이라크보다 더 큰 위협이 되었을 때 붕괴했다. 나세르의 두 번째 노력은 시리아와 공식적인 연합을 형성하기 위해 그의 개인적 위신을 이용하는 것이었다. 여기서도 그의 노력은 나세르의 반대세력들이 대안적 동맹이 더 바람직하다고 인식했을 때 그리고 그 연합이 시리아에서 인기가 없고 실행 불가능하다고 입증되었을 때 실패했다.

나세르의 반응은 전형적이었다. 그는 또다시 아랍 혁명의 지도자로서 자신의 지위를 이용하여 반대세력에 도전했다. 1961년 이후 나세르는 국내 및 대외 정책 모두에서 혁명적 이념을 새롭게 강조했다. 국내에서는 국가헌장으로 알려진 새로운 이념적 강령이 입안되었고 무능한 국민통합당(National Union)을 대체하기 위해 새로운 대중 정당이 창설되었다.[97] 외교정책에서 나세르는 중동의 보수주의 세력에 맞서는 새로운 활동을 시작했다.

이 정책의 근본적인 이유는 간단했다. 통일아랍공화국의 붕괴는 "반동 세력"의 지속적인 반대 때문으로 여겨졌다. 따라서, 나세르와 동료들은 오직 모든 아랍 국가들이 양립 가능한 (즉, 혁명적인) 정치 체제를 갖추었을 때만 진정한 아랍의 통일이 달성될 수 있다고 주장했다. 요컨대, 이때부터 나세르의 외교정책은 이념적 고려가 적과 친구를 구별하는 가장 중요한 요인이라는 믿음을 전제로 했다. 새로운 방침은 통일아랍공화국 붕괴의 책임을 다른 세력에게 돌렸고, 보수적인 아랍 정권들에 대한 나세르의 공격을 아랍 통합의 이름으로 정당화했다.[98] 그 결과 중동은 두 개의 그룹으로 분열되었으며, 지역 국가들과 초강대국들 간 관계도 불가피하게 영향을 받았다.

새로운 정책은 여러 가지 형태로 나타났다. 첫째, 이집트는 정치선전을 통해 시리아의 분리주의 정권을 지속적으로 공격했다. 그리고 이집트는 여전히 시리아에서 권력 투쟁을 하는 친나세르 집단에게 이념적, 물질적 지원을 제공했다.[99] 같은 방식으로, 요르단과 사우디아라비아 그리고 좀더 약한 정도로 이라크도 카이로 라디오를 통한 적대적 정치선전의 목표가 되었다. 반면, 나세르의 적들은 이집트를 고립시키는 것으로 대응했다. 시리아와 이라크는 4월에 군사 및 정치 협력에 관한 합의를 통해 그들 자신의 범아랍 인증을 강화하려 했고, 요르단과 사우디아라비아는 아랍 연맹 내에서 나세르에 대해 공세를 취했다. 이집트의 고립은 1962년 여름 최고조에 달했고,[100] 이 시기 나세르는 다음 조치(예를 들어, 예멘 내전 개입)를 위한 준비를 하고 있었다.[101]

이집트와 예멘의 관계는 한동안 발전했다. 나세르의 초기 동맹 중에서 그다지 비중 있는 동맹이 아니었던 이맘 아메드는 시리아가 통일아랍공화국에서 분리된 후 이집트와의 관계를 완전히 끊었다.[102] 그러나 그 사이 이집트에서 훈련 받은 다수의 예멘 군장교들은 이집트에 대해 호의적인 감정을 가졌다. 1962년 9월 27일, 이맘 아메드의 사망 이후 이 장교 집단은 아메드의 손자인 바르드(Bard)에 맞서 쿠데타를 일으켰다. 그러나 바르드는 지방으로 탈출하여 자신을 지지하는 부족들을 규합했고, 이후 예멘 전역에서 내전이 발생했다.[103]

나세르는 자신이 공언한 혁명적 목표를 촉진하고 사우디아라비아를 위협하기 위해 재빨리 혁명 정부를 지원했다. 예멘의 새로운 공화국 정권을 돕기 위해 약 15,000명의 부대가 파병되었고, 이집트 전투기들은 반란군 기지와 사우디아라비아의 많은 도시들을 공격했다.[104] 요르단과 사우디아라비아는 이에 대응하여 1962년 11월 상호방위조약을 체결하고, 예멘 왕정 세력에 지원을 제공하기 시작했다. 이후 나세르가 이념적인 정치선전을 시작하자, 상대 국가들은 위협에 대응하기 위해 연합군을 형성했다. 특히 요르단과 사우디아라비아는 이후 2년 동안 이집트와 심각한 적대적 관계를 유지했다.[105]

아랍 통일의 재청

이집트의 고립은 오래가지 않았다. 시리아와 이라크의 국내정치는 1966년까지 지속된 내부 갈등으로 인해 또다시 이집트를 필요로 했다. 1963년 8월, 이라크의 카셈 총리는 축출되었고 바트주의 군대의 쿠데타가 발생했다. 그러나 새로운 지도자는 비바트주의자인 아레프(Abdel Salam Aref)였다.[106] 그리고 한 달 뒤, 시리아 또한 쿠데타로 또 다른 바트주의 정권이 권력을 잡았다. 여전히 국내 나세르주의 세력들로부터 압박을 받으면서, 새로운 정권은 재빨리 이집트와의 또 다른 통합에 관심을 표명했다.[107] 이후 이 두 혁명적 사회주의 국가들이 이집트(그리고 "해방 전쟁"을 벌이는 예멘의 "진보적인 정권")와의 통합을 모색하자, 반동주의자 및 분리주의자와의 타협을 거부한 나세르가 옳았음이 입증된 것처럼 보였다.[108]

그러나 그러한 입증이 곧 성공을 의미하지는 않았다. 1963년 4월 시리아, 이라크, 그리고 이집트의 대표들은 새로운 삼국통합을 위한 계획을 논의하기 위해 카이로에 모였다. 각국이 궁극적으로 조화될 수 없는 서로 다른 목표를 추구했기 때문에 회담은 시작부터 순조롭지 못했다. 이집트의 경우 이집트를 배제한 시리아와 이라크의 통합을 막고자 했고, 어떤 통합이든 이집트의 지배권을 확보하고자 했다. 그리고 시리아와 이라크는 이집트와의 통합을 통해 위태로운 국내적 입지를 강화하고자 했다. 그들은 자신의 범아랍주의 신념을 과시하고 나세르의 축복이라는 국내 정치적 이득을 얻고자 했다. 그러나 시리아와 이라크가 상대적으로 이집트를 더 필요로 했기 때문에 삼국통합을 위한 최종 합의는 그들보다는 이집트의 바람과 일치했다.[109]

비록 유산된 동맹이었음에도 불구하고, 삼국통합 협정은 대단히 의미 있는 사건이었다. 1958년 시리아의 바트당 민간인들은 자신들의 이념적 이상을 실현하고 카리스마적 인물인 나세르와 동맹을 맺어 (시리아군을 포함해) 국내의 반대세력을 약화시키기 위해 이집트와의 통합을 원했다. 따라서 유산된 협정은 시리아와 (더 작은 정도로) 이라크에 의한 편승의 산물이었을 뿐만 아니라 바트당 범아랍주의 이념의 계속된 영향이었다. 그러나 구성국들이 서로 모순되는 목표들을 추구함으로써—예를 들어, 시리아는 나세르에게 권력을 주지 않고 지원만 받으려 했고, 나세르는 이와 반대로 권력만 얻으려 했다—통합의 급격한 종말은 예견되어 있었고 실제로 피할 수 없었다.

어쨌든 삼국통합은 거의 즉각적으로 붕괴했다. 시리아 바트당의 군사위원회는 시작부터 반대했으며, 그들이 시리아군에서 나세르주의 장교들을 축출하자 통합 협정의 첫 번째 균열이 발생했다.[110] 시리아의 나세르주의 지지자들에 의한 몇 차례의 쿠데타 시도와 시리아군의 지속적인 진압은 7월에 결정적인 결별로 이어졌다. 비바트주의자였던 시리아의 알 아타시(Luay al-Atassi) 대통령은 공직에서 쫓겨났고 바트당의 군사위원회 의장인 알 하페즈(Amin al-Hafez)로 교체되었다. 새로운 정부는 이집트에 대한 거친 정치선전 공격을 재개했고, 나세르도 카이로 라디오를 통해 같은 식으로 반응했다. 그러고 나서 나세르는 4월 통합 협정의 무효화를 선언했다.[111]

이후 바트주의에 대한 나세르의 적대적 태도는 시리아와 이라크가 가까워지도록 만들었다. 두 바트주의 정권은 9월과 10월에 경제 및 군사 협력에 관한 협정을 체결했다. 그리고 시리아와 이라크 두 나라의 대표들로 이루어진 바트 국회(Ba' th National Congress)는 "완전한 연방 통일"을 요청하는 결의안을 통과시켰고, 이와 동시에 시리아와 이라크 군대를 통합하는 조치들이 취해졌다. 양국 군의 통합은 단지 상징적 차원에 머무르지 않았다. 실제로 시리아 1개 여단이 이라크 정부의 쿠르드족 반란 진압을 돕기 위해 파견되었다.[112]

결국 혁명적 이념은 협력에 큰 영향을 미치지 못하는 것으로 증명되었다. 나세르는 보수적인 아랍 군주들과 갑작스럽게 데탕트를 추진하기 시작했다. 요르단의 후세인 왕은 열성적으로 반응했다. 1963년 초, 나세르의 정치선전은 요르단에서 새로운 격변을 선동했고, 후세인은 다시 한번 미국의 지원에 의지해 그것을 진압했다.[113] 더욱이 후세인은 시리아와 이라크의 통일을 두려워했는데, 틀림없이 요르단에 적대적일 것이기 때문이었다. 따라서 그는 나세르의 도움을 환영했다. 이후 나세르는 시리아와 이라크에 대한 투쟁에 집중하기로 하고 요르단에 대한 공격을 중단했다. 후세인은 이에 대한 답례로 감옥에 있던 나불시(Nabulsi) 전 총리를 석방했고 이집트의 일간 신문이 요르단 내에서 유통되는 것을 다시 허용했다. 비록 일시적이었지만, 데탕트 정책은 나세르가 시리아와 이라크 간 바트주의 통합의 가능성에 대해 느꼈던 불안감뿐만 아니라 후세인이 나세르의 반대를 다른 곳으로 돌리는 것에 큰 가치를 부여했음을 보여준다.[114]

하지만 나세르의 이러한 예방 조치는 불필요한 것으로 드러났다. 시리아와 이라크 내부의 계속된 권력 투쟁은 곧 초국가적 조직인 바트당의 균열로 이어 졌다.[115] 이라크에서는 아레프가 바트주의자 파트너를 버리고 이라크군 내 자 신의 지지 세력을 이용하여 독자적인 바트주의 국가방위군을 진압했다. 이라 크와 시리아 간의 통합 움직임은 곧바로 붕괴했고, 나세르는 한시름 놓을 수 있었다.[116]

이렇게 또 다른 아랍 통합 시도는 종결되었다. 이집트, 시리아, 그리고 이라 크의 진보적인 정권들은 범아랍주의를 지향했음에도 불구하고 결국 이념적 이상을 실행하지 않으려 했거나 실행할 수 없었다. 그리고 그들은—이스라엘 의 "아랍" 영토 점령에 도전하기 위해서조차도—효과적인 군사동맹을 형성하 거나 또는 경제 및 군사 협력을 위한 가장 기본적인 합의를 이행하는 것이 불 가능하다는 사실을 알게 되었다. 1963년 말 무렵, 범아랍주의의 기록은 암울 했다.

카이로 정상회담

아랍 통합 실험들이 실패함에 따라 이집트와 이라크 모두 좀더 온건한 정책 으로 돌아갔다. 그러나 시리아의 외교 및 국내 정책은 더 급진적인 방향으로 발전하기 시작했다.

그 결과는 아랍 세계의 나머지 국가들 내에서의 암묵적인 동맹의 확장이었 다. 시리아가 이집트의 신중한 정책이 너무 온건하다고 공격했을 때, 나세르는 몇 달 전 시리아와 이라크 동맹에 맞서 사용했던 동일한 전술을 따랐다. 그는 나머지 아랍 국가들과 관계를 빠르게 회복했다.

당면 문제는 이스라엘의 요르단 강 수로 계획에 어떻게 대응할 것인가였다. 이 계획은 요르단과 시리아에 공급되는 물의 일부를 전환하겠다는 것이었다. 시리아는 아랍의 대표적인 수호자가 되겠다던 나세르가 그 계획을 중단시키 지 못하고 있다며 비난했고, 군사적 대응을 요청하기 시작했다. 그러나 여전히 이스라엘의 군사력을 높이 평가하고 있고 예멘에서 꼼짝 못하고 있는 상태였기 때문에 나세르는 시리아의 요청을 들어줄 생각이 없었다. 따라서, 나세르는 이스라엘 행동에 대한 아랍의 공동 대응을 모색하기 위한 정상회담을 요청했다.[117]

그 회담은 1964년 1월 카이로에서 열렸다. 회담의 주요 결과물은 이스라엘에 위협이 되지 않는 일련의 조치들이었다. 이스라엘에 대한 투쟁을 실행하는 추가적 수단으로서 통합군사령부의 설치와 팔레스타인해방기구(PLO) 설립 결정이 포함되었다.[118] 그러나 이러한 결의는 이스라엘에 맞서기 위한 대결의 수단이라기보다는 시리아의 비판을 피하는 데 도움이 되는 것이었다. 당시 나세르와 아랍 군주들 모두 이스라엘과 전쟁을 원하지 않았지만, 한편으로는 누구도 팔레스타인 문제에 헌신하지 않는 것처럼 보이고 싶지 않았다.

나세르는 시리아를 성공적으로 고립시켰고, 이는 이후의 상황 전개들을 통해 입증되었다. 1964년 1월 요르단과 이집트는 외교관계를 재개했고, 후세인은 7월에 예멘에 수립된 공화주의 정권을 인정했다.[119] 다음으로 이집트와 사우디아라비아는 비록 여전히 서로를 경계하고 있었지만 예멘 내전을 해결하기 위한 협상을 시작했다.[120] 마지막으로, 이집트와 이라크는 1964년 2월 두 국가 간의 연방연합(federal union) 계획을 발표했다.[121]

그러나 시리아의 반응은 흥미로웠다. 그때까지 여전히 국내적 정통성이 결여되어 있던 바트당은 완벽한 고립을 그대로 받아들일 수 없었다. 그들은 다른 아랍 국가들, 특히 나세르를 비난하면서 자신들이 아랍 연대에 헌신하고 있음을 보여주기 위해서 계속해서 정상회담에 참석했다.

요약하면, 일단 이집트가 덜 공격적인 태도를 취하자 시리아를 제외한 모든 국가들과의 관계가 개선되었다. 시리아의 이념적 급진주의, 적대적 정치선전 그리고 이스라엘과의 전쟁 요구는 단지 이웃 국가들을 불안하게 만들고 아랍 세계에서 시리아의 고립을 심화시키는 결과만 초래했다.[122]

결과적으로 나세르의 전술은 부분적으로 이집트보다는 시리아의 극단주의와 호전성이 사우디아라비아와 요르단에 더 위협적이었기 때문에 효과를 발휘할 수 있었다. 특히, 당시 나세르의 온건한 정책은 다른 국가들이 그와 협력하는 것이 덜 위험하다고 느끼게 만들었다. 따라서 카이로 정상회담에 의해 만들어진 우호적인 상황은 시리아에 맞서 균형을 이루려는 시도, 또는 보수적 아랍 국가들이 나세르가 좋은 행동을 유지하는 한, 유화정책을 통해 이집트에 편승하려는 노력으로 볼 수 있다.

아랍 국가 간 화해의 종결

이집트와 보수적인 아랍 국가들 사이의 화해는 1965년 말 악화되었고 새로운 유형의 아랍 내 동맹을 낳았다.[123] 이는 몇 가지 사건들에서 비롯되었다. 첫째, 예멘 내전을 종결시키려던 노력들은 사우디아라비아와 이집트 모두 그들이 지원하는 세력들이 무기를 버리도록 설득하지 못함으로써 실패했다.[124] 둘째, 사우디는 1965년 말 리야드에서 개최된 이슬람 국가들의 회의에서 이집트에 맞서 이념적 공세를 시작했다. 사우디의 이념적 공세는 나세르의 준사회주의 이념과 대조되는 전통적인 이슬람 가치를 강조했다. 이에 따라 소위 이슬람협정(Islamic Pact)은 명백하게 이집트에 직접적으로 반대하는 것이었다.[125] 마지막으로, 1966년 2월 시리아에서 발생한 또 다른 쿠데타에 의해 바트당의 보수파가 완전히 축출되었고, 바트당의 국제적인 구조 역시 완벽하게 파괴되었다. 그리고 이후에 신바트주의로 명명된 급진적인 세력에게 절대적인 권력이 주어졌다. 새로운 지도자들은 국내에서는 전통적인 아랍 통합의 목표를 버리고 급진적인 사회주의 강령을 선언했으며, 해외에서는 이스라엘에 대한 "인민전쟁"을 포함한 폭력적인 혁명 활동을 공약했다. 이에 따라 시리아가 팔레스타인해방기구의 군사적 분파에 대한 지원을 증가시키면서 시리아와 이스라엘 간 국경 분쟁이 가파르게 증가했다.[126]

이러한 일련의 과정들은 몇 년 전에 있었던 이념적 분열을 다시 부활시켰다. 이집트와 시리아는 공공연한 적대성을 버리고 다시 함께하기 시작했다. 이에 따라 1966년 11월에 공식적인 방위조약이 체결되었다. 동시에, 이집트는 요르단과 사우디아라비아를 상대로 정치선전 전쟁을 재개했다.[127] 중요한 점은, 시리아의 신바트주의 정권은 범아랍적 이상에 그다지 무게를 두지 않았고 주로 군에 의지해 권력을 유지했기 때문에, 이집트의 정치선전에 취약하지 않았다는 사실이다. 따라서 나세르는 그의 혁명적인 지위와 시리아의 행동에 대한 영향력을 유지하기 위해 시리아의 극단적인 입장을 받아들여야만 했다.[128] 1963년에 시리아와 이라크를 상대로 효과를 발휘했던 전술은 신바트주의자들에 대해서는 쓸모가 없었다. 실제로 신바트주의 정권은 나세르에 대해 큰 영향력을 가지고 있었다. 그들의 더 급진적인 성향이 혁명 수장의 지위에 있던 나세르의 정치적 권력 기반을 위협했기 때문이다. 따라서 1966년 말까지, 아랍 세계는 급진주의와 보수주의 진영으로 다시 양분되었다.

요약하면, 1961년과 1966년 아랍 내부의 정치는 이 기간 내내 이념적 구분이 상당히 강조되었음에도 불구하고, 효과적인 아랍 동맹의 원인으로서 이념적 요인이 상대적으로 중요하지 않다는 것을 보여준다. 비록 보수적 정권들과 혁명적인 정권들이 가끔 (특히 예멘을 둘러싼 분쟁에서) 서로 결집해서 대항하기도 했지만, "진보적 국가들"은 (이집트와 시리아 사이의 분쟁이 보여주는 것처럼) 종종 서로에게 적대적이었고, (다양한 아랍 정상회담을 통해 드러난 것처럼) 필요 시에는 "아랍의 반동 세력"과 협력할 준비가 되어 있었다. 실제로 통일아랍공화국과 삼국통합 협정의 붕괴는 범아랍주의 이념이 협력의 기반인만큼이나 분열의 근원이기도 하다는 것을 보여주었다. 즉, 이 시기 아랍 내부의 관계는 공통의 이념이 안정적인 협력을 보장하지 못하고, 상이한 이념적 견해 또한 외교적 협력의 장벽이 되지 않는다는 것을 보여주었다. 이 시기 나타난 동맹들을 요약하면 〈표 3〉과 같다.

양극화된 분쟁에서 초강대국의 정책

아랍 내부의 정치를 혼란에 빠뜨린 이념적 분쟁은 또한 두 초강대국과 중동

<표 3> 아랍 국가 간 동맹 현황, 1962-1966

동맹	설명
이집트-예멘 공화국(1962-1967)	아랍의 반응에 대응하기 위한 작전의 일환으로, 이집트는 왕정주의 세력과 사우디아라비아에 맞서 싸우는 예멘의 혁명주의자들을 원조하기 위해 개입했다.
사우디아라비아-요르단(1962-1964)	아랍의 군주국들은 이집트의 예멘 내전 개입에 반대하여 동맹을 형성했다.
삼국통합 협정(1963)	이라크와 시리아의 바트 정권과 이집트는 범아랍적 이상을 증진시키기 위해 공식적인 연합을 결성했다. 연합은 거의 바로 붕괴했으며, 시리아와 이집트는 적대관계가 되었다.
시리아-이라크(1963)	바트 정권들은 그들의 이념을 달성하고 이집트에 맞서 균형을 이루기 위해 군사적 통합을 이행했다. 이러한 노력은 아레프가 이라크의 바트 정권에서 축출되었을 때 종료되었다.
이집트-이라크(1964-1967)	이라크 바트당에 맞선 쿠데타는 범아랍주의와 시리아를 고립시키려는 열망에 기초한, 이집트와 이라크 간의 통합 정치 지휘부로 이어졌다. 다만 협력의 정도는 매우 제한적이었다.
카이로 정상회담(1964-1965)	시리아를 고립시키고 이스라엘에 대항하는 공동의 정책을 개발하기 위한 목적으로, 이집트와 보수적인 아랍 군주국들 간의 화해가 이뤄졌다.
이집트-시리아(1966-1967)	시리아에서 발생한 신바트주의 쿠데타는 더 급진적인 정책을 초래했다. 시리아는 이스라엘에 맞서 이집트의 지원을 얻으려 했으며, 나세르는 자신의 위신을 유지하고 시리아를 억제하기 위해 동의했다. 양국은 친제국주의라는 이유로 사우디아라비아와 요르단을 공격했다.

국가들 사이의 관계에도 영향을 미쳤다. 지역 내 아랍 국가들 간의 분쟁과 아랍 국가들과 이스라엘 간의 분쟁 수준이 증가함에 따라, 두 초강대국은 그들의 지역 동맹국에 대한 공약을 확장했다. 따라서, 6일 전쟁 시기에 중동은 두 초

강대국 사이에서 사실상 둘로 나뉘었다. 그러나 아랍 세계 내부의 동맹의 변화와는 달리, 두 초강대국 사이에서의 분할은 이념적 선호에 따라서 이루어졌다.

1960년대 소련의 정책

이집트와 시리아가 점차 좌경화되자(이라크는 더 낮은 수준으로) 소련은 이 국가들에 대한 원조를 증가시켰다. 동시에, 아랍과 이스라엘 간 분쟁의 격화와 제3세계에서의 초강대국들 간 경쟁 심화는 소련이 중동의 동맹국들에게 더 많은 원조를 하게 하는 강력한 동기가 되었다.

그리고 초기에 나세르를 의심했던 소련은 1961년에서 1966년 사이 나세르의 이념적 공세를 호의적으로 보았다.[129] 따라서, 소련은 무역과 원조를 지속적으로 확대하는 한편, 이스라엘의 프랑스제 Mirage III 항공기 획득에 대응하기 위해 최신 MIG−29와 TU−16 항공기를 공급하기 시작했다.[130] 더 중요한 사실은, 소련이 재빨리 이집트의 예멘 사태 개입을 지원하기 시작했다는 것이다. 군사 원조는 양과 질 모든 측면에서 증가했고 소련의 조종사들이 이집트에서 예멘의 수도 사나까지 군사 장비들을 정기적으로 실어날랐다고 한다.[131]

소련과 이집트의 관계는 다음 해에 더욱 확대되었다. 나세르는 이집트의 공산주의자들에 대한 특별사면을 실시했고, 대신 아랍 사회주의 연맹에 가입하도록 권했다. 흐루쇼프는 5월에 이집트를 방문했으며 나세르와 아메르 부통령을 "소련의 영웅"이라 선언하고 메달을 수여했다. 그는 또한 추가적으로 2억 2700만 달러의 경제 원조를 제공하는 데 동의했다.[132] 소련은 흐루쇼프의 축출 이후, 셸레핀(A. N. Shelepin) 전 부수상을 보내 지도자의 교체가 이 지역에 대한 소련의 정책 변화로 이어지지 않을 것임을 알리고 이집트를 안심시켰다. 그리고 소련의 무기 공급은 계속해서 유지되었다.[133]

이러한 경향들은 6일 전쟁 후까지 크게 변하지 않았다. 양국의 군사 대표단들은 1965년 1월과 5월 교환 방문을 했다. 당시 소련은 이집트의 해군시설 이용을 추진했지만 실패했다. 하지만 이것이 두 나라 간의 무기 거래를 위축시키지는 않았다.[134] 나세르와 코시긴 소련 수상은 1965년 8월과 1966년 5월에 교환 방문을 했는데, 알려진 바에 따르면 코시긴 수상은 나세르에게 시리아의 신바트주의 정권과 협력하여 제국주의에 맞서는 연합 전선을 만들도록 촉구했다.[135] 이집트는 계속해서 소련의 첨단 무기들을 제공받았고, 소련은 1966년 8월 알렉산드리아 항구를 이용할 수 있게 되었다. 소련과 이집트의 친선 및 협력 관계는 1966년에 최고 수준에 도달했다.

이 시기의 소련과 이집트 관계의 확장에는 여러 가지 요소들이 작용했다. 첫째, 양국은 모두 제3세계, 특히 중동 지역에서 미국의 활동에 대해 적대적으로 인식했다.[136] 둘째, 1960년대 제3세계에 대한 소련의 방침은 주로 중국과의 경쟁의 결과로 지속적으로 변하는 중이었으며, 나세르와 같은 민족주의 지도자들에 대한 더 큰 지원은 이제 이념적으로 정당화되고 있었다.[137] 셋째, 이집트의 준사회주의적 개혁과 이집트 공산당에 대한 관대한 정책은 더 긴밀한 관계를 양국 모두에게 그다지 불안하지 않는 일로 만들 수 있었다. 마지막으로, 소련과 (소련의 주요한 중동 지역 대안인) 시리아 및 이라크의 관계는 이 시기 대부분의 기간 동안 문제가 많았다. 이처럼 이집트와 소련은 다른 지역 세력들과 미국으로부터 더 큰 도전에 직면하면서 이전보다 외교적 선택지가 줄어든 가운데 서로에게 더욱 의존하게 되었다.

소련은 초기에 카셈에 대해 일시적으로 관심을 가졌지만, 이후 소련과 이라크의 관계는 1964년까지 지속적으로 악화되었다. 1963년 카셈을 추방한 후, 바트 정권은 이라크 공산당을 무자비하게 탄압하기 시작했다.[138] 소련은 보기 드문 불만의 표시로서 경제 원조를 중단하는 한편, 이러한 행동을 "야만스러운 고문"이라고 비판했다.[139]

그러므로 소련이 나세르처럼, 이후에 아레프가 바트주의자들을 제거한 일을 반긴 것은 당연한 일이었다. 이 사건 이후 양국 관계는 이라크의 쿠르드족 정책과 이라크 공산당에 대한 지속적인 탄압을 놓고 때때로 분쟁이 발생하긴 했지만 상당히 향상되었다.[140] 비록 1964년에 소련의 무기 제공이 재개되기는 했지만 이라크가 다소 온건한 사회주의 정책을 추진하면서, 그 외에는 독립적인 입장을 취함에 따라 1960년대 내내 이라크는 소련의 중동 지역 피후원국들 중에서 가장 중요도가 낮았다.[141]

소련은 통일아랍공화국에서 시리아가 탈퇴한 이후 혼란스런 시기 동안 시리아에 대해서는 관망적 정책을 추진했다. 1963년 3월에 권력을 잡은 시리아의 바트주의자들은 소련으로부터 상당한 의심을 받았다. 이는 바트주의자들의 오랜 숙원인 아랍 통합과 반공산주의 정책에 대한 소련의 반대가 반영된 것이었다.[142]

그러나 시리아 바트주의자들이 점차 급진적인 성향을 보임에 따라서 시리아와 소련은 서로 긴밀한 관계를 추구했다. 1965년 1월 알 하페즈 정권에 의해 시리아에 사회주의 법령이 선포되자 소련은 시리아를 재평가했다. 그리고 9월과 10월에 시리아와 바르샤바 조약국들 사이에 다수의 경제 협정이 잇따라 체결되었다.[143] 그러나 오늘날까지 소련과 시리아를 그들의 가장 긴밀한 동맹으로 만든 것은 1966년 2월 신바트주의자들이 일으킨 쿠데타였다. 새로운 정권은 공산주의자들이 내각에서 일하게 했고, 급진적 사회주의 변혁 정책을 선포했다. 그리고 세계 사회주의 국가들 중에서 소련의 리더십을 공개적으로 찬양했다. 이에 소련은 오랫동안 지연되었던 유프라테스 강 댐을 건설하고 대규모 군사 및 경제 원조를 제공하기로 합의했다.[144] 외교적 지원 또한 증가했다. 소련은 시리아가 이스라엘에 대한 팔레스타인 해방기구의 공격을 지원하는 것을 비난하는 다수의 유엔 안전보장 이사회의 결의안을 거부했다. 그리고 양국은 중동 지역에서의 "제국주의"와 "시온주의" 정책을 비난했다.[145] 소련과 시리아 관계의 공고화는 1966년 11월 체결된 시리아와 이집트 간 공식적인 방위조약과 함께, 6일 전쟁을 유발하는 중요한 요인이 되었다.

미국의 확장된 공약

중동 지역에서 소련의 기반이 공고화되는 상황은 미국에 의해 그대로 반영되었다. 앞서 언급했듯, 케네디 행정부는 중동 전역에서 미국과의 관계를 향상시키기 위해 아이젠하워 계획을 확대했다. 이에 따라서 케네디 행정부는 1950년대 중반 미국 정책을 결정한 단순한 냉전 개념을 거부하고 미국의 전통적인 우호국가뿐만 아니라 지역의 모든 국가들과 긴밀한 관계를 추구했다.[146] 불행하게도, 끈질긴 지역적 경쟁관계와 확대된 소련의 영향력은 궁극적으로 이러한 노력을 약화시켰다. 사실상, 1966년까지 전통적인 동맹국들에 대한 미국의 공약은 증가한 반면 이집트, 시리아, 이라크와의 관계는 전과 마찬가지로 좋지 않았다.

케네디 대통령은 우선 이집트에 집중했다. 케네디는 카이로에 친아랍 대사를 임명하고, 아랍과 이스라엘의 분쟁에 대해 공평한 접근에 대한 그의 지지를 몇 차례 표명했으며 나세르와 개인적으로 서신을 주고받기 시작했다.[147] 게다가 미국은 이집트에 1962-1964년 기간 동안에, 1961-1962년 사이에 제공한 원조의 두 배인 3억 9400만 달러를 지원했다.[148]

더 중요한 사실은, 케네디 행정부가 예멘의 공화주의 정권을 공식적으로 인정하기로 결정했다는 것이다. 케네디는 공화주의자들의 신속한 승리가 예견되는 가운데 지체할 경우 소련에게 또 다른 지역 동맹을 제공하게 될 것이라는 두려움 때문에 사우디아라비아의 격렬한 반대에도 불구하고 승인을 확대하기로 결정했다. 동시에 그는 대표단을 보내 내전을 끝내기 위한 중재를 시작했다. 비록 그러한 노력은 평화를 정착시키는 데 실패했지만, 이러한 조치들은 예멘을 승인하기로 한 결정이 사우디아라비아와의 관계를 심각하게 악화시키는 것을 방지했다.[149]

이집트와 더 나은 관계를 추구하면서도 미국은 또한 지역의 기존 안보 관계를 유지하거나 강화하기 위해 노력했다. 이에 따라 예멘에 대한 승인은 사우디아라비아에 대한 9대의 F-86 전투기 대여와 1962년 가을 미 전투기 비행대의 사우디 방문으로 이어졌으며, 이와 함께 다음 해에 미 구축함이 이집트 항구를 방문했다. 추가적으로, 케네디는 1962년 10월 파이살 왕자에게 "미국은 사우디아라비아의 영토 보전을 전적으로 지원하겠다"고 약속하는 편지를 보냈다. 또한 미국은 이집트가 12월과 1월에 다수의 사우디 국경 도시를 포격한 이후,

지역의 대공 방어 순찰을 위한 비행 중대의 주둔을 승인했다. 따라서 이집트와 미국의 화해는 나세르의 주요 보수적인 반대세력에 대한 미국의 지원 증가로 균형이 맞춰졌다.[150]

요르단에 대한 미국의 지원 또한 증가했다. 1962년에서 1964년 사이 경제 및 군사 원조는 매년 평균 5,700만 달러까지 증가했다. 더 중요한 사실은, 이집트와 시리아의 정치선전으로 1963년 봄 요르단에서 폭동이 발생했을 때, 미국은 그 지역의 미군이 경계 태세를 취하게 했고 후세인에 대한 공격을 완화하도록 이집트와 시리아를 압박했다. 그러나 미국은 요르단에 첨단 무기를 파는 것은 주저했고, 이는 1963년 말 후세인이 소련과 외교적 관계를 수립하는 이유가 되었다. 이러한 미국의 전략은 즉각적인 효과를 내지 못했지만, 향후 몇 년에 걸쳐 성과를 거두게 된다.[151]

마지막으로, 케네디 대통령 시절 이스라엘에 대한 미국의 역할은 상당히 확대되었다. 1950년대 미국은 이스라엘의 공식적인 안보 조약에 대한 요청을 여러 차례 거부했다. 그러나 1962년 케네디는 공식적인 합의가 없더라도 양국이 동맹 관계라는 것을 암시하는 비공식적인 언급을 여러 차례 했다. 또한 같은 해 케네디는 벤구리온 이스라엘 수상에게 '존스톤 계획(Johnston Plan)'을 따르는 이스라엘의 요르단 강 수로 전환 사업을 지지할 것이라고 통보했다.[152] 그리고 무엇보다 중요한 것은, 1963년 7월에 이스라엘에 제공되는 미국의 첫 번째 주요 무기 체계인 호크 대공방어미사일의 판매 협정이 체결되었다는 것이다. 그리고 이것은 시작에 불과했다.[153]

이 당시 사실상 미국-이스라엘 군사 동맹의 시작인 미국과 이스라엘 간 안보관계의 확대는 여러 가지 요인들에 의해 가능했다. 먼저, 이스라엘의 경우 지역의 적들이 소련 무기를 지속적으로 획득하고, 아랍 통합을 위한 다양한 노력이 이루어지고, 국경 분쟁이 지속적으로 증가하는 상황은 더 큰 외부의 지원을 강구해야 하는 충분한 근거가 되었다.[154] 미국의 경우, 이스라엘에 대한 공약을 확대하기로 한 결정은 다음과 같은 요인들에 기인했다. 1) 아랍 피후원국에 대한 미국의 지원과 이집트에 대한 소련의 지원이 증가하는 상황에서 지역의 세력균형을 유지하고자 하는 바람, 2) 케네디 행정부 내 친이스라엘 세력의 강화된 역할, 3) 나세르와의 화해에 대한 국내 반대를 최소화할 필요성, 4) 유대인 국가에 대한 케네디의 동정심, 5) 영구적인 평화정착을 위한 미국의 계획에 호의적으로 반응하도록 이스라엘을 설득하려는 노력, 6) 이스라엘의 핵무기 능력 개발을 단념시키려는 바람 등. 따라서 이 시기 미국의 이스라엘에 대한 공약의 확대는 상당히 이해할 만한 것이었다.[155]

케네디는 주요 지역 분쟁에서 양쪽 모두—아랍 vs 이스라엘, 보수 세력 vs 혁명 세력—와 좋은 관계를 추구했기 때문에, 그의 접근은 매우 세심하게 이루어졌다. 비록 미국이 1963년 11월 케네디의 사망 전까지 외교적으로 불가능한 일을 성공적으로 해냈을지라도, 진보적인 아랍 국가들과 우호적 관계를 발전시키려는 노력은 그때부터 지속적으로 악화되었다.

이집트와의 관계는 가장 눈에 띄게 쇠퇴했다. 예멘에서 장기화된 전쟁은 온건한 민족주의 지도자로서 나세르의 이미지를 퇴색시켰고 미국의 동맹인 사우디아라비아에 지속적인 위협이 되었다. 나세르가 콩고 반군을 지원하고 중국, 쿠바, 베트콩에 대해 관심을 보인 것은 전혀 도움이 되지 않았고, 일련의 사소하지만 찌증나는 사건들은 미국 내에서 점점 더 분노를 유발했다.[156] 게다가 이집트와 소련의 관계 발전은 소련으로부터 이집트를 떼어놓으려던 노력을 헛수고로 만들었다.[157] 존슨 대통령은 이스라엘에 대해 개인적으로 동정적이었고, 미 의회 또한 나세르를 압박하기 위해 이집트에 대한 원조에 제한을 두기 시작했다.[158] 나세르는 이에 대한 반응으로 다음과 같이 선언했다. "우리의 정책을 좋아하지 않는 누구든 홍해의 물을 마시러 올 수 있다. … 우리는 우리의 자주성을 팔지 않는다."[159]

이러한 반응에는 미국에 대한 나세르의 의심이 반영되었다. 1966년 무렵 나세르는 자신의 역내 적대 세력에 대한 미국의 공약이 확대되는 가운데, 베트남에서 미국의 역할이 확대되고, 가나, 인도네시아, 알제리 등에서 민족주의 지도자들이 축출되자, "제국주의"가 "진보 세력"에 반대하는 활동을 재개하고 있다고 확신하게 되었다. 소련과의 관계가 더 긴밀해지고 미국에 대해 새로운

116

적대성을 보인 것은 논리적인 반응이었다. 따라서 1966년 말 무렵, 진보적인 아랍 국가들과 미국의 관계를 향상시키려는 노력은 불행한 결말을 맞았다.[160]

미국과 이집트의 관계 악화는 미국과 사우디아라비아, 요르단, 그리고 이스라엘과의 관계 확장으로 상쇄되었다. 이집트로부터 지속적인 위협을 받은 사우디아라비아는 미국 및 영국과 함께 국방 현대화 계획에 착수했다.[161] 파이살 왕은 1966년 5월 미국을 방문했고, 존슨 대통령은 파이살의 요청에 따라 사우디아라비아의 중립성이라는 대외적 이미지를 보호하기 위해 미국의 공약에 대한 공개적 선언을 자제했다.[162] 1965년 12월의 무기 거래는 1966년 9월에 체결된 다른 합의에 의해 보충되었다.[163]

요르단 또한 비슷한 대접을 받았다. 이집트와 시리아는 요르단이 소련의 무기를 획득하도록 압박했고, 후세인은 서방의 지원이 없을 경우 소련에 손을 내밀 수도 있다는 뜻을 내비치기 시작했다. 이에 따라 미국은 1964년 첨단 제트기 협상을 시작했고, 1965년에는 탱크와 장갑차를 제공했다. 그리고 1966년 4월 F-104 제트기 판매 합의가 공표되었다. 미 국무부 소식통에 따르면, 판매의 주된 동기는 미국이 거래를 거부할 경우 후세인이 소련의 지원을 구하려 할 것이라는 우려였다.[164]

마지막으로 미국은 아랍 피후원국에 대한 원조와 이스라엘에 제공하는 군사 원조가 균형을 이루도록 했다. 실제로 이스라엘에 대한 무기 판매는 이스라엘이 아랍 국가들에 대한 미국의 원조를 묵인하는 것과 명시적으로 연계되어 있었다.[165] 미국은 1964년 서독에 있던 200대의 M-48 탱크들을 이스라엘에 이전했고, 스카이호크(Skyhook) 전투폭격기의 판매 합의 또한 이 시기에 이루어졌다.[166] 비록 관계가 성장하면서 긴장이 없지는 않았지만, 이스라엘 안보에 대한 미국의 개입은 이전보다 훨씬 더 커졌다.[167]

지금까지 살펴본 내용을 요약하면 다음과 같다. 1967년을 시작으로 중동 지역은 경쟁하는 2개의 진영으로 분리되었다. 이집트와 시리아가 점점 더 급진적 성향을 보이면서 다양한 아랍 정권들 사이의 갈등 수준이 크게 증가했다. 진보적인 아랍 국가들, 특히 시리아가 이스라엘을 공격함으로써 아랍 세계에서 자신의 위치를 강화하려고 하면서, 아랍과 이스라엘의 분쟁 또한 증가했다. 실제로 모든 지역 국가들이 서로로부터 더 큰 위협에 직면하면서, 그들은 새로운 동맹을 찾아 나섰고, 특히 강대국의 지원을 모색했다. 따라서 1967년에 소련은 공개적으로 이집트, 시리아, 이라크의 혁명적인 아랍 정권을 지지했고, 예멘의 공화주의 세력에 상당한 물질적 원조를 제공했다. 한편, 미국은 요르단과 사우디아라비아에 대한 공약을 확대했고, 이스라엘의 안보 계획에 적극적으로 관여했다. 이러한 공약들은 〈표 4〉에 요약되어 있다. 연합 내부의 그리고 연합들 간의 경쟁은 6일 전쟁을 위한 촉매를 제공하게 된다.

6일 전쟁

기원

6일 전쟁의 역사는 잘 알려져 있다. 따라서 나는 이 전쟁의 동맹 측면에 집중하려고 한다.[168] 동맹 관계는 이 분쟁에서 중요한 역할을 했고, 따라서 중동의 국제정치를 바꾸어놓았다.

6일 전쟁은 여러모로 아랍-이스라엘 분쟁과 아랍 세계 내의 계속되는 경쟁 간 상호작용의 산물이었다. 앞서 언급했던 것처럼, 1966년 당시 나세르는 이스라엘과 직접적으로 맞서기를 주저했고, 이로 인해 급진적인 시리아 신바트주의자들의 공격을 받았다. 나세르의 보수적인 반대세력들은 나세르가 시나이에 있는 유엔 평화유지군의 "치마 자락 뒤에 숨어 있다"고 비난하면서, 시리아의 비판을 따라 했다. 이러한 비판은 아랍 세계의 지도자로서 나세르의 지위에 대한 심각한 도전이었다. 무엇보다도 그러한 공격이 이집트가 1966년 11월 신바트주의 정권과 공식적인 방위 조약을 체결하도록 이끌었다. 이 조약은 명시적으로는 이스라엘을 겨냥했지만, 주로 아랍 내부의 우려에 의해 자극받은 것이었다. 팔레스타인 대의명분에 대한 가장 열렬한 옹호자가 된 시리아와

〈표 4〉 초강대국 동맹 현황, 1962-1966

동맹	설명
소련-이집트(1962-1974)	소련은 아랍 세계에 대한 "미국의 접근"에 맞서기 위해 이집트에 대한 강력한 지원을 재개했다. 이집트는 예멘에서 자국 군을 확대하고 작전을 지원하기 위해 소련의 원조를 이용했다.
미국-이스라엘(1962-현재)	케네디 대통령은 이스라엘의 안보를 보장하고 아랍에 대한 소련의 원조에 균형을 맞추기 위해 군사장비를 제공했다. 이는 미국의 아랍 원조에 대한 국내적 지지를 유지하고 평화 과정을 촉진하기 위한 것이었다.
미국-사우디아라비아/요르단 (1962, 1965)	미국은 사우디아라비아에 대한 지원을 구두로 공약했다. 사우디아라비아는 1965년 미국의 원조로 군 현대화 계획을 시작했다. 요르단에 대한 미국의 지원 또한 증가했다.
소련-예멘 공화국(1964-1969)	소련은 공화주의 세력과 이집트에 대한 지지를 보여주기 위해 예멘과 우호조약을 체결했다.
소련-시리아(1966-현재)	소련은 중동 지역에서 반제국주의 전선을 촉진하기 위해 신바트주의 정권이 권력을 잡은 후 시리아에 대한 공약을 증가시켰고, 시리아는 이스라엘과의 군사적 균형을 추구했다. 소련과 시리아 사이에는 상당한 수준의 이념적 양립 가능성이 있다.

동맹을 맺음으로써 나세르는 아랍 세계에서 자신의 주도적 역할을 유지하고 시리아의 위험한 도발을 자제시키고자 했다.[169]

불행하게도, 시리아를 자제시키려던 나세르의 시도는 단지 시리아가 이스라엘에 대한 훨씬 높은 수준의 아랍 무장 게릴라 활동을 지원하도록 자극하고 말았다. 이에 대한 대응으로 이스라엘은 1967년 4월에 시리아에 대한 일련의 광범위한 보복을 시작했다. 그러나 이 시점까지 나세르는 시리아와 방위조약은 오직 이스라엘이 전면적인 공격을 행하는 경우에만 이집트의 개입을 요구한다는 입장을 여전히 유지했다. 따라서 개별적인 보복은 여전히 공격을 받은 국가의 단독 책임이었다.[170]

이러한 자제(restraint) 정책은 4월 초에 이스라엘의 제트기들이 시리아 항공기 6대를 격추시키고, 그런 다음 다마스쿠스를 요란하게 날아다녔을 때 무너지기 시작했다. 이집트가 동맹국인 시리아를 지원할 능력이나 의지가 없음이 극적으로 드러났다.[171] 5월 초 나세르는 다양한 출처의 보고들을 통해 이스라엘의 시리아 공격이 임박했다는 것을 명백히 확신했다.[172] 이제 자신의 위신이 전적으로 걸려 있기 때문에, 나세르는 5월 16일 시나이에 부대를 투입하도록 명령하는 동시에 그 지역에 주둔해 있는 유엔군의 철수를 요구했다.[173] 마지막 결정적인 조치로, 나세르는 5월 22일에 티란 해협의 봉쇄를 지시했다. 당시 나세르는 늘 그렇듯이 즉흥적이었으며, 이 시점까지의 성공은 "시온주의 침략자"와의 직접적인 대결에서 뒤로 물러설 선택지를 그에게 거의 남겨 놓지 않았다.[174]

이집트의 갑작스런 호전성은 몇 가지 요인들에서 비롯되었다. 첫째, 소련이 계속해서 강력한 외교적 지지를 제공했고, 이집트는 필요한 경우에 소련이 군사적 지원을 제공할 것이라고 믿었을 수 있다.[175] 둘째, 미국은 티란 해협의 개방을 유지하겠다고 이스라엘에 한 이전의 약속을 이행하지 못했다.[176] 셋째, 이스라엘과 대결하기로 한 나세르의 과감함은 그의 아랍 반대세력들이 급작스럽게 나세르의 편에 서도록 만들었다. 후세인 왕은 5월 30일에 나세르와 상호 방위 조약을 체결했고, 이라크는 6월 3일 연합에 합류했다. 그리고 다른 아랍 국가들은 이스라엘의 국경으로 소규모 분견대를 보내 그들의 연대를 과시했다. 이러한 갑작스런 화해는 몇 가지 계산에 따른 것이었다. 만약 전쟁이 발발하지 않는다면, 나세르의 아랍 반대세력들은 적어도 자신들의 본질적인 아랍 연대의식을 보여준 것이 된다. 다음으로 만약 전쟁이 발발하고 이집트가 패한다면, 나세르의 힘은 감소될 것이다. 하지만 이집트와 시리아가 이길 경우, 전쟁에 참여하지 않은 것은 정치적 재앙이 된다. 따라서 이스라엘과의 직접적인 충돌로 인해 아랍 내부의 경쟁은 일시적으로 무시되었다.[177]

결과

　6월 3일 아랍 연합의 결성은 전쟁을 위한 마지막 추진력을 제공했다.[178] 1967년 6월 5일, 이스라엘은 기습 공격을 감행해 이집트 공군을 파괴했고 3개의 주요 아랍군을 궤멸시켰다. 후세인은 이집트가 성공할 것이라는 과장된 보고에 따라 그리고 그의 부대들과 요르단 주둔 이집트 부대들의 낮은 수준의 군사행동이 서안지구와 동예루살렘에 대한 이스라엘의 전면적인 공격을 촉발했기 때문에 전쟁에 참여했다.[179] 다른 아랍 국가들은 다양한 전선에 형식적인 파견대를 보냈다. 그리고 사우디아라비아는 미국에 대한 대체로 상징적인 석유수출 금지를 주도했다.[180] 6일 간의 싸움 끝에, 이스라엘은 시나이 반도와 서안지구, 그리고 골란고원을 점령했다.

　미국과 소련은 전쟁 당사국들과의 긴밀한 관계에도 불구하고 직접적인 행동은 거의 취하지 않았다. 두 초강대국은 동부 지중해에 대규모 해군을 배치했고, 소련은 이스라엘의 골란고원 점령으로 다마스쿠스가 위험에 처하자 뒤늦게 전쟁에 개입하겠다고 위협했다. 그리고 미국은 소련의 움직임을 억제하기 위해 6개의 함대를 시리아 근처로 이동시켰고, 6월 11일 유엔 정전 결의안의 최종적 수락은 소련의 위협을 거의 무의미하게 만들었다.[181] 소련은 이스라엘과의 외교 관계를 중단했고, 이집트, 시리아, 이라크 등은 미국과의 관계를 중단했다. 그러나 초강대국들은 대체로, 짧은 충돌 기간 내내 깊은 관심을 가진 방관자로 남아 있었다.

　6일 전쟁의 동맹 공약은 〈표 5〉에 요약되어 있다.

결론

　전쟁이 끝남과 동시에 한 시대도 끝이 났다. 이 장의 시작부에서 언급했듯, 3가지 주요 상황 전개가 1954년에서 1967년 사이 중동의 국제정치를 지배했

<표 5> 6일 전쟁

동맹	설명
아랍연합(1967년 5월-7월)	시리아와 이스라엘이 충돌하고 아랍 내부의 불화가 증가하는 가운데, 이집트는 티란 해협의 봉쇄를 통해 시리아를 지원했다. 요르단은 이집트에 편승했고, 이라크와 사우디아라비아는 연대를 보여주기 위해 형식적으로 파견대를 보냈다. 소련은 위기 동안 이집트와 시리아를 지원했고, 전쟁이 끝난 후 그들의 군을 재건하는 데 도움을 주었다.
미국-이스라엘(1962-현재)	미국은 이스라엘에 외교적 지원을 했지만, 소련이 뒤늦게 전쟁에 개입하겠다고 위협하기 전까지 군사적 지원은 하지 않았다. 미국은 소련에 경고를 하고, 정전을 주선했으며, 무기 수송에 대한 일시적 금지를 선언했다.

다. 첫 번째는, 나세르가 자신의 카리스마, 이집트의 규모와 위상, 그리고 범아랍주의 이념에 의지하면서 아랍 세계 내에서 이집트의 우위를 구축하고 유지하려는 반복적인 노력을 한 것이다. 하지만 이러한 노력들은 그의 반대세력들이 대항 연합을 형성할 능력이 있었고, 이념적으로 유사했던 동맹들마저 이집트의 리더십을 불편하게 여겼다는 사실로 인해 결국 실패했다.

두 번째 상황 전개는 아랍-이스라엘 분쟁의 변화이다. 이스라엘의 존재는 낮은 수준의 반복되는 충돌의 원천이었을 뿐만 아니라 아랍 국가들 간 경쟁에 활용되는 유력한 사안으로 남아 있었다. 유대 국가에 대한 반대는 비록 그들이 반대를 어떻게 실행으로 옮길 것인가를 놓고 격렬하게 싸울지라도 모든 아랍 국가들이 (적어도 공개적으로는) 동의해야 하는 하나의 사안이었다. 게다가 6일 전쟁이 보여준 것처럼, 갈등이 이렇다 할 경고 없이도 전쟁으로 비화될 수 있기 때문에, 그 사안은 다양한 지역 국가들에게 외부의 지원을 모색하려는 강력한 동기로 남아 있었다.

셋째, 외부의 지원이 점점 더 이용 가능해졌다. 두 초강대국은 실제로 6일 전쟁에 앞서 중동 지역에서의 그들의 동맹 공약을 확대했다. 비록 공식적인 조약은 없었지만, 1967년 무렵 초강대국-피후원국 동맹의 일반적인 패턴은 명확했다. 그러나 6일 전쟁이 드러낸 것처럼, 초강대국의 지원은 피후원국이 임박한 붕괴 위험에 처했을 때를 제외하고는, 주로 무기 지원과 외교적 지지에 한정되었다.

이러한 3가지 중동 정치의 특징은 6일 전쟁으로 인해 상당히 변화되었다. 1967년 이후 동맹의 변화는 다음 장에서 다루도록 하겠다.

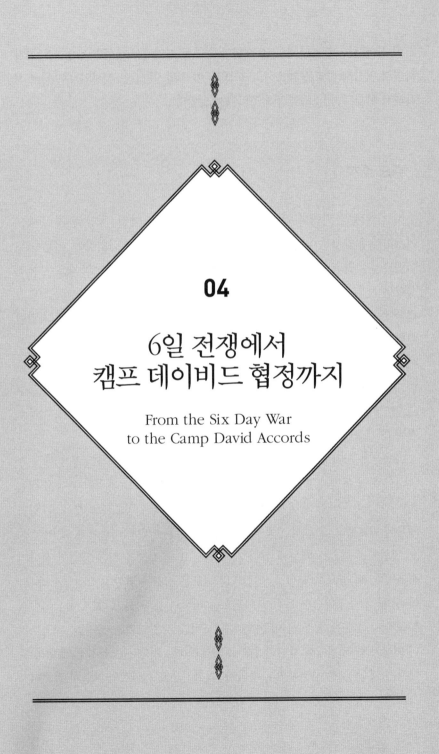

04

6일 전쟁에서
캠프 데이비드 협정까지

From the Six Day War
to the Camp David Accords

이 장에서는 1967년에서 1979년까지 중동 지역에서 형성된 동맹들을 평가하면서 역사적 설명을 계속하고자 한다. 이 이야기는 6일 전쟁의 여파에서 시작해서 이집트-이스라엘 평화조약에서 끝난다.

주요 주제

이 시기 중동 지역의 외교는 2개의 주요 주제로 요약될 수 있다. 첫 번째는 이스라엘에 맞서는 아랍 협력의 점진적인 상승과 극적인 쇠퇴이다. 이는 모두 이집트가 아랍 세계에서 패권 추구를 포기한 결과이다. 이집트의 새로운 온건 성향은 예측 가능한 것이었다. 6일 전쟁으로 나세르는 과거의 경쟁국들의 지원금에 의존하게 되었다. 또한 전쟁 이전 아랍 국가들 간 정치를 특징지었던 이념적 갈등은 이스라엘의 시나이, 서안지구, 그리고 골란고원의 점령 앞에서 사소한 일이 되었다. 이와 관련하여 커(Malcolm Kerr)는 다음과 같이 언급했다. "중동 지역에는 위신이 거의 남아 있지 않았기 때문에 위신 경쟁이 있을 수도 없었다."[1] 아랍 세계에서 패권을 추구할 능력이 없는 이집트의 지도자들은 훨씬 더 긴급한 문제들에 대해 집중해야만 했다.

나세르가 시작하고 사다트가 강화한 이러한 변화는 이스라엘에 맞서는 효과적인 아랍 동맹을 필요하고 실현 가능하게 만들었다. 효과적인 동맹은 실질적인 압박만이 아랍 세계가 수용할 수 있는 조건으로 영토를 되찾을 수 있기 때문에 필요했다. 효과적인 동맹은 이집트가 다른 아랍 국가들에게 더 이상 주요 위협이 아니었기 때문에 실현 가능했다. 10월 전쟁을 치른 동맹이 하나의 결과였다. 더 중요한 사실로, 이집트의 새로운 정책은 또한 이스라엘과의 '단독 평화'를 추구하면서 동시에 이집트를 미국과 동맹 맺게 하는 사다트의 결정을 가능하게 했다. 비록 아랍 연대를 포기한 것은 대가가 컸지만, 이집트가 더 이상 아랍 세계에서 자신의 위신을 극대화하는 것에 신경쓰지 않게 된 상황에서 실행 가능한 선택지였다. 따라서, 역설적으로 이집트의 야망이 감소하자 전쟁과 평화가 둘 다 가능해졌다. 그리고 이집트가 단독으로 이스라엘과의 화해에 나서면서 아랍 세계는 다시 첨예하게 분열되었다.

이 시기의 동맹 관계를 특징짓는 두 번째 주제는 초강대국들, 특히 미국의 역할이 매우 증가했다는 점이다. 점령당한 영토를 되찾으려는 노력은 대규모 군사 행동—1969년 소모전으로 시작되어 1973년 10월 전쟁으로 절정에 달했다—을 포함했기 때문에, 두 초강대국은 피후원국들에게 이전보다 훨씬 많은 지원을 제공했다. 이러한 지원은 평화 프로세스 동안에도 계속되었고, 이는 지역 국가들이 상대방과 더 효과적으로 협상할 수 있게 했다. 비록 이집트의 동맹 재조정이 미국이 이후 수년간 외교적 주도권을 쥘 수 있게 했지만, 소련과 나머지 중동 피후원국들과의 관계 또한 개선되었다. 이 장은 이러한 주제들이 이 시기 동안 동맹의 형성에 어떻게 영향을 미쳤는지를 보여주기 위해 1967년 이스라엘 승리 이후의 사건들을 살펴보면서 시작한다. 당시 아랍이 패배한 상황에서 이집트와 시리아가 원조를 받고자 재빨리 소련에 의지한 것은 놀라운 일이 아니었다.

초강대국의 공약과 소모전

비록 소련의 벼랑 끝 정책(brinkmanship)이 6일 전쟁 발발에 기여했을지라도, 압도적인 패배를 경험한 이집트와 시리아는 전보다 더 소련에 의존하게 되었다. 그리고 소련은 이에 대해 빠르게 대응했다. 1967년 6월 21일, 프드고르니(Nikolai Podgorny) 대통령은 이집트의 카이로를 방문했고, 소련은 7월 15일까지 이집트의 항공기 130대를 교체해주었다. 또한 소련의 전함들은 이스라엘의 공습을 억제하기 위해 이집트 항구에 정박했고, 나세르의 요청에 따라 수천 명의 군사고문단이 이집트에 파견되었다. 더불어 나세르가 소련이 이집트의 기지를 사용할 수 있도록 허가하면서 소련의 해군과 공군 부대들은 이집트의 기지에서 작전을 수행하기 시작했다.[2]

같은 시기 소련의 시리아와 이라크에 대한 지원 또한 증가했다. 소련공산당 중앙위원회 정치국원 포드고르니(Podgorny)와 국방장관 그레츠코(Grechko)는 1967년 7월과 1978년 3월에 각각 다마스쿠스와 바그다드를 방문했다. 그리고 양국은 전쟁으로 손실된 장비들을 대체할 새로운 장비를 제공받았다.[3] 소련은 1963년 3월 부활한 이라크 바트당에 의해 아레프 정권이 전복되었을 때 처음에는 미심쩍어 했다. 이는 1960년대 초에 이라크의 바트주의자들과 문제가 있었기 때문이었다. 그러나 새로운 정권이 공개적으로 좌파 정책을 추진하자 소련은 의심을 거두었고, 1969년 7월에 이라크의 새로운 정권과 석유 개발을 위한 다수의 중요한 협정을 체결했다.[4]

그러나 이러한 호의적인 징후에도 불구하고, 상당한 의견 충돌이 몇 차례 발생하면서 두 바트주의 국가와 소련의 관계가 악화되었다. 시리아에서 소련은 국방장관 아사드(Hafez el-Assad)와 권력 다툼을 하는 바트당 지도자 자디드(Salah Jadid)를 선호했다. 이는 아사드가 소련과 시리아의 군사 관계를 부정적으로 바라보도록 만들었다. 여기서 더 중요한 점은, 양국이 아랍과 이스라엘의 분쟁에 대해 매우 다른 접근 방식을 선호했다는 것이다.[5] 이 문제는 소련과 이라크의 관계 또한 악화시켰다. 새로운 바트주의 정권은 소련이 선호하는 정치적 해결과는 매우 다른 극단적인 반이스라엘 정책을 채택했다. 실제로 알려진 바에 의하면, 소련은 이라크가 소모전을 종식하는 나세르의 정전 수용을 비난하자 반대를 완화하지 않을 경우 모든 원조를 중단시키겠다고 위협하기도 했다.[6]

소련은 6일 전쟁 이후 아라비아 반도에서 동맹을 잃기도 했지만 새로운 동맹을 얻기도 했다. 예멘의 아덴 지역에서 1967년 영국이 철수한 뒤 마르크스주의 국민해방전선이 권력을 장악했다. 이후 1967년 11월, 남예멘(PRDY) 대표단이 모스크바를 방문했고, 소련의 군사고문단은 1968년에 최초로 아덴에 들어갔다. 그리고 소련 고문단은 1970년까지 남예멘의 군사 정책에 광범위하게 관여했고 소련 조종사들은 사우디아라비아와의 낮은 수준의 국경 전쟁에서 전투 임무 비행을 하기도 했다.[7]

그러나 대조적으로 북예멘에서 소련의 입지는 급격하게 손상되고 있었다. 1967년 9월 예멘 내전에서 이집트가 철수한 후에 (그리고 예멘의 군장교들이 최초의 혁명 지도부를 축출한 후에) 소련의 군사 원조가 증가했다. 소련과 시리아의 조종사들은 1968년 1월 왕정주의자들이 수도를 포위하고 있는 동안에 전투임무 비행을 실시했다. 그리고 소련으로부터의 무기 공급은 왕정주의 세력의 마지막 시도를 격퇴하는 데 중요한 역할을 했다. 그러나 이러한 노력들에도 불구하고, 관대한 재정 지원을 포함한 사우디아라비아의 새로운 중재 노력이 1970년에 길었던 내전을 종식시키고 북예멘에서 소련의 영향력을 대체했다. 1970년 무렵, 아라비아 반도에 대한 소련의 우선순위는 남쪽의 급진 정권으로 결정적으로 전환되었다.[8]

요약하면, 1967년 7월 소련의 후원을 받는 국가의 실패가 소련의 위신을 손상시켰을지라도, 소련은 다수의 피후원국들, 특히 이집트가 소련의 지원에 더 강하게 의존하도록 만들었다. 그러나 이러한 새로운 의존이 여러 실질적인 불일치를 제거하지는 못했다. 특히 이스라엘을 어떻게 상대하는 것이 최선인지에 대해서 큰 이견이 있었다.[9]

흥미롭게도, 미국은 훨씬 더 큰 지원을 제공함으로써 이스라엘의 입증된 우위에 반응했다. 6일 전쟁이 미국 지도자들의 시각에서 이스라엘의 전략적 가치를 증가시켰을 뿐만 아니라 이스라엘에 대한 무기공급을 중단하기로 한 프랑스의 결정과 아랍 국가들이 평화협정에 동의할 경우에만 이스라엘의 철수를 권고하겠다는 존슨 행정부의 결정은 더 긴밀한 협력을 필요하고 실행 가능하게 만들었다.[10] 전시의 무기수출 금지는 12월에 미국이 이스라엘에 스카이호크 제트기를 인도하면서 종료되었고, 1968년 1월 이스라엘 수상 에쉬콜(Eshkol)이 워싱턴을 방문하는 동안 존슨 대통령은 최초 주문을 늘려주었다. 팬텀 제트기의 비공식적인 판매 승인 또한 이 때 이루어졌으며, 존슨 대통령은 1968년 7월 호크 대공미사일의 추가적인 판매에 동의했다. 즉, 미국과 이스라엘의 협력은 군사와 외교 영역 모두에서 이루어지고 있었다.[11]

요르단 및 사우디아라비아와 미국의 관계는 전쟁에 크게 영향 받지 않았다.

요르단에 대한 무기수출 금지는 후세인이 떠들썩하게 소련을 방문한 이후인 1968년 2월에 풀렸으며, 사우디아라비아에서의 군사 훈련과 건설 또한 중단 없이 계속되었다.[12] 그러나 미국이 이스라엘에 대해서는 원조를 실시하고 요르단에 대해서는 충분한 수준의 군사 원조를 주저하면서 요르단의 불만이 발생했고 양국 관계는 냉각되었다. 하지만 실제 균열로 이어지지는 않았다.[13] 그리고 예상대로, 이집트, 시리아, 이라크 등과 미국의 관계는 이전보다 더욱 악화되었으며, 남예멘은 양국의 대사 교환이 있기도 전인 1969년 10월에 외교적 관계를 단절했다. 이처럼 6일 전쟁은 두 초강대국 사이에서 중동이 분열되는 상황을 더욱 심화시켰다.

소모전

이러한 경향은 이집트와 이스라엘 간의 대립이 다시 한 번 소모전(War of Attrition)에서 고조되면서 계속되었다. 이는 외교적 교착상태의 지속과 적극적인 조치를 취해야 할 나세르의 대내외적 필요성에서 비롯된 첫 번째 국면이 1968년 10월 수에즈 운하를 따라 일련의 포격을 주고받으면서 시작되었다.[14] 이 전쟁은 1969년 3월에 본격적으로 시작되었다. 나세르의 말에 의하면, 그는 "적을 소진시키기 위한 장기적 전투"를 치를 심산이었다. 이집트는 자신의 훨씬 많은 인력을 이용해 이스라엘 측에서 끊임없이 대규모 사상자가 발생하게 함으로써, 수용 가능한 조건으로 이스라엘이 시나이에서 철수하게 만들려고 했다. 동시에, 나세르는 전쟁 확산의 위험을 조장하여 1957년에 미국이 했던 것처럼, 초강대국들이 이스라엘의 철수를 강요하게 할 추가적인 동기를 제공하고자 했다.[15] 이스라엘의 최초 손실은 심각했고, 이는 소련과 이집트 모두 계속되는 협상에서 강경한 입장을 취하게 만들었다.[16]

이스라엘은 운하 건너편에 배치된 이집트군 진지에 대해 맹렬하고 효과적인 공습을 가했고, 이는 이집트가 소련에 더욱 의존하도록 만들었다. 소련은 이미 이집트에 파견한 3천 명의 고문단에 외에 전투 병력을 지원하기로 원칙적으로 결정했다.[17] 이스라엘이 1970년 1월에 카이로 깊숙이 침투 공격을 시작하면서 압박을 증가시키자, 나세르는 더 큰 원조를 요청하기 위해 비밀리에 모스크바를 방문했다.[18] 소련을 방문한 나세르는 소련이 거절할 경우 자신이 사임해 친서방 지도자가 들어서게 하겠다고 위협함으로써, 소련군 방공부대와 조종사들이 운용하는 완전한 방공체계를 제공하도록 소련을 설득했다. 그 결과 1970년 말 전례없는 수준의 군사 장비로 무장한 15,000-20,000명의 소련군이 이집트에 배치되었다.[19]

소련이 개입하자 이스라엘은 소련군과 직접적으로 대결하는 것을 피하기 위해 카이로 공격을 중단했다. 그러나 방공체계가 운하 지역으로 확장되자 이스라엘은 미사일 기지를 공격하기 시작했고, 이후 1970년 7월 소련군이 조종하는 4대의 미그기를 기습 공격했다.[20] 이후 이집트는 8월 7일에 미국의 정전 제안을 수용했다. 이는 이집트군의 대규모 손실과 미국의 무제한적인 이스라엘 지원에 직면한 상황에서 전쟁을 중지하는 것이 이집트의 군사적 입지를 향상시키는 데 도움이 된다고 판단했기 때문이었다.[21] 그런 다음 이집트와 소련은 이 기회를 놓치지 않고 방공망을 운하지역까지 (불법적으로) 확대했고, 이는 소모전의 종식을 가져왔다.

이 당시 소련-이집트 관계의 수준과 한계 모두를 인식하는 것이 중요하다. 비록 위태로운 외부 상황으로 인해 이집트가 소련의 지원에 전적으로 기대야 했을지라도, 이집트와 소련의 동맹은 심각한 정책적 불일치로 인해 여전히 손상되고 있었다.[22] 특히 소련은 계속해서 정치적 해결을 선호한 반면 나세르는 혼자서 소모전을 시작했다. 알려진 바에 따르면, 소련은 1969년 5월에 나세르에게 전쟁을 끝내도록 부탁했으며, 이스라엘의 팬텀기와 대적하기 위해 이집트가 요청한 첨단 항공기 제공을 거절했다. 소모전을 끝내기로 한 나세르의 결정은 비록 모스크바와의 협의를 거쳤지만, 의심할 바 없이 1970년 여름 시점에 소련으로부터 얻을 수 있는 모든 것을 얻었다는 그의 인식을 반영한 것이었다. 즉, 1967년 이후 소련과 이집트의 관계가 상당히 발전했음에도 불구하고, 이집트의 소련에 대한 의존이 나세르를 믿을 만한 도구로 만들지는 못했다.[23]

이러한 긴장은 전쟁 기간 동안 미국과 이스라엘의 관계에서도 나타났다. 닉슨 행정부, 특히 국무부는 전쟁을 끝내려고 했고 전반적인 평화정착을 향한 움직임을 시작했다. 이를 위해서는 양쪽 모두의 공평한 접근과 양보가 요구되었다. 이와는 대조적으로 이스라엘은 군사적 우위를 유지하고자 했고, 소련의 무기 공급에 대응하기 위해 미국에 추가적인 무기를 요청했다. 따라서 미국 원조 수준의 증가에도 불구하고, 미국-이스라엘 관계는 미국의 군사적 지원 수준과 다양한 중재자들의 평화 제안에 대한 이스라엘의 수용 거부를 둘러싼 일련의 심각한 갈등에 의해 손상되었다.[24] 무기 공급 제한을 통해 이스라엘의 양보를 강요하려던 미국의 노력은 대체로 실패했다. 1970년 7월 이스라엘의 정전 수용과 같은 양보들은 오히려 추가적인 지원 약속을 통해서 얻을 수 있었다.[25] 미국도 소련과 마찬가지로 피후원국의 의존이 지원국의 통제를 보장하지 못한다는 사실을 깨닫게 되었다.

아랍 세계의 협력과 갈등

비록 완전한 진전을 위해서 몇 년의 시간과 몇 가지 다른 사건들이 필요했지만, 1967년 6월의 참사 이후 아랍 세계에서는 화해의 과정이 시작되었다. 첫 번째 국면에서는 오랫동안 나세르의 공격 대상이었던 아랍의 군주 국가들과 이집트 사이의 점진적인 화해가 두드러졌다. 수단의 수도 카르툼에서 열린 정상회담에서 이스라엘에 대한 아랍 정책과 관련해 거의 만장일치의 성명이 발표되었다(시리아만 참석하지 못했다). 그리고 리비아와 사우디아라비아, 쿠웨이트는 이집트와 요르단의 전쟁 손실들을 보상하기 위해 실질적인 지원금을 제공하기로 동의했다.[26] 그들은 빼앗긴 영토를 회복하고 팔레스타인해방기구가 너무 강해지지 않도록 하겠다는 공통의 바람을 갖고 단결했으며, 이집트와 요르단의 관계는 특히 긴밀해졌다. 이와 관련해 후세인은 정상회담에서 나세르와 자신의 입장 간에는 "아무런 차이가 없다"고 말하기도 했다.[27]

사우디와 이집트의 관계 또한 상당히 향상되었다. 사우디의 지원금에 의존하게 된 이집트는 그동안 사우디와의 관계를 악화시켜온 예멘에서의 전쟁을 멈추었다. 파이살과 나세르는 1967년 10월 예멘에 대한 협정을 맺었으며, 이집트군은 그 다음 달 철수했다.[28] 따라서 이집트와 사우디아라비아의 경쟁은 잠잠해졌다. 그러나 그들의 관계는 기껏해야 데탕트(긴장완화)에 지나지 않았다. 사우디는 아라비아 반도에서 체제전복 활동을 지지하는 소련을 비난했으며, 이집트와 소련의 긴밀한 관계에 대한 의심을 버리지 않았다. 그리고 사우디아라비아가 이제 이집트가 취약해졌다는 이유만으로 나세르와의 오랜 적대관계를 잊을 리 없었다.[29]

1967년 이후 아랍 세계에서 나세르의 외교적 노력은 이스라엘에 대한 압박을 증가시키기 위해 요르단, 시리아, 이라크가 참여하는 동부사령부를 설립하는 것에 집중되었다. 그러나 이스라엘에 맞서 효과적인 아랍 동맹을 만들려는 이 시도는 바트당의 급진주의라는 암초로 인해 좌초되었다. 보다 효과적으로 이스라엘에 대항하기 위해 힘을 합치는 것이 아랍의 명백한 이익임에도 불구하고, 시리아와 이라크 두 바트주의 세력 간의 심각한 이념적 경쟁이 긴밀한 협력을 방해했다. 그리고 시리아가 "반동적인" 요르단을 직접 상대하는 것을 거부함으로써 문제가 더욱 심각해졌다.[30] 다른 국가들이 전쟁을 치르는 동안에 시리아가 혁명주의적 입장을 선호한 것은 도움이 되지 않았고, 시리아의 자디드 정권은 나세르가 아랍의 군주 국가들과 화해한 이후에도 계속해서 그들을 공격했다.

그러나 1969년 비밀 회담 이후, 동부사령부 내에서 어느 정도 협력하는 모습이 보이기 시작했다. 6,000명에 달하는 이라크 파견대가 3월에 시리아로 이동했고, 7월에 양국의 방위 조약이 비준되었다. 시리아군의 소규모 파견대 또한 요르단으로 이동했다.[31] 그러나 시리아는 공군 통제권을 동부사령부에 위임하기를 거절했고, 이라크는 이란의 위협과 쿠르드족의 계속되는 반란으로 인해 그들로서는 더 큰 노력을 하기가 어렵다고 주장했다. 결국 시리아에 동조하는 세력들이 바그다드에서 체포되었을 때 동부사령부는 사실상 붕괴되었고, 양국은 그 해 말에 상호 비난을 재개했다. 그러나 공식적인 해체는 1970년 9월까지는 일어나지 않았다.[32]

동부사령부의 무능은 흥미로운 사실을 드러낸다. 비록 이스라엘에 맞서 균형 동맹을 형성하려는 노력이 (소모전 동안 아랍의 지원으로부터 얻을 게 가장 많았던 이집트의 주도로) 이루어졌지만, 균형 동맹은 효과적인 연합을 만들어내는 데 실패했다. 이 실패는 설명하기 쉽다. 나세르의 잠재적인 동맹국들은 이스라엘을 두려워하는 만큼 이집트의 국력이 회복되는 것을 두려워했다. 그리고 동부사령부의 국가들은 그들 사이에 오래된 증오의 역사가 있었다. 그리고 국력이 약한 편인 시리아, 요르단, 그리고 이라크는 이스라엘과의 또 한 차례의 충돌을 감수하기보다는 자연스럽게 이집트에 그 책임을 전가하려는 성향이 있었다.

이러한 방해 요인들이 합쳐진 결과, 나세르는 1969년 12월에 열린 라바트(Rabat) 정상회담을 시작으로, 아랍 협력을 모색하려는 노력을 포기했다. 나세르는 다른 아랍 지도자들이 이집트의 소모전에 대한 추가적인 지원을 거절했을 때, "이 회담을 통해서는 아무것도 이뤄낼 수 없다"고 말하며 회담장을 걸어 나갔다.[33] 나세르는 다른 아랍 국가들이 희생을 꺼리는 모습을 보이자, 이듬해 여름에 로저스 정전(Rogers ceasefire)을 수용하는 것을 시작으로, 이집트가 정치적 해결을 고려할 수 있는 길을 열었다.[34]

요르단의 위기

얄궂게도, 소모전의 종결은 후세인 왕과 팔레스타인해방기구 간의 짧은 유혈 대결을 촉발했다. 팔레스타인해방기구는 1967년 이래로 요르단에서 점점 더 활발히 활동했고, 나세르의 주기적인 중재 노력에도 불구하고 요르단군과 팔레스타인해방기구 민병대는 지속적으로 충돌했다.[35] 소모전 종결이 팔레스타인해방기구를 배제하는 이집트와 이스라엘 간 거래를 예고하는 것이라고 두려워한 팔레스타인해방기구의 급진적인 당파는 요르단으로 향하는 3대의 항공기를 공중납치하여 폭파시켰다. 이 행동은 후세인 입장에서 너무나 지나친 것이었고, 요르단군은 요르단에 있는 팔레스타인 세력에 대한 철저한 진압을 시작했다.

　그에 따른 전투가 벌어지는 일주일 기간 동안, 긴급히 소집된 정상들이 해결책을 마련하기 위해 카이로에 모인 사이에 시리아의 기갑부대들이 요르단을 침공했다. 요르단은 시리아나 팔레스타인해방기구보다는 후세인을 더 선호했던 미국과 이스라엘의 지원을 받아 9월 23일에 시리아군을 물리쳤다.[36] 눈에 띄는 점은, 당시 소련이 꽤 신중하게 행동했다는 것이다. 소련은 미국 관리들에게 자신들이 시리아를 자제시키려 노력하고 있다고 분명히 말했고, 소련 고문단들은 요르단을 공격한 시리아 부대들과 동행하지 않았다. 후세인에 대한 나세르의 지지와 위기가 고조되는 것의 명백한 위험을 고려할 때, 소련이 조심하는 것은 그다지 놀라운 일이 아니었다.[37]

　요르단 위기는 몇 가지 다른 이유로 중요성을 가졌다. 첫째, 이스라엘이 후세인을 기꺼이 지원한 것은 아랍과 이스라엘 사이의 일반적인 분열을 뛰어넘는 조치로, 미국의 시각에서 가치 있는 동맹으로서 이스라엘의 이미지를 크게 강화하는 계기가 되었다.[38] 둘째, 요르단 위기는 후세인에 대한 미국의 공약을 재개하는 결과를 가져왔다. 팔레스타인해방기구와의 싸움은 아랍 세계에서 후세인을 고립시켰고, 이에 따라서 더 큰 외부의 지원을 필요로 하게 되었다.[39] 셋째, 시리아의 패배는 이스라엘과 대결에서 다른 아랍 국가들과의 협력을 선호하는 실용주의적 인물인 아사드에 의한 자디드의 축출을 가져왔다.[40] 마지막으로, 요르단 위기는 나세르를 국제정치 무대에서 제거했다. 나세르는 아랍 정상회담이 종료된 다음날 치명적인 심장발작으로 사망했다. 비록 그의 계승자인 안와르 사다트(Anwar Sadat)는 당시 누구나 인정하는 능력 있는 인물이었지만, 나세르를 탁월한 범아랍적 인물로 만든 카리스마는 없었다.[41] 이러한 변화들은 중동 지역에서 동맹 관계를 상당히 변화시켰으며 10월 전쟁의 주요 원인이 되었다.

10월 전쟁의 외교

1973년 10월 전쟁은 다음의 3가지 주요 요인에 의해 촉발되었다. 1) 아랍-이스라엘 분쟁에 대한 정치적 해결의 실패, 2) 후원국인 초강대국들로부터 증가된 군사적 지원을 얻어낼 수 있는 주요 중동 국가들(특히, 이집트와 이스라엘)의 능력, 3) 아랍 국가들에 의한 첫 번째 효과적인 반 이스라엘 동맹의 형성 등이다. 그 결과는 시나이와 골란고원에 위치한 이스라엘 진지들에 대한 아랍의 합동 공격이었고, 이는 협상의 교착상태를 깨트리고 새로운 동맹 재조정을 가져왔다.

외교적 교착상태

1970년 이후 아랍과 이스라엘 사이의 외교적 교착상태를 타개하기 위한 다수의 시도가 이루어졌다. 유엔 아랍 특사 군나르 야링(Gunnar Jarring)은 요르단 위기 이후 중재 노력을 재개했고, 사다트 대통령은 이스라엘이 1967년에 점령한 모든 영토에서 철수한다면 공식적인 평화조약에 기꺼이 서명할 것이라고 발표했다. 그러나 이 새로운 제안은 이스라엘 내각이 거절함에 따라 결렬되었다.[42] 그러자 사다트는 운하지역을 따라서 제한된 철수를 하는 제안을 다시 내놓았고, 로저스 국무장관은 이 제안을 진척시키기 위한 활동에 착수했다. 그러나 미국의 상당한 압박에도 불구하고 철수 규모와, 잠정 합의와 전반적인 평화합의 간의 관계를 놓고 협상은 실패했다.[43] 결국 이 실패는 외교적 침체상태를 가져왔을 뿐만 아니라 사다트가 이스라엘의 양보를 강제하려는 미국의 의지에 대해 점차적으로 환멸을 느끼도록 만들었다.[44]

초강대국의 역할 증대

1971년에서 1973년 사이 초강대국들과 지역 동맹국들 간 군사 협력의 확대와 정책적 분쟁의 심화가 지속되었다. 대규모 물질적 지원도 협력적 관계를 보장하지 않았으며, 어떤 경우에는 정반대의 모습이 나타나기도 했다.

요르단 위기 이후 이집트에 대한 소련의 군사 원조는 매우 증가했다. 방공망이 확장되었고, 사다트는 5월, 7월, 10월 소련과의 회담에서 추가적인 군사 원조를 약속받았다.[45] 더욱 흥미로운 것은, 1971년 5월 사다트가 소련과 우호 및 협력 조약을 체결했다는 사실이다. 이는 소련-이집트 동맹을 강화하는 것처럼 보였다.[46] 그러나 이러한 전개는 몇 가지 사안들에 있어 심각한 차이를 가렸다.

첫째, 소련은 사다트가 그의 잠정 합의 제안과 관련해 미국의 중재에 의지하려는 것에 대해 의심할 여지 없이 우려했다(비록 소련이 그 회담이 결렬되었을 때 분명 안도했을지라도).[47] 둘째, 소련은 사다트가 5월에 친소련 세력인 알리 사브리(Ali Sabry) 그룹을 축출한 것과 이집트의 사회주의 경제정책을 완화하는 조치에 깜짝 놀랐다.[48] 셋째, 사다트는 자신이 시나이 탈환에 필수적이라고 여기는 무기 제공을 소련이 주저하는 것에 대해 화가 났다. 이러한 소련의 정책은 그들이 승인하지 않는 행동을 이집트가 취하지 못하도록 하려는 것이었다. 결국 1972년 2월과 4월 이집트의 추가적인 요청에도 불구하고 소련의 지원에는 별다른 변화가 없었고, 사다트의 불만은 더욱 커졌다.[49] 넷째, 사다트는 이집트에서의 소련 행동에 놀라고 격분했다. 이집트 장교들이 소련의 기지에 출입하는 것이 금지되었고 소련의 정보 요원들이 사다트의 국내 경쟁자들을 지원한다고 알려졌다. 그리고 소련은 인도-파키스탄 전쟁 동안 인도로 무기를 수송하기 위해 이집트 시설들을 사용했는데, 이는 무슬림 국가의 패배를 돕기 위해 이집트 영토를 사용한 것이었다.[50]

마지막으로, 수단에서 실패한 공산주의 쿠데타와 이 시도에 대한 모스크바의 열렬한 환영은 사다트의 견해에 중대한 영향을 미쳤다. 사다트는 반란 진압을 돕기 위해 이집트군을 파병했으며, 그는 이러한 사건들이 "나(사다트)와 소련 지도자들 사이의 틈이 더 벌어지게 했다"고 자신의 회고록에 기록했다.[51] 따라서 소련-이집트 조약은 이집트와 소련 간 강화된 공약의 징후가 아니라 소련이 카이로에서 위태로워진 자신의 입지를 보존하기 위한 노력으로 봐야 한다.

마지막 결정타는 1972년 5월에 열린 소련-미국 정상회담이었다. 비록 사다트가 연초에 소련에 대해서 몇 가지 유화적인 제스처를 취했지만, 모스크바에서 발표된 최종 공동성명은 중동에서의 "평화적 해결"을 언급하고 "군사적 긴장 완화"의 필요성에 대해 이야기했다. 이 성명서를 통해 사다트는 자신이 구하려는 군사 장비를 소련이 결코 자발적으로 제공하지 않을 것이라는 점을 확신할 수 있었다. 사다트는 소련이 그가 원하는 것을 제공하도록 자극하기 위해 이집트에 있는 소련 고문단들이 더 이상 필요하지 않다고 소련 대사에게 갑작스레 통고했다. 8월 말이 되자, 이집트에 파견된 15,000명 이상의 소련 고문단 중 오직 1,000명만이 남았다.[52]

사다트가 갑작스럽게 소련 고문단을 추방한 것은 명백한 계략이었다. 사다트가 연말에 소련에게 이집트 군사시설 이용 권한을 부여하는 협정을 갱신하는 등 추가적인 유화적 태도를 취하자 이집트에 대한 소련의 원조가 증가하기 시작했다. 그리고 1973년 4월 사다트는 "소련 원조의 질과 양이 전적으로 만족스럽다"고 발표했다.[53]

소련-이집트 관계의 불안정한 상태는 모스크바가 이집트와의 관계가 깨질 것에 대비해 다른 아랍의 동맹국들과 관계를 증진시키도록 이끌었다. 시리아와 이라크 모두 이에 대해 호의적으로 응답했다. 특히 시리아의 아사드는 소련이 초기에 자신의 국내적 반대세력을 지원했음에도 불구하고 소련과 긴밀한 협력 정책을 다시 선언했다. 이에 따라서 1971년과 1972년에 2개의 새로운 무기 거래가 성사되었다. 그리고 소련은 시리아 라타키아 항구에 대한 제한적인 이용 허가를 받았고, 1972년 말 추가적인 소련 방공부대, 조종사들, 그리고 다른 군사 고문단들이 시리아에 파견했다. 이에 따라 10월 전쟁 당시 시리아에 있는 소련 인력은 전부 합쳐 약 6,000명에 달했다.[54]

소련과 이라크의 관계는 더욱 극적으로 진전되었다. 아랍 세계에서의 고립, 쿠르드족 반란으로 인한 분쟁의 재개, 그리고 이란으로부터의 위협 증가에 직면하게 된 바그다드의 바트 정권은 강대국의 지원을 절실히 필요로 했다. 1971년 4월, 2억 2,400만 달러 규모의 소련 차관 제공이 합의되었고, 같은 해 12월 모스크바를 방문한 이라크의 부통령 후세인(Saddam Hussein)은 소련과의 공식적인 동맹을 추진했다.[55] 이러한 요청은 1972년 4월에 승인되었으며 소련의 군사 원조가 실질적으로 증가했다. 그리고 양국은 이라크의 루멜리아(Rumelia) 유전을 개발하기로 협정을 체결했고, 이를 통해 이라크 석유 회사의 국유화가 촉진되었다. 이후 알 바크르(al-Bakr) 대통령은 1972년 9월 모스크바를 방문했고, 바트당은 대중국민전선(Popular National Front)을 형성하기로 동의하고 이라크 공산당의 온건한 정치적 역할을 승인했다. 소련-이라크 관계는 모스크바의 이집트와의 마찰, 이라크의 대내외적 곤경이 동기가 되어 1959년 이래 가장 의미 있는 수준에 도달했다.[56]

마지막으로, 비록 소련이 1972년 2월과 7월에 발발한 남예멘(PDRY)과 예멘아랍공화국(YAR) 간 짧은 국경 전쟁에서 편드는 것을 신중하게 자제했지만, 소련과 남예멘의 관계는 계속해서 발전했다. 1970년대 초기 남예멘의 다양한 관료들이 소련을 방문했고, 남예멘 대통령 루바이(Rybay' Ali)는 1972년 11월 모스크바를 방문하는 동안 주요 경제 및 기술 협정에 서명했다. 비록 소련의 경제 원조는 보잘것없었지만, 군사 원조의 경우 1968-1970년에 2,000만 달러에 미치지 못했지만 1970-1974년에는 1억 5,000만 달러 이상으로 커졌다. 소련의 해군 함정은 오만의 도파르(Dhofar) 반란을 지원하기 위해 파병되는 남예멘 파견대를 수송하기도 했다. 그리고 남예멘에 파견된 소련과 쿠바의 군사 고문단 또한 규모가 증가했다.[57] 이처럼 소련은 이집트와의 관계에서는 어려움을 겪고 있었지만, 나머지 국가들과의 관계는 계속해서 강화되었다.

흥미롭게도, 미국과 지역 동맹국들의 관계도 소련의 경험과 유사했다. 소련이 정치적 해법에 대한 관점 차이로 동맹국들과 충돌했던 것처럼, 평화적 해결을 촉진하려는 미국의 노력도 이스라엘과의 일련의 긴장 관계로 이어졌다. 특히 1971년 2월 야링 계획(Jarring Mission, 유엔 중동 특사 야링의 이집트와 이스라엘 간 평화조약 제안)과 사다트의 잠정 합의 제안 둘 다에 대한 이스라엘의 분명한 거절은 예루살렘과 워싱턴 모두에서 상당한 분노를 불러으켰다.[58] 그러나 이와 동시에, 이스라엘은 지금 추가적인 F-4 항공기의 제공과 5억 달러 규모의 차관 등 전례 없는 수준의 군사 및 경제 원조를 받고 있었다. 실제로 1971년 미국의 원조는 총 6억 3,180만 달러로 이전의 6배가 넘었다. 원조의 수준은 사다트의 잠정 합의 제안을 거절한 이후에도 여전히 증가했다. 미국은 이스라엘에 팬텀기의 장기적인 공급을 약속했고, 전투기 엔진을 공급하는 데도 동의했다. 그리고 이스라엘은 1972년 2월에 추가적인 팬텀기와 스카이호크의 제공을 약속받았다. 또한 미국은 앞으로 새로운 평화 제안을 하기 전에 이스라엘의 승인을 얻기로 동의했다. 이와 관련하여 한 인사는 "1972년 미국의 중동 정책은 이스라엘에 대한 노골적인 지원에 지나지 않았다"고 회상했다.[59]

이러한 정책은 미국의 중동 외교에 관여해온 키신저(Henrry Kissinger)의 작품이었다. 키신저는 1972년 닉슨의 재선 기회를 위협할 수 있는 "중동 지역의 폭발을 막아야 한다"고 말했다. 더욱이 키신저는 이스라엘이 미국의 지원을 완전히 확신할 수 있는 경우에만 정책적으로 양보할 것이라고 믿었다. 그리고 그는 이스라엘에 대한 지원을 (소련이 자신의 동맹국들에게 점령당한 영토를 되찾는 데 필요한 수단을 제공할 수 없다는 것을 보여줌으로써) "소련을 쫓아내는" 방법으로 보았기 때문에, 키신저는 이스라엘에 대한 원조를 증가시키면서 천천히 협상으로 나아가려고 했다.[60]

이스라엘에 전보다 더 많은 지원을 제공했음에도 불구하고, 미국은 전통적인 아랍의 동맹국들과도 계속해서 좋은 관계를 유지했다. 1970년 위기 이후 미국은 후세인의 온건 노선에 대한 보상으로서, 그리고 팔레스타인해방기구를 통제하려는 그의 정책을 지원하기 위해 원조를 상당히 증가시켰다.[61] 그리고 사우디아라비아의 파이살 왕은 미국의 이스라엘 지원에 대해 점점 더 불쾌해했지만, 이러한 우려가 사우디아라비아의 군사 현대화 계획을 위한 양국의 협상을 막지는 않았다. 결과적으로, 사우디는 1972년에 1억 달러에 달하는 미국 군사 장비를 수입했다. 물론, 여기서 더 중요한 사실은, 세계 시장에서 사우디아라비아 석유의 중요성이 커졌다는 점이다. 비록 과거 파이살은 "석유 무

기"의 사용을 주저했지만, 이 정책은 변하려는 참이었다.[62]

아랍 연합의 형성

10월 전쟁으로 이어지는 마지막 요인은 아랍 세계 내에서의 계속된 화해 과정이었고, 이는 이집트, 사우디아라비아, 그리고 시리아를 효과적인 전략적 협력으로 이끌었다. 나세르의 죽음과 시리아에서 아사드의 부상으로 인해 효과적인 동맹의 마지막 장애가 제거되었다. 아사드와 사다트는 1971년 초부터 일련의 협의를 시작했고, 시리아는 1972년 3월, 조건부로 유엔 결의안 242호를 수용했다. 그리고 양국은 이집트의 아랍사회주의연합과 시리아 바트당이 연합하여 '합동전투계획'을 세우겠다고 발표했다.[63] 1972년 10월 사다트는 장군들에게 "시리아는 전투에서 자신들의 역할을 다할 것이다. 그리고 그들은 2개 전선에서의 작전을 카이로가 조율한다는 점에 대해 동의한다"라고 말했다.[64]

사우디아라비아와 이집트의 협력 또한 증가했다. 사우디의 이집트에 대한 우려는 나세르의 죽음으로 상당히 감소했으며, 이러한 경향은 사다트가 이슬람다운 신앙심을 공개적으로 드러내고 파이살 왕에 대한 존중을 표시함으로써 더욱 강화되었다.[65] 두 지도자들은 1971년과 1972년에 여러 차례 정상회담을 가졌으며, 사우디는 이집트가 소련에 대한 의존을 줄이도록 요구했다. 사우디는 이러한 조치를 장려하기 위해 (그리고 이집트에 이스라엘에 도전하는 데 필요한 무력을 제공하기 위해) 이집트의 추가적인 무기 구매에 자금을 대기로 동의했다.[66] 사다트의 경우는 파이살이 아사드를 신뢰하도록 설득했고, 이러한 조치는 아사드가 시리아를 가로질러 지중해 연안에 이르는 사우디의 원유 수송관을 수리해줌으로써 촉진되었다. 이에 대한 반응으로, 사우디는 1972년 시리아에 2억 달러의 지원금을 제공했다고 하며, 시리아와 사우디의 화해는 양국 외교 및 국방장관의 교환방문으로 공고해졌다.[67]

다른 아랍 국가들 사이의 관계 또한 다소 호전되었다. 요르단은 팔레스타인해방기구에 대한 군사 행동 이후에 따돌림을 받아왔지만 후세인은 1971년에 몇 차례 파이살과 사다트를 만났다. 시리아와 요르단은 1973년 초에 "요르단이 이스라엘에 맞서는 새로운 동부전선에 참여하도록 허용하기 위해" 1970년 이래 폐쇄되었던 국경을 다시 개방했다. 비록 이라크는 이 기간 내내 여전히 고립된 상태로 남아 있었지만, 사담 후세인은 1972년 카이로와 다마스쿠스를 방문했고, 이라크는 군사적 준비를 위한 1,200만 달러를 이집트에 제공했다.[68]

전쟁을 향한 마지막 조치들은 1972년 11월과 1973년 1월 사이에 내려진 사다트의 결정으로 시작되었다.[69] 1973년 2월 키신저와 이집트 국가안보좌관 이스마일(Hafiz Ismail) 사이의 회담이 진전이 없이 끝나자, 미국은 이스라엘에 48대의 팬텀기를 추가적으로 제공할 것이라고 발표했고 사다트는 만족스러운 해결은 무엇보다 성공적인 전쟁을 필요로 한다고 확신하게 되었다. 효과적인 동맹이 이제 형성되었고, 소련의 지원이 양적으로 충분히 이용 가능해졌으며, 외교적 전선이 교착상태에 있는 상황에서, 전쟁은 사다트의 유일한 선택이었다.[70]

아사드, 사다트, 후세인 간의 9월 10일 정상회담을 포함해, 아랍 동맹은 여름에 걸쳐 완벽하게 준비를 마쳤다. 이집트와 시리아는 제한된 목표의 전략을 선택했고, 후세인은 아랍 국가들이 이기고 있는 경우에는 참전하겠다고 약속했다. 특히 그는 시리아가 골란고원을 재탈환했을 때 이스라엘을 공격하겠다고 했다.[71] 사우디는 아랍 연합에 대한 재정적 지원에 더해, 미국과의 동맹 관계에도 불구하고 필요하다면 석유 무기 사용을 주저하지 않을 것이라고 암시했다.[72] 아랍 세계는 처음으로 그들의 군사, 경제, 외교적 자원들을 결집시킨 협조된 공격으로 이스라엘과 대결하게 되었다.

전쟁의 수행

여기서 10월 전쟁에 대한 세부적인 설명은 불필요하기 때문에, 이 충돌의 동맹 측면을 집중적으로 살펴볼 것이다.[73] 전쟁은 개략적으로 3개의 국면으로

142

구분할 수 있다.

첫 번째 국면(10.6-10)에서 아랍은 전략적, 전술적 기습 모두 성공했다. 이집트군은 시리아군이 골란고원에서 이스라엘 군대에 의해 크게 압박받는 동안 수에즈 운하 건너편에 주요 거점을 확보했다. 그러나 그 상태에서 휴전을 얻어내려는 소련의 노력은 아랍 국가들에 의해 거부되었고, 미국 또한 이스라엘의 동원이 완료되면 아랍의 공격을 쉽게 물리칠 것이라고 예상하며 소련의 요청을 거절했다.[74]

두 번째 국면(10.11-18)에서 초강대국들은 이스라엘이 점차 우세해지면서 점점 더 적극적으로 나서기 시작했다. 미국과 소련 모두 그들 각각의 동맹국에게 대규모 공급 작전을 재개했는데, 이는 전투가 대단히 치열했음을 나타내는 한 가지 지표였다.[75] 그리고 10월 14일, 시나이 지역에 대한 이집트 기갑부대의 기습이 결정적으로 실패했을 때, 휴전에 대한 압력이 더욱 커졌다. 소련 수상 코시긴(Kosygin)은 사다트와의 회담을 위해 이집트의 카이로를 방문하는 한편, 이집트와 미국 간 신중한 협상이 계속되었다. 실제로, 10월 15일 키신저는 "그의 노력에 대한 답례로" 카이로를 방문하도록 초청받았다.[76] 이는 사다트의 정치 전략을 처음으로 분명히 보여준 것이었다. 사다트는 소련으로부터 대규모 원조를 받고 있음에도 불구하고, 외교적 지원을 얻기 위해 미국 쪽으로 돌아서고 있었다.

세 번째 국면(10.19-27)에서, 어려움이 없지는 않았지만 초강대국들은 교전 중인 그들의 피후원국들에게 휴전을 강요하는 데 성공했다. 10월 19일, 이스라엘 군대는 시리아군을 궤멸시켰으며, 운하의 서안 지역에서 이집트 제3군을 포위하려 하고 있었다. 키신저는 휴전 협상을 위해 모스크바와 예루살렘을 차례로 방문했다. 그러나 합의는 이루어지지 않았다. 이후 브레즈네프는 닉슨에게 만약 이스라엘이 갇혀 있는 제3군에 대한 작전을 중지하지 않는다면 일방적으로 개입하겠다고 위협했다. 이에 미국은 27일 이스라엘이 두 번째 휴전을 수용하도록 압박했고, 이는 10월 전쟁의 종결을 가져왔다.[77]

비록 이집트와 시리아가 전투의 전면에 섰지만, 그들의 아랍 동맹국들도 기여를 했다. 이라크는 2개 기갑사단과 1개 기갑여단을 시리아에 파병했고 5개 비행대대를 시리아와 이집트에 보냈으며, 사우디아라비아는 시리아에 보병여단을 보냈다. 요르단의 후세인 왕은 시리아 전선에 1개의 기갑여단을 보내 제한적으로 참여했다.[78] 소련과 아랍이 서안지구에서 제3전선을 열도록 강한 압박을 가했음에도 불구하고, 후세인은 아랍의 연대를 보여주는 데 필요한 최소한의 노력만 했다. 이러한 결정은 미국이 후세인에게 전쟁과 거리를 두도록 권유했고 이스라엘에는 후세인이 그렇게 행동하는 한 공격하지 말라고 요청했다는 사실뿐만 아니라 이스라엘의 군사력에 대한 후세인의 높은 평가에서 비롯되었다.[79]

훨씬 더 중요한 사실은, 사우디아라비아가 10월 20일, 석유 판매금지와 생산 감축을 조직화하고 실행했다는 것이다. 이는 미국이 이스라엘에 22억 달러 규모의 긴급 원조를 제공하기로 결정한 것에 대한 대응으로 실행되었다. 또한 석유 판매금지는 서방의 소비자들에게 중동의 평화를 위해 보다 적극적이고 공평한 관심이 필요하다는 것을 환기시키려는 의도가 있었다.[80] 전쟁과 금수 조치는 1967년 이래 지속되어온 외교적 교착상태를 깨트리는 것이라는 본질적으로 동일한 목적에 기여했다. 이집트와 시리아는 정치적 승리를 얻기 위해 군사적 패배를 감내했으며, 이제 미국과 이스라엘 모두 협상을 하는 데 적극적인 관심을 갖게 되었다.

1967년에서 1973년까지의 주요 동맹들은 〈표 6〉과 같다.

단계적 외교 및 지역적 동맹 재조정

일단 관심이 전쟁 준비에서 평화의 진전으로 전환되자 새로운 동맹들이 출현하기 시작했다. 10월 전쟁을 치렀던 연합은 각각의 구성국들이 각자의 이익을 추구하면서 해산되기 시작했다. 특히 이집트는 미국과 동맹을 맺기 위해 점차적으로 소련을 포기하기 시작했다. 이는 소련과 남아 있는 소련의 피후원국

〈표 6〉 중동 지역 동맹 현황, 1967–1973

동맹	설명
이집트–요르단(1968–1970)	나세르와 후세인은 이스라엘에 대한 압박을 최대화하고, 팔레스타인해방기구가 외교적 의제를 지배하지 않도록 막기 위해 외교적 입장을 조율했다.
소련–남예멘(1968–현재)	소련과 남예멘은 제국주의를 약화시키기 위해 밀접한 안보 관계를 수립했다. 남예멘은 사우디아라비아와의 국경 전쟁에서 원조를 받았다.
동부사령부(1969)	시리아, 이라크, 요르단은 나세르로부터 상당한 재촉을 받은 후 소모전 동안에 이집트를 돕기 위해 힘을 합쳤다. 일부 이라크 부대는 요르단에 주둔하기도 했지만, 전반적인 협력 수준은 낮은 편이었다.
요르단–이스라엘(1970)	시리아는 후세인이 팔레스타인해방기구에 대한 군사 행동을 취하는 동안 요르단을 침공했다. 이스라엘은 요르단에 항공 지원을 제공하기로 동의했으나, 요르단 단독으로 시리아를 패배시켰다.
소련–이라크(1971–1978)	이란의 국력 증강에 위협을 받은 바트 정권은 적극적으로 소련의 지원을 요청했다. 1972년 우호조약이 체결되었고, 안보적 유대가 급속하게 확장되었다.
10월 전쟁 연합(1971–1974)	나세르 사망 이후, 이집트, 시리아, 사우디아라비아는 이스라엘에 맞서 성공적인 전쟁을 계획하기 위해 긴밀한 안보 및 외교 관계를 수립했다.

들이 서로 더 가까워지도록 만들었다. 1974년에서 1979년까지 중동 지역에서 동맹 형성의 역사는 주로 두 가지 경향으로 나타났다.

중동 지역에서 미국의 우세

가장 의미 있는 발전은 이집트–미국 관계의 극적인 재조정이었다. 이것은 전후 평화협상 과정에서 미국의 우세한 역할과 긴밀하게 관련되어 있다. 키신저는 전쟁 직후 카이로를 방문했다. 그와 사다트는 이집트군과 이스라엘군을 분리시키고 미국과 이집트의 외교관계를 회복하기로 합의했다. 1974년 1월, 사다트는 공개적으로 "미국은 새로운 정책을 따르고 있다"고 밝혔다.[81]

이러한 초기 조치 이후 꾸준한 진전이 있었다. 1974년 2월에 외교관계가 회복되었고, 사다트는 수에즈 운하에서 군대를 물리자는 미국의 제안을 받아들임으로써 후원국인 소련을 무시했다. 닉슨은 이집트를 방문한 첫 번째 미국 대통령이 되었다. 사다트의 "문호 개방" 경제 정책은 서방의 투자자들을 끌어들이기 시작했고, 1975년에 미국의 원조는 4억 800만 달러까지 상승했다. 사다트와 포드 대통령은 1975년 6월 오스트리아 잘츠부르크에서 회담을 가졌고, 10월에는 사다트의 미국 방문이 이루어졌다. 그리고 미 행정부는 이집트에 대한 C130 수송기의 판매를 승인했고, 이로써 이집트에 대한 오래된 무기 판매 금지가 종료되었다.[82] 이집트에 대한 미국의 경제 및 군사 원조는 1977년에 거의 20억 달러까지 늘어나면서 이집트가 소련에서 미국으로 동맹을 재조정한 것을 효과적으로 알렸다.[83]

이집트의 동맹 재조정은 외교적 이익 또한 가져왔다. 10월 전쟁은 아랍 국가들이 이스라엘을 군사적으로 패배시키는 것을 바랄 수 없음을 보여주었지만—1973년에 그들은 모든 이점을 가졌고 여전히 패배했다—또 다른 전쟁의 비용과 위험은 이제 미국이 보다 적극적인 역할을 취하게 만들었다. 사다트는 미국이 이스라엘의 양보에 대한 열쇠를 쥐고 있고, 가장 중요한 것으로, 키신저가 그러한 양보를 얻기 위해 미국의 영향력을 기꺼이 사용하려 한다고 확신했다.[84]

키신저의 단계적 외교는 사다트의 평가가 옳았다는 것을 보여주었다. 양쪽 모두 미국의 중재에 의존하면서, 키신저는 1974년과 1975년에 3가지 주요 합의를 만들어낼 수 있었다. 첫 번째는 1973년 10월의 휴전선에서 여전히 대치하고 있던 이집트군과 이스라엘군의 철수였다. 두 번째의 더 어려운 회담은 1974년 5월에 시리아군과 이스라엘군 사이의 유사한 철수를 이끌어냈다. 마지막 조치는 1975년 9월의 제2 시나이 협정이었다. 이 협정은 시나이로부터 이스라엘군의 부분적인 철수와, 비무장 지대 및 다양한 조항들을 감독할 다국적군에 관한 합의를 결합했다.[85]

세 가지 합의를 위해 키신저는 이집트, 시리아, 그리고 특히 이스라엘에 대해 상당한 압력을 가해야 했다. 키신저의 전술은 당근과 채찍을 모두 포함했기 때문에 미국과 이스라엘 사이에 갈등이 유발되기도 했다.[86] 동시에 미국의 이스라엘 원조는 10월 전쟁 이전보다 훨씬 더 늘어났다. 닉슨 대통령은 메이어(Meir) 총리에게 편지를 보내서 1973년 12월 제네바 평화 회담에 이스라엘이 참석하도록 압박했는데, 편지는 미국의 지속적인 지원이 이스라엘의 협조에 달려 있다고 암시했다. 또한 1974년 1월의 철수 합의는 미국이 이스라엘의 10억 달러 빚을 면제해주겠다는 약속에 의해 촉진되었다. 그리고 시리아 전선에서 철수한 후에는 추가적으로 5억 달러가 면제되었으며, 11월에는 주요 무기 패키지가 승인되었다.[87]

이집트군과 이스라엘군의 2차 철수 합의에 도달하는 데 실패한 것은 유사한 갈등을 만들어냈다. 포드와 키신저는 1975년 4월 회담이 결렬되었을 때 미국의 중동 정책을 재평가하겠다고 발표했다. 이 재평가의 핵심 요소는 미국의 이스라엘 원조 중단이었다. 그러한 금지 조치를 해체하라는 의회의 압박을 받으면서 키신저는 이스라엘에 대한 원조를 더욱 증가시키겠다는 약속을 통해 2차 철수를 얻어낼 수 있었다. 미국은 또한 1) 이스라엘의 방위 요구에 대해 전적으로 응답하고, 2) 이스라엘에 적절한 석유 공급을 보장하며, 3) 신형 F-16 전투기를 제공하고, 4) 팔레스타인해방기구와의 협상 금지를 포함해, 미래의 어떤 합의와 관련해서도 외교적 입장을 조율하기로 약속했다. 단계적 외교는 성과를 만들어냈지만, 미국은 그 값을 치러야 했다.[88]

또한 1973년 전쟁 이후 미국의 우세는 전통적인 아랍 동맹들과의 군사적 관계의 지속적인 성장을 통해서도 나타났다. 사우디아라비아는 1974년 제1차 시나이 철수 합의 이후 석유수출 금지를 해제하고 미국 시장을 위한 하루 100만 배럴의 증산 계획을 발표했다. 다음 달에는 3억 5,500만 달러의 군 현대화 프로그램이 발표되었고, 6월에 닉슨과 파드 황태자의 교환방문이 이루어졌다. 미 국방부는 당시 사우디군의 요구사항에 대한 장기적인 연구를 시작했다. 1975년 말까지 6,000명 이상의 미국인들이 사우디에서 군과 관련 활동에 참여했다. 1974년에서 1975년 사이 사우디의 무기 구매는 총 38억 달러에 달했고, 놀랄 정도로 많은 훈련 임무와 100억 달러 이상의 건설 사업이 추진되었다.[89] 포드 행정부는 1976년 몇 가지 첨단 미사일 체계의 판매에 대한 의회의 반대를 극복했고, 사우디는 향후 F-15와 F-16 전투기의 판매를 약속 받았다.[90]

요르단의 경우, 10월 전쟁에서 후세인이 자제를 보여준 것에 대한 보상을 받았다. 1975년 원조 규모는 1974년 총액 대비 72% 증가했으며, 추가적인 무기 제공 또한 승인되었다. 그러나 요르단을 평화 프로세스에 끌어들이려는 노력은 서안지구와 관련하여 이스라엘이나 요르단 모두 양보할 의사가 없었기 때문에 실패했다. 게다가 1974년 라바트 정상회담에서 팔레스타인해방기구를 "팔레스타인인들의 유일한 합법적 대표"로 지정한 아랍의 결정은 팔레스타인 영토에 대해 협상할 권한을 후세인에게서 실질적으로 박탈했다. 그가 도달할 어떤 합의도 아랍의 컨센서스를 거역하게 되기 때문이었다. 이러한 상황에서 서안지구에 대한 단계적 프로세스의 확대 전망은 전무했다.[91] 한편, 미국과 요르단의 관계는 요르단의 호크 대공미사일 구매 요청에 대한 논란으로 흔들렸다. 포드 대통령이 1975년에 구매를 승인했음에도 불구하고, 미 의회는 반복적으로 판매를 지연시키거나 조건을 변경했다. 이 지연은 후세인이 소련으로부터 유사한 무기체계를 획득하겠다고 위협하는 전술을 채택하게 만들었다. 결국, 이러한 위협은 미 의회의 반대를 극복했고, 1976년 여름에 거래가 완료되었다. 따라서 단계적 외교가 후세인에게 실제적 이익을 가져다주지 않았다는 사실에도 불구하고, 요르단의 친서방적 태도는 대치하던 군대들의 철수 과정 내내 유지되었다.[92]

마지막으로, 철수 과정에 대한 미국의 적극적 관리는 시리아와의 단기적인 관계 개선으로 이어졌다. 미국은 1960년대 초반 첫 번째 원조가 제공된 이래 1975년 다마스쿠스에 1억 400만 달러 규모의 경제 원조를 제공했다. 닉슨은

1974년에 시리아를 방문한 첫 번째 미국 대통령이 되었는데, 이에 대한 미국의 동기는 명확했다. 미국의 시리아에 대한 원조는 "시리아가 아랍과 이스라엘의 분쟁에 대해 온건한 접근을 채택하도록 장려하는 수단"으로 의도되었다.[93] 그러나 불행하게도, 이 짧은 관계 개선은 제2차 시나이 협정으로 인해 끝나버렸다.[94] 시리아의 아사드 대통령은 이 협정을 시리아의 이익을 위협하는 이집트와 이스라엘 간의 "단독 평화(seperate peace)"라고 불렀다. 그럼에도 불구하고, 1976년 말까지 미국 외교는 이집트, 사우디아라비아, 이스라엘, 그리고 요르단과의 긴밀한 안보 관계를 수립하거나 강화했다.

외부에서 내부 들여다보기: 10월 전쟁 이후의 소련

평화 프로세스에서 미국이 주도적인 역할을 했기 때문에, 소련은 남아 있는 중동의 동맹국들에게 더 많은 원조를 하겠다고 약속해야만 했다. 과거 이집트에 대한 거대한 투자에서 아무것도 얻지 못했지만, 소련과 다른 동맹국들의 관계는 강화되었다.

1975년경, 소련과 이집트의 동맹은 거의 소멸 직전이었다. 사다트는 매우 점진적으로 소련과 멀어져갔다. 그의 친서방 정책이 실패했을 경우에 대한 보험과, 미국이 이스라엘의 양보를 받아내게 할 추가적인 유인이 필요했기 때문이었다. 따라서, 사다트는 과거 소련의 지원을 비판하면서도, 소련이 "평화프로세스에서 적극적으로 역할을 해줄 것"을 요청했고, 1974년 5월에는 소련을 "평화를 사랑하는 사람들의 지지대(mainstay)"로 묘사했다. 그러나 사다트가 미국에 대한 구애를 계속하고, 무기 공급을 "영향력의 수단으로" 사용하려는 소련의 시도를 공격했을 때, 소련은 브레즈네프의 방문 계획을 취소하는 한편 무기 수송을 더 제한하기 시작했다. 이에 1975년 5월, 사다트는 소련이 이집트 군사 시설을 이용하는 것을 금지했다. 그리고 소련이 이집트의 차관 확대 요청을 거절한 것을 신랄하게 비판하면서 다른 곳에서 군사 장비를 구할 것이라고 발표했다. 또한 소련과 이집트의 새로운 무역 협정에 서명하는 것도 거부했다.[95] 양국 관계의 종말은 오래 걸리지 않았다. 사다트는 1976년 3월 소련이 항공기 예비 부품의 공급을 거절하자 이를 구실로 양국의 우호 및 협력 조약을 폐기했다.[96]

그러나 소련-이집트 동맹의 붕괴는 소련-시리아 관계의 발전으로 균형이 맞춰졌다. 소련의 이집트에 대한 무기 지원이 감소하자, "시리아에 대한 무기 지원이 … 엄청난 비율로 증가했다."[97] 소련은 1974년 8월까지 10월 전쟁으로 손실된 시리아 군사 장비의 대부분을 대체해 주었다. 그리고 시리아의 전쟁 부채 상환 기간을 추가로 12년 연장했으며, 시리아의 조종사들이 훈련을 받는 동안 쿠바와 북한의 조종사들이 시리아의 MIG-23 전투기로 대공 방어 임무를 수행하도록 했다.[98] 소련 외교장관 안드레이 그로미코(Andrei Gromyko)는 키신저의 빈번한 중동 방문에 대응하여 1974년과 1975년에 반복해서 다마스쿠스를 방문했다. 그리고 브레즈네프는 단계적 프로세스를 "대용품 외교(ersatz diplomacy)"라고 비난했다. 시리아는 자신의 높아진 위상을 환영했는데, 미국이 그들에게 추가적인 외교적 이득을 주지 못하게 된 후에는 더욱 그랬다. 아사드는 1975년 10월 이집트와 이스라엘 간의 제2차 시나이 협정 이후 즉각적으로 소련을 방문하여 또 다른 주요 무기 거래를 성사시켰다. 그리고 시리아는 소련이 정기적으로 시리아 비행장을 활용해 작전할 수 있도록 허용했다. 1976년 초 시리아는 중동에서 소련의 주요 동맹국으로 부상했다.[99] 그러나 이 동맹은 소련에게 시리아의 행동에 대한 많은 통제력을 부여하지는 않았다.

이집트의 동맹 재조정 효과는 소련과 이라크의 관계에도 영향을 미쳤다. 1970년대 초에 이라크가 소련의 지원을 구하게 만들었던 외부적 위협과 내부적 도전의 조합이 쇠퇴했고, 이집트와 소련의 관계 악화는 소련이 다른 곳에서 그들의 입지를 보존하고 싶어 하게 만들었다. 그 결과 이라크는 모스크바와의 관계에서 점점 더 우위에 서게 되었다. 소련은 이라크군에 스커드 지대지 미사일과 MIG-23 전투기를 포함하여 첨단 장비를 계속해서 제공했다. 또한 소련은 반란 세력과의 간헐적인 전쟁에서 이라크 정부를 도움으로써 전통적인 친쿠르드족 정책을 뒤집었다. 실제로 소련 조종사들은 쿠르드족에 대한 이라크

정부의 군사작전에서 전투임무 비행을 수행한 것으로 알려졌다.[100] 이라크의 독자적인 입장은 1975년 이란과의 국경분쟁 해결로 더욱 촉진되었고, 석유 수출을 통한 총수입의 증가는 서방과의 경제적, 군사적 관계 확대로 이어졌다.[101] 그리고 시리아가 레바논에 개입하는 동안 소련과 시리아의 관계가 잠시 악화되었을 때, 소련은 이라크에 다가가는 것으로 대응했다. 1976년 5월 소련의 코시긴(Kosygin) 수상이 방문하는 동안 10억 달러 상당의 무기 거래가 합의되었다.[102] 이라크의 지역적 입지 향상과 소련이 직면한 어려움을 고려해볼 때, 이라크에 대한 소련의 영향력이 변한 것은 놀랄 일이 아니었다.

마지막으로, 소련은 중동 지역의 다른 급진 세력들에 대한 지원을 증가시킴으로써 미국의 다양한 계획에 대항하려고 했다. 소련과 리비아의 관계는 사다트의 평화를 향한 움직임에 대한 양국의 공동 반대에 힘입어, 10월 전쟁 이후 꾸준히 확대되었다.[103] 소련의 팔레스타인해방기구에 대한 초기 억제 정책 또한 폐기되었다. 그리고 1974년에서 1977년까지 남예멘에 대한 군사 원조는 거의 1억 6,000만 달러까지 증가했다.[104] 중동 지역에서 자신의 입지에 대한 소련의 우려는 요르단의 후세인 왕에 대한 구애로 이어졌다. 1975년 소련 최고 대표단이 요르단을 방문했고, 후세인은 1976년에 떠들썩하게 모스코바를 방문했다. 그리고 소련은 요르단이 미국으로부터 얻으려고 노력했던 방공체계를 제공하겠다고 제안했다.[105] 이와 같이 소련은 새로운 동맹을 얻거나 오래된 동맹에 대한 지원을 증가시킴으로써 이집트의 이탈을 상쇄시키려고 했다.

단계적 외교와 아랍 국가들 간의 관계

이스라엘에 효과적으로 대항할 필요성은 1970년에서 1973년 사이 이집트, 시리아, 사우디아라비아가 함께하도록 만들었지만, 이제는 평화 구축(peace-making)의 압력은 그들을 갈라놓았다. 그 과정은 점진적이었는데, 공동전선 유지가 그들의 협상력을 증가시켰고 (부유한 산유국의 재정 지원 등) 아랍 연대의 물질적 혜택을 지속시켰기 때문이다. 그럼에도 불구하고, 10월 전쟁 이후에 아랍 국가들 간 경쟁과, 일련의 복잡한 책략과 동맹 재조정이 다시 나타났다.

문제는 시리아, 요르단, 그리고 특히 이집트가 독자적으로 이스라엘과 최선의 거래를 추구하는 동안에 아랍 연대(Arab solidarity)를 어떻게 보존할 것인가 하는 점이었다. 1974년 1월 시리아가 철수는 동시에 이루어져야 하고 이스라엘의 전면 철수와 연계되어야 한다고 주장한 것은 이집트가 단독으로 평화조약에 서명하려고 할 것이라는 아사드의 두려움을 드러낸 것이었다.[106] 이러한 긴장은 단계적 접근(step-by-step approach)의 피할 수 없는 결과였다. 단계적 접근은 시리아, 이집트, 요르단이 이스라엘 및 미국과 개별 협상을 추구하게 만들었다.

이러한 불가피한 이익의 갈등은 아랍 국가들이 몇 가지 외교적 조정을 하도록 이끌었다. 1974년 첫 번째 철수 합의 후, 요르단을 평화 프로세스에 끌어들이고 이집트와 이스라엘의 추가적인 철수를 촉진하기 위한 노력은 시리아와 팔레스타인해방기구의 강한 반대에 부딪혔다. 그러자 사다트는 요르단이 다음번이라는 이전의 약속을 깨트리고 11월 라바트 정상회담에서 (후세인이 아니라) 팔레스타인해방기구를 "팔레스타인인들의 유일한 합법적인 대표"로 지정하는 것에 찬성했다.[107] 이러한 사다트의 입장 변경은 팔레스타인해방기구나 아랍 연대에 대한 공약뿐만 아니라 이집트 자신의 이익에서 기인했다. '라바트 결정'이 평화 프로세스에 참여하려는 후세인의 노력을 좌절시킴으로써 필연적으로 협상은 제2차 이집트-이스라엘 철수 합의로 되돌아갈 수밖에 없었다. 시리아와 이스라엘의 적대감과 골란고원의 전략적 가치를 감안하면, 시나이 지역에 대한 제2차 합의가 시리아와 이스라엘의 국경을 따라 추가적인 진전을 이루어내는 것보다 훨씬 더 쉬웠을 것이다.

제2차 시나이 협정은 이러한 잠재적인 갈등을 표출시켰다. 시리아 관리들은 이 협정을 "이상하고 수치스러운 것"이라고 비난했고, "설사 피를 흘려야 한다 할지라도" 협정을 되돌려놓겠다고 맹세했다. 1976년 다마스쿠스와 카이로 간에 공개적인 논쟁이 있었고, 6월에 시위대에 의해 그들의 대사관이 공격을 받은 후 양국은 외교 인력을 철수시켰다. 그 결과는 시리아와 요르단 간의 예상치 못한 화해였다. 양국은 사다트가 시나이에 대해 협상하고 있는 동안 이미 그들의 외교적 입장을 조율하기 시작했다. 그리고 그들은 1975년 6월, 합동 군사 및 경제 위원회를 설립하기로 합의했다. 시리아와 사우디아라비아, 요르단은 곧이어 일련의 연합 군사 훈련을 실시했고, 요르단은 레바논 내전 동안 시리아의 정책을 지속적으로 지지했다.[108]

영토가 위태롭지 않고 원거리의 이점을 누리는 이라크와 리비아, 남예멘은 지속적으로 강경한 입장을 유지했다. 그들은 1973년 11월 알제(Algiers) 정상 회담의 참석을 거부했고, 라바트 결정이 이스라엘과의 협상 가능성을 암시한다고 비난했다. 또한 이라크는 1974년 10월, 단계적 프로세스, 특히 제2 시나이 협정에 반대하는 소위 "거부전선(rejection front)"을 구축했다.[109] 리비아와 남예멘이 합류한 뒤에 강경전선(steadfastness Front)으로 이름이 바뀐 이 연합은 팔레스타인 대의명분에 대한 더 큰 신의를 과시함으로써 아랍 내 적국들의 신임을 떨어뜨리고자 했으며, 동시에 중동 외교에서 미국의 지배적인 역할을 축소시키고자 노력했다.[110]

그러나 동시에 온건한 아랍 국가들과 이라크의 관계는 조금씩 향상되기 시작했다. 사다트는 1976년 5월에 바그다드를 방문했고, 6월에는 사우디의 황태자 파드가 사우디 왕가의 일원으로서 15년 만에 처음으로 이라크를 방문했다. 이러한 전개는 이해하기가 어렵지 않다. 시리아와의 경쟁에 직면한 이라크는 시리아-요르단의 새로운 동맹에 맞서기 위한 동맹을 모색했다. 이집트와 사우디아라비아에게 있어, 이라크와의 관계개선은 (사우디도 조심스럽게 선호한) 평화를 향한 사다트의 움직임이 완전한 고립에 빠지는 것을 막아주었다.[111]

그러나 2개의 새로운 연합이 아랍 세계를 다시 분할할 준비가 된 것처럼 보였을 때, 레바논 내전은 이집트, 사우디아라비아, 그리고 시리아 사이의 짧은 화해를 만들어냈다. 레바논 정부가 팔레스타인해방기구와 레바논 내의 다양한 분파들의 압력으로 붕괴된 이후, 시리아는 자신의 이전 정책을 뒤집고 팔레스타인해방기구를 진압하고 사면초가의 레바논 정부를 지원하기 위해 25,000명의 병력을 파견했다.[112] 여기서 중요한 것은 시리아가 소련의 강한 반대에도 불구하고 개입을 선택했다는 것이다. 이와 관련해 아사드는 소련의 반대를 "단지 견해의 표현에 불과하다"고 언급했다.[113] 비록 이집트와 이라크 모두 처음에는 시리아의 행동에 반대했지만(실제로 이집트는 몇몇 팔레스타인해방기구 분파를 지원했고 이라크는 시리아 국경에 병력을 집결시켰다), 사우디아라비아의 할레드(Khaled) 국왕은 최종적으로 1976년 10월 리야드 정상회담에 사다트와 아사드가 참석하도록 설득했다. 할레드의 노력은 시리아와 이집트가 사우디의 재정적 지원에 의존하고 있었고, 사우디가 그들이 협조하도록 그러한 영향력을 사용할 의지를 갖고 있었기에 효과가 있었다. 리야드 정상회담은 레바논에 다국적(사실상 시리아가 주도하는) "아랍 억지 부대(Arab Deterrent Force)"를 창설하기로 합의했고, 그럼으로써 시리아의 행동을 암묵적으로 승인했다.[114]

따라서, 1976년 말까지 이집트와 시리아, 사우디아라비아의 초기 동맹은 일시적으로 회복되었다. 그리고 이집트는 리야드 협정을 수용함으로써 레바논에서 시리아의 우위를 인정했고, 시리아는 암묵적으로 제2 시나이 협정을 수용했다.[115] 이제 요르단은 3개 주요 아랍 국가들과 좋은 관계를 유지하게 되었고, 이라크는 ("거부 전선"에 속한 대수롭지 않은 동맹국들을 제외하고는) 다시 고립되었다. 비록 평화를 향한 첫 번째 움직임은 분열을 초래했지만, 결정적인 균열은 아직 피할 수 있었다. 그러나 리야드에서 조성된 화해는 그리 길지 않았고, 평화를 향한 다음 움직임은 경쟁의 재개와 추가적인 동맹 재조정을 가져오게 된다.

캠프 데이비드 협정 이후

이 장에서 살펴볼 마지막 국면은 1977년 가을 사다트의 전례없는 평화 구상과 1979년 3월 이집트-이스라엘 평화조약의 조인에서 시작되었다. 사다트는 1975년에 이미 제2 시나이 협정에 서명함으로써 독자적인 행동을 취하겠다는 의지를 나타냈지만, 이스라엘과의 단독 평화와 관련한 아랍 컨센서스에 대한 노골적인 거부는 아랍 세계에서 이집트의 거의 완전한 고립을 가져왔다.

사다트의 구상은 제네바에서 다자 평화회의를 개최하려는 카터 행정부의 계획에 관한 의구심에서 비롯되었다.[116] 사다트는 실패할 것으로 예상되는 과정에 참여하기보다는 "평화에 대한 심리적, 정치적 장벽을 타파"할 극적인 제스처가 필요하다고 결정했다. 이스라엘과의 일련의 비밀 접촉 후(사다트가 리비아가 지원한 쿠데타를 좌절시킬 수 있게 한 이스라엘 정보기관의 경고를 포함하여), 사다트는 평화를 위해서 "그가 이스라엘의 국회를 찾아갈 … 준비가 되어 있다"고 발표했다. 이스라엘의 총리 베긴(Menachem Begin)은 곧 초청장을 보냈고, 사다트는 아사드의 동의를 얻지 못한 상태에서 1977년 11월 19일 예루살렘을 방문했다.[117]

사다트의 방문이 있었음에도 불구하고, 이집트와 이스라엘의 일련의 회담은 거의 진전이 없었다. 그러자 카터는 사다트와 베긴을 초청하여 1978년 9월 '캠프 데이비드'에서 정상회담을 가졌다. 카터의 적극적인 중재로, 1978년 9월 18일 평화 합의 초안과 더 폭넓은 중동 평화의 틀이 3명의 지도자들에 의해 서명되었다.[118] 그리고 다시 6개월간의 어려운 협상이 진행된 후, '캠프 데이비드 협정'에 근거해 공식적인 평화조약이 체결되었다. 이 조약으로 이집트와 이스라엘의 외교 및 경제 관계가 완전히 회복되었고, 이스라엘의 시나이 철수를 위한 일정표가 만들어졌다. 그리고 서안지구와 팔레스타인 아랍인 문제를 다루기 위한 일반적인 틀도 마련되었다. 미국의 중재와 재정적 약속은 합의에 이르기까지 장애물들을 넘어서는 데 핵심적 역할을 했다. 이집트는 20억 달러의 추가적인 경제 및 군사 원조를 약속받았고, 이스라엘 또한 30억 달러 이상의 추가적인 원조를 받기로 했다. 이러한 조치로 이스라엘과의 '단독 평화'를 향한 이집트의 여정이 완료되었다.[119]

이집트-이스라엘 조약에 대한 아랍의 반응

비록 사다트가 이스라엘과의 평화조약을 서안지구와 가자지구에 대한 미래의 합의와 연계시켜 팔레스타인에 대한 이집트의 연대를 보여주려고 노력했음에도 불구하고, 캠프 데이비드 협정에 대한 아랍의 반응은 거의 전적으로 적대적이었다. 시리아는 사다트의 예루살렘 방문을 반역이라며 비난했다. 그리고 시리아의 유엔 대사는 사다트가 "등 뒤에서 아랍인을 찔렀다"고 주장했다.[120] 시리아, 리비아, 남예멘, 알제리, 팔레스타인해방기구 등은 사다트의 구상에 반대하여 1977년 12월 트리폴리 회의에서 "강경저항전선(Front of Steadfastness and Resistance)"을 구성했다. 이라크 또한 동일하게 이집트의 정책에 반대했지만, 시리아에 대한 지속적인 적대감으로 강경전선에 참여하지는 않았다. 대신 이라크는 이집트에 대한 충분한 조치가 없었다고 트리폴리 정상회담을 비난했다.[121] 반면, 사우디아라비아와 요르단의 비판은 약했다. 양국은 사다트가 "평화를 위한 수용 가능한 최종적 방안"을 받아내지 못한 것을 비난했다. 그러나 사우디는 공식적인 평화조약이 체결될 때까지 이집트에 지원금을 지속적으로 제공했다.[122] 요르단의 반응은 상반되는 감정이 공존했다. 후세인은 강력한 아랍의 지지가 없이는 공개적으로 평화 프로세스를 지지할 수 없었다. 그러나 그는 사다트의 구상이 의외로 요르단에 좋은 성과를 줄 경우에 대비해서 성급하게 반대에 나서려고 하지 않았다. 사다트에 대한 노골적인 비난과 강경전선의 합류에 대한 후세인의 거절은 제2 시나이 협정 이후 시작된 시리아와 요르단 사이의 긴밀한 동맹이 손상되는 결과를 가져왔다.[123]

더 극적인 반전은 1978년 가을에 시작된, 시리아와 이라크 간의 갑작스럽고 짧은 화해였다. 이집트 행동에 대한 반대에 뜻을 같이하고, 1978년 3월 이스라엘의 레바논 침공에 놀라고, 그리고 이란 혁명 동안 시아파 근본주의가 부상한 것에 대해 우려하는 두 바트주의 국가들은 일시적으로 그들의 오랜 불화를 덮어두었다. 아사드와 알 바크르(al-Bakr) 이라크 대통령 간의 회담은 10월 국가 행동 헌장(a Charter of National Action)의 서명으로 이어졌다. 그리고 양국의 지도자들은 다시 한 번 "가장 가까운 형태의 통합 관계를 열정적으로 추구하기 위해" 나섰다. 그리고 12월에 "합동 고위급 정치 위원회"가 회동했고 1979년 1월 내내 다양한 소위원회들이 정기적으로 모임을 가졌다. 비록 이후 통합 계획이 심각한 어려움을 겪기는 했지만, 이는 지난 10년간의 적대적 관계를 돌이켜볼 때 놀라운 변화였다.[124]

이와 마찬가지로 중요한 것은 (그리고 훨씬 더 오래 지속된 것은) 이라크와 사우디아라비아 간 암묵적인 동맹의 출현이었다. 양국의 전통적인 적대감과 근본적으로 상이한 국내 체제에도 불구하고 동맹이 형성되었다. 이라크의 경우, 그러한 움직임은 혁명적인 이란에 대한 보장을 제공하고, 사다트에 대한 추가적인 압력을 가하며, 그리고 지도적 아랍 국가로서 이집트를 대체하려는 목표를 촉진시키는 것이었다. 사우디는 부분적으로는 이란에 대항하기 위해서, 부분적으로는 이집트를 다시 아랍 세계로 끌어들이려는 희망으로 사다트에 대한 아랍의 비난을 완화시키기를 원했기 때문에 호의적으로 반응했다. 그들은 적어도 일시적으로는 성공했다. 1978년 11월 바그다드에서 열린 아랍 정상회담은 이집트에 캠프 데이비드 협정을 포기할 것을 요구했지만 당장 제재를 부과하지는 않았다.[125]

그러나 1979년 이집트와 이스라엘 간에 평화조약이 서명됨으로써 온건 정책은 폐기되었다. 제2차 바그다드 정상회담에서 이집트는 공식적으로 아랍 연맹으로부터 제명되었다. 요르단과 사우디아라비아를 포함하여 연맹 참가국들은 이집트와의 외교관계를 단절하거나 대사를 철수시켰으며, 무역중단 조치를 실시했고 이집트에 대한 모든 경제 원조를 끊었다.[126] 이와 같이, 사다트의 구상—본질적으로 10월 전쟁 이래 사다트가 따랐던 정책의 정점—은 이집트를 아랍 세계에서 고립시키고 말았다.

이라크에 있어서 이집트의 추방은 황금 같은 기회였다. 이라크는 석유 수출의 증가로 부유해졌고 소련으로부터의 무기 수입으로 군사력이 강화되었다. 그리고 전통적인 경쟁국인 이란이 혼란에 빠짐으로써 바그다드는 새로운 상승을 누리게 되었다. 이라크는 사다트에 대한 반대 활동을 조직하는 데 주도적 역할을 했고 사우디아라바이아 및 요르단과의 관계는 1979년과 1980년 내내 개선되었다. 사우디는 (혁명적인 이란으로부터의 전복 위험이 증가함에 따라) 1979년 2월 이라크와 내부 안보 계획을 조율하기로 합의했으며, 바그다드와의 화해는 다음 2년간 고위급 교환 방문을 통해 더욱 진전되었다.[127] 그리고 이란에 대한 반대와 1979년 12월 소련의 아프가니스탄 침공에 대한 우려로 결합된 이 의외의 동맹국들은 1980년까지 놀라울 정도로 견고한 동맹을 형성했다.[128]

실제로 (1979년 7월 알 바크르를 계승한) 이라크의 사담 후세인 대통령은 1980년 3월 이라크와 소련의 "우호적인 관계"에도 불구하고, 만약 소련이 페르시아만을 침공한다면 "이라크군은 사우디군이 행동하기 전일지라도 소련과 싸울 것이다"라고 발표했다.[129]

요르단 또한 유사한 길을 걸었다. 앞서 언급했듯, 캠프 데이비드 협정에 대한 후세인 왕의 양면적인 태도는 다른 곳에서 새로운 동맹을 얻는 일 없이 시리아와의 관계를 악화시켰다.[130] 그러나 시리아가 더 급진적인 입장을 취하고, 혁명적인 이란이 친서방 정권들에게 명백한 위협을 제기하고, 이라크가 사우디아라비아와 협력하여 더 온건한 방향으로 움직임에 따라 요르단의 방침은 명확해졌다.

몇 가지 예비적 교환이 있는 후에, 양국의 후세인은 1980년 5월 바그다드에서 만났다. 이라크의 사담 후세인은 "요르단과 이라크의 관계는 일시적이고 상황적인 요인들을 초월한다"고 선언했다. 그리고 요르단 후세인 왕은 요르단은 "모든 힘과 자원을 동원해 이라크의 편에 서겠다"고 약속했다. 그가 말했듯이, 이라크와 요르단의 관계는 이제 "아랍 국가들 간 관계가 어떠해야 하는지에 대한 살아있는 모델"이 되었다. 그리고 나서 후세인 왕은 요르단과 시리아 간의 심각한 불화를 마침내 인정했다.[131] 결국, 1980년 요르단은 시리아와의 동맹으로부터 사우디-이라크 연합의 일원으로 완전히 전환했다.

아이러니하게도, 1979년 말, 시리아는 거의 이집트처럼 고립되었다. 이라크와의 통합 합의는 과거의 적대감이 여전히 남아 있고 양쪽 모두 상대방에게 예속되기를 거부함에 따라 1979년 여름에 완전히 붕괴되었다. 실제로 그해 말에 두 바트주의 경쟁 국가 간의 유사한 비방이 각자 상대방을 전복하려 한다는 (진실일 수도 있는) 통상적인 비난과 함께 시리아와 이라크 언론을 가득 채웠다.[132] 아사드의 군대는 레바논의 수렁에 빠졌고, 그의 정권은 심각한 국내적 혼란에 직면했으며, 그는 이스라엘의 군사력에 의해 여전히 실질적으로 위협을 받는 아랍의 유일한 지도자였다. 따라서, 아사드는 그가 얻을 수 있는 어떤 동맹이든 받아들였다. (1979년 당시 거의 쇠퇴하고 있던) 강경 전선이 1980년 1월, 시리아의 구상으로 재소집되었고, 전선의 외교장관들은 4월에 트리폴리에서 다시 만났다.[133] 그러나 강경 전선을 재소집한 것은 보상이 작았다. 리비아와 남예멘의 상징적인 지지는 이라크와 사우디아라비아, 요르단의 반대와 균형을 이루기에는 보잘것없었다. 또한 이 시기 동안 시리아의 취약성은 시리아가 소련과의 관계를 심화하도록 만들었다. 비록 이념이 아랍 세계와는 거의 관련이 없을지라도, 이렇게 아랍 세계는 다시 급진 진영과 온건 진영으로 분열되었다. 실제로, 이러한 익숙한 패턴 속의 새로운 면은 이제는 이라크가 온건 진영에 속하고 이집트가 완전히 배제되었다는 사실에 있다.

캠프 데이비드 협정 이후 초강대국의 공약

캠프 데이비드 협정에 대한 소련과 미국의 대응은 예측 가능했다. 미국은 몇 가지 새로운 도전에 직면하여 자신의 전통적인 공약들을 지키면서, 평화협정에 대한 추가적 지지를 얻는 데―완전히 실패한 노력―에 관심을 집중했다. 반면, 소련은 평화 프로세스에서 자신을 배제하는 어떤 상황 전개도 반대했다. 결과적으로 소련은 이집트를 배척하는 아랍의 노력을 환영했다. 이러한 기본적인 목표들을 추구하면서 두 초강대국은 성공과 실패를 경험했다. 최종적인 결과는 두 초강대국 사이에서 중동의 동맹들이 분열된 상태를 유지하는 것이었다.

미국에게 있어 평화 프로세스에 대한 관리는 사실상 지역 내 모든 동맹국들과의 상당한 긴장을 만들어냈으며, 심지어 그들의 안보 계획에 대한 미국의 관여가 늘어난 경우에도 그랬다. 사다트가 최초로 예루살렘을 방문한 이후 카터 행정부는 이집트와 이스라엘을 위한 주요 무기 패키지와 더불어, F-15 전투기와 다른 첨단 장비들에 대한 사우디의 요구를 들어주겠다고 발표했다. 평화 프로세스에 대한 온건한 아랍의 지지를 모으기 위해 필요한 것으로 정당화되는 이러한 다양한 공약들과 함께, 요르단에 대한 원조 또한 지속되었다.[34]

그러나 강력한 압박에도 불구하고, 요르단이나 사우디아라비아 모두 캠프 데이비드 프로세스를 지지하지는 않았다. 사실 그들의 지지는 얻기 쉬울 것이라는 미국의 섣부른 판단은 두 국가를 더욱 분개하게 만들었다.[135] 더욱이 평화 조약은 미국의 후원 하에 완료되었지만, 팔레스타인 자치에 대한 공식적인 협정안 작성과 후속 협상은 캠프 데이비드 협정이 서안지구와 가자지구에 대해 의미하는 바에 대해 미국, 이집트, 이스라엘이 매우 다른 인식을 가지고 있다는 사실을 드러냈다. 결과적으로, 이 시기 동안 두 동맹국과 미국의 관계는 종종 상당한 불화로 인해 손상되었다.[136]

중동 지역에 대한 미국의 공약은 또한 이란 혁명과 소련의 아프가니스탄 침공에 의해 영향을 받았다. 이 두 가지 사건은 1979년 미국의 외교정책 의제를 지배했다. 미국의 두려움은 과장되었을 수 있지만, 사우디아라비아와 요르단 양국은 모두 아프리카의 뿔과 아라비아 반도에서 소련의 활동 증가, 이란 샤(Shah) 정권의 붕괴, 그리고 약하거나 우유부단한 미국의 대응에 대해 우려했다.[137] 따라서 미국은 이러한 우려들을 완화시키기 위해 (그리고 이 지역에서 자신의 능력을 보강하기 위해서) 나머지 지역 동맹국들에 대한 공약을 강화했다. 1979년 1월, F-15 전투기 편대가 이란에서 샤가 축출된 후에 리야드를 방문했다. 다만 이 제스처는 전투기들이 사실상 비무장 상태였다는 사실이 드러나면서 의미가 퇴색되었다. 미국은 또한 3월에 사우디아라비아에 2대의 AWACS 조기경보기를 보냈고, 북예멘이 남쪽의 마르크스주의 정권과 짧은 전쟁을 치르는 동안 북예멘을 군사적으로 지원해달라는 사우디의 요청에 빠르게 반응했다.[138] 소련의 아프가니스탄 침공 후에 카터는 페르시아만과 중동에 대한 미국의 개입능력을 강화하기 위한 신속전개 합동특수임무 부대(RDJTF)의 창설을 발표하면서 다음과 같이 말했다. "페르시아만을 장악하려는 모든 외부 세력의 시도는 … 필요한 어떤 수단으로든 격퇴될 것입니다."[139] 이집트와 이스라엘은 RDJTF를 위한 시설을 기꺼이 제공함으로써 그들의 의지를 보여주었다. 그러나 사우디아라비아는 자국의 적극적인 참여를 요구하지 않는 미국의 강화된 공약을 선호했다.[140] 요컨대, 1978년과 1979년에 미국이 겪었던 좌절은, 비록 피후원국들의 대응이 몇 가지 중요한 측면에서 적합한 수준에 있을지라도, 다시 한번 다양한 지역 피후원국들에 대한 공약을 강화하도록 자극했다.

소련과 그 지역 동맹국들의 경우, 미국이 후원한 평화 협정에 대한 공동의 반대에도 불구하고, 그들의 관계는 1978년에서 1979년 사이 긴장 상태를 유지했다. 소련과 이라크의 관계는 바그다드가 사우디아라비아와 긴밀한 관계를 추구하고 서방과 군사 및 경제 관계를 확대하려고 하면서 점진적으로 악화되었다.[141] 긴장의 또 다른 원천은 이라크 공산당원들이 군 내에서 세포 조직을 형성하고 있다는 사실이 발각된 것이었으며, 이는 1978년, 수십 명의 이라크 공산주의자들의 처형으로 이어졌다.[142] 후세인은 서방과의 인터뷰에서 다음과 같이 말했다. "소련은 모든 세상이 공산주의가 되기 전에는 만족하지 못할 것입니다." 그리고 이라크는 1978년, 모스크바가 아프리카의 뿔 지역에 개입하는 동안 소련 항공기가 이라크 상공을 비행하는 것을 거부했다. 또한 소련의 아프가니스탄 침공은 이라크의 의구심을 더욱 부채질했고, 이라크가 1980년에 채택하는 비동맹정책을 추구하도록 만들었다.[143]

소련과 시리아의 관계는 시리아가 레바논에 개입하는 동안 아사드가 소련의 압력을 무시함으로써 1976년 이래 다소 긴장이 존재했다. 비록 사다트의 구상으로 인해 몇 달 뒤 우호관계가 회복되었고 아사드는 소련을 성공리에 방문하고 새로운 무기를 제공 받았지만, 모스크바와 다마스쿠스 간의 불화는 계속되었다. 실제로 아사드는 1978년 소련의 무기원조 수준과 제공 조건에 불만을 가지고 시리아 대사를 소환했고, 이 시기에 소련을 방문하려던 계획을 취소했다.[144]

그러나 1979년에 이라크와의 통합 계획이 좌절되고 사우디와 이라크의 화해가 구체화되었을 때, 시리아는 재빠르게 모스크바와의 관계를 복원했다. 모스크바의 주요 아랍 피후원국들을 한데 묶은 강경전선을 부활시킴으로써 시리아는 소련이 무슬림 국가인 아프가니스탄을 침공한 것에 대한 아랍의 비판

을 제한할 수 있었다. 시리아가 다른 아랍 국가들로부터 고립되어 있고 이집트
가 '단독 평화'에 서명하기로 결정했음을 고려할 때, 시리아인들은 골란고원
같은 점령당한 영토를 되찾기 위해 이스라엘에 도전하려면 소련의 지원이 필
수적이라는 것을 알고 있었다. 이러한 확신을 갖고 아사드는 오랫동안 주저해
왔던 소련과의 공식 조약에 서명했다. 브레즈네프에 따르면, 이 조약은 소련과
시리아의 관계를 "새롭고 더 높은 차원으로" 격상시켰다.[145] 모든 것을 고려해
볼 때, 이는 양국이 지난 몇 년간 겪어온 좌절에 대한 이해 가능한 대응이었다.

소련의 관점에서 보면, 아라비아 반도에서의 사건들은 비록 불안 요소들이
있었다고 하더라도 어느 정도 고무적이었다. 남예멘 대통령 루바이 알리
(Rubay' Ali)는 1976년에 사우디의 광범위한 경제 지원에 고무되어 사우디아
라비아와 긴장 완화를 추진했다. 실제로 알리는 미국과 외교적 관계를 회복하
는 것도 가능하다고 넌지시 말했다. 이러한 발전은 아랍 세계의 유일한 마르크
스주의 국가에서의 소련의 입지를 위협하는 것이었다.[146] 그러나 이러한 관계
회복은 일어나지 않았다. 막 등장한 데탕트는 1977년, 남예멘이 지원한 소말
리아-에티오피아 전쟁에 소련이 개입하는 동안에 얼어붙었다. 그리고 이러한
노력은 1978년에 알리가 이후 남예멘 민족해방전선의 서기장이 된 이스마일
(Abdel Fatah Ismail)이 이끄는 강경 노선 친소련 분파에 의해 축출되고 살해당
함으로써 완전히 무너졌다. 실제로 많은 연구들이 바르샤바 조약기구와 쿠바
의 고문단들이 쿠데타 동안에 이스마일을 적극적으로 지원했다는 사실을 뒷
받침하고 있다.[147] 소련이 쿠데타를 도왔는지 여부와 상관없이, 쿠데타는 소련
과 남예멘의 관계가 더욱 확대되는 결과를 가져왔다. 소련의 남예멘 해군 기지
이용에 관한 15년 협정이 곧 발표되었고, 1979년 10월에 25년 간의 우호 및
협력 조약이 조인되었다. 소련과 남예멘 동맹의 내구성은 이스마일이 그의 이
전 동맹이었던 알리 무하마드('Ali Nasser Muhammed)에 의해 권력에서 제거
된 1980년에 더욱 부각되었다. 이스마일은 소련으로 망명했지만, 소련과 새로
운 남예멘 지도자와의 관계는 영향을 받지 않았다.[148]

북쪽에 위치한 예멘아랍공화국은 사우디의 재정적 지원에 의존하면서 1970

년대 초 이래 유지해온 비동맹정책을 고수했다.[149] 미국은 1976년에 (사우디아라비아가 자금을 대는) 소규모 군사 원조 프로그램을 시작했고, 예멘아랍공화국은 두 초강대국, 남예멘, 그리고 사우디아라비아 사이에서 불안하게 균형을 유지했다. 그리고 이러한 상황은 1978년 급격하게 악화되었다. 남예멘 특사에 의해 예멘아랍공화국의 대통령 알 가시미(al-Ghashmi)가 암살됨으로써(이는 명백히 남예멘 내의 알리와 이스마일 간의 권력투쟁과 연결된 음모였다) 예멘아랍공화국과 남예멘, 그리고 남예멘의 지원을 받는 민족민주주의전선(National Democratic Front) 사이에 싸움이 재개되었다.

지역에서 자신의 신뢰성을 회복하고 싶어 했던 미국은 아덴만에 항공모함을 보내고, 사우디아라비아를 통해 북예멘에 3억 5,000만 달러 상당의 무기를 제공하기로 동의함으로써 사우디의 요청에 응했다. 이 시점에서 사우디는 속도를 늦추기 시작했다. 부분적으로는 휴전 협상이 빠르게 진행되기도 했지만 북예멘에 대한 미국의 대규모 무기 수송이 예멘아랍공화국에 대한 자신의 영향력을 감소시킬 것을 두려워했기 때문이었다. 따라서 약속된 무기들은 천천히 도착하거나 보내지지 않았고, 이는 북예멘이 군사 원조를 얻기 위해 소련에게로 다시 돌아가게 만들었다. 1979년 말에 수억 달러 상당의 무기 거래가 합의되었고 무기 수송은 1980년 초에 완료되었다. 미국의 무기를 획득할 수 없는 상황에 대한 이러한 예상 가능한 반응에도 불구하고, 예멘아랍공화국은 계속해서 비동맹정책을 주창했다. 대통령 알 가시미의 계승자인 살레('Ali Abdallah Salih)는 북예멘은 "미국이나 소련의 도구가 되지 않을 것이다"라고 말했다.[150]

요약

이스라엘과의 '단독 평화'에 서명하기로 한 사다트의 결정은 일련의 사건들을 촉발했고, 이는 아랍 연대에 대한 통상적 요청에도 불구하고 아랍 세계를 다시 한번 양극화시켰다. 그러나 1960년대와 다르게, 문제는 주로 이념이 아니라 이익의 충돌이었다. (이제는 이라크를 포함하는) 온건 진영에게 아랍과 이스라엘의 분쟁은 상대적으로 중요하지 않은 사안이었다. 이는 (이라크의 경우처럼) 국가의 중요한 이익이 걸려 있지 않거나, (요르단의 경우처럼) 이집트의 변절이 직접적인 행동을 이전보다 훨씬 더 비현실적으로 만들었기 때문이다. 게다가 소련과 이란의 위협이 증가하고 있다는 인식은 온건주의자들에게 서방과 신중한 유대를 유지하면서 협력해야 하는 강력한 동기를 제공했다. 미국과 이스라엘의 긴밀한 관계는 온건한 아랍 국가들이 팔레스타인 문제를 경시하는 추가적인 이유이기도 했다. 또한 이집트에 대한 비난은 여전히 필요했지만, 주로 형식적인 것이었다. 사실, 사우디아라비아와 이라크는 이집트를 다소 고립시킬 수 있는 기회를 환영했을지도 모른다.[151]

시리아와 강경전선의 급진적인 국가들의 경우, 팔레스타인 문제는 적어도 공식적으로는 핵심적인 문제로 남아 있었다. 첫째, 시리아는 골란고원과 같은 분쟁에서 실질적인 이해관계를 가지고 있었다. 둘째, 팔레스타인 문제는 전체 강경전선 국가들이 "제국주의와 시온주의" 세력에 맞서 아랍의 민족적 대의명분을 수호하겠다는 그들의 결의를 보여주는 가장 좋은 방법이었다. 또한 소련이나 이란 모두 특별히 위협적으로 보이지 않았다. 실제로, 급진적 국가들의 전반적 목표를 고려해볼 때, 소련과 이란은 모두 명백한 동맹국이었다. 따라서 아랍 세계가 분열된 상태로 있는 것은 놀랄 일이 아니었다. 각 그룹의 목표는 서로에 대한 특정한 적대감이 없이도, 다른 쪽의 목표를 훼손하는 경향이 있었다. 그리고 그런 일에는 어느 쪽도 부족함이 없었다.

대조적으로 초강대국들의 입지는 놀라울 정도로 평화조약의 영향을 받지 않았다. 비록 이라크가 1977년 이후 소련으로부터 벗어났음에도, 이러한 결정은 평화를 이루려는 이집트의 결정과 아무 관련이 없었다. 소련은 시리아, 남예멘, 팔레스타인해방기구, 그리고 리비아에 대한 군사, 경제, 외교적 지원을 계속했다. 그리고 미국은 이스라엘, 사우디아라비아, 그리고 요르단에 대한 그들의 오래된 공약을 강화했다. 이집트는 과거에 소련에 의존했던 것만큼이나 이제 미국에 의존했다. 이라크와 북예멘은 모두 미국보다는 소련과 더 광범위

〈표 7〉 중동 지역 동맹 현황, 1974-1979

동맹	설명
미국-이집트(1975-현재)	미국이 "카드의 95%"를 쥐고 있다고 확신한 사다트는 평화와 경제 원조를 얻기 위해 소련에 대한 의존을 버리고 미국에 편승했다. 미국은 계속해서 평화 프로세스를 감독했다.
시리아-요르단(1975-1978)	시리아와 요르단은 이집트가 제2 시나이 협정에 서명하며 '단독 강화'를 향해 움직이자 이집트를 고립시키기 위해 서로의 적대감을 극복했다.
강경전선(1978-1979)	시리아, 남예멘, 알제리, 리비아는 사다트가 캠프 데이비드 프로세스를 포기하도록 압박하기 위해 동맹을 결성했다. 사우디아라비아와 요르단은 이스라엘-이집트 평화조약 이후 마지못해 함께했다.
사우디아라비아-요르단-이라크 (1979-현재)	사우디아라비아, 요르단, 이라크는 시리아와 호메이니 이란의 커가는 위협에 균형을 이루기 위해 동맹을 결성했다.

한 교류를 유지하고 있음에도 불구하고 비동맹 정책을 따랐다. 1974년에서 1979년 사이 발생한 최종적인 동맹들은 〈표 7〉에 요약되어 있다.

결론

지금까지 살펴본 내용을 통해 3개의 일반적인 의견을 제시할 수 있다. 첫째, 1955년에서 1979년까지 지배적인 지역 행위자의 출현은 다른 국가들이 자신의 이익을 지키기 위해 지역적 동맹과 강대국과의 동맹 모두를 추구하게 했다. 1967년 이전에, 이러한 과정은 아랍 세계에서 나세르의 열망을 좌절시키는 것에, 민족주의 세력과 소련을 누르고 자신의 영향력을 강화하려는 서방의 시도를 막는 것에, 그리고 소련의 도전에 맞서 서방의 이익을 보존하는 것에 집중되었다. 그러나 6일 전쟁 이후 이러한 상황은 변화되었다. 이스라엘의 군사적 우위는 아랍 국가들이 소련의 지원에 훨씬 더 심하게 의존하면서도 이전보다 더 효과적으로 힘을 합치도록 만들었다.

1974년 이후 아랍 국가들은 전쟁에서의 협력에서 평화에 대한 다툼으로 옮겨갔다. 게다가 어떤 단일 국가도 이집트와 이스라엘이 이전 시기에 불러일으켰던 것과 같은 우려를 이끌어내지 못했다. 그 결과 다양한 지역 세력들이 어떤 국가가 가장 큰 위험을 초래하는지 혹은 가장 큰 보상을 줄 수 있는지 확신하지 못한 채 이러한 새로운 상황에 반응하면서 일련의 임시적인 조정이 있었다.[152]

둘째, 1955년에서 1979년 기간 동안 중동 지역에서 초강대국들의 개입은 꾸준히 증가되었다. 상호 맞수로서 각국은 지역 갈등을 이용하여 상대방에 대한 자신의 입지를 향상시키기 위해 노력했다. 좌절은 새로운 공약을 자극했고 대체로 일시적이었다. 이러한 상황은 놀라운 일이 아니다. 지역적 경쟁이 지속되는 한, 그리고 초강대국들이 한쪽이나 다른 쪽을 기꺼이 지원하려 하는 한, 어느 초강대국도 완전히 배제될 가능성은 없기 때문이다.

셋째, 이 시기 동안, 특히 1967년 이후 이념의 역할은 완전히 감소했다. 6일 전쟁 이후 아랍 국가들의 관심은 나세르의 범아랍주의 열망을 막는 것으로부터 아랍의 영토에 대한 이스라엘의 영구적 지배를 거부하는 것으로 변화되었다. 범아랍주의가 쇠퇴하면서, 1967년 이후 아랍 국가들 간의 정치는 어느 정권이 "역사적 사명을 지닌 하나의 아랍 민족"의 재통합을 위한 최고의 계획을 가지고 있는가에 대한 끝없는 논쟁보다는 (점령된 영토를 되찾는 것과 같은) 물질적 이해관계에 의해 주도되었다. 비록 팔레스타인 문제가 아랍 민족주의 이념의 시금석으로 남아 있었지만, 일부 의외의 파트너들(예를 들어, 시리아와 요르단, 이라크와 사우디아라비아) 간의 협력 증가는 범아랍주의 이념의 점진적인 쇠퇴가 가져온 가장 중요한 결과였다.

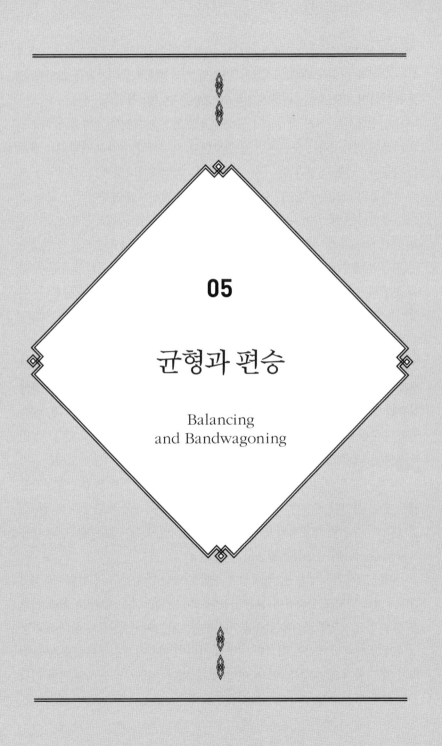

05

균형과 편승

Balancing
and Bandwagoning

5장에서 7장까지는 2장에서 제시한 가설들을 검증한다. 구체적으로 5장에서는 균형과 편승에 대한 가설들을 검증하고, 6장에서는 이념과 동맹의 관계를 분석하며, 7장에서는 원조와 침투의 영향을 평가할 것이다.

이번 장에서는 먼저 국가들이 균형을 선호하는 압도적인 경향을 살펴보고 그 다음에 편승이라는 드문 경우를 검토한다. 이 분석은 4가지 광범위한 질문을 다룬다. 첫째, 균형과 편승 중 무엇이 더 일반적인가? 둘째, 초강대국과 지역 국가들의 반응은 다른가? 셋째, 만약 균형이 지배적인 반응이라면, 균형 행동을 유발하는 데 있어 다양한 위협 요소들(총체적 국력, 지리적 근접성, 공격 능력, 공격 의도)의 상대적 중요성은 무엇인가? 넷째, 상대적으로 드물게 발생하는 편승의 경우도 앞서 제시한 가설에 의해 설명되는가? 이러한 질문들에 답을 하면서, 나는 2장에서 제시한 균형과 편승에 대한 명제들을 검증한다. 이 작업을 하기에 앞서 가설에 대한 검증 과정을 간략히 설명하고자 한다.

2장에서 제시한 가설들을 검증하기 위해서는 3가지 방법을 이용할 수 있다. 첫 번째는 공분산(covariance)을 측정하는 것이다. 즉, 종속변수(이 경우에는, 구체적 동맹)와 각각의 가설에 명시된 독립변수(위협의 수준, 이념적 합의 등) 간에 상관관계가 존재하는가? 우리는 또한 (증거를 좀더 쉽게 얻을 수 있는) 다른 예측들을 추론하고 검증함으로써 간접적으로 해당 가설을 검증할 수도 있다. 두 번째 방법은 왜 특정한 동맹 선택이 이루어졌는지를 밝힌 (내막을 알고 있는 사람의 회고록과 같은) 직접적인 증거에 의존하는 것이다. 세 번째 방법은 전문가들에게 묻는 것이다. 즉, 각 가설들의 예측과 지역 전문가들의 판단을 비교하는 것이다. 이는 관련 행위자의 인식에 대한 직접적인 증거가 없는 경우, 그 대용으로 다른 사람의 전문성을 활용하는 것이다.[1]

이러한 각각의 방법은 동맹 형성에 관한 다양한 가설들의 평가에 사용되어 왔다.[2] 어느 방법도 한결같이 실행 가능하거나 신뢰할 수는 없지만, 함께 사용될 경우 일단의 만족스러운 검증을 제공한다. 경쟁하는 주장들의 상대적 타당성에 대한 대략적 평가는 각각의 일반적 가설의 예측에 부합하는 표본상 동맹의 수와 그렇지 않은 수를 비교하면 얻을 수 있다. 지도자의 인식에 관한 직접적인 증거가 이용 가능하다면 그것 또한 검토된다. 처음부터 끝까지, 2차 자료에서 나온 전문가 의견이 특정한 분석적 판단을 내리기 위해 사용된다.

균형 행동과 동맹 형성

중동의 역사적 기록은 동맹의 기원에 관해 무엇을 말해주는가? 크게 네 가지가 있다. 첫째, 그리고 가장 명백한 것으로, 외부 위협이 가장 흔한 동맹 형성의 원인이었다. 둘째, 균형이 편승보다 훨씬 더 일반적이었다. 셋째, 국가들은 단지 힘에 대해서만 균형을 이루지 않는다. 예견했던 대로, 국가들은 위협에 대해 균형을 이룬다. 비록 초강대국들은 주로 서로를 견제하기 위해 동맹 파트너를 선택하지만, 지역 국가들은 국제적 세력균형에는 대체로 무관심하다. 대신에 중동의 국가들은 종종 지역의 다른 행위자로부터의 위협에 대응하여 동맹을 형성한다. 넷째, 공격 능력과 의도는, 비록 이러한 요인의 정확한 영향을 측정하기 어려울지라도, 다른 국가들이 힘을 합쳐 반대할 가능성을 높인다. 이제 이러한 결론의 증거들을 검토해보고, 그런 다음 왜 그와 같은 행동이 일어나는지 살펴보자.

균형 행동의 우위

위협에 대해 균형을 이루기 위해 형성된 동맹은 몇 가지 독특한 형태를 취한다. 가장 전형적인 형태에서, 국가들은 또 다른 국가의 힘을 자신의 힘에 더함으로써 위협에 대응하고자 한다. 따라서 초강대국들은 상대방으로부터의 위협에 (예를 들어, 군사기지나 다른 유용한 군사적 자산을 확보함으로써) 대응하기 위해 또는 다른 초강대국이 영향력을 확대하는 것을 막기 위해 동맹을 구해 왔다. 한편, 지역 국가들은 심각한 경쟁이나 적극적인 군사적 충돌을 벌이고 있을 때, 주로 초강대국 중 하나로부터, 가끔은 다른 지역 행위자 중 하나로부터

외부 원조를 확보하고자 했다.[3]

균형의 다른 형태는 아랍 내부 관계에서 발생했다. 아랍 세계에서 가장 중요한 힘의 근원은 다른 아랍국가 엘리트들의 인식에서 자신의 이미지와 라이벌 국가의 이미지를 조작할 수 있는 능력이다. 즉, 정권들이 일반적으로 인정된 아랍의 목표에 충실한 것으로 보인다면 그들은 힘과 합법성을 얻는 반면, 만약 그들이 아랍의 컨센서스를 벗어나 있는 것처럼 보인다면 이러한 자산들을 잃었다. 결과적으로, 라이벌에 맞서는 효과적인 수단은 스스로를 아랍 연대의 규범을 주도하는 (또는 적어도 순응하는) 국가로 내세우기 위해 가능한 한 많은 동맹을 끌어들이는 것이었다. 실제로 아랍 국가들은 군사력을 합해서가 아니라 투표권을 합해서 서로 균형을 이루어왔다. 따라서 군사적으로는 그렇게 중요해 보이지 않는 동맹이 정치적으로는 큰 효과를 보이기도 했다.

그래서 우리는 크게 두 가지 유형의 균형을 다룰 것이다. 하나는 특정한 군사적 목적을 위한 군사적 수단에 의한 균형이고, 다른 하나는 상대방의 이미지와 정당성을 겨냥한 정치적 수단에 의한 균형이다. 하지만 이 두 가지 유형의 공통점도 있는데, 외부 위협에 대응하기 위해 다른 국가의 지원을 얻고자 한다는 것이다.

3장과 4장에서는 표본에 있는 국가들 사이의 36개의 국제적 동맹을 확인했다. (완전한 리스트는 부록1을 참고) 각각의 동맹은 2개국 또는 그 이상 국가들의 결정을 필요로 했다. 따라서 36개의 동맹은 86개의 개별 동맹 선택의 결과라 할 수 있다. 〈표 8〉에서 보듯이, 이러한 결정 중 최소 93%(86개 중에 80개)가 적어도 부분적으로는 외부 위협에 대한 반응으로 이루어졌고, 이들 중 87.5%(80개 중에 70개)는 가장 위험해 보이는 국가를 겨냥했다. 이와는 대조적으로, 본연구에서 조사된 국가들은 최대 12.5%(80개 중에 10개)가 주요한 위험의 원천에 편승하는 선택을 했다. 이 연구에서 분석된 압도적인 다수 동맹들의 가장 흔한 원인은 외부적 위협이었을 뿐만 아니라, 이러한 위협은 항상 위험에 처한 국가들이 그러한 위험의 원천에 대항하기 위해 동맹을 구하도록 이끌었다.

동맹의 중요성을 고려했을 때, 이러한 결과는 훨씬 더 놀랍다. 몇몇 동맹들

〈표 8〉 외부 위협에 대응해 형성된 동맹

동맹	지속기간	주요 위협	균형 또는 편승?		공약의 수준[a]
바그다드 협약[b]	1955-1958	소련/이집트	3	0	중간
아랍연대 협약[c]	1955-1956	이라크/이집트	4(2)	1(3)	중간/낮음
소련-이집트	1955-1974	미국/영국/이스라엘	2	0	높음
소련-시리아(1)	1955-1958	바그다드 협약/이스라엘	2	0	중간
소련-예멘아랍공화국(1)	1955-1962	영국	2	0	낮음
수에즈 전쟁 동맹[d]	1956	이집트	3	0	높음
왕정 동맹[e]	1957-1958	이집트	3	0	중간/낮음
미국-사우디아라비아	1957-현재	이집트/소련	2	0	높음
미국-레바논	1957-1958	이집트/소련	2	0	높음
미국-요르단	1957-현재	이집트/소련	2	0	높음
이라크-요르단	1958	이집트/시리아	2	0	중간
이집트-사우디아라비아	1958-1961	이라크/이집트	1	1	낮음
소련-이라크(1)	1958-1960	미국/영국/이집트	2	0	중간
쿠웨이트 개입[f]	1961	이라크	3	0	중간
미국-이스라엘	1962-현재	이집트/소련	2	0	높음
이집트-예멘아랍공화국	1962-1967	왕정주의자/사우디아라비아	2	0	높음
사우디아라비아-요르단	1962-1964	이집트	2	0	중간/높음
삼국연합[g]	1963	이집트	0	1	낮음
시리아-이라크	1963	이집트	2	0	높음
카이로 정상회의[h]	1964-1965	시리아/이집트	1	2	낮음/중간
소련-예멘아랍공화국(2)	1964-1969	미국/왕정주의자	2	0	높음
소련-시리아(2)	1966-현재	미국/이스라엘	2	0	높음

동맹	지속기간	주요 위협	균형 또는 편승?		공약의 수준a
6일 전쟁 연합i	1967	이스라엘/이집트	2	1	높음
이집트-요르단	1967	이스라엘/팔레스타인해방기구	2	0	중간
소련-남예멘	1968-현재	미국/사우디아라비아	2	0	높음
동부사령부j	1969-1970	이스라엘	3	0	낮음
이스라엘-요르단	1970	시리아/팔레스타인해방기구	2	0	낮음
10월 전쟁 동맹k	1971-1973	이스라엘	3	1	높음
소련-이라크(2)	1971-1978	미국/이란	2	0	높음
이집트-미국	1975-현재	소련/미국	1	1	높음
시리아-요르단	1975-1979	미국/이라크	2	0	중간
아랍강경전선l	1978-1981	이스라엘/이집트	2	0	중간
사우디아라비아-요르단-이라크	1979-현재	이란/시리아	3	0	높음
총 동맹 수: 33		전체 의사결정 수	70(68)	8(10)	

a: '높음'은 광범위한 안보 협력 및 적극적인 군사개입을 의미한다.
'중간'은 외교적 협력 및 군사개입의 가능성이 있는 경우를 의미한다.
'낮음'은 상징적 기여만 있는 것을 의미한다.
b: 바그다드 협약은 미국, 영국, 이라크만 고려했다. 전체 가입국은 이라크, 터키, 영국, 이란, 파키스탄. 미국의 경우 공식적인 가입 국가는 아니지만, 여러 국가들과의 동맹을 통해 협약을 지원했다.
c: 아랍연대 협약은 이집트, 시리아, 예멘, 사우디아라비아, 요르단 간의 협약이었다. 사우디아라비아와 예멘은 이라크와 영국에 대항하기 위해 동맹에 참여했고, 다른 국가들은 이집트에 대한 유화정책 차원에서 참여했다.
d: 수에즈 전쟁 동맹은 영국, 프랑스, 이스라엘 간의 동맹이다.
e: 왕정 동맹은 이라크, 사우디아라비아, 요르단 간의 동맹이다.
f: 쿠웨이트 개입 당시 요르단, 사우디아라비아, 요르단 간의 동맹이 있었다.
g: 삼국연합은 이집트, 시리아, 이라크의 동맹이다. 이집트가 균형을 위해 동맹에 가입했다.
h: 카이로 정상회의는 이집트, 사우디아라비아, 요르단이 상호 관계 개선을 통해 시리아를 고립시키기 위해 형성되었다. 사우디아라비아와 요르단은 이집트에 대한 유화적 목적도 가지고 있었다.
i: 6일 전쟁 동맹은 이집트, 시리아, 요르단 간의 연대를 보여주었다.
j: 동부사령부는 이라크, 요르단, 시리아의 동맹이다. 아주 낮은 수준의 동맹이었다.
k: 10월 전쟁 동맹은 이집트, 사우디아라비아, 시리아 간의 동맹이다. 이때 요르단은 이스라엘에 편승했다.
l: 아랍강경전선에서는 시리아와 남예멘만 고려했다. 리비아, 알제리, 이란도 가입국이다.

은 다른 동맹보다 훨씬 더 광범위한 공약을 포함한다. 물론 우리는 가장 크게 지원을 주고받는 동맹에 가장 관심이 많다. 〈표 8〉은 각각의 동맹을 공약의 수준과 기간에 따라 분류하고 있다. 우리는 공약의 수준을 3단계로 구분할 수 있다. 가장 높은 수준의 경우, 동맹국들은 그들의 공약을 이행하기 위해 유형적 자산(영토, 경제력, 인력 등)을 희생시켰다. 중간 수준의 경우, 동맹국들은 유형적 손실을 무릅쓰거나 그들의 파트너를 지원하기 위해 중요한 외교적 희생을 했다. 다시 말해, 이러한 동맹들에는 중요하지만 대체로 무형적인 비용이 수반되었다. 가장 낮은 수준은 대체로 상징적인 동맹을 말하는데, 구성국들은 어떤 중요한 군사적 또는 외교적 희생을 하지 않는 것으로 드러났다.

이러한 다소 자의적인 판단은 물론 동맹의 지속 기간도 고려한다. 수년 동안 지속되는 동맹은 반복되는 이익의 계산을 반영하고 구성국들이 그들의 선택을 어떻게 평가해왔는지에 대한 더 명확한 지표를 제공한다. 따라서 다른 것들이 동일하다면, 지속기간이 짧은 동맹은 그 중요성이 상대적으로 적은 것으로 추정된다.

매우 낮은 수준의 공약을 수반하거나 지속기간이 매우 짧은 동맹들이 제외된다면, 우리는 균형 행동이 더 지배적인 현상인 것을 알 수 있다. 실제로 3년 이상 지속되고 높은 수준의 공약을 수반하는 모든 동맹들은 모두 위협적인 국가에 대한 균형을 이루기 위한 것이었다. 이와는 대조적으로 편승이라고 할 수 있는 동맹 10개 중 7개는 1년 이내에 와해되었고, 1개(1967년 요르단)만이 높은 수준의 공약을 수반했다. 다시 말해, 편승하려는 결정은 상대적으로 낮은 수준의 공약과 짧은 지속기간을 보여준다. 실제로 일부 사람들은 이것을 동맹이라고 하지 않을 수도 있다. 단지 특별한 상황에 대처하기 위한 임시적인 반응이라는 것이다. 대부분의 편승 동맹의 제한된 범위는 국제정치에서 편승 동맹이 중요하지 않은 역할을 한다는 결론을 강화한다.

이러한 결과는 특히 편승을 하는 국가들이 상대적으로 약소국이거나 신생 국가라는 점을 고려할 때 더욱 눈에 띈다. 중동 국가들은 (유럽의 국가 체계와는 대조적으로) 세력균형술의 전통을 결여하고 있다는 사실에도 불구하고 위협에 대해 균형을 이루기 위해 동맹을 구하는 것의 이점은 중동의 다양한 행위자들에게 너무도 분명했다.

3장과 4장에서 이미 언급한 것처럼, (누리 알 세이드 지도 하의 이라크나 나세르 지도 하의 이집트와 같은) 야심을 가진 지역 국가의 부상은 일관되게 다른 지역 행위자들이 그러한 시도에 저항하기 위해 서로서로 또는 초강대국 중 하나와 힘을 합치도록 만들었다. 다시 말해, 중동 지역에서 동맹 형성의 역사는 국가들이 외부 위협에 대해 균형을 이루기 위해 동맹을 형성한다는 일반적인 명제를 지지하는 강력한 증거를 제시하고 편승 가설의 타당성에 심각한 의문을 던진다.

국력과 근접성의 영향

위협의 다른 요인들을 고려하는 것도 매우 중요하다. 초강대국들은 주로 국력에 대해서만 균형을 이루는(즉, 다른 초강대국을 봉쇄하는 동맹을 형성하는) 경향이 있는 반면, 중동 국가들은 다른 지역 국가의 위협에 대해 균형을 이루는 경향이 있다. 따라서 본 연구에서 조사한 동맹 사례들은 어떤 위협이 국가들로 하여금 동맹을 추구하도록 만드는지 판단하는 데 있어 지리적 근접성이 매우 중요한 요소임을 보여주고 있다. 초강대국과 중동 국가들의 동맹정책의 간략한 비교는 이러한 명제를 입증해줄 것이다.

초강대국에 의한 균형 행동

만약 균형 가설이 옳다면, 우리는 두 초강대국으로부터 어떤 행동을 기대할 수 있는가? 다른 국가들과 마찬가지로 두 초강대국도 중대한 위협에 대응하기 위해 동맹을 구해야 한다. 다른 초강대국으로부터의 위협이 가장 우려스러울 것이다. 따라서 다른 초강대국에 비해 자신의 입지가 악화되었을 때, 각 초강대국들은 더 적극적으로 균형을 이루려고 (즉, 추가적인 동맹을 구하거나 기존 동맹국을 더 열심히 지지하면서) 노력할 것이다. 또한 두 초강대국 간의 협력은 거의 없을 것이다. 그러나 만약 이러한 가설이 틀리다면, 두 초강대국 간에 은밀한 협력이 있을 것이고 상대방이 이득을 얻는 것에 대해 무관심할 것이다. 좌절은 실패한 초강대국이 자신의 입지 회복을 위해 새롭게 노력하도록 자극하기보다는 그 지역을 포기하게 만들 것이다.

중동에서 초강대국 동맹의 역사는 초강대국들이 주로 서로에 대해 균형을 이루기 위해 행동한다는 명제를 지지한다. 〈표 9〉에서 볼 수 있듯이, 이 책에서 조사한 두 초강대국의 공약들 거의 대부분은 주로 경쟁 초강대국에 대응하기 위해서 형성되었다. 더욱이 남은 사례들은 다른 초강대국의 지역적 입지 약화라는 일반적 목표와 완전히 일치한다. 따라서 바그다드 협약을 통해 소련을 봉쇄하려는 서방의 노력은 소련이 이집트 및 시리아와 더 밀접한 관계를 추구하도록 만들었다.[4] 이러한 정책이 성과를 내자, 미국은 아이젠하워 독트린을 발표했고, (소련의 위성국으로 널리 인식된) 시리아에 대한 공개와 비공개 압박을 시작했으며, 나세르에 맞서는 왕정 동맹의 형성을 독려했다. 그리고 요르단과 사우디아라비아, 레바논에 대한 경제 및 군사 원조를 제공했다. 아이젠하워 대통령은 "우리가 군사적 원조를 하는 것은 공산주의를 반대하는 공동의 목적을 위해서다"라고 주장했다.[5] 소련도 이집트, 예멘, 시리아, 그리고 이라크 혁명 정권을 지원했는데, 이는 주로 그 지역에서 서방의 영향력에 도전하기 위한 것이었다.[6]

1960년대 미국은 이집트와 시리아가 소련으로부터 이탈하도록 유도하기 위해 경제 원조 및 호의적 외교, 예멘 공화주의 정권의 인정 등을 통해 이집트 및 시리아와의 화해를 추구했다.[7] 소련의 위협은 또한 미국이 기존 동맹국인 요르단과 이스라엘, 사우디아라비아에 지원을 제공하도록 자극했다.[8] 한편 소련은 이에 대응하여 이집트, 공화국 예멘, 시리아에 대한 군사 및 경제 지원을 증가시켰고, 알제리, 시리아, 이집트, 이라크가 "제국주의"에 대항하는 이른바 "진보 세력의 통일전선"을 형성하도록 독려했다.[9]

6일 전쟁 동안, 두 초강대국은 자신들의 피후원국들에게 외교적 지원을 제공하고 자신들의 관심과 결의를 전달하기 위해 대규모의 군사적 전개를 실시

〈표 9〉 중동 지역에서의 초강대국 동맹

동맹	지속기간	초강대국의 동기	피후원국의 동기
바그다드 협약	1955–1958	소련 봉쇄	소련/이집트와의 균형
소련–이집트	1955–1974	미국/영국과의 균형	이스라엘/이라크와의 균형
소련–시리아(1)	1955–1958	미국/영국과의 균형	이스라엘/이라크와의 균형
소련–예멘아랍공화국(1)	1955–1962	영국과의 균형	영국과의 균형(아덴)
미국–사우디아라비아	1957–현재	소련과의 균형	이집트와의 균형
미국–레바논	1957	소련과의 균형	이집트와의 균형
미국–요르단	1957–현재	소련과의 균형	이집트와의 균형
소련–이라크(1)	1958–1959	바그다드 협약 약화, 이라크 공산당 지원	이집트와의 균형
미국–이스라엘	1962–현재	소련과의 균형	아랍 국가들과의 균형
소련–예멘아랍공화국(2)	1964–1969	이집트 지원	왕정주의자 격퇴
소련–시리아(2)	1966–현재	미국과의 균형	이스라엘과의 균형
소련–남예멘	1968–현재	반제국주의	사우디아라비아와의 균형
소련–이라크(2)	1971–1978	미국/이란과의 균형	이란과의 균형
미국–이집트	1975–현재	소련과의 균형	평화, 경제적 지원 획득

했다.[10] 6일 전쟁 이후, 소련은 전략적 이득(예를 들어, 기지 사용권)을 누리면서 기존의 투자를 보존하기 위해 아랍 동맹국들에게 유례없는 수준의 지원을 시행했다.[11] 이에 대응하여 미국은 키신저가 인정했듯이, "러시아인들을 축출"하고자 했다. 이를 위해 미국은 1970년 위기에서 요르단에 대한 지원을 아끼지 않았고, 이스라엘과의 군사적 관계를 증진시켰으며, 1973년 10월 전쟁 동안에는 이스라엘에 외교적, 군사적 지원을 제공했다. 키신저는 전쟁 이후 이집트인들에게 다음과 같이 말했다. "여러분 자신을 속이지 마세요. 미국은 오늘도

그리고 내일도 소련군이 미국군을 상대로 승리하도록 놔두지 않을 것입니다. 이것은 이스라엘이나 이집트와는 관련이 없습니다."[12] 여기서 가장 중요한 것은 키신저가 미소 데탕트와 단계적인 외교에 내재한 기회를 활용해 이집트가 소련의 후원을 포기하도록 독려했다는 점이다. 이는 가장 중요한 중동 동맹국을 소련에게서 앗아가는 조치였다.[13]

이러한 외교적 패배 이후, 소련은 새로운 지역 동맹국(예를 들면, 리비아)을 얻기 위해 나섰고, 그들의 기존 동맹국(시리아, 이라크, 남예멘)에 대한 공약을 강화했다.[14] 비록 카터 행정부는 초기에 포괄적인 평화 합의를 도출하기 위해 소련과의 협력을 추진했지만, 사다트의 이스라엘 방문 이후 이러한 접근은 즉각 포기되었으며, 이는 양극 경쟁의 동기가 얼마나 끈질긴지를 보여줬다. 소련과의 협력이냐 아니면 미국 후원하의 단독 평화 협상이냐의 선택에 직면하게 되자, 카터 행정부는 소련을 전적으로 배제하는 노선을 선택했다. 이와 동시에 남예멘과 아프리카의 뿔(Horn of Africa) 지역에서의 소련 활동의 증가는 미국이 사우디아라비아와 북예멘에 추가적인 지원을 제공하도록 이끌었다.[15] 이와 같이 카터 행정부도 결국에는 이전 정부들과 마찬가지로, 소련 영향력에 대한 반대를 자신의 중동 정책의 핵심 원칙으로 삼았다.

두 초강대국이 상대와 균형을 이루기 위해 동맹국을 간절히 구했기 때문에 몇 가지 현상이 나타났다. 첫째, 두 초강대국은 상대방에게 손해를 입히면서 동맹국을 얻으려고 했기 때문에, 힘이 약한 지역 국가들은 그들의 경쟁을 부추김으로써 이익을 얻었다. 예를 들어, 이집트는 1954년부터 1965년 동안 미국과 소련 두 나라에게 무려 10억 달러 이상의 경제적 지원을 받았는데, 이는 전세계에서 두 초강대국에게 지원받은 국가들 중 3위에 해당했다.[16] 또한 지역 국가들은 동맹을 재조정하겠다는 위협을 통해 추가적 지원을 꺼리는 초강대국들을 설득했는데, 이러한 방법은 이집트와 요르단이 종종 사용했다.[17] 심지어 시리아의 바트 정부는 단계적 외교의 시기에 소련의 주요 지역 피후원국으로 남아 있으면서 동시에 미국에게 상당한 지원을 받기도 했다. 두 초강대국이 서로를 견제할 준비가 되어 있었기 때문에, 지역 국가들은 동맹을 바꾸겠다고 위협함으로써 충분한 보상을 받아낼 수 있었다.

둘째, 중동 외교에서 초강대국 간 실질적 협력의 부재(심각한 위기 상황을 제외하고)는 주로 상대방의 가능한 이득을 제한하기 위해 행동하는 두 초강대국의 경향을 보여준다. 예를 들어, 1950년대 중동을 중립화하려는 소련의 제안은 서방에 의해 받아들여지지 않았고, 아랍-이스라엘의 갈등에 대한 실질적인 해결책을 협상하려는 초강대국들의 간헐적인 노력(예를 들어, 6일 전쟁 이후의 2개국, 4개국 회담, 실패한 제네바 회담 1973-1974)도 두 초강대국이 현실적인 해결책에 도달하는 것보다는 그들의 기존 공약을 유지하는 것을 더 중시했기 때문에 좌초되고 말았다.[18]

이러한 요약은 한 가지 중요한 점을 드러낸다. 중동에서 두 초강대국은 크게 두 가지 형태로 상대에게 대응했는데, 둘 다 균형 가설의 예측과 일치한다. 한 가지 형태는 다른 초강대국의 지역 피후원국을 직접적으로, 또는 다른 지역 국가를 지원하는 식으로 반대함으로써 그 초강대국에 대항하는 것이었다. 여러 차례의 아랍-이스라엘 전쟁 동안 미국과 소련의 피후원국에 대한 지원은 이러한 양상을 보여준다. 두 번째 형태는 미국이 몇 차례 이집트와 시리아에 대해 그랬듯이, 상대방의 피후원국이 동맹을 전환하도록(더 많은 지원을 제공하거나 그들의 정권을 전복시킴으로써) 유도하는 것이었다. 비록 이 두 가지 형태는 서로 많이 달랐지만, 둘 다 상대방의 동맹국을 봉쇄하거나 자기 편으로 끌어들임으로써 주요 경쟁국에 대응한다는 더 큰 목표를 위한 것이었다.

미국과 소련이 주로 서로에게 대응하기 위해 지역 국가들과 동맹을 맺었다는 사실은 그리 놀랍지 않다. 케네스 왈츠와 같은 많은 학자들이 주장했듯이, 양극 세계에서 지배적인 국가들은 대부분의 관심을 다른 초강대국에 집중하는 경향이 있는데, 그들이 서로에게 가장 큰 잠재적 위험이기 때문이다.[19] 그러나 중동 지역 국가들은 다른 우려에 의해 동기부여가 되었다.

지역 국가들의 균형 행동

2장에서 논의했듯이, 지역 국가들은 지리적 근접성 때문에 지역 내 다른 국가들로부터의 위협에 매우 민감하게 반응한다. 만약 이러한 주장이 맞다면, 지역 국가들이 형성한 동맹의 대부분은 어느 한 초강대국에 대해 균형을 이루려는 것이 아니라 다른 지역 행위자로부터의 위협에 대응하기 위한 것이 된다. 반면 이러한 주장이 맞지 않다면, 반대되는 결과가 나타나야 한다. 즉, 가장 강력해 보이는 초강대국에 맞서 중동 국가들이 방어 동맹을 형성해야 한다. 증거들은 첫 번째 관점을 지지한다. 즉, 전 세계적인 세력균형에 대한 우려는 본 연구에서 조사한 지역 국가들의 동맹 선택에는 거의 또는 아무런 역할을 하지 않았다. 〈표 10〉에서 볼 수 있듯이, 지역 국가들이 (또 다른 지역 국가나 초강대국 중 하나와) 동맹을 맺기로 선택할 때, 그것은 거의 항상 다른 지역 국가들로부터의 위협에 대응하기 위한 것이었다.

요컨대, 중동 지역 국가들은 총국력보다는 근접한 국가로부터의 위협에 훨씬 더 민감했다. 즉, 근접한 국가로부터의 위협이 국제 체제에서 가장 강력한 국가로부터의 위협보다 더 큰 관심사였다. 그리고 이러한 위협은 거의 항상 편승 행동보다는 균형 행동을 야기한다.

몇몇 사례들이 이러한 경향을 잘 보여준다. 아랍과 이스라엘의 분쟁이 가장 명백한 사례다. 이 분쟁은 동일한 영토에 대한 대립되는 주장에서 비롯되었기 때문이다. 결과적으로, 이스라엘과 그 아랍 적국들은 모두 자신의 입지를 강화하기 위해 강대국의 지원을 구하거나 지역 연합을 형성했다.[20] 이와 마찬가지로, 이라크가 바그다드 협약에 합류하자 시리아와 사우디아라비아는 이집트와 동맹을 맺었다. 하지만 그 이후 나세르의 위신이 강화되면서 더 큰 위협으로 등장하자 이라크와 사우디아라비아, 요르단은 왕정 동맹을 형성하고 아이젠하워 독트린을 받아들였다. 또한 이집트의 예멘에 대한 개입은 요르단과 사우디아라비아 간의 대항 동맹을 촉발했다. 사우디아라비아의 경우, 미국과의 오래된 동맹은 이집트, 남예멘, 그리고 보다 최근에는 이디오피아와 이란과 같은 적대적인 이웃 국가들에 대한 보장을 제공해왔다. 1972년 이라크와 소련의 동맹, 1979년 사우디아라비아-이라크 동맹 모두 인접한 이란으로부터의 위협에 따른 결과였으며, 동일한 패턴에 부합한다.

《표 10》 지역 국가들의 위협에 대한 중동 지역 동맹

동맹	지속기간	지역 국가의 동기
이라크-바그다드 협약	1955-1958	소련/이집트와의 균형
아랍연대 협약	1955-1956	이라크 고립
이집트-소련	1955-1974	이스라엘/이라크/미국과의 균형
시리아-소련(1)	1955-1958	이스라엘/이라크/터키와의 균형
예멘아랍공화국-소련(1)	1955-1962	아덴과 관련하여 영국 압박
수에즈 전쟁 연합ª	1956	이집트 약화, 나세르 정권의 전복
왕정 동맹	1957-1958	이집트와의 균형
사우디아라비아-미국	1957-현재	이집트와의 균형, 다른 지역적 위협
레바논-미국	1957-1958	이집트/시리아와의 균형
요르단-미국	1957-현재	이집트와의 균형, 다른 지역적 위협
이라크-요르단	1957-1958	이집트와의 균형
이라크-소련(1)	1958-1959	영국 개입 방지, 이집트와의 균형
쿠웨이트 개입	1961	이라크의 쿠웨이트 병합 억제
이스라엘-미국	1962-현재	이집트/시리아와의 균형
이집트-예멘아랍공화국	1962-1967	보수 아랍세력 전복
사우디아라비아-요르단	1962-1964	이집트와의 균형
시리아-이라크	1963	이집트와의 균형
예멘아랍공화국-소련(2)	1964-1974	내전에서 왕정주의자 격퇴
카이로 정상회담	1964-1965	시리아 고립, 이스라엘과의 균형, 이집트 달래기
시리아-소련(2)	1966-현재	이스라엘/미국과의 균형
이집트-시리아	1966-1967	이스라엘과의 균형, 보수 아랍세력 압박
이집트-요르단	1967-1970	이스라엘과의 균형, 팔레스타인해방기구 통제
동부사령부	1969-1970	이스라엘과의 균형
남예멘-소련	1969-현재	사우디아라비아와의 균형, 미국 제국주의 반대
요르단-이스라엘	1970	요르단에 대한 시리아의 침공 격퇴
10월 전쟁 연합	1971-1973	이스라엘과의 균형
이라크-소련(2)	1971-1978	이란과의 균형, 쿠르드족 반란
시리아-요르단	1975-1978	단계적 외교 반대
아랍강경전선	1978-1982	이스라엘과의 균형, 이집트 고립
사우디아라비아-이라크-요르단	1979-현재	이란/시리아와의 균형

a: 프랑스와 이스라엘은 지역 국가로 간주될 수 있다. 이 시기에 알제리가 공식적으로는 프랑스의 일부였고, 알제리 반란 세력에 대한 나세르의 지지는 프랑스가 이집트에 대해 보인 적대감의 토대를 형성했기 때문이다.

이와 대조적으로 지역 국가들은 전 세계적 세력균형에는 상대적으로 큰 관심을 보이지 않았다. 이러한 무관심은 다음의 몇 가지 사실을 통해서 확인이 가능하다. 첫째, 만약 지역 국가들이 전 세계적 세력균형에 관심을 가졌다면 그들 대부분은 당시 우위에 있는 초강대국에 맞서 동맹을 맺었을 것이다. 하지만 이런 일은 벌어지지 않았다. 대신, 각각의 초강대국들은 대체로 비슷한 수의 지역 동맹국들을 끌어들였는데, 이들 피후원국들은 다른 지역 국가들을 상대하기 위해 초강대국들의 지원을 구하고 있었다.[21]

둘째, 전 세계적 세력균형이 중동 국가들의 계산에서 중요한 요인이었다면, 그러한 균형의 중대한 변화는 동맹의 재조정을 가져왔을 것이다. 하지만, 1950년대 이래 미국과 소련 간 군사적 균형의 상당한 변화는 지역 국가들의 동맹 정책을 뚜렷하게 변화시키지 못했다. 1950년대에 소련은 자신의 국경 밖에서 중요한 군사적 활동을 벌일 능력이 없었고, 몇몇 아랍 지도자들은 그 사실을 알고 실망했다.[22] 그러나 1970년대 중반에 소련은 수천 명의 병력과 고문단을 이집트와 시리아에 파견했고, 1967년 전쟁과 1973년 전쟁 모두에서 개입하겠다는 신뢰할 만한 위협을 가했으며, 아직은 열등하지라도 인상적인 해군을 보유했으며, 전략 핵무기에 있어 미국과 거의 대등한 수준에 도달했다.[23] 즉, 최소한 미국은 더 이상 20년 전에 누렸던 압도적 경쟁 우위를 갖지 못했다.

그러나 이러한 소련 능력의 중대한 증가는 소련이 기존 동맹국들에게 더 큰 지원을 제공할 수 있게는 했지만, 그것이 소련에게 새로운 동맹국이나 새로운 적을 가져다 주지는 않았다. 1955년과 1979년 사이에 14개의 동맹이 초강대국 중 하나와, 하나 또는 그 이상의 지역 국가들 간에 형성되었는데, 이 동맹들은 놀랍도록 안정적인 것으로 드러났다. 3개의 이탈(1958년 이라크, 1969~1970년 북예멘, 1975년 이집트)이 있었지만, 이러한 전환은 미국과 소련 간 세력균형의 변화와는 관계가 없었다.[24] 비록 소련이 미국을 상대로 자신의 능력을 꾸준히 증가시켜왔지만, 이러한 노력이 지역 국가들의 국제적 입장을 바꾸게 하지는 않았다. 요컨대, 초강대국 간 능력의 분배는 지역 국가들의 동맹 형성에 있어 중요한 요인이 아니다.

그렇다고 이것이 중동 국가들이 어느 초강대국으로부터도 위협을 느끼지 않았다는 것은 아니다. 하지만 그들의 위협 인식은 주로 미국 또는 소련이 특정 지역 국가를 지원하는 행동을 했을 때 발생했다. 예를 들어, 1955년 이집트가 소련의 군사적 지원을 요청하게 만든 것은 미국, 영국, 프랑스 등의 능력 자체가 아니라 서방의 이라크와 이스라엘 지원이었다. 이와 유사하게, 1960년대 이스라엘은 미국의 군사 원조를 환영했는데, 이는 소련 군사력의 직접 사용을 두려워했기 때문이 아니라 소련 무기의 지원이 이스라엘 주변 아랍 국가들의 능력을 증가시키고 있었기 때문이었다.

더욱이 중동 국가들이 초강대국 중 하나의 위협에 맞서 동맹을 추구할 때조차 그들의 목표는 미국과 소련 간 능력 분배의 불균형을 바로잡는 것이 아니었다. 다시 말해, 지역 국가들이 때때로 초강대국 중 하나가 (혼자서 또는 다른 지역 행위자를 지원함으로써) 자신들이 두려워하는 뭔가를 할지도 모른다는 사실으로 인해 위협을 느꼈을지라도, 나는 전 세계적 세력균형 상황에 대한 우려가 지역 국가들의 동맹 결정에 어떤 영향을 미친다는 증거를 발견하지는 못했다.

왜 서로 다른 국가들은 서로 다른 위협에 반응하는가

지금까지의 분석은 다음과 같이 요약될 수 있다. 균형 행동이 편승 행동보다 더 일반적이다. 그러나 국가들은 단순히 힘(즉, 세계에서 가장 강력한 국가나 연합)에 대해 균형을 이루려는 것이 아니다. 비록 초강대국은 다른 초강대국에 대해 균형을 이루기 위해 동맹을 구하지만, 중동과 같은 특정 지역 내에 있는 더 적은 국력을 지닌 국가들은 주로 근접해 있는 국가에 대해 균형을 이루기 위해 동맹을 구한다.

이러한 점은 아주 명확하고, 몇몇 다른 저자들도 강조해온 사실이지만, 좀 더 탐구해 볼 가치가 있다.[25] 초강대국들과 지역 국가들의 상이한 관점은 왜 다른 초강대국을 상대로 한 성전(crusade)에 지역 동맹국들을 동참하려는 초강대국들의 노력이 끈질긴 지역 갈등에 의해 방해받아 왔는지를 설명한다.[26] 이러한 증거는 또한 미국과 소련 간 세력균형의 변화가 지역 국가들이 그들의 행동을 의미 있게 바꾸도록 이끌 것이라는 일반적 주장을 반박한다. 전후 중동 지역에서의 동맹 형성 기록은 전 세계적 세력균형의 변화가 미국과 소련에게는 아무리 중요하게 보일지라도 다른 국가들에게는 그렇게 중요하지 않았다는 것을 보여준다.[27]

그렇다면 무엇이 초강대국과 다양한 지역 국가들의 상이한 반응을 설명할까? 세 가지 설명이 있을 수 있다. 첫째, 지역 국가들은 전 세계적 균형에 전혀 관심이 없다. 왜냐하면 그들은 어느 쪽 초강대국보다도 국력이 너무 약하고, 따라서 전 세계적 균형을 변화시키는 데 도움이 되기 때문이다.[28] 집합재(collective goods) 이론의 예측에 의하면, 자신의 행동으로 결과에 영향을 줄 수 없는 사람은 그 행동을 하려는 동기가 없다고 한다. 따라서 지역 국가들은 소련과 미국 사이의 힘의 분배 변화에 반응해 동맹을 맺는 것이 아니라 자신의 정치적 목표를 가장 지지해주려는 초강대국과 동맹을 맺게 된다는 것이다. 즉, 지역 국가 입장에서 중요한 것은 "어느 초강대국이 더 강한가?"가 아니라 "어느 쪽이 가장 기꺼이 도와주려고 하는가?"이다.

둘째, 중동 지역 국가들은 어느 초강대국도 자신들의 직접적이고 임박한 위협이라고 간주할 가능성이 없다. 지리적으로 근접한 국가들은 빈번한 이익의 충돌을 겪을 가능성이 높고, 거리가 멀수록 다른 국가에 해를 끼칠 수 있는 능력이 줄어들기 때문에, 어느 초강대국들의 우월한 능력도 단지 그들이 멀리 떨어져 있다는 이유로 덜 위협적으로 보일 수 있다.

1950년대 이집트와 이라크의 소련에 대한 인식 차이는 이러한 경향을 잘 보여준다. 당시 이라크의 수상이었던 누리 알 사이드는 "이라크는 소련과 매우 근접해 있다. 단지 300~400마일 떨어져 있을 뿐이다"[29]라고 말하면서 바그다드 협약 가입을 정당화했다. 이와 반대로 이집트의 나세르 대통령은 "소련은 우리와 1,000마일 이상 떨어져 있고 우리는 그들과 어떤 문제가 발생한 적이 없었다"고 지적하면서 소련의 위협을 낮게 평가했다.[30]

마지막으로, 초강대국들은 상대방의 세력 확장을 반대할 것이기 때문에 지역 국가들이 어느 쪽에 대해서든 경계할 필요가 없을 수 있다. 따라서 나세르는 다음과 같이 주장하기도 했다. "이집트의 가장 큰 힘은 미국과 소련의 경쟁적 이해관계에 있다. … 초강대국들은 상대로부터 이집트를 보호하게 될 것이다."[31] 또한 비록 적지만 불길한 핵 위기 가능성은 초강대국 개입의 위험성을 증가시키기 때문에 지역 국가들은 어떤 초강대국도 직접적인 침략의 위험을 무릅쓰지 않을 것이라고 믿을 수 있다. 따라서 나세르는 소련에 맞서는 동맹에 대한 서방의 요청을 거절하면서, 덜레스에게 "중동 지역 밖으로부터의 침략은 없을 것입니다. 왜냐하면 핵무기가 모든 전쟁술을 변화시켰기 때문입니다. 어떤 외세의 침략도 가능성이 희박합니다"라고 말했다.[32]

이러한 이유들로 인해, 지역 국가가 한 초강대국이 너무 강력해지고 있다는 두려움 때문에 동맹을 구할 가능성은 낮다. 그러나 지역 국가들 간 관계에서는 정반대 상황이 벌어진다. 즉, 지역 국가들은 자신의 이웃 국가들이 더 위험하고 자신의 대응이 영향을 미칠 수 있기 때문에 서로를 상대로 동맹을 구한다.

무엇보다도 특정 지역 내에서 세력 불균형은 더 중요하고 더 자주 변하기 마련이다. 따라서 이스라엘의 정책결정자들은 1955년 소련과 이집트의 무기 거래를 지역 내 세력균형의 중대한 변화로 간주했다. 그러나 그들은 또한 프랑스가 상당한 양의 현대적 무기를 이스라엘에 공급했을 때 다시 균형이 돌아왔다고 판단했다. 벤구리온(Ben-Gurion)은 1963년의 삼국통합 협정(금방 붕괴했지만)에 깜짝 놀랐고, 이스라엘 지도자들은 1966년 11월 이집트와 시리아의 방위 조약과 1967년 5월 이집트와 힘을 합치기로 한 후세인의 결정을 6월 5일 신제공격 결정을 촉발할 만큼 충분히 불길한 전개로 보았다.[33]

지역 국가들은 지역적 위협에 더 민감하다. 왜냐하면 어떻게 그들이 동맹을 선택하느냐가 중요한 차이를 만들 수 있기 때문이다. 이러한 결정은 아랍 내 정치에서 특히 더 큰 영향을 미치는데, 이 지역에서는 경쟁 국가를 고립시키기 위해 동맹을 끌어모으는 것이 경쟁 국가의 합법성에 도전하는 효과적인 수단이 되어왔다. 예를 들어, 1955년에 이집트와 동맹을 맺기로 한 시리아의 결정은 이라크를 고립시켰고, 바그다드 협약을 효과적으로 무력화시켰다.[34] 하지만 동맹의 재조정은 하룻밤 사이에 흐름을 바꾸어 놓을 수 있었다. 왕정 동맹의 형성은 아랍 세계를 주도하려는 나세르의 첫 번째 시도를 저지했고, 이라크 혁명과 통일아랍공화국의 형성은 이집트의 지역 내 영향력을 다시 회복시켰다. 이와 유사하게, 비록 요르단은 중동 지역 내에서조차 강국이 아니지만 요르단의 전략적 위치와 작지만 효과적인 군사력은 모든 아랍-이스라엘 전쟁에서 요르단의 협력을 얻는 것의 중요성을 증가시켰다. 이에 나세르는 후세인이 1967년의 전쟁에 참전하도록 압박했고 1973년에는 미국과 이스라엘 모두 요르단이 전쟁에 관여하지 않게 하려고 노력했다.[35] 마찬가지로, 비록 사우디아라비아의 인상적인 재정적 자원이 전 세계적 세력균형을 바꾸기에는 너무도 작지만, 이집트의 소련제 무기 구입 자금을 대기로 한 사우디아라비아의 결정은 이집트가 10월 전쟁을 치를 수 있는 능력을 갖추게 했다.[36] 이러한 결정을 내린 어떤 국가들도 전 세계적 세력균형을 바꿀 수는 없지만 지역적 균형에 대한 각 국가의 영향은 강력할 수 있다.

더욱이 지역 국가들은 주변국들을 두려워할 충분한 이유가 있었다. 1948년부터 1979년 사이에 다섯 번의 아랍-이스라엘 전쟁이 발생했고, 이스라엘과 주변 아랍 국가들 간 저강도 충돌이 반복되어 왔으며, 예멘에 대한 이집트의 개입도 오래 계속되었고, 시리아, 요르단, 이라크 사이의 소규모 충돌도 종종 발생했다. 따라서 중동 국가들이 주로 지역적 위협에 대응하기 위해 동맹을 구하는 최종적 이유는 그들이 가장 임박한 위협은 어느 초강대국으로부터가 아니라 그들의 이웃 국가로부터 온다고 정확히 인식했다는 사실이다.

결론적으로, 균형이 위협에 대한 가장 일반적인 반응이더라도 각 국가들이 반응하는 위협의 유형은 상당히 다양하다고 할 수 있다. 초강대국들은 전반적인 능력에 있어 대체적으로 동등해 보이고, 지역 국가들은 전 세계적 세력균형에 거의 영향을 못 미친다. 그리고 다른 지역 국가가 훨씬 더 즉각적인 위험을 제기하기 때문에 지역 국가들은 근접한 세력으로부터의 위협에 대응하기 위해 동맹을 형성한다. 나세르가 1955년 미국의 한 기자에게 말했듯이, "우리는 미국인들과는 상당히 다른 시각으로 사물을 바라본다. 우리는 세계 전쟁, 러시아의 침략, 동서 대립 등을 걱정하는 데 시간을 할애하지 않는다. 우리는 단지 이집트의 안보에 관심이 있으며, 이집트의 안보는 오늘날 이스라엘로부터 이집트를 보호하는 것이다." 15년 후 사다트는 이집트와 소련의 이익 간 차이를 놀랍도록 유사한 관점에서 설명했다. "소련은 공약, 지위, 책임 등을 지닌 대국이다. 어쩌면 그들에게 중동 문제는 가장 중요한 문제가 아니다. 하지만 나에게 중동 문제는 가장 중요한 문제일 뿐만 아니라 잠이고, 삶이고, 음식이고, 걷는 시간이고, 물이다. 그것은 내 문제이고 점령당한 우리 영토의 문제이다."[37]

공격력과 균형 행동

한 국가의 공격 능력 증가는 다른 국가들이 균형을 이루도록 자극한다는 명제도 이 연구에 의해 지지를 받는다. 하지만 나는 이 주장을 조심스럽게 제기하는데, 여기에는 몇 가지 이유가 있다. 2장에서 이미 정의했듯이, 공격력은 다른 국가의 핵심이익이나 주권을 위협할 수 있는 능력이다. 하지만 이 능력은 상황과 대상에 따라 다양한 형태를 취할 수 있다.[38] 따라서 공격력은 정확하게 측정하기 매우 어렵고, 그에 대한 가설도 검증하기 매우 어렵다. 뿐만 아니라, 공격력은 다른 위협의 원천들(예를 들어, 총체적 국력, 지리적 근접성 등)과 매우 밀접하게 관련되어 있기 때문에, 독립적으로 공격력의 영향을 평가하기는 매우 어렵다. 이 문제를 해결하는 방법은 국가의 공격 능력은 변하지만 다른 요인들은 그대로인 상황을 검토하는 것이다.

이 장에서 제시하는 몇 가지 사례들은 한 국가의 공격력 증가는 다른 국가들이 더 적극적으로 균형을 이루도록 자극한다는 가설을 지지한다. 예를 들어, 1954년 수에즈에서의 영국의 철수(이는 이스라엘과 이집트 사이의 영국 군부대라는 완충장치를 제거했다)와 1955년 소련-이집트 무기 거래는 이스라엘을 위협할 수 있는 이집트의 능력을 증가시켰다. 또한 이 무기 거래는 이집트가 북부 아프리카의 반란 세력에게 군사 원조를 제공할 것이라는 프랑스의 우려를 고

조시켰다. 이스라엘과 프랑스의 중요한 이익을 위협할 수 있는 이집트의 증가된 능력은 두 나라가 밀접한 군사적 관계를 형성하도록 강하게 부추겼다.[39]

이집트와 나머지 아랍 세계의 관계는 다른 모습으로 동일한 영향을 보여준다. 수에즈 위기 이후 나세르의 위신이 높아졌을 때, 다른 아랍 국가들에서 대중적 지지를 동원할 수 있는 (그럼으로써 그들의 안정성을 약화시킬 수 있는) 그의 능력은 다른 아랍 국가들을 위협할 수 있는 강력한 능력을 이집트에 부여했다. 요르단의 경우 처음에는 이집트에 편승함으로써 나세르에 대한 유화적 태도를 취했으나, 이러한 정책이 실패로 돌아가자 이라크 및 미국과의 균형 동맹으로 전환했다.[40] 나세르의 반대세력들은 그들 자신의 지역적 동맹을 형성함으로써 나세르에 의해 대표되는 아랍 통일이라는 동일한 이상을 추구하고 있다고 (비록 설득력이 약하기는 했지만) 주장할 수 있었다.

6일 전쟁까지, 나세르가 이집트를 위해 자신의 개인적 위신을 이용할 수 있는 능력은 다른 아랍 국가들과 이집트의 관계를 오히려 어렵게 만들었다.[41] 하지만 그의 위신이 쇠퇴한 이후에는 아랍 국가들과의 협력이 실제로 증진되었다. 특히 1967년 6월 이스라엘의 놀랄 승리—누구나 상상할 수 있을 만큼 극적인 이집트 허약함의 입증—는 이집트와 나머지 아랍 국가들 관계의 즉각적인 개선을 가져왔다. 군대는 혼란스럽고 경제는 외국의 지원금에 의존하게 된 이집트는 이제 더 이상 누구에게도 위협이 되지 못했다. 당시 이집트의 총체적 국력은 패배로 인해 상당히 쇠퇴했고 공격 능력은 더 많이 감소했다. 나세르는 "나라를 지킬 수 있는 육군이나 공군이 없다면 어느 누구와의 관계에서도 리더십을 발휘할 수 없다는 것"을 깨달았다.[42] 더욱이 이스라엘이 아랍 국가들의 안보에 대한 지배적인 위협으로 부상한 것은 그들 사이의 협력에 대한 긍정적인 유인으로 작용했다.[43] 이집트와 요르단의 동맹, 하르툼(Khartoum) 결의, 예멘에서의 이집트 철수, 동부사령부를 조직하려는 나세르의 노력 등이 이러한 경향을 잘 보여준다.

1970년 나세르는 사망했고, 이는 아랍 국가 간 협력을 위한 큰 장애물이 제거되었다는 것을 의미했다. 그의 후임자인 사다트는 나세르에 비해 카리스마가 부족했고, 아이러니하게도 이러한 그의 성향은 오히려 아랍 동맹의 형성을 더 용이하게 했다. 이렇듯 이집트가 다른 아랍 국가들에게 협력의 대상으로 여겨질 수 있었던 까닭은 다른 국가들에 대한 공격력이 감소했기 때문이었다.

공격력의 영향은 다른 몇 가지 사례들에 의해 드러난다. 비록 소련과 이집트의 무기 거래가 이스라엘과 프랑스로 하여금 이집트를 상대로 군사 협력을 하도록 만들었지만, 이 무기 거래는 가자지구 이집트인 마을에 대한 이스라엘의 예상 밖 가혹한 공격의 결과이기도 했다. 별다른 피해 없이 이집트를 공격할 수 있는 이스라엘의 능력을 보여줌으로써, 그러한 공격은 나세르로 하여금 강대국 지원의 필요성을 깨닫게 했다.[44] 1960년대 이스라엘과 이집트 간에 일어난 군비경쟁은 유사한 우려의 산물이었으며, 1967년 이후 초강대국들이 각자의 지역 피후원국들에 제공한 광범위한 지원은, 공격 능력(즉, 최신 전투기와 기갑 장비)의 획득이 (익숙한 균형의 논리를 통해) 새로운 동맹국을 찾게 하거나 기존 동맹국으로부터 더 큰 지지를 추구하게 만든다는 사실을 시사한다.[45] 따라서 소모전은 미국 무기 획득을 위한 이스라엘의 새로운 노력을 촉발했고, 이스라엘의 공격 능력이 1970년 1월 카이로에 대한 깊숙한 침투 공격을 통해 새롭게 입증되었을 때, 나세르는 더 많은 소련의 원조를 간청하지 않을 수 없다. 소련은 이집트에 수천 명의 병력을 파견함으로써 그에 응답했다.

이 사례들은 특히 중요한데, 공격력 증가가 다른 국가들이 함께 동맹을 맺을 가능성을 높여준다는 것을 보여주기 때문이다. 비록 한 국가의 공격력이 위협의 다른 원천들과 밀접하게 관련되어 있을지라도, 그것은 여전히 다른 국가들이 방어적 동맹을 형성하게 하는 중요한 유인으로 남아 있다.

공격 의도와 균형 행동

공격 의도가 균형 행동을 유발한다는 가설이 옳다면, 다른 국가들을 타도하거나 지배하려 한다고 인식되는 국가들은 광범위한 반대를 야기하게 된다. 의도에 대한 인식이 바뀌면, 균형 행동의 방향이나 강도 역시 바뀔 것이다. 하지만 그 가설이 틀리다면, 공격적이라고 여겨지는 국가의 존재는 별 다른 영향을 미치지 않거나 다른 국가들이 그 국가를 더 강하게, 하지만 마지못해 지지하도록 만들 것이다.

다시 한번, 본 연구에서 조사한 동맹들은 전자의 관점을 지지한다. 물론 이러한 결론은 주의해서 바라봐야 하지만, 초강대국의 공약들과 순전히 지역적인 동맹들 모두는 특별히 적대적으로 보이는 국가는 대체로 다른 국가들로 하여금 그 국가에 맞서 균형을 이루도록 자극한다는 사실을 확인시켜 준다.

지역 국가들과 초강대국의 동맹

본 연구에서 검토하는 초강대국과 지역 국가들 간 거의 모든 동맹에서 지역 국가들은 한 초강대국을 호의적인 성향으로, 다른 초강대국을 적대적인 성향으로 인식하고 있었다. 소련이 중동에서 제국주의 세력이었던 적이 없었다는 사실, 많은 아랍 국가들에서 인기 있는 혁명적 이상에 대한 소련의 지지, 그리고 소련의 광범위한 물질적 지원 의지 등은 1955년 이집트와 시리아를 시작으로 진보적인 아랍 정권들이 소련과 동맹을 맺도록 이끌었다. 이와 대조적으로 사우디아라비아와 요르단의 보수적인 왕정에 대한 미국의 지원은, 소련 공산주의에 대한 사우디와 요르단의 혐오와 결합되어 정확히 반대의 결과를 낳았다.[46] 이스라엘의 미국에 대한 선호는 부분적으로 두 나라의 독특한 문화적 연계성에 바탕을 두고 있지만, 이스라엘에 대한 소련의 적대감이 커지는 상황은 의심할 바 없이 미국과의 동맹에 대한 이스라엘의 선호를 강화시켰다.[47]

다시 한번, 이집트의 미국 및 소련과의 관계는 의도의 영향을 잘 보여준다. 1950년대 미국이 이집트에 대한 현대적 무기 지원에 소극적이었던 점, 아스완 (Aswan) 댐 건설 지원의 취소, 미국의 바그다드 협약과 (아이젠하워 독트린을 통한) 반 나세르 아랍 국가들에 대한 지지 등은 나세르가 미국을 깊이 의심하게 만들었다. 이와 대조적으로 소련의 정치적, 경제적 지원은 훨씬 더 호의적인 의향을 전달했다. 이러한 상황은 1959년 소련과 이집트가 이념적 대립을 보이면서 변화하기 시작했다. 이때 미국은 이집트와의 관계 개선에 나섰고, 이는 나세르의 예멘 개입을 놓고 미국과 이집트의 이해관계가 갈라지는 1962년까지 주목할 만한 해빙기를 만들어냈다. 하지만 미국이 식량 지원을 축소하고 이집트의 다양한 지역 적대 국가에 대한 무기 공급을 증가시킨 후에 나세르는 이집트가 은밀한 제국주의 음모의 대상이 되었다고 보기 시작했다. 실제로 나세르는 자신이 미국 CIA의 잠재적 표적이라고 여겼고, 몇몇 다른 민족주의 지도자들의 축출을 CIA 탓으로 돌렸다.[48] 특히 6일 전쟁 이후 나세르는 비록 점령된 지역을 되찾기 위해 미국의 외교적 지원을 요청하면서도 미국을 계속해서 적대적인 국가라고 보았다.[49] 당시 나세르는 소련의 포드고르니(Podgorny)에게 다음과 같이 말했다. "우리의 적은 항상 미국입니다. 그들은 또한 당신들의 적이기도 합니다. 그래서 우리는 협력을 조직해야 합니다. 왜냐하면 나로서는 나를 공격하는 사람과 도와주는 사람 사이에서 중립을 지킨다는 것이 말이 되지 않기 때문입니다."[50]

미국과 소련에 대한 이집트의 이러한 인식은 나세르가 사망한 이후 희미해졌고, 이 변화는 사다트가 동맹을 재조정하는 데 핵심적인 요인으로 작용했다.[51] 사다트는 이집트 국내 정치에 대한 소련의 개입, 수단에서의 공산주의 쿠데타에 대한 소련의 지원, 이집트에 파견된 소련군 인사들의 고압적인 자세, 원하는 무기를 제공하지 않는 소련의 행태에 놀라고 화가 나 있었다. 반면, 미국의 키신저와 이집트 당국자 간의 개인적인 접촉은 사다트로 하여금 미국의 정책이 융통성이 있다고 결론을 내리게 했다. 즉, 이집트가 기꺼이 자신의 입장을 바꾸려고 한다면 미국의 의도가 바뀔 수 있다고 생각한 것이다. 물론 사다트는 1971년과 1972년에 미국의 융통성을 과대평가하기는 했지만, 10월 전쟁 이후 키신저의 공평한 외교와 이집트의 이후 동맹 재조정은 다른 국가의 의도에 대한 호의적인 인식이 얼마나 중요한지를 잘 보여준다.[52]

그렇다면 어느 초강대국을 동맹으로 선택할지를 결정하는 데 의도가 왜 이렇게 중요한가? 다른 위협 요인들은 그렇게 중요하지 않기 때문이다. 앞서 언급했듯이, 미국과 소련은 경제적, 군사적 초강대국이며, 둘 다 거대한 군사적 능력을 보유하고 있고, 그리고 둘 다 중동 지역 밖에 있다. 따라서 이러한 차원들에서는 그들을 구별하기가 어렵기 때문에, 어느 초강대국을 선택할지의 중요한 기준은 해당 지역 국가가 미국 또는 소련의 의도를 어떻게 인식하는가일 것이다. 지역 국가들의 분명한 선호는 가장 덜 공격적으로 보이는 초강대국과 동맹을 맺는 것이다.[53]

지역 국가들 간 동맹

어떤 정권이 공격적 의도가 있다는 믿음은 지역 동맹의 선택에도 영향을 미친다. 예를 들어, 나세르가 가진 위신의 힘이 위험했던 까닭은 그가 그 힘을 적대국가들을 위협하기 위해 기꺼이 사용하려고 했기 때문이다. 나세르주의자들의 전복 시도는 1963년의 삼국통합 협정을 약화시켰고, 사우디아라비아와 요르단과 같은 "반동적" 군주국들에 대한 나세르의 반복된 공격은 1957년 왕정 동맹과 1962년 사우디-요르단 연합의 결성을 자극했다. 물론 사우디와 이집트 간 긴장이 몇 차례 완화되기는 했지만(예를 들어, 시리아의 호전성이 훨씬 더 위험해 보였을 때) 나세르가 죽기 전까지 사우디는 극도로 이집트를 경계했다.[54]

이미 언급했듯이 이집트의 외교적 지위는 사다트 시절에 상당히 개선되었다. 사다트는 나세르의 위신과 체제를 전복시킬 수 있는 권력을 갖지 못했을 뿐만 아니라 아랍 세계에서 야심이 크지 않은 사람으로 널리 간주되었다. 특히 사다트의 온건하고 이슬람적으로 경건한 이미지와 파이살(Feisal) 왕에 대한 공개적인 존경의 표시, 그리고 통일아랍공화국을 이집트아랍공화국으로 개칭하기로 한 결정 등은 캠프 데이비드 협정까지 지속된 사우디-이집트 동맹 형성을 가능하게 했다.[55] 시리아의 기준으로 온건한 인물인 아사드(Hafez el-Assad)의 부상은 유사한 효과를 가졌다. 덜 호전적인 지도자들이 이집트와 시리아를 통치하게 되면서, 사우디아라비아는 두 나라와의 협력을 훨씬 더 매력적으로 여겼다.[56]

이러한 결론을 강화하는 몇 가지 다른 사례가 있다. 이스라엘에 대항하는 아랍 연합(coalitions)과 외부 지원 획득을 위한 이스라엘의 지속적인 노력은 양쪽 모두 상대방이 자신들에 대해 공격적 의도를 가진 것으로 보았다는 사실을 반영한다.[57] 상대방의 적의가 커짐에 따라, 어느 쪽도 상대방을 달래려고 하지 않았고, 오히려 갈등이 더욱 격렬해지면서 지원을 얻으려는 노력이 확대되었다. 훨씬 더 작은 규모로, 1961년 아랍 연맹(Arab League)의 쿠웨이트에 대한 집단 방위는 당시 세이크돔(Sheikdom)을 병합하려고 의도했던 이라크 대통령 카셈(Qassem)의 공개적 선언에 의해 촉발되었다. 또한 이란이 페르시아만의 섬 3개를 점령하고 샤트알-아랍 수로에 관한 분할 협정을 폐기한 것은 이라크가 소련과의 공식적 동맹을 추구하게 만들었다. 그리고 이라크는 이란과의 갈등이 일시적으로 해결되었을 때 이 목표를 버렸다. 다른 지역적 갈등들—사우디아라비아와 남예멘 간의 국경 충돌 그리고 시리아와 이라크의 바트주의 정권들 간의 내분—도 동일한 패턴을 보여준다.

이렇듯 공격적 의도와 균형 행동은 매우 깊은 관계가 있다고 할 수 있다. 비록 크고 강력한 국가는 가치 있는 동맹국도 위험한 적도 될 수 있지만, 다른 특성에 관계없이, 적대적이라고 알려진 국가와 동맹을 맺는 것은 말이 되지 않는다. 결과적으로, 극도로 공격적인 국가들은 균형 연합의 형성을 촉발할 가능성이 아주 높다.

요약: 위협의 수준과 균형 행동

종합해 보면, 이러한 위협의 다양한 원천들은 중동에서의 동맹 형성의 몇 가지 특징적 패턴을 설명한다. 첫째, 왜 미국과 소련이 어느 지역 국가들보다 훨씬 더 강력하다는 사실에도 불구하고, 두 나라의 능력이 지역 국가들의 균형 동맹을 야기하지 않는지 설명한다. 대신에 초강대국들은 지역 내 다른 국가들로부터 발생하는 더 임박한 위협에 맞서기 위한 동맹 대상으로 여겨진다. 초강대국들은 더 강력한 힘을 가지고 있으면서 중동 지역 대부분의 국가들에게 덜 위협적이기 때문에 그들은 주변국들 중 하나로부터 직접적인 군사적 위협에 직면한 지역 국가에게 이상적인 동맹이다. 전통적인 세력균형 이론처럼, 단지 총체적 국력에만 초점을 맞추는 것은 지리적 근접성, 공격 능력, 그리고 의도의 중요한 영향을 무시하게 된다.

둘째, 다양한 위협 원천들의 영향은 요인들의 영향은 이집트와 이스라엘이 왜 그렇게 자주 균형 연합의 대상이 되었는지를 설명한다. 이 두 국가는 오랫동안 가장 강한 지역 국가였고, 광범위한 강대국 지원을 받아 왔으며, 다른 국가들을 희생시켜가며 확장을 추구한다고 인식되어 왔다. 결과적으로 이스라엘은 1948년과 1979년 사이에 많은 아랍 연합과 대치했으며 어떤 아랍 국가와도 지속 가능한 동맹을 형성하지 못했다.[58] 이집트의 경우도, 이와 유사하게 규모, 공격 능력, 지리적 근접성, 공격적인 지역적 야심 등이 결합되어 1955년과 1970년 사이에 최소한 6개의 반대 연합을 촉발시켰다.[59] 이와 대조적으로, 미약한 공격 능력과 설사 있다 해도 아주 적은 공격 의도를 지닌 약한 국가들(예를 들어, 레바논, 북예멘, 사우디아라비아, 요르단 등)은 다른 국가들이 그들에 맞서 동맹을 맺도록 자극하지 않는다.

요점은 분명하다. 위협균형 이론이 세력균형 이론보다 우월하다. 관련 있지만 분명히 구별되는 몇 가지 위협 원천들의 영향을 분석하는 것은 총체적 국력의 분배에만 초점을 맞추는 것보다 동맹 형성에 대해 더 설득력 있는 설명을 제공할 수 있다. 물론 어떤 주어진 사례에서 이러한 요인들 각각의 중요성을 정확히 예측하기는 불가능하다. 예를 들어, 국가들은 한 잠재적 파트너가 더 공격적으로 보이지만 더 멀리 떨어져 있는 경우, 동등한 능력을 가진 잠재적 파트너들 중에서 선택해야 할 수도 있다. 따라서 정치인들이 이 무한한 범위의 조합에 어떻게 반응할지는 불확실하다. 하지만 다른 것들이 동등하다면, 이러한 요인들 중 어느 한 요인의 증가는 균형 행동의 가능성을 높여준다.

편승 행동과 동맹 형성

국가들은 대부분 위협에 대해 균형을 이루기 위해 동맹을 선택하지만 이러한 행동이 보편적인 것은 아니다. 즉, 어떤 조건 하에서는 국가들이 지배적인 세력에 합류하는 상황이 벌어지기도 한다.

편승 행동을 선호하는 조건

2장에서는 약소국들이 강대국들보다 편승할 가능성이 높고, 잠재적 동맹국의 부재가 편승 가능성을 더 높이며, 가장 위협적인 국가가 달랠 수 있는 여지가 있다고 믿어진다면 편승의 동기가 증가한다고 제시했다. 만약에 우리가 편승에 대한 다소 광의적 정의를 받아들인다면(즉, 우리가 더 많은 사례를 얻기 위해 몇 가지 의심스러운 사례를 포함할 수 있다면) 중동 국가들은 연구 대상 시기에 10번 정도 편승을 선택했다고 말할 수 있다.(〈표 11〉 참조) 세 가지 가설 모두는 이러한 사례들로부터 지지를 받는다.

약한 국가와 강한 국가

약한 국가가 강한 국가보다 편승 가능성이 높은데, 이는 두 가지 이유가 있다. 첫째, 약한 국가는 압력에 더 취약하고 둘째, 약한 국가는 자신의 운명을 결정하기 위해 할 수 있는 일이 거의 없다. 〈표 11〉에 제시된 편승 사례들은 이러한 주장을 지지한다. 이집트를 제외하고 모두 약한 국가였고, 그들이 마지못해 수용한 동맹국으로부터 중대한 위협에 직면했다.

예를 들어, 사우디아라비아, 요르단, 그리고 예멘의 아랍 왕정들은 나세르의 카리스마 있는 호소력과 정치적 선전에 취약했다. 더욱이 그들은 이에 대응하여 이집트에 거의 피해를 줄 수 없었다. 그들은 처음에는 영국과 이라크 사이에서 균형을 잡으려고 했지만, 1954년과 1955년 일련의 내부 혼란들은 사우디아라비아가 이집트의 편에 서게 만들었다. 사우디는 아랍 세계의 주요 진보적 인물인 나세르와의 연합을 통해 내부 반대 세력을 진정시켜야 했다. 이와 마찬가지로, 나세르 암살 음모가 실패한 이후 사우디는 나세르를 달래기 위해 각별히 노력해야 했고 그 와중에 일련의 심각한 재정난과 내부 분열까지 겪게 되면서, 이집트 압력에 저항할 수 있는 사우디 왕정의 능력이 약화되었다.[60]

〈표 11〉 편승 행동

동맹	일시
사우디아라비아의 이집트 및 시리아와의 동맹	1955
예멘의 이집트 및 시리아와의 동맹	1956
요르단의 아랍연대 협약 참여	1956–1957
암살 음모 실패, 사우디아라비아의 이집트에 대한 유화정책	1958–1961
시리아의 이집트, 이라크와의 삼국 협약 참여	1963
카이로 정상회담에서 사우디아라비아의 이집트와의 관계 개선 동의	1964
카이로 정상회담에서 요르단의 이집트와의 관계 개선 동의	1964
요르단의 이집트와의 방위 조약 체결	1967
요르단의 10월 전쟁 불참(이스라엘에 대한 암묵적인 편승)	1973
이집트의 소련에서 미국으로의 동맹 재조정	1975

이와 유사한 동기로, 이 시기에 예멘의 이맘 아메드도 나세르와 동맹을 맺었다. 이집트와의 동맹은 아덴을 둘러싼 영국과의 갈등에서 아메드의 입지를 강화시켰고 아메드의 통치를 비난하려는 나세르의 유인을 없앴다. 아메드가 1955년 혁명 장교들의 반란을 간신히 진압했을 때, 나세르의 태도는 결코 사소한 우려가 아니었다. 한편 바드다드 협약을 거부하고 대신 아랍연대 협약에 참여하기로 한 후세인의 결정은 이집트의 정치선전에 의해 자극 받은, 암만에서의 일련의 폭동 이후에 나온 것이었다. 후세인은 당시 자신의 처지를 다음과 같이 묘사했다. "요르단은 자신의 생존을 좋은 이웃들에게 의존하는 아주 특별한 나라이다. 그런데 만약 주변국들이 다투는 동안 우방이 없다면 요르단에게 무슨 일이 벌어지겠는가?"[61]

후세인은 또한 그의 많은 장교들이 당시에 "요르단은 홀로서기에는 너무 작은 국가"라고 믿었다고 말한다.[62] 이와는 대조적으로, 파이살 2세와 카셈의 통치 하의 이라크는 반이집트 정책을 채택했는데, 이라크가 성공에 대한 어느 정도의 희망을 갖고 그렇게 할 만큼 강했기 때문이었다.

다른 사례들도 유사한 경향을 보여준다. 이집트의 압력에 대한 시리아의 취약성은 1963년 이집트와 동맹을 맺기로 한 바트당의 결정의 한 원인이 되었다. 내부 혼란이 지속적으로 벌어지고 권력을 장악하려는 나세르주의자들의 시도가 반복되면서 시리아인들은 나세르의 지원을 얻을 때만 내부 안정을 이룰 수 있다고 확신하게 되었다. 즉, 이집트의 압력에 대한 시리아의 내부적 취약성이 그들로 하여금 이집트에 편승하도록 만들었다.

요르단의 허약함(부분적으로, 후세인의 불안정한 국내적 입지의 결과)은 1967년과 1973년 후세인의 반응에 영향을 주었다. 후세인은 아랍이 더 강하다고 확신하면서 (그리고 그가 참여하지 않은 아랍 승리의 결과를 두려워하면서) 6일 전쟁 바로 직전에 나세르와 공식적인 방위 조약에 서명했다. 6월 5일에 참전하기로 한 그의 결정은 부분적으로, 아랍이 조기에 승리할 것이라는 잘못된 보고에 기초했을 수도 있다.[63]

1973년 후세인의 행동도 똑같이 보여주고 있다. 이제는 이스라엘이 무적이라고 확신하면서 후세인은 전쟁 전에, "아랍이 승리할 확률이 50%가 되지 않는 한" 요르단은 전쟁에 관여하지 않을 것이라고 말했다.[64] 그럴 확률은 그다지 높지 않았고, 후세인은 시리아에 1개 여단 병력을 파견하는 것으로 자신의 관여를 제한했다. 하지만 이러한 상징적인 노력은 중립을 택한 것이나 다름없었다. 만약 아랍 연대가 허락했더라면, 후세인은 훨씬 적게 파병했을지도 모른다. 요약하자면, 1967년과 1973년에 후세인은 승자가 될 가능성이 높은 쪽과 좋은 관계를 유지하려고 했다. 비록 그의 계산에는 아쉬운 점이 많았지만(특히, 1967년), 요르단의 전반적인 허약함과 취약성은 이러한 정책을 따라야 할 신중한 정책으로 만들었다.

동맹의 이용 가능성

국가들은 유용한 동맹을 구할 수 없을 때 편승을 택할 가능성이 높다. 왜냐하면 그들이 저항하기로 선택한다면 홀로 위협에 직면할 것이기 때문이다. 효과적인 동맹국의 결핍은 이미 논의한 대부분의 편승 사례들에서도 분명하다. 1955년-1956년에 아랍 왕정들이 이집트에 편승하기로 결정한 것은 부분적으로 대안이 부재했기 때문이었다. 당시 영국은 아덴(Aden)과 브라이미 오아시스(Buraimi oasis)에 대한 분쟁을 고려할 때 동맹이 될 가능성이 낮았고, 지원 효과 역시 의심스러웠다. 또한 바그다드 협약에 대한 아랍의 반응이 보여주었듯이, 식민 국가와의 가까운 관계는 제국주의 영향력에 대한 나세르의 공격을 더 강력하게 만들 뿐이었다. 당시 미국은 아직 관여 의사를 명확히 밝히지 않았고 소련은 이미 이집트와 동맹을 맺고 있었다. 1956년 당시에는 이집트에 편승하는 것이 나쁜 선택지들 중 최선이었다.

이러한 연합의 해체는 특히 흥미롭다. 아이젠하워 독트린이 외부 지원 가능성을 만들어내자 (그리고 나세르의 야심이 점점 더 커져가자) 사우디아라비아와 요르단은 즉시 이집트와의 동맹을 포기하고 이라크 및 미국과의 협력 관계를 선택했다. 그리고 이라크 혁명으로 인해 왕정 동맹에서 이라크가 이탈하자 요르단은 지속적으로 서방의 지원에 의존한 반면 사우디아라비아—당시 나세르를 암살하려는 어설픈 음모가 실패하고 나서 취약한 상태에 있었다—는 다시한 번 이집트 쪽으로 방향을 바꾸고 서방과의 관계를 경시하는 선택을 했다.

시리아도 1963년에 효과적인 동맹국을 구할 수 없었다. 결국 나세르가 그의 시리아 지지자들에게 영향을 미칠 수 있는 유일한 인물이었고, 다른 데서 동맹을 구하는 것은 시리아의 내부적 안정을 제고하는 데 그다지 도움이 되지 않았을 것이다. 시리아 정부의 민간 지도자들이 권력을 유지하기 위해 폭력(brute force)에만 의존하는 것을 매우 꺼렸기 때문에(나중에 바트주의 정권도 마찬가지였다) 이집트와 또다시 동맹을 맺음으로써 나세르의 지원을 얻는 것이 그들이 상상할 수 있는 유일한 대안이었다.

대안의 부재는 1967년 요르단의 결정에도 영향을 미쳤을 수 있다. 이스라엘과 대치한 상황에서, 후세인은 5월 나세르의 협력 강화 제의를 거절한다면 아랍의 지원을 거의 기대할 수 없었다. 이스라엘과의 공공연한 동맹은 생각도 할 수 없었고, 후세인은 자신이 아랍의 승리에 참여하지 않는다해도 미국과 영국이 자신의 왕좌를 지켜줄 수 없을 것이라고 생각했다. 1973년, 후세인은 아랍이 1967년에 했던 것보다 더 성공적이지 못할 것이라고 믿었고, 결국에는 형식적인 대응만을 했다. 비록 증거가 너무 적기는 하지만, 이러한 기록은 효과적인 동맹국을 구할 수 없을 때 위협적인 국가에 편승하려는 국가들의 성향이 증가한다는 것을 보여준다.

의도의 영향

위협적인 국가에 편승하려는 결정은 결국 그러한 조치가 그 국가의 공격적 의도를 완화시킬 것이라는 희망에 기초하고 있다. 놀랍지 않게도, 강력한 국가를 달랠 수 있다는 믿음은 대부분의 편승 사례에서 쉽게 찾아볼 수 있다.

예를 들어, 요르단과 사우디아라비아는 1955년과 1956년 사이에 나세르에 합류했는데, 이는 그의 인기를 이용하는 한편 자신의 정권을 전복하려는 나세르의 노력을 중단하도록 설득하려는 것이었다. 하지만 이러한 공격이 계속되자(나세르의 목표가 여전히 적대적임을 드러내면서), 결국 두 국가는 미국 및 이라크와 동맹을 맺는 정책으로 선회했다. 한 가지 흥미로운 점은, 사우디아라비아와 이집트의 관계 개선이 있었던 1958년과 1961년 사이에는 나세르가 사우디아라비아에 대한 비판을 중지했다는 것이다(부분적으로 나세르가 그쯤에 이라크의 카셈과 싸우는 데 더 관심이 있었기 때문이다). 하지만 통일아랍공화국 해체에 대한 이집트의 반응(공격적인 정치선전의 재개와 예멘에 대한 군사적 개입 등)이 나세르가 여전히 공격적인 목표를 가지고 있음을 드러냈을 때, 사우디-요르단 연합이 다시 부활했다.

1963년 시리아에도 똑같은 희망이 감돌았다. 삼국통합 협정은 이집트, 시리아, 이라크 간 짧은 우호 관계의 시기를 가져왔다. 하지만 시리아에서 나세르주의자에 의한 쿠데타 시도가 발생했을 때 바트당은 주동자들을 처형하고 그 시도를 맹렬히 비난했다. 이에 나세르는 삼국통합 협정을 폐기했고 3년 이상 지속되는 이집트와 시리아의 적대 관계가 시작되었다.

시리아와의 분쟁은 결국 나세르가 1964년 카이로 정상회담을 시작으로 보수적인 아랍 국가들과의 화해를 추구하도록 이끌었다. 보수적인 아랍 국가들은 나세르가 정치선전 전쟁을 중지한다면 관계를 개선할 의향을 갖고 있었다. 당시 이집트와의 협력은 그들에게 매력적이었는데, 그들이 직면한 직접적인 위협을 감소시키기 때문이었다. 동시에 그러한 협력은 나중에 그들을 위협할 수 있는 나세르의 능력을 증가시키지도 않았다. 나세르는 일반적으로 정치선전과 정권 전복에 의존했기 때문에, "반동 세력들"과 협력하려는 나세르의 의향은 그 세력들이 여전히 더 큰 아랍 민족의 충성스런 일원임을 보여줌으로써 그들의 입지를 강화시켰다. 그리고 그 이후에 나온 나세르의 비판은 그가 일찍이 그들과 협력하려 했다는 사실로 인해 약화되었다. 이 교훈은 대단히 중요하다. 즉, 국가들은 더 강력한 동맹국이 나중에 그들을 공격하기로 결정할지라도, 편승이 그들이 미래에 직면할 위협을 증가시키지 않을 때 편승할 가능성이 높다.

따라서 1967년 이집트와 동맹을 맺기로 한 요르단의 결정은 그와 같은 방침이 자신의 미래 위험을 최소화한다는 후세인의 (불운한) 계산에 따른 것이었다. 만약 후세인이 이집트와 동맹을 맺고 아랍이 이겼다면, 그의 입지는 더 나빠지지 않았을 것이고 훨씬 좋아졌을 수도 있다. 만약 후세인이 참전하고 아랍 국가들이 전쟁에서 졌다면(실제 그랬던 것처럼), 그는 적어도 아랍의 명분에 대한 연대를 보여준 것이다. 하지만 후세인이 참전하지 않았는데 아랍이 승리했다면, 그는 이집트와 시리아의 공격에 그 어느 때보다 취약해졌을 것이다. 따라서 후세인이 아랍 연합에 가담한 것은 그를 반대하는 아랍 세력들이 항상 취약한 그의 정통성을 위협할 힘을 증가시키는 것을 막았다. 전쟁 후 말콤 커(Malcolm Kerr)가 말했듯이, "1967년 6월 이스라엘의 승리로 후세인은 서안지구를 잃었지만, 자신의 왕좌를 지킬 수 있었다."[65]

더 강한 편에 서는 것이 더 많은 이익을 줄 것이라는 후세인의 믿음은 10월 전쟁에 참여하지 않기로 한 그의 결정에서 중요한 역할을 했다. 비록 1967년에 이스라엘의 보장은 전혀 효과가 없었지만, 헨리 키신저의 반복적인 중립 요청은 요르단 전선을 조용하게 유지하고 싶은 후세인 자신의 바람을 강화했다.[66] 이러한 보장 덕분에 후세인은 이스라엘이 그의 자제(forbearance)를 이용할 것이라는 두려움 없이, 더 강력한 쪽인 이스라엘과 암묵적으로 동맹을 맺을 수 있었다.

편승과 관련된 세 가지 조건이 이 연구에서 확인한 대부분의 (드문) 사례들에 존재한다. 종합해보면, 세 가지 조건들은 가장 중요한 사례, 즉 이집트가 소련에서 미국으로 극적인 동맹 재조정을 한 것에 대한 확실한 설명을 제공한다.

이집트의 동맹 재조정은 몇 가지 이유로 편승의 좋은 예라고 할 수 있다. 이집트는 자신이 더 강력하다고 여기는 초강대국과 동맹을 맺기로 선택했을 뿐만 아니라 이 조치는 이스라엘과의 평화를 향한 전례 없는 노력의 시작을 수반했다. 실제로 사다트는 1950년대 중반부터 이집트가 추구해온, 이스라엘과 미국에 맞서 균형을 이루려는 정책을 포기했다. 대신 사다트는 경제적 혜택과 정치적 양보를 받는 대가로 미국과의 동맹을 추진했다. 소련의 원조를 이용한 무장 저항을 통해 이스라엘에 맞서보다는 이제 협력적 외교를 통해 이스라엘의 위협을 완화하고자 했다. 즉, 이스라엘을 이길 수 없다고 확신한 사다트는 그들과 함께하기로 결정을 내렸다.

편승과 관련한 세 가지 조건이 사다트의 결정에 모두 중요하게 작용했다. 첫째, 경제적 어려움이 사다트 정권에 많은 문제들을 야기하면서 이집트가 점점 더 약해지고 있었다. 이러한 경제적 어려움은 또한 군사적으로 경쟁할 수 있는 이집트의 능력을 훼손했고, 반면 이스라엘은 미국의 관대한 지원을 받고 있었다. 더욱이 이집트의 상대적 국력이 쇠퇴하면서 서방으로부터 경제적 원조를 얻고 수에즈 운하를 재개통하고 이스라엘과의 평화 구축으로 군사적 부담을 경감하는 것 등의 이점이 이집트에게는 매우 매력적으로 다가왔다.[67]

둘째, 이집트는 자신의 가장 시급한 문제를 해결해줄 동맹국이 없었다. 소련으로부터의 원조는 이스라엘이 미국으로부터 받는 원조보다 적었고, 소련은 더 많은 자원을 이집트에 쏟아붓고 싶어하지 않았다. 10월 전쟁을 통해 이 점이 더욱 확실하게 부각되었다. 전략적이고 전술적인 기습, 전례 없는 아랍의 협력, 워터게이트 사건으로 인한 미국의 어려움, 그리고 적극적인 소련의 지원에도 불구하고, 이집트와 그 동맹국들은 철저히 패배했다. 이집트의 동맹 재조정 전에도 이용 가능한 동맹국들이 있었지만, 그들은 더 이상 이집트의 필요를 충족시켜줄 능력이 없었다.

셋째, 어쩌면 이것이 가장 중요할 수 있는데, 나세르의 죽음 이후 미국의 의도에 대한 이집트의 인식이 극적으로 바뀌었다. 앞서 언급했듯이, 사다트는 이집트가 좀더 전향적인 모습을 보이면 미국의 정책이 급진적으로 변화될 수 있을 것이라는 믿음을 가지고 있었다. 비록 사다트의 초기 암시는 미국이 알아채지 못했지만, 10월 전쟁은 미국이 사다트의 제의를 진지하게 받아들이게 했다. 1974년 1월 미국이 새로운 정책을 추구하고 있다고 확신한 사다트는 점진적으로 이집트를 소련과 멀어지게 하고 미국과 긴밀한 동맹을 맺게 만들었다.[68]

따라서 이집트의 동맹 재조정은 1) 이집트의 경제적 문제, 군사적 허약성, 그리고 오랜 외교적 교착상태에서 야기된 취약성, 2) 이집트의 다른 잠재적 동맹국들(예를 들어, 소련)이 이러한 문제를 해결해줄 수 없다는 점, 그리고 3) 미국의 정책이 바뀔 수 있다는 사다트(나세르와는 대조적으로)의 믿음이 작용한 편승 결정이었다. 따라서 이집트의 동맹 재조정은 중동 정치에 대해 갖는 그 함의에 있어서, 그리고 이러한 행동의 가능성을 높이는 조건을 보여준다는 점에서 편승 행동의 특별히 중요한 사례이다.[69]

결론

중동 지역에서의 동맹 형성의 기록은 2장에서 제시한 가설들을 뒷받침하는 강력한 증거를 제공한다. 첫째, 국가들은 중대한 위협에 직면했을 때 편승보다 균형을 더 선호한다. 편승이 드물게 발생하기도 하는데, 이는 이례적인 상황들의 결과이다. 그리고 편승은 대개 약소국의 반응이기 때문에, 어떤 의미 있는 방식으로 전 세계적인 세력균형을 변화시킬 가능성이 거의 없다.

둘째, 이러한 결과들은 동맹을 단지 세력균형의 변화에 대한 반응으로서만 생각하기보다는, 어떻게 국가들이 위협에 반응하는지에 초점을 맞추는 것이 더 적절하다는 사실을 보여준다. 또한 경제적, 군사적 능력뿐만 아니라, 전복 위협이나 다른 형태의 정치적 압력도 동등하게 중요한 동맹 결정 요인일 수 있다. 더욱이, 능력의 분배가 초강대국들에게는 매우 중요한 요소일지라도, 지역 국가들의 동맹 선택에는 거의 아무런 역할을 하지 못한다. 예상되는 것처럼, 지역 국가들은 이미 논의한 이유들로 인해, 이웃 국가들의 능력과 의도에 훨씬 더 민감하다.

지리적 근접성은 분명 중요하지만, 증거는 거리와 위협 수준 간 선형적 (linear) 관계를 보여주지는 않았다. 이러한 선형성의 부족은 아마도 중동에서의 경쟁이 주로 군사력과 지리가 미미한 역할을 하는 정치적 채널(예를 들어, 정치선전이나 정권 전복)을 통해 행해지기 때문으로 보인다.

전체적으로 봤을 때, 이러한 결과들은 소련과 미국 간 세력균형의 작은 변화는 그다지 영향을 미치지 않으며, 이러한 세력균형에 있어 거대한 변화만이 지역 국가들이 그들의 국제적 공약을 실질적으로 바꾸게 만든다는 것을 의미한다. 실제로, 초강대국 중 어느 하나가 극적으로 앞서 나가더라도 궁극적인 효과는 기대만큼 크지 않을 것이다. 국가들이 균형을 이루려는 압도적인 경향을 고려해볼 때, 힘과 야심이 증가하는 국가는 만약 그러한 우월한 지위를 이용하려 한다면 계속해서 증가하는 저항에 직면하게 될 것이다. 그리고 지역적 경쟁이 대체로 더 중요하기 때문에, 하나의 깃발 아래 모든 지역 국가들을 끌어모아 다른 초강대국을 몰아내려는 시도는 실패할 게 거의 확실하다.

셋째, 의도의 중요성은 이러한 분석 전반에서 매우 명확하게 나타났다. 힘은 다른 국가를 위협하거나 지원하기 위해 사용될 수 있기 때문에, 국가들이 다른 국가가 그들의 힘을 사용하는 방식을 어떻게 인식하는지는 매우 중요한 문제가 된다. 특히 국가가 편승하려는 용의는 그 국가가 위협적인 국가가 동맹을 통해 달랠 수 있다고 믿는지 여부에 상당히 영향을 받는다.

이러한 통찰은 국가들이 균형을 더 선호하는 경향을 설명하는 데 도움이 된다. 강한 국가에 맞서 균형을 이루는 것은, 만약 의도에 대한 누군가의 가정이 부정확하다면, 보다 신중한 반응으로 여겨질 것이다. 잠재적인 위협에 맞서기 위해 방어적 동맹에 참여하는 것은, 만약 해당 국가가 실제로 공격적이라면, 당신을 보호해줄 것이다. 하지만 해당 국가가 온건하다고 밝혀진다면, 그와 같은 동맹은—아마도 위험하지는 않지만—불필요한 것이 된다. 이와 대조적으로, 만약 한 국가가 강력한 국가에 편승하기로 선택하고 나서 뒤이어 그 국가의 의도가 사실상 적대적이라는 사실을 깨닫게 된다면, 편승은 재앙적인 실패가 된다. 따라서 의도를 명확하게 알 수 없을 경우, 균형 정책이 더 안전한 반응으로 간주될 수 있을 것이다.

의도를 파악하기란 쉽지 않다. 따라서 국가 지도자들은 종종 친구와 적을 식별하기 위한 지름길을 찾곤 한다. 한 가지 접근법은 자신과 유사한 신념이나 원칙을 가진 국가들과 동맹을 맺기 위해 잠재적 파트너의 국내적 특성에 초점을 맞추는 것이다. 다음 장에서는 이념적 연대가 동맹 형성에 미치는 영향에 대해 살펴보도록 하겠다.

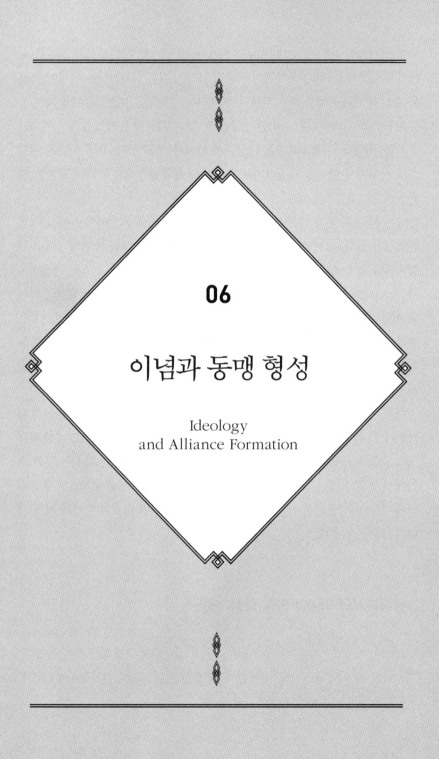

06

이념과 동맹 형성

Ideology
and Alliance Formation

이 장에서는 이념적 연대가 동맹 형성에 미치는 영향을 분석하고자 한다. 여기서 이념적 연대란 "국가들이 국내적 특성이 다른 국가보다는 유사한 특성을 가진 국가와 동맹을 맺는 것을 더 선호하는 경향"을 의미한다. 이에 따른 질문은 다음과 같다. 첫째, 이러한 경향은 얼마나 강한가? 둘째, 2장에서 예측한 것처럼, 이념적 연대의 효과는 다양하게 나타나는가? 셋째, 특정 이념은 지지자들 사이에서 협력을 촉진하기보다 갈등을 유발함으로써 분열적 효과를 발휘하는가?

나는 세 가지 주요 결론에 도달한다. 첫째, 이념과 동맹 사이에는 어느 정도 관련성이 있다. 앞서 예상한 것처럼, 이러한 관련성은 특히 소련의 경우처럼 강대국과 지역 동맹국들 사이에서 현저하게 나타난다. 둘째, 관찰된 관련성은 대개의 경우 이념의 실제 효과를 과장한다. 특히 강대국과 그들의 동맹국 사이의 이념적 일치의 정도는 상당히 제한적이며, 이념과 동맹 사이의 상호관계는 부분적으로 과장될 수 있다. 셋째, 2장에서 제시한 것처럼, 이념의 특성은 그 자체가 핵심적 요인이다. 특정 이념들은 설령 그 이념이 분명하게 지지자들 간의 긴밀한 협력을 요구한다 할지라도 통합보다는 분열을 조장한다.

나는 이 장을 중동 지역에서의 이념과 동맹 사이의 관계에 관한 개관에서 시작한다. 그런 다음 이념과 동맹의 관계를 좀더 세부적으로 검토하면서 초강대국과 중동 국가들 간의 관계부터 시작한다. 마지막으로, 아랍 국가들 간의 정치에서 이념의 역할을 다루면서, 1) 이스라엘에 맞서는 아랍 국가들의 민족적 연대, 2) 범아랍주의의 분열적 이념, 3) 보수적인 아랍 국가들 사이의 왕정 연대에 초점을 맞춘다.

중동에서의 이념과 동맹 형성: 개관

동맹의 이유로서 이념이 얼마나 중요한지 정확하게 측정하는 것은 어렵다.[1] 그러나 만약 이념이 동맹을 선택할 때 중요한 역할을 한다면, 국내 체제나 통치 이념이 바뀐 국가들은 새로운 동맹을 구해야 한다. 또한 중요한 국내적 특성을 공유하는 국가들 간 동맹은, 그것이 중대한 비용을 수반할 때조차도 국내적 특성이 다른 국가들 간 동맹보다 더 일반적으로 나타나야 한다.

이 연구에서 검토한 동맹들에 의해 이러한 예측이 확인되는가? 부분적으로만 확인된다. 역사적으로 다른 이념을 지닌 새로운 정권이 집권하면 새로운 동맹 대상을 선택하는 경향을 보였다. 예를 들어, 이라크는 1958년 혁명 이후 바그다드 협약 및 요르단과의 동맹에서 탈퇴했다. 그리고 1962년 예멘의 이맘(Imam) 정권을 전복시킨 좌익 반란군은 재빨리 이집트와 소련 쪽으로 돌아섰다. 그리고 시리아에서 신바트당의 우세와 남예멘에서의 마르크스주의 혁명 또한 소련과의 새로운 관계로 이어졌다. 또한 1963년과 1968년에 권력을 잡은 이라크의 바트당은 이라크의 국제적 입장에서 중요한 변화를 만들어냈다.[2] 마지막으로, 사다트(Sadat)의 친서양적 변화는 이집트의 준사회주의적 경제를 자유화하는 조치와 함께 일어났다.

유사한 국내 체제를 가진 국가들이 더 동맹을 맺는 경향이 있다는 증거는 더욱 모호하다. 예를 들어, 중동 내에서 이념은 동맹을 선택할 때 일반적으로 결정적인 요소가 아니었다. 그리고 이념에 의해 결성된 동맹은 오래 지속되지 못했다. 진보적인 아랍 국가들과 보수적인 아랍 국가들 간의 관계가 종종 적대적이고 항상 조심스러웠던 것이 사실이지만, 진보적인 아랍 국가들 간의 적대성 또한 흔한 일이었다. 이집트, 이라크, 시리아 사이에서 반복적으로 발생한 갈등은 이러한 사실을 증명한다. 실제로 커(Malcolm Kerr)가 보여주었듯이, "나세르와 그의 동지 혁명주의자들의 관계는 반동주의자들과의 관계보다 더 어려운 경향이 있었다."[3] 더욱이 급진적인 아랍 국가들과 보수적인 아랍 국가들 간의 동맹이 여러 차례 발생했으며, 이는 이념적 차이가 극복할 수 없는 장벽이 아니라는 것을 시사한다.

무엇보다 중요한 것은, 역사적으로 지역 국가들은 이념적 충실함이 상당한 비용을 수반하는 경우 이념적 선호를 무시했다는 사실이다. 예를 들어, 나세르는 바그다드 협약으로 위협을 받게 되자 시리아(당시 온건 좌파 의회민주주의 체제였다), 사우디, 요르단 그리고 예멘 왕정과 동맹을 맺어 대응했다. 1958년부터 1963년까지 혁명적인 이집트와 혁명적인 이라크는 격렬한 경쟁관계였으며, 나세르는 1961년 이라크의 쿠웨이트 합병을 억제하기 위해 사우디아라비아 및 요르단과 힘을 합쳤다. 1960년대 초반 아랍의 보수적인 경향에 맞서 격렬하게 행동하던 나세르는 1964년 시리아의 혁명정권을 고립시키기 위해 사우디아라비아 및 요르단과 갑작스레 긴장 완화를 시작했다. 또한 6일 전쟁 이전에는 보수와 진보를 가리지 않고 모든 아랍 국가들이 긴밀한 관계를 맺었으며, 이집트 혁명정권과 요르단 왕국은 이스라엘의 서안지구와 시나이 점유에 맞서 1970년대까지 긴밀한 관계를 유지했다. 실제로 나세르는 이 시점에서 이념적 관심사를 완전히 포기하고 대신에 이스라엘에 대한 아랍 전체의 합의를 추구했다.[4]

동일한 이유로, 시리아, 사우디아리비아, 이집트는 10월 전쟁을 준비하면서 그들의 이념적 차이를 무시했다. 더 놀랍게도, 후세인은 1970년 팔레스타인해방기구(PLO) 및 시리아와 대립하는 동안 이스라엘의 지원을 받기 위해 아랍 연대의 원칙을 무시했다. 그리고 4년 뒤, 시리아의 바트 정권과 요르단 왕정은 이집트의 이스라엘과의 단독 평화에 반대하며 힘을 합쳤다. 마지막으로, 1979년 이라크의 바트 정권과 사우디와 요르단 왕정은 이란의 증가하는 위협에 맞서 동맹을 강화했다. 이처럼 이념적 일치는 다른 이익이 위협되는 상황에서 쉽게 포기되었다. 특히 이념적 선호는 더 긴급한 안보 문제들보다 덜 중요했다.

그러나 초강대국과 중동 국가들 간 동맹은 정반대의 결론을 제시한다. 소련은 좌파 혹은 사회주의 일당 독재정권이 통치하는 '진보주의 국가들' 만 선택하여 동맹을 맺었다. 더욱이 중동의 민주주의 국가들(레바논, 이스라엘 등), 아랍 왕정들과 소련의 관계는 일반적으로 약했다. 이와 대조적으로, 미국은 '진보주의' 아랍 국가들에 대해서는 대체로 반대했고 군주제나 민주주의 국가들에 대해서는 지속적으로 지원했다. 즉, 이념은 초강대국과 그들의 다양한 중동 피후원국들 간 동맹을 결정하는 데 중요한 역할을 해온 것처럼 보인다.[5]

이러한 관련성은 양극 체제에서는 국가들이 이념적으로 가장 화합 가능한 초강대국과 동맹을 맺는다는 가설을 뒷받침한다.[6] 실제로 소련과 지역의 다양한 좌파 독재정권 사이의 친밀성은 이념이 소련과 그 피후원국들을 결속하는 강력한 요인임을 시사한다. 그러나 이러한 결론을 수용하기에 앞서 몇 가지 중요한 주의 사항을 살펴볼 필요가 있다.

주의 사항

국내적 특성과 국제적 동맹 사이의 관찰된 관련성은 몇 가지 이유로 관계의 정도를 과장하는 경향이 있다. 첫째, 2장에서 언급한 것처럼, 국가들이 이념이 다른 국가들의 행동 방식을 결정한다는 믿음을 외교정책의 기초로 삼는다면, 그들은 다른 국가들이 이러한 믿음을 확인해주는 것처럼 보이는 방식으로 행동하게 만들 수도 있다. 국내적 특성이 유사한 국가들은 동맹국이 되는데, 그들은 상대가 화답할 것이라는 기대를 반영해 우호적 입장과 지지를 제공하기 때문이다. 국내적 특성이 다른 국가들은 상대 국가가 이미 적이라는 믿음에 근거해 행동한다면 서로 적이 될 가능성이 높다. 따라서 이념이 외교정책을 결정한다는 믿음은 종종 자기 실현적 예언이 된다.[7]

똑같은 과정이 보통은 동맹을 맺지 않았을 유사한 국가들이 동맹을 맺게 할 수도 있다. 만약 한 국가가 국내적 특성이 다른 국가에 적대적이라면, 그 다른 국가는 이러한 적대성으로 인해 보통은 하지 않았을 동맹을 추구하게 된다. 이러한 상황은 이념의 명백한 효과를 더욱 확대한다. 유사한 국가들은 결속하게 되는데, 그들이 동맹을 맺고 싶어하기 때문이 아니라 제3국이 그들이 자신과 적대적이고 아마도 한통속이라고 믿기 때문이다.

요컨대, 두 경우 모두에서 이념적으로 동기부여된 것처럼 보이는 것은 실제로는 균형 행동의 형태이다. 이러한 일이 발생했을 때, 이념적 또는 국내적 유사성과 동맹 공약 간의 관찰된 관련성은 그러한 유사성의 실제 영향을 과장하게 된다.

증거들은 이러한 편향성이 본 연구에서 고려된 사건들에서 작용하고 있음을 제시한다. 예를 들어 1950년대 중반, 미국은 시리아에 좌파 성향의 정부가 등장하자 깜짝 놀랐고, 시리아 정권을 압박하거나 전복하기 위한 활동을 시작했다. 하지만 이러한 행동은 오히려 시리아인들이 이집트 및 소련과 긴밀한 관계를 맺게 만들었다. 미국의 행동은 시리아의 좌파 정권이 적대적이며 친소련적이라는 믿음을 확인시켜 주었고, 시리아, 이집트, 소련 세 나라 좌파 정부들 간의 결집을 강화시켰다.[8] 같은 방식으로, 아랍의 "반동 세력"에 대한 나세르의 반복된 공격은 사우디아라비아, 요르단 그리고 이라크가 그들의 전통적인 왕조 간 경쟁에도 불구하고 이집트에 맞서 동맹을 맺게 했다. 이러한 동맹은 왕정 연대라는 독립적인 힘의 결과라기보다 나세르 행동의 결과로 볼 수 있다.

마지막으로, 거짓(spuriousness)의 가능성이 있다. 만약 제3의 변수가 국내적 이념과 특정 동맹에 대한 편향 모두에 영향을 미친다면, 관찰된 관련성은 이념과 동맹 사이의 관계를 과장하게 된다. 따라서 이념이 초강대국의 동맹 선택에 명백히 강력한 영향을 미치는 것은 정권의 유형(민주주의, 군주제 등)과 특정 초강대국과의 동맹에 대한 편향 모두에 영향을 미치는 제3의 변수 때문일 수 있다. 만약 이 가설이 맞다면(나는 나중에 이 가설이 맞는 것처럼 보인다는 점을 보여준다), 그렇다면 이념의 실제 영향은 관찰된 관련성보다 더 작아진다.

이러한 개략적 고찰은 이념과 동맹 사이의 관계가 복잡하다는 것을 제시한다. 따라서 이제는 초강대국과 지역 피후원국 간 관계에 대한 이념의 역할을 시작으로, 동맹에 대한 좀더 세부적인 분석을 해보자.

중동에서의 이념과 초강대국 동맹

여기서는 초강대국과 그 피후원국 간의 이념적 친화성을 설명하면서 3가지 질문에 초점을 맞춘다. 1) 초강대국과 피후원국이 공유하는 믿음이나 특성이 정확히 무엇인가? 2) 이 특성들은 어느 정도까지 동맹을 조장하거나 방해하는가? 3) 이러한 경향에 영향을 미치는 조건은 무엇인가? 이 분석은 초강대국과 중동 국가들 사이의 이념적 일치는 주로 외교정책의 영역에 한정된다는 점을 밝힌다. 다시 말해, 동맹은 공유하는 국내적 특성보다 공통의 외교정책 목표를 기반으로 한다. 그러므로 이념적 연대는 본질적으로 균형 행동의 한 형태이며, 국내적 특성과 동맹 선호 사이의 분명한 관계는 부분적으로는 거짓이다. 먼저 소련의 사례를 살펴보자.

소련의 경험

소련의 분석가들은 마르크스-레닌주의가 세계적 사건들의 분석을 위한 과학적 기초를 제공한다고 주장한다. 마르크스-레닌주의는 외교정책이 국가 학습의 산물이라고 단정하기 때문에, 소련은 동맹을 선택할 때 국내 및 이념적 요인들에 특히 민감할 수밖에 없다.[9] 만약 이념이 이러한 동맹에서 중요한 요인이라면, 소련이 1) 마르크스-레닌주의 전위 정당에 의해 통치되고, 2) 사회주의 경제정책을 따르며, 3) 이념적으로 제국주의 반대에 헌신하는 국가들과 동맹을 맺을 것으로 예상할 수 있다. 그러나 이념이 중요한 요인이 아니라면, 소련의 동맹국에는 국내적 특성이나 이념적 특성이 다른 국가들이 포함되어야 한다. 관련 기록은 무엇을 보여주는가?

국내 이념: 마르크스-레닌주의 vs 아랍 사회주의

몇 가지 주목할 만한 유사성이 소련과 중동의 주요 동맹국의 국내 정치체제 사이에 존재한다. 1950년대 중반의 시리아와 예멘을 제외하고, 소련의 모든 동맹국들은 단일 정치 집단(예를 들어, 바트당)에 의해 지배되는 권위주의 체제였다. 그들은 모두 '혁명적 사회주의'를 공식적인 이념으로 선언했고, 내부의 반대를 용납하지 않았다. 따라서 넓은 의미에서, 소련은 국내적으로 유사한 성격을 가진 국가들과 동맹을 맺어왔다고 할 수 있다.

그러나 동시에 중요한 차이점도 있다. 시리아와 이라크는 본 연구에서 검토하는 대부분의 시기 동안 경쟁 정당들을 허용했다. 두 국가에서는 소련과 다르게 군대가 정치적으로 큰 역할을 했다(그리고 이집트와 예멘에서도 마찬가지였다). 그리고 가장 중요한 사실은, 남예멘과 시리아의 신바트당을 제외하고 소련의 다른 중동 동맹국들은 마르크스-레닌주의를 거부했다는 것이다. 실제로 이들 국가들에서 공산주의자들은 종종 억압되었다.

역사적 기록은 마르크스주의 수용과 지역 공산주의자들에 대한 관대한 태도가 소련과의 동맹의 필요조건이 아니라는 것을 보여준다. 그러나 증거는 또한 이러한 요인들이 아주 무관하지는 않다는 것을 시사한다. 지역 공산주의자들에 대한 관용은 대개 보상을 받았으며, 잔혹한 대우는 가끔 처벌을 받았다. 비록 이념적 일치가 명백히 제한적이고 다른 요인들이 훨씬 더 중요할지라도, 국내 정치적 요인들이 전혀 효과가 없다고 결론내리는 건 실수하는 것이 된다.

이집트의 경우, 나세르는 지역 공산주의 운동을 자신의 정권에 중대한 위협을 가하는 세력으로 보았다.[10] 이러한 견해는 그의 소련 후원자들도 알고 있는 사실이었다. 이와 관련하여 1956년 흐루쇼프(Khrushchev)는 "나세르는 공산주의자인가? 확실히 아니다. 그럼에도 불구하고 우리는 나세르를 지원한다. 우리는 그를 공산주의자로 바꿔놓고 싶지 않으며, 그 또한 우리를 민족주의자로 바꿔놓고 싶어하지 않는다"고 말했다.[11] 이러한 진술은 이념적 차이에 대한 관용을 드러낸다. 하지만 1959년과 1961년 이집트와 시리아의 공산주의자에 대한 나세르의 공격은 카이로와 모스크바 간 불화로 이어졌다. 나세르는 이집트와 시리아의 공산주의자들을 소련의 "꼭두각시"로 묘사했고, 그들이 "이집트와 시리아를 공산주의 영향권에 편입시키려는 명령을 수행하고 있다"고 비난했다.[12] 이에 대해 흐루쇼프는 나세르를 "성급한 젊은이"라고 부르면서 공산주의에 대한 그의 반대를 "반동적인 활동"이라고 묘사했다.[13]

1961년 후르시초프는 소련을 방문한 이집트 대표단에게 "여기에 있는 사람들 중 일부는 미래에 공산주의자가 될 것입니다. 삶은 스스로를 인간에게 부과하기 때문입니다"라고 말했다.[14] 이집트인의 대답은 직설적이었다. "인류의 역사적 발전이 자본주의로 시작해서 공산주의로 끝나는 막다른 길을 따라간다고 믿지 않습니다. 이념적 사고의 영역은 모든 사람에게 열려 있다고 믿습니다."[15] 또한 나세르의 준공식적 대변인인 무하마드 헤이칼(Mohamed Heikal)은 이 점을 강조하기 위해 이집트의 아랍 사회주의와 소련 공산주의의 차이점을 세부적으로 설명하는 일련의 논문을 발표하기도 했다.[16]

1964년 이러한 문제들에 대한 부분적 타협이 이루어지면서 소련과 이집트의 관계는 더 확대되었다. 나세르는 감옥에 수감되어 있던 이집트 공산주의자들을 방면했는데, 이들이 공식적인 당인 아랍사회주의연합에 합류하는 조건을 달았다. 이는 이념과 관련된 문제들이 양국 모두에게 중요하지만 다른 분야에서의 광범위한 협력을 막을 만큼 중요하지 않았다는 것을 시사한다.[17]

이집트는 소련의 지원을 환영하면서도 마르크스주의를 계속해서 거부했다. 심지어 6일 전쟁 이후 소련에 전례 없이 의존하는 상황에서도, 헤이칼은 소련과 이집트의 협력이 주로 공통의 이익에 기인한다고 주장했다. 이념 문제와 관련해서 "소련이 말하는 모든 것을 논란의 여지가 없는, 그리고 높은 곳에서 하달되는 것으로 보는 것은 실수이다"라고 말했다.[18] 그리고 1970년에 나세르는 1950년대 이후 자신의 태도가 조금씩 바뀌었다고 밝혔다. "소련은 공산주의 사회이지만 우리는 그렇지 않다. 이것이 중요한 문제인가? 그렇지 않다. … 소련은 우리에게 공산주의를 채택하도록 요청하지 않았고 우리도 소련에게 이념을 바꾸거나 우리의 정치 체제를 채택하도록 요구하지 않았다."[19] 같은 맥락에서, 안와르 사다트(Anwar Sadat)는 "아랍은 마르크스주의자가 되지 않을 것이다. 그리고 마르크스주의 정권이 우리 지역에 존재하는 것을 허용하지 않겠다"라고 소련 대사에게 말했다.[20] 하지만 사다트의 이러한 신념도 소련이 이집트의 이익에 기여하는 한, 이집트와 소련의 관계를 단절시킬 수는 없었다.

소련의 시리아 및 이라크와의 관계는 또한 마르크스주의와 지역 공산당에 대한 지도층의 태도에 영향을 받았지만 결정적인 것은 아니었다. 1950년대 중반, 소련의 시리아 지원은 시리아 공산당이 아랍 세계에서 가장 큰 공산당이라는 사실에 의해 고무되었다.[21] 소련으로서는 불행하게도, 시리아가 이집트와 연합했던 동안 시리아 공산당은 억압을 받았으며, 바트당은 마르크스주의 사상에 적대적이었다. 바트당 공동 창립자는 이렇게 말했다. "공산주의와 아랍의 역사, 그리고 공산주의와 아랍의 지적인 전통 사이에는 아무 연관이 없다. 마르크스주의는 아랍이 필요로 하는 진정한 사회주의를 변질시킨다."[22] 그리고 소련 언론은 공산주의자들에 대한 시리아 바트당의 정책에 비판적이었고, 소련의 시리아 지원은 1960년대 중반까지 소규모였다.[23]

그러나 시리아의 바트당이 급진적으로 변하고 마르크스주의 원칙을 다수 채택하면서 소련의 지원은 상당히 증가했다. 1966년 무렵 신바트당은 다수의 공산주의자들이 내각에 들어오는 것을 환영했고, 시리아 공산당 대표인 칼리드 바크다쉬(Khalid Baqdash)가 망명에서 돌아오도록 허용했으며, 소련이 "사회주의로 가고 있는" 나라들에게 제공하는 "중요한 교훈들"에 대한 지지를 표명했다.[24] 소련은 1958년 이래 처음으로 시리아에 상당한 규모의 외교적, 군사적, 경제적 지원을 제공하기 시작했으며, 이제는 시리아를 중동 지역의 주요 진보 정권 중 하나로 보았다.[25]

이후의 소련과 시리아 관계는 또한 이러한 관심사의 타당성과 한계를 모두 보여준다. 소련은 1969년과 1970년 사이의 아사드(Hafez el-Assad)와 자디드(Salah Jadid)의 권력 투쟁 당시 마르크스주의 원칙에 대해 더 크게 공감하는 자디드를 더 선호했다. 그러나 이러한 행동과 재건된 시리아 공산당의 행동이 다른 바트주의자들로 하여금 소련의 의도를 의심하게 만들자, 소련은 재빨리 중립적인 입장을 취했다.[26] 그리고 공산주의자들에게도 시리아의 국민전선당 내에서 명목적인 역할이 주어졌지만, 바트주의자들은 자신들의 지배적인 위치를 조심스럽게 방어했다.[27]

이러한 상황은 이라크에서도 동일하게 나타났다. 소련과 이라크의 관계는 이라크 공산당이 영향력 있는 지위에 있거나 적어도 용인되었을 때 정점에 있었다. 카셈(Qassem)에 대한 소련의 지원은 이라크 공산당의 전성기와 일치했고, 카셈은 1959년 경쟁자인 바트주의자들을 이기기 위해 소련의 지원을 활용했다. 실제로 소련은 이 기간 동안 정확히 이런 이유로 이집트보다 이라크를 더 선호했다.[28] 그러나 카셈이 변하여 이라크 공산당을 압박하자, 소련의 지원은 급속하게 감소했다.[29] 하지만 카셈의 반제국의적 태도는 이라크가 바그다

드 협약에 가담했던 시절에 비해서는 여전히 나아진 것이기 때문에 지원 중단으로 이어지지는 않았다.[30]

소련 입장에서 카셈을 계승한 바트주의자들은 훨씬 더 나빴다. 이라크 바트당은 1964년 아레프(Aref) 장군에 의해 축출될 때까지, 이라크 공산당을 상대로 유혈 탄압을 벌였고 1959년의 패배를 이라크 공산당의 탓으로 돌렸다. 소련의 반응은 이념적 고려가 전적으로 무관하지 않다는 것을 보여준다. 바트 정권은 파시스트로 묘사되었고, 그 지도자들은 "대량 보복"과 "무도한 살상"에 대해 비난을 받았으며, 소련의 경제 및 군사 원조는 중단되었다.[31] 비록 아레프 정권 하에서 관계가 개선되었지만, 이라크 공산당은 여전히 금지되었고 소련의 이라크 지원은 이집트나 시리아에 제공된 원조에 비해 소규모였다. 의미심장하게도, 이라크는 단지 조건부로 "진보적" 정권으로 불렸다.[32]

1968년 바트당이 다시 권력을 잡았을 때, 1972년 우호 및 협력 조약으로 이어졌던 소련과의 화해는 지역 공산주의자들에 대한 이라크의 더 큰 관용을 동반했다. 시리아에서처럼 공산주의자들은 국민전선으로부터 환영을 받았는데, "우호 조약"으로 가는 길을 닦기 위해 의도된 조치였다.[33] 하지만 그 이후의 상황으로 인해 이러한 양보의 전술적 본질이 드러났다. 1978년 수십 명의 공산주의자들이 군대 내에서 세포 조직을 구축하다 발각되자, 바트주의 정권은 그들을 처형하고 이라크 공산당을 다시 억압했다. 비록 이러한 사건들이 1970년대 후반 소련과 이라크 관계의 전반적 쇠퇴에 기여했을 수는 있지만, 흥미롭게도 소련은 이번에는 지원을 끊지 않았다.[34]

마지막으로, 소련과 두 예멘과의 관계는 제한적인 국내적 이념의 중요성을 보여준다. 소련은 1950년대 이맘 국가(Imamate)—봉건적 특성에도 불구하고—를 지지했으며, 그 이후 혁명 정권도, 1970년에 권력을 잡은 온건 정권도 마르크스주의에 대한 선호를 보이지 않았음에도 예멘과 좋은 관계를 유지했다. 이와 대조적으로 남예멘은 진정한 마르크스-레닌주의 지배 정당을 지닌 유일한 중동 국가였다. 남예멘의 집권세력은 점점 더 소련식 마르크스주의에 골몰했고, 소련과의 관계가 빠른 속도로 발전했다. 그 결과 중 하나가 1979년 양국 간 공식 조약의 체결이었다. 소련은 북예멘에도 무기와 경제 원조, 그리고 고문단을 파견해왔지만, 인구는 적지만 이념적으로 더 일치하는 남예멘 정권과의 관계는 이 시기 내내 더 광범위하고 일관적이었다.[35] 즉 소련의 다른 피후원국에서처럼, 소련 마르크스주의 사상의 수용은 동맹을 촉진했지만, 전제조건과는 거리가 멀었다.

국내 경제정책

마르크스−레닌주의 이념에서 경제적 요인이 가장 중요하다는 점을 고려한다면, 누구나 소련이 국내 경제정책이 가장 유사한 국가들과 주로 동맹을 맺을 거라고 예상할 것이다. 증거들은 엇갈린다. 소련은 그들의 피후원국이 주요 부문의 국유화와 중공업 발전 등 다양한 사회주의 경제정책을 채택하도록 권장해왔다. 그리고 일반적으로 소련과 유사한 경제정책을 가진 국가들을 선호했다. 그러나 소련의 경제적 관행에 순응하는 경우는 소련의 중동 피후원국들 사이에서 매우 제한적으로 나타났으며, 이는 이러한 요인이 동맹 선택을 결정하는 데 있어 매우 중요하지는 않다는 것을 나타낸다.

예를 들어, 1950년대 소련은 이집트, 시리아, 예멘 그리고 이라크에 기꺼이 지원을 더 확대하려고 했는데, 이들 중 어느 국가도 소련과 유사한 경제정책을 추구하지 않았다. 그러나 1960년대 들어 이집트는 공공연하게 사회주의 개발계획(1959년에 시작되었고 은행과 산업의 국유화, 공공부문에 대한 국가의 지원, 산업 개발을 위한 야심찬 5개년 계획 등을 특징으로 했다)을 추진했고, 흐루쇼프는 1964년 이집트를 방문했을 때 이집트의 사회주의 건설 노력을 칭찬했다. 유사하게, 시리아의 바트당이 1965년에서 1966년까지 더 급진적인 사회주의 계획을 시작하자 소련의 지원이 크게 증가했다.[36] 또한 소련은 1971년 이라크가 석유산업을 국유화할 수 있도록 경제적 지원을 했으며, 이라크의 사회주의 경제개발계획은 1972년의 우호조약으로 나아가는 데 도움이 되었다.[37] 즉, 소련의 지원과 피후원국이 사회주의 경제원칙을 채택하는 정도 간 약간의 관계는 1960년대와 1970년대 초 내내 관찰된다. 하지만 국제적 조건들(예를 들어, 예멘 전쟁과 이스라엘과의 군비경쟁 가속화)이 소련과 중동 피후원국들 사이의 관계를 확장하는 데 있어 더 큰 역할을 한 것으로 보인다.

게다가 소련의 경제정책과 동맹국들의 경제정책 사이에는 중요한 차이가 있었다. 예를 들어, 소련의 모든 피후원국들은 은행이나 중공업과 같은 특정 분야를 국유화했지만, 민간 부문의 역할도 꽤 중요하게 남아 있었다. 마찬가지로, 아랍 사회주의 국가들에서 중앙 계획의 역할은 소련보다 훨씬 제한적이었다. 더욱이 소련이 중공업 발전을 지원했음에도 불구하고 이집트와 시리아에서는 경공업과 소비재가 훨씬 더 강조되었다.[38] 또한 이집트와 시리아 사회주의에서 토지개혁이 중요한 부분이었지만, 소련에서 행해진 대규모 집단화보다는 훨씬 덜 광범위했다.[39] 즉, 소련의 경제 모델로 전환한 중동 국가는 몇 없었으며, 소련과 중동의 동맹국들 사이에는 그들의 유사성만큼이나 많은 차이가 있었다.

마지막으로, 소련의 경제정책을 얼마나 따르는가는 소련이 지원 수준을 결정할 때 크게 중요한 요소가 아니었다. 앞서 언급했던 것처럼, 1950년대 소련에게는 그것이 거의 중요하지 않았다. 더욱이 워터베리(John Waterbury)는 소련이 이집트가 사회주의 전환을 계속하는 데 필요한 원조 제공을 거절하면서, 1966년 나세르가 이집트의 사회주의 프로그램을 완화하도록 유도했을 수 있다고 말했다. 더 분명한 것은, 1974년 아사드 정권이 1965년 바트당이 제정한 다수의 사회주의 법령을 파기하기로 결정했음에도 불구하고, 시리아에 대한 소련의 외교 및 군사적 지원은 10월 전쟁 이후 증가했다는 사실이다. 게다가 같은 시기에 이라크가 서방과의 경제관계를 개선시키는 데 집중하고 있었음에도 소련은 이라크와 가까운 동맹을 유지했다. 또한 소련은 북예멘의 경제가 거의 민간 영역에 의해 유지되고 있음에도 불구하고 여러 차례 대규모 군사 원조를 제공했다.[40] 요컨대, 소련이 자신과 유사한 경제정책을 지닌 동맹국을 선호했다고 해도, 이 기준을 고수하는 것이 정치적으로 비용이 많이 들 때는 기꺼이 그것을 무시해왔다. 마찬가지로, 소련과의 동맹이 이 지역 국가들이 소련의 경제개발 모델에 이끌렸다는 것을 의미하지는 않는다.

지금까지 2가지 요점이 도출되었다. 첫째, 소련은 마르크스주의 사상을 수용하거나 최소한 용인하거나, 또는 공공연하게 사회주의 경제정책을 추구하는 국가들에 대해 어느 정도의 선호를 보여왔다. 이와 유사하게, 이러한 정권들 또한 소련과의 동맹을 더 선호하는 경향을 나타냈다. 둘째이자 훨씬 더 중요한 것으로, 소련은 필요하다면 이러한 선호를 기꺼이 무시할 준비가 되어 있었다. 따라서 우리는 순전히 국내적 요인들이 중요하긴 하지만 그 중요도가 높지 않다는 결론을 내릴 수 있다. 이제는 실제 외교정책의 영역에 있어서 이념의 영향을 살펴보자.

제국주의에 대한 반대

소련과 중동 동맹국들 사이의 이념적 관계에서 공통점은 제국주의에 대한 반대였다. 소련의 동맹국들이 이전에 식민지 혹은 보호령이었다는 것을 감안할 때, 이들 국가들은 서방 등 외부의 개입에 대해 당연히 민감하며, 이에 따라서 이러한 관계는 놀라운 것이 아니다.

이러한 정서를 이용하려는 소련의 노력은 흐루쇼프가 1956년 스탈린이 제시한 "두 진영(자본주의와 사회주의)"에 "방대한 평화지대"라는 새로운 범주를 추가했을 때 본격적으로 시작되었다. 특히 흐루쇼프는 이전의 식민지들이 "폐쇄적인 제국주의 군사동맹 참여"를 거절한 것에 대해 칭찬했다.[41] 1961년 제22차 당대회는 민족해방운동에 모든 섹션을 할애했고, 소위 제3세계의 민족민주주의는 "진보적이고 혁명적이며, 반제국주의적인 힘(force)"으로 묘사되었다.[42] 1964년 모스크바는 "비자본주의적 방식을 진심으로 옹호"하는 "혁명적 민주주의자"에 대해 이야기했다.[43] 소련의 한 학자에 의하면, 이 지도층들은 "제국주의적 부르주아의 억압에 맞서 싸우고 있습니다. … 민족 해방 운동의 반제국주의적 지향은 그것이 세계 사회주의 혁명의 일부가 되게 합니다."[44] 비록 소련의 평론가들이 이러한 친밀성을 이용하는 최선의 방법을 놓고 분열되었지만, 이들 국가들이 제국주의에 대항하는 유용한 동맹국이 될 것이라는 믿음은 거의 도전 받지 않았다.[45] 이러한 견해는 이집트, 시리아, 이라크와 남예멘의 지도층들이 모두 제국주의적 활동에 대한 소련의 불신을 공유했다는 사실에 의해 지지를 받았다.

이집트에서 제국주의에 대한 반대는 소련-이집트 협력의 중요한 동기일 뿐만 아니라 나세르의 경력 전반에 걸쳐 변함없는 논지였다.[46] 1957년 이집트의 자유 장교단(Free Officers)에 대한 소련의 의구심은 "이집트의 반제국주의, 반봉건주의 프로그램이 구체화되고 있다"는 주장에 자리를 내주었다.[47] 소련의 언론은 "제국주의적 군사동맹"에 대한 이집트의 거부를 칭찬했으며, 나세르의 첫 번째 소련 방문 직후 발표된 공동 성명서는 구구절절이 식민주의를 비난했다.[48] 이와 관련하여 1959년 후르시초프는 다음과 같이 말했다. "우리와 통일 아랍공화국(UAR) 지도자들은 이념 분야에서는 서로 다른 견해를 가지고 있지만, 제국주의에 대한 투쟁의 문제에서 우리의 입장은 그들과 일치한다."[49]

소련과 이집트의 동맹이 긴밀해지면서, 반제국주의 협력에 대한 공식적인 강조가 증가했다. 1964년 후르시초프가 이집트를 방문하는 동안에 발표된 공동 성명서는 제국주의와 해외 군사기지에 대한 명시적 비난을 포함했고, 1960년대 중반 동안 "제국주의에 대항하는 진보 세력의 통일전선"을 창설하고자 노력했다. 나세르는 소모전(War of Attrition) 당시, 자신의 반제국주의적 입장과 소련의 이집트 지원 사이에는 직접적인 연계가 있다고 보았다. "우리의 투쟁이 계속될 수 있게 하는 유일한 수단은 소련과 동맹을 맺는 것이다. … 우리는 미국에 굴복하고 제국주의에 항복하거나 아니면 맞서 싸워야 한다. … 여기서 우리는 소련에 동의해야 한다. 우리는 제국주의에 맞서 투쟁하는 중이며 민족 해방을 지지한다."[50] 또한 다위샤(Karen Dawisha)는 소련과 이집트의 관계에 대하여 다음과 같이 결론지었다. "소련 이념의 반제국주의적 요소는 1950년대와 1960년대에 변함없이 반서방 정책을 추구했던 이집트의 지도자들에 의해 확실히 공유되었다."[51]

시리아와 소련의 협력에 있어서도 동일한 신념이 도움이 되었다. 바트당과 같은 단체들의 반제국주의적 정서를 감안할 때, 1950년대 시리아에 대한 서방의 압박은 단지 모스크바와의 더 긴밀한 유대를 유발했을 뿐이었다.[52] 그런 까닭에 시리아의 칼리드 알 아즘(Khalid al-Azm) 수상은 수에즈 위기 동안 아랍 국가들에 대한 소련의 지원을 칭찬하면서, "소련의 개입이 제국주의 세력이 가하려 했던 대재앙으로부터 아랍을 구해냈다"고 주장했다.[53]

1960년대 바트당이 더욱 급진적으로 변화함에 따라, 소련과 시리아의 이념적 친밀성과 협력 범위가 모두 증가했다. 바트당은 1963년 제6차 전국 대표 회의에서 "새로운 사회 건설이 제국주의에 대한 지속적인 투쟁 없이 성취될 수 있다고 생각하는 것은 순수한 환상이다"라고 선언했으며, "비동맹 정책이 사회주의 세계 사람들과 관계를 강화하는 것을 막아서는 안 된다"고 결론 내렸다.[54]

1966년 권력을 쟁취한 신바트당은 이념적 양립 가능성에 더 큰 중점을 두었다. 시리아의 수상 유수프 주아인(Yusuf Zuayyin)이 1966년 4월 모스크바를 방문하는 동안 공동 선언문이 발표되었다. "(양국은) … 제국주의 세력에 의한 외세의 점령에 대항하는 … 아랍인들의 투쟁에 대한 단호한 지지를 선언했다. 양국은 제국주의 국가들이 강요한 … 불공평한 조약에 맞서 … 자유를 획득한 국가들의 투쟁을 지지한다. … 그리고 또한 해외 기지 청산을 위한 투쟁을 지지한다."[55] 비록 1970년 신바트당은 축출되었지만, 시리아는 소련과 긴밀한 관계를 유지하면서 모든 형태의 제국주의에 대한 일관된 반대를 계속해서 유지했다.[56]

소련과 이라크의 관계 또한 유사한 경향을 나타냈다. 사이드(Nuri al-Said) 정권을 전복한 혁명주의자들에 대한 소련의 지지는 당연히 "제국주의적" 바그다드 협약에 대한 소련의 반대에서 비롯된 것이었다.[57] 1963년 아레프(Aref)가 이라크의 바트당을 축출한 후 제국주의에 대한 일관된 반대를 표명하자, 소련은 이라크를 "제국주의자들의 음모에 저항하는 아랍 국가들" 중 하나로 묘사했다.[58] 그리고 1968년 바트당이 재집권했을 때, 그들의 반제국주의적 이념은 소련으로 하여금 긴밀한 관계를 바라는 이라크를 호의적으로 바라보게 했다. 1971년 선포된 이라크의 국가 헌장에 의하면, 이라크의 외교정책은 "세계 제국주의에 대한 투쟁 정책의 단호한 고수, … 상호이익을 확보하는 식으로 사회주의 진영 정부 및 국민들과의 관계 공고화, 그리고 제국주의를 물리치기 위한 세계 투쟁의 균형 제고"[59]를 강조했다. 따라서 1972년의 소련-이라크 우호조약을 통해 두 나라는 "제국주의와 시온주의에 대한 가차없는 투쟁"을 약속했다.[60] 1974년 1월 개최된 이라크 바트당의 제8차 지역회의 정치 보고서에 의하면, "우리의 투쟁은 주로 제국주의, 시온주의 그리고 그들의 지역 동맹국 등 특정한 국제 세력을 겨냥한 것이다. 이러한 이유들로, 그들과 견줄 수 있는 자원을 가진 다른 국제세력과의 동맹은 올바른 조치이다. 소련과 사회주의 국가들은 강하고 선진적인 국가들 중에서 우리와 가장 가깝다. 많은 문제에 대한 의견 차이에도 불구하고 그렇다. 그들은 원칙, 목적, 이익에 있어서 우리와 가장 가깝다. 혁명의 동맹은 당연한 것이다."[61] 시리아와 이집트의 경우처럼, 제국주의에 대한 반대는 소련과 이라크 간의 주요한 이념적 연결고리였다.

마지막으로, 제국주의에 대한 반대는 남·북예멘과 소련의 관계를 촉진했다. 비록 이맘(Imam, 최고지도자)이 통치하는 북예멘은 진보적이지 않았음에도 불구하고, 소련은 아메드(Ahmed)에게 군사 장비를 제공하고 그의 군대를 훈련시키는 한편 영국 제국주의에 대한 그의 적대성을 칭찬했다.[62] 이 사례는 특히 흥미로운데, 외교정책 목표가 일치할 경우 국내적 특성이 전혀 무관할 수 있다는 것을 보여주기 때문이다. 이맘 정권(the Imamate)을 전복한 혁명가들은 아라비아 반도에서 제국주의의 영향력을 약화시킬 수 있는 더 나은 기회를 제공했으며, 소련은 내전이 끝날 때까지 이 공화주의 분파에게 상당한 지원을 제공했다.[63] 남예멘의 제국주의에 대한 변함없는 적대성—영국의 지배에 대한 장기간 투쟁의 유산—은 소련과의 긴밀한 관계에 대한 충분한 이념적 정당화를 제공한다.[64] 물론, 중동 지역에서 유일한 마르크스주의 정권으로서 남예멘은 더 실질적인 이념적 유대 또한 갖고 있다. 이런 의미에서, 남예멘은 규칙보다는 예외에 더 가깝다고 할 수 있다.

지금까지의 분석을 요약하면 다음과 같다. 국내적 특성과 소련과의 동맹 사이에는 어떤 관련성이 있지만, 강한 것은 아니다. 소련의 동맹국들은 거의 항상 마르크스-레닌주의를 거부해왔으며, 종종 미국이나 이스라엘 등의 다른 국가들보다도 국내 공산주의자들을 더 수용하지 못했다. 게다가 대부분의 소련 동맹국들은 특정 사회주의 경제정책을 채택했지만, 소련의 모델을 따르지 않았다. 하지만 이러한 차이는 그들이 소련의 지원을 구하는 것을 막거나 소련이 지원을 중단하도록 만들지 못했다.

중요한 것은 제국주의에 대한 반대였다. 이와 관련하여 나세르는 다음과 같이 말했다. "우리는 소련과 하나의 공통 목적을 가지고 있다. 그것은 제국주의에 저항하는 것이다. … 우리의 이념적, 국가적 이익은 제국주의에 반대하는 것이다. 소련의 이념적 이익과 전략은 제국주의에 반대하는 것이다."[65] 또한 시리아의 대통령 아사드는 다음과 같이 말했다. "소련은 그들 자신의 이익을 염두에 두고 우리를 돕는다. 그것은 미국의 세력 팽창을 막는 것이다. 그러나 … 소련의 이익은 우리의 이익과 일치한다."[66] 그리고 소련 또한 이에 확실히 동의했다. 이는 소련의 저명한 전문가가 주장한 것을 통해 알 수 있다. "중요한 것은 … '민족 민주주의'가 여전히 비마르크스주의적 경향이라는 사실이 아니라 실제로 제국주의에 맞서 싸운다는 점이다. … 그리고 혁명적 민주주의자들은 새로운 사회를 만들기 위해 건설적인 노력을 한다. … 이것이 개발도상국의 혁명적 민주주의 프로그램에 대한 마르크스주의자의 태도를 결정하는 요인이다."[67]

이념적 합의가 대체로 외교정책에 한정된다는 사실은 중요한 해석의 문제를 제기한다. 만약 이념적 연대의 가장 중요한 요소가 '제국주의에 대한 반대'라는 외교정책의 핵심 요소에 대한 합의라면, 이는 국가들이 외교적으로 추구하는 이익이 유사할 때 동맹을 맺는 경향이 더 크다고 할 수 있다. 그리고 만약 이념적 연대가 주로 외교정책의 영역에 한정된다면, 이는 단지 균형 행동의 다른 형태로 보아야 한다. 특히 소련과 그 동맹국들은 그들이 인식하는 공통적인 위협에 반대하려는 열망으로 결속되었다. 따라서 문제는 다음과 같다. 만약 소련과 중동의 동맹국들을 결속시키는 것이 제국주의에 대한 반대라면, 중동의 좌익 정권들은 왜 제국주의를 특별히 위협적이라고 보는가? 이에 대한 대답은 미국의 동맹을 설명하는 데도 도움이 되기 때문에, 답을 제시하기 전에 먼저 미국의 경험을 설명하도록 하겠다.

중동에서의 이념과 미국의 동맹

　만약 이념적 연대가 동맹의 가장 중요한 요인이라면, 중동 지역에서 미국의 동맹국은 거의 없을 것이다. 미국이 보수적인 군주국가인 이라크, 요르단, 사우디아라비아와 의회 민주주의 국가인 이스라엘, 레바논, (1975년 이래) 온건한 권위주의 정권인 이집트와 동맹을 맺어왔다는 것은 이념적 요인이 상대적으로 중요하지 않다는 사실을 나타낸다.[68] 게다가 미국은 시리아와 이집트의 공공연한 사회주의 정책을 무시하면서 여러 차례 두 나라와 더 긴밀한 관계를 추구했으며, 1970년대 말에는 북예멘의 권위주의적 정권에 군사 및 경제 원조를 제공했다.[69]

　소련의 경우처럼, 미국과 중동 지역 동맹국들 사이의 이념적 연대는 대체로 외교정책의 문제로 한정된다. 소련의 동맹국들이 제국주의에 대한 변함없는 반대를 주장한 것처럼, 미국과 그 중동 동맹국들은 대체적으로 혁명적 변화와 소련의 공산주의를 혐오했다. 보수적인 아랍 국가들은 공산주의가 무신론적이고 군주제에 대해 공개적으로 적대성을 드러내기 때문에 그것을 의심한다. 사우디아라비아와 요르단은 미국과의 동맹을 선호했는데, 그들과 마찬가지로 미국도 공산주의에 적대적이라고 여기기 때문이다.[70] 같은 논리로, 미국이 나세르의 이집트, 시리아의 바트당, 그리고 남예멘과 좋은 관계를 맺지 않은 것은 예멘 사태에 대한 이집트의 개입처럼, 이 국가들이 혁명적 목표를 실행하고 있다는 점과 그들이 미국을 세계의 주요 제국주의 국가로 인식한다는 점 때문이었다.

　미국과 그 동맹국들의 이념적 연대는 다른 측면에서도 제한적이다. 소련이 아랍 통합, 아랍 사회주의, 혹은 이스라엘 제거를 수용하지 않았던 것처럼, 미국은 이스라엘과 같은 복지 신정국가(welfare-state theocracy)도 아니었고 사우디아라비아, 요르단과 같은 이슬람 군주국도 아니었다. 미국은 서안지구에 대한 이스라엘 주장의 이념적 토대나, 미국의 다양한 아랍 동맹국들의 반이스라엘주의 모두를 공식적으로 거부했다. 비록 사우디아라비아가 소련과의 외교관계 수립을 여전히 거부하고 있을지라도, 이념적 차이는 요르단의 후세인이 모스크바와의 관계를 수립하거나, 또는 미국이 지원을 망설일 경우 소련과의 관계를 강화하겠다고 위협하는 것을 막지 못했다. 요컨대, 중동에서 미국과 소련의 동맹국들 모두 그들 사이의 이념적 일치는 외교정책의 영역에서조차 완벽하지 않았다.

이념의 영향 설명하기

이러한 분석은 중동 지역에서 이념과 초강대국 동맹의 관계에 대해 무엇을 드러내는가? 세 가지로 요약할 수 있다. 첫째, 비록 소련이 좌익 정권들과 동맹을 맺었고 미국은 그렇지 않을지라도, 미국과 소련 누구도 그들의 동맹국들이 그들과 유사한 국내 정치를 따라야 한다고 고집하지 않았다. 두 초강대국의 피후원국들은 결과적으로, 그럴 의향을 거의 보여주지 않았다. 표면적으로는 외국의 영향력을 제거하기 위해 권력을 장악한 진보적인 아랍 국가들의 민족주의적 지도자들은 외국의 이념을 수용하는 것을 당연히 꺼렸다. 이와 관련하여 나세르는 다음과 같이 말했다. "이집트는 모든 외국의 이념들로부터 이념적 독립성을 유지하기로 결정했다." 또한 바트당의 공동 창립자인 알프라크(Michel Aflaq)는 "공산주의와 자본주의 모두 아랍 국가들에게 낯설다"고 주장했다.[71] 이는 보수적인 아랍 국가들에 있어서, 외국 이념의 확산은 그들의 전통적 권위를 약화시키며 정치적 자살을 자초하게 된다. 따라서 대부분의 중동 국가들은 두 초강대국의 국내적 이념을 거부했다.

둘째, 이념적 일치가 동맹의 선택에 영향을 미친 정도는 제국주의에 대한 반대와 같은 외교정책의 선호에 국한된다. 결과적으로, 국내 이념과 초강대국의 동맹 간의 연관성은 일정 부분 거짓일 수 있다. 특히 이는 부분적으로 영국과 프랑스 제국주의의 유산과 2장에서 설명한 자기충족적인 역학에 기인한다.

제국주의 유산은 여러 가지 영향을 미쳤다. 제국주의 세력들은 통치의 기반을 자신의 통제 하에 있는 지역의 전통적인 지배세력(예를 들어, 요르단과 이라크의 하셈이나 이집트의 파루크 왕)과의 긴밀한 관계에 두었다. 따라서 영국과 프랑스의 통치에 대한 반대는 이들 국가에서 지배적인 보수적 정치사회 질서에 반대하는 것이 되었다. 그 결과, 혁명주의자들이 집권한 어느 지역이든 그들의 보수적인 전임자들과 상반되는 국내 및 대외 정책을 채택했다. 따라서 진보적인 정권들은 그들의 국내적 반대 세력이 보수적이라는 이유로 좌파가 되었으며, 그들이 전복한 정권들이 과거 제국주의자들의 산물이었기 때문에 반제국주의자가 되었다.

제국주의 세력과 전통적 지배자들 간의 긴밀한 협력은 혁명적인 아랍 국가들이 서방을 의심하도록 만들었다. 게다가 이러한 움직임이 기존 서방의 동맹(예를 들어, 이라크의 하셈)을 전복했다는 사실은 그들의 의심이 대체로 정당했다는 것을 의미했다. 예상대로, 이는 혁명주의적 국가들이 소련과 동맹을 맺는 경향을 증가시켰다. 이와 관련하여 헤이칼은 다음과 같이 설명했다. "민족주의적 지도자들은 동맹을 필요로 했다. 그리고 그들에게 있어서 자연스러운 방향은 소련으로 향하는 것이었다. … 왜냐하면 소련은 이 지역의 식민주의 과거와 무관했기 때문이다."[72]

이러한 요인들은 국내적 이념 자체가 아니라 정권 교체가 국내적 특성과 동맹 선호를 연결하는 공통 요인이라는 것을 제시한다. 이러한 패턴은 두드러지게 나타난다. 중동에서 소련의 주요 동맹국들은 민족주의자들의 혁명에 의해 제국주의 이후 들어선 정부가 전복된 국가들이었다. 그리고 중동에서 미국의 주요한 동맹국들은 서방에 의해 세워진 정권들이 권력을 유지하고 있는 국가들이었다.[73] 실제로 후자는 서방의 지원에 그들의 지위를 의존했으며, 좌파적 변화는 그들의 권위에 직접적인 위협이 되기 때문에 미국을 선호했다. 따라서 좌파 정권과 보수 정권 둘 다의 역사적 경험이 두 초강대국에 대한 그들의 태도와 정책에 영향을 미쳤다.

이러한 역사적 요인들은 후속 사건들에 의해 강화되었다. 진보적인 아랍 국가들에 의해 제국주의의 창조물로 간주되는 이스라엘과의 갈등은 소련과 동맹을 맺어야 하는 동기를 강화했다. 게다가 미국과 영국은 혁명주의적 국가들을 의심했고 종종 적대적으로 보았기 때문에(부분적으로는 그들을 친소련 성향이라고 의심했기 때문에) 진보적인 정권들은 모스크바에 더 가까워질 수밖에 없었다. 3장에서 설명했듯이, 바그다드 협약, 수에즈 전쟁, 아이젠하워 독트린, 그리고 미국의 레바논 개입은 미국이 영국과 프랑스가 포기한 제국주의적 역할을 물려받았다는 아랍의 의구심을 확인시켜줄 뿐이었다. 반면 소련은 진보적인 국가들이 자신의 국내적 이념을 공유했기 때문이 아니라 서방에 맞서는 데 유용한 동맹국들이었기 때문에 환영했다. 따라서 진보주의자들과 모스크바 간 동맹은 각각의 초강대국들이 행동하는 방식에 의해 강화되었다.

이 과정은 또한 다른 방식으로도 작동했다. 진보적인 국가들이 지원을 받기 위해 모스크바에 의지했을 때, 보수적인 아랍 국가들의 미국과 동맹에 대한 선호 또한 증가했다. 따라서, 앞서 제시한 것처럼 두 초강대국 사이에서 중동이 나뉘어진 것은 적어도 부분적으로는 자기충족적인 믿음과 예측 가능한 반응의 결과였다. 요컨대, 이념적 동맹으로 보일 수 있는 것 또한 균형 행동의 중요한 요소들을 포함하고 있다.

만약 이 해석이 옳다면, 이는 초강대국의 동맹에 대한 이념의 실제 영향은 보이는 것보다 작다는 것을 의미한다. 이러한 구별은 이러한 동맹이 국내 정치적 친밀감의 산물이 아니라는 것을 드러내기 때문에 중요하다. 대신에, 동맹들은 각 초강대국의 행동이 그들 반대편의 두려움을 강화하는 방식으로 만들어졌다. 그 두려움은 결과적으로, 식민 통치의 역사적 경험으로부터 비롯된 서로 다른 인식과 선호에 주로 근거했다.[74]

마지막으로, 이러한 동맹들은 다른 위협들이 낮은 수준이거나 방어적 이점 (defensive advantages)이 존재할 때 이념이 더 중요하다는 가설을 어느 정도 뒷받침한다. 어느 초강대국도 이 지역을 정복하려 하지 않았기 때문에(그러한 행동은 이념에 상관없이, 다른 초강대국이 균형을 이루도록 자극했을 것이다), 지역 국가들은 자유롭게 그들의 이념적 선호를 따를 수 있었다.[75] 다시 말해, 초강대국들이 서로를 억제했기 때문에, 지역 국가들은 두 초강대국에 대해 외교적인 방어적 이점을 누릴 수 있었다. 그 결과, 그들은 유사성이 적더라도, 가장 잘 지낼 수 있다고 생각되는 초강대국과 동맹을 맺을 수 있었다. 왜냐하면 그들 중 한쪽이 공격할 준비를 하고 있다고 걱정할 필요가 없기 때문이다.

반대로, 앞서 언급한 것처럼 주요 위협이 지역 내에서 등장할 때 중동 국가들은 이념을 쉽게 무시했다. 이러한 경향은 지역 내 다른 국가로부터의 직접적인 위협이 더 일반적이라는 사실을 반영한다. 이는 또한 미국이나 소련이 중동 지역에서 중요한 영토를 장악하려는 시도를 한다면, 아마도 현재의 동맹국들이 다른 초강대국으로부터 지원을 급히 얻기 위해 이념을 무시하게 될 것임을 의미한다.[76]

요약

이념적 연대는 다양한 중동 국가들과 초강대국 간 동맹에서 중요하지만, 궁극적으로 제한적인 역할을 했다. 최종 교훈은 이념의 영향이 어느 한 초강대국의 체제(예를 들어, 마르크스주의나 자유민주주의)의 고유한 매력보다는 동맹이 발생한 전반적인 맥락에서 기인한 것일 수 있다는 점이다. 핵무기가 존재하는 양극 세계에서, 어느 초강대국의 세력권 밖에 있는 지역에서, 그리고 탈식민지화 직후 수십 년 동안 지역 국가들이 대략적인 이념적 노선을 따라 자신의 후원국을 선택하는 것은 어쩌면 당연한 일이었다. 우리는 만약 양극 체제가 약화되고 식민지 시대의 유산이 희미해진다면 이러한 이념적 분열이 얼마나 지속 가능할지에 대해, 그리고 따라서 이러한 동맹들의 원인으로서 이념의 지속적인 중요성에 대해 의문을 가질 수 있다. 1970년대 이집트의 동맹 재조정과 이라크와 북예멘의 비동맹 정책, 그리고 소련에 대한 보수 진영의 반대가 완화되고 있는 최근의 동향은 초강대국의 공약에 대한 이념의 영향이 점차 쇠퇴하는 것일 수 있음을 시사한다. 따라서 지역 국가들이 아주 긴급한 위험에 직면하거나, 더 유망한 기회들이 초강대국들 앞에 놓여진다면, 과거에 중요한 원인으로 보였던 것이 미래에는 그다지 중요하지 않을지도 모른다.

이념과 아랍 국가 간 정치: 통합과 분열

1955년에서 1979년까지 아랍 국가들 간 동맹의 변화는 어떤 이념의 내용이 동맹 형성에 대한 그것의 효과를 결정한다는 가설들을 지지한다. 2장에서 상세하게 설명한 것처럼, 이념이 그 추종자들에게 중앙집권적이고 위계적인 집단을 형성하도록 요구한다면, 그 이념은 그들 사이의 협력보다는 갈등을 부추길 가능성이 더 높다. 역으로, 이념이 온건한 목표를 선언하고 다양한 구성국들의 독립성을 위협하지 않는다면, 동맹이 보다 지속 가능해지고 격렬한 이념적 경쟁이 벌어지지 않을 것이다.

이 절에서는 전후 시기 아랍의 정치를 지배해 온 다음 세 가지 이념적 문제를 분석한다. 1) 이스라엘을 상대로 한 아랍의 협력을 고무했던 종족적 민족주의(ethnic nationalism), 2) 단일 국가로의 아랍 민족의 통합을 주창해온 범아랍주의 이념, 3) 아랍 세계 내 진보와 보수 정권의 갈등. 두 가지 질문이 가장 핵심적이다. 첫째, 각각의 이념적 믿음들은 어떤 식으로 동맹을 장려하거나 억제하는가? 둘째, 그러한 믿음들의 다양한 효과들을 어떻게 설명할 수 있는가?

종족적 연대: 아랍 vs 이스라엘

아랍 사람이 단일 민족을 형성한다는 믿음은 현대의 아랍 정치에서 되풀이되는 주제였다. 지금까지 살펴본 것처럼, 협력은 거의 보장되지 않았고, 실제로 아랍 국가들 간의 싸움은 종종 매우 격렬했다. 하지만 그러한 믿음의 힘은 여전히 실제적이다.[77] 5장에서 제시했던 것처럼, 아랍 세계에서 균형 행동은 일반적으로 자신의 경쟁자가 이러한 기본 규범을 위반하고 있다고 묘사함으로써 그들을 고립시키고 약화시키려는 형태를 취하고 있다.

아랍 국가들 사이에서 이념적으로 고무된 협력의 가장 명백한 사례는 이스라엘에 대한 그들의 보편적인 반대이다. 이 반대는 다양한 아랍 국가들의 거주민들이 (팔레스타인을 포함하여) 단일 민족을 형성한다는 믿음과 이스라엘은 아랍 영토 내에 있는 불법적이고 이질적인 존재라는 믿음에서 나온다. 그 결과 모든 아랍 국가들은 아랍 민족 전체에 대한 그들의 충성심을 증명하기 위해 이스라엘에 대한 투쟁에 협력할 의무를 지닌다.[78]

이러한 믿음 때문에 어떤 아랍 국가도 이스라엘과 공개적으로 동맹을 맺지 않았으며(1970년 요르단에 대한 이스라엘의 지원이 있지만 부분적으로 예외이다.), 오직 이집트만이 기꺼이 평화조약에 서명하고 이스라엘과 외교관계를 수립하려 했다.[79] 그뿐 아니라 아랍 연맹은 이스라엘을 경제적으로 보이콧하고, 이집트, 시리아, 요르단, 이라크 그리고 사우디아라비아의 군대는 1967년 전쟁과 1973년 전쟁에서 이스라엘을 상대로 함께 싸웠다. 또한 아랍 국가들은 팔레스타인해방기구(PLO)를 창설하고 자금을 지원했으며, 이스라엘의 식수 공급을 줄이기 위해 요르단 강의 수로를 바꾸려 했고, 전쟁에서 막대한 군사적 부담을 지는 국가들에게 경제적 원조를 제공했다. 그리고 캠프 데이비드 협정에 대한 반응이 보여주듯이, 평화를 만들기 위해 대열에서 이탈하는 아랍 지도자는 나머지 아랍 동료들에 의해 확실히 배척당했다. 이러한 다양한 조치들은 종종 비효과적이었고, 이스라엘 자체에 대한 적대감만큼이나 아랍 국가들 간의 경쟁으로 인해 유발되었다. 그러나 이 사안이 반대세력의 평판을 떨어뜨리고 자신의 입지를 강화하기 위해 사용될 수 있다는 사실은 그것의 정치적 위력을 드러낸다. 즉, 아랍 연대의 이상은 아랍 국가들 사이의 갈등에 관계없이 이스라엘에 대항하는 아랍 동맹을 지탱하는 상시적인 힘이 되어왔다.

핵심적인 교훈은 이스라엘에 대항하는 아랍의 연대는 그것이 대체로 아주 많은 것을 요구하지 않았기 때문에 거의 보편적이었다는 점이다. 좋은 아랍인이 되는 것은 "시온주의 세력"에 대한 반대를 요구했지만, 이스라엘의 계속된 존재와 강력한 능력에 어떻게 대처할지에 대한 합의는 요구하지 않았다. 더욱이 그것은 최소한 1967년 이전에는 아랍 국가들의 입장에서 큰 희생을 수반하지 않았다. 그 이후에는 현재처럼 아랍 연대의 영향은 주로 부정적이었다. 그것은 이스라엘에 대한 인정과 협력을 방해할 수는 있었지만, 동맹을 위한 긍정적인 힘을 거의 제공하지 않았다.

6일 전쟁은 중요한 역사적 분열을 상징한다. 이 전쟁 이전, 이스라엘에 대항하는 아랍의 협력은 대체로 상징적이었다.[80] 1957년에서 1967년까지, 나세르는 누구나 맹렬한 연설을 통해 나무랄 데 없는 아랍 국가의 자격을 과시하면서 동시에 아직 행동을 취할 때가 아님을 강조할 수 있다는 것을 보여줬다.[81] 그러나 1967년 5월, 과신과 잘못된 정보가 합쳐져서 이집트와 요르단은 아랍 연대에 대한 요구를 너무 진지하게 받아들이게 되었고, 이는 후세인이 나중에 "우리의 역사적 오류"라고 부른 결과로 이어졌다. 그러나 강조되어야 하는 것은 아랍이 이 전쟁에서 치른 무거운 대가는 의도된 것이 아니었고, 전쟁 자체는 이스라엘에 대한 적대감만큼 아랍 국가들 간의 경쟁관계에 기인한 것이었다는 점이다. 1967년 아랍의 손실이 협력에 대한 더 강력한 동기를 제공했기 때문에, 더 효과적인 아랍의 행동을 향한 점진적인 움직임이 나타나기 시작했고 1973년 10월 아랍 국가들의 성공적인 기습 공격으로 정점에 이르렀다.

요약하면 다음과 같다. 아랍 국가들의 민족주의적 연대는 이스라엘에 대항하는 협력에 있어서 변함없는 힘이었지만, 대체로 매우 강력한 힘은 아니었다. 이스라엘에 대항하는 아랍 동맹은 대규모였지만, 실질적인 동기가 존재할 때를 제외하고는 응집력이 없었다. 아랍의 지도자들에게 그러한 대의명분을 지지하지 않는 것은 비판을 유발하지만, 자신의 의무를 다하는 것은 상대적으로 쉽다. 비록 아랍 이념의 이러한 측면이 이스라엘에 대항하는 광범위한 아랍 동맹을 촉진하지만, 그것이 만들어내는 연합은 직접적인 물질적 유인이 일반적인 이념적 노선을 강화하지 않는 한, 특별히 응집적이거나 효과적이지 않았다.

아랍의 분열: 범아랍주의의 영향

푸아드 아자미(Fouad Ajami)에 의하면, "범아랍주의는 현대 아랍의 정치적 의식을 지배했다."[82] 한 저자가 제시한 것처럼, "아랍 세계는 이념으로 넘쳐났지만", 범아랍 사상의 독보성은 아랍 세계가 왜 갈등으로도 넘쳐났는지를 설명한다.[83] 간단히 말해, 범아랍주의 이념은 아랍 민족의 단일 국가로 통합을 요구했다.[84] 그러나 범아랍주의가 더 광범위하게 수용되고 통합이라는 목표를 더 열심히 추구할수록, 아랍 국가들 간의 갈등은 더욱 심화되었다. 이러한 갈등은 범아랍주의의 역설이라 할 수 있다. 비록 범아랍주의가 긴밀한 협력을 요구했고 광범위하게 받아들여졌지만, 그 이념은 사실상 그것을 수용하자고 주장했던 지도층들 사이의 극심한 분열의 원천이었다.

아랍 통합의 발상에는 공통의 언어, 종교, 문화 등을 포함해 충분한 근거들이 있다.[85] 더욱이 아랍 세계의 분열이 외세의 개입 때문이라는 광범위한 믿음은 이 인위적인 상황이 정정되어야 한다는 확신을 증가시켰다.[86] 따라서 범아랍주의가 대중화된 것은 놀라운 일이 아니다.

많은 아랍인들에게, 나세르의 부상은 정치적 통합을 통한 새로운 아랍의 부활을 예고했다. 그의 바트주의 경쟁자 중 한 명은 다음과 같이 말하면서 나세르를 인정했다. "나세르는 아랍의 부흥을 지휘할 수 있는 처음이자 단 하나의 아랍 지도자였다."[87] 게다가 나세르와 이집트로서는 범아랍적 이상에 호소하는 것은 나세르의 카리스마적 권위를 강화하는 한편, 제국주의적 간섭에 대한 (아랍의 협력을 통한) 잠재적 방어를 제공했다.[88] 다위샤(Adeed Dawisha)에 의하면, 1955년 말, "이집트는 중동 국제 체제의 주변부에서 중심부로 확고하게 이동했으며, 그렇게 아랍 정치 상황의 핵심이 되었을 뿐만 아니라 그것의 이념적 발현인 '아랍 민족주의 운동'의 핵심이 되었다."[89] 그리고 나세르가 공식적인 통합에 대한 진정한 의지가 의심되는 뒤늦은 개종자였다는 사실에도 불구하고, 그가 자신을 통합 운동의 정당한 지도자로 보았다는 것은 의심의 여지가 거의 없다.[90]

1955년에서 1979년 사이, 최소한 5번의 아랍 통합 목표를 이행하려는 시도가 있었지만 모두 실패했다. 그러한 시도들은 어떻게 범아랍주의와 같은 이념이 궁극적으로, 통합적이기보다는 분열적일 수 있는지를 보여준다.

가장 중요한 사례인 이집트와 시리아의 통일아랍공화국(UAR)으로의 통합은 수에즈 전쟁 이후 아랍연대 협약(Arab Solidarity Pact)이 와해되었을 때 나세르가 잃어버린 기세를 회복시켰다. 통합 결정은 이념적, 현실적 동기 모두에 기초했으며, 나세르와 그의 시리아 파트너는 범아랍 정서를 이용해 각자의 대내외적 입지를 강화하고자 했다.[91] 즉각적인 반응은 범아랍적 이상(pan-Arab ideal)의 힘을 드러낸다. 통합은 전 아랍 세계에서 갈채를 받았고, 요르단과 이라크의 나세르 경쟁자는 즉각적으로 통일아랍공화국을 모방하여 그들 자신의 연방연합(Federal Union)을 형성했다.[92] 1958년 예멘의 이맘과 (잠시 동안) 이라크의 혁명주의자들이 나세르에 합류했을 때, "불멸의 사명을 지닌 하나의 아랍 국가"를 향한 전진은 거의 불가피해 보였다.

이러한 희망은 곧 좌절되었다. 카셈 장군은 이라크에서 범아랍주의 세력을 축출하고 이라크의 개별적인 국가 정체성을 재천명했다. 나세르가 통일아랍공화국을 "아랍 민족주의의 최초 성취"이라고 부르고 통일아랍공화국이 "완전한 아랍 통합을 실현하기 위해 노력해야 한다"고 선언했을 때, 카셈은 "불멸의 이라크 공화국"에 대해 말하고, "모든 아랍 국가들은 모두가 인정해야 하는 독립적인 정치적 정체성을 가지고 있다"고 주장했다.[93] 따라서 공식적인 통합에 대한 카셈의 명시적 거절은 범아랍주의 운동의 지도자로서 나세르의 위상에 대한 도전이었으며, 1963년 카셈이 암살될 때까지 이집트와 이라크는 경쟁자로 남아 있었다.

나세르는 통일아랍공화국 내에서 그의 바트주의 파트너와 권력을 공유하기를 거절했고, 시리아의 정치 체제와 경제에 이집트의 제도를 강요했다.[94] 시리아 내부의 불만은 1961년 시리아의 군장교들이 쿠데타를 일으키고 통일아랍공화국에서 탈퇴하도록 이끌었다. 바트당의 지도자 비타(Salah Bitar)는 이후 다음과 같이 폭로했다. "나세르와 바트당의 불화는 통합에 대한 이집트의 패권적 관점으로 인해 발생했다."[95] 비록 나세르와 바트당이 확실히 유사한 목표를 공유했지만, 범아랍주의 비전을 이행하기 위한 첫 번째 시도는 실패했다.

시리아의 탈퇴 이후 이집트와 시리아, 이라크 사이의 요동치는 관계는 범아랍주의의 역설을 훨씬 더 완전하게 보여준다. 이라크에게 다가감으로써 범아랍주의 정서를 누그러뜨리려는 시도가 실패한 후, 시리아의 분리주의 정권은 1963년 3월 바트주의자들의 쿠데타에 의해 전복되었다. 이라크의 바트주의자들이 몇 주 앞서 바그다드에서 정권을 잡았고, 갑작스럽게 3개의 범아랍주의 정권들은 그들이 공약한 통합을 이행해야 하는 도전에 직면했다.

그 결과는 실패로 끝난 1963년 4월의 삼국통합 협정이었다. 시리아 바트당의 민간인들은 통합을 공약했지만, 이집트와의 통합은 주로 나세르주의자들과 같은 국내 정치적 경쟁자들을 궁지로 몰아넣기 위해 추구되었다. 라비노비치(Itamar Rabinovich)가 지적하듯이, "시리아 정부는 그 지도자들이 나세르와의 정상적이고 보다 긴밀한 관계를 구축하길 원했다는 의미에서 통합주의 정권으로 여겨졌다. 지난 18개월의 한 가지 중요한 교훈은 통합주의가 시리아에서 정치적 안정의 전제조건이 되었다는 것이다."[96] 또한 커(Malcolm Kerr)의 말에 의하면, "나세르의 위신이 지닌 힘은 소중한 자산이었고, 시리아와 이라크 대표들은 그것을 얻고자 '삼국통합 회담'에 나오게 되었다."[97] 범아랍주의는 지배적인 이념적 비전이고 나세르는 가장 중요한 사도였기 때문에, 정권의 인기가 유사한 이상에 대한 지지에 달려 있는 아랍 정권들에게 그의 지지는 정통성의 결정적 요소가 되었다.

협상 자체는 협력을 위한 실질적인 기반을 보이지 않았을 뿐만 아니라—각 당사자는 어떻게 통합이 달성될 수 있는지에 대해 각기 다른 생각을 가졌다—그 결과인 통합 합의는 재빨리 붕괴되었다.[98] 나세르주의자들이 지속적으로 시리아 정부를 전복하려 했을 때, 바트당은 그들을 폭력적으로 탄압해야만 했다. (실제로, 또 다른 통합 전망에 대해 전혀 열광하지 않았던 바트당 군부는 그 기회를 환영했다.) 그러자 나세르는 통합 협정을 폐기하고 시리아와 이라크를 그들의 운명에 맡겼다. 두 바트주의 정권은 이라크에서의 또 다른 쿠데타가 바트당을 제거하고 양자 연합을 종료시킨 1963년 11월까지 동맹을 계속 유지했다.

이후 3년간 시리아가 국내에서 그리고 이스라엘에 대해 점점 더 극단적인 입장을 채택하는 동안, 시리아와 이집트는 이념적으로 극심한 갈등을 벌였다.[99] 그러나 이 시기에 이집트와 보수적인 아랍 국가들 모두 이스라엘과의 전쟁을 원하지 않았고, 그들의 극단주의는 아랍 왕정들이 나세르보다 바트주의자들에 대해 더 의구심을 갖도록 만들었기 때문에, 이 정책은 단지 바트주의자들을 아랍 세계에서 고립시키는 결과를 가져왔다.

이 사건들은 매우 흥미로운 사실들을 드러낸다. 여전히 아랍 통합의 이상에 대한 충성을 주장하면서, 바트주의자들은 1964년과 1965년에 반복적으로 타협할 수밖에 없었다. 나세르가 아랍 정상회담을 요청할 때마다, 시리아인들은 나세르의 조건으로 협력할지 혹은 완전한 고립으로 갈지 불가피한 선택을 해야 했다. 1966년까지, 통합에 대한 사그라지지 않는 의지와 여전히 불안정한 내부적 입지는 시리아의 독립적인 정책을 효과적으로 방해했다.

대조적으로 1966년 2월 권력을 장악한 급진적인 신바트당은 이러한 문제에 직면하지 않았으며, 나세르를 상대로 형세를 쉽게 역전시켰다. 신바트당은 아랍 통합이라는 전통적인 목표를 거부했고 시리아 군대에 대한 확고한 통제를 바탕으로 자신의 권위를 유지했다. 그 결과 나세르의 지원을 거의 필요로 하지 않았다. 그리고 그들은 이스라엘에 대해 독자적으로 행동할 의지가 있었기 때문에—비용과 위험에도 불구하고—나세르는 시리아를 고립시키겠다고 위협함으로써 엄포를 놓을 수 없었다.[100] 중요한 팔레스타인 문제에 대한 주도권을 장악했고 국내에서는 광범위한 사회주의 개혁을 선포한 신바트당은 나세르가 아랍 혁명의 지도자로서 그의 위치를 유지하려면 자신의 조건으로 협력하도록 강요했다. 아이러니하게도, 일단 시리아인들이 범아랍주의의 이념을 포기하자, 이집트가 그들을 지원하도록 압박할 수 있는 능력이 증가한 것이다.[101]

고도로 중앙집권화된 집단(movement)에 내재하는 갈등 가능성은 바트당 자신의 운명으로 설명된다. 본래 아랍 연합의 주요 옹호자인 시리아 바트당의 급진주의자들은 바트당의 이라크 분파와 싸움을 일으켰다. 이 싸움은 곧 공공연히 초국가적인 집단 내에서 완전한 균열로 이어졌다. 종파적 분열은 그 이후로 이라크와 시리아를 갈라놓았고, 범아랍적 이상에 대한 신뢰마저 떨어뜨렸다. 사프란(Nadav Safran)이 지적했듯이, "만약 하나의 그리고 같은 당에 속한 지도자 그룹이 조화롭게 작동하지 못한다면, 그들은 어떻게 다양한 아랍 국가의 지도자와 국민들을 통합할 수 있겠는가?"[102]

1964년 이집트와 이라크 간 아랍통합 협약(Arab Unity Pact)은 이 질문에 대한 답을 제시한다. 공식적인 통합은 그것이 매우 진지하게 다뤄지지 않을 때에만 가능했다. 이라크 바트당을 축출한 아레프 대통령은 나세르에 대한 개인적인 존경과 통합에 대한 자신의 초기 공약을 자유롭게 추구할 수 있었다.[103] 그러나 통일아랍공화국과는 대조적으로 이라크와 이집트 모두 상대 국가의 내정에 대해서는 깊이 관여하지 않았다. 아레프는 통합을 촉진하기 위해 다수의 국내적 개혁을 시작했지만, 그러한 개혁들은 이라크에 적합하지 않다고 드러난 경우 재빠르게 포기되었다.[104] 아레프에 대한 나세르주의자들의 몇 가지 음모 사건들(이 사건들에서 이집트인들의 역할은 명확하지 않았다)이 추가적인 진전을 어렵게 만들었다.[105] 6일 전쟁 이후까지도 이집트와 이라크는 느슨하게 동맹을 유지한 채로 있었다. 그리고 통합 협약이 어느 정도 성공을 거둔 것은 참여자들이 매우 제한적인 목표를 추구했다는 사실에 있다. 따라서 범아랍 동맹은 구성국의 주권이 심각하게 도전받지 않았을 때 성공할 수 있었다.[106]

무엇이 범아랍주의의 실패를 설명하는가? 가장 열성적인 범아랍주의 지지자들은 왜 협력이 유지되기가 매우 어렵다고 생각했는가? 이에 대한 답은 이념 자체의 모순적인 전제조건에 있다. 범아랍주의는 개개의 아랍 정권이 단일 국가로 통합할 것을 요구함으로써 그들의 안보를 위협했다. 또한 통합이라는 장기적인 목표는 혁명적인 아랍 국가들에게 합법성의 중요한 근원을 제공했기 때문에 공개적으로 포기되지 못했다. 그러나 만약 그 목표가 성취된다면, 최상의 위치에 있는 한 정권을 제외하고 다른 모든 정권들이 대체되게 된다. 따라서 아랍 통합을 이행하기 위한 다양한 시도들은 곧 패권을 차지하기 투쟁이 되었다. 통일아랍공화국의 붕괴가 보여주듯이, 심지어 가장 진지한 노력조차도 매우 불안정했다. 실제로 범아랍주의의 가장 헌신적인 주창자인 바트당도 하나 이상의 나라에서 정치 권력을 획득하자마자 격렬한 분파 싸움의 희생자가 되었다. 즉, 범아랍주의 정치에서는 성공처럼 실패하기 쉬운 게 없었다.

마지막으로 범아랍주의가 합법성의 중요한 근원이었기 때문에, 좌절은 새로운 노력과 희생양 찾기를 요구했다. 예를 들어, 나세르는 통일아랍공화국의 해체를 반동 세력 탓으로 돌렸으며, 1962년 이집트가 채택한 국가 헌장은 이러한 반대자들에게 개입할 수 있는 이집트의 권리를 공개적으로 선포했다.[107] 따라서 범아랍적 이상의 추구는 그 반대자들과의 관계뿐만 아니라 옹호자들과의 관계도 똑같이 손상시켰다. 이유는 간단하다. 이념이 명시적으로 모든 아랍 국가들을 겨냥하기 때문에 그것의 성공은 궁극적인 승리자를 제외하고는 모든 정권에 잠재적 위협이 되었다. 이는 정권이 동일한 목표를 공유하는지 여부와는 관계가 없었다.

이러한 해석은 나세르의 죽음 이후 이뤄진 아랍 정치의 변화로부터 추가적인 지지를 받는다. 나세르의 계승자인 사다트(Anwar Sadat)는 범아랍적 이상을 추구하고자 하는 카리스마도 욕망도 없었다. 사다트는 실질적인 성취를 통해서만 합법성이 달성될 수 있다고 보았고, 아랍 통합의 '형태' 보다는 그 '본질' 에 더 관심을 가졌다. 달리 말하면, 효과적인 동맹이 통합된 아랍 세계에 대한 주도권보다 더 중요했다. 앞서 살펴본 것처럼, 이러한 온건한 목표가 상당히 실현 가능한 것으로 입증되었다.[108]

요컨대, 범아랍주의는 구성국들로 하여금 중앙집권적 집단을 형성하도록 요구하는 이념이 어떻게 정확히 반대되는 결과를 초래할 수 있는지를 보여주는 대표적 사례이다.[109] 흥미롭게도, 나세르는 통일아랍공화국과 삼국통합 협정과 관련한 자신의 경험으로부터 동일한 교훈을 도출한 것처럼 보인다. 이러한 실패들이 만들어낸 보다 현실적인 평가는 이러한 분석에 대한 적절한 요약이다. "자연스럽고 합법적인 통합(union)은 확실하고 불가피하다. … 그러나 요즘 통합 자체의 개념이 위기에 처해 있다. … 이런 가지각색의 민족주의 활동들이 우리를 충돌로 이끄는 것처럼 보인다. … 모든 아랍 국가들이 [혁명적인] 당을 자랑하는 한, 통합은 완전히 불가능한 것처럼 보인다. 시리아는 이집트와 반목하고, 이라크는 시리아와 반목하는 것과 같이, 진정한 정치적 반대는 지역주의로 변질될 것이다."[110]

유유상종: 왕정 연대

범아랍주의가 다양한 진보적 정권들 사이에서 초래한 갈등과는 대조적으로 보수적인 아랍 왕정들은 본 연구가 조사한 시기 내내 일반적으로 좋은 관계를 유지했다. 그들은 1950년대 초반부터 심각한 경쟁을 회피해왔을 뿐만 아니라 유사한 국내 질서는 협력의 강한 동기로 작용했는데, 왕정 동맹, 이라크와 요르단 연방연합, 그리고 1962년 사우디-요르단 양자 방위 조약이 그것을 보여준다.

이러한 사건들을 통해 2가지 교훈을 얻을 수 있다. 첫째, 이러한 동맹들은 군주제 정권들 사이의 고유한 친밀성의 결과가 아니었다. 실제 요르단과 이라크의 하심 가문과 사우드 가문은 수십 년간 경쟁 왕조였다. 그리고 사우드 왕은 처음에는 바그다드 협약에 맞서 이집트와 동맹을 맺었다. 나중에 형성된 군주 연대는 주로 바트당과 나세르의 혁명적 아랍 민족주의가 제기하는 공통의 위협에 기반한 것이었다. 결과적으로 군주 연대의 독립적인 힘은 아마도 미미했을 것이다.

동시에 보수적인 아랍 국가들은 광범위한 범아랍적 목표를 선언한 진보적인 국가들과 다르게 다른 국가들과 손쉽게 좋은 관계를 유지했다. 혁명적인 국가들과 다르게, 아랍의 군주들은 그들의 합법성을 전통적 가치와 충성에 근거를 두었다.[111] 그들에게 있어서 "아랍 통합"은 서로의 주권에 대한 승인을 시작으로, 아랍 국가들 사이에서 공동의 합의를 추구하는 것에 지나지 않았다. 요르단의 후세인 왕은 나세르와 자신의 차이를 다음과 같이 요약했다. "아랍 민족주의에 대한 나의 개념은 나세르의 것과 꽤 다르다. 그는 아랍 민족주의가 오직 특정한 상표의 정치 통합에 의해서만 확인될 수 있다고 믿는다. … 나는 동의하지 않는다. 한 형태의 리더십에 대한 일반적 지지를 추구하는 것은 … 위험스러운 정도로 파벌주의를 조성해왔다. … 그것은 제국주의, 즉 다른 국가에 의한 한 국가의 지배의 새로운 형태에 지나지 않는다. 아랍 민족주의는 완전한 평등을 통해서만 존속할 수 있다."[112] 사우디아라비아의 관점도 이와 유

사했으며, 사우디인들은 여러 차례 아랍 혁명주의자들을 적극적으로 반대했다.[113]

비록 혁명적 집단으로부터의 위협이 군주 연대의 주요 원인이었지만, 동맹을 유지하는 것은 훨씬 더 쉬웠다. 협력이 참여한 국가들의 독립에 위협이 되지 않았기 때문이었다. 군주제 통치의 토대는 각 군주의 자신의 영역에 대한 절대적인 주권이기 때문에, 다른 합법적인 주권의 영역에 개입하는 것은 자신의 통치가 기초한 정치 원칙을 침해하는 것이었다. 범아랍주의는 통합을 위해 그 옹호자들이 그들의 주권을 희생하도록 요구했지만(나세르의 관점에서, 통합을 위한 개입 혹은 전복을 정당화했다), 군주 동맹의 암묵적인 이념적 기초는 각 군주의 주권을 강화한다. 따라서 1955년 이후 보수적인 아랍 국가들 사이의 관계는 눈에 띄게 안정적이었다. 그러나 이러한 안정성은 왕조 경쟁이 일어나지 않을 것임을 의미하지 않으며, 단지 왕조 경쟁이 이념적 경쟁으로부터 제기되지 않을 것임을 의미한다.

결론

중동 지역에서 동맹 형성의 역사는 유사한 국내 체제를 가진 국가들이 서로 동맹을 맺을 가능성이 더 높다는 가설에 대한 약간의 지지만을 제공한다. 상이한 국내 체제를 가진 국가들 간 동맹은 유사한 국내 체제를 가진 국가들 간 동맹만큼 일반적일 뿐만 아니라, 많은 동맹 내에서 이념적 일치 정도가 작은 편이다. 더욱이 국가들은 이념에 엄격히 충실하는 것이 비용이 많이 들고 위험할 때, 일반적으로 이념적 고려를 기꺼이 무시한다는 것을 확인해주는 증거들이 있다.

예상대로, 이념적 요인은 초강대국과 그들의 지역 동맹국 간의 관계에 매우 큰 영향력을 발휘했다. 그러나 이러한 관련성은 어쩌면 이념의 실제 중요성을 과장하는 것일 수 있다. 이념적 합의는 주로 외교정책의 영역에 한정되었으며,

이러한 동맹들은 공통의 국내적 특성과는 비교적 관련이 적다. 대신에 그것들은 식민지주의와 같은 특정한 역사적 경험과, 이러한 경험들이 조장하고, 두 초강대국이 이후에 행동한 방식에 의해 강화된 믿음의 결과이다. 실제로 이념은 원인이라기보다는 합리화에 가깝다.

비슷한 국가들이 서로 끌린다는 일반적 명제는 의심스러워 보이지만, 몇 가지 다른 가설들은 더 많은 지지를 받는다. 첫째, 앞서 언급한 것처럼, 국가들은 다른 원천으로부터의 긴급한 위협에 직면하지 않을 때 이념적 요인에 반응할 가능성이 더 높다. 따라서 이념은 지역 국가들이 초강대국 후원자를 선택하는 방식에 영향을 미친다. 왜냐하면 어느 초강대국이든 제기하는 직접적인 위협은 작기 때문이다. 또한 두 초강대국 모두 보통 새로운 동맹국을 얻기를 열망하기 때문에, 지역 국가들은 실제 이념적 유사성의 정도가 미미할지라도, 이념적으로 좀더 양립 가능한 쪽을 선택할 수 있다.

아랍 세계에서 이념적 경쟁이 6일 전쟁 이전에 가장 영향력이 컸다는 것은 분명히 우연이 아니다. 그러나 이스라엘의 승리로 새롭고 치명적인 안보적 우려가 생겨났을 때, 아랍 세계에서 이념의 중요성은 급격하게 감소했다.[114] 이 결과는 특히 중요하다. 이는 만약 구성원들 사이에 심각한 이익 갈등이 있게 되면, 이념적 동맹이 깨지기 쉽다는 것을 시사한다.

둘째, 범아랍주의의 실패는 구성국들을 통합된 단일 집단으로 묶으려 하는 이념은 효과적인 동맹을 촉진할 가능성이 없다는 가설에 대한 특별히 강력한 검증을 제공한다. 광범위한 대중의 지지, 카리스마적 지도자(나세르), 그리고 공통의 적(이스라엘)에도 불구하고, 범아랍주의를 실질적인 현실로 만들겠다는 반복된 시도는 그러한 운동의 추종자들을 분열시키기만 했다. 공산주의 인터내셔널(Communist International)처럼, 범아랍주의는 갈등으로 귀결되었다. 왜냐하면 그 이념이 구성국들로 하여금 그들 본국에서 특권적인 위치를 포기하고 외국의 지도자에게 복종하도록 요구했기 때문이다. 그들은 이러한 선택을 거부했고 점차적으로 범아랍주의의 중앙집권주의적 전제를 버리고 단순한 아랍 연대라는 보다 온건한 (그리고 그럼으로써 더 실현 가능한) 목표를 추구했다.

셋째, 이러한 동맹들은 또한 민족주의가 이념적 연대의 가장 일반적인 형태로 남아 있다는 것을 가리킨다. 아랍 국가들은 그들의 다른 차이점에도 불구하고, 이스라엘과의 싸움에서 서로를 (그리고 팔레스타인인들을) 도와야 한다는 필요성에 모두 동의했다. 비록 이 지지는 상징적인 제스처 이상의 것을 거의 요구하지 않았지만, 몇몇 경우에 이스라엘에 맞서 연대를 보여줘야 할 필요성은 상당한 비용을 부과했다. 6일 전쟁이 가장 명백한 사례이지만, 결코 유일한 사례는 아니다.

그러나 우리는 이러한 유형의 민족주의적 연대는 국제정치에서 상당히 드물다라는 것 또한 인식해야 한다. 아랍 국가들 간의 관계는 특이한데, 이는 부분적으로 아랍 민족이 그것을 구성하는 개별 국가들보다 크기 때문이다. 결과적으로 아랍 민족주의는 이스라엘과 같은 외부 존재에 맞서 동맹을 형성하도록 조장한다.[115] 그러나 하나의 민족이 다수의 국가들로 나누어지는 것은 흔치 않기 때문에, 우리는 민족적 연대가 동맹의 중요한 이유가 되는 경우는 소수일 것이라고 결론 내릴 수 있다.

마지막으로, 이 장에서 행해진 이러한 분석은 이념적 연대와 외부적 위협 간의 일반적인 구분이 종종 잘못된 것임 보여준다. 국가들이 정통성을 결여하고 있을 때, 대중적 이념을 조작할 수 있는 능력은 반대세력에 강력한 공격 능력을 제공할 수 있다. 즉, 아랍 세계에서는 이념적 전복의 위협은 직접적인 정복의 위협보다 훨씬 더 중요했다. 따라서 이념적 싸움—보수주의자들, 진보주의자들, 그리고 범아랍주의자들 모두 간의—은 5장에서 분석한 외부적 위협과 크게 다르지 않다. 마찬가지로, 이념과 초강대국 동맹 간의 강한 연관성은 이러한 국가들의 역사적 기원이 초강대국과 그들 각자의 피후원국이 어느 국가가 가장 큰 위협을 제기하는가에 대해 유사한 관점을 갖게 한다는 사실에 기인한다. 또한 이러한 이념적 도전들은 보통 위험에 처한 국가들이 위협을 가하는 국가에 맞서 균형을 이루게 한다는 점을 언급할 가치가 있다. 이와 같이 위협균형 이론은 사실상, 적어도 특정한 조건 하에서는 이념적 설명을 포함한다.

이런 식으로, 이러한 동맹들은 또한 정치인들이 이념의 통합 효과를 과장했을 때 무슨 일이 일어나는지를 보여준다. 만약 한 정치지도자가 이념이 동맹의 가장 중요한 원인이라고 믿고, 그에 기초해 다른 국가들과의 관계를 수행한다면(1960년대 초반 나세르가 그랬던 것처럼), 우리는 첨예한 이념적 분열이 일어나는 것을 보게 될 것이다. 앞서 제시한 것처럼, 이 같은 분열이 일어나는 것은 (1961년 시리아의 분리 이후 그랬던 것처럼) 유사한 국가들은 구애 받고 다른 국가는 공격 받기 때문이다. 그러나 만약 이념이 사실상 그렇게 강력하지 않다면, 이른바 형제국들 사이의 차이는 이 취약한 동맹을 신속하게 약화시킬 것이다. 1967년 이전 아랍 내부 관계의 불안정한 상태는 이러한 역학의 다수의 사례들을 제공한다. 이념적 분열은 나세르가 이념을 진지하게 받아들이면서 초래되었지만, 아랍 혁명주의자들의 동맹은 그가 이념의 통합 효과를 크게 과장했기 때문에 깨져버렸다.

이러한 역학의 요소들은 초강대국 동맹에서도 발견된다. 두 초강대국은 특정한 이념적 기준을 매우 진지하게 받아들였고(예들 들어, 두 초강대국은 비록 정반대로이지만, 좌파 국가들에 대해 민감했다), 그럼으로써 그들이 기대한 바로 그 분열을 만들어냈다. 하지만 이러한 유사성(affinity)은 양쪽 모두에 의해 과장되었을 수 있다. 특히 소련의 다양한 좌파 피후원국들은 놀랄 만한 자주성을 보여줬다. 심지어, 이집트의 경우는 서방 쪽으로 이탈할 정도였다. 외부적 요인들과 지도자의 개성이 이념적 연대보다 훨씬 더 중요할 수도 있다.[116]

요약하면, 이념적 연대는 겉으로 보이는 것보다 대단치 않다고 할 수 있다. 유사한 국내 체제를 가진 국가들이 효과적인 동맹을 형성하는 경향이 가장 클 때는 그들의 안보가 확보되어 있을 때, 이념이 주권의 희생을 요구하지 않을 때, 그리고 이념적 경쟁 집단이 합법성에 강력한 위협을 야기할 때다. 다시 말해, 이념이 동맹 형성의 중요한 원인일 때는, 국가들이 심각한 외부적 위협에 직면해 있지 않을 때, 위협들이 균등하게 분산되어 있을 때, 또는 이념적 요인들이 위협 자체의 일부일 때다. 5장에서의 분석이 보여주었듯이, 이와 같은 상황에서 전형적인 반응은 동맹을 형성해 그 위협에 맞서는 것이다.

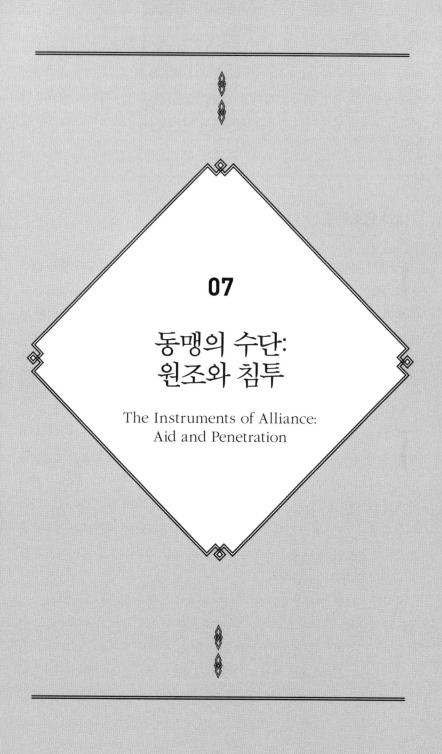

07

동맹의 수단:
원조와 침투

The Instruments of Alliance:
Aid and Penetration

이 장에서는 대외 원조와 초국가적 침투가 동맹의 형성에 미치는 영향에 대해 분석하고자 한다. 이 분석은 앞서 2장에서 원조와 침투가 국가들이 동맹을 선택할 때 부수적인 역할을 한다고 예상한 것을 지지한다. 이에 대한 이유를 설명하기 위해 먼저 대외 원조의 영향을 검토하고 다음으로 침투의 효과를 살펴보자.

대외 원조와 동맹 형성

2장에서 대략적으로 설명했던 것처럼, 대외 원조와 동맹 형성에 관한 가설은 국가들이 경제적 또는 군사적 원조와 같은 물질적 원조라는 부수적인 보상을 얻기 위해 동맹을 선택한다고 예상한다. 만약 이 가설이 옳다면, 그러한 뇌물의 제공은 지원국이 효과적이고 응집력 있는 동맹을 만들 수 있게 할 것이다. 그리고 원조가 동맹의 선택에 강력하고 독립적인 영향을 미친다면, 지원국은 그들의 피지원국에 대해 상당한 영향력을 행사할 수 있어야 한다. 왜냐하면 피후원국은 원조의 혜택을 위태롭게 만들려 하지 않을 것이기 때문이다.

역사적으로 대외 원조는 중동에서 인기 있는 정책 수단이었다. 1955년 이래 두 초강대국은 이 지역 국가들에게 광범위한 경제 및 군사 원조를 제공해왔으며, 사우디아라비아나 쿠웨이트처럼 부유한 중동 국가들도 그래왔다.[1] 게다가, 〈표 12〉와 〈표 13〉이 보여주듯이, 대외 원조와 정치적 동맹 사이에는 강력한 연관성이 있다. 두 초강대국이 같은 시기에 같은 국가들에게 대규모 원조를 제공하지 않으며, 동맹을 재조정하는 결정은 항상 외부 원조를 제공하는 주요한 원천의 변화를 수반한다.[2]

이처럼 분명한 연관성에도 불구하고, 원조가 동맹을 야기한다는 가설을 검증하는 것은 쉽지 않다. 이는 무기 이전과 경제 원조에 관한 자료들은 종종 신뢰성이 떨어지며, 지도층의 인식에 대한 정확한 증거는 부족하기 때문이다. 그 결과, 원조의 영향에 대해 확신을 가지고 직접적인 추론을 이끌어내는 것은 불

〈표 12〉 중동에 대한 초강대국의 대외 원조, 1955–1979(현재 달러 가치, 단위: 100만 달러)[a]

국가	소련			미국		
	경제 원조	군사 원조	총계	경제 원조	군사 원조	총계
	(1955–1979)	(1955–1974)		(1954–1979)		
이라크	$705	$1,600	$2,350	$48	$50	$98[b]
시리아	770	2,100	2,870	624	0	624[c]
남예멘	205	80	285	0	0	0
북예멘	145	80	225	112	2	114
이집트	1,440	3,450	4,890	5,030	1,500	6,530[d]
이스라엘	0	0	0	4,691	17,623	22,314
요르단	25	0	25	1,342	921	2,263
레바논	0	3	3	202	104	306
사우디아라비아	0	0	0	28	296	324

출처: U.S. Department of State, Bureau of Intelligence and Research, Communist States and Developing Countries: Aid and Trade in 1974 (Washington, D.C., 1975); CIA, Communist Aid to Non-Communist Less Developed Countries, 1979 and 1954.-1979 (Washington, D.C., 1980); and AID, U.S. Overseas Loans and Grants (Washington, D.C., various years).

a: 원조는 대출금, 보조금 등을 의미한다. 무기체계나 계약된 군사장비의 현금 판매는 포함되지 않았다.
b: 이라크에 대한 미국의 모든 원조는 1958년 혁명 이전에 제공되었다.
c: 시리아에 대한 미국의 원조는 1960–1962년, 1975–1977년 사이에 제공되었다.
d: 미국은 1957년, 1958년, 1968–1973년에는 이집트에 원조를 하지 않았다. 1974년 이후 이집트에 대한 원조의 78%, 1978–1979년 사이에는 모든 군사 원조의 100%가 완료되었다.

가능하다.[3] 훨씬 더 중요한 사실은, 원조 관계 자체가 지원국과 피지원국이 처한 특정한 상황에 대한 정치적 반응이기 때문에, 대외 원조가 동맹의 선택에 미친 영향을 정확히 평가하는 것은 어렵다.[4] 이 점은 매우 중요하며 추가적으로 논의할 가치가 있다.

〈표 13〉 초강대국의 중동 지역 무기이전, 1955-1979(현재 달러 가치, 단위: 100만 달러)

| 국가 | 1965-1975 | | 1976-1980 | | 최대 공급자 비중 | |
	미국	소련	미국	소련	1965-1974	1975-1980
이라크	$2	$1,343	$0	$5,000	78% (소련)	64% (소련)
시리아	3	1,758	0	5,400	92 (소련)	82 (소련)
남예멘	0	114	0	775	90 (소련)	99 (소련)
북예멘	1	27	170	625	42 (소련)	52 (소련)
이집트	0	2,465	430	20	89 (소련)	32(프랑스)
이스라엘	3,856	0	4,300	0	96 (미국)	98 (미국)
요르단	400	0	725	0	74 (미국)	73(프랑스)
레바논	21	4	40	0	61(프랑스)	50 (미국)
사우디아라비아	473	0	2,000	0	46 (미국)	43 (미국)

출처: ACDA, World Military Expenditures and Arms Transfer (Washington, D.C., various years).

대외 원조와 균형 행동

문제는 본질적으로 해석의 문제이다. 원조가 동맹을 야기한다면, 부유한 국가들이 후한 지원금을 제공함으로써 신뢰할 수 있는 동맹을 만들어낼 수 있는가? 아니면 대규모 원조관계는 주로 동맹의 결과인가? 즉, 원조는 같거나 적어도 양립할 수 있는 이익을 가진 국가들이 그들의 목표를 달성할 수 있는 하나의 방법일 뿐인가?

이 연구는 후자의 해석을 지지한다. 비록 경제적, 군사적 원조를 얻으려는 열망이 부유하고 강력한 동맹국과 가까운 관계를 수립하려는 일반적인 동기였을지라도, 어떤 잠재적 후원국을 선호할지 선택하는 것은 다른 요인들에 의해 결정된다. 이러한 결론은 몇 가지 사항에 달려 있다.

첫째, 부유한 국가들은 이미 우호적이거나 그렇게 될 가능성이 높은 정권에 대한 지원을 선호하며, 돌이킬 수 없을 정도로 적대적이라고 믿는 국가들에 대한 대규모 지원은 꺼린다.[5] 예를 들어, 미국은 이집트가 소련 진영과 가까워진 것을 응징하고자 아스완 댐에 대한 자금 지원 제안을 철회했지만, 1959년 이집트와 소련의 관계가 냉각되자 경제 원조를 재개했다.[6] 이와 유사하게, 1970년대 미국의 이집트 원조는 사다트가 소련과의 동맹을 포기하고 미국의 후원 아래 기꺼이 이스라엘과 평화조약을 체결함으로써 가능해졌다.[7]

소련의 경우도 동일하다. 예를 들어, 이라크에 대한 경제 원조는 1958년 혁명 이후 시작되었는데, 이는 이라크의 국제적 성향에 대한 소련의 인식 변화에 따른 것이었다. 그리고 예멘의 공화주의 정권과 시리아의 신바트당 그리고 남예멘의 마르크스주의 정권에 대한 소련의 지원 또한 재평가의 결과였다. 즉 이러한 모든 경우에서, 정치적 관계의 변화가 경제 원조를 위한 길을 닦았다고 할 수 있다.

둘째, 〈표 14〉에서 나타난 것처럼, 초강대국의 원조는 다른 동기들이 간혹 수반되기도 했지만, 대체적으로 특정한 외부의 도전에 대한 반응으로 제공되었다.[8] 다시 말해, 경제 및 군사 원조의 수준은 (공통 위협의 출현이나 이념적 유사성과 같은) 동맹의 다른 유인들이 존재할 때 더 높게 나타났다. 이러한 유형의 행동은 한 번 긴밀한 관계가 수립되면 지속된다. 즉, 후원국들과 피후원국들은 환경의 변화에 맞춰 지원 수준을 조정한다.

종합해보면, 이러한 결과들은 2장에서 제시한 '대규모 원조 관계는 종종 균형 행동의 다른 형태일 뿐이다'라는 명제를 뒷받침한다. 원조가 동맹을 야기한다고 추론하는 것은 너무 단순하며, 원조가 일반적으로 정치적 동맹의 표명이라고 말하는 것이 더 정확하다. 요컨대, 원조를 제공하려는 의지와 원조를 얻고자 하는 바람은, 앞의 두 장에서 살펴본 더 기본적인 원인들의 결과이다.

그러므로 중요한 정치적 차이들이 개입했을 때, 상당히 관대한 수준의 대외 원조로도 효과적인 동맹을 만들지 못한다는 것은 놀라운 일이 아니다. 예를 들어, 1960년대 초반 (식량 원조를 통해) 소련으로부터 이집트를 떼어놓으려는 미

〈표 14〉 대외 원조와 균형 행동

동맹	연도	활동	유력한 이유
소련–이집트	1955	무기 거래	가자 지구 공습
	1957	무기 거래	수에즈 전쟁 후 재공급
	1963	군사 원조 증가	예멘 내전
	1967–1970	군사 원조 증가, 방공부대	6일 전쟁 후 재공급, 소모전
	1972–1973	군사 원조 증가, 공격무기	소련 자문관 축출, 10월 전쟁 준비
소련–시리아	1955	무기 거래	이라크와 이스라엘의 위협
	1957	군사 원조 증가	시리아 위기, 이라크 및 터키로부터의 위협
	1966	군사 원조 증가	이념적 연대, 이스라엘과의 분쟁 증대
	1967	군사 원조 증가	6일 전쟁 후 재공급
	1971–1973	군사 원조 증가	10월 전쟁 준비
	1975	군사 원조 증가	이집트의 미국과의 동맹
	1976	일시적인 무기 수출 금지	레바논에서의 개입에 대한 분쟁
소련–이라크	1958–1959	무기 거래, 경제 원조	친서방 왕정에 대한 쿠데타
	1963	무기 원조 유예	이라크 공산당 축출
	1964	무기 원조 재개	쿠르드전 휴전
	1972	우호조약, 군사 원조 증가	이란의 위협, 이념적 연대
	1976	군사 원조 증가	레바논과 관련한 시리아와 소련의 분쟁
소련–남예멘	1969	경제 및 군사 원조	이념적 연대
	1972	군사 원조 증가	사우디아라비아와 북예멘의 국경 전쟁
	1979	우호조약, 군사 원조 증가	북예멘과의 전쟁, 친소련파의 내전 승리
소련–북예멘	1964	우호조약, 무기 거래	내전
	1967	군사 원조 증가, 전투 지원	이집트인 철수, 왕정주의자의 공격적 태도
	1971–1975	군사 원조 유예	사우디의 영향력 증가
	1978	무기거래	남예멘과의 전쟁, 미국–사우디 원조 패키지에 대한 소련의 대응

동맹	연도	활동	유력한 이유
미국-요르단	1957	경제 보조금	영국 및 아랍의 보조금 대체
	1964	군사 원조 증가	아랍 압박에 대한 대응, 소련 무기획득 저지
	1967	무기 수출 금지	6일 전쟁
	1971	군사 원조 증가	팔레스타인해방기구에 대한 내전
미국-이스라엘	1962-1964	안보 서약, 무기 거래	소련의 아랍 원조에 대한 균형, 확산 억제
	1967-1972	군사 원조 증가	소모전, 로저스 평화 프로세스
	1973	주요 군사 원조 패키지	10월 전쟁
	1975	주요 군사 원조 패키지	제2차 시나이 협정
	1978-1979	주요 군사 원조 패키지	캠프 데이비드 협정, 이집트와의 평화조약
미국-사우디아라비아	1964	무기 거래(대공 방어)	예멘 내전 동안 이집트의 공습
	1970	주요 무기 거래	남예멘과의 갈등, 급진 세력의 위협
	1974	주요 군사 현대화	석유로 인한 부의 증가, 급진 세력의 위협
미국-이집트	1975	경제 원조와 무기 판매	동맹 재조정 촉진, 제2차 시나이 협정
	1979	군사 원조 패키지	이스라엘과의 평화조약

국의 노력은 이집트의 예멘 개입, 이스라엘과의 계속된 적대 관계, 그리고 아시아와 아프리카의 혁명적 민족주의에 대한 나세르의 지원을 둘러싼 분쟁의 영향을 극복하지 못했다.[9] 비슷한 사례로, 1974년과 1975년에 미국은 평화 프로세스에서 시리아가 "온건한 접근을 채택하도록" 유도하기 위해 거의 5억 달러에 달하는 경제 원조를 제공했다.[10] 그러나 제2차 시나이 합의, 캠프 데이비드 협정, 그리고 이집트-이스라엘의 평화조약에 대한 미국의 지지가 시리아의 중요한 이익을 위협했기 때문에, 미국의 원조는 시리아의 외교정책 방향에

거의 영향을 미치지 못했다.[11]

사우디아라비아의 부와 후한 지원에도 불구하고, 경제 원조를 통해 긴밀한 정치적 관계를 만들려는 사우디의 노력은 공동의 이익이 부재한 상황에서 마찬가지로 빈약한 결과를 가져왔다. 1970년대 중반, 남예멘에 대한 사우디의 경제 원조는 사우디와 남예멘의 긴장 관계에 짧은 해빙을 가져다주었을 뿐이었다. 비록 북예멘에 대한 원조가 조금 더 성공적이었지만, 그 또한 두 국가의 영속적인 동맹으로 이어지지 못했다.[12] 비록 사우디의 원조 프로그램이 다른 아랍 국가들의 현대화를 촉진하고 그들이 무기를 사거나 예산의 균형을 맞출 수 있게 했지만, 중요한 이익이 관련되었을 때 그들의 동맹 선택이나 정책 선호에 결정적 영향을 미치지 못했다.

요르단은 마지막 사례를 제공한다. 영국의 예산 지원에 전적으로 의존했던 후세인이 1955-1956년에 (마지못해) 바그다드 협약을 거부하고 아랍연대 협약에 가입하기로 한 결정은 영국을 대신하여 지원금을 주겠다는 아랍 국가들의 약속으로 가능해졌다. 하지만 나세르의 위협이 너무 압도적이 되고 미국이 필요한 자금을 지원할 의사를 보이자, 후세인은 다른 아랍 국가들과 동맹을 포기하고 친서방 입장으로 전환했다.[13] 그의 동기는 정치적이었고, 돈은 단지 동맹을 가능하게 하기 위해 필요한 수단이었다.

이 사례들은 공동의 정치적 이익이 없을 때 경제적, 군사적 원조가 효과적인 동맹을 만들어낼 수 없다는 사실을 나타낸다. 그렇다면 우리는 원조가 전혀 효과 없다고 결론 내려야 하는가? 물론 그렇지 않으며, 이유는 다음과 같다. 첫째, 원조는 동맹을 강화하고, 따라서 공동의 또는 양립할 수 있는 이익을 보호하는 데 효과적인 수단이 될 수 있다. 둘째, 말보다 행동이 더 중요하기 때문에 원조, 특히 군사 원조를 제공하는 것은 우호적 의도를 전달하는 효과적인 방법이다. 실제로 지원 제공을 거절하는 것은 적대성의 신호로 보여질 수 있다.[14] 번즈(William Bums)가 말한 것처럼, 대외 원조는 일반적으로 "보다 기본적인 공동의 정치적 이익에서 비롯되는 상호 협력에 대한 관심을 강화하는" 역할을 한다.[15]

대외 원조와 정치적 영향력

공동의 정치적 이익이 없다면, 관대한 대외 원조 프로그램일지라도 효과적인 동맹을 만들지 못한다. 이러한 결론은 추가적인 질문을 낳는다. 공동의 이익이 존재할 때, 대규모 원조 프로그램은 지원국이 피지원국에 대해 실질적인 영향력을 발휘할 수 있게 하는가? 원조는 충성스러운 위성국을 만들어내는가 아니면 피지원국들은 대부분의 상황에서 그들의 자주성을 유지하는가? 이 질문이 이 분석에서 매우 중요한 이유는, 소련의 경제 및 군사 원조에 대해 얼마나 걱정해야 하는지, 그리고 유사한 미국의 프로그램에서 얼마나 많은 것을 기대할 수 있는지 우리에게 말해주기 때문이다.

본 연구는 원조가 단지 드문 조건 하에서만 지원국들에게 중요한 영향력을 부여해왔다고 강하게 제시한다. 왜 그런지를 설명하기에 앞서, 역사적 기록에 대한 간략한 요약이 준비되어 있다.

이집트

1955년에서 1970년까지, 소련은 이집트에 가장 많은 원조를 제공했을 뿐만 아니라 유일하게 군사 장비를 제공한 지원국이었다.[16] 실제로, 1955년에서 1973년까지 이집트의 소련의 군사 원조에 대한 의존은 지속적으로 증가했다.[17]

그러나 이집트에 대한 소련의 영향력은 미미한 수준이었다. 소련은 1958년에 이집트의 시리아와의 통합에 반대했고, 나세르는 모스크바의 반복적인 반대에도 불구하고 이집트 공산주의자들을 감옥에 가두었다. 그리고 아랍 세계의 나머지 국가들과 이집트의 관계는 소련의 선호와 상관없이 발전되었다. 또한 나세르는 당시 소련의 유망한 동맹국인 이라크의 카셈과 싸웠으며, 자신의 목적에 따라 보수적인 아랍 국가들은 공격하거나 수용했다. 비록 소련의 원조 덕분에 이집트가 예멘 내전에 개입할 수 있었지만, 나세르는 소련 자신의 영향력을 보존하기 위해 이집트를 통해 소련의 원조가 이루어지고 있을 뿐이라고 주장했다.[18] 마지막으로, 이집트는 비행장과 해군시설에 대한 소련의 끊임없는 이용 요구를 거부했다. 즉, 1955년에서 1967년 사이 소련과 이집트의 관계는 거의 완전히 일방적이었다. 이집트는 원조를 취하고 상대적으로 적게 돌려줬다.

6일 전쟁 이후 취약해진 이집트는 소련의 정기적인 군사시설 이용을 허용했다.[19] 그러나 이집트의 소련에 대한 의존성이 증가했음에도 불구하고, 나세르는 대부분의 사안에서 행동의 자유를 유지했다. 예를 들어, 소련은 로저스 계획(Roser Plan)을 수립하는 데 적극적인 역할을 했음에도, 나세르가 그것을 거부했을 때 소련 역시 거부해야만 했다.[20] 나세르는 단독으로 소모전(War of Attrition)을 시작했고, 전쟁 중에 소련이—전투 부대를 포함하여—전례 없는 수준의 지원을 제공하도록 성공적으로 설득했고, 1970년 7월 휴전을 수용하는 독립적인 결정도 내렸다.[21]

나세르의 뒤를 이은 사다트도 비슷한 자주성을 보여줬다. 사다트는 소련의 원조에 대한 의존에도 불구하고 1971년 잠정적인 운하 문제 해결을 위해 미국에 도움을 요청했다. 그리고 무기 수송을 제한함으로써 이집트를 통제하려는 소련의 시도는 1972년 이집트의 소련 고문단 추방을 촉발했다. 그리고 그러한 추방은 소련으로 하여금 10월 전쟁을 치르는 데 필요한 무기를 공급하게 만들었다. 하지만 이집트는 소련과 상의 없이 전쟁에 들어갔고 전쟁 기간 동안 소련의 조언에 거의 신경을 쓰지 않았다.[22] 그런 다음 사다트는 "키신저 미 국무장관의 노력에 대한 감사"의 뜻으로 그를 카이로에 초청함으로써 그리고 미국을 택하기 위해 소련을 버림으로써 상처에 모욕을 더했다.[23]

요컨대, 소련은 이집트에 대한 막대한 투자로 7년 동안 이집트의 기지를 이용할 수 있었지만, 결국 충성심과 영향력 중 어느 것도 얻지 못했다. 이집트의 목표와 이익이 변했을 때, 이집트의 동맹 선택도 변했다.[24]

물론, 10월 전쟁 이후 이집트의 절망적인 경제 상황이 사다트의 외교적 선택을 제약한 것 또한 사실이다.[25] 미국이 대규모 경제 원조를 제공할 것이라는 사다트의 희망은 의심할 여지 없이, 이집트의 이스라엘과의 평화조약을 막기 위한 다른 아랍 국가들의 위협과 감언을 무시하게 만들었다. 실제로 사다트는 "세상의 모든 금을 준다 해도 우리의 위엄과 결심을 살 수 없다"고 말하며 사우디의 50억 달러 제안을 거절했다.[26] 이와 같이 미국의 경제 원조는 이집트가 평화를 향한 움직임을 유지하는 데 중요한 역할을 했다.

그러나 미국의 영향력은 절대적인 것이 아니었다. 사다트의 예루살렘 방문 결정은 워싱턴을 놀라게 했다. 하지만, 실제로 그것은 제네바에서 포괄적인 평화회의를 개최하기로 한 미국의 노력 덕분이기도 했다.[27] 사다트는 캠프 데이비드에서 까다로운 협상가임을 입증했고, 미국의 상당한 압력에도 불구하고 사다트와 그의 후임자인 무바라크(Hosni Mubarak)는 라스바나스 공군비행장에 대한 미국의 이용을 허용하지 않았다. 또한 미국에 계속 의존했음에 불구하고 팔레스타인해방기구에 대한 공개적 지원을 늘렸고, 이스라엘의 레바논 침공 이후 이스라엘과의 평화를 '동결' 시켰다. 그리고 가끔 소련과의 관계 개선이 불가능한 일이 아님을 암시했다.[28] 따라서, 만일 이집트의 이익이 미국의 선호에 반하는 행동을 하게 한다면, 경제 원조가 이집트가 소련에 대해 그랬던 것보다 미국에 더 충실하도록 만들었다고 결론내리는 것은 현명하지 않을 것이다.[29]

시리아

1955년 이래 소련은 시리아에 거의 10억 달러의 경제 원조를 제공하는 한편 시리아 군사장비의 거의 85%를 제공했다.[30] 소련은 이집트에게 했듯이, 시리아에 대규모 첨단 무기를 제공했으며, 중동 전쟁 이후에 매번 신속하게 재공급했다.[31]

이러한 관대함은 시리아를 신뢰할 만한 피후원국으로 만들지 못했다. 소련은 시리아의 국내 투쟁들—1950년대 시리아 공산당에 대한 탄압이나 1970년, 소련이 선호하는 자디드에 대한 아사드의 승리—에 거의 영향을 미치지 못했다.[32] 또한 소련은 시리아의 외교정책에 대해서도 영향을 미치지 못했다. 그 결과 6일 전쟁 이전 시리아의 도발을 중단시킬 수 없었고, 전쟁에서 패배한 시리아가 이전보다 더 소련에 의존하게 되었음에도 불구하고 유엔결의안 242호를 수용하도록 설득하지 못했다.[33]

1970년 이후 소련의 시리아에 대한 원조가 상당히 증가했음에도, 시리아의 정책에 영향을 미칠 수 있는 소련의 능력은 여전히 미미했다. 예를 들어, 이라크의 이란 침공과 미국 조기경보기의 사우디아라비아 배치가 중동 지역에서 시리아의 고립을 분명히 했던 1980년까지 시리아는 공식적인 동맹을 체결하자는 소련의 압박에 저항했다. 또한 소련의 시리아 항구 및 비행장에 대한 영구적인 사용 요청을 몇 차례 거절했다. 이에 대한 소련의 지속적인 요구에 대해 아사드는 소련이 "제국주의 국가처럼" 행동한다고 비난하기도 했다.[34] 그리고 소련이 공식적인 조약의 부재를 이유로 최신 항공기의 제공을 거절했을 때 아사드는 소련 고문단의 활동을 제한하는 것으로 맞대응했다. 무히트디노프(Mukhitdinov) 소련 대사의 말로는, "빌어먹을 시리아인들은 조언 외에는 무엇이든 받아들일 겁니다."[35]

또한 시리아는 10월 전쟁 이후 소련의 가장 중요한 중동 피후원국이었지만, 키신저가 추진한 골란고원에서의 단계적인 철수와 관련해 아무런 역할을 하지 못했다.[36] 그리고 1976년 시리아는 소련의 압력과 잠시 동안의 무기 수송 중지에도 불구하고 레바논의 팔레스타인해방기구에 개입했다. 아사드는 브레즈네프의 철수 요구에 대해 "단지 의견의 표현에 불과하다"고 말했고, "우리는 타협의 대상이 아닌 다른 관점을 가지고 있다"고 덧붙였다.[37] 요컨대, 시리아는 1955년 이래 소련으로부터 많은 양의 원조를 받았지만, 이러한 원조가 소련이 시리아의 행동을 통제할 수 있게 해주지는 않았다.

이라크

1970년대까지, 이라크에 대한 소련의 군사 원조는 이집트와 시리아에 제공한 것에 비해서 상당히 뒤처졌다. 그러나 군사 원조와 다르게 경제 원조는 상당했으며, 1974년까지 총 10억 달러에 달했다. 소련의 기술 지원은 1972년 이라크 석유 회사의 국유화를 가능하게 했다. 그리고 군대를 현대화하고자 하는 이라크의 열망은 1971년 소련과의 공식적인 조약을 추진하도록 만들었다. 석유 수입의 증가 덕분에 이라크는 1973년 이후 소련과 서유럽에서 대규모로 무기를 구입할 수 있었다. 그리고 1976년 소련과 이라크의 무기거래(10억 달러 상당의 규모로 알려져 있다)로 이라크는 소련의 중동 피후원국들 중 가장 큰 규모의 무기를 제공 받은 국가가 되었다.[38]

그러나 소련의 지원(경제 원조나 무기의 특가 판매)에도 불구하고 소련은 이라크의 정책에 대해 거의 영향력을 가질 수 없었다. 소련의 무기 원조가 1958-1959년 이라크 내에서 카셈의 지위를 강화했을 때, 그는 재빨리 자신의 공산주의 파트너들에게 등을 돌렸다. 1963년 바트당은 소련 무기를 사용하여 이라크 공산당을 끝장냈고, 그에 따른 소련의 금수 조치는 아무런 효과가 없었다. 또한 소련이 원조를 재개했음에도 불구하고 아레프 정권은 서방과 긴밀한 관계를 발전시켰다.[39]

1968년 바트당의 재건 이후, 이라크는 이스라엘과의 평화 문제를 놓고 소련과 충돌했다(이라크는 1967년 7월 소련과 미국의 공동 평화 제안을 거절했고, UN 결의안 242호의 수용을 계속해서 거부했다).[40] 1972년 이란의 위협 증가로 소련과의 공식 조약을 추진하게 된 직후에, 이라크는 경제적, 군사적 관계를 다각화하기 시작했다. 그 결과 이라크의 무기 구매에서 소련의 점유율은 1964년에서 1973년 사이에 94%에 달했지만, 1974에서 1979년 사이에 70%까지 떨어졌다. 그리고 이라크의 대외 무역에서 소련의 점유율은 1973년 22%에서 1977년 11%까지 떨어졌다.[41] 이라크는 (분쟁을 완화하려는 소련의 반복된 노력에도 불구하고) 시리아와의 길고 격렬한 싸움을 계속했고, 아랍 세계 다른 곳에서의 공산주의 영향력에 대한 깊은 의구심을 품고 있었다. 실제로 이라크는 1978년에 24명의 공산주의자들을 처형했고, 소련의 에티오피아 개입 동안 이라크 영공을 사용하려는 소련의 계획을 거부했으며, 소련의 아프가니스탄 침공을 공개적으로 비난했다. 그리고 1979년에 (전통적인 소련의 적인) 사우디아라비아와 동맹을 형성했다.[42]

모든 것들을 고려했을 때, 이라크에 대한 소련의 영향력은 미약했다. 이와 관련해 프리드먼(Robert O. Freedman)은 이렇게 말했다. "소련의 영향력은 …
실제로 매우 제한적이었다. 이라크의 바트주의자들은 소련의 도움이 절실했
던 1972년에서 1975년까지의 시기에만 기꺼이 양보를 하려고 했다. … 이라
크는 소련의 대규모 경제 및 군사 원조에 대한 답례로 정치적 복종 방식으로는
거의 아무것도 제공하지 않았다."[43]

북예멘

1950년대 소련의 이맘에 대한 원조는 그가 영국의 아덴 지역 지배에 반대할
수 있게 했다. 하지만 이 원조가 소련에 대한 그의 의심을 감소시키거나 그의
결정에 소련이 많은 영향력을 행사할 수 있게 하지는 않았다. 또한 1962년에
서 1967년까지 지속된 소련의 원조는 공화주의 정권의 붕괴를 막는 데 도움이
되었지만, 이 역시 소련의 영향력을 증가시키지는 못했다. 1967년까지 소련의
원조는 이집트에 의해 통제되었고, 공화주의적 지도부는 1969년 이후 친사우
디 파벌에 의해 대체되었다.[44] 그때 이후 소련의 원조는 늘었다 줄었다를 반복
했지만—알려진 바에 따르면, 1979년에 7억 달러에 달하는 무기 거래가 체결
되었음에도—소련은 예멘 내부의 정치적 격동이나 외교정책의 변화에 거의
영향을 미치지 못했다.[45]

사우디아라비아의 원조 프로그램 역시 그들을 통제하는 데 명확한 한계가
있었지만 그래도 좀더 효과적이었다. 예를 들어, 북예멘의 충성 부족들에 대한
원조는 내전 후에 보수주의 정부가 권력을 차지하도록 만들었다. 1970년대 중
반 동안, 알함디(Ibrahim al-Hamdi) 대통령은 (사우디가 승인하지 않은 여러 장관
들을 해고하고, 소련과의 관계 동결을 공표하는 등) 사우디 노선을 상당히 긴밀하
게 추종했는데, 이는 사우디가 지속적인 경제 원조와, 예멘 내의 여전히 반항
적인 부족 세력들에 대한 대응에 있어 재량권을 준 것에 대한 대가였다.[46] 따
라서 사우디의 원조에 대한 예멘의 의존은 예멘의 정책 선택에 대한 약간의 영
향력을 리야드(Riyadh)에 부여했다.

그러나 사우디의 영향력은 한계가 있었다. 사우디는 자신이 강력하게 반대

했던, 북예멘의 남예멘과의 두 개의 통일 합의를 지연시켰으나 막지는 못했고, 소련과의 원조 관계를 단절하도록 설득하는 데도 실패했다.[47] 또한 북예멘의 내부 정치가 점점 더 좌파적으로 변하는 것을 멈추지 못했다.[48] 실제로 사우디가 여러 해 동안 제공해온 지원 수준(매년 대략 4억 달러)에도 불구하고, 예멘은 사우디의 영향력으로부터 자신의 자유를 점진적으로 확대했다.[49]

마지막으로, 1979년 남예멘과의 국경 전쟁 동안 북예멘을 지원하기 위한 미국의 다소간의 노력은 다른 후원국에 저항할 수 있는 예멘의 능력을 강화시켜 준 것 말고는 가치가 없는 것으로 드러났다. 사우디의 요청으로 실행된 미국의 원조 프로그램은 상응하는 소련의 노력보다 더 작았고, 북예멘이 홀로설 만큼 강하게 만드는 것에 대한 사우디의 양면적 태도로 인해 제한되었다.[50] 따라서 미국의 원조는 중요한 정치적 영향력의 원천이 거의 될 수 없었다.

남예멘

소련의 남예멘 원조는 1967년 아덴이 독립을 성취한 이래로 꾸준히 증가했다. 남예멘은 대부분의 국제 문제에서 소련과 같은 입장을 취하는가 하면 소련에게 해군 시설과 다른 형태의 군수 지원을 제공하는 등 눈에 띄게 충성스런 동맹이었다.[51] 그러나 두 나라 사이에는 심각한 정치적 불일치의 증거가 거의 없기 때문에, 이러한 충성이 이념적 일치의 결과인지, 소련의 지원에 대한 남예멘의 거의 완전한 의존을 반영한 것인지는 말하기 불가능하다.[52]

그리고 남예멘은 완전히 충성스러운 피후원국은 아니었다. 예를 들면, 남예멘은 아랍과 이스라엘의 갈등에 대해 끊임없이 더 극단적인 정책을 선호했다. 그리고 어떤 형태의 정치적 합의도 거부했다. 또한 1976~1977년 알리(Rubay 'Ali) 대통령이 사우디아라비아 및 미국과의 관계 회복을 시도한 것은 소련의 원조가 완전한 충성을 보장하지 않는다는 것을 나타낸다. 그러나 이러한 시도의 결과—1978년 알리가 암살되고 친소련 성향의 무하마드(Ali Nasser Muhammed)가 후임자로 등장했는데, 소련과 바르샤바조약기구가 개입한 것으로 알려져 있다—는 소련이 아랍 세계 어느 곳에서보다 아덴에서 사건들을 통제할 수 있는 더 큰 능력과 선택권을 가졌음을 제시한다.

이스라엘

이스라엘은 미국의 공공 및 민간 원조에 상당히 의존적이었다. 특히 6일 전쟁 이후 더욱 그랬다. 예를 들어, 1975년부터 1980년까지 미국의 공식적인 원조는 이스라엘 국민 총생산(GNP)의 거의 20%에 달했으며, 미국은 이스라엘 무기 수입의 98%를 공급했다.[53]

결과적으로, 미국은 여러 번 이스라엘의 의사 결정에 상당한 영향력을 행사해왔다. 예를 들어, 미국은 공공 및 민간 원조를 금지하겠다는 위협을 통해 1953년 이스라엘의 요르단 강 수로 전환 시도를 중단시켰으며, 수에즈 전쟁 이후 시나이로부터 철수하도록 설득했고, 1960년대 초반 핵 연구 프로그램에도 영향을 미쳤다.[54] 1967년과 1973년 두 전쟁 전에 이스라엘의 지도자들은 미국의 지원을 잃을 것이라는 두려움 때문에 이집트와 시리아를 상대로 선제 공격을 주저했다. 그리고 이스라엘이 소모전을 종식하는 로저스 합의와 10월 전쟁의 휴전을 수용한 것은 받아들이지 않을 경우 무기 선적을 중단하겠다는 미국의 위협에 따른 것이었다.[55] 마지막으로, 시나이와 골란에서 이스라엘의 철수, 제2 시나이 협정, 캠프 데이비드 협정, 그리고 이집트와 최종 평화조약은 부분적으로 미국의 추가적인 원조 약속에 의해 촉진되었다.[56] 이처럼 이스라엘에 대한 미국의 원조는 본 연구에서 조사된 다른 어떤 양자 관계에서보다도 때때로 상당한 영향력을 더 많이 발휘했다.

그러나 미국의 영향력에는 분명한 제한이 있었다. 6일 전쟁 이후—로저스 계획과 같은 제안을 통해—포괄적 평화를 증진시키기 위한 미국의 노력들은 이스라엘에 의해 즉각 거부되었다. 미국의 원조가 단계별 협상과 캠프 데이비드 협상을 성사시키는 데 있어 중요한 역할을 했지만, 그 길고 어려웠던 과정은 미국의 지원에 대한 이스라엘의 의존이 미국의 정책결정가들이 양보를 쉽게 이끌어낼 수 있게 해주지 않았다는 것을 시사한다.[57] 더 중요한 사실은, 이스라엘이 서안지구와 골란고원에 대한 자신의 입장을 바꾸기를 거부했고, 워싱턴의 이따금 강력한 항의에도 불구하고 오랫동안 고수해온 보복정책을 완화할 의사가 없음을 입증해 왔다는 점이다.[58] 비록 이스라엘은 미국의 압력에 여전히 취약하지만, 기록은 물질적 지원에 대한 의존이 이스라엘을 순종적인 동맹국으로 만들지 않았다는 것을 보여준다.

사우디아라비아

미국과 사우디아라비아는 제2차 세계대전까지 거슬러 올라가는 오랜 기간 동안 군사 및 경제 협력을 이어왔다. 의존은 본질적으로 상호적이었다. 사우디의 안보 계획에서 미국의 역할과 미국과 그 동맹국들에게 있어 사우디 석유의 중요성을 고려할 때, 양측은 상대가 통제하는 자산에 점점 더 의존해왔다. 미국의 무기 인도 및 군사 원조 프로그램은 1971년에서 1979년까지 연 평균 10억 달러에 달했으며, 1979년에는 1,900만 달러 상당의 무기, 군사훈련, 그리고 군 관련 건설이 합의되었다.[59] 그러나 동시에 사우디아라비아는 1977년 미국이 수입한 전체 원유의 17%를 제공했고, 미국의 동맹국인 유럽과 일본이 수입한 전체 원유의 각각 27%와 33%를 제공했다.[60] 경제 관계는 다소 미국에 유리하게 기울어져 있다. 두 국가 간의 무역은 1977년 사우디 국민총생산의 17%를 차지했지만, 같은 기간 미국 국민총생산의 05%에 불과했다.[61] 더욱이 사우디의 대미 투자 규모와 야심적인 개발 계획에 대한 사우디의 미국 기업 의존을 고려할 때, 석유 공급 중단에 대한 사우디의 능력이나 관심은 작은 편이라고 할 수 있다.

이 같은 강력한 상호 이익의 결과로서 어느 국가도 상대방에 대해 강력한 영향력을 행사할 수 없었다. 예를 들어, 사우디의 주요 방어자로서 미국의 역할은 사우디가 이스라엘을 상대로 한 여러 전쟁에 (꽤 작게라도) 직접 참가하는 것을 막지 못했다.[62] 실제로 사우디의 금융 지원은 시리아와 팔레스타인해방기구를 재정적으로 유지시켰고 이집트가 소모전을 수행하는 것을 도왔으며, 10월 전쟁 당시 이집트와 시리아가 사용한 많은 장비의 대금을 지불했다. 미국과의 관계는 1973년 석유 금수조치로 인해 더욱 긴장되었고, 사우디는 캠프 데이비드 협정과 이집트-이스라엘 평화조약을 지지하라는 미국의 집요한 압력에 저항했다. 사우디의 한 장군은 미국의 압력으로부터 그들의 독립성을 설명하면서, "당신은 단지 무기상일 뿐입니다. 그리고 우리는 돈을 지불합니다"라고 말했다.[63] 요컨대, 사우디가 미국의 무기와 지원에 의존한다고해서, 그것이 사우디가 중요한 지역 문제들을 어떻게 다룰지 결정하는 데 있어 미국에 많은 발언권을 주는 것은 아니다.

그리고 석유 무기에도 불구하고 사우디의 미국에 대한 영향력 또한 마찬가지로 작았다. 예를 들어, 1962년 미국은 사우디의 공개적인 반대에도 불구하고 예멘의 공화주의 정권을 인정했다. 더 중요한 사실은, 사우디 석유 수출의 중요성 증대에도 불구하고, 1967년 이후 미국의 이스라엘 원조가 점점 더 증가했다는 것이다. 즉, 미국은 계속해서 사우디아라비아의 가장 큰 무기 공급자였지만, 각각의 주요 거래들은 상당한 논란을 불러일으켰고 사우디를 상당히 짜증나게 만들었다.[64] 결론은 명확하다. 즉, 어떤 국가들도 진짜 중요한 문제에 대해서는 다른 나라에 영향력을 행사할 수 없다. 의존보다는 공생이 여전히 사우디-미국 관계의 본질이다.

요르단

마지막으로, 요르단은 전후 시기 내내 대외 원조에 특히 의존했다. 앞서 언급한 것처럼, 1956년 후세인의 아랍과의 동맹은 영국의 지원금을 대체해주겠다는 그들의 약속으로 촉진되었으며, 1957년 미국과의 동맹 결정은 미국의 경제 및 군사 원조로 가능해졌다.[65] 통틀어서, 1959년에서 1979년 사이 미국의 원조는 요르단 국민 총생산의 10% 이상이었다.[66]

그러나 미국의 후한 원조는 후세인이 미국의 기대에 특별히 반응하도록 만들지 못했다. 예를 들어, 미국과 요르단의 밀접한 관계는 요르단의 6일 전쟁 가담, 1973년 10월 전쟁에 대한 요르단의 더 제한적인 참여, 또는 팔레스타인 해방기구를 팔레스타인인들의 유일한 대표로 지정한 1974년 라바트 합의를 수용하기로 한 요르단의 마지못한 결정을 막지 못했다.[67] 또한 협상을 통해 서안지구를 되찾는 것에 대한 후세인의 명백한 관심에도 불구하고, 미국의 지원은 그가 캠프 데이비드 프로세스에 참여하도록 설득하지 못했다. 요컨대, 비록 1950년대 중반 이후 미국이 요르단의 주요 후원국이 되었지만, 요르단이 어떻게 행동할지 결정하는 데 있어 다른 요인들이 적어도 미국만큼 중요했다. 요르단은 다른 국가들로부터의 원조에도 의존하고 있었기 때문에 (그리고 미국이 원조를 줄인다해도 후세인은 다른 옵션이 있었기 때문에), 미국의 영향력은 일반적으로 미약했다.[68]

대외 원조가 영향력을 만들지 못하는 이유

이러한 요약은 대외 원조를 제공하는 것이 후원국에 피후원국에 대해 중요한 정치적 영향력을 대체로 부여하지 않는다는 것을 드러낸다. 왜 이러한 현상이 나타나는 것일까? 2장에서 나는 다음과 같은 경우에 후원국이 피후원국들에 대해 광범위한 영향력을 행사하게 된다고 주장했다. 1) 후원국이 원하는 유형의 원조에 대한 독점권을 갖고 있을 때, 2) 후원국이 해당 사안에 대한 비대칭적인 동기를 가지고 있을 때, 3) 후원국이 정치적 목적을 위해 원조의 수준을 조작하는 데 국내적 장애물이 없을 때. 이러한 조건들은 거의 충족되지 못하기 때문에, 그것들은 경제 및 군사 원조가 효과적인 정치적 통제 수단이 되지 못하는 이유를 설명한다.

첫째, 후원국이 행사할 수 있는 영향력은 일반적으로 대안적 원천들이 이용 가능하다는 사실에 의해 줄어든다. 대안의 존재는 양극 체제의 한 가지 확실한 효과이다. 소련과 미국의 경쟁 덕분에 피후원국들은 다른 초강대국의 지원을 얻겠다고 위협함으로써 후원국에 대들 수 있었다. 예를 들어, 1954-1955년, 미국이 이스라엘과 화해하도록 이집트를 유도하기 위해 나세르의 무기 요청을 거절하자, 이집트는 소련 쪽으로 돌아섰다.[69] 알려진 바에 의하면, 나세르는 소모전 기간 동안 자신이 사퇴해서 친미 성향의 대통령이 선출되도록 하겠다고 위협함으로써 소련이 대공 부대를 파견하도록 설득했다.[70] 같은 방법으로, 1972년 사다트가 공개적으로 미국에 대한 관심을 보이자 소련은 전년도에 중단했던 무기지원을 재개했다. 마지막으로, 요르단의 후세인은 소련으로부터 무기를 획득하겠다고 위협함으로써 첨단 무기 제공을 꺼리는 미국을 설득할 수 있었다.[71] 이처럼 영향력은 대안적 국가가 늘 이용 가능하다는 사실로 인해 감소한다.

그러나 반대로 대안이 이용할 수 없거나 매력이 없을 때, 후원국들은 훨씬 더 많은 통제력을 행사할 수 있다. 예를 들어, 나세르는 긴급한 지원에 대한 이집트의 절실한 필요로 인해 선택의 여지가 없었기 때문에, 예멘에서 철수했고, 보수주의적인 적들로부터 지원금을 받아들였으며, 1967년 소련의 해군 및 공군 시설 사용 요청을 허가했다.[72] 이러한 상황은 이스라엘에 대한 미국의 부분적인 성공 또한 설명한다. 미국은 지원을 중단하겠다고 위협해 이스라엘이 몇 차례 양보하게 만들었는데(1953년 요르단 강 수로 전환 프로젝트 중지, 1957년 시나이 철수, 1970년 로저스 정전안 수용, 10월 전쟁 말기 이집트 제3군에 대한 관대한 조치 등), 이는 이스라엘이 미국의 지원에 대한 준비된 대안이 없었기 때문이기도 했다. 마지막으로, 이집트는 소련이 필요로 하는 수준의 경제 원조를 제공하지 못하자 미국 쪽으로 돌아섰으며 미국의 지원을 유지하기 위해 필요한 타협을 했다.

요컨대, 원조는 피지원국이 특히 어려운 상황에 있고 대안이 이용 가능하지 않을 때 지원국에게 약간의 영향력을 제공할 가능성이 높다. 그러나 중요한 점은 이러한 상황이 비교적 드물게 나타난다는 것이다. 대부분의 국가들은 대부분의 시기에 수용 가능한 대안을 찾을 수 있다.

둘째, 영향력은 의존이 일방적인 경우가 드물기 때문에 감소한다. 예를 들어, 이집트에 대한 소련의 영향력과 사우디아라비아에 대한 미국의 영향력은 피후원국이 본질적으로 매우 가치 있게 여겨졌다는 사실로 인해 제한되었다.[73] 중요한 동맹국들은 이집트와 이스라엘이 그랬던 것처럼, 대규모 지원을 받을 가능성이 더 높을 뿐만 아니라, 그들의 후원국들은 지원을 중단함으로써 특별히 가치 있는 피후원국을 위태롭게 만드는 것을 훨씬 더 주저하게 된다.

더욱이 원조—특히 군사 원조—를 제공하는 것은 일반적으로 피지원국의 운명에 지원국의 위신을 거는 일이다. 브레즈네프가 6일 전쟁 이후 한 아랍의 지도자 그룹에게 말했던 것처럼, "우리는 당신들에게 우리의 평판을 걸었기 때문에 [아랍의 패배로 인해] 매우 고통스러웠습니다"고 말했다.[74] 또한 키신 저가 말했듯이, 미국은 "소련의 피후원국들이 전통적인 미국의 우방들을 이기 도록 내버려둘 수 없었다."[75] 결과적으로, 후원국은 피후원국이 동맹을 바꾸거 나 패배할 경우 위신을 잃는 것을 두려워하기 때문에, 원조를 제한함으로써 복 종을 강요하려는 후원국의 의지는 훨씬 더 줄어들게 된다. 실제로 소련-이집 트, 미국-이스라엘 관계에서 나타나는 것처럼, 대규모 원조 관계는 후원국이 피후원국을 통제할 수 있는 능력의 표시라기보다는 사실상 피후원국이 후원 국으로부터 지원을 갈취할 수 있는 능력의 반영일 수 있다.

셋째, 원조의 제공은 자기 패배적일 수 있다. 왜냐하면 그것은 피지원국의 입지를 강화하고, 그럼으로써 후원국의 충고를 따를 필요성을 감소시키기 때 문이다. 키신저가 단계적 외교에 수반되는 협상 과정을 설명했듯이, "나는 이 스라엘의 수상 라빈에게 양보할 것을 요청한다. 그러면 그는 이스라엘이 약하 기 때문에 양보할 수 없다고 말한다. 그래서 나는 그에게 더 많은 무기를 준다. 그러면 그는 이스라엘이 강하기 때문에 양보할 필요가 없다고 말한다."[76] 역설 적으로 한 국가가 원조를 더 많이 제공할수록, 그에 따른 통제력은 더 약화될 가능성이 있다.

넷째, 대외 원조를 받는 피지원국은 그들의 후원국보다 거의 항상 약하기 때문에, 후원국과의 분쟁이 발생했을 때 더 열심히 협상할 가능성이 높다. 게 다가 초강대국과 지역 동맹국 간의 관계는 주로 지역 문제에 초점을 맞추기 때 문에, 피후원국은 대개 결과에 대해 훨씬 더 큰 이해관계를 갖게 된다. 따라서 동기의 비대칭성은 일반적으로 피후원국에게 유리하게 작용하며, 이는 피지 원국이 외부의 지원에 굉장히 많이 의존하고 있을 때조차도 마찬가지이다.

본 연구는 이러한 명제를 지지한다. 예를 들어, 1976년 아사드는 소련이 시 리아의 레바논 개입을 문제 삼아 무기 수출을 차단하자 그러한 행동이 시리아의 "확고한 국가 이익"에 따른 것임을 강조하며 소련에 반발했다.[77] 사다트가 말했듯이, "소련은 [점령된 영토에 관한] 이 문제가 세 번째, 네 번째 혹은 다섯 번째 지점에 위치할 수 있다고 믿지만, 나에게 있어서는 최고 우선사항이다. 그것은 모든 것을 의미한다."[78] 동일한 문제가 이스라엘에 대한 미국의 영향력을 감소시킨다. 한 익명의 미국 외교관에 의하면, "그들은 거의 어떤 문제에 있어서도 우리보다 오래 견딜 수 있다." 왜냐하면 결과에 대한 이스라엘의 이익이 미국의 이익보다 거의 항상 더 크기 때문이다.[79]

상대적 이익의 중요성은 또한 대부분의 국내적 사안들에 있어서 후원국에 반발할 수 있는 피후원국의 능력에서 보여질 수 있다. 어떤 초강대국도 그것이 지역 공산당에 대한 억압이든, 서안지구 같은 점령지에 대한 지속적인 정착활동이든, 피후원국이 그들의 내부 문제라고 간주하는 것들에 대해서 독립적인 행동을 취하는 것을 막을 수 없었다. 이유는 간단하다. 그와 같은 사안은, 그것이 특히 정권의 생존에 사활적인 것으로 인식되는 경우 후원국보다 피후원국에게 훨씬 더 중요하기 때문이다.

그러나 후원국의 사활적 이익이 개입되면, 양보를 이끌어낼 수 있는 후원국의 능력은 증가한다. 이 점은 다양한 중동전쟁을 통해 가장 확실하게 나타났다. 전쟁이 임박했을 때 피후원국들은 외부의 지원에 관해 더 걱정해야 할 뿐만 아니라, 전쟁은 상호 대결을 피하면서 그들의 피후원국을 보호해야 하는 두 초강대국의 우려를 증가시킨다. 따라서 벤구리온(Ben-Gurion)은 1956년 이스라엘이 강대국(영국과 프랑스)의 보호를 얻을 때까지 전쟁에 들어가기를 거부했다. 그리고 그의 후임자는 미국의 지원을 잃게 되는 것을 두려워하여, 1967년과 1973년 모두 선제공격을 주저했다.[80] 이와 유사하게, 미국은 1970년에 이스라엘이 로저스 정전안(Rogers ceasefire)을 수용하도록 강요하는 데 성공했는데, 이는 미국이 이집트에서 소련의 역할 증가에 따른 위험을 우려했기 때문이다. 그리고 10월 전쟁 동안 심각한 초강대국 대결이 가시화되기 시작했을 때, 미국은 이스라엘이 함정에 빠진 이집트 제3군에게 관용을 베풀도록 강요했다.[81] 즉, 초강대국의 동기 수준은 피후원국의 동기 수준에 필적하기 어렵지만, 의존성을 영향력으로 전환할 수 있는 능력은 그러한 드문 상황에서 증가하게 된다.

마지막으로, 본 연구는 후원국이 국내적 제약으로 인해 피후원국이 받는 원조의 수준을 조작할 수 없는 경우, 원조는 거의 영향력을 가져다주지 않는다는 명제에 대한 일부 뒷받침을 제공한다. 특히 미국 외교정책 과정의 분권화된 특성—대외 원조의 경우에 더욱 두드러진다—은 정치적 목적을 위해 이러한 수단을 사용하는 것을 의심할 여지 없이 어렵게 만든다. 예를 들어, 1950년대 중반과 1960년대 초반 동안 영향력의 수단으로 이집트에 대한 원조를 사용하려는 미국 대통령들의 노력은 의회의 반대로 좌절되었다.[82] 또한 1975년 키신저와 포드의 유명한 재평가(reassessment)와 같이, 군사 및 경제 원조를 제한함으로써 이스라엘을 압박하려던 시도들도 의회의 반대로 무산되었다.[83] 실제로 폴락(David Pollock)이 보여준 것처럼, 지원을 보류하려는 대통령의 시도들은 의사결정 과정이 고도로 중앙집권화되었을 때(닉슨 대통령 하에서처럼), 그리고 국내 정치적 고려가 최소화되었을 때(선거가 있는 해가 아닐 때) 가장 효과적이었다.[84]

이러한 모든 이유들로 인해, 대규모 대외 원조조차도 좀처럼 지원국이 그들의 피후원국을 통제할 수 있게 해주지 못한다. 이러한 상황은 초강대국들의 외교적 기술이 부족하거나 원조의 제공이 중요하지 않기 때문에 발생하는 것이 아니다. 이것은 지원국-피지원국 관계의 몇 가지 지속적인 특성의 결과이다. 후원국에게 피후원국이 더 중요할수록, 피후원국은 더 많은 원조를 받아낼 수 있다. 전략적 가치 때문이든 위신 때문이든, 지원국은 좀처럼 지원을 줄임으로써 복종을 강요하려 하지 않을 것이다. 그리고 초강대국과 피후원국 사이의 관계는 필연적으로 전자보다는 후자에게 더 중요한 사안들에 초점을 맞추는 경향이 있기 때문에, 후원국들은 일반적으로, 분쟁이 발생했을 때 피지원국의 저항이나 그들 자신의 국내적 제약을 극복하는 데 필요한 동기가 부족할 것이다.

역설적으로, 원조는 너무 약하고 고립되어 있고 취약해서, 선택의 여지가 없는 국가들에 대해서만 확실한 정치적 통제력을 만들어낼 가능성이 크다. 이는 원조가 후원국에게 그다지 중요하지 않은 나라들에 대해서만 영향력을 제공할 가능성이 크다는 것을 말한다. 더 중요한 국가들의 지지와 협력을 얻는 것은 늘 그렇듯, 기본적인 이익에 대한 의견일치와, 차이가 발생했을 때 그것을 관용하려는 의지를 필요로 한다.

물론, 이러한 분석은 피후원국이 그들의 후원국이 바라는 것을 미리 예상하고 그들의 행동을 맞출 가능성을 무시한다. 따라서 본 연구에서 확인한 유일한 (후원국과 피후원국 간) 분쟁은 사안이 너무 중요해서 피후원국이 자신의 후원국에 반발하지 않을 수 없는 경우이다. 피후원국들은 다른 사안들에서는 요구 받지 않아도 그들의 행동을 바꾼다고 할 정도로(쉽게 측정될 수 없는 경향임), 이러한 분석은 피후원국의 행동에 대한 원조의 전반적인 영향을 과소평가하고 있다고 볼 수 있다.

요약

원조가 동맹을 야기한다는 가설은 이 연구를 통해 거의 지지받지 못한다. 비록 대외 원조가 냉전 시기 중동 지역에서 흔하게 사용된 초강대국들의 외교 수단이었지만, 이 분석은 경제 및 군사 원조가 그 자체로는 동맹 선택에 상대적으로 적은 영향력을 갖고 있다고 제시한다. 특히 원조를 제공함으로써 동맹을 끌어들이려는 노력들은 양립 가능한 정치적 목표가 부재하는 경우 실패하게 된다.

심지어 공동 이익이 존재할 때조차도, 종종 과도한 외부 의존에도 불구하고 피후원국이 행동의 자유를 쉽게 유지했다는 점에서 원조의 제한적 효과가 드러난다. 따라서 초강대국들의 원조 프로그램이 신뢰할 수 있는 대리인을 만들어낼 수 있다는 일반적인 추론은 오해의 소지가 있거나 잘못된 것이다. 피후원국들이 후원국의 이익에 기여할 수도 있지만, 그것은 그러한 조치가 그들 자신의 이익에도 기여할 때뿐이다.

이 결론은 대외 원조가 외교정책의 유용한 수단이 아니라는 것을 의미하지 않는다. 다만 원조가 달성할 수 있는 것과 달성할 수 없는 것을 말해준다. 원조는 후원국 자신의 목표를 보완하는 목표를 가진 약한 국가들을 강화할 수 있다. 원조는 부유한 국가가 우호적 성향임을 다른 국가들에게 설득하는 데 도움이 될 수 있다. 그리고 대안을 제공함으로써 영향력을 얻으려는 경쟁자의 시도를 약화시킬 수 있다. 그러나 원조는 피지원국이 예외적으로 약하거나 취약하지 않은 한, 자신의 이익이 어디에 있는지에 대한 피지원국의 인식을 극복하기 어렵다. 요컨대, 대외 원조는 기존 동맹을 더욱 효과적으로 만들 수는 있지만, 그것만으로 신뢰할 수 있는 동맹을 만들어내지 못한다. 침투의 경우에도 이와 유사한 결론이 나온다.

초국가적 침투와 동맹 형성

마지막 가설은 초국가적 침투가 동맹 형성에 미치는 영향에 관한 것이다. 여기서 침투는 동맹을 촉진하기 위해 대상 국가의 국내 정치체제를 조작하는 것으로 정의된다. 의도적인 침투활동은 대중의 정치적 태도나 국가 지도층의 인식을 변화시킴으로써 동맹의 기반을 만들어낼 수 있으며, 심지어 다른 동기들이 결여되었을 때에도 가능하다는 것이다.

대외 원조와 마찬가지로, 침투의 정확한 효과는 측정하기 어렵다. 또한 침투를 사용하여 다른 국가를 조종하려는 이들은 공개적으로 행동할 가능성이 낮고, 침투에 영향을 받은 이들도 그들의 결정에 외국의 개입이 영향을 미쳤다는 것을 인정하려 하지 않기 때문에 침투는 종종 확인되기 어렵다.[85] 게다가 침투는 동맹에 대한 다른 동기들이 없을 때 좀처럼 성공하지 못한다. 그 결과, 다른 요인들의 영향으로부터 침투의 영향을 분리하는 것은 쉽지 않다.

그러므로 이러한 결과들은 잠정적인 것으로 간주되어야 한다. 그렇다 하더라도, 증거는 앞서 2장에서 제시된 대부분의 가설들을 지지한다. 예상대로, 강력한 동맹의 동기가 없을 때 다른 국가의 국내 정치체제를 조작해 동맹을 만들어내려는 노력은 동맹을 조장하기보다는 저항을 불러일으킬 가능성이 크다. (역설적으로, 공동의 적과 같은 강력한 동맹의 동기가 있을 경우 동맹 가능성이 있는 국가의 정치체제를 조작하는 것이 굳이 필요하지 않다.) 민주주의 체제가 침투에 특히 취약하다는 가설 또한 지지를 받는다. 특히 목표가 한정적이고 수단이 신중하게 선택되었을 때 더 취약한 것으로 나타난다. 사례들로는 1) 나세르의 범아랍 정치선전의 사용, 2) 교육적, 문화적, 군사적 지원을 통해 동맹국을 끌어들이려는 두 초강대국의 노력, 3) 미국 내 친이스라엘 세력의 역할 등이 있다.

나세르 카리스마의 한계

이집트의 정치선전가들이 나세르의 카리스마를 활용하는 것은 아랍 세계에서 이집트의 패권을 추구하는 데 있어 주요 자산이었다. 동시에, 그것은 또한 그러한 노력들이 실패한 중요한 이유이기도 했다. 이와 관련하여 다위사(Adeed Dawisha)에 의하면, "이집트의 정치선전가들은 '아랍 민족주의 운동'의 유일한 관리자로서 통일아랍공화국과 그 대통령의 이미지를 만들어내기 위해 노력했다. 그럼으로써 나세르를 다양한 아랍 국가들의 토착 지도자에 대한 대안적 지도자로 위치시키고자 했다."[86] 우리가 보아온 것처럼, 이러한 노력들은 적어도 부분적으로 성공적이었다. (라디오 카이로 같은 새로운 수단을 통해) 여론을 조작하는 나세르의 능력은 아랍 세계 전역에서의 나세르주의 동조자들의 급속한 출현과 결합되어, 1955-1956년 아랍연대 협약의 형성, 1958년과 1963년 시리아와의 통합 실험, 그리고 1964년에서 1967년까지 이라크와의 통합정치사령부 형성을 촉진했다.[87] 가장 확실한 사례로, 1962년 예멘의 이맘 정권을 전복한 혁명주의자들은 이집트의 나세르주의 사상에 접하게 되면서 분명히 고무되었다. 결과적으로 예멘 지도층에 대한 이집트의 침투는 이집트와 예멘아랍공화국 사이의 공식적인 동맹 그리고 궁극적으로 예멘의 내전에 대한 이집트의 재앙적 개입으로 이어졌다.[88]

그러나 5장과 6장에서 논의했던 것처럼, 자신의 위신을 이용하려는 나세르의 노력들은 결과적으로 동맹보다는 적을 더 많이 만들었다. 왜냐하면, 침투 전략의 사용(예를 들어, 라디오 정치선전과 반대세력에 대한 지원)은 그의 잠재적인 협력자들을 위협함으로써 효과를 거두었기 때문이다. 다른 아랍 국가들이 종종 이집트를 지지하기를 꺼렸기 때문에, 나세르는 오직 그들의 국내적 안정성을 위협함으로써만 그들의 협조를 얻을 수 있었다. 심지어 그가 일시적인 성공을 거두었을 때조차도(예를 들어, 1956년 요르단과 1958년, 1963년 시리아), 나세르의 영향을 받은 정권이 충성심을 유지할 것이라는 보장이 없었다. 따라서 나세르주의 추종자들에 의한 지속적인 위협은 바트당 민간 지도부가 1963년 통합에 대한 나세르의 승인을 요청하도록 이끌었지만, 그것은 또한 바트당 군사위원회가 모든 나세르주의 장교들을 축출하고, 그럼으로써 삼국통합 협정을 파괴하도록 만들었다. 이런 사건들은 침투가 동맹 가능성이 있는 국가의 내부적 안정성을 위협할 때, 침투는 효과적인 동맹을 촉진하기보다는 적대감을 만들어낼 가능성이 높다는 것을 확인해준다.

초강대국의 중동 지역 침투

침투의 두 번째 유형은 두 초강대국이 제3세계 국가들과의 긴밀한 관계를 증진시키기 위해 교육, 문화 그리고 군사 교류를 통해 행하는 노력들을 들 수 있다. 비록 이러한 노력들이 소련과 미국의 분석가들에게 분명한 관심사였음에도, 역사적 기록은 이 수단의 효과성이 일반적으로 과장되었다는 것을 시사한다.[89] 사실상, 초국가적 침투는 중동 지역의 동맹 형성과 관련하여 미미한 역할을 했다. 실제로 국내 정치 세력을 이용하려던 초강대국들의 노력은 대부분 역효과를 낳았다.

첫째, 만약 침투가 동맹 형성에 있어서 효과적인 수단이라면, 피후원국들은 초강대국인 후원국의 기대에 상당히 순응적이었을 것이다. 그러나 이 장에서 언급했던 것처럼, 중동의 피후원국들은 사실상 상당한 수준의 행동의 자유를 유지했다. 대외 원조도, 광범위한 개인적 접촉도 초강대국에게 피후원국을 통

〈표 15〉 초강대국 침투의 지표

a. 미국과 소련에서 유학 중인 학생 현황

국가	1959 미국	1959 소련	1963 미국	1963 소련	1965 미국	1965 소련	1969 미국	1969 소련	1974 미국	1974 소련	1978 미국	1978 소련
이집트	453	138	1,136	240	1,279	248	1,015	450	980	925	1,500	125
이라크	732	789	815	1,262	919	840	586	820	376	650	1,190	250
이스라엘	723	0	1,208	0	1,539	0	2,079	0	2,070	0	2,550	0
요르단	591	0	663	0	654	0	828	0	977	0	2,120	0
레바논	544	n.a.	602	n.a.	700	n.a.	921	n.a.	1,493	480	3,370	450
북예멘	12	n.a.	17	n.a.	12	n.a.	17	200	25	575	0	455
사우디	66	0	271	0	552	0	1,057	0	1,540	0	6,560	0
남예멘	1[a]	n.a.	6[a]	n.a.	9[a]	n.a.	23	50	21	515	0	660
시리아	312	150	327	146	434	199	461	495	416	1,215	450	2,135

출처: Karen Dawisha, "Soviet Cultural Relations with Iraq, Syria, and Egypt, 1955-1970," Soviet Studies, 27, no. 3(1975); CIA, Communist Aid to Non-Communist LDCs, 1979 and 1954-1979 (Washington D.C., 1980); Institute of International Educations, Open Doors: Report on International Educational Exchange (New York, various years).
n.a.: 활용할 수 있는 자료 없음.
a: 예멘은 1967년에 독립. 1959년, 1963년, 1965년의 수치는 아덴 영국령 식민지 시기의 수치임.

제할 수 있는 실질적인 능력을 주지 않았다. 따라서 우리는 간접적인 조작(manipulation)이 동맹 선택이나 다른 중요한 외교정책의 결정에 독립적인 영향을 거의 미치지 않았다고 결론 내릴 수 있다.

〈표 15〉가 보여주는 것처럼, 초강대국의 관여와 지도층의 상호작용 수준 사이에는 어느 정도 관련성이 존재한다. 그러나 패턴은 그다지 명확하지 않다. 예를 들어, 이집트, 시리아 그리고 이라크에서 미국이나 소련으로 공부하기 위해 선발된 학생들의 숫자는 유사하다. 그리고 이 숫자들은 이 국가들 간 정치적 관계의 상황과 기껏해야 느슨하게 연관되어 있다.[90] 예상하듯이, 이러한 연

b. 미국과 소련에서 훈련받은 군사 인력

국가	1950-1976 미국	1950-1976 소련	1977 미국	1977 소련	1978 미국	1978 소련	1979 미국	1979 소련	합계 미국	합계 소련
이집트	0	5,665	0	0	12	0	24	0	36	5,665
이라크	406[a]	3,250	0	300	0	100	0	60	0	3,710
이스라엘	0	0	0	0	0	0	0	0	0	0
요르단	1,240	0	287	0	277	0	247	0	2,051	0
레바논	1,520	0	3	0	57	0	56	0	1,636	0
북예멘	15	1,100	20	75	35	5	17	180	87	1,360
사우디	1,425	0	1,500[b]	0	1,500[b]	0	n.a.	0	4,400+	0
남예멘	0	775	0	75	0	225	0	0	0	1,075
시리아	20	3,525	0	125	0	95	0	500	0	4,245

출처: U.S. Department of Defense, Foreign Military Sales and Foreign Assistance Facts (Washington D.C., various years); CIA, Communist Aid to Non-Communist LDCs, 1979 and 1954-1979 (Washington D.C., 1980); CIA, Handbook of Economic Statistics (Washington D.C., various years); U.S. House Committee on International Relations, United States Arms Policies in the Persian Gulf and Red Sea Area: Past, Present, and Future, 95th Cong., 1st sess., 1976.
n.a.: 활용할 수 있는 자료 없음.
a: 1950-1076년 미국에서 훈련받은 이라크의 인원은 1958년 혁명 이전의 수치임.
b: 1977년, 1978년 미국에서 훈련받은 사우디아라비아의 인원은 대략적인 수치임.

관성은 군사 훈련의 경우 꽤 강력하다. 그러나 이러한 강도는 군사 인력들이 그들의 장비를 대량으로 제공한 국가로부터 훈련을 받는 경향이 크다는 명백한 사실에서 기인한다.

더 중요한 사실은, 이러한 교류에 포함된 사람들의 숫자가 상당히 적다는 점이다. 카렌 다위사가 보여준 것처럼, 소련, 미국, 그리고 영국에서 교육 지원을 받고 있는 아랍 학생들의 수는 아랍 국가들의 전체 학생 수와 비교했을 때 얼마 되지 않는다.[91] 이는 군사 훈련의 경우도 마찬가지다.[92] 따라서 침투가 태도에 긍정적으로 영향을 미칠지라도, 그러한 노력은 외교정책 행동을 크게 변

c. 중동 지역의 초강대국 군대 주둔

국가	1971 미국	1971 소련	1973 미국	1973 소련	1974 미국	1974 소련	1976 미국	1976 소련	1978 미국	1978 소련	1979 미국	1979 소련
이집트	0	5,500[a]	0	750	0	705	n.a.	0	35[b]	0	39[b]	0
이라크	0	500	0	750	0	1,000	0	1,000	0	1,200	0	1,065
이스라엘	n.a.	0	n.a.	0	21[c]	0	20[c]	0	40[b]	0	45[b]	0
요르단	n.a.	0	n.a.	0	6	0	n.a.	0	15	0	15	0
레바논	n.a.	0	n.a.	0	0	0	n.a.	0	9	0	2	0
북예멘	0	n.a.	0	25	0	120	5	n.a.	0	155	6	1,300
사우디	141	0	131	0	2,250	0	5,000~6000[c]	0	5,000~6000[c]	0	5,000~6000[c]	0
남예멘	0	100	0	200	0	200	0	n.a.	0	550	0	2,100[c]
시리아	0	n.a.	0	1,650	0	2,200	0	2,500	0	2,580	0	2,480

출처: CIA, Communist Aid to Non-Communist LDCs, 1979 and 1954-1979 (Washington, D.C., 1980); U.S. House Committee on International Relations, United States Arms Policies in the Persian Gulf and Red Sea Area: Past, Present, and Future, 95th Cong., 1st sess, 1976; U.S. Department of Defense, "U.S. Military Strength Outside the U.S.: Fact Sheet" (Washington D.C., quarterly, various years).

n.a.: 활용할 수 있는 자료 없음, 미국의 추산으로는 100명 미만

a: 소모전 당시 이집트에 주둔한 약 10,000명의 소련 방공부대는 포함하지 않음.

b: 대사관 경호임무를 받은 해병대 요원은 포함하지 않음.

c: 국방 관련 민간 고용 요원을 포함한 수치임.

d: 남예멘에 주둔한 1,000명의 쿠바군을 포함한 수치임. 일부 출처들은 이 수치를 4,000명으로 표기함.

화시키기에는 너무 작다.

둘째, 침투가 효과적인 동맹을 만들 수 있다는 믿음은 이러한 접촉들이 호의적인 태도를 낳을 것이라는 가정에 의존한다. 예를 들어, 사다트는 이집트의 군인들이 소련인들의 거만함에 분개해한다는 이유로 소련 고문단을 이집트에서 추방했다.[93] 유사한 문제가 소련과의 교육 교류 프로그램에서도 명백하게 나타났다.[94] 이와 관련하여 미 중앙정보부(CIA)에 의하면, "귀국한 학생들은 소련의 영향력을 크게 증가시키기 못했다. … 소수의 학생들만이 소련에서

4~5년간 거주한 이후 그들의 정치적 신념을 바꾼 것처럼 보인다. 몇몇은 격렬한 반공산주의자가 되기도 했다. 내각에 입성한 사람은 소수에 불과하다. … 이는 그들이 서방에서 교육받은, 더 잘 훈련된 수많은 전문가들과 경쟁하기 때문이다."[95] 요컨대, 익숙함이 경멸을 낳지 않는다거나 호의적인 지도층들이 영향력 있는 위치를 얻을 것이라는 보장이 없기 때문에, 이러한 접촉의 효과는 전혀 일정하지 않았다.

셋째, 여기서 검토한 몇 가지 사례들은 자국의 입지를 강화하기 위해 정권의 내부 정치를 조작하려는 동맹국의 노력은 역효과를 발생시킬 가능성이 높다는 것을 시사한다. 공산주의자들의 전복 가능성에 대한 나세르의 우려는 1959년과 1961년 소련과의 관계를 악화시켰다. 그리고 헤이칼(Heikal)은 이집트인들이 이집트 장교들이 소련에서의 훈련 임무 동안 소련의 정치지도를 받았다는 사실을 알고서 분노했다고 보도했다.[96] 또한 사다트의 소련 자문단 추방은 소련 정보당국이 자신의 국내 반대파를 지지했다는 사다트의 확신을 반영했으며, 1978년 이라크군 내의 공산주의 장교들을 적발한 것은 소련과 이라크의 관계를 분명히 악화시켰다. 공격적인 정치선전을 통해 동맹을 형성하려 했던 나세르의 노력에서 보았듯이, 국가들이 초강대국의 침투를 잠재적으로 체제 전복적인 것으로 인식할 때, 침투는 동맹을 단념하게 하고 공공연한 적대감을 불러일으킬 가능성이 높다.

넷째, 대외 원조와 관련해 사실인 것은 침투와 관련해서도 사실이다. 광범위한 인적 접촉은 동맹의 산물이지 동맹의 배후 원인이 아니다. 여기서 검토한 사례들에서, 초강대국들 중 하나와의 동맹은 일반적으로 광범위한 엘리트 교류에 선행했다.[97] 더욱이 이러한 접촉 범위는 대개 외부적 사건들(예를 들어, 위협 수준에 대응하는 군사 고문단과 정치적 방문의 증대)에 의해 결정되기 때문에, 그러한 접촉은 공동 이익의 예측 가능한 결과로 가장 잘 간주된다.

예를 들어, 6일 전쟁 이후 이집트와 시리아에 주둔하는 소련군은 두 나라의의 요청에 따라 급격히 증가했다.[98] 시리아 및 이라크와 소련의 다른 접촉들은 피후원국의 필요나 모스크바와의 관계 상태에 따라 증가하거나 감소했다.[99]

마찬가지로, 1970년 요르단 위기 이후 미국에서 군사 훈련을 받는 요르단 군인들의 규모는 세 배로 증가했으며, 사우디아라비아는 1970년대 초 국방력을 증대시키기로 결정한 이후 매년 대략 1,500명의 훈련병들을 미국으로 보냈다(반면, 1950-1975년 동안 전체 훈련생은 1,368명에 불과했다).[100] 요컨대, 광범위한 지도층의 교류는 좋은 관계를 나타내는 하나의 지표일 수 있지만, 특별히 중요한 원인은 아니다.[101]

이러한 결론은 놀랍지 않은데, 권위주의 정권들이 그들의 현재나 미래의 지도자들을 이미 그들과 우호적인 관계에 있는 국가와 접하는 것에 더 편안해하기 때문이다. 따라서 보수적인 아랍 국가들은 공산주의 국가가 아닌 서방(특히 미국)의 대학에 많은 학생들을 보냈다.[102] 진보적인 아랍 국가들은 상대적으로 더 유연했음에도 불구하고, 서방에서 공부하는 학생 수는 미국과의 관계가 악화될 때마다 대체적으로 감소했다. 요점은 호의적인 정치적 관계가 이미 존재할 때, 비공식적인 영향력 채널이 발전할 가능성이 훨씬 더 높다는 것이다.[103]

다섯째, 이러한 국가의 지도자들이 동맹국에 쉽게 조종당한다는 것을 제시하는 증거는 거의 없다. 심지어 그들은 자신들이 강하게 동조하는 동맹국에도 조종당하지 않는다. 완벽한 민족주의자라는 신임은 대부분의 개발도상국가에서 지도자의 중요한 자격 요건이기 때문에, 외국의 꼭두각시처럼 보이는 잠재적인 지도자는 권력의 위치에 이르지 못하거나 그 위치를 오랫동안 유지할 가능성이 낮다.[104]

종합해보면, 이러한 고려사항들은 왜 침투가 초강대국과 대부분의 중동 국가들 사이에 동맹을 만들어내는 데 거의 아무런 역할을 하지 못하는지를 설명한다. 침투는 다음의 경우에 동맹의 중요한 원인이 된다. 1) 실질적인 접촉이 아직 동맹을 맺지 않은 두 국가 간에 이루어질 수 있을 때, 2) 그러한 교류가 관련 있는 상당수의 지도층들에게 호의적인 인상을 줄 때, 3) 이러한 엘리트들이 권력을 잡을 때, 4) 그들이 외부 세력과의 긴밀한 동맹을 국가적 또는 개인적 이익이 되는 것으로 계속해서 바라볼 때. 이러한 각각의 조건들에는 심각한 장애물이 있으며, 어떤 주어진 경우에 모든 것이 충족될 가능성은 그러한 동맹이 그 자체로 바람직하게 보이지 않는 한 희박하다. 그리고 만약 그것이 사실이라면, 침투는 동맹을 맺으려는 결정과는 거의 아무런 관련이 없을 수 있다.

이러한 주장에 대한 가장 분명한 예와—남예멘의 마르크스주의 정권—는 실질적으로 그 주장을 강화한다. 남예멘에서 이념적 연대와 국내적 불안정성, 외부 위협이라는 조합은 1970년대 중반까지 바르샤바조약기구의 대규모 주둔으로 이어졌다. 다양한 파벌들의 권력투쟁이 되풀이되는 가운데, 바르샤바조약기구의 남예멘 국내 안보기관에 대한 광범위한 개입은 소련이 자신이 선호하는 단체를 지원할 수 있게 했다.[105] 이 사례는 국가가 확립된 정부 제도와 독자적인 국내 보안 기구를 결여하고 있을 때 침투가 특별히 효과적일 수 있다는 명제를 뒷받침한다. 이러한 환경에서 침투는 외부 세력에 예외적인 영향력을 제공하게 된다(그러나 최근 남예멘에서 발생한 사건들은 소련의 영향력이 결코 완벽하지는 않다는 것을 시사한다).[106] 그러나 어떤 경우에서든, 남예멘처럼 기본적인 정부 제도를 결여하고 있는 국가는 거의 없기 때문에, 이러한 침투 유형은 매우 드문 사례로 남을 것이다. 말할 필요도 없이, 침투에 취약한 국가는 그다지 중요하거나 강력하지 않은 국가다.

지지자 네트워크와 호의적인 인식의 분위기 형성을 통해 비공식적 접촉은 기존 동맹을 보다 오래 지속되게 만들 수 있다. 그러나 잠재적인 동맹국이 정치적인 관계에 찬성하지 않을 때, 간접적인 수단을 통해 동맹을 만들려는 노력은 오히려 역효과를 낳을 수 있다. 종합적으로 볼 때, 중동 국가들은 초강대국의 침투가 그들의 이익 계산에 반하는 것으로 여겨졌을 때, 놀라울 정도로 그 영향을 받지 않았다.[107]

초국가적 침투와 미국의 중동 정책

마지막으로 고려할 사례는 미국의 중동 정책에 대한 국내 정치적 로비의 영향이다. 개방적인 정치체제로 인해 미국은 이러한 유형의 초국가적 침투에 특히 취약하다. 과거의 이러한 활동에 대한 잘 문서화된 몇몇 사례들이 있다.[108]

훨씬 더 중요한 것으로, 중동에 대한 미국의 외교정책이 국가이익에 대한 계산된 평가에 의해서 보다는 국내 정치에 의해 결정된다는 믿음이 널리 퍼져 있다. 한편에서는, 미국의 중동 공약이 이스라엘 정부와 행동을 조율하는 유태인 정치단체들로 이루어진 미국 내 친이스라엘 연합에 의해 강하게 영향받고 있는 것으로 추정된다.[109] 다른 한편에서는, 미국의 정책이 아랍의 석유 국가들이나 아랍 세계와 광범위한 사업 관계를 맺고 있는 미국의 기업들을 대변하는, 자금력이 충분한 로비스트들에 의해 조작되기 쉽다고 추정된다.[110] 두 사례 모두에서, 미국 중동 정책의 수행은 주로 미국 국내 정치에 대한 초국가적 조작에서 비롯된 것으로 여겨진다.

이러한 대립되는 두 개의 주장을 해결하는 것은 만만치 않은 일이다. 왜냐하면 미국의 중동 지역 동맹들에 대한 침투의 상대적 중요성을 평가하려는 시도는 몇 가지 중요한 장벽에 부딪히기 때문이다. 로비 활동과 관련한 공개 증언은 종종 의심스러울 뿐만 아니라 로비 단체들은 정확히 식별하고 평가하기 어려운 다양한 채널들을 통해 활동한다.[111] 게다가 정책 결정자들은 중요한 국내 유권자들이 원하는 바를 예상해서 대응할 가능성이 있고, 국내 단체들의 압력을 받지 않기 위해 자신의 행동을 변경할 수도 있다. 이러한 환경에서는 공공연한 압력이 관찰될 수 없기 때문에, 침투의 효과는 과소평가된다.[112] 마지막으로, 해당 동맹이 여러 다른 원인들의 산물일 때 침투는 측정하기 어렵다. 만약 외부적 환경과 국내적 압력이 서로를 강화시킨다면, 이러한 서로 다른 요소들의 상대적 중요성을 판단하는 것은 불가능할 수도 있다.[113]

이 마지막 지적은 중요한 통찰을 드러낸다. 즉, 국내적 로비의 중요성을 어떻게 판단할 것인가는 미국의 외교정책이 어떠해야 하는지에 대한 관점에 의해 결정된다. 특정 이익집단이 동맹 정책에 상당한 영향을 미친다는 주장은 그 이익집단이 존재하지 않는다면 미국의 정책이 상당히 달라질 것이며, 미국의 이익은 국내적 압력이 없는 경우에는 다른 정책을 지시할 것이라고 가정한다. 따라서 친이스라엘 세력이 미국의 중동 정책을 결정한다고 주장하는 사람들은 일반적으로 미국의 이익이 더 공평한 위치(예를 들어, 이스라엘에 대한 지원 축소와 팔레스타인 문제에 대한 더 큰 동정)에 자리하고 있다고 믿는다. 같은 방식으로, 친이스라엘 이익집단의 영향력을 경시하는 사람들은 전략적 이익과 이념적 요인이 이스라엘에 대한 미국 공약의 주요 동기를 제공한다고 주장한다. 똑같은 주장이 친아랍 단체에 대해서도 적용될 수 있다. 요점은 명백하지만 종종 간과된다. 즉, 미국의 정책이 어떠해야 하는지에 대한 시각은 어떻게 서로 다른 요인들이 미국의 정책을 결정하는지에 대한 평가와 쉽게 분리될 수 없다.

이러한 한계들을 완벽히 극복하는 것은 본 연구의 영역을 벗어난다. 그러므로 다음에 제시하는 것은 잠정적이고 대략적이다. 질문은 다음과 같다. 침투 형태—특히 특정한 외세를 지원하려는 의도가 있는 국내 및 외국 로비단체들의 활동—는 중동에서의 미국 동맹 정책에 중요한 역할을 했는가? 만약 그렇다면, 그들의 활동이 이러한 특별한 동맹 형성의 수단에 관해 말해주는 것은 무엇인가? 무엇보다 가장 중요한 것으로, 이 사례가 침투의 가장 효과적인 조건에 관한 2장의 가설들을 지지하는가?

대답은 '제한적으로 그렇다' 이다. 비록 친이스라엘 세력이 미국의 중동 정책 결정을 통제하지 못했을지라도, 그들은 미국의 일반적인 중동 정책과 특히 대이스라엘 정책에 대해 상당한 영향을 미쳐왔다. 이 사례는 침투가 개방된 정치 체제에서 특별히 효과적이라는 가설을 지지한다. 그것은 또한 그와 같은 활동들이 합법적인 것으로 인식되고, 범위가 제한되고, 그리고 더 큰 국가 이익을 강화하는 것처럼 보일 때 침투가 가장 효과적일 것이라는 가정을 지지한다. 그리고 앞서 제시된 명제는 친이스라엘 세력이 친아랍 세력보다 더 성공적이었던 이유를 설명한다. 그렇다면 이러한 결론의 근거는 무엇인가?

친이스라엘 세력이 미국의 이스라엘에 대한 공약에 영향을 미친 것은 의심할 여지가 없다. 전후 모든 미국 대통령들은 이스라엘에 대한 지원과 관련된 국내적 압력을 예민하게 인식했고, 대부분의 대통령들은 유대인 국가에 호의적인 정책들을 채택함으로써 이러한 압력에 반응했다. 다수의 설명에 따르면, 1947년 유엔의 분할 계획(Partition Plan)을 지지하고 1948년 이스라엘을 국가로 인정하기로 한 트루먼 대통령의 결정은 유대인 유권자의 투표에 대한 우려와 당시 행정부 내 친이스라엘 지지자들의 노력에 상당히 영향을 받았다.[114] 비록 아이젠하워는 중동 지역으로의 무기수출 금지를 지속하고, 1953년 이스라엘이 요르단 강의 수로 전환을 중단하도록 강요하고, 그리고 1956년 전쟁 이후에는 시나이에서 이스라엘의 철수를 압박함으로써 국내적 압력에 저항하기는 했지만, 그와 델레스 국무장관은 이러한 방침의 정치적 위험을 인식하고 있었다.[115] 아이젠하워가 이러한 압력에 맞설 수 있었던 것은 그의 엄청난 대중적 인기와 당시 친이스라엘 세력의 상대적 허약함 때문이었다.[116]

1960년 이후 미국과 이스라엘의 안보 관계가 확대된 것은 몇 가지 요인의 결과이다. 케네디 대통령이 이스라엘에 대한 비공식적 안전보장을 확대하고 첨단 무기를 판매하기로 한 결정은 이집트와 이라크에 대한 소련의 무기 제공에 대한 대응이자, 평화적 분쟁해결을 촉진하려는 케네디의 노력을 강화하는 수단이었으며, 나세르와의 관계 개선을 추구하면서 국내적 지지를 유지하기 위한 방법이었다.[117] 존슨과 닉슨 대통령의 경우, 이스라엘에 대한 공약의 증가는 국내 정치적 필요성, 이스라엘의 적대국에 대한 소련의 공약 증가, 그리고 1967년 이후 프랑스의 이스라엘에 대한 무기제공 중단에 따른 것이었다.[118] 게다가 공약이 일단 결정되면, 이스라엘에 대한 미국의 지원은 자동적으로 계속되었다. 이는 대부분의 해외 공약들처럼 미국의 위신과 신뢰성을 유지하기 위해 요구되었다.[119]

요컨대, 광범위한 미국-이스라엘 공약의 형성은 어느 정도는 외부 환경의 변화와 이스라엘이 가치 있는 지역 동맹이라는 인식의 증가에 대한 반응이었다. 그러나 동시에, 친이스라엘 세력은 이제 더 큰 정치적 영향력을 행사할 수 있게 되었다.[120] 그리고 1960년대 중반 이후, 그들의 증가하는 정치적 영향력은 이스라엘에 적대적으로 여겨지는 정책을 채택할 수 있는 미국 대통령의 능력에 대한 명확한 한계를 설정했다.

영향력의 주요 수단은 의회였다. 비록 미국 대통령들은 다른 지역적 목표를 증진시키기 위해 반복적으로 이스라엘과 거리를 유지하려고 노력해왔지만, 의회는 유대인 국가에 대한 압도적인 지지를 유지해왔다.[121] 의회는 이스라엘에 대한 군사 및 경제 원조의 증가를 지지했고, 이에 따라 1970년 이후 원조의 수준이 꾸준히 늘어났다.[122] 실제로 미국의 대외 원조가 전 세계적으로 감소하던 상황에서도, 의회는 당파에 상관없이 이스라엘에 대한 경제 및 군사 원조의 증가에 찬성했다.[123]

둘째, 이스라엘 지지자들에 의해 자극을 받은 의회는 이스라엘에 위협이 되는 정책들에 제약을 가해왔다. 이것은 특히 이스라엘에 반대하는 아랍 국가들에 경제 및 군사 원조를 제공하려는 시도들에 대해서 실제로 일어났다. 의회의 반대는 1956년 아스완 댐을 포기하는 결정에 기여했고, 1962년 이후 이집트에 대한 경제 원조의 제공을 약화시켰으며, 그리고 1975년과 1978년 요르단과 사우디아라비아에 대한 무기 판매의 중대한 제약으로 이어졌다.[124]

셋째, 미국-이스라엘 공공정책위원회(AIPAC; American-Israel Public Affairs Committee)와 같은 친이스라엘 단체는 의회의 반대를 동원하여 이스라엘의 양보를 얻어내기 위한 미국의 압박을 약화시키는 데 성공했다. 예를 들어, 1970년 3월 팬텀기의 배송을 지연시켜 이스라엘을 압박하려던 닉슨 행정부의 시도는 지연에 항의하는 의회 결의안으로 이어졌다.[125] 더 중요한 사실로, 1975년 키신저의 유명한 미국 정책 재평가는 미국-이스라엘 공공 정책 위원회가 후원하는 76명의 상원의원으로부터 이스라엘에 대한 지속적 지원을 촉구하는 편지를 받고 효과적으로 무산되었다. 한 상원의원은 "압력이 너무 컸기 때문에 굴복할 수밖에 없었습니다"라고 나중에 실토했다. 또 다른 상원의원은 자신의 서명에 대해 해명하면서, "5천 개의 편지에 답하는 것보다 하나의 편지에 서명하는 것이 더 쉽습니다"라고 말했다.[126]

모든 것을 고려해볼 때, 미국 내 이스라엘 지지자들은 미국 정책결정자들의 행동의 자유에 대한 주요 제약 요인이자 미국과 이스라엘을 연결하는 중요한 연결고리였다. 이러한 제약은 의회의 경우에 가장 명백하지만—의회의 구성원들은 이스라엘을 불충분하게 지지했을 때의 정치적 비용을 잘 알고 있다—그것은 행정부의 계산에 있어서도 정치적 요인이다.[127]

물론, 친이스라엘 세력이 전능한 것은 아니었다. 앞서 언급한 것처럼, 아이젠하워 대통령은 여러 번 국내적 압력을 거부했다. 그리고 케네디는 국내적 반대에도 불구하고 이집트와의 관계 회복을 추진했다. 6일 전쟁 이전 위기상황에서 존슨 대통령의 이스라엘 지원은 기껏해야 미적지근했으며, 닉슨, 포드, 그리고 카터 대통령 모두 이스라엘과 미국 내 이스라엘의 지지자들이 선호와 충돌하는 정책 결정을 했다.[128] 또한 친이스라엘 세력들은 미국과 이스라엘의 공식적인 동맹을 얻는 데 실패했으며, 1978년 사우디아라비아에 대한 F-15 항공기의 판매를 막지 못했고, 1981년 사우디아리비아에 조기경보기와 F-15 패키지를 제공하기로 한 결정을 뒤집지 못했다. 그들은 또한—적어도 최근까지도—요르단에 대한 군사 원조 및 훈련을 막을 수 없었다. 비록 이스라엘의 국내 후원자들이 미국과 이스라엘 사이의 특별한 관계를 유지하고 관련 영역에서 대통령의 선택을 제한하는 데 중요한 역할을 했지만, 미국의 중동 정책을 통제하는 것과는 거리가 멀었다.

친이스라엘 세력들만 있는 것은 아니다. 친아랍 세력들(예를 들어, 아랍계 미국 정치 단체들, 광범위한 아랍 이권을 가진 기업들, 그리고 전문적인 로비스트들)도 모두 미국의 중동 정책에 영향을 미치기 위해 노력해왔다. 그러나 1970년대까지 그들의 활동과 영향력은 가장 보잘것없었다.

그러나 그때 이후 미국의 정치체제에 침투하려는 아랍의 노력은 더욱 확대되었고 조금 더 성공적이었다. 기업들과 아랍 정부들(특히 사우디아라비아)은 다양한 수단을 통해 좀더 호의적인 대중 이미지를 만들기 위해 노력했으며 전문적인 로비 활동이 점점 더 일반화되었다.[129] 이러한 노력들은 이스라엘에 대한 미국의 지원(전반적인 원조나 여론 차원에서)을 줄이는 데는 실패했지만, 의회가 첨단 군사 장비를 사우디아라비아와 같은 아랍 국가들에게 제공하도록 설득하는 데 도움이 되었다.[130] 그러나 사실 요르단은 경제적 영향력이나 상당한 기업 후원이 없음에도 불구하고 1950년대 이래로 미국의 원조를 누려왔다는 사실을 지적할 필요가 있다. 따라서 너무 많은 것을 친아랍 단체의 노력 덕분으로 돌리는 것은 현명하지 못한 일이다.

요약하자면, 비록 친이스라엘 세력이 훨씬 더 영향력이 있었지만, 친이스라엘과 친아랍 세력 모두 이따금 미국의 중동 정책을 조작하는 데 성공했다. 그렇다면 문제는 이것이다. 친이스라엘 세력의 더 큰 영향력—그 자체로 유대인 국가에 대한 미국의 공약의 중요하고 독립적인 원인—은 동맹 형성에 있어 초국가적 침투의 역할에 대해 무엇을 말해주는가?

첫째, 친이스라엘 세력은 정치적으로 강력한 이익집단이라는 근본적인 속성을 가지고 있었기 때문에 영향력이 있었다. 미국의 다른 이익집단들(특히 친아랍 미국 단체들)과 비교해서 미국의 유대인들은 상대적으로 성공했고 교육을 잘 받았으며, 정치적으로 활동적이었다. 그리고 이스라엘에 대한 미국의 공약을 지지하는 데 있어 통합되어 있었다.[131] 미국 유대인 위원회 회장인 북빈더(Hyman Bookbinder)에 의하면, "유대인 로비의 핵심은 조직적이고 헌신적이며, 정치적 사회적 의식을 가진 미국 내 유대인 공동체이다." 또한 그는, "유대인들은 이스라엘 정부가 옳은지 확인하는 것에 대해 죄의식이 있다. … 그러한 이유로 자동적으로 이스라엘 정부에 동조하게 된다"고 덧붙였다.[132] 그 결과, 이러한 사안에 대한 미국 유대인들의 응집력은 그들의 정치적 영향을 상당히 강화시킨다.

친아랍 세력들은 이러한 이점이 없다. 이스라엘은 하나밖에 없는 나라지만 아랍 국가들은 많다. 그리고 아랍 국가들은 입장이 상당히 다르기 때문에 일관된 친아랍 정책을 확인하는 것은 매우 어렵다. 게다가 아랍계 미국인들은 다수의 개별 아랍 국가들로부터 왔으며, 그들 중 다수는 모국에 대해서 강한 유대감을 갖고 있지 않다.[133] 기업 이익단체들(석유회사와 무기거래 업체 등)은 종종 중요한 고객과 불화 관계에 있는 특정한 아랍 국가에 반대한다.[134] 결과적으로, 친아랍 세력들은 미국의 중동 정책에 영향을 미치기 위한 투쟁에서 단합된 모습을 보여줄 수도 없고 그러려고도 하지 않는다.

둘째, 친이스라엘 단체들은 그들의 활동이 미국 정치체제의 이익집단 전통과 일치하는 것처럼 보이기 때문에 효과적이다.[135] 미국-이스라엘 공공정책 위원회 전 사무총장 아미타이(Morris Amitay)에 의하면, "중요한 것은 이 중 어느 것도 특이할 게 없다는 점이다. … 당신은 민주주의의 전통적인 전술들을 사용한다. … 즉, 편지나 전화 같은 것들이다."[136] 대조적으로 친아랍 세력들—특히 아랍의 오일 달러에 의해 지원을 받는 전문적인 로비스트들과 홍보 조직들—은 토착적인 국내 기반이 결여되어 있고 외세의 단순한 대리인에 불과하다는 인식을 받음으로써 약해진다.[137] 비록 북빈더와 같은 유대인 지도자들이 "우리는 이스라엘의 정책이 틀렸다고 말하면서 돌아다니지 않으며, 뭔가 아주 절박하지 않는 한 … 우리는 이스라엘의 방침을 따라 한다"고 인정했지만, 미국-이스라엘 공공정책 위원회와 같은 단체들이 많은 수의 토착 주민들을 대표한다고 주장할 수 있다는 사실은 그들의 행동이 비합법적이라는 비난으로부터 그들을 보호한다.[138]

셋째, 친이스라엘 세력들은 제한적이며 상대적으로 정당화하기 쉬운 목표를 가지고 있다. 한 상원의원이 말했듯이, "그들은 팔기에 꽤 좋은 상품을 가지고 있다."[139] 친이스라엘 단체들은 이스라엘과 직접적으로 관련된 소수의 중요한 문제들에 대해 집중해왔으며, 다른 분야에 대해서는 미국의 정책을 조작하려 하지 않았다. 게다가 그들은 "중동에서 유일하게 안정된 민주주의 국가"로 일관되게 묘사되는 이스라엘에 대한 지지가 미국의 전반적인 이익에 부합한다는 믿음을 강화하기 위해 열심히 노력했고, 이를 통해 이중 충성이라는 비난으로부터 자신들을 보호하고 계속된 미국의 지원을 정당화시킬 수 있었다.[140] 아미타이가 지적했듯이, "당신이 항상 미국의 이스라엘 지원이 미국의 이익이라는 관점에서 바꾸어 말할 수 없다면, 당신은 지게 될 것이다." 게다가 이스라엘의 주요 적들이 소련의 피후원국이었기 때문에, 미국의 공약을 옹호하는 것은 상대적으로 쉬웠다.[141]

같은 방법으로, 친아랍 세력들도 자신의 요구가 미국의 이익과 일치한다고 인식되었을 때 더 큰 성공을 누려왔다. 예를 들어, 그들이 첨단 군사장비의 사우디 판매에 대한 미의회 승인을 얻는 데 성공한 것은 석유가 풍부한 왕국에 대한 미국의 명백한 이해관계와, 그 승인이 사우디가 캠프 데이비드 협정을 지지하도록 고무할 것이라는 주장에 크게 힘입었다. 목표가 한정적이었고(예를 들어, F-15와 조기경보기 판매는 중동 지역의 다른 곳에서 미국의 공약을 포기하도록 요구하지 않았다), 석유를 수출하는 반공산주의 정부에 대한 지지는 상대적으로 정당화하기 쉬웠기 때문에, 친아랍 단체들은 이 경우에 더욱 성공적이었다. 요르단에 대한 원조는 비슷한 이유로 정당화되었다.

마지막으로, 미국처럼 상대적으로 개방된 정치체제에서조차도 외국이 합법적인 정치 활동의 경계를 넘어서는 경우, 최소한 어느 정도의 역효과가 발생할 가능성이 있다. 그래서 이스라엘의 라빈(Yitzhak Rabin) 대사는 1972년 닉슨 대통령의 재선 출마를 지지한 것에 대해 크게 비난을 받았고, 베긴(Menachem Begin) 수상의 카터와 레이건 모두에 대한 지나친 압력은 상당한 국내적 반대를 불러일으켰다. 또한 1985년 미국의 군사 기밀을 얻으려는 이스라엘의 음모가 드러난 것은 양국 내에서 중대한 상호 비난으로 이어졌다.[142] 이러한 사건들이 미국과 이스라엘의 기본적인 관계를 위태롭게 만들지는 않았을지라도, 그것들은 침투가 범위에 있어 제한적이고, 합법적인 정치적 경로에 국한되었을 때만 효과적일 수 있다는 것을 보여준다. 다시 말해, 침투는 기존 동맹의 동기를 강화하고 정치체제 자체를 위협하지 않을 때 효과적인 동맹을 창출할 수 있다. 이익이 충돌할 때, 국내 정치적 세력을 조종하려는 노력은 체제 전복적이고 위험한 것으로 비춰질 가능성이 크다. 결과적으로, 그런 노력은 득보다는 손해를 초래할 위험이 있다.

이러한 요인들은 서로를 강화한다. 미국의 정치체제는 다수의 접근점을 제공하기 때문에, 외국의 단체나 그들의 동조자들은 매우 제한된 목표를 채택하고 그들의 목표를 적은 수의 사안들에 한정할 수 있다. 바꾸어 말하면, 정책 결정에 영향을 미치기 위해 정권을 위협할 필요가 없다. 이와 유사하게, 국가적 이익이 양립할 수 있는 것처럼 보일 때, 강한 국내적 압력이 필요치 않으며 이때 가해지는 압력은 침투적인 것으로 보이지 않게 된다.

따라서 슈피겔(Steven Spiegel)이 "다른 아랍-이스라엘 충돌"(예를 들어, 미국 내 영향력을 위한 투쟁)"이라고 불렀던 것의 결과는 침투가 동맹 형성에 미치는 영향에 관한 가설들을 어느 정도 지지한다. 민주주의는 침투에 더욱 취약하다. 침투는 외국 세력이 응집력 있는 국내 유권자들을 통해서 정책에 영향을 미치려할 때 더욱 효과적이다. 마지막으로, 침투는 실행자가 제한된 목표를 채택할 때 가장 효과적이지만, 그들이 너무 욕심을 내게 되면 심각한 문제를 야기할 수 있다. 비록 증거가 확정적이지 않을지라도, 그것은 2장에서 설명한 가설들이 추가적인 연구가 있을 때까지 잠정적으로 받아들여져야 한다고 제시한다.

요약

이 장에서 검토된 사례들은 초국가적 침투의 중요성이 종종 과장되어 있고 동맹 형성에 미치는 효과가 대개 잘못 이해되고 있다는 것을 보여준다. 다른 국가에서 비공식적인 영향력 수단을 구축할 기회를 얻으려면 일반적으로 우호적이거나 긴밀한 관계가 필요한데, 이는 그 같은 관계가 대체로 동맹의 독립적인 원인이 아니라 하나의 결과라는 사실을 나타낸다. 훨씬 더 중요한 점으로, 이러한 사례들은 한 국가가 특별히 주목을 받는 방식으로 다른 국가의 동맹 선호를 바꾸려 할 때 침투가 보통 역효과가 난다는 것을 제시한다. 따라서 침투가 가장 큰 전반적 효과를 낳을 수도 있는 경우에 적대적인 반발 가능성이 가장 높다. 이와 대조적으로 동맹이 다른 이유들로 인한 것일 때, 침투는 가장 효과적이다. 이는 이러한 간접적인 압력이 그다지 필요하지 않다는 것을 의미한다. 요컨대, 침투는 동맹 형성의 특별히 일반적이거나 강력한 원인이 아니다. 그것은 다른 원인들로 인해 만들어진 공약을 강화할 수 있지만, 다른 동기들이 없는 상황에서는 그와 같은 공약을 거의 이끌어내지 못한다.

결론

이 장에서는 2개의 널리 사용되는 동맹 형성 수단의 효과를 분석했다. 증거는 대외 원조나 침투에만 초점을 맞추는 것으로는 국가들이 동맹을 선택하는 원인을 설명하지 못한다는 것을 확인해준다. 비록 대규모 원조 프로그램과 광범위한 초국가적 접촉은 동맹의 특징적인 증상일 수 있지만, 신뢰할 수 있는 영향력의 도구는 아니다. 원조와 침투는 유사한 이익을 가진 국가들 간 동맹을 강화할 수 있지만, 그 자체로 특별히 효과적인 수단은 아니다.

이러한 이유로, 대외 원조나 광범위한 초국가적 접촉이 피후원국을 순종적이거나 신뢰할 만한 동맹국으로 만들 것이라고 결론내리는 것은 현명하지 못하다. 이러한 관계는 항상 동맹국들을 결속시키는 이익의 일치를 반영하지만, 피후원국들은 독립적인 행동할 수 있는 상당한 능력을 보유한다. 그리고 위협과 기회, 친밀감이라는 지배적 요인들이 변함에 따라, 과거의 원조와 개인적 관계는 피후원국에 대한 미약한 영향력을 발휘한다.

이러한 주장은 강대국에게 이용 가능한 다양한 정책 수단들이 쓸모가 없다는 것을 의미하지 않는다. 경제 및 군사 원조, 교육 지원 등은 다양한 국가 안보 목표에 기여할 수 있다. 실제로 대부분의 사안들에서 피후원국의 순종을 얻는 것을 자신에게 덜 중요한 일로 만드는 게 초강대국의 가장 인상적인 능력이다. 이 장의 교훈은 이러한 수단들의 지속적인 효과가 대개 미미하다는 것이다. 동맹의 다른 동기들이 존재할 때(5장과 6장에서 이미 분석한 동기들), 이러한 수단들은 동맹의 구성국들이 다양한 목표를 효율적이고 순조롭게 달성하도록 도울 수 있다. 그러나 이익이 불일치할 때는, 어느 수단도 무정부 체제 하의 국가들이 필연적으로 직면하는 항구적인 제약들을 극복하지 못한다.

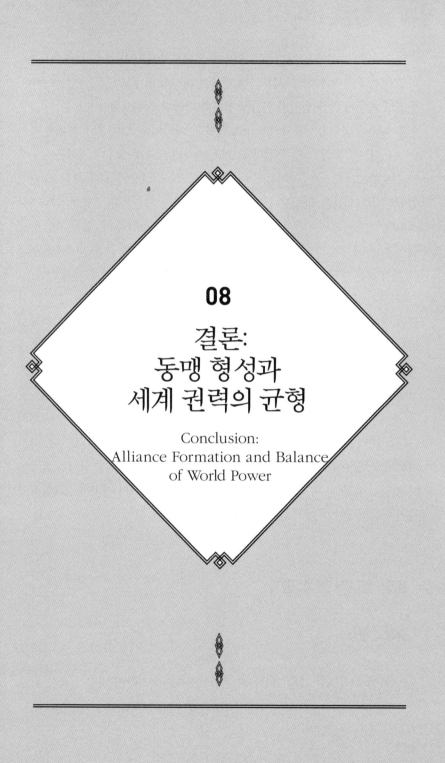

08

결론:
동맹 형성과
세계 권력의 균형

Conclusion:
Alliance Formation and Balance
of World Power

나는 국제적 동맹을 형성하는 힘들이 국제정치에서 가장 중요하다고 주장하면서 이 책을 시작했다. 특히 외교정책과 대전략에 대한 많은 논쟁들이 주로 동맹의 기원에 관한 상반된 믿음에 기반하고 있다고 제시했다. 이러한 믿음은 전후 미국의 외교정책에서 매우 중요했지만, 미국이 이 점에 있어 특이한 사례는 아니다.[1] 기존의 이론, 유럽의 외교사, 미국의 외교정책에 대한 최근의 논쟁을 검토함으로써 나는 국가들이 어떻게 동맹국을 선택하는지에 대한 몇 가지 일반적인 가설들을 확인했다. 중동 지역—다양한 가설들을 검증하기에 특히 적합해 보이는 지역—에서의 동맹 공약의 변화를 조사한 후에, 중동 지역 동맹의 진화를 각각의 가설이 제공하는 예측과 비교했다. 위협 균형과 이념적 설명은 각각 유용한 통찰을 제공했지만 다른 가설들은 그다지 유효하지 않았다.

세 가지 과제가 남아 있다. 첫 번째는 5~7장의 분석을 요약하고, 경쟁 가설들의 설명력을 비교하는 것이다. 두 번째는 분석을 중동 이외의 지역으로 확장하는 것이다. 나의 목표는 더 넓은 국제정치의 영역에 적용 가능한 일련의 명제들을 평가하는 것이기 때문에, 이러한 명제들이 동맹 형성의 다른 패턴들을 설명할 수 있는지를 살펴보는 것이 중요하다. 그 명제들이 그럴 수 있다는 것을 보여주기 위해, 나는 본 연구에서 개발한 아이디어를 사용해, 세계 권력의 근본적 분열이라고 할 수 있는 일련의 초강대국 공약들을 설명할 것이다. 마지막으로, 동맹 이론은 대전략에 관한 현재의 논쟁에서 여전히 핵심적인 역할을 하고 있기 때문에, 세 번째 과제는 이러한 연구 결과로부터 미국의 정책결정자들이 이끌어내야 하는 교훈을 제시하는 것이다.

동맹 형성의 분석: 평가

균형과 편승

이 책에서 검토한 다른 가설들과 비교해볼 때, 국가들이 가장 심각한 위협에 맞서 균형을 이루기 위해 동맹국을 선택한다는 일반적 가설은 분명한 승자였다. 그것의 장점은 두 가지 중요한 방식으로 보여졌다. 첫째, 균형은 편승보다 훨씬 더 일반적이었고, 편승은 거의 항상 특별히 약하거나 고립된 국가들에 한정되었다. 둘째, 위협의 수준이 증가했을 때 이념적 차이의 중요성은 감소했다. 즉, 이념적 연대는 안보가 확고할 때나 이념적 요인과 안보적 고려가 서로를 강화할 때 가장 강력했다.[2]

세력균형 VS 위협균형

이 책에서 제시된 증거들은 위협균형 이론의 가치를 입증하는데, 이 이론은 전통적인 세력균형 이론이 개선된 것으로 보아야 한다. 5장에서 상세히 논의하였듯이 국가들은 자국에게 가장 위협이 되는 국가에 맞서 균형을 이루는데, 그 국가가 그 체제에서 가장 강력한 국가일 필요는 없다. 국력이 몇 가지 다른 요소들(예를 들어, 군사 및 경제 능력, 부존자원, 인구)에 의해 만들어지듯이, 한 국가가 다른 국가들에 제기하는 위협의 수준은 몇 가지 상호 연관된 요소들의 산물이다. 세력균형 이론은 국가들이 세력의 불균형에 반응한다고 예측하는 반면, 위협균형 이론은 위협의 불균형이 있을 때(예를 들어, 한 국가나 연합이 특별히 위험해 보일 때) 국가들은 동맹을 형성하거나 자신의 취약성을 줄이기 위한 내부적인 노력을 경주한다고 예측한다.

차이점은 미묘하지만 매우 중요하다. 즉, 위협균형 이론은 더 큰 설명력을 제공함으로써 세력균형 이론을 발전시킨다.[3] 위협균형 이론을 통해 우리는 지금까지 단지 총체적 국력의 배분에만 초점을 맞춤으로써 설명하지 못한 수많은 사건들을 이해할 수 있다. 예를 들어, 위협균형 이론은, 세력균형 이론의 예측과는 달리, 제1, 2차 세계대전에서 독일과 그 동맹국들을 패배시킨 연합이 그들의 적들보다 훨씬 더 강력해진 이유를 설명한다. 대답은 간단하다. 독일과 그 동맹국들은 국력, 지리적 근접성, 공격 능력, 그리고 극도로 공격적인 의도를 결합했다. 결과적으로, 그들은 더 위협적이었고(더 약하기는 했지만), 이에 대응하여 다른 국가들이 더 강력한 연합을 형성하게 만들었다.[4] 같은 방식으로,

위협균형 이론은 왜 중동 지역 국가들이 전 세계적인 세력균형의 변화에 대응해서가 아니라, 주로 그들의 이웃 국가의 위협에 대처하기 위해 동맹을 형성하는가를 설명한다. 그들이 그렇게 한 이유는 그들의 이웃 국가가 부분적으로 지리적 근접성으로 인해 어떤 초강대국보다 일반적으로 더 위험했기 때문이다. 이와 유사하게, 나세르와 다른 아랍 국가들 관계의 격변은 이집트의 상대적 국력의 변화만큼이나 이집트가 가진 의도의 변화에 의해 설명된다. 이는 시리아의 경우도 마찬가지이다. 1960년대 상당 기간 동안 시리아의 고립은 그 당시 시리아의 그리 크지 않은 능력 때문이 아니라 부분적으로 바트당의 극단주의 때문이었다.

마지막으로, 위협균형 이론은 또한 한 국가의 잠재적 동맹국들이 국력 면에서 대체로 동등할 때의 동맹 선택을 설명할 수 있다. 이와 같은 상황에서 국가는 자신이 가장 덜 위험하다고 믿는 국가와 동맹을 맺게 된다. 따라서 위협균형 이론은 또한 세력균형 이론이 예측할 수 없는 문제, 즉 한 국가가 미국과 소련 사이에서 어떤 선택을 할지를 예측할 수 있다.[5]

요컨대 〈그림 1〉에서 보듯이, 위협균형 이론은 세력균형 이론을 포괄한다. 총체적 국력은 위협의 중요한 구성요소이다. 하지만 유일한 구성요소는 아니다. 우리는 균형을 (단지 힘의 불균형이 아니라) 위협의 불균형에 대한 반응으로 이해함으로써, 국제정치 영역에서의 행동에 대한 좀더 완전하고 정확한 그림을 얻을 수 있다.

힘만이 아니라 위협에 초점을 맞추는 것은 증거에서 몇 가지 명백한 이례적 상황을 설명하는 데 도움이 된다. 첫 번째는 이스라엘과의 동맹이 명백한 군사적 자산이 될 때조차도 아랍 국가들은 왜 이스라엘과의 동맹을 꺼리는가이다. 이는 그와 같은 동맹이 아랍 연대에 부여된 중요성으로 인해, 관련된 아랍 국가들의 정통성에 잠재적으로 치명적인 위협이 될 수 있다는 점을 떠올리면 쉽게 이해될 수 있다.[6]

훨씬 더 흥미로운 이례적 상황은 아랍 국가들이 이스라엘에 대한 균형을 이루기 위해 함께 동맹을 형성하려고 할 때 그들이 직면하는 어려움이다.[7] 1948

〈그림 1〉 세력균형 이론과 위협균형 이론

세력 불균형 〈─────유발─────▶〉 가장 강한 국가에 대항하는 동맹

세력의 불균형은 국제체제 내에서 가장 강한 국가(연합)가 두 번째 강한 국가(연합)보다 훨씬 더 강한 힘을 보유했을 경우 발생한다. 힘은 인구, 경제 및 군사력, 기술력, 정치적 응집력 등 다양한 요소에 의해 결정된다.

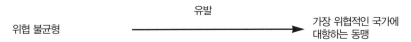

위협 불균형 〈─────유발─────▶〉 가장 위협적인 국가에 대항하는 동맹

위협의 불균형은 가장 위협적인 국가(연합)가 두 번째 위협적인 국가(연합)보다 훨씬 더 위협적인 경우에 발생한다. 위협은 국력의 총합, 지리적 근접성, 공격적 능력, 공격적 성향 등 다양한 요소에 의해 결정된다.

년 이래 이스라엘이 꾸준히 더 커지고 더 강해졌음에도 불구하고, 놀랍게도 그 이웃 국가들은 이에 대항하여 효과적으로 힘을 합칠 수가 없었다. 즉, 이스라엘의 적인 아랍 국가들은 서로 동맹을 맺지 않고 소련이나 미국과 동맹을 맺음으로써 균형을 이루어왔다. 1973년 10월 전쟁 동안의 동맹을 제외하고는, 이스라엘에 맞서는 아랍 동맹들은 균형 가설이 예측하는 것과는 대조적으로, 대체로 상징적이었다.[8]

이러한 이례적 상황은 두 가지 다른 방법으로 설명될 수 있다. 첫째, 그 상황은 국가들이 비슷한 처지에 있는 다른 국가가 공통의 적에 맞서는 "명예"를 받아들이길 희망하며 책임을 회피하려는 자연스런 경향을 보여준다.[9] 이러한 경향은 소모전 동안 명백했다. 이집트가 그들을 대신해서 싸워주려고 할 때, 왜 시리아, 이라크, 요르단이 이스라엘과의 전쟁 위험을 감수해야만 하는가? 이런 경향은 1967년 이전에 훨씬 더 강했는데, 어떤 국가도 이스라엘에 대항하는 것에 대한 강한 물질적 이익이 없었기 때문이다.

이러한 행동 유형은 특히 양극적 세계 체제에 속해 있는 다극인 지역 하위 체제에서 현저하게 나타난다. 이러한 환경에서 지역 국가들은 그들이 초강대국의 지원에 의존할 수 있기 때문에 서로 협력할 필요가 없다. 따라서 균형 행동이 지배적이지만, 지역 국가들은 다른 지역 국가와의 협력보다는 멀리 떨어져 있는 초강대국의 지원을 선호한다. 그 이유는 명확하다. 초강대국은 더 많은 도움을 줄 수 있고, 이웃 국가를 도와주는 것은 결과적으로 그들이 강해질 경우 위험할 수도 있기 때문이다. 물론 이런 상황은 지리적 근접성 때문이다. 따라서 아랍 국가들은 서로를 원조함으로써 균형을 이루기보다는 소련 또는 미국의 지원을 추구함으로써 균형을 이루었다.

종종 아랍 국가들이 이스라엘에 맞서 효과적으로 균형을 이루지 못했던 두 번째 이유는 그들이 이스라엘이 그랬던 것보다 서로에게 더 큰 위협을 가했다는 사실이다. 6장에서 살펴본 것과 같이, 범아랍주의 이념은 각각의 아랍 국가를 이스라엘의 적이자 다른 모든 아랍 국가들에 대한 잠재적 위협으로 만듦으로써 이 문제에 기여했다. 특히 나세르의 야망과 카리스마가 이 문제를 더욱 악화시켰다. 그리고 언급했듯이, 초강대국과의 동맹이 라이벌 아랍 국가가 이스라엘에 성공적으로 맞서도록 지원하는 것만큼 효과적이었고 훨씬 덜 위험했다. 따라서 6일 전쟁으로 인해 이스라엘이 (대체로 상징적인 적이 아니라) 실질적인 적이 될 때까지, 아랍 국가들 사이의 효과적인 균형 행동은 주로 아랍 라이벌 국가의 야심을 좌절시키는 데 국한되었다.

요컨대, 이러한 이례적 상황은 위협균형 이론의 관점에서 쉽게 설명된다. 모든 것을 고려해볼 때, 위협균형 이론은 본 연구에서 조사한 증거에 의해 강력한 지지를 받는다. 앞으로 살펴보겠지만, 글로벌 관점에서의 증거도 똑같이 설득력이 있다.

이념적 연대

이 연구는 동맹의 원인으로서 이념적 연대는 외부적 위협보다는 중요하지 않다는 것을 보여준다. 연구에서 조사한 국가들은 다른 유사한 국가들과의 동맹에 대해 약간의 선호를 보였지만, 그러한 선호는 심각한 위협에 직면해 쉽게 포기되거나 이념적으로 비슷한 정권들 사이에서 일어난 경쟁에 의해 훼손되었다.

이러한 가설은 주된 위협들이 크지 않거나 불확실한 상황에서의 동맹 결정을 설명하는 데 아주 유용하다. 따라서 이념은 초강대국의 공약들을 설명하는 데 더 중요한 요소인데, 이는 대체로 두 초강대국이 다른 면에서는 거의 동일하기 때문이다. 이런 경우, 이념적 고려가 자동적으로 결정적인 요소가 된다.

또 다른 중요한 결론은 많은 외관상 이념적인 동맹들이 균형 행동의 특정한 형태였다는 점이었다. 따라서 위협균형 이론 또한 이념적 연대에 대한 가설들을 포괄한다. 아랍 세계의 취약한 정권들에게 있어 통치자의 정통성에 대한 도전이 어떤 적국의 군대보다 더 강력한 위협일 수 있다. 예를 들어, 요르단, 사우디아라비아, 그리고 군주정인 이라크 사이의 다양한 협약들은 나세르와 같은 지도자들이 신봉하는 공격적인 혁명적 민족주의로부터의 위협에 대응하기 위한 유사한 정권들 간 동맹이었다. 시리아와 이라크의 바트주의 정권을 통합하려는(그래서 이집트를 고립시키려는) 실패한 시도는 본질적으로 동일한 바람(예를 들어, 이념적 위협에 대해 균형을 이루는 것)에서 야기되었다.

마찬가지로, 초강대국과 지역 국가들 간 동맹에 대한 이념의 명백히 강력한 효과는 부분적으로 자기 충족적 예언의 형태로 균형 행동의 반영일 수 있다. 두 초강대국 모두 이념이 중요한 것처럼 행동했기 때문에 그들은 지역 국가들이 이념적 이유로 특정 초강대국을 선호하게 하는 어떤 고유한 경향을 강화시켰다. 따라서 우리는 이념적 연대를 보여주는 초강대국-피후원국 관계의 경향을 해석하는 데 매우 주의할 필요가 있다. 이 관계에서 이념의 역할은 보이는 것보다 크지 않을 수 있기 때문이다.

마지막으로, 이념적 요인의 영향은 범아랍주의의 경우에 가장 명백하지만, 그 효과는 거의 전적으로 부정적이었다. 즉, 아랍 통합이라는 목표가 아랍 정통성의 기준인 이상, 각각의 아랍 정권은 다른 모두에게 잠재적 위협이 되었다. 하지만 어느 단일 국가가 모두가 공언하는 그 목표를 맹렬히 추구하면 할수록, 나머지 국가들과 갈등을 겪을 가능성이 높다. 앞서 언급했듯이, 범아랍주의 이념의 분열적 특성은 아랍 국가들이 이스라엘에 대한 효과적인 균형을 이루지 못한 하나의 중요한 이유였다. 무엇보다도 이 사례는 이념적 요소가 어떤 상황에서는 동맹의 다른 동기들보다 우선할 수 있다는 것을 보여준다. 하지만, 반복하자면 이념은 동맹을 증진하기보다는 단념하게 만드는 경향이 있다.

아랍 국가들 간 관계의 역사는 마지막 역설을 드러내는데, 이는 몇 가지 중요한 함의를 가지고 있다. 우선 아랍 연대에 더 많이 전념할수록, 이스라엘이 아랍의 모든 국가가 반대해야 할 침략자라는 확신 역시 더 커진다. 그러나 동시에 이러한 믿음은 그 목표를 효과적으로 추구하는 것을 어렵게 한다. 따라서 역설적으로, 범아랍 정서가 쇠퇴하면(그리고 더 제한적이고 국가 중심적인 민족주의에 의해 대체되면), 팔레스타인 아랍인의 "신성한" 대의명분을 위해 싸워야 할 필요성은 감소하지만, 공동 행동에 대한 이념적 장벽은 줄어든다. 아랍 국가들 간의 협력은 그것이 덜 중요해질수록 더 쉬워지고, 더 중요해질수록 더 어려워진다.

이러한 역설은 아랍의 군사적 협력에 의해 위협 받는 이스라엘 안보에 명백한 함의를 가지고 있다. 이 분석은 점령된 영토 회복과 같은 실질적인 목표에 기초하지 않는 한, 범아랍 연합의 가능성은 매우 작다는 점을 시사한다. 유대인 국가에 맞서는 이념적 동맹은 극도로 불안정하거나(각 구성국이 자신의 파트너를 두려워하기 때문에) 극도로 가능성이 낮을 것이다(범아랍주의 이념의 힘이 사라지기 때문에). 무엇보다도 이러한 상황은 영토적 양보가 이스라엘의 이익에 매우 부합한다는 것을 의미한다. 왜냐하면 그것이 아랍 동맹 형성을 위한 가장 중요한 동기를 없애버리기 때문이다. 시나이 반도를 이집트에 반환한 것은 이러한 접근의 명백한 본보기로, 이스라엘의 안보를 크게 향상시켰다.

대외 원조와 정치적 침투

대외 원조와 정치적 침투 모두 동맹 형성을 설명하는 데 그렇게 유용하지 않다는 것은 입증되었다. 두 가설은 대외 원조 제공이나 지도자들 간 광범위한 접촉을 장려하는 앞선 동기들을 무시한다. 그리고 두 가설은 이미 고려한 더 일반적인 가설에 포함될 수 있다. 즉, 대외 원조는 단지 균형 행동의 한 형태이고, 각각의 국가 지도자들 간의 접촉 확대는 가까운 동맹 관계의 지표이다.

훨씬 더 중요한 사실로, 대외 원조와 정치적 침투의 미미한 독립적 영향은, 매우 취약하고 의존적인 피후원국조차도 상당한 행동의 자유를 보유한다는 점을 통해 드러난다. 동맹국을 통제하기 위해 대외 지원을 활용하려는 노력은 일반적으로 상당한 분노를 야기하고, 은밀한 침투를 통해 동맹국의 대외 정책 및 국내 정책을 조작하려는 시도는 일반적으로 심한 역효과를 야기한다. 요컨대, 이러한 두 가지 수단은 정치적 동맹의 예측 가능한 결과로 밝혀졌지만, 이 두 요인 모두 동맹 형성의 강력한 원인은 아니었다.

이러한 결론의 주요한 예외는 바로 미국과 이스라엘의 관계이다. 미국은 원조의 수준을 조절함으로써 이스라엘의 양보를 몇 차례 이끌어낼 수 있었다. 비록 미국의 영향력이 절대적이지는 않았지만, 미국의 지원 이외의 대안이 없었던 이스라엘은 이러한 압력에 취약할 수밖에 없었다.

그러나 동시에 최근 친이스라엘 세력이 미국 정치체제에 침투하는 데 성공한 것은 이스라엘의 실질적인 전반적 의존의 영향을 상당히 감소시켰다. 이러한 성공은 정치적 침투가 동맹 외교의 효과적 수단이 아니라는 결론의 명백한 예외이다. 그러나 이러한 성공은 일련의 독특한 환경의 결과이다. 즉, 극도로 개방적인 미국의 정치체제, 정치적 이익집단으로서 미국 유대인들의 강한 응집력, 그리고 친이스라엘 세력이 추구하는 제한적인 목표는 모두 친이스라엘 세력들이 미국에서 상당한 정치적 영향력을 갖게 하는 데 기여했다.

결과적으로, 비록 이러한 예외가 중동에서의 미국 외교정책에 중요한 영향을 미친 것은 사실이지만, 그러한 예외의 이론적 중요성은 제한적이다. 대부분의 경우에 정치적인 침투는 동맹 형성에 있어 그리 중요하지 않은 원인으로 남아 있다. 이 사례가 제시하는 것은 외국의 침투에 대한 미국의 우려가 종종 적절하지 않다는 것이다. 이 연구는 비교적 침투하기 쉽지 않은 제3세계 정권들에 대한 소련의 정치적 침투가 중요한 위험이 아니라는 것을 시사한다. 왜냐하면 그와 같은 노력은 동맹의 다른 동기가 없을 때에는 대부분 실패하기 때문이다. 더 큰 문제는 그들의 이익이 전체로서 국가의 이익과 항상 동일한 것은 아닐 수 있는 엘리트들에 의한 미국의 외교정책을 조작일 것이다.[10]

지역의 최신 상황

본 연구에서 제시된 결론은 1955년부터 1979년 사이 중동에서의 동맹에 대한 분석에서 나온 것이다. 분석이 일련의 전 세계적 동맹 공약들로 확장되기 전, 최근 중동 지역의 사건들이 이러한 결론을 확인해주는 경향이 있다는 점을 언급할 필요가 있다.

균형을 이루려는 국가들의 지배적 경향은 계속되고 있다. 1980년대 미국은 중동에 대한 소련의 증가하는 위협에 대해 균형을 이루고, 이란에서 발발한 혁명의 효과에 대응하기 위한 노력을 시작했다.[11] 두 가지 연관된 정책이 실행되었다. 첫째, 소련의 공격을 억제 또는 격퇴하기 위한 신속전개 합동부대(Rapid Deployment Joint Task Force) 창설 등을 통해 지역 내 미국 군사력이 강화되었다. 둘째, 미국은 기존 동맹국들 사이에서 전략적인 반소련 컨센서스 구축을 추진했다. 이전의 모든 시도들(예를 들어, 바그다드 협약, 아이젠하워 독트린, 그리고 1960년대 반제국주의, 진보적 세력들의 연합에 대한 소련의 후원)처럼, 두 번째 노력은 지역 문제를 양극적 경쟁의 관점에서 인식하는 초강대국들의 경향을 보여준다. 그리고 그러한 노력은 지역 국가들이 초강대국들보다는 서로를 더 우려했기 때문에 실패했다.[12] 항상 그래왔듯, 중동 지역 국가들은 "멀리 떨어져 있는 외국을 가까이 있는 외국에 대한 균형추로 사용하고자 했다."[13] 다시 말해, 그들에게는 가까이 있는 위협이 전 세계적 세력균형보다 더 중요했다.

균형 행동은 또한 지역 자체 내에서 분명해졌다. 이란-이라크 전쟁이 계속되면서 사우디아라비아-요르단-이라크 연합(이집트가 암묵적으로 지지했다)과 시리아, 리비아, 남예멘, 그리고 이란으로 이루어진 급진적 연합 간의 분열이 심화되어왔다. 각 집단은 전쟁 당사국에 대한 지원 수준을 높여온 반면, 초강대국들은 공식적으로 중립적인 입장을 견지하면서 비공개적으로 양측에 약간의 지원을 제공해왔다.[14] 더욱이 사우디아라비아는 페르시아만 지역의 비교적 약한 국가들 사이에서 이른바 걸프협력위원회(Gulf Cooperation Council) 설립을 주도했다. 이 위원회는 경제 및 안보 협력을 증진시키기 위한 수단으로 추진되었으며 이란과 소련으로부터의 잠재적 압력을 억제하고자 하는 의도가 있었다.[15]

항상 그랬듯이, 아랍 내부의 경쟁 관계는 이스라엘에 대한 효과적인 균형 행동을 방해해 왔다. 1981년 6월, 이라크의 핵 연구 시설에 대한 이스라엘의 폭격은 엄청난 비난을 받았지만 그뿐이었다. 또한 1982년 6월, 이스라엘의 레바논 침공(팔레스타인해방기구를 파괴하고 이스라엘에 우호적인 기독교 정부를 세우고자 한 군사행동)에 대한 아랍의 느슨한 대응은 아랍 연대의 계속되는 쇠퇴를 보여주었다. 비록 침공은 팔레스타인해방기구를 타도하는 데 실패했지만, 시리아의 군사력에 큰 타격을 주었고, 결국 팔레스타인해방기구의 레바논 철수로 이어졌다. 아랍 연대의 부족은 그리 놀라운 일이 아니다. 아사드의 아랍 이웃 국가들은 시리아의 패배를 의심의 여지없이 반겼는데, 그러한 패배는 일시적으로 시리아로부터의 위협을 감소시켰다.

그러나 늘 그렇듯 균형은 곧 회복되었다. 소련은 레바논 전쟁 동안에는 개입을 주저했지만, 이후에는 시리아의 군사력 손실을 복구하기 위해 재빠르게 움직였다. 또한 소련은 최신 대공 방어망을 제공했다.[16] 팔레스타인해방기구가 레바논으로부터 철수하고 나서 시리아는 이스라엘과 기독교 세력의 결탁으로 인해 가장 곤경에 처해 있던 레바논 분파와 동맹을 맺었다. 이 정책은 상당히 효과적이었던 것으로 드러났다. 1) 아민 게마엘 정부는 대중적 지지를 누리거나 군의 충성을 유지할 수 없었다. 2) 원래 정전을 감독하기 위해 배치된 미국 해병대는 그들의 중립적인 역할을 내던지고, 시리아의 지원을 받는 이슬람 민병대에 맞서는 정부를 지원하기 시작했다. 3) 미 해병대 본부는 1983년 시리아의 지원을 받는 테러리스트들에 의해 파괴되었다. 4) 미국은 1984년 레바논으로부터 해병대를 철수시켰다. 5) 이스라엘은 레바논의 지속적인 저항에

직면해 고통스런 퇴각을 시작했고 이스라엘의 국내 경제는 피폐해졌다.[17]

따라서 레바논에서의 최종적 결과는 "시리아를 레바논에 대한 잠재적으로 패권적인 국가로 남겨놓았다. 사실상 시리아는 이 지역의 불안정한 균형에 대한 가장 즉각적인 위협으로서 이스라엘을 대체했다." 이에 대응하여 온건한 아랍 국가들은 이집트의 아랍 진영으로의 복귀를 반겼으며, 주도적인 대결 국가로서 시리아의 위상을 약화시키기 위해 평화 정착을 촉진하는 노력을 재개했다.[18] 그러나 이 글을 쓰고 있는 시점까지, 어떤 돌파구가 마련되지는 않았다.[19]

요컨대, 비록 다수의 위협이 존재하는 경우 동맹국을 선택하는 데 명백한 어려움이 있음에도 불구하고, 균형 행동은 등장하는 위협에 대한 특징적 반응으로 남아 있다. 러스토우(Dankwart Rustow)는 이를 다음과 같이 잘 표현했다. "많은 중동 국가들은 개별적으로는 팽창주의적이거나 패권적인 야망을 키우지만, 집단적으로는 현상유지를 강력히 지지한다. 그들이 약한 편에 서는 것을 선호하고 이념과는 상관없이 동맹을 바꿀 준비가 되어 있다. … 따라서 적대성, 상호작용, 그리고 책략의 패턴은 자기 균형(self-balancing)의 특징을 가지고 있다."[20]

러스토우가 말했듯이, 이념의 역할은 그리 크지 않았다. 심지어 이러한 경향은 1980년 이후 더욱 두드러졌다. 아랍 세계에서 급진파와 온건파의 구분은 이념적인 것이 아니다. 이것은 국내의 정치적 비전이 아니라 외교정책적 입장을 나타내는 것이다.[21] 게다가 이라크와 시리아 간의 지속적인 경쟁관계가 드러내듯이, 특정 이념은 분열을 조장하는 특징이 있다. 마지막으로, 초강대국들은 필요에 따라 이념적인 문제를 기꺼이 무시한다. 미국은 민주정인 이스라엘, 군주제인 요르단, 사우디아라비아, 오만 그리고 군사독재 정권인 이집트와 같은 다양한 정권들을 지원했다. 심지어 이라크와 외교적 관계를 회복한 것은 바트주의 전체주의 국가에 대한 미국의 지원이 문제가 안 된다는 것을 시사한다. 소련도 이란이 공산주의 투데당(Tudeh Party)에 대한 광범위한 탄압을 벌였음에도 불구하고 호메이니 정권과의 우호적 관계를 추구했다. 6장에서 살펴보았듯이, 이념은 동맹의 형성과 무관하지 않지만 그렇다고 중요한 요소도 아니다.

　최근의 사건들도 대외 원조가 후원국에 제한된 영향력을 가져다준다는 결론을 강화해준다. 이스라엘은 여전히 미국에 엄청나게 의존하고 있지만 그 의존성이 이스라엘의 이라크 폭격, 골란고원 병합, 레바논 침공과 베이루트 포위 공격, 서안지구 정착촌 확대, 레이건 계획에 대한 즉각적인 거부 등을 막지는 못했다. 이런 행동이 미국이 선호하는 방안과 완전히 배치되었음에도 불구하고 말이다. 미국은 아랍 피후원국들과도 더 잘 지내지 못했다. 논란이 많았던, 사우디아라비아에 대한 조기경보기(AWACS) 판매도 레이건 계획에 대한 사우디아라비아의 지지로 이어지지 못했고, 사우디아라비아는 신속전개 합동특수임무부대(RDJTF)를 위한 군사시설 요청 또한 거절했다. 뿐만 아니라 사우디아라비아는 이스라엘과 평화 회담을 시작하려는 후세인의 노력을 조금도 지지하지 않았다. 요르단에 대한 미국의 지속적인 지원도 마찬가지로 제한된 효과를 가졌으며, 매년 10억 달러 이상의 경제적, 군사적 지원을 받는 이집트도 여러 차례 독립적인 노선을 취했다.[22] 대외 원조는 동맹국을 더 강하게 만들어주었지만 더 복종적으로 만들지는 않았다.

　마지막으로, 미국과 이스라엘의 관계는 초국가적인 정치적 침투의 영향을 결정적이지는 않지만 여전히 받고 있다. 이스라엘을 압박할 수 있는 레이건 정부의 능력은 잘 조직된 미국 내 친이스라엘 세력들로 인해 상당히 감소했다. 그러나 1981년 이스라엘의 비공식적인 골란고원 병합은 이전의 전략적 협력 합의에 대한 취소로 이어졌고, 미국의 이스라엘 지지자들은 미 상원이 1981년 사우디아라비아에 대한 조기경보기 판매를 승인했을 때 눈에 띄는 패배를 겪었다. 조기경보기 판매는 또한 친이스라엘 세력이 전능하지 않다는 것뿐만 아니라 어떻게 합법적인 정치활동 범위를 넘어서는 일이 정치적 침투의 효과를 훼손할 수 있는지를 보여주었다. 특히 이스라엘의 베긴 총리가 1981년 9월 미국 방문 중 사우디아라비아에 대한 무기 판매를 반대하도록 촉구하자, 레이건 대통령은 어떤 외국도 미국의 외교정책을 지시할 수 없다고 강하게 응수했다. 조기경보기 논쟁을 레이건을 지지하느냐 베긴을 지지하느냐로 정의하게 함으로써 이스라엘 총리는 사실상 조기경보기 판매에 대한 반대를 약화시켰다.[23] 정치적인 침투는 미국과 이스라엘 관계의 중요한 요소로 여전히 남아 있다. 하지만 이러한 침투는 모든 사안에 대한 미국의 지지를 보장하는 절대적인 수단이 아니다.

이러한 간략한 요약은 이전 시기의 동맹 형성에 대한 분석으로부터 도출된 명제들이 여전히 타당하다는 것을 제시한다. 이제 문제는 이것이다. "이러한 가설들이 중동 지역 이외의 지역에서도 동맹 형성의 중요하고 지속적인 패턴을 설명하는가? 그렇다는 것을 보여주기 위해 나는 다음과 같은 질문을 검토할 것이다. "무엇이 현재의 소련과 미국 간의 세력균형을 설명하는가?"

동맹 형성과 세계 권력의 균형

이 책에서 제시된 명제들은 우리에게 현재의 세력균형에 대해 많은 것을 말해준다. 나는 특히 두 가지를 주장하고자 한다. 첫째, 일반적인 비관론과는 다르게, 현재의 세력 분배는 미국과 그 동맹국들에게 매우 유리하다고 볼 수 있다. 둘째, 이런 유리한 세력 불균형은 이 책에서 제시되고 검증된 명제들에 의해 설명이 가능하다. 이러한 주장을 뒷받침하기 위해 개략적으로 현재의 세력 배분을 평가하고, 어떻게 이러한 상황이 앞서 확인된 일반적 경향의 직접적인 결과인지를 보여준다.

세계 권력의 근본적인 (불)균형

국가 또는 연합의 효과적 힘을 측정하는 것은 매우 복잡하고도 어렵다. 다행히 이 연구에서는 상세한 최종 평가가 필요하지는 않다. 소련과 미국의 동맹 체제에 대한 개략적이지만 신뢰할 만한 비교는 인구, GNP, 군사력 규모, 국방비 등의 요소를 통해 가능하다.[24] 각각의 동맹 네트워크의 구성국은 해당 초강

〈표 16〉 미국과 소련 동맹 체제의 능력 비교

연합	인구	GNP	군대 규모	국방비
미국 + NATO[a] / 소련 + WTO	1.95 : 1	2.93 : 1	1.06 : 1	1.14 : 1
미국 + NATO + 중국 / 소련 + WTO	4.61 : 1	3.08 : 1	1.77 : 1	1.25 : 1
미국 + NATO + 기타 동맹국 / 소련 + WTO + 기타 동맹국	2.64 : 1	3.25 : 1	1.15 : 1	1.25 : 1
미국 + NATO + 중국 +기타 동맹국 / 소련 + WTO + 기타 동맹국	4.19 : 1	3.39 : 1	1.58 : 1	1.36 : 1
미국 + NATO + 중국 + 기타 동맹국 / 소련 + WTO + 인도 + 기타 동맹국	1.25 : 1	3.04 : 1	1.03 : 1	1.23 : 1

출처: 〈부록 2〉 참조
a: NATO(북대서양조약기구)에는 일본을 합산함.

대국과 동맹국 간 공식적인 안보 조약의 존재나 실질적인 수준의 안보 협력의 존재에 의해 확인된다.[25] 소련의 동맹체제는 바르샤바조약기구와 다양한 소련의 지역 피후원국을 포함하며, 미국의 동맹 네트워크는 NATO, 일본 그리고 미국과 실질적 안보 관계를 가진 지역 국가들을 포함한다.

현재 이 두 동맹체제 간의 세력 분배는 〈표 16〉에서 보는 것과 같다. 그 결과는 매우 흥미롭다. 미국과 그 동맹국들은 국력의 요소들을 평가하였을 때 상당한 정도로 소련의 동맹 네트워크를 능가하고 있다. 이 진술은 NATO와 WTO라는 양국 핵심 동맹만을 보아도, 중국과 인도를 포함시키거나 제외시켜도, 그리고 개발도상 세계 내 각 초강대국의 여러 동맹국들이 고려되어도 사실이다. 더 중요한 것으로, 소련에게 가장 나쁜 경우—중국이 서방과 암묵적으로 동맹을 맺고 인도는 중립을 지키는 경우—는 아마도 가장 가능성이 높은 경우일 수 있다. 소련은 기술적인 약점은 차치하더라도 인구와 GNP 측면에서 미국의 약

1/3 수준을 보이고 있다.[26] 물론 동원된 국력(국방비 지출, 무장된 군대 규모)의 측면에서는 차이가 더 적다. 왜냐하면 소련과 그 동맹국들은 자신들의 상대적 약점을 보완하기 위해 더 큰 비율의 국가적 자원을 방위 분야에 투입해왔기 때문이다. 하지만 이러한 노력에도 불구하고, 소련의 동맹체제는 여전히 이러한 범주들에서도 미국의 동맹체제에 뒤처져 있다.

이 결과는 위협균형 이론의 설명력을 부각시킨다. 만약 국가들이 세력균형에만 관심이 있다면, 현재 미국의 동맹국들 중 많은 수가 미국 대신에 소련과 동맹을 맺게 될 것이다.[27] 이러한 이례적 상황은 미국이 제2차 세계대전 직후 압도적으로 세계에서 가장 강력한 국가였음에도 대부분의 다른 산업 국가들을 소련에 맞서 동맹으로 결집시킬 수 있었다는 사실을 떠올린다면 훨씬 더 놀랍다.[28] 이례적 상황에 대한 설명은 미국이 더 강력한 국가였을지라도 소련이 더 위험해 보였다는 사실에 있다.

불균형에 대한 설명

그렇다면 무엇이 이러한 놀라운 세력 불균형을 설명하는가? 왜 소련은 그와 같이 불리한 처지에 있는가? 앞의 세 개 장에서 제시된 핵심 명제들을 떠올려 보라. 첫째, 국가들은 위협에 맞서 균형을 이루려는 경향이 있고, 위협의 수준은 몇 가지 요인들에 의해 결정된다. 둘째, 이념은 일반적으로 동맹의 덜 중요한 원인이고, 특정 이념은 협력을 부추기기보다는 갈등을 조장할 수 있다. 셋째, 원조와 침투를 통해 동맹을 유도하려는 시도는 많은 어려움에 직면하게 되며 동맹의 다른 동기가 없을 경우 성공하기 어렵다. 종합적으로, 이러한 명제들은 미국과 소련의 간의 지속적인 힘의 불균형에 대한 설득력 있는 설명을 제공한다.

총체적 국력

양극 세계에서 가장 강력한 두 국가 간의 경쟁은 사실상 불가피하다. 따라

302

서 현재 소련과 미국 간의 경쟁은 그 자체가 세력균형의 예라고 할 수 있다. 소련에게 이러한 전망은 특히 무시무시하다. 양극체제의 엄격한 논리는 소련으로 하여금 역사상 가장 부유하고 기술적으로 발전한 국가와 경쟁할 수밖에 없게 만든다. 따라서 우리가 각각의 초강대국들이 끌어모은 동맹국들을 고려하기도 전에, 우리는 소련이 상대적으로 더 약한 위치에서 시작하는 것을 보게된다.

근접성

이전 장들에서 검토한 사건들이 보여주었듯이, 국가들은 멀리 떨어진 곳으로부터의 위험보다는 가까이 있는 위협에 더 민감하게 반응한다. 이러한 경향은 소련의 고립을 유도했다. 소련은 유라시아 지역에서 가장 강력하고 거대한 국가였기 때문에 그와 근접해 있거나 국경을 맞대고 있는 국가들에게 엄청난 위협이 되었다. 또한 소련의 주변국들과의 관계는 제국주의적이거나 적대적인 경향이 있다. 결국, 주변국들은 사실상 소련의 통제 하에 있거나 아니면 미국과 동맹을 맺고 있다.

대조적으로 미국은 단지 2개의 국가들과 국경을 맞대고 있다. 둘 다 특별히 강력하지 않다. 이 두 국가에 대한 미국의 정책은 최근 수십 년 동안 호의적이었기 때문에 그들은 미국과의 동맹을 선택했다.[29] 훨씬 더 중요한 점으로, 미국은 거대한 바다로 세계 권력의 다른 핵심 지역들과 격리되어 있다. 따라서 서유럽과 아시아 지역의 중견국들에게 미국은 아주 이상적인 동맹국이라고 할 수 있다. 미국의 국력은 미국의 발언에 주목하게 하고 미국의 행동이 느껴지게 한다. 그리고 미국은 소련의 팽창에 대한 우려로 인해 동맹국의 방어에 기여하지 않을 수 없다. 동시에 미국은 이러한 동맹국들에게 심각한 위협이 되지 않을 만큼 멀리 떨어져 있다. 그러므로 미국은 지리적으로는 고립되어 있지만 정치적으로는 매우 인기가 높은 반면, 소련은 많은 국가들과의 지리적 근접성으로 인해 정치적으로 고립되어 있다.[30] 총체적 국력의 배분은 소련이 미국에 맞서도록 만들지만, 지리는 소련이 사실상 전 세계의 모든 중요하고 강력한 국가들과 맞서도록 만든다. 만약 소련의 전략 기획가에게 한 가지 소원이 허락된다면, 그것은 소련을 다른 곳으로 옮기는 일일 것이다.[31]

공격 능력

이렇게 유리하지 않은 상황에 대한 소련의 반응은 예측 가능하면서도 자멸적이다. 소련은 더 우월한 잠재적 자원을 가진 포위 연합에 직면해서 엄청난 양의 국가 예산을 군사력 건설에 투입한다. 소련은 총 국방비 지출에서 세계를 선도하고 있으며, 미국과 그 주요 동맹국들보다 훨씬 더 많은 GNP 대비 국방비를 지출하고 있다. 이러한 반응은 그 자체로 균형 행동의 한 형태이다. 소련은 강력한 동맹국의 부족을 더 큰 내부적 노력을 통해 보충한다.[32]

이와 동시에 소련은 국방비를 주로 공격 능력에 사용하고 있다. 소련의 재래식 전력은 공격적인 전쟁에 맞추어져 있으며 소련의 군사 독트린은 선제공격과 공격의 효과에 더 큰 강조점을 두고 있다.[33] 이는 아마도 자신들의 불리한 지리적 위치에 기인한 것일 수 있다. 또한 소련은 빌헬름 독일과 현재의 이스라엘처럼 만약 자신이 몇 개의 전선에서 싸워야 한다면 공격이 바람직하다고 여길지도 모른다.[34] 그러나 그 동기가 무엇이든지 간에, 이러한 반응은 오히려 소련의 고립을 강화시킬 뿐이다. 그것은 다른 국가들에 대한 잠재적 위협을 증가시키기 때문에, 소련의 대규모 공격 능력은 이미 소련에 맞서 만들어진 동맹의 결집력을 강화시킨다.[35]

공격 의도

위협의 마지막 원천―인지된 의도―도 소련에 불리하게 작용한다. 소련은 편승을 국가들의 일반적인 행동으로 보고 있으며, 이러한 관점은 공격 능력을 강조하는 것과 괘를 같이한다.[36] 그 결과는 터키, 이란, 그리고 노르웨이에 대한 스탈린의 압박에서부터 NATO의 중거리 핵미사일 배치를 막기 위한 협박에 이르기까지, 위협과 협박에 대한 비생산적인 의존이었다. 또한 아프가니스탄 침공과 동유럽에 대한 주기적인 개입, 테러조직에 대한 지원, 1983년 KAL

격추 사건 등도 소련의 의도에 대한 각국의 의구심을 강화시켰다.

마지막으로, 소련의 지도자들은 세계 혁명을 촉진하겠다는 그들의 공개적 공약을 끝까지 포기하지 않았다. 이런 정책은 몇몇 급진적인 집단들 사이에서 소련의 인기를 높이겠지만, 세계의 가장 능력 있고 강력한 국가들이 소련에 맞서 동맹을 맺으려는 이미 강력한 경향을 더욱 강화시킨다. 설상가상으로 소련의 급진적인 동맹국들은 강력하지도 않고, 특히 주변국들에게 인기가 없다. 즉, 소련의 세계 혁명에 대한 지지는 소련이 얻는 것보다 더 많은 친구를 잃게 할 수 있다.

사실상 위협의 모든 차원에서 소련은 결국 패배자일 수밖에 없다. 국가들이 균형을 이루려는 일반적인 경향을 고려했을 때 이런 상황은 미국에게는 좋은 소식이다. 비록 미국이 제 역할을 완벽하게 해내지 못할지라도 미국은 세계에서 가장 중요한 국가들과 우호적 관계를 유지하고 있다. 이와 대조적으로 소련은 일단의 위성국가들을 만드는 데 성공했으나 그들은 모두 내부적 문제를 가지고 있고 지역 내에서도 전반적으로 인기가 없다. 소련의 지리적 위치, 과거 소련의 정책, 그리고 이 책에서 분석된 경향들을 고려해볼 때 어떤 상황이 벌어질지는 너무나도 명확하다.

제3세계에서 두 초강대국이 겪은 경험을 비교하면 이러한 상황은 더 분명하게 확인된다. 이러한 상이한 위협의 원천들은 개발도상 세계에서는 부분적으로 뒤바뀌는데, 이는 왜 소련이 그곳에서 상대적으로 더 잘해왔는지를 설명한다. 소련의 군사력 투사 능력은 글로벌 차원에서는 미국에 비해 상당히 열세이고, 소련은 제3세계 민족주의와 비동맹 운동에 대해 더 동정적인 자세를 취해 왔다.[37] 이와 대조적으로 미국은 중립주의를 비도덕적인 것으로 비난했고, 좌익 민족주의 운동에 대해 적대적이었으며, 그리고 다양한 개발도상국가들을 상대로 자신의 군사력을 반복적으로 사용했다.[38] 따라서 소련의 능력과 의도는 예전 식민지 국가들이 아니라 선진 세계에 위협이 되었던 반면, 미국의 힘과 행동은 그 정반대였다. 그러므로 미국과 유라시아 산업 국가들의 가까운 관계를 설명하는 동일한 요인들은 또한 세계의 나머지 많은 지역에서 미국의 상대적으로 빈약한 입지를 설명한다.

이념의 영향

6장에서 제시된 분석을 고려하면 소련의 상황은 더 안 좋아 보인다. 앞서 말했듯, 마르크스주의와 레닌주의는 세계의 많은 강력한 국가들을 위협한다. 아직까지 널리 인정되지 않은 사실이지만, 레닌주의는 범아랍주의와 마찬가지로 의도치 않게 그 신봉자들 간에 분열을 조장하는 이념이다. 소련의 마르크스주의와 레닌주의는 무오류의 전위 정당인 소련 공산당에 의해 통제되는 리더십을 요구한다. 따라서 소련의 지시보다 자국의 이익을 따르는 마르크스주의 국가들은 지도 이념의 권위에 정면으로 도전하는 것으로 간주된다. 이념적 불일치는 동족상잔의 싸움으로 빠르게 비화한다. 각 회원국이 차지한 지위의 정당성이 흔들릴 수 있기 때문이다.[39] 소련으로부터 독립적인 지위를 실질적으로 구축할 수 있는 국가가 그렇게 하는 것이나 공산주의 정권 간의 분쟁이 세계에서 가장 치명적인 싸움이 되는 것은 결코 우연이 아니다. 또한 이념적 불일치가 공산주의 내부 갈등의 유일한 요인은 아니지만, 그것은 분명히 공산주의 국가들 간의 관계를 악화시켜왔다. 요컨대, 현대 국제정치에서 좌파 세력의 통합은 어쩌면 빛 좋은 개살구일 수 있다.

반면, 미국의 민주주의 체제는 여기서도 이점을 제공한다. 민주주의 정권들은 일반적으로 좋은 관계를 유지하는데, 그들은 서로 격렬한 이념적 분쟁을 벌이지 않기 때문이다. 그리고 세계의 민주주의 국가들은 부유하고 기술적으로 발전되어 있기 때문에(대부분의 마르크스주의 국가들은 그렇지 않다), 미국의 동맹 체제는 역사적 기준으로든 현재의 기준으로든, 능력 면에서 인상적이고 결속력도 유난히 강하다.[40]

대외 원조와 침투

대외 원조나 정치적 침투 어느 것도 소련이 약점을 극복하는 데 도움이 되지 못한다. 소련은 서유럽의 산업 국가와 일본에 제공할 수 있는 것이 거의 없으며(중요성이 줄어들고 있는 천연자원을 제외하고는), 제3세계에도 경쟁력 있는 경제적 혜택을 지원을 할 수 있는 능력이 없다는 것을 이미 보여준 바 있다.[41] 서방 경제체제의 우월성은 앙골라와 같은 마르크스주의 국가들이 서방과 밀접한 경제적 관계를 추구하는 이유라고 할 수 있다.[42] 이와 유사하게, 정치선전과 전복을 통해 서방 동맹에 침투하려던 소련의 노력은 완벽하게 실패했다. 또한 전복과 교육 지원을 통해 충성스런 제3세계 동맹을 육성하려던 소련의 시도는 소수의 낙후되고 허약한 국가들의 경우를 제외하고는 보상이 거의 없었다. 어쨌든, 대부분의 제3세계 엘리트들을 교육하는 데 있어 미국과 그 동맹국들이 지배적인 위치를 차지했다.[43]

마지막으로, 7장에서 보여주었듯이 대외 원조와 침투라는 수단은 피후원국이 순종적이 되거나 충성스러울 것이라고 보장하지 않는다. 그리고 그러한 수단을 사용해 순응을 강요하는 것은 오히려 의구심과 적대감을 불러일으킬 가능성이 높다. 요컨대, 대부분의 국가에서 민족주의의 강력한 역할은, 앞서 언급한 이유들로 인해 동맹의 독립적 원인으로서 이러한 수단의 영향을 제한할 것이다.

미국의 세계적 지위는 매우 확고하다고 할 수 있다. 미국은 우월한 능력을 보유한 연합의 주도 국가일 뿐만 아니라 이 동맹은 다수의 강력하고 지속력 있는 국가들로 결속되어 있다. 그리고 동맹의 통제 가능한 원인들의 효과는 소련을 악순환에 빠뜨린다. 주요 라이벌 국가가 주도하는 강력한 연합에 둘러싸여 있기에 소련은 이에 대응하기 위해 지나치게 많은 자원을 군사력 구축에 투입해왔다. 하지만 소련이 더 많은 자원을 동원해 이러한 지정학적 딜레마에 균형을 잡으려 하면 할수록, 그들은 더욱더 자신의 고립을 강화하게 된다. 요컨대, 현재의 세력균형은 매우 안정적으로 유지될 가능성이 있다.[44] 따라서 질문은 다음과 같은 것이 된다. "미국 정책결정자들은 이러한 이점을 최대한 이용하기 위해 무엇을 해야 하는가?", "위협균형 이론은 미국의 대전략에 어떤 함의가 있는가?"

봉쇄의 유지: 동맹 형성과 미국의 대전략

　냉전이 시작된 이래, 미국의 대전략은 어떤 단일 국가가 산업화한 유라시아의 전쟁 수행 잠재력을 통제하는 것을 막는 것이었다. 실제로 이 목표는 소련의 팽창을 봉쇄하는 것을 의미한다.[45] 보다 최근에, 미국은 중동의 석유에 대한 서방의 접근 유지라는 목표를 추가했다. 본 연구에서 도출한 결과에 비추어, 어떤 조치가 이런 목표를 가장 잘 성취할 것인가?

　첫째, 국제정치에서 균형은 가장 지배적인 경향이기 때문에, 세계의 가장 중요한 국가들은 미국과 동맹을 맺으려는 경향이 강하다. 결과적으로, 미국은 대부분의 국제적 상황전개에 대해 느긋한 관점을 취할 여유가 있다. 미국은 대부분의 불리한 사건들(특히 다른 나라들과 관련된 사건들)로부터 면역이 되어 있을 뿐만 아니라, 정말로 심각한 위협이 등장할 경우에는 소중한 동맹들의 광범위한 지지에 기댈 수 있다.

　둘째, 미국이 지닌 힘의 정확한 수준은 그 힘이 사용되는 방식보다 덜 중요하다. 약소국들은 일반적으로 초강대국의 균형 상태에 대해 덜 민감하기 때문에, 미국과 소련의 상대적 힘에 있어 거대한 변화만이 그들의 동맹 선호를 바꿀 가능성이 있다. 군사력을 증강해도 미국의 새로운 우방이 생겨나지 않으며 미미한 힘의 쇠퇴가 일어나도 동맹국의 변절을 야기하지는 않는다. 실제로 균형을 이루려는 국가들의 성향을 고려할 때, 미국의 동맹국들은 만약 미국이 모든 것을 하겠다고 주장하지 않았다면, 더 많은 것을 하려 했을 것이다.

　셋째, 미국은 동맹국들의 이탈에 대해 너무 많이 우려할 필요가 없고, 자신이 어떻게 잘못된 호전성을 통해 반발을 불러일으키는지에 대해 더 우려해야 한다. 제2차 세계대전 이래로 미국의 신뢰성이 약화될 경우 동맹국들이 소련에 편승할 것이라는 두려움이 만연해 있으며, 이는 전후 미국의 외교정책에서 가장 비생산적인 과잉대응에 대한 책임이 있다.[46] 이와 같은 두려움은 동맹국 자신들에 의해 악화되는데, 동맹국들은 미국이 그들을 위해 더 많은 것을 하도록 설득하기 위해 그들의 의구심을 표명하는 데 명백한 이익을 갖고 있다. 미국은 동맹국들의 의구심을 너무 심각하게 받아들이지 않아야 한다. 미국의 보호를 포기하는 것은 그들의 이익에 전혀 부합하지 않기 때문이다.[47] 나는 이 책이 편승에 대한 두려움이 얼마나 허황된 것인지를 제시했기를 바란다.

무엇보다도, 균형 행동이 우세하다는 사실은 신뢰성을 얻기 위한 주변부 지역에 대한 미국의 개입이 크게 감소될 수 있다는 것을 의미한다. 실제로 미국이 신뢰성을 보여주기 위해 군사력을 자주 사용한다면, 이는 다른 국가들이 미국의 야심을 두려워하게 하고 미국의 판단에 대해 의문을 갖게 만들 수 있다.[48] 균형이 편승보다 더 일반적이기 때문에, 미국이 위협적인 모습을 덜 보여줄수록 미국의 인기는 더 높아지게 될 것이다.

넷째, 미국은 개발도상 세계의 많은 동맹국들과 자신을 결속시키는 의견일치(consensus)를 과대평가하지 말아야 한다. 지역 국가들은 초강대국 간의 경쟁보다는 지역적 위협에 더 많은 관심을 갖고 있다. 결과적으로 지역 국가들을 반소련 성전에 동참시키려는 시도는 계속해서 역효과를 낳을 것이다. 소련에게 직접적으로 위협을 받는 국가들은 자연스러운 미국의 동맹국이다. 덜레스(John Foster Dulles)와 헤이그(Alexander Haig)가 했듯이, 다른 지역에서 소련에 대항하는 "전략적 의견일치"를 추구하는 것은 그 지역의 파트너들에게 더 중요한 지역적 문제들을 무시하는 것이다. 그리고 소련에 대항하는 전 세계적 동맹을 형성하려는 노력은 미국의 피후원국들이 자신들의 목적을 위해 미국의 원조를 쉽게 이용할 수 있게 한다. 기껏해야 이러한 거대한 계획은 사산될 것이고, 최악의 경우 그것은 지역적 경쟁을 악화시키고 실질적인 소련의 개입 가능성을 증가시킬 것이다.[49]

다섯째, 제3세계 좌파 세력들에 대한 자동적인 반대는 중단해야 한다. 앞서 말했듯이, 이념은 동맹의 상대적으로 약한 원인일 뿐만 아니라 미국이 너무나 두려워하는 마르크스주의 교리는 통합을 촉진하는 것만큼이나 공산주의 국가 간의 갈등을 조장할 가능성이 크다. 마오쩌둥, 티토, 톨리아티, 무가베, 베를링구에르, 카릴로, 폴 포트 등의 사례는 마르크스주의 연대의 신화를 무너뜨린다.[50] 따라서 조지 캐넌(George Kennan)의 최초의 봉쇄 공식이 처방하는 것처럼, 미국은 자신의 행동을 통해 좌파 정권들의 허약한 단결을 강화시켜주기보다는 이러한 자연적인 분열을 이용하려고 해야 한다.[51]

여섯째, 미국은 소련에게 무기를 제공받은 국가들이 모두 소련의 신뢰할 만한 파트너라는 단순한 생각에서 벗어나야 한다. 이 책에서 계속 보여주었듯이, 중동 지역에서 어떤 초강대국도 군사적, 경제적 지원의 사용을 통해 많은 영향력을 얻지 못했다. 소련의 무기 제공은 유고슬라비아, 중국, 소말리아, 인도네시아, 짐바브웨 등에서 믿을 만한 영향력을 소련에 부여하지 않았다. 이와 동시에, 미국의 정치지도자들은 무기 지원 프로그램이 미국으로 하여금 피후원국을 통제할 수 있게 해주지 않는다는 점을 인정해야 한다. 가장 명백한 예가 바로 이스라엘인데, 이스라엘은 미국의 지원에 상당히 의존하고 있지만 미국의 통제로부터는 독립적이다. 미국은 소련 원조 프로그램의 효과를 과장함으로써 소련 진영의 규모를 부풀리고, 적절한 정치적 유인을 제공해 소련의 피후원국들을 소련으로부터 떼어낼 수 있는 가능성을 간과하고 있다. 미국은 또한 동맹국에 대한 원조가 그들의 충성을 공고히 하고 자신의 통제력을 강화할 수 있다는 잘못된 믿음에서 너무나 많은 것을 그들에게 제공할 가능성이 있다.

마지막 함의는 미국의 국내 상황이 무엇보다도 중요할 수 있다는 점이다. 외부적 사건들은 미국의 힘에 영향을 준다. 하지만 내부적 조건들은 미국의 힘을 만들어낸다. 해외에서의 손실은 천천히 더해지고 동맹국과 미국 자신의 균형 행동에 의해 보상될 것이다. 따라서 최종적인 처방은 미국 경제의 전반적인 건강을 위험에 빠뜨리는 정책을 피하는 것이다. 탄탄하고 생산적인 경제체제를 유지하는 것이 방위 능력에서의 사소한 약점을 보완하거나 개발도상 세계에서의 중요하지 않은 충돌의 결과를 통제하는 것보다 훨씬 더 중요하다.

맺음말

국제정치에서는 어떤 기관이나 제도가 안보와 번영을 보장해주지 않는다.

하지만 미국은 세계에서 미국의 지위와 국가들 사이의 안보 협력의 가장 중요한 원인들이 결합해 미국에 우호적으로 작용한다는 사실을 고무적으로 생각해야 한다. 이러한 결론은 미국의 동맹이 깨질 수 없다거나, 고립주의가 더 좋다거나, 서방의 방위 능력이 향상될 수 없다는 것을 의미하지는 않는다.[52] 그것들이 의미하는 것은 미국이 더 바랄 게 없는 상황에 있다는 것이다. 동맹의 주요 원인들은 미국의 이점으로 작용하고 소련을 세계에서 전략적으로 중요한 사실상 모든 국가들로부터 고립시킨다. 이러한 사실을 인식한다면, 미국의 이점을 강화할 대전략을 수립하는 일은 상당히 단순해질 것이다. 앞에서 나는 그와 같은 전략이 무엇일지 개략적으로 설명하려고 했다.[53]

나의 주장은 다시 원점으로 돌아온다. 나는 동맹의 원인에 대한 많은 가설을 명확히 하고 검증함으로써 미국의 외교 및 군사 정책에 관한 몇 가지 중요한 논쟁을 해결하고자 했다. 이러한 접근법은 적절한데, 이는 국제정치의 영역이 국가들이 다른 국가가 어떻게 반응할지에 대한 예측에 기초해 선택을 해야 하는 영역으로 남아 있기 때문이다. 국가들이 어떻게 자신의 친구를 선택하는지에 대한 더 나은 이해로 무장한다면, 국제적 지지를 극대화하는 (그리고 반대를 최소화하는) 목표는 대단히 단순해질 것이다. 물론 이러한 통찰이 성공을 보장하지는 않지만, 확실히 그 확률을 높여줄 것이다.

중동의 동맹 현황, 1955-1979

동맹	균형/편승	이념적 연대
바그다드 협약(1955)[a]	균형	낮음/중간
아랍연대 협약(1955)[b]	둘 다	낮음/중간
소련-이집트(1955)	균형	낮음/중간
소련-시리아(1955)	균형	중간
소련-예멘(1955)	균형	무
수에즈 전쟁 연합(1956)[c]	균형	낮음
왕정동맹(1957)[d]	균형	높음
미국-사우디아라비아(1957)	균형	낮음
미국-레바논(1957)	균형	중간
미국-요르단(1957)	균형	낮음
통일아랍공화국(1958)[e]	n.a.	높음
이라크-요르단(1958)	균형	높음
이집트-사우디아라비아(1958)	둘 다[f]	무
통일아랍공화국-이라크(1958)	n.a.	높음
소련-이라크(1958)	균형	중간
쿠웨이트 개입(1961)[g]	균형	무

n.a.: 해당 자료 없음.
a: 영국, 이라크, 미국(참관국). 다른 구성국들로는 터키, 이란, 파키스탄 등.
b: 구성국: 이집트, 사우디아라비아, 시리아, 예멘, 요르단. 이집트는 이라크와 이스라엘에 대한 균형, 예멘은 영국에 대한 균형, 사우디아라비아는 이라크에 대한 균형에서 이집트에 대한 편승으로 전환, 요르단은 항상 편승.
c: 영국, 프랑스, 이스라엘
d. 사우디아라비아, 이라크, 요르단
e: 이집트, 시리아.
f: 이집트는 이라크와 도처에 있는 경쟁자들에 맞서기 위해 균형을 추구, 사우디아라비아는 나세르를 암살하려던 음모가 실패한 이후 이집트에 편승.
g: 참가국은 이집트, 사우디아라비아, 요르단; 목표는 이라크의 쿠웨이트 합병을 억제하기 위한 것.

동맹	균형/편승	이념적 연대
미국-이스라엘(1962)	균형	중간
이집트-예멘공화국	균형	높음
사우디아라비아-요르단(1962)	균형	높음
시리아-이라크(1962)	균형	높음
삼국통합 협정(1963)[h]	편승(?)	높음
이집트-이라크(1964)	n.a.	중간/높음
카이로 정상회담(1964)[i]	둘 다	낮음
소련-예멘공화국(1964)	균형	중간/높음
소련-시리아(1966)	균형	높음
6일 전쟁(1966-1967)[j]	둘 다	중간
이집트-요르단(1967)	균형	낮음
소련-남예멘(1968)	균형	높음
동부 사령부(1969)[k]	균형	낮음
이스라엘-요르단(1970)	균형	무
소련-이라크(1971)	균형	중간
10월 전쟁 연합(1973)[l]	균형	낮음
이집트-미국(1975)	둘 다	무
시리아-요르단(1975)	균형	무
강경전선(1978)[m]	균형	중간
사우디아라비아-요르단-이라크(1979)	균형	무

총 동맹 수: 36	총 구성국: 86

h: 이집트, 시리아, 이라크. 바트당의 범아랍주의 이념이 이 협정을 부추기는 데 중요한 역할을 했지만, 시리아는 시리아 내의 나세르주의 분파로부터의 위협을 줄이기 위해 이집트에 편승함.

i: 이집트, 사우디아라비아, 이라크, 요르단. 이 정상회담은 시리아를 고립시키려는 이집트의 노력의 결과임. 사우디아라비아와 요르단의 관심은 이라크를 달래는 것이었고, 이스라엘에 대항하고자 하는 공통된 요구는 훨씬 약했음.

j: 이집트와 시리아는 이스라엘에 대한 균형. 요르단은 이집트와 시리아에 대한 편승. 다른 아랍 국가들은 연대를 보여주기 위한 상징적 참여를 제공.

k: 시리아, 이라크, 요르단. 그다지 높지 않은 수준의 협력이 이루어짐.

l: 이집트, 시리아, 사우디아라비아가 참전했고 다른 아랍 국가들은 상징적인 지지를 보냄.

m: 시리아, 리비아, 남예멘, 알제리. 시리아와 남예멘만 전면적으로 참여.

세력 권력의 균형

미국의 동맹 네트워크

국가	인구 (백만 명)	GNP (10억 달러)	군대 규모 (1000명)	국방비 지출 (백만 달러)
NATO와 일본				
벨기에	9.9	87.7	109	2,911
캐나다	24.9	299.4	81	6,439
덴마크	5.1	58.2	30	1,482
프랑스	54.7	564.2	578	23,793
그리스	9.9	40.9	177	2,526
이탈리아	56.8	350.7	498	9,609
일본	119.3	1,137.7	241	11,500
네덜란드	14.4	143.8	104	4,673
노르웨이	4.1	57.4	41	1,844
포르투갈	10.0	23.0	93	814
스페인	38.2	190.1	340	4,070
터키	49.2	57.7	824	2,840
미국	234.5	3,297.8	2,222	217,154
영국	56.0	507.4	333	27,444
서독	61.5	698.9	496	23,565
소계	748.5	7,514.9	6,167	340,664
다른 동맹국들				
아르헨티나	29.7	56.4	175	1,523
호주	15.3	166.1	73	4,637
벨리즈	n.a.	n.a.	n.a.	n.a.
볼리비아	5.9	5.1	27	196
보스니아	1.0	0.8	3	26
브라질	131.3	272.0	460	1,769
칠레	11.5	22.6	126	1,021
대만	18.8	52.1	454	3,925
콜롬비아	28.3	39.6	70	436
코스타리카	2.5	2.3	4	17
도미니카 공화국	6.2	8.2	23	122

미국의 동맹 네트워크

국가	인구 (백만 명)	GNP (10억 달러)	군대 규모 (1000명)	국방비 지출 (백만 달러)
에콰도르	8.4	11.8	39	184
이집트	45.8	32.2	447	2,679
엘 살바도르	4.8	3.7	28	150
과테말라	7.8	8.8	19	209
아이티	5.5	1.7	8	24
온두라스	4.1	2.7	14	55
인도네시아	165.8	93.4	280	2,049
이스라엘	4.0	21.4	180	6,229
요르단	2.6	4.3	64	814
케냐	18.6	6.5	18	138
라이베리아	2.1	0.9	5	27
말레이시아	15.0	27.3	105	1,432
멕시코	74.7	157.6	131	872
모로코	22.9	16.0	135	1,318
오만	1.1	6.9	20	1,944
파키스탄	94.1	36.6	584	1,984
파나마	2.0	3.9	11	60
파라과이	3.5	4.6	16	89
필리핀	54.3	41.6	157	771
사우디아라비아	10.1	154.1	55	27,192
세네갈	6.3	2.7	18	60
소말리아	6.2	1.2	48	114
대한민국	41.4	80.7	602	4,717
수단	20.1	10.6	86	180
태국	50.7	39.4	250	1,539
트리니다드 토바고	1.1	7.3	2	81
튀니지	7.0	8.9	28	256
UAE	1.2	23.7	49	1,867
우루과이	n.a.	n.a.	n.a.	n.a.
베네수엘라	16.8	69.5	56	920
자이르	31.2	5.4	42	82
소계	979.7	1,510.6	4,912	71,708
중국	1,020.9	401.0	4,100	34,500

소련의 동맹 체제

국가	인구 (백만 명)	GNP (10억 달러)	군대 규모 (1000명)	국방비 지출 (백만 달러)
바르샤바조약기구				
불가리아	8.9	52.7	177	4,282
체코슬로바키아	15.4	120.6	214	7,157
동독	16.7	153.2	240	9,806
헝가리	10.7	73.2	105	3,134
폴란드	36.6	212.9	430	12,282
루마니아	22.6	108.7	244	5,159
소련	272.5	1,843.4	4,400	258,000
소계	383.4	2,564.7	5,810	299,820
다른 동맹국들				
아프가니스탄	14.7	4.0	75	198
알제리	20.7	48.9	130	1,334
앙골라	7.5	6.7	54	1,558
베냉	3.8	0.8	7	20
브룬디	4.5	1.3	7	41
카보베르데	0.3	0.1	4	2
콩고	1.7	2.1	11	79
쿠바	9.9	22.5	250	1,306
적도 기니	0.3	0.1	2	1
에티오피아	31.3	4.8	199	385
기니	5.1	1.0	17	80
이라크	14.5	25.2	500	11,900
라오스	3.6	0.3	46	50
리비아	3.5	24.1	68	4,223
마다가스카르	9.4	2.9	29	61
말리	7.4	1.1	11	30
몽골	1.8	1.2	38	150
모잠비크	13.0	4.8	32	175
니카라과	2.8	2.6	46	272
북한	19.2	21.6	784	3,600

소련의 동맹 체제

국가	인구 (백만 명)	GNP (10억 달러)	군대 규모 (천 명)	국방비 지출 (백만 달러)
남예멘	2.1	1.0	25	179
상투메 프린시페	0.1	0.3	0	n.a.
세이셸	n.a.	n.a.	n.a.	n.a.
시리아	9.8	16.4	222	2,138
탄자니아	20.1	4.9	43	122
베트남	57.6	8.5	1,200	1,000
잠비아	6.3	4.0	16	n.a.
소계	271.0	211.2	3,816	28,904
인도	730.6	189.5	1,120	6,546

n.a.: 해당 자료 없음.

중국과 인도를 동맹 네트워크에 포함할 경우 합계에 매우 큰 영향을 미치기 때문에 두 국가는 분리하여 제시. 여기에 포함된 다른 국가들은 미국/소련과 공식적인 동맹조약을 맺고 있거나, 미국/소련에서 파견된 군사고문단이 그들의 영토 내에 있는 경우임. 조약이 없거나, 고문단이 파견되지 않았거나, 고문단이 소련과 미국 양측에서 파견된 국가들은 중립적인 것으로 판단하고 제외함.

자료 출처: ACDA, World Military Expenditures and Arms Transfers 1985 (Washington, D.C., 1986).

01 서론: 동맹 형성의 탐구

1. 이 책에서는 동맹을 둘 혹은 그 이상의 주권국가들 간의 공식 또는 비공식적인 안보 협력 관계로 정의한다. 이 정의는 일정 수준의 공약과 양 당사자에게 있어 혜택의 교환을 가정한다. 관계를 단절하거나 합의를 준수하지 않는 것은 대가를 치르게 된다. 다양한 정의들에 대한 논의는 다음 글 참조. Roger V. Dingman, "Theories of, and Approaches to, Alliance Politics," in *Diplomacy: New Approaches in Theory, History, and Policy*, ed. Paul Gordon Lauren (New York, 1979), pp. 245-50.

2. 조지 모델스키(George Modelski)는 동맹을 "국제관계의 매우 핵심적인 용어"라고 불렀다. 자세한 내용은 "The Study of Alliances: A Review," *Journal of Conflict Resolution*, 7, no. 4 (1963): 773 참조. 줄리안 프리드만(Julian R. Friedman)은 "동맹은 국제정치의 중심적인 특징"이라고 설명했다. 자세한 내용은 "Alliance in International Politics," *Alliance in International Politics*, ed. Julian R. Friedman, Christopher Bladen, and Steven Rosen (Boston, 1970). 한편, 한스 모겐소(Hans J. Morgenthau)에 따르면, 동맹은 "다국가 체제에서 세력균형의 필수적인 기능"이다. 자세한 내용은 "Alliances in Theory and Practice," *Alliance Policy in the Cold War*, ed. Arnold Wolfers (Baltimore, Md., 1959), p. 175. 올레 홀스티(Ole Holsti)는 "동맹은 시간과 공간에 관계없이, 정치 단위들 간 관계의 보편적인 요소"라고 설명한다. 자세한 내용은 Ole Holsti, P. Terrence Hopmann, and John D. Sullivan, *Unity and Disintegration in International Alliances* (New York, 1973), p. 2 참조.

3. 자세한 내용은 Richard Smoke, *War: Controlling Escalation*(Cambridge, Mass., 1977), pp. 127-28, 131-33. Michael Howard, *The Franco-Prussian War* (New York, 1979), pp. 46-48, 64-63 참조.

4. 자세한 내용은 Imanuel Geiss, *German Foreign Policy 1871-1914* (London, 1979), pp. 66-68 참조.

5. 자세한 내용은 Louis Morton, "Japan's Decision for War," in *Command Decisions*, ed. Kent Roberts Greenfield (New York, 1959), pp. 67-68; Robert J. C. Butow, *Tojo and the Coming of the War* (Princeton, N.J., 1960), pp. 66-67. 참조.

6. 대전략의 개념은 배리 포센(Barry R. Posen)이 제시한 개념에 근거하였다. 자세한 내용은 그의 저서 *The Sources of Military Doctrine: France, Britain, and Germany between the World Wars* (Ithaca, 1984), chap. 1, 특히 p. 13을 참조.

7. "Review of Basic National Security Policy," NSC 162/1, October 30, 1953. Reprinted in *The Pentagon Papers: The Defense Department History of United States Decisionmaking on Vietnam*, Senator Gravel ed. (Boston, 1971), 1: 424. 추가적으로 Ernest R. May, "The Cold War," in *The Making of America's Soviet Policy*, ed.

Joseph S. Nye (New Haven, Conn., 1984), pp. 223-26. 참조

8. Franklin B. Weinstein, "The Concept of a Commitment in International Relations," *Journal of Conflict Resolution*, 13, no. 1 (1969): 52에서 인용.

9. 전후 미국 외교정책에서 신뢰성에 부여된 중요성은 다음의 글을 참조. Patrick Morgan, "Saving Face for the Sake of Deterrence," in *Psychology and Deterrence*, ed. Robert Jervis, Richard Ned Lebow, and Janice Gross Stein (Baltimore, Md., 1986), 특히 pp.137-43; Deborah Welch Larson, "The Bandwagon Metaphor and American Foreign Policy" (the International Studies Association의 1986년 3월 연례 학회에서 배부된 논문) 그리고 이 책의 2장의 논지를 참조.

10. 돌이켜 보면, 캐넌의 분석은 특히 소련과 중국의 피할 수 없는 다툼에 대해 상당한 선견지명을 가지고 있었다. 자세한 내용은 "U.S. Objectives with Respect to Russia," NSC 20/21, in *Containment: Documents on American Policy and Strategy, 1945-1950*, ed. John Lewis Gaddis and Thomas Etzold (New York, 1978), pp. 186-87; John Lewis Gaddis, *Strategies of Containment* (New York, 1982), pp. 43-45. 참조.

11. 이에 관한 사례들은 1) 그리스 내전 당시 그리스 공산당, 2) 1953년 이란의 모사데크 정부, 3) 1954년 과테말라의 아르벤스 정권, 4) 카스트로의 쿠바와 알렌드의 칠레에 수립된 마르크스주의 정권, 5) 앙골라 해방인민운동(MPLA, the Movimento Popular de Livertagao de Angola) 등에 대한 미국의 반대를 포함한다. 니카라과의 산디니스타 정부, 아프리카 민족회의(the African National Congress), 엘살바도르의 마르크스주의 반군에 대한 미국의 반대도 동일한 우려에 따른 것이었다.

12. 이런 유형의 추론에 대한 전형적인 사례는 U.S. Department of State, Bureau of Public Affairs, "Communist Influence in El Salvador" (Washington, D.C., 1981); U.S. Department of State, Inter-American Series 119, "The Sandinista Military Buildup" (Washington, D.C., 1985), pp. 29-39 외. U.S. Departments of State and Defense, "The Soviet-Cuban Connection in Central America and the Caribbean" (Washington, D.C., 1985), pp. 3-10, 27-28 외. "Excerpts from Reagan's Speech on Aid for Nicaraguan Rebels," *New York Times*, June 25, 1986, p. A12. 참조

13. 미국의 자료들에 기반한 최근 한 조사에 따르면, 270개의 논문이나 책들이 동맹 역학의 다양한 측면을 다루고 있는 것으로 나타났다. 그리고 저자에 따르면, "동맹과 동맹 역학에 대한 연구는 거의 축적되지 않고 있다." 자세한 내용은 Michael Don Ward, "Research Gaps in Alliance Dynamics," *Monograph Series in World Affairs*, Graduate School of International Studies, University of Denver, 19, no. 1 (1982): 5. 참조. 방대한 동맹 관련 문헌들에 대한 다른 조사들은 Holsti, Hopmann, and Sullivan, *Unity and Disintegration in International Alliances*, chap. 1 and app. C; Bruce Bueno de Mesquita and J. David Singer, "Alliance, Capabilities, and War," *Political Science Annual*, 4 (1973); Philip Burgess and David Moore, "Inter-Nation Alliances: An Inventory and Appraisal of Propositions," *Political Science Annual*, 3 (1972); Brian L. Job, "Grins without Cats: In Pursuit of Knowledge of Inter-nation Alliances," in "Cumulation in International Relations Research," ed. P. Terrence Hopmann, Dina Zinnes, and J. David Singer, *Monograph Series in World Affairs*,

Graduate School of International Studies, University of Denver, vol. 18, bk. 3 (1981). 참조.

14. 이러한 연구의 예시는 다음 논문들을 참조. Robert Rood and Patrick McGowan, "Alliance Behavior in Balance of Power Systems," *American Political Science Review*, 79, no. 3 (1976); Brian L. Job, "Membership in Inter-nation Alliances: 1813-1865," and Randolph Siverson and George T. Duncan, "Stochastic Models of International Alliance Initiation: 1885-1965," in *Mathematical Models in International Relations*, ed. Dina Zinnes and William Gillespie (New York, 1976), pp. 74-109; George T. Duncan and Randolph Siverson, "Flexibility of Alliance Partner Choice in Multipolar Systems: Models and Tests," *International Studies Quarterly*, 26, no. 4 (1982); R. P. Y. Li and W. R. Thompson, "The Stochastic Process of Alliance Formation Behavior," *American Political Science Review*, 72, no. 4 (1978); W. J. Horvath and G. C. Foster, "Stochastic Models of War Alliances," *Journal of Conflict Resolution*, 7, no. 2 (1963); Jack S. Levy, "Alliance Formation and War Behavior: An Analysis of the Great Powers, 1495-1975," *Journal of Conflict Resolution*, 25, no. 4 (1981); J. David Singer and Melvin Small, "Alliance Aggregation and the Onset of War," in *Alliances: Latent War Communities in the Contemporary World*, ed. Francis A. Beer (New York, 1970); Charles W. Kegley and Gregory A. Raymond, "Alliance Norms and War: A New Piece in an Old Puzzle," *International Studies Quarterly*, 26, no. 4 (1982).

15. 자세한 내용은 Mancur Olson and Richard Zeckhauser, "An Economic Theory of Alliances," *Review of Economics and Statistics*, 48, no. 3 (1966). 참조.

16. 자세한 내용은 Hans J. Morgenthau, Politics among Nations, 4th ed. (New York, 1967); George Liska, *Nations in Alliance: The Limits of Interdependence* (Baltimore, Md., 1962); Robert L. Rothstein, Alliances and Small Powers (New York, 1968).참조.

17. 자세한 내용은 Liska, Nations in Alliance, p. 12; Morgenthau, *Politics among Nations*, p. 175. 참조.

18. Liska, *Nations in Alliance*, pp. 27, 42-43, 35-56. 로스스테인도 유사한 지적을 했다. "약소 국가들은 … 위험한 게임을 해야만 했다. 즉, 명백한 승리자가 확인되자마자 균형의 가벼운 쪽에서 무거운 쪽으로 빠르게 이동하는 것이다." 자세한 내용은 Robert Rothstein, *Alliances and Small Powers*, p. 11. 참조.

19. 자세한 내용은 Paul Schroeder, "Alliances, 1815-1945: Weapons of Power and Tools of Management," in *Historical Dimensions of National Security Problems*, ed. Klaus Knorr (Lawrence, Kansas, 1976). 참조.

20. 여기에는 개념상의 문제가 있을 수 있다. 힘을 모으려고 동맹을 맺는 것과 약한 국가들을 관리하려고 동맹을 맺는 것은 양립할 수 없는 것이 아니다. 예를 들면, 다른 강대국에게 위협 받는 강대국은 능력을 증가시키고, 동시에 약소국들의 행동에 영향을 미치기 위해 그들과 동맹을 맺으려 할 수 있다.

21. 자세한 내용은 Brian Healy and Arthur Stein, "The Balance of Power in International History: Theory and Reality," *Journal of Conflict Resolution*, 17, no. 1

(1973). 참조. 관련된 논문들로 Richard Rosecrance, Alan Alexandroff, Brian Healy, and Arthur Stein, "Power, Balance of Power, and Status in Nineteenth Century International Relations," *Sage Professional Papers in International Studies* (Beverly Hills, Calif., 1974). 참조. 힐리와 스테인의 몇 가지 결과에 도전하는 확장에 대해서는 H. Brooke McDonald and Richard Rosecrance, "Alliance and Structural Balance in the International System: A Reinterpretation," *Journal of Conflict Resolution*, 29, no. 1 (1983). 참조

22. 이 가설은 다음의 책에서 나왔음; Morton A. Kaplan, *System and Process in International Politics* (New York, 1937).

23. 이에 대한 설득력 있는 비판은 Paul W. Schroeder, "Quantitative Studies in the Balance of Power: An Historian's Reaction," *Journal of Conflict Resolution*, 21, no. 1 (1977). 참조.

24. 예를 들면, 프랑스–프로이센 전쟁 동안 비스마르크는 프랑스가 전쟁을 시작하도록 만들었으며, 러시아로 하여금 오스트리아–헝가리가 프랑스 편에 서서 개입하는 것을 두려워하게 했다. 러시아는 신속하게 부대를 동원했고, 이는 오스트리아–헝가리가 중립을 유지하도록 만들었다. 자세한 내용은 Smoke, War, pp. 127-28, 131-33 참조. 이 시기 비스마르크의 외교정책에 대해서는 Gordon A. Craig, *Germany: 1866-1945* (London, 1978), pp. 101-4를 참조.

25. 이 저자와 공저자가 제기한 주장은 Rosecrance et al., "Power, Balance of Power, and Status," pp. 37-39를 참조.

26. 이와 관련한 연구들은 다음을 참조. Michael F. Altfeld and Bruce Bueno de Mesquita, "Choosing Sides in Wars," *International Studies Quarterly*, 23, no. 1 (1979); David Newman, "Security and Alliances: A Theoretical Study of Alliance Formation" (diss., University of Rochester, 1984); Michael F. Altfeld, "The Decision to Ally: A Theory and Test," *Western Political Quarterly*, 37, no. 4 (1984).

27. 자세한 내용은 Altfeld, "Decision to Ally," p. 538 외 참조. 이 결론은 긍정적인 효용을 보여주는 모든 양자관계의 25%가 실제로 동맹을 형성하는 반면 부정적인 효용을 보여주는 양자관계 2%만이 동맹을 형성한다는 사실을 기반으로 한다. 물론, 이러한 수치는 어떤 양자관계가 선호되는지, 왜 긍정적 효용을 보여주는 75%의 양자관계가 동맹을 맺지 않는지에 대해서는 아무것도 말해주지 않는다.

28. Newman, "Security and Alliances," pp. 21, 53-60.

29. 자세한 내용은 William H. Riker, *The Theory of Political Coalitions* (New Haven, Conn., 1962); Glenn Snyder, "The Security Dilemma in Alliance Politics," *World Politics*, 36, no. 4 (1984). 참조

30. 제국주의에 대한 소견(Reflections on Empires)이라는 제목이 붙은 라이커의 결론은 여전히 매혹적인 읽을거리이다. 라이커는 그의 다수(n-person) 연합 모델을 이용하여 소련과 미국의 경쟁관계가 다음과 같은 것을 보여준다고 예측한다. 1) 초강대국들은 동맹을 끌어들이거나 유지하기 위해 점점 더 큰 비용을 지불하게 된다. 2) 각각의 동맹 재조정의 결과로 증가된 긴장은 점점 더 치명적으로 보여지게 된다. 3) 전면전 가능성이 증가하게 된다. 4) 위 세 가지 경향의 결과로, 두 초강대국은 궁극적으로 쇠퇴하게 된다. 비록

냉전 기간 동안 이러한 경향을 뒷받침하는 증거들이 나타났지만, 이 증거는 다수 게임의 논리만큼이나 두 초강대국의 오해에서 비롯된 것이기도 했다. 특히 라이커의 추론은 1950년까지는 "미국은 미국의 여러 행동을 견제할 수 있고, 미국을 패퇴시키고자 열망했을 수 있는 소수 연합의 반대를 받아왔다"는 믿음에 근거한다(*Theory of Political Coalitions*, p. 223). 이러한 시나리오가 사실이라면, 라이커의 설명은 유효할 것이다. 그러나 사실 그 시기의 미국과 그 동맹들은 소련의 동맹국들에 비하면 월등히 우세했다. 예를 들어, 서방 진영의 GNP는 소련과 그 위성국가들에 비해 3배가 넘었으며, 국방비도 더 많이 지출했다. 그러나 미국의 많은 지도자들이 소련이 그들보다 더 강하다고 생각했고, 동맹 형성에 관한 몇 가지 의심스러운 이론들을 받아들였기 때문에, 냉전 초기의 정치는 라이커의 예측과 비슷했다. 하지만 그가 설명한 이유 때문은 아니었다.

31. Snyder, "Security Dilema in Alliance Politics," p.463.

32. Ward, "Research Gaps in Alliance Dynamics," p.18.

33. 중동의 9개 국가들과 두 초강대국 사이의 주요 동맹 공약들을 확인하였다. 해당 국가들은 미국, 소련, 이집트, 이라크, 이스라엘, 요르단, 레바논, 사우디아라비아, 시리아, 북예멘, 남예멘이다. 또한 몇몇 다른 국가들(영국, 프랑스 등)을 제외하고 설명하면 오해의 여지가 있을 경우에는 그 국가들도 분석에 포함시켰다.

34. 이러한 다양한 접근방법들에 대해서는 Alexander L. George, "Case Study and Theory Development: The Method of Structured, Focused Comparison," in Lauren, *Diplomacy: New Approaches*, pp.61-62 외 참조.

35. 엄격한 유형 분류(typology)를 사용하지 않기로 한 나의 결정은 공식적 공약과 비공식적인 공약 사이에 차이가 없다거나 동맹의 유형 분류를 고안하는 것이 불가능하다는 것을 의미하지는 않는다. 나는 특정 공약의 본질을 충분히 반영하지 못할 수 있는 형식적인 분류학을 사용하기보다는 이 연구에서 검토한 다양한 동맹들에 대한 좀더 주관적인 평가에 의존하기로 결정한 것일 뿐이다. 공식적인 공약과 비공식적인 공약의 차이에 관해서는 다음을 참조. Robert A. Kann, "Alliance versus Ententes," *World Politics*, 28, no.4 (1976)

36. 키신저에 의하면, "중동은 세 대륙의 경계지에 있다. 이 지역의 전략적 중요성과 이 지역이 세계의 많은 국가들이 의존하는 에너지를 제공하고 있다는 점 때문에, 외부 세력들은 이 지역 분쟁에 지속적으로 관여해왔으며, 종종 경쟁적으로 그렇게 했다."; Henry A. Kissinger, *White House Years* (Boston, 1979), p. 283. 닉슨은 이 지역을 "화약고"라고 불렀으며, "제2차 세계대전 이전의 발칸반도와 같다. 두 초강대국은 둘 중 어느 쪽도 원치 않는 대결에 끌려들어갈 수 있다"고 말했다. William B. Quandt, *Decade of Decisions: American Policy toward the Arab-Israeli Conflict, 1967-1976* (Berkeley, Calif., 1977), pp.82, 100에서 인용; 1970년대 말, 초강대국들의 중동지역에 대한 무기 이전은 세계 전체의 40%에 달했으며, 어떤 다른 지역으로 보낸 양의 2배 이상이었다. 더 자세한 내용은 다음을 참조. ACDA, *World Military Expenditures and Arms Transfers 1968-2977* (Washington, D.C., n.d.), p. 8.

37. 이와 관련한 주장은 다음을 참조. Leonard Binder, "The Middle East as a Subordinate Political System," *World Politics*, 10, no. 3 (1938); Fouad Ajami, "The Middle East: Important for the Wrong Reasons," *Journal of International Affairs*,

29, no. 1 (1979); L. Carl Brown, *International Politics and the Middle East* (Princeton, N.J., 1984).

02 동맹 형성의 설명

1. 이 책에서 균형과 편승이라는 용어의 사용은 *Theory of International Politics*에 있는 케네스 왈츠의 용어를 따르고 있다. (Reading, Mass, 1979). 울퍼도 자신의 논문에서 유사한 용어를 사용한다. Arnold Wolfers, "The Balance of Power in Theory and Practice," in *Discord and Collaboration: Essays on International Politics* (Baltimore, Md., 1962), pp. 122-24.
2. 세력균형에 관한 고전적인 저작들의 분석은 다음을 참조. Edward V. Gulick, *Europe's Classical Balance of Power* (New York, 1955), pt. 1; F. H. Hinsley, *Power and the Pursuit of Peace: Theory and Practice in the History of Relations between States* (Cambridge, England, 1963), pt. 1; Inis L. Claude, Power and International Relations (New York, 1962), chaps. 2 and 3; Robert E. Osgood and Robert W. Tucker, *Force, Order, and Justice* (Baltimore, Md., 1967), pp. 96-104 외; and Martin Wight, "The Balance of Power," in *Diplomatic Investigations*, ed. Martin Wight and Herbert Butterfield (London, 1966). Modern versions of the theory can be found in Waltz, *Theory of International Politics*, chap. 6; Kaplan, *System and Process in International Politics*; Morgenthau, Politics among Nations, pt. 4.
3. 수세기 전, 바탈은 다음과 같이 말했다. "세력균형을 유지하는 가장 확실한 수단은 어떤 국가도 다른 국가들보다 우세하지 못하게 하는 것이다. (그러나) 이 생각은 불의와 폭력 없이는 실현될 수 없다. 매우 강력한 국가에 대항하고, 그 국가의 지배를 막기 위해서는 동맹을 형성하는 방법이 더 간단하고 더 정의롭다." Gulick, *Europe's Classical Balance of Power*, p. 60.
4. Winston S. Churchill, *The Second World War*, vol. 1: *The Gathering Storm* (Boston, 1948), pp. 207-8.
5. Kissinger, *White House Years*, p. 178.
6. 케네스 왈츠의 말을 빌리자면, "자유롭게 선택할 수 있다면, 2등 국가는 약한 쪽을 선택하게 된다. 강한 쪽이 그들을 위협하기 때문이다. 2등 국가가 형성하는 연합이 적의 공격을 단념시키기에 충분한 방어력이나 억지력을 달성하기만 한다면, 2등 국가는 약한 쪽에서 더 중요한 평가를 받고 더 안전할 것이다." *Theory of International Politics*, pp. 126-27.
7. 이러한 주제는 다음의 저작에서 발전되었다. Ludwig Dehio, *The Precarious Balance* (New York, 1965); Hinsley, *Power and the Pursuit of Peace*; Gulick, *Europe's Classical Balance of Power*.
8. W. Scott Thompson, "The Communist International System," *Orbis*, 20, no. 4 (1977).
9. William L. Langer, *The Diplomacy of Imperialism* (New York, 1953), pp. 434-35; Craig, Germany 1866-1945, pp. 303-14; 이러한 견해는 독일의 군사 집단에만 국한되

지 않는다. 1914년 2월 야고브(Jagow) 국무장관은 제1차 세계대전 이전 독일 정책을 추동했던 널리 확산된 견해를 표명하면서, 영국이 대륙의 전쟁에 대해 중립적인 입장을 취할 것으로 예상했다. 그가 영국 주재 독일 대사에게 말했듯이, "우리는 헛되이 함대를 건설하지 않았다. 영국인들은 우리를 상대로 프랑스의 수호천사 역할을 하는 것이 그렇게 간단한 일이고 위험이 없는지 스스로에게 진지하게 묻게 될 것이다."; Imanuel Geiss, *July 1914* (New York, 1967), pp. 24-25.

10. 터키에 대한 소련의 압박 효과와 관련한 자세한 내용은 다음을 참조. George Lenczowski, *The Middle East in World Affairs*, 4th ed. (Ithaca, 1980), pp. 134-38; Bruce R. Kuniholm, *The Origins of the Cold War in the Near East* (Princeton, N.J., 1980), pp. 355-78. 소련의 압박에 대한 노르웨이의 대응은 다음을 참조. Herbert Feis, *From Trust to Terror: The Onset of the Cold War, 7945-50* (New York, 1970), p. 381; Geir Lundestad, America, Scandinavia, and the Cold War: 1945-1949 (New York, 1980), pp. 308-9.

11. 자세한 내용은 다음을 참조. Dimitri K. Simes, "Soviet Policy toward the United States," in Nye, *The Making of America's Soviet Policy*, pp. 307-8.

12. NSC-68 ("United States Objectives and Programs for National Security"), reprinted, Gaddis and Etzold, *Containment*, p. 404. 유사한 구절들은 389, 414, 434쪽에서도 찾을 수 있다.

13. Seyom Brown, *The Faces of Power: Constancy and Change in United States Foreign Policy from Truman to Johnson* (New York, 1968), p. 217.

14. U.S. House Committee on Foreign Affairs, *The Soviet Union and the Third World: Watershed in Great Power Policy?* 97th Cong., 1st sess., 1977, pp. 157-58.

15. *New York Times*, April 28, 1983, p. A12. 같은 연설에서 레이건은 다음과 같이 말했다. "만약 중앙아메리카가 무너진다면, 아시아와 유럽에서 우리의 입지에, 그리고 NATO와 같은 동맹들에게 어떤 결과를 가져올 것인가? 그리고 어떤 동맹, 어떤 우방이 우리를 신뢰할 것인가?"

16. 자세한 내용은 다음을 참조. Denis Mack Smith, *Mussolini* (New York, 1982), pp. 234-35, 246-50; Adam Ulam, *Expansion and Coexistence: Soviet Foreign Policy, 1917-1973* (New York, 1974), pp. 394-98; A. J. P. Taylor, The First World War (New York, 1980), pp. 88-90, 153.

17. 자세한 내용은 다음을 참조. Ulam, *Expansion and Coexistence*, pp. 276-77; Isaac Deutscher, *Stalin: A Political Biography* (London, 1966), pp. 437-43; Joachim Fest, *Hitler* (New York, 1974), pp. 583-84, 592-93.

18. 오로지 능력 분포만을 근거로 한 세력균형의 대표적 사례는 Waltz, *Theory of International Politics*, chap. 6. 다른 요인들이 중요할 수 있다고 주장하는 이론가의 예들은 다음을 참조. Gulick, *Europe's Classical Balance of Power*, pp. 25, 45-47, 60-62.

19. 제1차 세계대전 당시, 영국, 프랑스, 러시아로 구성된 동맹은 세계 산업 생산의 27.9%를 통제했다. 반면 독일과 오스트리아는 19.2%에 불과했다. 러시아가 이탈하고 미국이 영국-프랑스 측에 합류하자, 독일-오스트리아 동맹 반대 진영의 세계 산업생산 비중은 51.7%에 달했으며, 2:1 이상으로 유리해졌다. 제2차 세계대전 당시 미국, 영국, 러시아

의 국방비 지출은 독일의 약 4.5배에 달했다. 심지어 독일의 유럽 지배와 일본과의 전쟁 부담을 고려하더라도, 대동맹은 전반적인 능력 면에서 거대한 이점을 보유했다. 따라서 20세기 가장 중요한 두 동맹의 형성은 힘 자체에만 초점을 맞추면 설명될 수 없다. 제1차, 2차 세계대전에서 상대적 전력을 비교한 통계들은 다음을 참조. Paul M. Kennedy, "The First World War and the International Power System," *International Security*, 9, no. 1 (1984); *The Rise and Fall of British Naval Mastery* (London, 1983), pp. 309-15.

20. 이와 관련한 다양한 내용들은 다음을 참조. Gaddis, *Strategies of Containment*, pp. 25-88; George Kennan, *Realities of American Foreign Policy* (Princeton, N.J., 1954), pp. 63-65; Walter Lippmann, *The Cold War: A Study of U.S. Foreign Policy* (New York, 1947).

21. Bernadotte C. Schmitt, *The Coming of the War in 1914* (New York, 1968), 2: 115.

22. 캐슬레이의 정책에 대해서는 다음을 참조. Harold Nicolson, *The Congress of Vienna* (New York, 1946), pp. 205-6.

23. 자세한 내용은 다음을 참조. Harvey Starr and Benjamin A. Most, "The Substance and Study of Borders in International Relations Research," *International Studies Quarterly*, 20, no. 4 (1976). 힘과 거리 사이의 관계에 대해서는 다음을 참조. Kenneth A. Boulding, *Conflict and Defense: A General Theory* (New York, 1962), pp. 229-30, 243-47. 흥미로운 실질적인 비판은 다음을 참조. Albert Wohlstetter, "Illusions of Distance," *Foreign Affairs*, 46, no. 2 (1968).

24. Paul M. Kennedy, *The Rise of the Anglo-German Antagonism, 1860-1014* (London, 1980), p. 421.

25. *New York Times*, April 28, 1983, p. A12.

26. 카우틸라의 분석은 다음과 같다. "어느 곳이든 정복자의 영토 주변에 위치하고 있는 왕은 적으로 규정된다. 이 같은 적과 가까이에 있지만 오직 적을 사이에 두고 정복자와 분리되어 있는 왕은 친구로 규정된다. … 정복자의 앞에 그리고 적과 가까운 곳에는 정복자의 친구 같은 왕들이 위치하게 되고, 정복자의 옆에는 적의 친구가, 적의 친구 옆에는 정복자의 친구가, 그리고 그 옆에는 적의 친구의 친구가 위치하게 된다." Kautilya, "Arthasastra," in *Balance of Power*, ed. Paul A. Seabury (San Francisco, 1965), p. 8.

27. 공격과 방어의 함의에 관한 최고의 논의는 다음을 참조. Robert Jervis, "Cooperation under the Security Dilemma," *World Politics*, 30, no. 3 (1978); Stephen W. Van Evera, "Causes of War" (diss., University of California, Berkeley, 1984); George Quester, *Offense and Defense in the International System* (New York, 1977). 이들 이론에 대한 비판은 다음을 참조. Jack S. Levy, "The Offensive/Defensive Balance of Military Technology: A Theoretical and Historical Analysis," *International Studies Quarterly*, 28, no. 2 (1984).

28. 차이는 공격과 방어의 균형을 바꾸는, 지리적 근접성과 관련 없는 다양한 요인들이 있다는 사실에 있다. 근접성은 관련된 두 국가 간의 국경 분쟁과 같은 더 큰 이익의 충돌을 만들어내는 경향이 있다. 이러한 이익의 충돌은 근접성의 결과이지만, 공격이나 방어의 이점에 관한 문제와 구분된다.

29. 자세한 내용은 다음을 참조. William L. Langer, *European Alliances and Alignments* (New York, 1950), pp. 3-5; Raymond J. Sontag, *European Diplomatic History, 1871-1932* (New York, 1933), pp. 4-5; Jervis, "Cooperation under the Security Dilemma," p. 189; Quester, *Offense and Defense in the International System*, pp. 105-6.

30. 임마누엘 가이스가 언급한 것처럼, "실질적인 해군 협정 없이 독일의 노선을 따라 영국과의 합의점을 찾는 것은 결국 불가능한 일이었다." Imanuel Geiss, German Foreign Policy, p. 131; Kennedy, *Rise of Anglo-German Antagonism*, pp. 416-23.

31. 따라서 동맹의 형성은 공격이 유리하다고 믿어질 때 더 열광적이 된다. 강대국들은 더 활발하게 균형을 이룰 것이며, 약소국들은 빈번하게 편승을 택할 것이다. 그 결과 세계는 동맹으로 가득하고, 중립적인 국가는 거의 없게 될 것이다.

32. 리비아의 국제적 지위와 관련된 논의는 다음을 참조. Claudia Wright, "Libya and the West: Headlong into Confrontation?" *International Affairs*, 58, no. 1 (1981-1982). 최근에는 미국과 프랑스는 리비아에 대한 직접적인 군사적 조치를 취했고 다른 국가들의 카다피 정권에 대한 경제적 제재를 부과했다.

33. 자세한 내용은 다음을 참조. Craig, *Germany 1866-1945*, pp. 101, 242-47, chap. 10; Geiss, *German Foreign Policy*, pp. 66-68; Kennedy, Rise of Anglo-German Antagonism, chaps. 14, 20.

34. "Memorandum by Sir Eyre Crowe on the Present State of British Relations with France and Germany, January 1, 1907," in *British Documents on the Origins of the War, 1898-1914*, ed. G. P. Gooch and Harold Temperley (London, 1928), 3: 397-420; G. W. Monger, *The End of Isolation: British Foreign Policy, 1900-1907* (London, 1963), pp. 313-15. 에드워드 그레이는 영국의 동맹 정책에 관해 다음과 같이 유사한 결론을 내렸다. "영국은 이론상 유럽에서 강력한 집단의 우위가 안정과 평화에 기여하는 것처럼 보일 때는 반대하지 않았다. … 영국은 오직 지배적인 세력이 공격적이 될 때, 의도적인 정책이 아니라 자기 방어의 본능에 의해, 세력균형이라 불릴 수 있는 어떤 것에 이끌린다." 자세한 내용은 다음을 참조. Edward Grey, Viscount of Fallodon, K.G., *Twenty-Five Years, 1892-1916* (New York, 1925), 1: 8 외. Kennedy, *Rise of Anglo-German Antagonism*, p. 431.

35. Luigi Albertini, The *Origins of the War of 1914* (London, 1952), 3: 458.

36. 잠재적인 적들이 편승할 것이라고 가정함으로써 나폴레옹과 히틀러가 공격의 비용을 과소평가했다는 것은 주목할 만하다. 예를 들어, 뮌헨 협정 이후, 히틀러는 영국과 프랑스의 정치가들을 "작은 벌레들"이라고 주장함으로써 반대의 가능성을 일축했다. 나폴레옹의 경우, 영국이 "조력 없이는 우리와 전쟁하려는 생각"을 하지 않을 것이라고 명백히 믿었으며, 아미앵 조약으로 영국이 프랑스에 대한 반대를 포기할 것이라고 가정했다. 자세한 내용은 다음을 참조. Fest, *Hitler*, pp. 594-95; Liska, *Nations in Alliance*, p. 45; Geoffrey Bruun, *Europe and the French Imperium: 1799-1814*. (New York, 1938), p. 118. 히틀러와 나폴레옹은 편승이 지배적이라고 생각했기 때문에, 과도하게 전쟁을 열망하게 되었다.

37. 이 상황은 저비스가 제시한 억제 모델과 상승 모델의 구분과 유사하다. 전자는 의심스

러운 공격자에 대한 반대를, 후자는 유화정책을 요구한다. 균형과 편승은 동맹에 있어 억제와 유화를 의미한다. 자세한 내용은 다음을 참조. Robert Jervis, *Perception and Misperception in International Politics* (Princeton, N.J., 1976), chap. 3.

38. 제1차 세계대전 이후 독일을 봉쇄하려던 프랑스의 시도는 로카르노 조약(프랑스와 독일의 국경을 보장했으나 프랑스의 동맹국들에게는 유사한 보장을 제공하지 않았다)과 방어적인 군사 교리의 채택으로 인해 손상되었으며, 이는 프랑스가 자신의 동맹국들을 지원할 수 없게 만들었다. 자세한 내용은 다음을 참조. Telford Taylor, *Munich: The Price of Peace* (New York, 1980), pp. 111-12; Richard D. Challener, *The French Theory of the Nation in Anns* (New York, 1955), pp. 264-65.

39. 자세한 내용은 다음을 참조. Dehio, The Precarious Balance; Georg Schwarzenberger, *Power Politics* (London, 1941); Hinsley, *Power and the Pursuit of Peace*; Jack S. Levy, "Theories of General War," unpublished manuscript, 1984. 이후 *World Politics*, 37, no. 3 (1983)에 수록.

40. 대표적인 최근 사례로는 1) 미국의 베트남 철수와 베트남의 캄보디아 점령 이후 ASEAN 국가들 간 협력 강화, 2) 1970년대 미국과 공산주의 중국의 화해, 그리고 중국과 베트남의 새로운 경쟁관계, 3) 1970년대 남아프리카에 맞선 인접 국가들의 동맹, 4) 이란 혁명 이후 페르시아만의 걸프협력회의 결성 등이 있다. 남아프리카와 페르시아만의 사례는 다음을 참조. Mahnaz Z. Ispahani, "Alone Together: Regional Security Arrangements in Southern Africa and the Arabia Gulf," *International Security*, 8, no. 4 (1984). 이러한 동맹들의 효과와는 상관없이, 이 경향은 두드러지게 나타나고 있다.

41. Rothstein, *Alliances and Small Powers*, p. 11. 이 문제는 집단적 선에 관한 문제이다. 가장 약한 국가들은 스스로 안보를 보장할 수 없으므로, 다른 국가들이 자신을 보호해주기를 바라면서 가장 강한 국가에 편승한다.

42. 로마가 고대 세계에서 오랫동안 패권을 유지할 수 있었던 이유 중 한 가지는 로마의 다양한 반대세력들이 로마에 맞서기 위해 효과적으로 협력하기 어렵다는 것을 알고 있었다는 사실에 있다. Edward N. Luttwak, *The Grand Strategy of the Roman Empire* (Baltimore, Md., 1976), pp. 192, 199-200. 대조적으로 르네상스 시기에 효과적인 외교 체제가 형성되었을 때, 유럽 패권의 가능성은 극적으로 감소되었다. 자세한 내용은 다음을 참조. Gulick, *Europe's Classical Balance of Power*, p. 16; Hedley Bull, *The Anarchical Society* (New York, 1977), p. 106, chap. 7; Garrett Mattingly, *Renaissance Diplomacy* (Boston, 1971), chaps. 13-16; Harold Nicolson, *Diplomacy* (London, 1963), chap. 1.

43. C. J. Lowe, *The Reluctant Imperialists* (New York, 1967), p. 85.

44. 자세한 내용은 다음을 참조. Fred Singleton, "The Myth of Finlandisation," *International Affairs*, 57, no. 2 (1981), pp. 276-78. 싱글턴은 서방 동맹이 1947년에 핀란드와 소련 사이의 1944년 휴전을 승인했고, 이는 이 지역에서 소련의 우위를 구축했다고 지적했다.

45. 책임전가의 문제에 대해서는 다음을 참조. Posen, *Sources of Strategic Doctrine*, pp. 63-64 외. 포기와 관련된 문제는 다음을 참조. Glenn Snyder, "Security Dilemma in Alliance Politics," pp. 466-68. 무임승차와 관련된 논의는 다음을 참조. Olson and

Zeckhauser, "Economic Theory of Alliances."

46. 벨기에의 레오폴드 왕은 제1차 세계대전 이후 벨기에의 중립 정책에 대해 다음과 같이
정당화했다. "순전히 방어적일지라도, 동맹은 안보 목표에 이르지 못한다. 동맹국의 지
원이 아무리 신속할지라도 압도적인 침략자의 공격이 있은 후까지 도착하지 않을 것이
기 때문이다." Rothstein, *Alliances and Small Powers*, pp. 111-12. 핀란드의 대통령 우
르호 케코넨은 상당히 유사한 방식으로 소련과의 화해를 주장했다. "어떤 강대국의 동맹
이 되는 것은 핀란드의 이익이 될 수 없다. 러시아와의 접경 지역에서 항상 경계 상태에
있어야 하고, 적에 의해 가장 먼저 점령당하며, 전쟁이나 평화의 결정이 내려질 때 그 말
에 어떤 의미를 부여하기에는 정치적 중요성이 없다." Urho Kekkonen, *A President' s
View* (London, 1982), pp. 42-43 외.

47. 제2차 세계대전 동안 발칸 외교에 대한 분석은 다음을 참조. "Hungary, Rumania and
Bulgaria, 1941-1944," in *Survey of International Affairs*, 1939-46: *Hitler' s Europe*,
ed. Arnold Toynbee and Veronica Toynbee (London, 1954), pp. 604-31.

48. 위협의 다양한 원천의 역할은 압도적인 힘을 지닌 연합이 적의 분명한 패배가 예정된
(아직 패배한 상태는 아닌) 후에도 결속을 유지하는 이유를 설명한다. 예를 들어, 총체적
국력에만 초점을 맞추는 것은 전쟁이 끝나기 한참 전에(즉, 일단 추축국들을 명확히 압
도하고 나서) 대동맹이 분열할 것으로 예상하게 한다. 한편, 독일과 일본의 의도가 상당
히 악의적인 것으로 보였다는 사실은 연합국들이 양국의 무조건적인 항복을 받아낼 때
까지 그들의 동맹을 계속 유지한 이유를 설명한다.

49. 동맹 형성에 있어 이념의 중요성에 대한 학계 논의는 다음을 참조. Edwin Fedder,
"The Concept of Alliance," *International Studies Quarterly*, 12, no. 1 (1968): 86;
Morgenthau, *Politics among Nations*, pp. 183-84; Schwarzenberger, *Power Politics*,
pp. 112-14; Holsti, Hopmann, Sullivan, *Unity and Disintegration in International
Alliances*, pp. 61-64.

50. Edmund Burke, First Letter on a Regicide Peace, cited in Wight and Butterfield,
Diplomatic Investigations, p. 97.

51. Charles K. Webster, *The Foreign Policy of Palmerston* (London, 1951), 1: 390. 약한
국가들이 편승하기 쉽다는 팔머스톤의 믿음이 이 구절에서 분명히 드러난다.

52. 자세한 내용은 다음을 참조. U.S. House Committee on Foreign Affairs, *The Soviet
Union and the Third World*, pp. 46-48; U.S. House Committee on Foreign Affairs,
*The Soviet Union in the Third World, 1980-85: An Imperial Burden or Political
Asset?* 99th Cong., 1st sess., 1985, pp. 201, 231-32. 마셸이 그가 사망한 1986년 당시
남아프리카로부터의 압박을 감소시키고 서방으로부터 경제 원조를 받기 위한 노력으로
친소련 입장을 포기했다는 사실은 주목할 만하다.

53. "State of the Union Message," *New York Times*, January 26, 1983.

54. 자세한 내용은 다음을 참조. Richard J. Barnet, *Intervention and Revolution: The
United States in the Third World* (New York, 1968); Richard E. Feinberg, Kenneth
A. Oye, "After the Fall: U.S. Policy toward Radical Regimes," *World Policy Journal*,
1, no. 1 (1983); Gaddis, *Strategies of Containment*, pp. 96, 136-44, 175-82, 284-88;
Stephen D. Krasner, *Defending the National Interest: Raw Materials Investments*

and U.S. Foreign Policy (Princeton, N.J., 1978), pp. 338-42. 레이건 독트린에 관해서는 다음을 참조. U.S. Senate Committee on Appropriations, *U.S. Policy toward Anti-Communist Insurgencies*, 99th Cong., 1st sess., 1985; George P. Shultz, "New Realities and Ways of Thinking," *Foreign Affairs*, 63, no. 3 (1985), pp. 710, 712-13.

55. 인도의 수상 자와할랄 네루는 중국이 인도와 마찬가지로 최근에 제국주의의 간섭으로부터 자유를 성취한 아시아 국가로 보았기 때문에, 유화정책이 인도와 중국의 좋은 관계로 이어질 것이라고 믿었다. 그 결과, 그는 중국을 긴급한 위협으로 보지 않았다. 1962년 중국과 인도의 전쟁은 네루가 "아시아 연대"의 힘을 과대평가했다는 사실을 보여준다. 자세한 내용은 다음을 참조. Vidya Prakah Dutt, "India and China: Betrayal, Humiliation, Reappraisal," in *Policies toward China: Views from Six Continents*, ed. A. M. Halpern (New York, 1965), pp. 202-9; Michael Brecher, *Nehru: A Political Biography* (London, 1959), pp. 588-92.

56. 마르크스–레닌주의의 중앙 집권화 교의에 대한 논의와 세계 공산주의 운동의 일반적인 역사에 대해서는 다음을 참조. Richard Lowenthal, *World Communism: The Disintegration of a Secular Faith* (New York, 1964).

57. James A. Williamson, *Great Britain and the Commonwealth* (London, 1965), pp. 180-81.

58. 신성동맹은 주요 유럽 군주들이 서로에 대해 군사력을 사용하지 않겠다는 선언으로 시작되었다. 1820년경 영국이 자유주의 운동에 대한 개입 문제에서 발을 빼면서, 오스트리아–헝가리, 러시아, 프러시아만이 자유주의 혁명의 위협에 맞서 동맹을 맺게 되었다. 다음을 참조. Nicolson, *Congress of Vienna*, pp. 242-43, 245-51, chap. 16; 세 황제의 연합에 대해서는 다음을 참조. Geiss, *German Foreign Policy*, pp. 29-30; Craig, Germany 1866-1945, pp. 103-4.

59. Webster, *The Foreign Policy of Palmerston*, 1: 386-410; Hinsley, *Power and the Pursuit of Peace*, pp. 215-17.

60. Richard Lowenthal, "Factors of Unity and Factors of Conflict," *The Annals*, 349 (1963): 107; Rothstein, *Alliances and Small Powers*, p. 178; Liska, *Nations in Alliance*, p. 171.

61. V. V. Zagladin, *The World Communist Movement* (Moscow, 1973), p. 465.

62. 자세한 내용은 다음을 참조. Lowenthal, *World Communism*, pp. 234-35, 247-52, 256; Zbigniew Brzezinski, *The Soviet Bloc; Unity and Conflict* (Cambridge, Mass., 1967), pp. 51-58; Franz Borkenau, *World Communism: A History of the Communist International* (Ann Arbor, Mich., 1971), pp. 196-207.

63. 물론, 자유주의 이념은 군주 체제에 대한 위협이 될 수 있다. 따라서 군주국과 민주주의 국가는 양자가 아주 싫어하고 위험하다고 여기는 이념에 대응하는 경우를 제외하고, 이념적 연대의 결과로 협력하지 않을 것으로 예상된다.

64. William L. Langer, *Political and Social Upheaval: 1832-1852* (New York, 1969), pp. 290-93; Walter Alison Philips, *The Confederation of Europe* (London, 1920), pp. 202-3, 208-9. 물론, 북대서양조약기구와 바르샤바조약기구 사이에서 유럽이 분열된 것처럼, 군사적 위협과 이념적인 위협은 서로를 강화할 수 있다.

65. Michael Doyle, "Liberalism and World Politics," *American Political Science Review*, 80, no. 4 (1986).

66. 앞서 언급한 것처럼, 이런 믿음은 개발도상 세계의 급진주의나 마르크스주의 정권에 대한 미국 개입의 기저를 이루고 있다. 이 장의 각주 54번 참조.

67. Winston S. Churchill, The Second World War, vol. 3: *The Grand Alliance* (Boston, 1950), p. 370. 루스벨트 대통령은 데이비스 대사에게 "나는 공산주의나 당신을 받아들일 수 없다. 그러나 이 다리를 건너기 위해서라면 악마와도 손을 잡을 것이다"고 말했다. John Lewis Gaddis, Russia, *the Soviet Union, and the United States: An Interpretative History* (New York, 1978), p. 149.

68. Gaddis, Russia, *the Soviet Union, and the United States*, chaps. 4, 5.

69. Kenneth N. Waltz, "The Stability of a Bipolar World," *Daedalus*, 93, no. 3 (1964); Waltz, *Theory of International Politics*, chap. 8; Glenn Snyder and Paul Diesing, *Conflict among Nations: Bargaining, Decision Making, and System Structure in International Crises* (Princeton, N.J., 1977), pp. 419-29; Dinerstein, "Transformation of Alliance Systems," p. 593.

70. 자세한 내용은 다음을 참조. Osgood and Tucker, *Force, Order, and Justice*, pp. 52-53, 78-81; Quester, *Offense and Defense in the International System*, pp. 73-76; Robert Jervis, "Security Regimes," in *International Regimes*, ed. Stephen D. Krasner (Ithaca, 1983), pp. 178-84; Stanislaw Andrewski, *Military Organization and Society* (Berkeley, Calif., 1968), pp. 68-69. 방어 우위의 주된 이유는 당시 보수적인 정권들의 소규모 상비군에 대한 선호로, 그들은 대규모의 상비군이 내부 안정성에 미칠 효과를 두려워했다.

71. Robert Dallek, Franklin D. *Roosevelt and Anieriean Foreign Policy: 1932-1945* (London, 1979), pp. 296-98. 합의 수준을 과장하려는 동맹국들의 일반적인 경향에 대해서는 다음을 참조. Robert Jervis, "Hypotheses on Misperception," *World Politics*, 20, no. 3 (1968): 463.

72. *New York Times*, March 15, 1983. 브라운 전 국무장관은 소련의 무기 수출을 유사한 방식으로 설명했다. "소련은 어떤 방법으로 영향력을 확대하려 하는가? … 그들은 잘할 수 있는 일을 하고 있다. … 소련이 제3세계 국가들에 탱크를 실어 보내 이웃 국가를 상대로 사용하게 하면, 소련의 정치적 영향력이 증가된다." *Washington Post*, December 7, 1980, p. A10.

73. Hans J. Morgenthau, "A Political Theory of Foreign Aid," *American Political Science Review*, 36, no. 2 (1962): 302-3.

74. John Wolf, *The Emergence of the Great Powers* (New York, 1962), pp. 18, 26, 103.

75. 자세한 내용은 다음을 참조. Lenczowski, *The Middle East in World Affairs*, p. 81; Howard M. Sachar, *The Emergence of the Middle East: 1914-1924* (New York, 1969), pp. 125-30, 136; Bernadotte Schmitt, Harold M. Vedeler, *The World in the Crucible: 1914-1918* (New York, 1984), pp. 92-94.

76. Jacob Viner, "International Finance and Balance of Power Diplomacy, 1881-1914," in Viner, *International Economics: Studies* (Glencoe, Ill., 1952); George F.

Kennan, The Decline of Bismarck's European Order (Princeton, N.J., 1978), pp. 342-46; Fritz Stern, *Gold and Iron: Bismarck, Bleichroder, and the Building of the German Empire* (New York, 1979), pp. 439- 47.

77. 자세한 내용은 다음을 참조. Alexander Haig, "Security and Development Assistance," in U.S. Department of State, Bureau of Public Affairs, Current Policy #264. (Washington, D.C., March 19, 1981), p. 2. 이와 관련하여 합참도 유사한 언급을 했다. "안보 원조 프로그램은 … 동맹국들이 그들의 방어적 필요를 충족시키도록 도와주고 집단안보 노력을 지원함으로써 미국의 국가안보 목표에 기여한다." U.S. Joint Chiefs of Staff, *U.S. Military Posture for FY 1987* (Washington, D.C., 1986), p. 83.

78. 자세한 내용은 다음을 참조. Gaddis, *Strategies of Containment*, chap. 1; and William H. McNeill, *America, Britain, and Russia: Their Cooperation and Conflict, 1942-1946* (London, 1953), pp. 137-55 외.

79. 경제적 영향력의 원천과 조건에 관한 문헌들은 다양하다. 흥미롭게도, 무기 이전과 경제 원조 현상에만 초점을 맞추는 연구자들은 일반적으로 원조가 상당한 영향력을 만들어낼 수 있다고 가정한다. 반면 경제적 영향력 및 강압이라는 보다 일반적인 주제에 초점을 맞추는 연구자들은 직접적인 경제적 압박을 통해 다른 국가에 대한 통제력을 확보할 가능성을 훨씬 낮게 평가한다. 자세한 내용은 다음을 참조. Ariel Levite, Athanassios Platias, "Evaluating Small States' Dependence on Arms Imports: An Alternative Perspective" (Ithaca, 1983); Albert O. Hirschman, *State Power and the Structure of International Trade* (Berkeley, Calif., 1945), pp. 29-40; James A. Caporaso, "Dependence, Dependency, and Power in the Global System: A Structural and Behavioral Analysis," *International Organization*, 32, no. 1 (1978); Klaus Knorr, *The Power of Nations* (New York, 1975); Klaus Knorr, "Is International Coercion Waning or Rising?" *International Security*, 1, no. 4 (1977); Michael Mastanduno, "Strategies of Economic Containment," *World Politics*, 37, no. 4 (1985); Steven E. Miller, "Arms and Impotence" (벨라지오에서 열린 국제 전략문제 연구소의 New Faces Conference에서 발표, Italy, 1979).

80. Robert E. Harkavy, *Arms Trade and International Systems* (Cambridge, Mass., 1975), p. 101.

81. 이 어구는 클라우스 크노르의 표현과 유사하다. Klaus Knorr, "Is International Coercion Waning or Rising?" pp. 102-10. 성공적인 강압을 위한 조건에 대해서는 다음을 참조. Alexander L. George, David Hall, William Simons, *The Limits of Coercive Diplomacy: Laos, Cuba, Vietnam* (Boston, 1971), pp. 216-20.

82. 자세한 내용은 다음을 참조. Stephen D. Krasner, "weak state" in *Defending the National Interest*, chap. 3; Mastanduno, "Strategies of Economic Containment," pp. 519-20, 522-24.

83. 이러한 관점에 대해서는 다음을 참조. Robert O. Keohane, "The Big Influence of Small Allies," *Foreign Policy*, no. 2 (Spring 1971).

84. 자세한 내용은 다음을 참조. Robert Sherwig, *Guineas and Gunpowder: British Foreign Aid in the Wars with France, 1793-1815* (Cambridge, Mass., 1969), pp.

311-13, 350-53; McNeill, America, Britain, and Russia.

85. 침투의 다양한 유형에 대한 구분은 다음을 참조. Karen Dawisha, "Soviet Cultural Relations with Iraq, Syria and Egypt, 1955-1970," *Soviet Studies*, 27, no. 3 (1975).

86. 예외적인 사례들은 다음을 참조. K. J. Holsti, *International Politics: A Framework for Analysis* (Englewood Cliffs, N.j., 1967), chap. 8; Andrew M. Scott, *The Revolution in Statecraft: Informal Penetration* (New York, 1965); Nicholas O. Berry, "The Management of Foreign Penetration," *Orbis*, 17, no. 3 (1973).

87. Schmitt and Vedeler, The World in the Crucible, pp. 98-102; A. J. P. Taylor, *The Struggle for Mastery in Europie: 1848-1918* (London, 1952), pp. 508-11, 533-34.

88. Horace C. Peterson, *Propiaganda for War: The British Campaign against American Neutrality, 1914-1918* (Norman, Okla., 1939).

89. 자세한 내용은 다음을 참조. Ross Y. Koen, *The China Lobby in American Politics* (New York, 1974); Stanley Bachrack, The Committee for One Million: "China Lobby" *Politics* (New York, 1976).

90. Miles D. Wolpin, "External Political Socialization as a Source of Conservative Military Behavior in the Third World," in *Militarism in Developing Countries*, ed. Kenneth Fidel (New Brunswick, N.J., 1975); Anthony Lordesman, "U.S. and Soviet Competition in Arms Exports and Military Assistance," *Armed Forces Journal International*, 118, no. 12 (1981): 66-67; U.S. Department of Defense, *Soviet Military Power* (Washington, D.C., 1983), pp. 86-90.

91. 심지어 민주주의 국가도 노골적인 외국의 조작 활동에 민감할 수 있다. 따라서 중국 로비(China Lobby)는 자신의 모든 로비활동에 대한 면밀한 조사를 막고자 했다. Bachrack, *Committee for One Million*.

92. 만약 편승이 일반적이라면, 몇몇 작은 패배가 다수의 변절을 유발할 수 있기 때문에 지배적인 위치는 취약할 수 있다. 편승의 가설은 일단 동맹국들이 지배적 국가의 운명이 기울고 있다고 판단하면, 빠르게 동맹을 재조정할 것이라고 예측한다. 결국, 편승의 세계에서는 작은 사건들이 중요한 결과를 초래할 것이기 때문에 강대국들의 운명은 매우 가변적이다.

03 바그다드 협약에서 6일 전쟁까지

1. 중동지역에서 영국과 프랑스 패권의 쇠퇴에 관한 설명은 다음을 참조. Howard M. Sachar, *Europe Leaves the Middle East* (New York, 1972).

2. 자세한 내용은 다음을 참조. George Antonius, *The Arab Awakening: The Story of the Arab Movement* (New York, 1946). 제2차 세계대전 이후의 발전은 다음을 참조. Patrick Seale, *The Struggle for Syria: A Study of Arab Politics, 1945-1958* (London, 1965); Robert W. McDonald, *The League of Arab States: A Study in the Dynamics of Regional Organization* (Princeton, N.J., 1965); Sylvia Haim, "Introduction," in *Arab Nationalistn: An Anthology*, ed. Sylvia Haim (Berkeley, Calif., 1962); Hisham

B. Shirabi, *Nationalism and Revolution in the Arab World* (New York, 1966).

3. 범아랍주의 이념에 대해서는 다음을 참조. Fayez Sayegh, *Arab Unity* (New York, 1958); Israel Gershoni, *The Emergence of Pan-Arabism in Egypt* (Tel Aviv, 1981); Haim, Arab Nationalism; Leonard Binder, *The Ideological Revolution in the Middle East* (New York, 1964), chap. 6.

4. 이스라엘 수립을 둘러싼 사건들과 1948년 전쟁에서 이스라엘의 승리는 다음을 참조. Nadav Safran, *Israel: The Embattled Ally* (Cambridge, Mass., 1981); Fred J. Khouri, *The Arab-Israeli Dilemma* (Syracuse, N.Y., 1976). 친아랍의 관점에 대해서는 다음을 참조. David Hirst, *The Gun and the Olive Branch* (London, 1978), chaps. 4 and 5; 팔레스타인에서 아랍인들이 떠난 것은, 이스라엘인들이 유발한 것이든 아니면 다양한 아랍 지도자들이 선동한 것이든 간에 길고 격렬한 논쟁을 촉발했다. 진실은 그 사이에 있는 것처럼 보인다. 많은 아랍인들은 자발적으로 떠났고, 많은 다른 이들은 테러와 협박에 의해 쫓겨났다. 다음을 참조. Abba Eban and Erskine B. Childers, *The Israel-Arab Reader*, ed. Walter Z. Laqueur (New York, 1969), pp. 143-64. 논쟁에 대한 평가는 다음을 참조. Nadav Safran, *From War to War: The Arab-Israeli Confrontation, 1948-1967* (New York, 1969), pp. 34-35.

5. 근동지역에서의 미국의 공약은 다음을 참조. Kuniholm, *The Origins of the Cold War in the Near East*. 1954년 이전 미국 중동 정책의 주요 목표는 1950년 "3자 선언 (Tripartite Declaration)"에 잘 드러나 있다. 이 선언에서 미국, 영국, 프랑스는 이 지역에 대한 무기 수송을 자발적으로 제한하기로 합의했고, 지역 안보와 강대국의 지속적인 지역 주둔을 위한 중동 방어 사령부의 설립을 촉구했다. 다음을 참조. Paul Jabber, *Not by War Alone* (Berkeley, Calif., 1981), pp. 63-81; Robert W. Stookey, *America and the Arab States: An Uneasy Encounter* (New York, 1975), pp. 128-29.

6. 1950년대 초 소련의 정책에 관한 설명은 다음을 참조. Aryeh Yodfat, *Arab Politics in the Soviet Mirror* (New Brunswick, N.J., 1973), pp. 1-6; Ya' acov Roi, *Soviet Decisionmaking in Practice: The USSR and Israel, 1947-1954* (New Brunswick, N.J., 1980), pp.401-11; Walter Z. Laqueur, *The Soviet Union and the Middle East* (New York, 1959), chaps. 4-6, pp. 156-58; Ya' acov Roi, *From Encroachment to Involvement: A Documentary History of Soviet Foreign Policy in the Middle East, 1945-1975* (New Brunswick, N.J., 1974), pp. 71-79, 82-94, 101-5, 127-30, 135-43. 소련 정책 변화의 첫 번째 구체적인 징후는 1954년 이집트의 이스라엘 해상 운송 봉쇄를 비난하는 유엔 안전보장 이사회의 결의안에 대한 소련의 거부권 그리고 거의 동시에 이루어진 소련과 이집트 공사관의 대사관 승격이었다. 다음을 참조. Sachar, *Europe Eeaves the Middle East*, pp. 602-3.

7. 1950년대 초 이집트의 국방비 지출은 다른 아랍 국가들의 2배 이상이었다. 다음을 참조. Adeed Dawisha, *Egypt in the Arab World* (London, 1976), chap. 7.

8. 이집트의 정치, 경제, 사회에 관한 설명이나 분석은 다음을 참조. John Waterbury, *The Egypt of Nasser and Sadat: The Political Economy of Two Regimes* (Princeton, N.J., 1983); P. J. Vatikiotis, *The Modern History of Egypt* (New York, 1969); P. J. Vatikiotis, *Nasser and His Generation* (New York, 1978); Lenczowski, Middle East

in *World Affairs*, chap. 12; Derek Hopwood, *Egypt: Politics and Society 1945-1981* (London, 1982); R. Hrair Dekmejian, *Egypt under Nasir: A Study in Political Leadership* (Albany, N.Y., 1971).

9. 시리아와 바트주의에 대한 기본적인 분석은 다음을 참조. Seale, *Struggle for Syria*; Itamar Rabinovich, *Syria under the Ba' th: The Army-Party Symbiosis* (New York, 1974); Nikalaos Van Dam, *The Struggle for Power in Syria: Sectarianism, Regionalism, and Tribalism in Politics, 1961-1978* (New York, 1979); *Tabitha Petran, Syria* (New York, 1972); John F. Devlin, *The Ba' th Party: A History from Its Origins to 1966* (Stanford, Calif., 1968); Gordon H. Torrey, *Syrian Politics and the Military, 1945-1958* (Columbus, Ohio, 1964); Kamal S. Abu-Jaber, *The Arab Ba' th Socialist Party: History, Ideology, and Organization* (Syracuse, N.Y., 1966).

10. 페이살의 아버지인 세리프 후세인은 시리아, 이라크, 트랜스 요르단을 그의 두 아들인 페이살과 압둘라 간에 분할하여 하심 왕가의 지배 하에 두려고 노력했다. 그러나 이 계획은 시리아를 통제하려는 프랑스의 욕망에 의해 좌절되었다. 결국 페이살은 이라크의 왕이 되었고 압둘라는 요르단의 왕이 되었다. 따라서 두 하심 왕국은 시리아가 마땅히 자신들의 것이라는 믿음에 따라서 시리아를 차지하려는 계획을 가지고 있었다. 자세한 내용은 다음을 참조. Majid Khadduri, "The Scheme of Fertile Crescent Unity: A Study in Inter-Arab Relations," in *The Near East and the Great Powers*, ed. R. N. Frye (Cambridge, Mass., 1951).

11. 이라크 사태에 관한 내용은 다음을 참조. Majid Khadduri, Independent Iraq (London, 1968); *Socialist Iraq: A Study in Iraq' s Politics since 1968* (Washington, D.C., 1978); Hanna Batatu, *The Old Social Classes and Revolutionary Movements of Iraq: A Study of Iraq' s Old Landed and Commercial Classes and of Its Communists, Ba' thists, and Free Officers* (Princeton, N.J., 1978); Christine Moss Helms, *Iraq: Eastern Flank of the Arab World* (Washington, D.C., 1984); Edith Penrose and E. F. Penrose, *Iraq: International Relations and National Development* (London, 1978).

12. 요르단 관련 내용은 다음을 참조. P. J. Vatikiotis, *Politics and the Military in Jordan: A Study of the Arab Legion, 1921-1957* (London, 1967); Aqil Abidi, *Jordan: A Political Study 1948-1957* (New Delhi, 1965); Anne Sinai and Allen Pollock, *The Hashemite Kingdom of Jordan and the West Bank* (New York, 1977); Naseer H. Aruri, *Jordan: A Study in Political Development(1921-1965)* (The Hague, Netherlands, 1972).

13. 자세한 내용은 다음을 참조. Aaron D. Miller, *Search for Security: Saudi Arabian Oil and American Foreign Policy, 1939-49* (Chapel Hill, N.C., 1980).

14. 사우디아라비아에 대한 기본적인 분석은 다음을 참조. David Holden and Richard Johns, *The House of Saud* (New York, 1981); William B. Quandt, Saudi Arabia in the 1980s: *Foreign Policy, Security, Oil* (Washington, D.C., 1981); Robert Lacey, *The Kingdom* (New York, 1981); Adeed Dawisha, "Saudi Arabia' s Search for Security," *Adelphi Paper #168* (London, 1979); Nadav Safran, *Saudi Arabia: The Ceaseless Quest for Security* (Cambridge, Mass., 1985).

15. 예멘에 관한 자세한 내용은 다음을 참조. Manfred Wenner, *Modern Yemen* (Baltimore, Md., 1967); Robert W. Stookey, *Yemen: The Politics of the Yemen Arab Republic* (Boulder, Colo., 1978); Robert W. Stookey, *South Yemen: A Marxist Republic in Arabia* (Boulder, Colo., 1982); J. E. Petersen, *Yemen: The Search for a Modern State* (London, 1980); B. R. Pridham, ed.. *Contemporary Yemen: Politics and Historical Background* (New York, 1984). 두 예멘과 소련의 관계에 관해서는 다음을 참조. Aryeh Yodfat, *The Soviet Union and the Arabian Peninsula: Soviet Policy towards the Persian Gulf and Arabia* (New York, 1983); Mark N. Katz, *Russia and Arabia: Soviet Foreign Policy toward the Arabian Peninsula* (Baltimore, Md., 1986).

16. 레바논의 정치에 관한 설명은 다음을 참조. Michael Hudson, *The Precarious Republic: Political Modernization in Lebanon* (New York, 1968); Leonard Binder, ed., *Politics in Lebanon* (New York, 1966); Leila Meo, *Lebanon: Improbable Nation* (Bloomington, Ind., 1965). 내전에 관한 내용은 다음을 참조. Itamar Rabinovich, *The War for Lebanon: 1970-1985* (Ithaca, 1986); Walid Khalidi, *Conflict and Violence in Lebanon* (Cambridge, Mass., 1979).

17. 이스라엘의 정치와 외교정책에 관한 기본적인 설명은 다음을 참조. Howard M. Sachar, *History of Israel: From the Rise of Zionism to Our Time* (New York, 1979); Safran, Israel; Michael Brecher, *The Foreign Policy System of Israel* (New Haven, Conn., 1972). 이스라엘의 군사 교리에 관해서는 다음을 참조. Michael Handel, *Israel's Political-Military Doctrine* (Cambridge, Mass., 1973).

18. 중동에서의 사회적 변화와 그것이 정치에 미친 영향에 대한 분석은 다음을 참조. Manfred Halpern, *The Politics of Social Change in the Middle East and North Africa* (Princeton, N.J., 1963), chap. 10; Daniel Lerner, *The Passing of Traditional Society: Modernizing the Middle East* (New York, 1964); Michael Hudson, *Arab Politics: The Search for Legitimacy* (New Haven, Conn., 1977).

19. 누리(Nuri)의 계획은 영국이 전체 아랍 연맹과 동맹을 맺을 수 있도록 함으로써 이라크 자체를 넘어서는 영향력을 제공하기 때문에 영국에 있어 특히나 매력적인 것이었다. 보다 제한된 계획(터키, 이라크, 이란, 파키스탄, 서방을 북부권 동맹(Northern Tier Alliance)으로 묶자는 존 포스터의 '덜레스 제안' 같은)은 이런 핵심적 요소가 결여되어 있었기 때문에 덜 매력적으로 여겨졌다. 자세한 내용은 다음을 참조. Seale, *Struggle for Syria*, pp. 189-92.

20. 자세한 내용은 다음을 참조. Lenczowski, *Middle East in World Affairs*, pp. 283-84; Khadduri, *Independent Iraq*, pp. 346-50. 이라크 총리는 이집트의 한 특사에게 "이라크 국경의 일부는 소련의 카프카스 산맥과 300~400마일 정도 떨어져 있을 정도로 가깝기" 때문에 외부 지원이 필요하다고 말했지만, 대부분의 설명은 누리 총리가 협정을 아랍세계에서 이라크의 힘을 증가시키는 수단으로 보았다는 데 동의한다. 자세한 내용은 다음을 참조. Seale, *Struggle for Syria*, pp. 199-201

21. 1954년 1월, 이집트는 그들의 외교정책은 "아랍 진영의 구축, 제국주의 간섭으로부터의 자유, 이슬람과 아시아, 아프리카 사람들의 이익 보호"를 추구할 것이라고 발표했다. Seale, *Struggle for Syria*, p.195

22. J. C. Hurewitz, *Middle East Politics: The Military Dimension* (New York, 1969), pp. 87-88.

23. 소련에 대한 나세르의 완화된 평가에 대해서는 다음을 참조. Stookey, *America and the Arab States*, pp. 128-29; Mohamed Heikal, *The Cairo Documents* (New York, 1971), p. 40; Erskine B. Childers, *The Road to Suez* (London, 1962), pp. 120-21.

24. 해당 내용은 다음을 참조. Seale, *Struggle for Syria*, pp. 23, 196-97, 211-12; Stephens, *Nasser*, pp. 147-31; Keith Wheelock, *Nasser's New Egypt* (New York, i960), pp. 218-21.

25. 알 쿠리(Faris al-Khuri)가 이끄는 친이라크 내각은 1955년 1월 붕괴했으며, 알 아사리(Sabri al-Asali)가 이끄는 좌파 연합으로 교체되었다. 그리고 알 아사리는 재빨리 외세와의 군사 협정에 대한 시리아의 반대와 이집트 노선에 대한 지지를 선언했다. 자세한 내용은 다음을 참조. Seale, *Struggle for Syria*, pp. 217-22.

26. Seale, *Struggle for Syria*, pp. 223-24. 비록 이집트-시리아-사우디 동맹은 군사적 중요성이 거의 없었을지라도, 그 정치적 영향은 중대했다. 특히 그것은 아랍 연맹과 서방 세력을 연결하고자 하는 누리의 계획에 대한 거부이자 통합되고 독립적인 아랍 정책을 추구하는 나세르의 제안에 대한 견고한 지지였다.

27. 가난하고 매우 낙후된 북예멘은 1955년 내내 아랍 세계에서 중립을 유지하고 있었다. 그러나 1956년 초 이집트 및 사우디아라비아와 공식적인 동맹을 맺기로 결정했는데, 이는 예멘에 대한 사우디아라비아의 전통적인 영향과 나세르의 신봉자로 알려진 이맘 아메드의 아들 바드르의 활동에 따른 것이었다. 이러한 느슨한 동맹(몇 년 뒤에는 상당한 영향력을 가졌다)의 한 가지 결과는 훈련 및 정치적 교화를 위해 예멘군 장교들을 이집트에 파견한 것이었다. 또한 예멘은 영국을 압박하려는 이맘 아메드의 바람에 따라 1955년에 소련과 우호조약을 체결했다. 이러한 사항에 대한 자세한 내용은 다음을 참조. Wenner, Modern Yemen, pp. 176-77; Lenczowski, *Middle East in World Affairs*, pp. 617-22; Ali Abdel Rahman Rahmy, *The Egyptian Policy in the Arab World: The Intervention in Yemen, 1961-1967 Case Study* (Washington, D.C., 1983), pp. 56-59.

28. Holden and Johns, *House of Sand*, pp. 184-87; Lenczowski, *Middle East in World Affairs*, pp. 590-92; Dawisha, "Saudi Arabia's Search for Security," p. 2.

29. 후세인은 그의 회고록에서, 협정 가입을 놓고 영국과 협상하기 전 나세르에게 자문을 했고, 나세르의 승인을 받았다고 말했다. 자세한 내용은 다음을 참조. Hussein, King of Jordan, *Uneasy Lies the Head* (New York, 1962), pp. 108-10. 그리고 케네트 러브(Kennett Love)는 후세인의 1955년 11월 중립 선언은 그 이후 협정에 참여하기 위한 계획을 감추려는 연막이었다고 주장했다. 자세한 내용은 다음을 참조. Kennett Love, *Suez: The Twice-Fought War* (New York, 1969), pp. 202-3.

30. 후세인은 외국의 압력이나 국내적 불안정성이 그의 글루브 장군 해임을 촉발했다는 것을 부인하는데, 이는 놀라운 일이 아니다. 자세한 내용은 다음을 참조. Hussein, *Uneasy Lies the Head*, chap. 9, p. 130. 다음도 참조. Lenczowski, *Middle East in World Affairs*, pp. 481-83; Dawisha, *Egypt in the Arab World*, p. 14; Childers, *Road to Suez*, pp. 142-43, 145.

31. 이집트는 1954년에서 1956년 동안 이스라엘에 대한 해상 및 공중 봉쇄를 점차적으로

강화했으며, 이스라엘 정착촌에 대한 아랍 무장 게릴라들의 공격에 대한 직간접적인 지원을 제공하기 시작했다. 또한 카이로에서 사보타주 임무를 수행하다가 체포된 몇몇 이스라엘인들을 처형했다. 자세한 내용은 다음을 참조. Michael Brecher, *Decisions in Israel's Foreign Policy* (New Haven, Conn., 1975), pp. 254-55; Love, *Suez*, pp. 71-72; Childers, *Road to Suez*, p. 130.

32. 이스라엘의 보복 정책은 다음을 참조. Jonathan Shimshoni, "Conventional Deterrence: Lessons from the Middle East" (diss., Princeton University, 1985), chaps. 2, 3, and 4. 39명의 이집트인 사망자와 30명의 부상자를 발생시킨 가자지구 습격에 대한 이스라엘의 동기는 여전히 논쟁 중이다. 이스라엘은 아랍 세계 및 이집트에서 나세르의 권위를 감소시키고, 이집트의 이스라엘 간첩 집단의 처형이나 이전의 아랍 무장 게릴라의 공격에 대해 보복하려 했을 수 있고, 혹은 대규모 전쟁을 일으킬 위험을 무릅쓰고 이집트의 양보를 강요하려 했을 수 있다. 그렇지 않으면, 이스라엘은 아랍 무장 게릴라에 대한 이집트의 지원을 그만두게 하는 것 외에 다른 목적을 추구하지 않았을 수도 있다. 그리고 가자 습격시 발생한 많은 사상자는 "전쟁의 안개"에 의한 의도치 않은 결과일 수도 있다. 이와 관련해서는 다음을 참조. Brecher, *Decisions in Israel's Foreign Policy*, pp. 254-55; Ernest Stock, *Israel on the Road to Sinai* (Ithaca, 1967), pp. 70-75; Livia Rokach, *Israel's Sacred Terror* (Belmont, Mass., 1980), pp. 42-44; Love, *Suez*, chap. 1; Childers, *Road to Suez*, p. 132.

33. 미국의 실질적인 공약을 얻을 수 없었던 이스라엘은 일찍이 1952년 프랑스와 비밀 무기 공급 협정을 체결했다. 무장 추진 정책이 1954년에 강화되었고, 1955년 말과 1956년에 프랑스의 제트기와 전차, 다른 장비들의 운송이 본격적으로 시작되었다. 자세한 내용은 다음을 참조. Sylvia Kowitt Crosbie, *A Tacit Alliance: France and Israel from Suez to the Six Day War* (Princeton, N.J., 1974), pp. 35-70, pp. 42-44.

34. 서방으로부터 무기를 얻으려는 나세르의 시도들에 대해서는 다음을 참조. Townsend Hoopes, *The Devil and John Foster Dulles* (Boston, 1971), pp. 323-24; Gail C. Meyer, *Egypt and the United States: The Formative Years* (Cranbury, N.J., 1980), pp. 120-22; Stephens, *Nasser*, pp. 157-59. 아랍의 지도자로서 야망을 가졌던 나세르는 이스라엘의 가자 습격이 그의 권위를 위태롭게 만들었다고 느꼈다. 게다가 이집트군은 이스라엘의 습격으로 사기가 꺾였고, 장비의 대대적 향상을 통해 진정될 수 있었다. 따라서 가자지구 습격과 다른 보복 행동에 대한 이스라엘의 동기와 상관없이, 이 행위들은 나세르가 외부의 지원을 모색하도록 만들었다.

35. 무기 거래에 대해서는 다음을 참조. Mohamed Heikal, *The Sphinx and the Commissar* (New York, 1976), pp. 56-63; Hoopes, *Devil and John Foster Dulles*, pp. 323-38; Stephens, *Nasser*, pp. 157-61. 다른 해석으로는 다음을 참조. Uri Ra'anan, *The USSR Arms the Third World: Case Studies in Soviet Foreign Policy* (Cambridge, Mass., 1969). 이스라엘의 외교정책에 대한 다양한 설명은 다음을 참조. Michael Brecher, *Decisions in Israel's Foreign Policy*, pp.257-58, 무기거래가 나세르의 평판에 미친 효과에 대해서는 다음을 참조. Bernard Lewis, *The Middle East and the West* (New York, 1964), p. 132.

36. 소련은 1955년 3월 터키군과 이라크군이 시리아 국경에서 기동하는 동안 시리아에 대

해 직접적인 군사 원조를 제공하겠다고 위협했다. 12월 이스라엘의 습격은 새로운 아랍 동맹 네트워크의 신뢰성을 깎아내리고 요르단이 여기에 참여하는 것을 억제하려는 것이었다. 이에 대해서는 다음을 참조. Seale, *Struggle for Syria*, pp. 219-20, 233-34; Roi, *From Encroachment to Involvement*, p. 136; N. Bar-Ya'acov, *The Israel-Syrian Armistice: Problems of Implementation, 1949-1966* (Jerusalem, 1967), pp. 219-26; Wynfred Joshua and Stephen Gibert, *Arms for the Third World* (Baltimore, Md., 1969), pp. 11-13; Stockholm International Peace Research Institute (SIPRI), *The Arms Trade with the Third World* (New York, 1971), pp. 546-47.

37. 자세한 내용은 다음을 참조. Herbert Finer, *Dulles over Suez: The Theory and Practice of His Diplomacy* (Chicago, 1964), pp. 36-37; Hoopes, *Devil and John Foster Dulles*, pp. 330-31; Meyer, *Egypt and the United States*, pp. 123-26, 130-36; Stookey, *America and the Arab States*, pp. 130-40; William J. Burns, *Economic Aid and American Policy toward Egypt, 1955-1981* (Albany, N.Y., 1985), pp. 36-39, 45-46. 이집트에게 있어 댐의 중요성에 관해서는 다음을 참조. Childers, *Road to Suez*, pp. 151-55.

38. 제안을 철회하기로 한 결정은 나세르의 소련과의 계속된 관계, 서방의 원조에 대한 대가로서 팔레스타인 문제에 대해 대폭 양보하기를 주저한 것, 그리고 공산주의 중국을 인정하기로 한 그의 결정에 따른 것이었다. 덜레스는 소련이 댐을 완성할 능력이 없을 것이라고 확신했다. 그는 이 실패가 아랍 세계에서 소련의 위상을 손상시키고 나세르가 두 초강대국을 서로 경쟁시키는 장난질을 못하도록 가르쳐줄 것이라 생각했다. 자세한 내용은 다음을 참조. Burns, *Economic Aid and American Policy*, chap. 3; Hoopes, *Devil and John Foster Dulles*, pp. 336-42; Childers, *Road to Suez*, pp. 149-50, 152-55, 163-70; Love, *Suez*, chap. 10, pp. 337-58; Meyer, *Egypt and the United States*, pp. 138-46. 나세르가 서방의 원조를 선호했다는 증거는 다음을 참조. Heikal, *Cairo Documents*, pp. 58-39

39. Stephens, *Nasser*, pp. 192-97; Heikal, *Cairo Documents*, pp. 66-69

40. 알제리의 프랑스 전 총독이 표현했듯이, 나세르는 "프랑스령 북부 아프리카를 촉수로 옭아매고 있는 문어의 머리"였다. Quoted in Love, *Suez*, p. 129. 소련과 이집트의 무기 거래는 이집트가 알제리 반군에 더 많은 원조를 제공할 수 있게 하기 때문에 프랑스의 두려움을 증가시켰다. 자세한 내용은 다음을 참조. Childers, *Road to Suez*, pp. 171-75; Safran, *From War to War*, pp. 50-51; Brecher, *Decisions in Israel's Foreign Policy*, pp. 262-64.

41. 자세한 내용은 다음을 참조. Donald Neff, *Warriors at Suez* (New York, 1981), pp. 182, 275-77; Hugh Thomas, *Suez* (New York, 1966), pp. 20, 36-37, 48, 52, 57, 63, 70, 163. 히틀러 이미지에 대한 비판은 다음을 참조. Childers, *Road to Suez*, pp. 199-204.

42. 자세한 내용은 다음을 참조. Moshe Dayan, *Diary of the Sinai Campaign* (New York, 1966), chap. 1; Brecher, *Decisions in Israel's Foreign Policy*, pp. 229-31, 258-59; Avi Shlaim, "Conflicting Approaches to Israel's Relations with the Arabs: Ben-Gurion and Sharett, 1953-56," *MEJ*, 37, no. 2 (1983).

43. 이집트를 공격하기로 한 영국-프랑스-이스라엘 합의에 관한 설명은 다음을 참조. Brecher, *Decisions in Israel's Foreign Policy*, pp. 247-48, 268-74; Stock, *Israel on the Road to Sinai*, pp. 201-3; Crosbie, *Tacit Alliance*, p. 73; Thomas, *Suez*, pp. 86-88, 112-14; Childers, *Road to Suez*, pp. 174-75, 227-30, 233-43; Love, *Suez*, pp. 433-34, 450-51 459-73; Neff, *Warriors at Suez*, pp. 295-96, 309-10, 323-26, 342-48.

44. 관련된 내용은 다음을 참조. Dwight D. Eisenhower, *The White House Years, 1956-61: Waging Peace* (Garden City, N.Y., 1965), pp. 36-40 외.

45. 영국과 프랑스의 철수를 이끈 경제 및 정치적 압박에 대해서는 다음을 참조. Thomas, *Suez*, pp. 130, 146-49; Richard Neustadt, *Alliance Politics* (New York, 1970), chap. 2. 석유 공급 중단의 영향은 다음을 참조. Love, *Suez*, p. 651. 알려진 바에 따르면, 시리아는 전쟁 중에 이스라엘을 공격하겠다고 제안했지만, 이집트군이 이미 시나이에서 철수했기 때문에 나세르는 시리아에게 그만두라고 말했다. 자세한 내용은 다음을 참조. Seale, *Struggle for Syria*, p. 262. 이스라엘의 철수와 미국의 약속에 관한 세부적인 내용은 다음을 참조. Brecher, *Decisions in Israel's Foreign Policy*, pp. 297-98; Eisenhower, *Waging Peace*, pp. 183-89; Neff, *Warriors at Suez*, pp. 365-66, 415-16.

46. 소련은 이집트를 원조할 지원병을 보내겠다고 위협했으며, 불가닌 총리의 편지에는 핵무기의 사용이 우회적으로 언급되어 있다. 그러나 소련은 그들의 지원을 보여주는 데는 조심했다. 그들의 위협은 미국의 입장이 명확하게 나타나고, 휴전에 대한 움직임이 시작된 후에 전달되었다. 또한 소련은 전쟁 기간 다수의 소련 항공기와 병력을 이집트에서 철수시켰다. 자세한 내용은 다음을 참조. Roi, *From Encroachment to Involvement*, pp. 184-85, 189-91; Jon Glassman, *Arms for the Arabs: The Soviet Union and War in the Middle East* (Baltimore, Md., 1975), pp. 16-20; Peter Mangold, *Superpower Intervention in the Middle East* (New York, 1978), p. 116; Oles M. Smolansky, *The Soviet Union and the Arab East under Khrushchev* (Lewisburg, Pa., 1974), pp. 45-51; Heikal, *Sphinx and Commissar*, pp. 70-71; Heikal, *Cairo Documents*, p. 133. 수에즈 전쟁 이후 이집트에 대한 소련의 원조는 다음을 참조. Glassman, *Arms for the Arabs*, p. 23; George Lenczowski, *Soviet Advances in the Middle East* (Washington, D.C., 1971), p. 247; SIPRI, *Arms Trade with the Third World*, pp. 547, 522.

47. 자세한 내용은 다음을 참조. Seale, *Struggle for Syria*, pp. 255-57, chap. 20; Charles McLane, *Soviet-Middle East Relations* (London, 1973), pp. 90-94; Joshua and Gibert, *Arms for the Third World*; Lenczowski, *Middle East in World Affairs*, pp. 342-43; Wilbur Crane Eveland, *Ropes of Sand: America's Failure in the Middle East* (New York, 1980), pp. 169-70, 180, 196-97, chaps. 19, 23

48. 후세인은 8월에 시리아와의 경제 통합 협정에 서명했고, 9월에 이라크 군사대표단과 회담했으며, 10월 초에는 이라크에 외교 장관을 보냈다. 이러한 다양한 조치들에 관해서는 다음을 참조. "Chronology," *MEJ*, 10, no. 3 (1956): 80-81, 그리고 11, no. 3 (1957): 289; Love, *Suez*, pp. 448-50; Lenczowski, *Middle East in World Affairs*, p.287; Vatikiotis, *Politics and the Military in Jordan*, pp. 124-25; Abidi, *Jordan*, chap. 6,; Sinai and Pollock, *Hashemite Kingdom of Jordan*, p. 150. 일반적으로 수에즈 전쟁 이전 후세인의 정책은 다른 특정 집단에 대한 명확한 공약을 회피하면서 아랍 연대에 대해

서는 확고한 지지를 표명하는 것이었다.

49. 시리아와 사우디아라비아의 군대는 수에즈 전쟁 동안 요르단에 파견되었다. 이라크 또한 파견대를 보냈지만 요르단 내각의 요청에 따라 재빨리 철수시켰다. 이는 요르단의 새로운 정부가 이미 이집트와 이집트의 다른 동맹국에 기울고 있음을 나타냈다. 요르단은 아랍 연대 함정에 서명하는 대가로 다른 구성국들로부터 영국의 지원금을 대신하여 매년 1,250만 이집트 파운드의 원조를 받기로 약속받았다. 세부적인 내용은 다음을 참조. Lenczowski, *Middle East in World Affairs*, pp. 483-85; Abidi, *Jordan*, pp. 145-51.

50. Adeed Dawisha, *Egypt in the Arab World* (London, 1976), p. 16.

51. 자세한 내용은 다음을 참조. Eisenhower, *Waging Peace*, p. 178 외; Alexander L. George and Richard Smoke, *Deterrence in American Foreign Policy: Theory and Practice* (New York, 1974), p. 313. 그 교리에 관한 비판은 다음을 참조. Brown, *International Politics and the Middle East*, pp. 176-79.

52. 자세한 내용은 다음을 참조. Eisenhower, *Waging Peace*, p. 178. 덜레스 국무장관은 "국제 공산주의 지도자들은 중동지역에서 승리하기 위해 어떤 위험도 감수할 것"이라고 언급했다. Seale, Struggle for Syria, p. 285; George and Smoke, *Deterrence in American Foreign Policy*, pp. 313-16.

53. 무엇보다, 미국은 수에즈 전쟁 이후 이집트에 대한 비상 식량과 의약품 공급을 거절했고 이집트의 운하 국유화 이후 압류했던 이집트의 자산들에 대한 동결 해제도 거부했다. 소련은 결국에는 이집트가 원하는 물품들을 보냈다. 자세한 내용은 다음을 참조. Stookey, *America and the Arab States*, p. 148; Burns, *Economic Aid and American Policy*, pp. 108-11; George and Smoke, *Deterrence in American Foreign Policy*, pp. 317-18.

54. 리처드의 방문과 관련해서는 다음을 참조. William C. Polk, *The Arab World* (Cambridge, Mass., 1981), p. 331; Charles D. Cremeans, *The Arabs and the World: Nasser's Arab Nationalist Policy* (New York, 1963), pp. 157-58.

55. 수에즈 위기 당시 아이젠하워가 영국의 이든 수상에게 보낸 편지는 아이젠하워가 보수적인 아랍 국가들이 나세르를 의심하고 있다는 사실을 알고 있음을 보여준다. 1956년 9월 2일 편지에 썼듯이, "우리는 나세르가 추락하는 것을 보고 싶다고 말하는 중동 친구들이 있다. 그러나 그들은 수에즈가 강제로 이걸 하려고 시도할 문제가 아니라고 본다. 이러한 상황에서, 그들은 국민들의 성향 때문에 자신들의 더 나은 판단과는 관계없이 나세르를 지원해야 할 것이라고 말한다." 그리고 9월 8일 편지에서는 이렇게 썼다. "나세르가 실제 공격자라는 것이 세상에 보여질 수 없다면, 나는 모든 아랍 국가들이 그를 지원할 수밖에 없을 것이라고 생각한다. 일부 군주들이 나세르가 쓰러지는 것을 매우 보고 싶어함에도 불구하고 말이다." 자세한 내용은 다음을 참조. Eisenhower, *Waging Peace*, pp. 667, 669. 요르단과 사우디아라비아에 대한 음모에 관해서는 다음을 참조. Tawfiq Y. Hasou, *The Struggle for the Arab World* (London, 1985), p. 61.

56. Eisenhower, *Waging Peace*, pp. 115-16.

57. Holden and Johns, *House of Saud*, pp. 192-95; "Chronology," *MEJ*, 11, no. 3 (1957): 304; Safran, *Saudi Arabia*, pp. 82-84. 샤프란은 사우드와 압둘 간의 회담을 "실질적인 결과"의 회담이라고 부른다.

58. 미국은 제6 함대를 요르단에 더 가깝게 이동시켰으며, 후세인을 지원하기 위한 군사적 개입을 할 준비를 마쳤다. 이들 사건에 대해서는 다음을 참조. Abidi, *Jordan*, pp. 152-67; George and Smoke, *Deterrence in American Foreign Policy*, pp. 330-31; Seale, *Struggle for Syria*, pp. 289-90; Lenczowski, *Middle East in World Affairs*, p. 487; John C. Campbell, *Defense of the Middle East: Problems of American Policy* (New York, 1963), pp. 127-29.

59. 자세한 내용은 다음을 참조. Holden and Johns, *House of Saud*, pp. 194-95; Lenczowski, *Middle East in World Affairs*, p. 288.

60. 자세한 내용은 다음을 참조. Roi, *From Encroachment to Involvement*, pp. 212, 226 외. 이집트와 시리아는 당시 소규모 소련의 군사훈련 사절단을 받아들였다. 그리고 두 나라는 왕정농맹을 강력하게 비난했다. 자세한 내용은 다음을 참조. Glassman, *Arms for the Arabs*, p. 23; Lenczowski, *Soviet Advances in the Middle East*, p. 144; SIPRI, *Arms Trade with the Third World*, pp. 547' 522.

61. Stookey, *America and the Arab States*, pp. 148-51; Stephens, *Nasser*, pp. 257-58.

62. 미국의 관료들은 1956년 시리아의 좌파 정부를 전복하려는 비밀 계획을 승인했다. 시리아 위기에 관한 설명은 다음을 참조. George and Smoke, *Deterrence in American Foreign Policy*, pp. 332-33; Seale, *Struggle for Syria*, pp. 291-96; Karen Dawisha, *Soviet Foreign Policy toward Egypt* (New York, 1979), pp. 16-17; Laqueur, *The Soviet Union and the Middle East*, pp. 250-54; Smolansky, *Soviet Union and Arab East*, pp. 65-66; Eveland, *Ropes of Sand*. 아이젠하워의 설명에는 미국의 인식이 더 잘 드러나 있다. Eisenhower, *Waging Peace*, pp. 196-203.

63. 소련의 불가닌 수상과 그로마코 외교장관은 시리아를 지지하는 공개적인 성명을 발표했고, 소련의 2개 군함은 소련 공약의 징표로서 시리아의 라타키아 항구를 방문했다. 자세한 내용은 다음을 참조. Seale, *Struggle for Syria*, p. 303; Smolansky, *Soviet Union and Arab East*, pp. 68-69; James M. McConnell, "Doctrine and Capabilities," in *Soviet Naval Diplomacy*, ed. Bradford Dismukes and James M. McConnell (New York, 1979), pp. 7-8.

64. 다마스쿠스에서 시리아의 지도자들과 회담한 이후, 사우드와 이라크 수상 알리 자우다트와 알 아이우비는 시리아 대통령 쿠와틀리와의 "완전한 이해"를 발표했다. 후세인 왕은 시리아에 개입할 "의도가 없었다"고 주장했으며, 사우드는 시리아에서 공산주의의 영향력이 없다는 점에 대해 미국을 안심시키려고 했다. 자세한 내용은 다음을 참조. Seale, Struggle for Syria, p. 303; and George and Smoke, *Deterrence in American Foreign Policy*, pp. 335-36.

65. Seale, *Struggle for Syria*, pp. 305-6; Heikal, *Sphinx and Commissar*, p. 77.

66. 나세르가 시리아의 제안을 수용하기로 한 것은 1) 공산주의에 대한 그의 반대, 2) 시리아의 내부 문제가 동맹으로서의 신뢰성을 감소시킨다는 그의 생각, 3) 이러한 수용이 그의 범아랍 신망을 더욱 강화할 것이라는 인식에 근거한 것이었다. 두 국가를 통합하기로 한 결정에 대한 설명은 다음을 참조. Seale, *Struggle for Syria*, chap. 22; Torrey, *Syrian Politics and the Military*, pp. 374-81; Malcolm Kerr, *The Arab Cold War: Gamal 'Abdel Nasser and His Rivals* (London, 1971), pp. 7-12; Heikal, *Sphinx and*

Commissar, pp. 86-87; Dawisha, *Egypt in the Arab World*, pp. 19-20.

67. Dawisha, *Egypt in the Arab World*, p.21

68. Wenner, *Modern Yemen*, pp. 185-86; Rahmy, *Egyptian Policy in the Arab World*, pp. 59-61.

69. "Chronology," *MEJ*, 12, no. 2 (1958): 180; Dawisha, *Egypt in the Arab World*, p. 21.

70. 자세한 내용은 다음을 참조. Holden and Johns, *House of Saud*, p. 208; Eveland, *Ropes of Sand*, p. 273; Stephens, Nasser, pp. 261-62; Safran, *Saudi Arabia*, pp. 85-86.

71. 새로운 정권은 요르단과의 연합에서 탈퇴했고, 반둥회의의 원칙에 따라서 중립정책을 공표했다. 나세르의 사례에 고무된 쿠데타 지도자들은 실제로 반란을 일으키기 몇 달 전 나세르에게 조언을 구했다. 그러나 헤이칼에 따르면, 나세르는 외부의 지원을 요구하는 쿠데타는 어떤 경우에도 성공할 수 없다고 주장하면서 그들의 제의를 거절했다. 쿠데타 이후, 나세르는 소련에게 서방의 개입을 억제하기 위해 국경 근처에서 군사적 시위를 벌일 것을 요청했고, 소련은 마지못해 수락했다. 자세한 내용은 다음을 참조. Heikal, *Cairo Documents*, pp. 132-35.

72. 자세한 내용은 다음을 참조. Majid Khadduri, *Republican Iraq* (London, 1969), chap. 3; Lenczowski, *The Middle East in World Affairs*, pp. 289-90. 이라크에서 자유 장교단의 활동에 대한 설명은 다음을 참조. Batatu, *Old Social Classes and Revolutionary Movements*, chap. 41.

73. 페이살에 대한 권력 이양과 그의 유화정책에 대해서는 다음을 참조. Safran, *Saudi Arabia*, pp. 87-90; *Holden and Johns, House of Saud*, p. 204; "Chronology," *MEJ*, 12, no. 4 (1958): 443.

74. Mangold, Superpower Intervention in the Middle East, pp. 106-7; Hussein, Uneasy Lies the Head, pp. 201-3; "Chronology," ME/, 12, no. 4 (1958): 430-31.

75. 아이젠하워는 회고록에서 자신의 느낌을 다음과 같이 전했다. "이러한 사건들의 우울한 전환은 … 중동에서 서방 영향력의 완전한 제거로 귀결될 수 있다." 다음을 참조. Eisenhower, *Waging Peace*, p. 269. 덜레스는 만약 이라크의 쿠데타가 공산주의의 영향을 받은 것이었다면, 소련이 "북부권을 뛰어넘었다"는 것을 의미한다고 믿었다. 또한 그는 나세르주의자들의 쿠데타가 나쁠 것이라고 믿었고, 이는 친서방 국가들(레바논, 요르단, 이스라엘)이 이제 "완전히 포위되었다"는 것을 의미하는 셈이다. 자세한 내용은 다음을 참조. George and Smoke, Deterrence in American Foreign Policy, pp. 338-39. 다음 해 CIA 국장 알렌 덜레스는 이라크를 두고 "오늘날 세계에서 가장 위험한 국가"라고 말했다. "Chronology," *MEJ*, 13, no. 3 (1959): 292.

76. 레바논의 국가 헌장은 레바논의 지도부가 기독교계와 이슬람계 사이에 할당된다고 규정했다. 또한 레바논은 중립을 유지할 것이며 어떤 종파도 자신의 분파를 위해 외부의 지원을 요청하지 않을 것이라고 분명히 규정했다. 자세한 내용은 다음을 참조. Hudson, *Precarious Republic*, pp. 44-45; Fahim I. Qubain, *Crisis in Lebanon* (Washington, D.C., 1961). 레바논 위기에 대한 다른 설명은 다음을 참조. George and Smoke, *Deterrence in American Foreign Policy*, pp. 338-55; Barnet, *Intervention and*

Revolution, chap. 7.

77. Eisenhower, *Waging Peace*, pp. 266, 270.

78. 아레프와 카셈 사이의 균열에 관해서는 다음을 참조. Khadduri, *Republican Iraq*, pp. 86-98; Batatu, *Old Social Classes and Revolutionary Movements*, pp. 815-18 외.

79. 자세한 내용은 다음을 참조. Batatu, *Old Social Classes and Revolutionary Movements*, chap. 43. 카셈은 이라크 내 바트주의와 나세르주의 세력의 결합에 의해 내부적 입지가 위협받고 있었기 때문에 공산주의자들의 지지에 대체로 의존했다.

80. 다음 2년 동안, 이집트와 이라크의 적대감은 아랍 기준으로도 인상적인 수준에 도달했다. 나세르는 카셈을 "이라크 분할자"라고 불렀으며, 그의 열등감을 비난했다. 이에 대해 이라크 관료들은 나세르를 "추잡한 인간", "도살자 가말"이라고 부르기 시작했다. 다음을 참조. Kerr, *Arab Cold War*, pp. 17-18. Dawisha, *Egypt in the Arab World*, pp. 25-28, 178-79; *MER 1960*, p. 144; "Chronology," *MEJ*, 14, no. 1 (i960): 70.

81. Heikal, Cairo Documents, pp. 124-27; Roi, *From Encroachment to Involvement*, pp. 250-54; Dawisha, *Soviet Foreign Policy towards Egypt*, p. 19; Smolansky, *Soviet Union and Arab East*, pp. 79-80; Walter Z. Laqueur, *The Struggle for the Middle East: The Soviet Union in the Mediterranean, 1958-1968* (New York, 1968), p. 84.

82. 소련은 이러한 기동들이 단지 상징적이라는 점을 나세르에게 분명히 하기 위해 나름 노력했다. 다음을 참조. Heikal, *Cairo Documents*, pp. 132-35. 소련과 이라크의 관계 발전에 관해서는 다음을 참조. Roi, *From Encroachment to Involvement*, pp. 258-62; Smolansky, *Soviet Union and Arab East*, pp. 102-9; Yodfat, *Arab Politics in the Soviet Mirror*, pp. 146-48.

83. Smolansky, *Soviet Union and Arab East*, p. 121; Laqueur, *Struggle for the Middle East*, p. 96; SIPRI, *Arms Trade with the Third World*, p. 556.

84. 이러한 표현들에 관해서는 다음을 참조. Roi, *From Encroachment to Involvement*, pp. 275-78; McLane, *Soviet-Middle East Relations*, p. 30; Batatu, *Old Social Classes and Revolutionary Movements*, pp. 861-65.

85. 자세한 내용은 다음을 참조. Lenczowski, *Soviet Advances in the Middle East*, p. 146; Glassman, *Arms for the Arabs*, p. 24; SIPRI, *Arms Trade with the Third World*, p. 523.

86. 흐루쇼프의 발언과 사다트의 대답에 관해서는 다음을 참조. Roi, *From Encroachment to Involvement*, pp. 337-44.

87. 흐루쇼프의 성명은 다음에서 인용. Dawisha, *Soviet Foreign Policy towards Egypt*, p. 23. 자세한 내용은 다음을 참조. Batatu, *Old Social Classes and Revolutionary Movements*, pp. 863-64.

88. Smolansky, *Soviet Union and Arab East*, pp. 138-62.

89. 1960년 4월 소련의 부수상 미코얀이 방문하는 동안, 카셈은 소련 원조의 질에 대해 불평했다. 그리고 군중들에게 "우리는 공산주의 국가가 아니다. 우리는 자유로운 민주주의 국가다"라고 선언했다. 다른 곳에서는 "소련과의 우호관계는 상호 이익을 기반으로 한다"고 말했다. 1961년 그가 공산주의자들을 더욱 공격했을 때, 소련의 방송들은 그가 "진정한 애국자들을 대대적으로 탄압하고 있다"고 비난했으며, 이라크에서 "반동주의자

들이 다시 한번 활개치고 있다"고 주장했다. 그러나 소련은 다양한 경제적 프로젝트들을 지속적으로 추진했으며, 1958년 혁명 기념일에 양국 지도자들은 "소련-이라크 관계의 강화"를 촉구했다. 자세한 내용은 다음을 참조. *MER 1960*, p. 71; Smolansky, *Soviet Union and Arab East*, pp. 167-75.

90. *MER 1960*, p. 105. 1958년부터 1961년까지, 요르단은 미국으로부터 2억 3,520만 달러의 경제, 군사적 지원을 받았다. AID, *U.S. Overseas Loans and Grants* (Washington, D.C., various years).

91. 왕국은 이 기간 동안 내부 문제에 정신이 팔린 가운데, 미국으로부터 평범한 수준의 지원과 훈련을 계속 받았으며, 미국은 다란 공항을 계속해서 사용했다. 자세한 내용은 다음을 참조. "Chronology" *MEJ*, 14, no. 4 (1960): 449. 사우드 왕의 방탕한 통치 이후, 사우디아라비아는 페이살과 사우드 간의 계속된 권력투쟁과 함께, 심각한 재정 위기에 직면했다. 자세한 내용은 다음을 참조. Holden and Johns, *House of Saud*, pp. 199-202, 204-9; Helen Lackner, *A House Built on Sand: A Political Economy of Saudi Arabia* (London, 1978), pp. 59-64.

92. *MER 1960*, p. 105.

93. AID, *Overseas Loans and Grants*; "Chronology," *MEJ*, 14, no. 2 (1960): 199. 케네디의 정책에 관해서는 다음을 참조. John S. Badeau, *The American Approach to the Arab World* (New York, 1968); Mordechai Gazit, *President Kennedy's Policy toward the Arab States and Israel* (Tel Aviv, 1983); Heikal, *Cairo Documents*, pp. 149-50.

94. 1958년 사우디아라비아는 주로 친이집트적 입장을 채택했다. 반면 후세인은 조심스러운 균형을 유지했다. 그러나 1958년 10월 페이살은 앞으로 사우디아라비아가 "중립성과 아랍 민족주의"라는 "독립적인" 정책을 따를 것이라고 선언했다. 그러나 이 시기 페이살과 사우드의 권력투쟁이 지속되면서, 사우디의 정책은 빈번하게 바뀌었다. 요르단은 바그다드와 카이로 사이에서 각각의 운세가 차고 기움에 따라 여러 차례 입장을 바꿨다. 따라서 1959년 8월 카셈의 부상은 요르단과 이집트 사이의 긴장완화를 이끌었는데, 이는 1960년 이집트의 요원이 요르단의 외교장관을 암살하면서 끝났다. 이후 후세인은 이라크 쪽으로 선회했으며, 카셈으로부터 "요르단에 대한 어떤 공격적인 행동도 이라크에 대한 공격으로 간주할 것"이라는 약속을 받았다. 자세한 내용은 다음을 참조. Safran, *Saudi Arabia*, p. 90; "Chronology," *MEJ*, 13, no. 4 (1959): 424, 433, 441; 그리고 15, no. 1 (1961): 52-53; Kerr, *Arab Cold War*, p. 97; *MER 1960*, pp. 148-55, 158-61.

95. 쿠웨이트 위기에 대한 간단한 설명은 다음을 참조. Lenczowski, *Middle East in World Affairs*, pp. 298-99; Kerr, Arab Cold War, pp. 20-21. 이집트 군은 시리아의 통일아랍공화국 탈퇴에 따라서 다른 국가의 군대들보다 먼저 철수했다.

96. 통일아랍공화국에 영향을 미친 문제들의 요약은 다음을 참조. Kerr, *Arab Cold War*, pp. 23-25. 붕괴의 영향에 대해서는 다음을 참조. Lenczowski, *Middle East in World Affairs*, p. 625; Hasou, *Struggle for the Arab World*, pp. 115-19; Wenner, *Modern Yemen*, p. 188; "Chronology," *MEJ*, 16, no. 1 (1962): 83; 그리고 no. 2 (1962): 212.

97. 나세르는 1961년 초 이미 이집트 은행의 국유화를 포함하여 이집트의 경제, 사회, 정치의 주요 변화를 시작했다. 이러한 변화들은 통일아랍공화국의 붕괴 이후에 더욱 확대되

었다. 이에 대한 분석은 다음을 참조. Dekmejian, *Egypt under Nasir*, pp. 52-60; Vatikiotis, *Nasser and His Generation*, pp. 211-20; Raymond W. Baker, *Egypt's Uncertain Revolution under Nasser and Sadat* (Cambridge, Mass., 1978), chap. 2; Hopwood, *Egypt: Politics and Society*, pp. 90-95; Stephens, *Nasser*, pp. 344-45; Waterbury, *Egypt of Nasser and Sadat*, pp. 312-32.

98. 나세르는 1962년 연설에서 "이러한 보수적인 꼭두각시들은 아랍의 국민들과 혼동되어 서는 안되며, 그들이 권좌에 있는 한 진정한 통합은 있을 수 없다"고 말했다. Rahmy, *Egyptian Policy in the Arab World*, pp. 33-35.

99. 시리아는 1962년 7월 아랍연맹에 항의하면서 이집트가 적극적으로 시리아 정부를 전복 하려고 시도했다고 주장했다. (이러한 일부 활동에 대해 책임이 있는 것으로 알려진) 이 집트 무관의 망명이 시리아의 주장에 신빙성을 더했음에도 불구하고, 연맹은 이집트의 행동을 비난하기를 거부했다. 이후 이집트와 시리아 대표들 사이의 신랄한 논쟁 후에, 이집트가 연맹에서 철수하겠다고 위협함으로써 회담은 실패로 끝났다. 이집트는 그 해 의 모든 아랍연맹 회담에 불참했다. 자세한 내용은 다음을 참조. "Chronology," *MEJ*, 16, no. 4 (1962): 502; *New York Times*, June 19, 1962, July 29-30, 1962; *London Times*, August 29-31, 1962; Kerr, *Arab Cold War*, pp. 38-39; Petran, *Syria*, pp. 160-61.

100. "Chronology," *MEJ*, 16, no. 3 (1962): 366; Uriel Dann, *Iraq under Qassem: A Political History, 1958-1963* (New York, 1969), pp. 348-49; Kerr, *Arab Cold War*, pp. 33, 35; Stephens, *Nasser*, pp. 379-80, 348-49; Dawisha, *Egypt in the Arab World*, pp. 36-37; Anthony Nutting, *Nasser* (London, 1972).

101. Malcolm Kerr, "Regional Arab Politics and the Conflict with Israel," in *Political Dynamics in the Middle East*, ed. Paul Y. Hammond and Sidney S. Alexander (New York, 1972), p. 50.

102. 그는 이집트의 리더십과 나세르를 조롱하는 시를 출간함으로써 그렇게 했다. 예멘의 봉건적인 사회 구조와 후진적인 경제를 고려해볼 때, 이집트와의 가까운 관계는 이 시점 에 나세르를 당황하게 만들었을 것이다. 자세한 내용은 다음을 참조. Rahmy, *Egyptian Policy in the Arab World*, pp. 63-65.

103. 예멘 전쟁에 대한 설명은 다음을 참조. Rahmy, *Egyptian Policy in the Arab World*; Dana Adams Schmidt, *Yemen: The Unknown War* (London, 1968); Edgar O' Ballance, *The War in the Yemen* (London, 1971); Wenner, *Modern Yemen*, chap. 8.

104. "Chronology," *MEJ*, 17, no. 1 (1963): 132-34, 141-43; Wenner, *Modern Yemen*, p. 198. 나세르가 개입한 속도는 많은 사람들이 그가 바르드에 맞서 쿠데타를 준비하는 데 도움을 주었을 것이라는 의심을 하게 한다. 반대되는 견해에 대해서는 다음을 참조. Nutting, *Nasser*, pp. 320-22.

105. "Chronology," *MEJ*, 17, no. 1 (1963): 117; Wenner, *Modern Yemen*, p. 205; Holden and Johns, *House of Sand*, pp. 225-29; Dawisha, *Egypt in the Arab World*, pp. 37-40. 사우디는 폭탄 공격 이후 외교적 관계를 단절했고, 파키스탄으로부터 무기 를, 이란으로부터 외교적 지원을 모색했다. 그리고 미국에게는 보다 강력한 안보 공약을 요구했다.

106. 이라크에서 발생한 쿠데타에 대해서는 다음을 참조. Dann, *Iraq under Qassem*, pp. 358-60, 369-70; Khadduri, *Republican Iraq*, pp. 189-96; Batatu, *Old Social Classes and Revolutionary Movements*, chaps. 52, 53,

107. 시리아의 쿠데타는 바트주의 군장교 단체인 군사위원회에서 비롯되었다. 당의 민간세력과 군사세력 사이의 투쟁(그리고 이라크와 시리아 지부 간의 경쟁)은 바트당의 이후 운명과 바트당에 의해 채택된 정책에 거대한 영향을 미치게 된다. 무엇보다, 민간 지도부는 공식적인 통합에 반대하는 군사위원회에 맞서, 자신의 입지를 강화하는 수단으로 이집트와의 통합을 지속적으로 모색했다. 자세한 내용은 다음을 참조. Lenczowski, *Middle East in World Affairs*, pp. 347-48; Rabinovich, *Syria under the Ba' th*, pp. 53-56; Devlin, *Ba' th Party*, pp. 237-39; Batatu, *Old Social Classes and Revolutionary Movements*, p. 1015.

108. Kerr, *Arab Cold War*, p. 43.

109. 말콤 커는 이러한 논쟁들과 관련해 흥미로운 분석을 제시하고 있다. Malcolm Kerr, *Arab Cold War*, chap. 3. 이집트에서 나온 요약된 사본에 대해서는 다음을 참조. *Arab Political Documents 1963* (Beirut, 1964), pp. 75-217; Devlin, *Ba' th Party*, pp. 240-47; Rabinovich, *Syria under the Ba' th*, pp. 52-56. 최종 협정은 25개월의 준비 후에 3개국의 연방 연합을 형성하도록 되어 있다. 그리고 대통령(나세르)에게 지역 부통령들의 권력을 제한할 수 있는 권한과 지역 의회에 대한 광범위한 거부권을 부여했다.

110. Batatu, *Old Social Classes and Revolutionary Movements*, p. 1015; Rabinovich, *Syria under the Ba' th*, pp. 56-57, 63; Devlin, *Ba' th Party*, pp. 283-84.

111. 자세한 내용은 다음을 참조. Kerr, *Arab Cold War*, pp. 88-89; Rabinovich, *Syria under the Ba' th*, pp. 52-54, 66-72; Devlin, *Ba' th Party*, p. 282. 나세르는 시리아의 바트주의자들을 "파시스트, 기회주의자, 분리주의자"라고 불렀는데, 그들에게 통일은 "지배, 테러, 살인, 피, 교수대"를 의미했다. Stephens, *Nasser*, p. 408.

112. 자세한 내용은 다음을 참조. "Chronology," *MEJ*, 18, no. 1 (1964): 85, 103; "Resolutions of the Sixth National Congress of the National Command of the Arab Ba' th Socialist Party," *Arab Political Documents 1963*, p. 93. 바트주의 용어로 "국가 사령부"는 아랍 세계의 초국가적 당 기구를 의미하며, 각각의 개별 국가의 조직은 "지역 사령부"이다. 자세한 내용은 다음을 참조. Rabinovich, *Syria under the Ba' th*, pp. 73-74; and Kerr, *Arab Cold War*, pp. 92-94.

113. "Chronology," MEJ, 17, no. 3 (1963): 300-301; Abu-Jaber, *Arab Ba' th Socialist Party*, p. 71; *New York Times*, April 21, 1963, May 2, 1963; *New York Herald Tribune*, April 23, 1963.

114. Abu-Jaber, *Arab Ba' th Socialist Party*, p. 76; Kerr, *Arab Cold War*, p. 93.

115. 시리아와 이라크의 바트주의 진영의 분열은 더욱 강력해진 급진적 분파와 보다 온건한 개혁주의 분파 간의 차이에서 기인했다. 이라크에서의 균열이 아레프가 바트주의자들을 권력에서 완전히 제거할 수 있는 구실을 주기는 했지만, 급진주의자들은 시리아에서 최종적으로 승리했다. 자세한 내용은 다음을 참조. Rabinovich, *Syria under the Ba' th*, chap. 4; Khadduri, *Republican Iraq*, pp. 207-14; Devlin, *Ba' th Party*, pp. 259-76; Batatu, *Old Social Classes and Revolutionary Movements*, chap. 55.

116. 아레프의 바트당 축출의 기원과 효과는 다음을 참조. Khadduri, *Republican Iraq*, pp. 215-17; *Penrose and Penrose*, Iraq, pp. 309-11; Kerr, *Arab Cold War*, pp. 93-95; Batatu, *Old Social Classes and Revolutionary Movements*, pp. 1025-26 외.

117. 요르단의 물 분쟁과 관련해서는 다음을 참조. Safran, *Israel*, p. 385.

118. 회담은 또한 요르단 강의 일부를 이스라엘의 물 프로젝트에서 벗어나도록 전환하는 계획을 승인했다. 그리고 부유한 산유국들은 이집트, 시리아, 요르단의 군사능력을 강화시키는 데 동의했다. 세부적인 내용은 다음을 참조. Kerr, *Arab Cold War*, chap. 5; Dawisha, *Egypt in the Arab World*, pp. 43-45.

119. 후세인은 나세르와의 회담을 위해 1964년 3월과 8월에 카이로를 방문했고, 이집트의 암만 부통령은 이집트와 요르단 관계의 "상호 진실성"을 축하하면서 7월에 암만을 방문했다. "Chronology," *MEJ*, 18, no. 4 (1964): 466.

120. 페이살과 나세르는 1964년 9월 예멘 전쟁을 끝내는 협정에 서명했지만, 여러 예멘의 분파들이 협정을 준수하지 않겠다고 함으로써 이 노력은 실패했다. 자세한 내용은 다음을 참조. Dawisha, *Egypt in the Arab World*, p. 44; Wenner, *Modern Yemen*, pp. 214-16; Rahmy, *Egyptian Policy in the Arab World*, pp. 138-39.

121. 이집트–이라크 연방 연합은 비교적 온건한 협정이었다. 양국은 그들의 군대를 통합하기로 동의하고 1964년 9월 합동 군사 훈련을 실시했다. 알려진 바에 따르면, 아레프는 "시리아의 바트당에 맞서 그리고 이라크에서 바트당의 복귀에 맞서 이집트의 지원"을 모색했다. 그러나 이라크에서 나세르주의자들에 의한 쿠데타 시도들은 양국이 6일 전쟁 이후까지 느슨한 동맹 상태에 있었을지라도, 아레프가 이집트와의 너무 가까운 관계를 회피하게 만들었다. 자세한 내용은 다음을 참조. "Chronology," *MEJ*, 18, no. 3 (1964): 328-39, 349; Khadduri, *Republican Iraq*, pp. 222-24, 231-36, 242-46, 278-81; Batatu, *Old Social Classes and Revolutionary Movements*, pp. 1031-34; Kerr, *Arab Cold War*, pp. 123-24.

122. Kerr, *Arab Cold War*, pp. 101-5

123. 추가적인 회담이 1964년 9월 알렉산드리아와 카사블랑카에서 열렸다. 카사블랑카 회담에서 참가국들은 서로에 대한 선동 공격을 금지하는 '아랍연대 협약'에 서명했다. 이것은 적어도 1년 이상 효과가 있었다. 자세한 내용은 다음을 참조. Lenczowski, *Middle East in World Affairs*, pp. 753-54; *Arab Political Documents 1965*, pp. 343-45.

124. Kerr, *Arab Cold War*, pp. 108-9; Wenner, *Modern Yemen*, pp. 221-25. 이집트는 1966년 2월 예멘에서 새로운 공세를 시작했다. 그러나 이전 작전에 비해 성공하지는 못했다.

125. 페이살이 회담을 준비하면서 이란의 샤와 상의했다는 폭로는 이러한 해석을 부추겼으며, 미국과 더 가까워지기로 한 페이살의 결정도 마찬가지였다. 자세한 내용은 다음을 참조. Dawisha, *Egypt in the Arab World*, pp. 46-47; Safran, *Saudi Arabia*, pp. 119-21; Holden and Johns, *House of Sand*, pp. 249-50; Kerr, *Arab Cold War*, pp. 109-12; Lackner, *House Built on Sand*, pp. 115-16; Shahram Chubin and Sepehr Zabih, *The Foreign Relations of Iran* (Berkeley, Calif., 1974), pp. 145-49.

126. 시리아에서 신바트당의 권력 장악과 그 효과에 대해서는 다음을 참조. Rabinovich, *Syria under the Ba'th*, chap. 8, 특히 pp. 207-8; Devlin, Ba'th Party, pp. 314-15;

Ya'acov BarSiman-Tov, *Linkage Politics in the Middle East: Syria between Domestic and External Conflict, 1961-70* (Boulder, Colo., 1983), pp. 147-52.

127. 요르단에서 팔레스타인해방기구의 활동이 증가하면서 후세인은 이를 통제하기 위한 조치를 취했고, 이는 이집트와 시리아로부터 광범위한 비판을 받았다. 나세르는 후세인을 사우디의 애완견으로 비유했고, "요르단의 간통자"라고 불렀다. 자세한 내용은 다음을 참조. Sinai and Pollock, *Hashemite Kingdom of Jordan*, p. 152; Kerr, *Arab Cold War*, pp. 114-17; William B. Quandt, Ann Mosely Lesch, and Fuad Jabber, *The Politics of Palestinian Nationalism* (Berkeley, Calif., 1972), pp. 163-75.

128. Kerr, *Arab Cold War*, pp. 121-22; Dawisha, *Egypt in the Arab World*, p. 48; Stephens, *Nasser*, pp. 461-62. 나세르가 "혁명적" 시리아와의 동맹에 다시 관심을 갖게 된 것은 당시 제국주의가 제3세계 민족주의에 대한 의도적 공격에 관여하고 있다는 믿음에서 비롯되었다.

129. 소련의 평론가들은 나세르의 정책들이 진짜 사회주의가 아니라고 재빨리 지적했고, 이집트 공산주의자들에 대한 나세르의 억압을 계속해서 비난했다. 이집트는 이런 비판들을 지속적으로 무시했고, 불화의 수준은 1959년과 1961년 사이 완전히 바닥까지 떨어졌다. 자세한 내용은 다음을 참조. Yodfat, *Arab Politics in the Soviet Mirror*, p. 65; Smolansky, *Soviet Union and Arab East*, p. 211; Dawisha, *Soviet Foreign Policy towards Egypt*, pp. 30-32.

130. SIPRI, *Arms Trade with the Third World*, p. 530; Glassman, *Arms for the Arabs*, pp. 23, 30, 34; Crosbie, *Tacit Alliance*, pp. 109, 154.

131. 1963년 6월 2억–5억 달러 사이의 가치가 있는 주요 무기 거래가 체결되었다. 이 거래에는 처음으로 T-54/55 전차와 MIG-21 전투기 같은 소련의 최첨단 장비들이 포함되었다. 자세한 내용은 다음을 참조. Glassman, *Arms for the Arabs*, pp. 24-25; Joshua and Gibert, *Arms for the Third World*, pp. 23-24; Lenczowski, *Soviet Advances in the Middle East*, p. 148.

132. 흐루쇼프의 이집트 방문과 관련된 내용은 다음을 참조. Dawisha, *Soviet Foreign Policy towards Egypt*, pp. 32-33; Roi, *From Encroachment to Involvement*, pp. 376-400; Nikita S. Khrushchev, *Khrushchev Remembers*, ed. Strobe Talbott (Boston, 1970), p. 360.

133. 나세르는 흐루쇼프의 축출에 놀라 "이제 우리는 모든 것을 다시 시작해야 한다"고 말했다고 한다. Heikal, *Cairo Documents*, pp. 157-58. SIPRI와 글라스만은 모두 1964년 5월 이후 새로운 무기 거래가 없었다고 전했다. 그러나 레커는 부통령인 아메르가 11월에 모스크바를 방문하는 동안 추가적인 합의가 있었다고 주장한다. Laqueur, *Struggle for the Middle East*, p. 72. 그러나 11월 방문은 5월 합의를 재확인하는 방문이었을 가능성이 높다. 추가적인 내용은 다음을 참조. Dawisha, *Soviet Foreign Policy towards Egypt*, p. 34; Roi, *From Encroachment to Involvement*, p. 413.

134. Richard B. Remnek, "The Politics of Soviet Access," in Dismukes and McConnell, *Soviet Naval Diplomacy*, pp. 366-69; Glassman, *Arms for the Arabs*, p. 26.

135. 당을 해산시키겠다는 공산주의의 결정에 관해서는 다음을 참조. Dawisha, *Soviet Foreign Policy towards Egypt*, p. 35; Shimon Shamir, "The Marxists in Egypt: The

'Licensed Infiltration' Doctrine in Practice," in *The USSR and the Middle East*, ed. Michael Confino and Shimon Shamir (New York, 1973), pp. 293-319. 나세르의 소련 방문에 관한 설명은 다음을 참조. Heikal, *Sphinx and Commissar*, pp. 143-47; and Roi, *From Encroachment to Involvement*, pp. 413-19. 코시긴 수상의 방문과 나세르에 대한 조언은 다음을 참조. Roi, *From Encroachment to Involvement*, pp. 436-37; Dawisha, *Soviet Foreign Policy towards Egypt*, pp. 36-38; "Chronology," *MEJ*, 20, no. 3 (1966): 383.

136. 앞서 언급한 것처럼, 케네디 행정부는 이집트와 더 좋은 관계를 수립하기 위한 시도를 시작했다. 그러나 나세르가 미국을 매우 적대적으로 보았기 때문에 1965년까지는 관계가 악화되었다.

137. 1961년 제3세계 지도자들에 대한 소련의 생각이 변화하기 시작했다. 이는 제22차 전당대회 정강이 개발도상 세계에서 "민족 민주주의"의 출현을 높이 평가한 시점이었다. 1964년경 소련의 학자들은 "개발에 대한 비자본주의적 경로"를 따르는 "민족적 민주주의자들"(예를 들어, 나세르)이 사회주의로의 전환을 시작할 수 있다고 기술하고 있다. 따라서 이러한 정권들(설령 현지의 공산당이 약하거나 억압받고 있다고 해도)에 대한 소련의 지원은 더 큰 이론적 승인을 받고 있었다. 자세한 내용은 다음을 참조. Roi, *From Encroachment to Involvement*, pp. 347-53' 376-78; Mark N. Katz, *The Third World in Soviet Military Thought* (Baltimore, Md., 1982), pp. 27-28; Richard Lowenthal, *Model or Ally? The Communist Powers and the Developing Countries* (London, 1977), pp. 221-29; Morton Schwartz, *The Failed Symbiosis: The USSR and Leftist Regimes in Less Developed Countries* (Santa Monica, Calif., 1973), pp. 7-10.

138. Batatu, *Old Social Classes and Revolutionary Movements*, chap. 53; Smolansky, Soviet Union and Arab East, pp. 229-36.

139. Smolansky, Soviet Union and Arab East, pp. 235-36; SIPRI, *Arms Trade with the Third World*, p. 557; Roi, *From Encroachment to Involvement*, pp. 361-63.

140. Smolansky, *Soviet Union and Arab East*, pp. 240-42; Khadduri, *Republican Iraq*, pp. 272-73.

141. 다수의 보고에 따르면, 흐루쇼프가 카이로를 방문하는 동안 아레프와 흐루쇼프는 아랍 통합과 공산주의에 관해 길고 격렬한 논쟁을 벌였다. 이 논쟁은 소련과 이라크의 관계가 경색되는 데 기여했을 것이다. Heikal, *Cairo Documents, pp.* 155-56. 1967년까지 소련은 일반적으로 이집트와 시리아 모두를 진보적인 국가라고 불렀음에도 불구하고 이라크에 대해서는 언급을 자제했다. 이러한 관점에 관해서는 다음을 참조. Joshua and Gibert, *Arms for the Third World*, p. 17; "Chronology," *MEJ*, 18, no. 4 (1964): 464; Laqueur, *Struggle for the Middle East*, pp. 101-4; Penrose and Penrose, *Iraq*, pp. 342-43; Khadduri, Republican Iraq, pp. 219-21; Yodfat, Arab Politics in the Soviet Mirror, pp. 180-81; Lenczowski, *Soviet Advances in the Middle East*, pp. 137-39.

142. Roi, *From Encroachment to Involvement*, pp. 361-63. 소련은 1962년 6월 여러 개의 농업 센터를 세우는 데 동의했고 9월과 11월에 시리아 군사대표단의 방문을 환영했다. 이러한 조치들은 이 시기 중국이 시리아에 경제적 원조를 제공하기로 제안했다는 보고에 자극받았을 수 있다. 자세한 내용은 다음을 참조. Lenczowski, *Soviet Advances in*

350

the Middle East, p. 111; McLane, *Soviet-Middle East Relations*, pp. 90-91, 93.

143. Yodfat, Arab Politics, pp. 124-32; Roi, *Front Encroachment to Involvement*, pp. 401-2; "Chronology," *MEJ*, 19, no. 2 (1965): 210; no. 3 (1965): 350; 20, no. 1 (1966): 87-88.

144. Roi, *From Encroachment to Involvement*, pp. 419-24; SIPRI, *Arms Trade with the Third World*, p. 548; SIPRI, *The Military Balance 1967-68* (London, 1967), p. 53.

145. Khouri, *The Arab-Israeh Dilemma*, pp. 229-33; Roi, *Front Encroachment to Involvement*, pp. 432-34.

146. 제3세계와 중동에 대한 케네디의 접근에 관한 설명에 대해서는 다음을 참조. Gaddis, *Strategies of Containment*, pp. 223-25; Brown, Faces of Power, pp. 198-204; Badeau, *American Approach to the Arab World*, pp. 26-33, chap. 5; Gazit, *President Kennedy' s Policy*; Steven L. Spiegel, *The Other Arab-Israeli Conflict: Making America' s Middle East Policy from Truman to Reagan* (Chicago, 1985), chap. 4.

147. 나세르와 케네디의 서신 교환에 대해서는 다음을 참조. Heikal, *Cairo Documents*, chap. 6; Spiegel, *Other Arab-Israeli Conflict*, pp. 101-2.

148. AID, Overseas Loans and Grants.

149. 예멘 전쟁에 대한 미국의 정책에 관해서는 다음을 참조. Spiegel, *Other Arab-Israeli Conflict*, pp. 102-6; Wenner, *Modern Yemen*, pp. 199-203, 206-7; Stookey, *America and the Arab States*, pp. 180-85; Gazit, *President Kennedy' s Policy*, pp. 23-24. 공화주의 정권을 승인하는 결정의 옹호에 관해서는 다음을 참조. Badeau, *American Approach to the Arab World*, chap. 7, 특히 pp. 132-48. 이와 관련한 비판은 다음을 참조. Holden and Johns, *House of Sand*, pp. 232-33.

150. 자세한 내용은 다음을 참조. Holden and Johns, *House of Sand*, p. 233; Wenner, *Modern Yemen*, p. 204; Mangold, *Superpower Intervention in the Middle East*, p. 85; Spiegel, *Other Arab-Israeli Conflict*, p. 104.

151. 요르단에 대한 미국의 원조와 다른 지원들에 대해서는 다음을 참조. AID, *Overseas Loans and Grants*; "Chronology," *MEJ*, 17, no. 3 (1963): 300-301; 17, no. 4 (1963): 429; 18, no. 1 (1964): 89; Mangold, *Superpower Intervention in the Middle East*, p. 107.

152. 1963년 5월 케네디의 보좌관 펠드만은 미국이 아랍–이스라엘 전쟁에 대해 "방관할 의도가 아니었다"고 말했다고 알려져 있다. 자세한 내용은 다음을 참조. "Chronology," *MEJ*, 17, no. 3 (1963): 299. 1962년 12월 케네디는 메이르에게 그는 미국과 이스라엘이 "특별한 관계"라고 믿었으며, "침략을 받으면 미국은 이스라엘을 지원할 것이다"라고 개인적으로 말했다. Spiegel, *Other Arab-Israeli Conflict*, pp. 106-7; Gazit, *President Kennedy' s Policy*, pp. 46-48. 존슨 계획은 요르단 강 계곡의 물을 분배하는 계획으로, 1953년 미국의 중재자인 에릭 존슨과 테네시 강 유역 개발공사 전문가들에 의해 고안되었다. 오랜 협상에도 불구하고 그 계획은 실행되지 못했는데, 아랍이 이스라엘의 존재를 암묵적으로 인정하기를 주저했기 때문이었다. 자세한 내용은 다음을 참조. Bar-Ya' acov, Israel-Syrian Armistice, pp. 130-33.

153. 1962년 9월 호크 미사일의 제공이 결정되었고, 1963년 7월 마지막 협정이 체결되어 1964년 미사일이 인도되었다. "Chronology," *MEJ*, 17, no. 3 (1963): 116; no. 4 (1963): 427.

154. 이스라엘의 지도자들은 이집트가 독일 과학자들의 조력으로 지대지 미사일을 개발하는 중이라는 보고와 이스라엘과 프랑스 관계의 쇠퇴에 대해 우려했다. 1960년대 초 이스라엘의 안보 인식에 관해서는 다음을 참조. Shlomo Aronson, *Conflict and Bargaining in the Middle East: An Israeli Perspective* (Baltimore, 1978), pp. 39-45; Safran, *Israel*, pp. 373-74. 국경 분쟁의 증가에 관해서는 다음을 참조. Khouri, *Arab-Israeli Dilemma*, pp. 219-29; Barry M. Blechman, "Impact of Israel's Reprisals on the Behavior of Bordering Arab Nations Directed at Israel," *Journal of Conflict Resolution*, 16, no. 2 (1972): 163, 165.

155. 이러한 점들에 대해서는 다음을 참조. Spiegel, *Other Arab-Israeli Conflict*, pp. 106-10; Gazit, *President Kennedy's Policy*, pp. 30-55.

156. 1964년 말 미국의 콩고 정책에 항의하는 시위 단체들은 카이로에 있는 미국의 정보기관 자료실을 불태웠다. 바로 직후, 이집트는 이집트 영공에 잘못 들어간 미국의 민간 항공기를 격추시켰다. 자세한 내용은 다음을 참조. Stephens, *Nasser*, p. 418; Burns, *Economic Aid and American Policy*, pp. 152-54, 157-60.

157. 슈피겔에 따르면, 이집트의 사우디아라비아 및 요르단에 대한 지속적인 압력과 소련 무기의 지속적 획득은 미국이 아랍 동맹국들에게 처음으로 더 큰 군사 원조를 제공하고, 그런 다음 세력균형을 유지하기 위해 이스라엘에도 비슷한 원조를 제공하도록 이끌었다. 그러나 가장 주요한 동기는 소련의 중동지역 무기 공급에 균형을 맞추고자 하는 것이었다. 자세한 내용은 다음을 참조. Spiegel, *Other Arab-Israeli Conflict*, pp. 132-36.

158. 이집트에 대한 미국의 원조는 1962년 2억 5000만 달러에서 1965년 9,760만 달러로 감소했으며, 1967년에 완전히 중단되었다. AID, *Overseas Loans and Grants*. 이스라엘에 대한 존슨의 동정심과 존슨 행정부 내에서 친이스라엘 세력의 중요성에 관해서는 다음을 참조. Spiegel, *Other Arab-Israeli Conflict*, pp. 120-24, 128-30.

159. William B. Quandt, "United States Policy in the Middle East," in Hammond and Alexander, *Political Dynamics in the Middle East*, p. 518.

160. 미국과 이집트 관계의 악화는 다음을 참조. Spiegel, *Other Arab-Israeli Conflict*, pp. 103-6, 122-24; Burns, *Economic Aid and American Policy*, chap. 6; Stephens, *Nasser*, pp. 417-19, 421-22; Stookey, *America and the Arab States*, pp. 196-97; Dawisha, *Egypt in the Arab World*, p. 47. 이집트의 관점은 다음을 참조. Heikal, *Cairo Documents*, chap. 7.

161. 1965년 12월, 사우디아라비아와 미국, 영국은 사우디가 호크 방공미사일과 연계되는 미국의 레이더 체계와 영국의 라이트닝 전투기를 포함하는 최신 방공체계를 구입할 것이라고 발표했다. 영국과 미국의 전문가들이 이 체계를 운영하기로 했으며, 미 육군 공병 부대가 사우디아라비아에 투입되기로 했다. 이후 수년간, 이 공병 부대는 사우디를 위한 다양한 군사건설 프로젝트에 착수했다. Holden and Johns, *House of Saud*, pp. 243-46; Safran, *Saudi Arabia*, pp. 200-202 외; SIPRI, *Arms Trade with the Third World*, pp. 562-64; Quandt, *Saudi Arabia in the 1980s*, p. 52; U.S. House

Committee on International Relations, *Military Sales to Saudi Arabia, 1975*, 94th Cong., 1st sess., 1976.

162. Holden and Johns, *House of Saud*, p. 247.

163. "Chronology," *MEJ*, 21, no. 1 (1967): 78; U.S. House Committee on International Relations, *Military Sales to Saudi Arabia*.

164. SIPRI, *Arms Trade with the Third World*, pp. 539-41; Stookey, *America and the Arab States*, p. 197; Spiegel, *Other Arab-Israeli Conflict*, pp. 132-33. 미국의 요르단 군사 원조는 1965년 370만 달러에서 1966년 1,930만 달러로 증가했고, 경제 원조 또한 상당했다. 그러나 합의에도 불구하고, F-104S는 1948년 4월까지 인도되지 않았다. AID, *Overseas Loans and Grants*.

165. Yitzhak Rabin, *The Rabin Memoirs* (Boston, 1979), pp. 64-66.

166. 미국의 관여 수준을 감추기 위해 전차는 서독이 제공하게 했다. (서독은 추후에 미국으로부터 대체품을 받았다.) 서독이 1965년 배치를 중단했을 때, 미국은 자체적으로 인도를 완료했다. 자세한 내용은 다음을 참조. SIPRI, *Arms Trade with the Third World*, pp. 532, 535; Sachar, *History of Israel*, pp. 562-67; Bernard Reich, *Quest for Peace: United States-Israel Relations and the Arab-Israeli Conflict* (New Brunswick, N.J., 1977), p. 42.

167. 아랍 국가들과 이스라엘을 모두 지원하는 것과 관련된 문제는 1966년 11월, 미국이 요르단의 사무(Samu) 마을에 대한 이스라엘의 대규모 보복을 비난하는 유엔 결의안을 지지했을 때 분명히 드러났다. 이스라엘의 공습은 후세인이 새로운 시리아-이집트 동맹에 합류하는 것을 억제하기 위한 의도였겠으나, 이는 미국이 요르단에 추가적인 장비를 제공하고, 후세인이 구입한 항공기들이 인도될 때까지 다수의 F-104 항공기를 대여하도록 자극했다. 자세한 내용은 다음을 참조. Stookey, *America and the Arab States*, pp. 210-12; Stephens, *Nasser*, p. 463; *MER 1967*, pp. 53, 166; Brecher, *Decisions in Israel's Foreign Policy*, pp. 356-57.

168. 6일 전쟁에 대한 설명은 다음을 참조. Brecher, *Decisions in Israel's Foreign Policy*, chap. 7; Safran, *From War to War*, chaps. 6 and 7; Trevor N. Dupuy, *Elusive Victory: The Arab-Israeli Wars* (New York, 1980), bk. 3; Chaim Herzog, *The Arab-Israeli Wars: War and Peace in the Middle East* (New York, 1982), bk. 3, chaps. 1-3. 아랍의 견해는 다음을 참조. *The Arab-Israeli Confrontation of June 1967: An Arab Perspective*, ed. Ibrahim Abu-Lughod (Evanston, Ⅲ., 1969).

169. Kerr, *Arab Cold War*, pp. 126-28.

170. 이 정책은 1966년 11월 이집트-시리아 방위 조약 체결 이후 다듬어졌다. 나세르는 과도한 약속을 하지 않기 위해 조심했다. 헤이칼이 쓴 기사에 의하면, "합동 방위 협정은 시리아 진지들에 대한 어떤 습격에도 이집트군이 즉각적으로 개입해야 함을 의미하는 것은 아니다. 이러한 습격은 다양한 전선에서 책임을 져야 한다"고 언급했다. 자세한 내용은 다음을 참조. Safran, *From War to War*, p. 273

171. Kerr, *Arab Cold War*, p. 127; Stephens, *Nasser*, p. 466; Khouri, *Arab-Israeli Dilemma*, p. 245.

172. 이스라엘이 시리아를 공격할 의도가 있었다는 나세르의 믿음은 다음에 근거했다. 1)

이스라엘과 레바논의 기자회견들(일부는 시리아를 억제하려는 이스라엘에 의해 기획되었다), 2) 시리아 정보국 보고서, 3) 시리아의 경고를 확인해주는 소련 정보국의 보고서. 소련의 경고는 분명 도발적이었으며, 이는 이스라엘의 시리아에 대한 압박을 감소시키기 위한 행동을 취하도록 나세르를 설득하기 위한 것이었다. 자세한 사항은 다음을 참조. Brecher, *Decisions in Israel's Foreign Policy*, pp. 321, 357-62; Walter Z. Laqueur, *The Road to Jerusalem* (New York, 1968), p. 73; Khouri, *Arab-Israeli Dilemma*, pp. 242-44; Charles W. Yost, "The Arab-Israeli War: How It Began," *Foreign Affairs*, 46, no. 2 (1968): 307-11; Heikal, *Cairo Documents*, p. 240; *Sphinx and Commissar*, pp. 174-75; Anwar el-Sadat, *In Search of Identity* (New York, 1977), pp. 171-72; Safran, *From War to War*, pp. 275-77; Michel Tatu, *Power in the Kremlin* (New York, 1970), pp. 532-37.

173. 나세르는 이전의 성공을 복제하려 했을지도 모른다. 1960년 2월, 버려진 도시인 타와푸끄 근처에서 벌어진 이스라엘과 시리아군의 국경 충돌은 나세르가 시리아에 대한 이스라엘 공격을 억제하기 위해 시나이에 부대를 동원하도록 이끌었다. 그와 같은 공격은 일어나지 않았고(또는 계획되지 않았고), 이에 대해 통일아랍공화국은 예상했던 대로 아랍의 승리로 간주했다. *MER 1960*, pp. 197-204

174. 자세한 분석은 다음을 참조. Safran, *From War to War*, pp. 271-92; Safran, *Israel*, pp. 390-404.

175. 소련은 지중해에 지금까지 보낸 것 중 가장 큰 함대를 배치했으며, 거기에 배치된 미제6 함대에 대해 분명한 억지 태세를 취했다. 소련이 자신을 후원할 것이라는 이집트의 믿음은 이집트 국방장관과 소련의 코시긴 수상 사이의 오해에서 비롯되었다. 자세한 내용은 다음을 참조. Anthony Wells, "The June War of 1967," in Dismukes and McConnell, *Soviet Naval Diplomacy*, pp. 139-63; and Dawisha, *Soviet Foreign Policy towards Egypt*, P-41.

176. Quandt, *Decade of Decisions*, pp. 41-43; Spiegel, *Other Arab-Israeli Conflict*, pp. 136-50; Brecher, *Decisions in Israel's Foreign Policy*, pp. 373-75, 381, 387, 390-92.

177. Sachar, *History of Israel*, p. 633; "Chronology," *MEJ*, 21, no. 4 (1967): 503; Hussein, King of Jordan, *My "War" with Israel* (New York, 1969), pp. 37-48.

178. Brecher, *Decisions in Israel's Foreign Policy*, pp. 412-13; Raymond Tanter and Janice Gross Stein, *Rational Decisionmaking: Israel's Security Choices, 1967* (Columbus, Ohio, 1980), pp. 218-19.

179. 후세인이 왜(그리고 얼마나 진지하게) 전쟁에 참여하려 했는지는 증거가 불명확하다. 그는 이집트의 성공에 대한 잘못된 보고를 받은 후 이스라엘의 진지에 대한 포격을 명령했다. 그러나 지상 작전은 6월 초에 (이집트의 지휘 하에) 요르단에 배치된 이집트의 게릴라 전투원에 의해 시작되었다. 게다가 요르단의 포탄은 이스라엘의 주요 공군기지인 라마트 데이비드에 분명히 도달했고, 그럼으로써 이스라엘의 방어 능력에 중대한 위협이 되었다. 비록 이스라엘은 의심할 바 없이 서안지구와 특히 동예루살렘에 대한 그들의 통제력을 확대할 기회를 환영했지만, 이 경우는 뜻하지 않은 확전 사례가 될 수 있다. 일방이 의도치 않게 적의 주요 군사 자산을 위협하는 군사 조치를 취하게 되고 그에 따라 원치 않는 확전을 촉발하게 되는 것이다. 요컨대, 요르단의 동기에 대한 증거는 불명확

하다. 비록 후세인이 5월 30일에 방위 조약을 체결함으로써 이집트에 편승했음에도 불구하고, 그 전시 의도는 더 신중했을 것이다. 이 점에 대해서는 다음을 참조. Hussein, *My "War" with Israel*, pp. 37, 60-61, 65-66; Dupuy, *Elusive Victory*, pp. 285-87; Herzog, *Arab-Israeli Wars*, pp. 169-70; Sachar, *History of Israel*, pp. 633, 643-44; Safran, *From War to War*, p. 360.

180. Dupuy, *Elusive Victory*, pp. 318-26; Safran, *From War to War*, pp. 379-80.

181. Wells, "The June 1967 War," p. 165; Quandt, *Decade of Decisions*, p. 62; Lyndon B. Johnson, *The Vantage Point: Perspectives of the Presidency, 1963-1969* (New York, 1971), pp. 301-3; Francis Fukuyama, "Soviet Threats to Intervene in the Middle East," *Research Note N-1377-FF* (Santa Monica, Calif., 1980).

04 6일 전쟁에서 캠프 데이비드 협정까지

1. Kerr, *Arab Cold War*, p. 129; Dawisha, *Egypt in the Arab World*, pp. 50-54; Daniel Dishon, "Interarab Relations," in *From June to October*, ed. Itamar Rabinovich and Haim Shaked (New Brunswick, N.J., 1978), pp. 159-65; 아랍의 정치사상에 전쟁이 미친 영향에 대한 분석은 다음을 참조. Fouad Ajami, *The Arab Predicament: Arab Political Thought and Practice since 1967* (Cambridge, England, 1981), chap. 1.

2. 다음을 참조. Glassman, *Arms for the Arabs*, pp. 66-68; "Chronology," *MEJ*, 22, no. 1 (1968): 60; Alvin Z. Rubinstein, *Red Star on the Nile: The Soviet-Egyptian Influence Relationship since the June War* (Princeton, N.J., 1977), pp. 46-53; McLane, *Soviet-Middle East Relations*, p. 32; Remnek, "The Politics of Soviet Access," pp. 369-72.

3. 시리아와의 관계에 대해서는 다음을 참조. Laqueur, *Struggle for the Middle East*, pp. 93-94; Petran, *Syria*, p. 202; Lenczowski, *Soviet Advances in the Middle East*, p. 117.

4. 이라크와의 관계에 대해서는 다음을 참조. Khadduri, *Socialist Iraq*, pp. 79-86, 124; Yodfat, *Arab Politics in the Soviet Mirror*, pp. 290-91; Francis Fukuyama, "The Soviet Union and Iraq," *Research Note 1524-AF* (Santa Monica, Calif., 1980); "Chronology," *MEJ*, 23, no. 4 (1969): 513; Penrose and Penrose, *Iraq*, pp. 427-28.

5. 소련의 자디드 지지는 급진적 사회주의 신념과 모스크바와의 긴밀한 유대 정책에 대한 그의 지지가 기반이 되었다. 아사드는 3월 소련의 군사 원조가 질적으로 부족함을 비판하면서 프랑스로부터 무기를 수입하려고 시도했다. 소련의 지지는 자디드가 1970년 아사드에 의해 축출될 때까지 그의 지위를 보존할 수 있게 했다. 아랍-이스라엘 분쟁에 대한 소련과 시리아의 의견 차이는 UN결의안 242에 모아졌다. 소련은 이 결의안을 지지했고 시리아는 거부했다. 자세한 내용은 다음을 참조. *MER 1969-1970*, pp. 427-29.

6. *MER 1969-1970*, pp. 435-36.

7. 소련과 예멘의 군사관계 수립에 대해서는 다음을 참조. McLane, *Soviet-Middle East Relations*, p. 97; Katz, *Russia and Arabia*, pp. 83-85 외.

8. *MER 1969-1970*, pp. 447-50; Bruce D. Porter, *The USSR and Third World Conflicts: Soviet Arms and Diplomacy in Local Wars, 1945-80* (Cambridge, England, 1984),

pp. 79-85; Katz, *Russia and Arabia*, pp. 29-32; Safran, *Saudi Arabia*, pp. 130-31.

9. 소련 측의 진술은 1967년과 1968년 아랍 당국자들과의 회담을 "강하고" "솔직했지만" 양보 없는 아랍의 정책을 약화시키는 데는 완벽하게 실패했다고 묘사한다. 시리아는 이 집트보다 더 완강했고, 소련에 시리아 기지권을 부여하기를 거부했다. 그들은 또한 시리 아에 파견된 소련의 군사고문단들에 대해 더 엄격한 제한을 두었다. 자세한 내용은 다음을 참조. George W. Breslauer, "Soviet Policy in the Middle East: 1967-72," in *Managing U.S.-Soviet Rivalry: Problems of Crisis Prevention*, ed. Alexander L. George (Boulder, Colo., 1982), pp. 71-72; Laqueur, *Struggle for the Middle East*, pp. 93-94; Petran, *Syria*, p. 202; Lenczowski, *Soviet Advances in the Middle East*, p. 117.

10. Spiegel, *Other Arab-Israeli Conflict*, pp. 158-64; Quandt, *Decade of Decisions*, pp. 63-67.

11. 미국은 아랍이 이스라엘의 존재 권리를 인정하고 공식적인 평화조약에 서명하면 철수 할 것이라는 이스라엘의 외교적 입장을 지지했다. 그러나 이 시기 존슨 대통령이 베트남 문제에 몰두하고 있었기 때문에, 평화 합의를 위한 미국의 활동은 제한되었다. UN안보 리 결의안 제242호에 대한 미국의 후원은 부분적인 예외였다. 이 결의안은 1967년 11월 통과되었다. 자세한 내용은 다음을 참조. Quandt, *Decade of Decisions*, p. 64; "Chronology," *MEJ*, 22, no. 4 (1968): 483-84; Spiegel, *Other Arab-Israeli Conflict*, pp. 133-58.

12. "Chronology," *MEJ*, 22, no. 1 (1968): 65; S1PRI, *Arms Trade with the Third World*, pp. 541-42.

13. 1970년 초에 후세인은 만약 미국이 더 이상 호의적이지 않다면, 추가적인 무기를 얻기 위해 "다른 공급처"(예를 들어, 소련)를 찾게 될 수 있다고 암시했다. 더욱이 당시 암만에 서 발생한 폭동으로 미 국무부 차관 시스코의 1970년 4월 요르단 방문 계획이 취소되었 다. 자세한 내용은 다음을 참조. *MER 1969-1970*, pp. 475-78; SIPRI, *Arms Trade with the Third World*, pp. 543-44.

14. 나세르는 1968년 11월 학생들의 폭동, 경제 실패, 그리고 팔레스타인해방기구가 테러 활동으로 점점 더 주목을 받고 지지를 얻는 동안 그의 군대는 한가로이 앉아 있는 굴욕 에 직면했다. 전투의 재개를 부추긴 국내적, 국제적 압박에 대해서는 다음을 참조. Stephens, *Nasser*, pp. 517-18, 532-38; Rubinstein, *Red Star on the Nile*, pp. 71-73. 소 모전 이전의 외교적 노력에 관한 논의는 다음을 참조. Lawrence Whetten, *The Canal War* (Cambridge, Mass., 1974), pp. 55-59, 64-65, chap. 4; Breslauer, "Soviet Policy in the Middle East," pp. 73-75; Saadia Touval, *The Peace Brokers: Mediators in the Arab-Israeli Conflict, 1948-1979* (Princeton, N.J., 1982), chap. 6.

15. 이집트의 전략에 대해서는 다음을 참조. Ya' acov Bar-Siman-Tov, *The Israeli-Egyptian War of Attrition 1969-1970* (New York, 1980), chap. 3, pp. 47-59. Ahmed S. Khalidi, "The War of Attrition," *Journal of Palestine Studies*, 3, no. 1 (1973): 61-63; Shimshoni, "Conventional Deterrence," chap. 4.

16. Bar-Siman-Tov, *War of Attrition*, pp. 77-78; and Whetten, *Canal War*, pp. 73-74.

17. Breslauer, "Soviet Policy in the Middle East," p. 76; Rubinstein, *Red Star on the Nile*, pp. 100, 103 외; Arnold Horelick, "Soviet Policy in the Middle East: Policy

from 1955 to 1969," in Hammond and Alexander, *Political Dynamics in the Middle East*, p. 596.

18. 이러한 공습에서 이스라엘의 목표는 이집트에 소모전을 중단하도록 압박하고, 나세르를 정치적으로 깎아내리고, 그리고 가능하다면 그의 축출을 유발하려는 것으로 보인다. Bar-Siman-Tov, *War of Attrition*, pp. 121-25.

19. 자세한 내용은 다음을 참조. Bradford Dismukes, "Large Scale Intervention Ashore: Soviet Air Defense Forces in Egypt," in Dismukes and McConnell, *Soviet Naval Diplomacy*, chap. 6; Glassman, *Arms for the Arabs*, pp. 77-79; Mohamed Heikal, *The Road to Ramadan* (New York, 1975), pp. 83-90; Rubinstein, *Red Star on the Nile*, pp. 107-10; Whetten, *Canal War*, p. 90.

20. Dismukes, "Large Scale Intervention Ashore," p. 233.

21. 휴전을 받아들인 나세르의 동기에 관한 분석은 다음을 참조. Bar-Siman-Tov, *War of Attrition*, pp. 179-81.

22. 이집트의 외부적 상황과 소련과의 관계 간의 연관성은 나세르의 미국 언론인과의 인터뷰에서 솔직하게 드러났다. "우리는 이스라엘과 전쟁을 하는 한, 그리고 평화가 없는 이상, 러시아 전문가들을 배제할 수 없다." Rubinstein, *Red Star on the Nile*, p. 117.

23. 이에 대한 자세한 분석은 다음을 참조. Breslauer, "Soviet Policy in the Middle East," pp. 77-78; Rubinstein, *Red Star on the Nile*, pp. 44-46, 60-63, 75-77, 79, 88; Shimshoni, "Conventional Deterrence," pp. 318-19.

24. 1967년 이후 협상은 2개 강대국 회담(미국-소련), 4개 강대국 회담(미국-소련-영국-프랑스), 자링(Gunnar Jarring)에 의한 유엔 중재, 미 국무장관 로저스에 의해 제시된 몇 개의 독립적인 논의 등 이런저런 포럼들에서 이뤄졌다. 이러한 다양한 노력들에 대한 논의는 다음을 참조. Quandt, *Decade of Decisions*, chap. 3; Spiegel, *Other Arab-Israeli Conflict*, pp. 181-96; Whetten, *Canal War*, chaps. 4-5; Brecher, *Decisions in Israel's Foreign Policy*, chap. 8; and Touval, *Peace Brokers*, chaps. 6 and 7.

25. 1970년 3월 이스라엘의 최신 전투기 요청에 대한 의도적인 대응 지연은 이스라엘의 입장에 있어 약간의 변화를 만들어냈다. 이전에는 이스라엘의 유엔 대사에 의해서만 결의안을 수용했던 것과 달리, 이스라엘 내각은 공개적으로 유엔 결의안 242호를 수용했다. 이는 부분적으로 이스라엘이 항공기를 받게 될 것이라고 닉슨이 개인적으로 보장했기 때문이었다. 그리고 1970년 7월 이스라엘의 휴전 수용은 미국이 "세력균형을 유지"하고, 최신 전자적 대응장치를 제공하고, 그리고 항공기의 인도를 서두르겠다는 약속에 의한 것이었다. 이러한 관점에 대해서는 다음을 참조. Quandt, *Decade of Decisions*, pp. 97-98, 100-102; David Pollock, *The Politics of Pressure: American Arms and Israeli Policy since the Six Day War* (Westport, Conn., 1982), pp. 74-77; Brecher, *Decisions in Israel's Foreign Policy*, pp. 487-88, 493-96; Spiegel, *Other Arab-Israeli Conflict*, pp. 190-91.

26. 카르툼(Khartoum) 정상회담에 대한 설명은 다음을 참조. Lenczowski, *Middle East in World Affairs*, p. 754; Khouri, *Arab-Israeli Dilemma*, p. 310 외; and *MER 1967*, pp. 139-40, 262-66. 총 지원금은 매년 거의 4억 달러에 달했다. 세부적인 내용은 다음을 참조. Kerr, *Arab Cold War*, p. 139; *MER 1968*, p. 165.

27. "Chronology," *MEJ*, 22, no. 1 (1968): 61; Kerr, *Arab Cold War*, pp. 129-33.

28. MER 1967, pp. 140-41, 146; Stookey, Yemen, pp. 248-53. 이런 사안들에 대한 이집트의 견해는 다음을 참조. Rahmy, *Egyptian Policy in the Arab World*, pp. 228-40.

29. 6일 전쟁 이후 사우디아라비아 안보 인식의 요약은 다음을 참조. Safran, *Saudi Arabia*, pp. 122-27 외. 남예멘에서 소련의 역할 증대는 당시 남예멘의 마르크스주의 정권과 낮은 수준의(그리고 궁극적으로 성공적이지 못한) 국경 전쟁 중이었던 사우디아라비아의 입장에서는 매우 걱정스러운 일이었다. 급진적인 세력에 대한 사우디의 두려움은 중동에서 소련의 영향력을 감소시키기 위한 의도적인 활동을 자극했다. 알려진 바에 따르면, 실제로 페이살은 나세르에게 모스크바와의 긴밀한 관계가 초래할 위험에 대해 경고했다. 자세한 내용은 다음을 참조. "'Abd-al-Nasir's Secret Papers," in U.S. Joint Publications Research Service, *Translations on Near East and North Africa*, no. 1865, report 72223 (Washington, D.C., 1978), pp. 128-29. 비밀 문서는 'Abd-al-Majid Farad에 의해 아랍 신문인 *al-Dustur*에 게재된 일련의 기사들이다. 사우디아라비아와 남예멘의 분쟁에 관해서는 다음을 참조. MER 1969-1970, pp. 616-19; Safran, *Saudi Arabia*, pp. 127-30; Katz, *Russia and Arabia*, pp. 76-77.

30. *MER 1968*, pp. 162-63.

31. *MER 1969-1970*, p. 563-64.

32. Dawisha, *Egypt in the Arab World*, pp. 55-56; *MER 1969-1970*, pp. 569-71.

33. Walid Khalidi, ed., *International Documents on Palestine 1969* (Beirut, 1972), pp. 830-31.

34. 이 해석에 관해서는 다음을 참조. Kerr, *Arab Cold War*, pp. 143-46.

35. 1970년 초, 팔레스타인해방기구의 압력으로 후세인은 다수의 내각 관료들을 해임해야 했고, 요르단 정부와 팔레스타인해방기구 사이의 많은 휴전 협정들이 파기되었다. 후세인이 요르단에 있는 팔레스타인해방기구를 통제하기 위해 어떤 행동을 하더라도 팔레스타인 아랍인들의 신성한 명분을 배신하고 있다는 비난을 받을 것이라는 사실은, 후세인의 선택지를 제약했다. 자세한 내용은 다음을 참조. Dawisha, *Egypt in the Arab World*, p. 55; Sinai and Pollock, *Hashemite Kingdom of Jordan*, pp. 56-57; Kerr, *Arab Cold War*, pp. 140-45.

36. 요르단 위기에 대한 설명은 다음을 참조. Quandt, *Decade of Decisions*, chap. 4; Rabin, *Memoirs*, pp. 186-89; Kissinger, *White House Years*, pp. 600-631; Spiegel, *Other Arab-Israeli Conflict*, pp. 196-203; Safran, *Israel*, pp. 451-56. 대부분의 기록에 따르면, 이스라엘은 시리아군이 후세인 군대를 패배시킨다면 후세인을 원조하라는 미국의 요청에 동의했다. 이 약속을 믿고 후세인은 요르단 내의 시리아군을 상대로 모든 공군력을 동원했다.

37. 소련의 행동에 대해서는 다음을 참조. Abram N. Shulsky, "The Jordan Crisis of September 1970," in Dismukes and McConnell, *Soviet Naval Diplomacy*, pp. 168-75; Heikal, *Sphinx and Commissar*, p. 215; William B. Quandt, "Lebanon, 1958, and Jordan, 1970," in Barry M. Blechman and Stephen S. Kaplan, *Force without War: U.S. Armed Forces as a Political Instrument* (Washington, D.C., 1978), pp. 279-81.

38. Quandt, *Decade of Decisions*, pp. 122, 131; Spiegel, *Other Arab-Israeli Conflict*, pp. 201-2. 스피겔은 이스라엘의 응답에 대해 백악관이 국무부보다 훨씬 더 고마워했다고 언급했다.

39. SIPRI, *Arms Trade with the Third World*, p. 545; Quandt, *Decade of Decisions*, pp. 122-23.

40. 자세한 내용은 다음을 참조. Itamar Rabinovich, "Continuity and Change in the Ba'th Regime in Syria," in Rabinovich and Shaked, *From pine to October*, p. 226; Bar-Siman-Tov, *Linkage Politics in the Middle East*, pp. 164-65; Van Dam, *Struggle for Power in Syria*, pp. 89-91.

41. 사다트의 평범한 명성에 관해서는 다음을 참조. Rubinstein, *Red Star on the Nile*, p. 131; Baker, *Egypt's Uncertain Revolution*, pp. 122-24.

42. 자링 사절단에 대한 이스라엘의 거부는 1) 내각 내부의 국내적 분열, 2) 이집트가 초기 협정을 어겼음에도 처벌받지 않았다는 생각, 3) 이스라엘에 "방어할 수 있는 국경"을 제공하도록 1967년 국경이 수정되어야 한다는 이스라엘의 주장에 기인한 것이었다. 자세한 내용은 다음을 참조. Whetten, *Canal War*, pp. 144-49; Safran, *Israel*, pp. 457-59; Quandt, *Decade of Decisions*, pp. 130-36.

43. 이스라엘은 불특정한 상황 하에서의 미래의 철수를 약속하는 것을 피하기 위해 잠정적인 합의와 최종 합의 사이에 어떤 연계도 만들지 않으려 노력했다. 반면 이집트는 이스라엘군이 이집트의 영토에 영구적으로 남아 있을 수 있다는 함의를 피하기 위해 잠정적인 철수가 이후의 합의와 확고하게 결부되기를 원했다. 자세한 내용은 다음을 참조. Quandt, *Decade of Decisions*, pp. 140-43; Safran, *Israel*, p. 459; Whetten, *Canal War*, pp. 171-83, 190-92, 196-99; Touval, *Peace Brokers*, pp. 177-94.

44. 이집트의 참모총장 엘 샤슬리에 따르면, 사다트는 1971년 11월 미국의 도널드 버거스 대표에게 다음과 같이 말했다. "미국인들에 대한 나의 경험은 도저히 당신에 대한 신뢰를 가질 수 없게 합니다. *The Crossing of Canal*(San Francisco, 1980), p. 115. 다음도 참조. Whetten, *Canal War*, p. 199. 사다트는 거듭해서 1971년을 "결단의 해"라고 불렀는데, 이는 계속된 교착상태를 이집트에서 그의 지위에 대한 위협으로 만들었다. Quandt, *Decade of Decision*, p. 143.

45. 이 부분에 대한 분석은 다음의 글을 기반으로 했다. Breslauer, "Soviet Policy in the Middle East," pp. 89-90. 자세한 내용은 다음을 참조. Glassman, *Arms for the Arabs*, pp. 83-87, 90; Whetten, *Canal War*, pp. 162-66, 188.

46. Whetten, *Canal War*, pp. 188-90; Rubinstein, *Red Star on the Nile*, pp. 146-53.

47. 소련의 우려는 6월 2일 프라우다와 이즈베스티아 두 신문에 실린 2개의 기사로 드러났다. 기사는 미국이 소련과 이집트 사이에서 "이간질"하는 것을 비난하고 있다. *MEJ*, 25, no. 4 (1971): 506.

48. Rubinstein, *Red Star on the Nile*, pp. 145-46; Whetten, *Canal War*, pp. 186-88; el-Sadat, *In Search of Identity*, pp. 218, 222-26.

49. 소련의 군사 원조 문제에 관한 자세한 내용은 다음을 참조. Breslauer, "Soviet Policy in the Middle East," pp. 90-91; Heikal, *Road to Ramadan*, pp. 112, 117; Whetten, *Canal War*, p. 154; Glassman, *Arms for the Arabs*, pp. 87-88, 92-94; Robert O.

Freedman, *Soviet Policy in the Middle East since 1970* (New York, 1975), pp. 49, 68, 74-79; Rubinstein, *Red Star on the Nile*, pp. 170-80; el-Sadat, *In Search of Identity*, pp. 228-29, app. A; Oded Eran, "Soviet Policy between the 1967 and 1973 Wars," in Rabinovich and Shaked, *From June to October*, p. 40.

50. Remnek, "Politics of Soviet Access," p. 373: Whetten, *Canal War*, pp. 186-88; el-Sadat, *In Search of Identity*, pp. 218, 222-26; Rubinstein, *Red Star on the Nile*, pp. 145-46.

51. el-Sadat, *In Search of Identity*, p. 228.

52. 자세한 내용은 다음을 참조. Breslauer, "Soviet Policy in the Middle East,' pp. 95-96; Whetten, *Canal War*, p. 228; Heikal, *Sphinx and Commissar*, pp. 241-45; Rubinstein, *Red Star on the Nile*, pp. 188-91, 202-11; el-Sadat, *In Search of Identity*, pp. 228-31.

53. Glassman, *Arms for the Arabs*, p. 96; Freedman, *Soviet Policy in the Middle East*, p. 102; Rubinstein, *Red Star on the Nile*, pp. 215-16, 228-29 외.

54. 자세한 내용은 다음을 참조. Roger Pajak, "Soviet Arms Relations with Syria and Iraq," *Strategic Review*, 4, no. 1 (1976): 55-56; "Soviet Arms Aid in the Middle East since the October War," in U.S. Joint Economic Committee, *The Political Economy of the Middle East: A Compendium of Papers*, 96th Cong., 2d sess., 1980, pp. 476-77; *Strategic Survey 1972*, p. 27; Glassman, *Arms for the Arabs*, pp. 96-97; Galia Golan, *Yom Kippur and After: The Soviet Union and the Middle East Crisis* (Cambridge, England, 1977), pp. 29-30. 시리아는 당시 이집트와 유사한 우호협력조약에 대한 소련의 제안을 명백히 거절했다.

55. 자세한 내용은 다음을 참조. Jaan Pennar, *The USSR and the Arabs: The Ideological Dimension* (New York, 1973), pp. 123-25; Robert O. Freedman, *Soviet Policy in the Middle East since 1970*, rev. ed. (New York, 1981), pp. 51, 76-77; Khadduri, *Socialist Iraq*, p. 145. 소련은 당시의 동맹 제안을 거절했지만, 후세인의 소련 방문은 다른 모든 차원에서는 상당히 성공적이었다.

56. Freedman, *Soviet Policy in the Middle East*, rev. ed., pp. 79-81; Khadduri, *Socialist Iraq*, pp. 145-47; Robert O. Freedman, "Soviet Policy towards Ba' athist Iraq, 1968-1979," in *The Soviet Union in The Third World: Successes and Failures*, ed. Robert H. Donaldson (Boulder, Colo., 1981), pp. 169-72. 인민전선은 순전히 상징적인 조직이었지만, 인민전선의 형성은 소련이 바트당에 더 많은 원조를 할 가치가 있다고 확신하게 만들었다.

57. 1972년 국경 전쟁은 남북 예멘이 서로를 전복시키기 위한 노력에 의해 유발되었다. 두 나라는 반감을 품은 추방자들, 적대적안 부족 집단, 그리고 (남예멘의 경우) 사우디아라비아의 지원에 의존했다. 국경 충돌은 1972년 2월부터 5월까지 간헐적으로 발생했으며, 9월에는 그 수위가 상당히 높아졌다. 이후 아랍연맹의 후원 하에 휴전이 성사되었고, 그리고 양국은 갑자기 통합 결정을 발표했다. 이 결과는 1970년대 내내 지속되었던 긴장이 반영된 것이었고 양 정부는 단일 국가 내의 예멘 국민의 통일을 선호했지만, 어느 쪽도 상대방을 신뢰하지 않았고 권력을 포기할 생각도 없었다. 소련은 전쟁 동안 남예멘에 군

사 원조를 제공했을지라도, 일관되게 협상을 요구했고 공개적으로 휴전협정을 지지했다. 자세한 내용은 다음을 참조. Katz, *Russia and Arabia*, pp. 32-35, 80-81, 84-85; Safran, *Saudi Arabia*, pp. 131-32; M. S. El Azhary, "Aspects of North Yemen's Relations with Saudi Arabia," in Pridham, *Contemporary Yemen*, pp. 196-97.

58. 이 기간 동안 미국과 이스라엘의 관계에 대해서는 다음을 참조. Quandt, *Decade of Decisions*, pp. 132-33; Pollock, *Politics of Pressure*, pp. 104-10, 121-24; Spiegel, *Other Arab-lsraeli Conflict*, pp. 203-9.

59. Quandt, *Decade of Decisions*, p. 147. 이스라엘의 외교장관 아바 에반은 이 시기를 미국 무기 공급의 황금기라고 불렀다. 자세한 내용은 다음을 참조. Pollock, *Politics of Pressure*, pp. 112-14, 124, 126-27; Rabin, *Memoirs*, pp. 193-209; Safran, *Israel*, pp. 462-66.

60. 키신저의 전략에 관한 논문은 다음을 참조. Kissinger, White House Years, pp. 1279, 1285, 1289, 1291, chap. 10; Kissinger, *Years of Upheaval* (Boston, 1981), pp. 196-202, 204-5; Quandt, *Decade of Decisions*, pp. 144-45, 153_54; Spiegel, *Other Arab-lsraeli Conflict*, pp. 172-73, 175-76, 183-84, 211-12, 216.

61. 1972년 미국의 원조는 1억 1,560만 달러까지 증가했으며, 미국은 요르단 공군의 현대화를 위해 24대의 F-5 전투기를 공급하기로 했다. 자세한 내용은 다음을 참조. AID, *Overseas Loans and Grants*; Stookey, *America and the Arab States*, p. 233; Quandt, *Decade of Decisions*, pp. 122-23; "Chronology," *MEJ*, 26, no. 3 (1972): 297-98.

62. 자세한 내용은 다음을 참조. Safran, *Saudi Arabia*, pp. 204-5; Holden and Johns, *House of Sand*, pp. 290-96, 360; "Chronology," *MEJ*, 25, no. 4 (1971): 517; ACDA, *World Military Expenditures and Arms Transfers, 1972-1980* (Washington, D.C., n.d.), p. 107.

63. 아사드의 첫 번째 협력적인 제스처는 시리아가 아랍공화국연방, 즉 1970년에 성립된 이집트, 리비아, 수단의 상징적인 연합에 참여하겠다는 1970년 11월의 발표였다. 연방이 크게 의미 있는 기관은 아니었음에도, 이 제스처는 시리아가 이제 아랍 국가 간 문제에 대해서 협력적인 역할을 하겠다는 점을 드러낸 것이었다. 자세한 내용은 다음을 참조. "Chronology," *MEJ*, 25, no. 3 (1971): 384; 26, no. 1 (1972): 40; Itamar Rabinovich, "Continuity and Change in the Ba'th Regime in Syria, 1967-1973," Barda Ben-Zvi, "The Federation of Arab Republics," in Rabinovich and Shaked, *From June to October*, pp. 179-80, 226-27.

64. el-Shazly, *Crossing of the Canal*, p. 177.

65. 페이살과 사다트의 관계에 대해서는 다음을 참조. Holden and Johns, *House of Sand*, p. 289; Rubinstein, *Red Star on the Nile*, p. 241; Lacey, *The Kingdom*, pp. 392-93.

66. 아디드 다위샤에 따르면, 사우디아라비아는 1967년에서 1973년 사이 이집트에 26억 달러를 제공했다. 알빈 루빈스테인은 1973년이 되자마자 아랍의 산유국들이 무기구매를 위해 3~5억 달러를 주었으며, 추가적으로 4~5억 달러를 제공했다. 이는 1967년 카르툼 정상회담 이래 그들이 제공했던 연례 지원금을 넘어서는 것이었다. 자세한 내용은 다음을 참조. Dawisha, *Egypt in the Arab World*, p. 186; Rubinstein, *Red Star on the Nile*, pp. 241-42.

67. 1970-1972년 사이의 사우디-이집트-시리아의 관계는 다음을 참조. Holden and Johns, *House of Sand*, pp. 294-96, 298-99, 305-7; Heikal, *Road to Ramadan*, pp. 157-58; el-Shazly, *Crossing of the Canal*, pp. 147-49, 168-69; Dawisha, *Egypt in the Arab World*, p. 186; "Chronology," *MEJ*, 26, no. 1 (1972): 50; no. 2 (1972): 178; Lackner, *House Built on Sand*, pp. 118-19; Safran, *Saudi Arabia*, pp. 144-48.

68. "Chronology," *MEJ*, 26, no. 3 (1972): 295-96; 27, no. 3 (1973): 361; 1971-1973년 사이 요르단과 아랍 국가들 간의 혼란스러운 관계에 대해서는 다음을 참조. Whetten, *Canal War*, pp. 219-21.

69. el-Sadat, *In Search of Identity*, pp. 236-37; el-Shazly, *Crossing of the Canal*, pp. 31-32.

70. Whetten, *Canal War*, pp. 234-35; *New York Times*, March 13, 1973; el-Shazly, *Crossing of the Canal*, pp. 173-77; Sunday Times Insight Team, *Insight on the Middle East War* (London, 1974), pp. 34-35. 1973년 2월 키신저와 이집트 국가안보보좌관 이즈마일의 회담에 관한 설명은 다음을 참조. Kissinger, *Years of Upheaval*, pp. 210-16, 223-27. 당연하게도, 키신저는 사다트가 이미 전쟁에 대해 결연한 의지를 가지고 있었다고 주장하며 실패로 끝난 이들 회담과 사다트의 결정 사이에 관계가 없음을 주장했다. 이와 다른 견해에 대해서는 다음을 참조. Matti Golan, *The Secret Conversations of Henry Kissinger* (New York, 1976), pp. 144-46.

71. 제한된 목표 전략의 개념과 아랍의 결정에 대해서는 다음을 참조. John J. Mearsheimer. *Conventional Deterrence* (Ithaca, 1982), pp. 53-56, 155-62. Sunday Times Insight Team, *Insight on the Middle East War*, pp. 39-40; Whetten, *Canal War*, pp. 235-38; el-Shazly, *Crossing of the Canal*, pp. 39, 203, 205; el-Sadat, *In Search of Identity*, p. 242; Chaim Herzog, *The War of Atonement* (Boston, 1975), pp. 25-31.

72. 전쟁이 일어나기 몇 달 전, 페이살 왕은 다음과 같은 의견을 냈다. "시오니즘에 대한 미국의 완벽한 지지는 우리가 미국의 석유 수요를 충족시키는 것을 매우 어렵게 만든다." 석유장관 야메니는 미국이 친이스라엘 정책을 지속한다면 사우디가 수요만큼 생산을 확대하지 못할 수도 있다고 암시했다. 그리고 국방장관 술탄은 사우디아라비아가 "조건부"로 무기를 구매하지 않을 것이라고 말했다. 또한 술탄은 점령된 영토의 회복에 대한 사우디의 공약을 강조하면서 아랍 국가들에 대한 방위는 사우디아라비아를 위한 자기 방위라고 덧붙였다. 자세한 내용은 다음을 참조. Holden and Johns, *House of Saud*, pp. 328, 331-32; "Chronology," *MEJ*, 28, no. 1 (1974): 49; Spiegel, *Other Arab-Israeli Conflict*, pp. 242-45.

73. 전쟁에 관한 설명은 다음을 참조. Herzog, *War of Atonement*; Dupuy, *Elusive Victory*, bk. 5; Quandt, *Decade of Decisions*, chap. 6; Golan, *Yom Kippur and After*, chap. 3; Sunday Times Insight Team, *Insight on the Middle East War*.

74. Kissinger, *Years of Upheaval*, pp. 471-73; Quandt, *Decade of Decisions*, p. 172.

75. 자세한 내용은 다음을 참조. Glassman, *Arms for the Arabs*, p. 130; Whetten, *Canal War*, pp. 285-86, 291; William Durch et al., "Other Soviet Interventionary Forces: Military Transport Aviation and Airborne Troops"; Stephen S. Roberts,

"Superpower Naval Confrontations," in Dismukes McConnell, *Soviet Naval Diplomacy*, pp. 200, 340; William B. Quandt, "Soviet Policy in the October 1973 War," *Research Report R-1864-ISA* (Santa Monica, Calif., 1976), pp. 23-25; Quandt, *Decade of Decisions*, pp. 185-86.

76. Kissinger, *Years of Upheaval*, p. 527.

77. Kissinger, *Years of Upheaval*, pp. 554, 568-91, 597-611; Whetten, *Canal War*, pp. 282-93; Quandt, *Decade of Decisions*, pp. 191-200.

78. Dupuy, *Elusive Victory*, pp. 467-68; Edward Luttwak, Daniel Horowitz, *The Israeli Army* (New York, 1975., pp. 390-91; Herzog, *War of Atonement*, pp. 137-38, 141-43; Whetten, *Canal War*, pp. 271-72.

79. Kissinger, *Years of Upheaval*, pp. 490, 494, 500, 506; Quandt, *Decade of Decisions*, p. 177; Dupuy, *Elusive Victory*, pp. 536-37.

80. 석유 무기화의 효과와 실행에 대해서는 다음을 참조. Quandt, *Decade of Decisions*, p. 188; Quandt, *Saudi Arabia in the 1980s*, pp. 128-29; Holden and Johns, *House of Sand*, "Chronology," *MEJ*, 28, no. 1 (1974): 39; Kissinger, *Years of Upheaval*, pp. 523-24, 328-29, 534-35, 538, 872-74. 불매운동이 사실상 생산 조건과 관련된 기술적인 이유 때문이었다는 보고에 대해서는 다음을 참조. Steven Emerson, *The American House of Sand: The Secret Petrodollar Connection* (New York, 1985), pp. 131-32.

81. 사다트와의 첫 번째 회담에 대한 키신저의 설명은 다음을 참조. Kissinger, *Years of Upheaval*, pp. 635-45. Quandt, *Decade of Decisions*, pp. 216-17; Whetten, *Canal War*, p. 296; Safran, *Israel*, pp. 511-13. 미국의 정책 변화에 관한 사다트의 발언은 다음을 참조. Raphael Israeli, ed., *The Public Diary of President Sadat* (Leiden, The Netherlands, 1978), 2: 448.

82. 이런 사건들에 관해서는 다음을 참조. Charles C. Peterson, "Soviet Mineclearing Operations in the Gulf of Suez," in *Soviet Naval Influence*, ed. Michael MccGwire, John McDonnell (New York, 1977), pp. 540-45; Quandt, *Decade of Decisions*, pp. 246, 271, 280; Kissinger, *Years of Upheaval*, pp. 1125-1130; "Chronology," *MEJ*, 28, no. 3 (1974): 289; no. 4 (1974): 426-27; AID, *Overseas Loans and Grants*; Freedman, *Soviet Policy in the Middle East*, rev. ed., p. 149; "U.S. Economic and Business Relations with the Middle East and North Africa," *Department of State Bulletin*, 74, no. 1429 (June 14, 1976); Edward R. F. Sheehan, *The Arabs, Israelis and Kissinger* (Pleasantville, N.Y., 1976), p. 17; Aronson, *Conflict and Bargaining*, p. 296.

83. 자세한 내용은 다음을 참조. Quandt, *Decade of Decisions*, p. 280; AID, *Overseas Loans and Grants*; Shimon Shamir, "Egypt's Reorientation towards the U.S.? Factors and Conditions of Decisionmaking"; John Waterbury, "The Implications of Infitah for U.S.-Egyptian Relations," in *The Middle East and the United States: Perceptions and Policies*, ed. Haim Shaked, Itamar Rabinovich (New Brunswick, N.J., 1980), pp. 285-86, 358-61 외.

84. 사다트는 그의 회고록을 통해 키신저와의 첫 번째 회담에 대해 자세하게 언급했다. "처

음 한 시간은 내가 완전히 새로운 사고방식, 새로운 정치적 방식과 협상 중이라고 느끼게 만들었다." el-Sadat, *In Search of Identity*, p. 291.

85. 단계별 프로세스에 대한 설명은 다음을 참조. Quandt, *Decade of Decisions*, pp. 224-29, 238-45; Aronson, *Conflict and Bargaining in the Middle East*, pp. 227-32, 239-43; Sheehan, *Arabs, Israelis, and Kissinger*, pp. 109-12, 116-28; Safran, *Israel*, pp. 521-34; Touval, *Peace Brokers*, chap. 9; Spiegel, *Other Arab-Israeli Conflict*, pp. 268-305. 키신저의 견해는 다음을 참조. Kissinger, *Years of Upheaval*, chaps. 18, 23.

86. 자세한 내용은 다음을 참조. Kissinger, *Years of Upheaval*, pp. 619-23; Quandt, *Decade of Decisions*, pp. 215-16; Golan, *Secret Conversations*, pp. 105-11, 242, 246, 251; Pollock, *Politics of Pressure*, pp. 167-70, 179-96.

87. Pollock, *Politics of Pressure*, pp. 180-82.

88. 제2 시나이 협정을 위한 협상은 다음을 참조. Pollock, *Politics of Pressure*, pp. 187-88; Sheehan, *Arabs, Israelis, and Kissinger*, pp. 164-67; Quandt, *Decade of Decisions*, pp. 264-76. 이스라엘의 입장에 대해서는 다음을 참조. Aronson, *Conflict and Bargaining in the Middle East*, pp. 292-300. (비밀 부속서를 포함한) 제2 시나이 협정의 전문은 다음을 참조. U.S. Senate Committee on Foreign Relations, *Hearings on Memoranda of Agreements between the Governments of Israel and the United States*, 94th Cong., 2d sess., 1975, pp. 249-53.

89. 미 국가안보자문기구(DSA, Defense Security Assistance Agency) 국장의 말에 의하면, 이러한 발전은 미국이 "사우디아라비아를 신뢰할 수 있는 친구로 보고 있다"는 점을 보여주었다. 이러한 발전에 대한 자세한 내용은 다음을 참조. *New York Times*, March 18, 1974; Kissinger, *Years of Upheaval*, pp. 656-66, 774-77; Holden and Johns, *House of Sand*, p. 359; U.S. House Committee on international Relations, *United States Arms Policies in the Persian Gulf and Red Sea Areas: Past, Present, and Future*, 95th Cong., 1st sess., 1976, pp. 5, 12, 27 외; "Chronology," *MEJ*, 28, no. 3 (1974): 296; Quandt, *Saudi Arabia in the 1980s*, app. B; U.S. House Committee on International Relations, *Military Sales to Saudi Arabia*, 1975, p. 2.

90. 자세한 내용은 다음을 참조. Quandt, Saudi Arabia in the 1980s, p. 118; U.S. House Committee on International Relations, *Military Sales to Saudi Arabia*, 1975: Spiegel, *Other Arab-Israeli Conflict*, pp. 308-10.

91. Spiegel, *Other Arab-Israeli Conflict*, pp. 283-89.

92. "Chronology," *MEJ*, 28, no. 2 (1974): 165; 29, no. 4 (1975): 443; 30, no. 1 (1976): 70; no. 4 (1976): 527-28; 31, no. 1 (1977): 54; Sinai and Pollock, *Hashemite Kingdom of Iordan*, p. 150; William Griffiths, "Soviet Influence in the Middle East," *Survival*, 18, no. 1 (1976): 5. 원조 금액에 대해서는 다음을 참조. AID, *Overseas Loans and Grants*.

93. 자세한 내용은 다음을 참조. "Chronology," *MEJ*, 29, no. 2 (1975): 184; AID, *Overseas Loans and Grants*; Galia Golan and Itamar Rabinovich, "The Soviet Union and Syria: The Limits of Cooperation," in *The Limits to Power: Soviet Policy in the Middle East*, ed. Ya' acov Roi (London, 1979), p. 220.

94. 아사드의 발언과 관련해서는 다음을 참조. Spiegel, *Other Arab-Israeli Conflict*, p. 303; "Chronology," *MEJ*, 30, no. 1 (1976): 64.

95. 자세한 내용은 다음을 참조. "Chronology," *MEJ*, 28, no. 3 (1974): 289; no. 4 (1974): 426-27; 29, no. 1 (1975): 71; no. 2 (1975): 187-88; Dawisha, *Soviet Foreign Policy towards Egypt*, pp. 73-74; Rubinstein, *Red Star on the Nile*, pp. 307-11; Amnon Sella, *Soviet Political and Military Conduct in the Middle East* (New York, 1981), pp. 132-36; Remnek, "Politics of Soviet Access," pp. 376-77.

96. Rubinstein, *Red Star on the Nile*, pp. 322-24. 사다트가 유럽의 경제 원조를 끌어내기 위해 미국이 후원하는 순방을 하는 동안 조약의 폐기를 발표한 것은 언급할 가치가 있다.

97. Sella, *Soviet Political and Military Conduct*, p. 138.

98. Pajak, "Soviet Arms Aid," p. 478; Golan, *Yom Kippur and After*, p. 213.

99. 이들 사건에 대해서는 다음을 참조. Golan, *Yom Kippur and After*, pp. 183-85, 213-31; Freedman, *Soviet Policy in the Middle East*, rev. ed., pp. 163-67, 210-11; Golan and Rabinovich, "Soviet Union and Syria," pp. 216-19; "Chronology," *MEJ*, 30, no. 1 (1976): 65-66; Pajak, "Soviet Arms Aid," p. 478.

100. 자세한 내용은 다음을 참조. Pajak, "Soviet Arms Aid," p. 470; John C. Campbell, "The Soviet Union and the Middle East," in U.S. Congress, Joint Economic Committee, *Political Economy of the Middle East*, p. 361; Golan, *Yom Kippur and After*, pp. 242-43; Freedman, *Soviet Policy in the Middle East*, rev. ed., pp. 161-63; Avigdor Haselkorn, *The Evolution of Soviet Security Strategy, 1965-1975* (New York, 1978), p. 79.

101. 이라크는 1974년 약 7,000만 달러 상당의 프랑스 무기를 구매했고, 부통령 후세인은 "이라크는 이러한 문제에 있어 자유롭게 행동할 권리를 갖고 있다"고 말했다. 이라크의 대외무역에서 소련이 차지하는 비율은 1973년 22%에서 다음 2년간 12%로 낮아졌다. 이와는 대조적으로 미국과의 무역은 1973년 2,000만 달러에서 1974년과 1975년에 2억 달러 이상으로 상승했다. 자세한 내용은 다음을 참조. Pajak, "Soviet Arms Aid," pp. 47-71; Orah Cooper, "Soviet-East European Economic Relations with the Middle East," in U.S. Congress, Joint Economic Committee, *Political Economy of the Middle East*, p. 284. 이란과 이라크 사이의 합의에 관한 세부사항은 다음을 참조. Khadduri, *Socialist Iraq*, pp. 245-60.

102. Pajak, "Soviet Arms Aid," pp. 471-72.

103. Freedman, *Soviet Policy towards the Middle East*, rev. ed., pp. 159-61, 200-201.

104. 팔레스타인해방기구에 대한 소련의 원조는 다음을 참조. Galia Golan, "The Soviet Union and the PLO," in *The Palestinians and the Middle East Conflict*, ed. Gabriel Ben-Dor (Ramat Gan, *Israel*, 1979), pp. 230-33 외. 남예멘과의 관계는 다음을 참조. Katz, *Russia and Arabia*, pp. 84-85; "Chronology," *MEJ*, 29, no. 1 (1975): 67; U.S. House Committee on International Relations, *U.S. Arms Policies in the Persian Gulf*, p. 75.

105. Golan, "Soviet Union and the PLO," p. 241.

106. "Chronology," *MEJ*, 28, no. 2 (1974): 160-61.

107. Itamar Rabinovich, "The Challenge of Diversity: American Policy and the System of Inter-Arab Relations, 1973-1977," in Shaked and Rabinovich, *The Middle East and the United States*, pp. 186-88; Quandt, *Decade of Decisions*, pp. 233-35.

108. 자세한 내용은 다음을 참조. Lenczowski, *Middle East in World Affairs*, p. 497; U.S. House Committee on International Relations, *Military Sales to Saudi Arabia*, 1975, pp. 18-19; "Chronology," *MEJ*, 30, no. 1 (1976): 64; no. 2 (1976): 201; no. 4 (1976): 525; Rabinovich, "Challenge of Diversity," pp. 188-89; Paul Juriedini, Ronald P. McLaurin, "The Hashemite Kingdom of Jordan," in *Lebanon in Crisis: Participants and Issues*, ed. P. Edward Haley and Lewis Snider (Syracuse, N.Y., 1979), pp. 153-58; *MECS 1976-1977*, pp. 154-55. 제2 시나이 협정에 대한 시리아와 요르단의 반대는 두 가지 방식으로 설명할 수 있다. 보다 일반적인 설명은 이집트-이스라엘 단독 평화가 이스라엘이 처벌 받지 않으면서 다른 곳에서 양보를 거부할 수 있게 하는, 아랍의 대의 명분에 대한 배신으로 여겨졌다는 것이다. 다른 설명은 아사드와 후세인이 속으로는 이집트의 움직임을 호의적으로 보았다는 것이다. 먼저, 아사드의 경우는, 그러한 움직임이 이집트를 고립되게 만들었고, 유일하게 중요한 대결 국가로서 시리아의 입지를 강화시켰기 때문이다(이라크나 리비아 같은 다른 강경 국가들은 호전적인 결의안을 채택하는 것 이상의 행동을 할 수 없었다). 후세인의 경우는, 이집트의 이스라엘과의 성공적인 평화가 합의에 도달하려는 그의 노력들을 정당화하고, 그를 대신해 어떤 거래를 할 수 있는 팔레스타인의 능력을 감소시킬 것이기 때문이었다.

109. 자세한 내용은 다음을 참조. Alan R. Taylor, *The Arab Balance of Power* (Syracuse, N.Y., 1982), p. 55; "Chronology," *MEJ*, 29, no. 1 (1975): 67.

110. 리비아는 사다트가 1971년 통일 합의를 폐기한 이후 이집트와 불화 상태에 있었고, 남예멘과 사우디아라비아는 여전히 극도로 의심스러워했으며, 시리아와 이라크는 1960년대 초 이래 숙적이었다. 따라서 '거부전선(Rejection Front)'은 모든 구성원들 각자의 이해관계를 반영했다.

111. 시리아와 이라크 사이의 간헐적인 불화는 1) 유프라테스 강 수로의 분할에 관한 분쟁, 2) 이라크에 있는 시리아인 장교들에 대한 공격, 3) 시리아의 이라크 외교관 추방을 놓고 격렬해졌다. 자세한 내용은 다음을 참조. "Chronology," *MEJ*, 29, no. 3 (1975): 336-37; no. 4 (1975): 441-42, 448.

112. 팔레스타인해방기구에 대한 시리아의 개입은 1) 팔레스타인 민족 운동을 통제하려는 시리아의 욕구, 2) 그 싸움이 이스라엘 개입의 구실을 줄 것이라는 두려움, 3) 레바논의 많은 부분을 포함하는 대시리아에 대한 자신의 주장을 강화하기 위한 목적에서 비롯되었다. 이 사건들에 대한 자세한 내용은 다음을 참조. Khalidi, *Conflict and Violence in Lebanon*, pp. 84-85, 167; Adeed Dawisha, *Syria and the Lebanese Crisis* (London, 1981), pp. 37-38, 72-74; Adeed Dawisha, "Syria in Lebanon? Assad's Vietnam?" *Foreign Policy*, no. 33 (1978-1979): 136-40; Itamar Rabinovich, "The Limits of Military Power: Syria's Role," in Haley and Snider, *Lebanon in Crisis*, pp. 59-64.

113. 시리아의 개입에 대한 소련의 반응은 다음을 참조. Dawisha, *Decisions in Israel's Foreign Policy*, pp. 169-70; Pajak, "Soviet Arms Aid," pp. 479-81; Freedman, *Soviet Policy*, rev. ed., pp. 242-52, 255-60. 소련은 잠시 무기 선적을 중단했고, 알려진 바에

따르면 아사드는 다수의 소련 고문관들을 추방하고 시리아 내 해군, 공군 시설에 대한 소련의 접근을 축소했다.

114. 자세한 내용은 다음을 참조. Safran, *Saudi Arabia*, pp. 245-50; Strategic Survey 1976, pp. 84-88; Lenczowski, *Middle East in World Affairs*, pp. 381-86; *MECS 1976-1977*, pp. 147-50; Taylor, *Arab Balance of Power*, pp. 68-69; Dawisha, *Syria and the Lebanese Crisis*, pp. 112-13.

115. 이 분석은 사프란의 연구를 따른다. Safran, *Saudi Arabia*, p. 251.

116. 행정부의 노력은 적절한 회의와 참가국들에 대해 모든 당사자들로부터 동의를 받아야 하는 엄청난 어려움으로 인해 좌절되었다. 사다트는 이러한 회의가 목적을 달성하지 못할 것이라고 확신했다. 게다가 그는 이러한 접근이 시리아가 가능성 있는 제안들에 대해 거부권을 행사하도록 허용하면서 소련이 지역에서 영향력을 되찾게 할 것이라고 염려했다. 자세한 내용은 다음을 참조. Touval, *Peace Brokers*, pp. 288-89; Safran, *Israel*, p. 604 외. William B. Quandt, *Camp David: Peacemaking and Politics* (Washington, D.C., 1986), chaps. 4-6.

117. 자세한 내용은 다음을 참조. Howard M. Sachar, Egypt and Israel (New York, 1981), pp. 260-61; Michael Handel, The Diplomacy of Surprise: Hitler, Nixon, Sadat (Cambridge, Mass., 1981), pp. 303-5, 328-29, 337-38; Moshe Dayan, Breakthrough: A Personal Account of the Egypt-Israel Peace Negotiations (New York, 1981), pp. 38-52; el-Sadat, *In Search of Identity*, pp. 308-9.

118. 캠프 데이비드 협상에 관한 설명과 분석은 다음을 참조. Quandt, *Camp David*; Sachar, *Egypt and Israel*, pp. 278-86; Jimmy Carter, *Keeping Faith: Memoirs of a President* (New York, 1982), pp. 319-403; Zbigniew Brzezinski, *Power and Principle: Memoirs of the National Security Advisor, 1977-1981* (New York, 1983), chap. 7; Safran, *Israel*, pp. 609-12; *MECS 1977-1978*, pp. 123-29; Spiegel, *Other Arab-Israeli Conflict*, pp. 353-61; Touval, *Peace Brokers*, pp. 298-303 외. 캠프 데이비드 협정은 시나이의 이집트 반환과 양국의 완전한 외교적 관계와 함께 완전한 평화를 요구했으며, 서안지구의 "자치 당국" 설립을 위한 몇 가지 일반원칙을 명시하고 5년 이내에 최종적인 지위를 결정하도록 했다. 협정의 원문은 다음을 참조. *MECS 1977-1978*, pp. 149-54.

119. 평화조약을 위한 협상에 대한 가장 완전한 설명은 다음을 참조. Quandt, *Camp David*, chaps. 10-11. 윌리엄 번스에 따르면, 사다트는 훨씬 더 많은 것을 얻고 싶어했다. 다음을 참조. William Burns, *Economic Aid and American Policy*, pp. 192-93.

120. *MECS 1977-1978*, p. 217.

121. *MECS 1977-1978*, pp. 225-26.

122. 사다트는 캠프 데이비드 협정 이후 그의 평화 계획을 포기하는 대가로 아랍으로부터 50억 달러를 제의받았으나 거절했다. 자세한 내용은 다음을 참조. *MECS 1977-1978*, pp. 228-29 외. *MECS 1978-1979*, pp. 215-16. 전체적인 캠프 데이비드 프로세스에 대한 사우디아라비아의 양면적인 태도에 대해서는 다음을 참조. Safran, *Saudi Arabia*, pp. 260-63. 사우디아라비아는 사다트가 아랍의 국가들이 수용할 수 있는 협상을 하기를 원했지만 결과는 그렇지 못했다.

123. *MECS 1977-1978*, pp. 232-33.

124. *MECS 1977-1978*, pp. 236-38.

125. Taylor, *Arab Balance of Power*, pp. 77-80; *MECS 1978-1979*, pp. 214-17, 235-36 외. Safran, *Saudi Arabia*, pp. 262-64, 275-76, 279-81.

126. 제2차 바그다드 회담의 결의안에 대해서는 다음을 참조. Foreign Broadcast Information Service, "Daily Report for Middle East and North Africa," April 2, 1979, pp. A1-A5; Quandt, *Saudi Arabia in the 1980s*, pp. 20-21.

127. Taylor, *Arab Balance of Power*, p. 79; *MECS 1978-1979*, pp. 240-41; Safran, *Saudi Arabia*, chap. 14.

128. 사프란이 명확히 밝혔듯이, 사우디아라비아는 이란과 이라크 사이에서 미묘한 균형 정책을 취해왔다. 그들은 이 정책이 가진 모순적 속성에도 불구하고, 처음에는 이라크와의 관계를 강화하면서 이란을 달래려고 했다. 바그다드가 새롭게 온건한 성향을 보이고 있음에도 불구하고, 사우디아라비아는 이란으로부터 위협뿐만 아니라 이라크의 야망에 대해서도 걱정했다. 그 결과 그들은 작은 걸프 국가들과의 직접적인 안보협정에서 바그다드를 배제하려 했다. 그러나 이란을 달랠 수 없다는 사실이 드러나자, 사우디아라비아는 두 개의 위협 중 더 작은 쪽을 끌어안았고 바그다드에 대한 공공연한 지원에 나섰다. 자세한 내용은 다음을 참조. Safran, *Saudi Arabia*, pp. 361-62; Ispahani, "Alone Together," pp. 158-60.

129. *MECS 1979-1980*, pp. 196-97.

130. 지배적인 아랍의 합의를 벗어나지 않으려고 노력하면서, 후세인은 제2차 바그다드 정상회담 이후 시리아, 사우디아라비아, 이라크, 요르단이 참여하는 합동 군사 계획을 요청했다. 이는 갈등이 확대될 때 라이벌 아랍 진영들 사이에서 선택을 해야 하는 상황을 피하기 위함이었다. 자세한 내용은 다음을 참조. Taylor, *Arab Balance of Power*, pp. 86-87; *MECS 1977-1978*, pp. 232-33.

131. *MECS 1979-1980*, p. 198.

132. 시리아-이라크 통합 합의의 붕괴에 대해서는 다음을 참조. *MECS 1978-1979*, pp. 238-40.

133. 시리아가 이집트를 고립시키기 위해 이라크와의 통합과 바그다드 정상회의에서 온건한 아랍 국가들과 협력을 추구하기로 하면서 아랍 강경전선(The Steadfastness Front)은 1979년 시들해졌다. 이러한 계획이 틀어지자마자 시리아는 급진적인 아랍 세력과 이란에 의지했는데, 이는 부분적으로 이스라엘에 맞서는 팔레스타인 대의명분을 지지하는 주요 대결 국가로서 자신의 지위를 강조하기 위한 것이었다. 이 사건들에 대해서는 다음을 참조. *MECS 1979-1980*, pp. 178-86.

134. 요르단은 이 기간 동안 매년 2억 달러 이상의 경제 및 군사 원조를 받았다. 이 문단에 서술된 사건들에 대해서는 다음을 참조. Holden and Johns, *House of Saud*, pp. 485-87; Seth P. Tillman, *The United States in the Middle East* (Bloomington, Ind., 1982), pp. 98-106, *MECS 1977-1978*, pp. 686-88; Spiegel, *Other Arab-Israeli Conflict*, pp. 346-50; Safran, *Saudi Arabia*, pp. 305-6.

135. 이런 관점에 대해서는 다음을 참조. Spiegel, *Other Arab-Israeli Conflict*, pp. 363; Safran, *Saudi Arabia*, pp. 304-5.

136. Spiegel, *Other Arab-Israeli Conflict*, pp. 373-77.

137. Holden and Johns, *House of Sand*, pp. 499-500.

138. 이런 조치들에 관해서는 다음을 참조. *MECS 1978-1979*, p. 22; Safran, *Saudi Arabia*, pp. 301-4.

139. *New York Times*, January 24, 1980. 신속전개합동기동부대(RDJTF)의 역할과 임무에 관해서는 다음을 참조. Thomas L. McNaugher, *Arms and Oil* (Washington, D.C., 1985).

140. 사우디는 소련과 이란의 위협에 대항하는 미국의 지원을 매우 원했지만, 미국의 군사 계획에 대한 적극적인 참여는 그들을 "시온주의 침략자"와 동맹을 맺은 "제국주의" 세력 의 도구라는 (급진적인 아랍 국가들이나 이란의) 비난에 취약하게 만들 것이다. Quandt, *Saudi Arabia in the 1980s*, pp. 55-57.

141. 실제로 1980년 이라크는 소련보다 프랑스로부터 더 많은 무기를 구매했다. 자세한 내 용은 다음을 참조. *MECS 1979-1980*, p. 62.

142. Fukuyama, "Soviet Union and Iraq," pp. 56-61.

143. 이라크는 친서방이나 친미국으로 변하지 않았다. 이라크는 소련 무기를 계속 구매했 고(이라크의 군대가 소련 무기에 익숙했고 소련의 무기가 상대적으로 저렴했기 때문이 었다) 미국에 적대적인 상태로 있었다. 그럼에도 불구하고, 이라크의 정책은 1971년 모 스크바와 공식적인 조약을 추진했던 정권이라는 점을 생각하면 놀라운 변화였다.

144. 아사드는 4월 방문 동안 소련과 시리아 사이에 여전히 "견해의 차이"가 존재한다고 공 개적으로 말했지만, 방문의 전반적인 분위기는 서로를 지지하는 쪽이었다. 이러한 다양 한 사건들에 관해서는 다음을 참조. Pajak, "Soviet Arms Aid," pp. 481-84; Morris Rothenberg, "Recent Soviet Relations with Syria," *Middle East Review*, 10, no. 4 (1978); Rashid Khalidi, "Soviet Middle East Policy in the Wake of Camp David," *Institute for Palestine Studies Papers*, no. 3 (Beirut, 1979), pp. 23-25, 31-33.

145. *MECS 1979-1980*, pp. 65-66.

146. 자세한 내용은 다음을 참조. *MECS 1977-1978*, p. 667; Katz, *Russia ami Arabia*, pp. 91-92; Safran, *Saudi Arabia*, pp. 285-88.

147. J. B. Kelly, *Arabia, the Gulf, and the West* (New York, 1980), pp. 470-73; *MECS 1977-1978*, pp. 655-66. 마크 카츠는 쿠데타에서 바르샤바조약기구의 역할에 관한 증 거는 불충분하다고 결론내렸다. Katz, *Russia and Arabia*, p. 92.

148. Katz, *Russia and Arabia*, pp. 93-94.

149. 반 홀렌에 따르면, 사우디아라비아는 북예멘에 경제 개발과 무기 구입을 위한 다양한 자금 외에도, 직접적인 예산 지원으로 매년 약 4억 달러를 제공하고 있었다. 더 자세한 내용은 다음을 참조. Christopher Van Hollen, "North Yemen: A Dangerous Pentagonal Game," *Washington Quarterly*, 5, no. 3 (1982): 139.

150. *MECS 1978-1979*, p. 63. 추가적인 내용은 다음을 참조. Katz, *Russia and Arabia*, pp. 46-47; U.S. House Committee on International Relations, *U.S. Arms Policies in the Persian Gulf*, pp. 73-82; Yodfat, *Soviet Union and the Arabian Peninsula*, pp. 105-8.

151. 이집트에 대한 배척은 이라크가 아랍 세계의 지배권에 도전할 길을 열었고 다시 부상

한 이집트가 사우디아라비아에 제기할 수도 있는 위험을 감소시켰다. 많은 불리한 점들에도 불구하고, 이집트가 과거에 수차례 사우디를 위협하고 이라크의 야망을 억제해왔다는 사실과 아랍 세계에서 이집트의 규모, 군사력, 지적인 탁월함이 이집트를 지역의 잠재 강대국으로 만들었다는 사실을 잊어서는 안 된다.

152. 예를 들어, 사우디는 남예멘과 북예멘에 대한 지원과 반대 사이에서 갈팡질팡했으며, 이란에 대해서는 처음에는 유화적이었지만 나중에는 반대했다. 그리고 시리아에 재정적 지원을 하는 동안 시리아의 숙적인 이라크와도 긴밀한 관계를 형성했다. 시리아의 경우는 이집트와의 협력에서 강경전선과의 연합으로, 그리고 이라크와의 통합 합의로 전환했고, 이후 강경전선으로 되돌아갔다.

05 균형과 편승

1. 사회과학 방법론에 관해서는 다음을 참조. Alexander L. George, "Case Studies and Theory Development," paper presented to the 2d Annual Symposium on Information Processing, Carnegie-Mellon University, October 15-16, 1982; Arthur L. Stinchcombe, *Constructing Social Theories* (New York, 1968); Donald Campbell and Julian Stanley, *Experimental and Quasi-Experimental Designs for Research* (Chicago, 1963); Hubert Blalock, *Basic Dilemmas in the Social Sciences* (Beverly Hills, Calif., 1984); Paul Diesing, *Patterns of Discovery in the Social Sciences* (Chicago, 1971), chaps. 11, 13, 18, 19.

2. 다수의 독립변수들이 모두 결과에 영향을 미칠 때, 상관관계 접근방식은 제한된다. 이러한 제한은 정량적인 자료를 이용해 각각의 변수들을 제어함으로써 해결될 수 있다. 그러나 주로 정성적인 자료를 가지고 이렇게 할 수 있는 간단한 방법은 없다. 지도층의 증언을 활용할 수는 있으나, 회고록이나 다른 진술들은 화자의 수단적 동기에 의해 크게 영향을 받으므로 신중하게 사용되어야 한다.

3. 가장 확실한 사례는 아랍과 이스라엘이 그들의 경쟁 관계를 유지할 수 있게 한 후원국-피후원국 관계, 예멘 내전에서 전쟁 중인 양측에 주어진 지원, 그리고 1973년 10월 전쟁을 벌인 아랍연합이다.

4. 자세한 내용은 다음을 참조. Hurewitz, *Middle East Politics*, p. 79; Roi, *From Encroachment to Involvement*, pp. 214-16; Dawisha, *Soviet Foreign Policy towards Egypt*, p. 11.

5. Spiegel, *Other Arab-Israeli Conflict*, p. 54 외. 미국의 계산에 있어 반공산주의 사고의 지배에 대해서는 다음을 참조. George and Smoke, *Deterrence in American Foreign Policy*, chap. 11; Quandt, "United States Policy in the Middle East," pp. 508-12; Seale, *Struggle for Syria*, chap. 21. 예를 들어, 아이젠하워 독트린은 "기존 힘의 공백이 러시아에 의해 채워지기 전에 반드시 미국이 채워야 한다"는 이유로 정당화되었다. 자세한 내용은 다음을 참조. Eisenhower, *Waging Peace*, p. 178. 덜레스도 같은 생각이었다. 그는 "국제 공산주의 지도자들은 중동지역을 차지하기 위해서는 어떤 위험도 감수할 것이다"라고 말했다. Seale, *Struggle for Syria*, p. 285.

6. 소련은 아이젠하워 독트린을 "소련에 맞서 중동 지역을 군사전략적 '연병장'으로 전환하기 위한 수단"이라고 비판했다. 그리고 지역 내 모든 외국 군사기지의 제거를 반복적으로 요구했고, 반제국주의나 반서방 입장을 채택하는 국가들을 일관되게 지원했다. 자세한 내용은 다음을 참조. Roi, *From Encroachment to Involvement*, pp. 214-16, 226; Arnold L. Horelick, "*Soviet Policy in the Middle East*," in Hammond and Alexander, *Political Dynamics in the Middle East*, pp. 566-73; Khrushchev, *Khrushchev Remembers*, chap. 16.

7. 미국이 아랍에 접근한 동기에 관해서는 다음을 참조. Gaddis, *Strategies of Containment*, pp. 223-25; Badeau, *American Approach to the Arab World*, pp. 10-13, 17-19, 137; Safran, *From War to War*, pp. 132-33; Spiegel, *Other Arab-Israeli Conflict*, pp. 97-98.

8. 자세한 내용은 다음을 참조. Spiegel, *Other Arab-Israeli Conflict*, pp. 103-5, 122; Aronson, *Conflict and Bargaining in the Middle East*, p. 44; Reich, *Quest for Peace*, pp. 39-41. 존슨 대통령의 회고록은 미국의 동기에 대한 이런 해석을 뒷받침한다. 존슨이 6일 전쟁 몇 달 전 상황을 묘사했듯이, "중동의 모든 국경 분쟁에 내재된 위험은 … 소련과 미국 사이의 궁극적인 대결이었다." Johnson, *Vantage Point*, p. 288.

9. 사프란에 따르면, 급진적인 아랍 국가들에 대한 지원 증가는 "이 국가들이 미국과 반목하게 했고, 이미 시작된 화해를 무효화할 최고의 기회를 제공했다." Nadav Safran, *From War to War*, p. 12. 6일 전쟁 이전 소련의 중동 정책의 목표에 대해서는 다음을 참조. Heikal, *Sphinx and Commissar*, pp. 167-68; Dawisha, *Soviet Foreign Policy towards Egypt*, pp. 35-38; Horelick, "*Soviet Policy in the Middle East*," pp. 580-86; Oded Eran and Jerome E. Singer, "Soviet Policy towards the Arab World 1955-71," *Survey*, 17, no. 4 (1971): 20-23.

10. Wells, "The June 1967 Arab-Israeli War," in Dismukes and McConnell, *Soviet Naval Diplomacy*, pp. 158-68. 웰스는 6일 전쟁에서의 소련의 행동을 "소련이 제3세계 강압 외교에서 의미 있는 해군력을 활용한 첫 번째 사례"로 특징지었다.

11. 헤이칼에 따르면, 나세르가 친미 성향의 대통령이 당선되도록 사임하겠다고 위협했을 때, 소련은 방공 부대와 조종사 제공을 계속 거부할 수 없었다. Heikal, *Road to Ramadan*, p. 82. 이집트 시설에 접근할 수 있게 됨으로써 소련이 얻은 전략적 이익에 관해서는 다음을 참조. Robert G. Weinland, "Land Support for Naval Forces: Egypt and the Soviet Escadra, 1962-1976," *Survival*, 20, no. 2 (1979); and Malcolm Kerr, "Soviet Influence in Egypt 1967-73," in *Soviet and Chinese Influence in the Third World*, ed. Alvin Z. Rubinstein (New York, 1975).

12. 닉슨과 키신저 시절 미국의 중동 정책이 가진 일반적인 특징은 다음을 참조. Quandt, *Decade of Decisions*, pp. 76-77, 79-80, 121-27; Kissinger, *White House Years*, chap. 10, 특히 pp. 347, 334, 368, 373-79; Spiegel, *Other Arab-Israeli Conflict*, pp. 171-73, 216-17, 224-25. 이에 관한 키신저의 의견은 다음을 참조. *New York Times*, July 3, 1970, p. 1; *New York Times*, December 5, 1973, p. 18.

13. 키신저가 데탕트 관계를 이용해 어떻게 이집트에서 소련의 입지를 약화시켰는지는 다음을 참조. Breslauer, "*Soviet Policy in the Middle East*"; Kissinger, *White House*

Years, pp. 1246-48. 소련의 행동에 대한 집착은 키신저의 10월 전쟁에 대한 설명을 통해 명백하게 드러난다. Kissinger, *Years of Upheaval*, p. 468 외; Spiegel, *Other Arab-Israeli Conflict*, pp. 250-52, 255-56.

14. 평화 프로세스에 대한 소련의 태도를 구체화한 10월 전쟁 이후 소련의 정책에 관한 연구는 다음을 참조. Golan, *Yom Kippur and After*, 특히 4장

15. 1979년 남북 예멘 간의 전쟁 동안, 미국은 지원의 표시로 2대의 조기경보기를 사우디아라비아에 보냈으며, 북예멘 정권에 추가적인 군사적 지원을 실시했다. 다음을 참조. *MECS 1978-1979*, p. 63; Katz, *Russia and Arabia*, pp. 35-38; Holden and Johns, *House of Sand*, pp. 501-2.

16. Leo Tansky, *U.S. and USSR Aid to Developing Countries: A Comparative Study of India, Turkey, and the UAR* (New York, 1967), pp. 18-19. 나세르는 미국과 소련의 경쟁을 이집트에 매우 좋은 것이라고 보았으며, 초강대국들이 이집트의 충성을 얻기 위해 경쟁하기를 원했다. Baker, *Egypt's Uncertain Revolution*, pp. 45-46.

17. 1963년 요르단이 무기를 얻기 위해 모스크바로 전향할 수 있다는 암시는 미국이 M-48 전차와 최신 항공기를 팔게 했다. 그리고 1968년, 후세인은 미국이 요르단에 무기 수송을 재개하도록 하기 위해 모스크바를 방문, 소련과 외교 관계를 수립했다. 1976년에는 요르단이 방공 체계를 위해 소련과 협상 중이라고 밝힘으로써 호크 미사일 판매에 대한 미 의회의 반대를 극복했다. 한편, 1960년대 초 미국의 나세르에 대한 구애, 1970년 나세르의 사임 위협, 1972년 사다트의 소련 고문단 추방은 모두 소련이 이집트에 대한 지원을 증가시키도록 자극했다.

18. 이러한 관점에 대해서는 다음을 참조. Breslauer, "Soviet Policy in the Middle East"; Hurewitz, *Middle East Politics*, pp. 94-95.

19. 자세한 내용은 다음을 참조. Waltz, "Stability of a Bipolar World"; *Snyder and Diesing, Conflict among Nations*, pp. 419-29; Dinerstein, "Transformation of Alliance Systems."

20. 구체적인 사례로는 소모전 동안 방공부대 제공을 포함한, 이집트와 시리아에 대한 소련의 무기 지원, 1950년대 이스라엘과 프랑스의 암묵적 동맹과 1960년대 중반 이래 이스라엘과 미국의 광범위한 협력, 1969-1970년 실패로 끝난 시리아, 이라크, 요르단의 동부 사령부, 1973년 10월 전쟁을 위해 형성된 이집트-사우디-시리아 연합을 들 수 있다.

21. 소련은 이집트, 시리아, 북예멘, 남예멘, 이라크와 점진적으로 긴밀한 관계를 수립했다. 미국의 경우 사우디아라비아, 요르단, 이라크(1958년까지), 이스라엘, 이집트(사다트 집권 시기)와 동맹 관계를 형성했다.

22. 헤이칼은 두 흥미로운 사건을 관련지었다. 1956년 수에즈 전쟁 동안, 시리아 대통령 꾸와틀리는 모스크바를 방문하여 소련이 이집트의 지원에 나서 줄 것을 요청했다. 헤이칼에 따르면, 당시 소련의 국방장관 주코프는 지도를 들고 꾸와틀리에게 물었다. "우리가 어떻게 이집트에 원조를 하러 갈 수 있겠는가? 말해보시오! 우리가 터키, 이란, 시리아, 이라크를 지나 이스라엘까지 육군을 보내 영국과 프랑스군을 공격해야 하는가?" Heikal, *Sphinx and Commissar*, pp. 70-71. 2년 뒤, 바그다드의 새 정권에 대한 서방의 압박이 발생할 것에 대비하여, 나세르는 소련에게 이라크 혁명에 대한 지원을 요청했다. 소련은 나세르에게 "제3차 세계대전을 위한 준비가 되지 않았다"고 경고했다. 흐루쇼프는 터키

국경 근처에서 군사훈련을 지시할 수 있다고 말했다. 하지만, "기동 외에는 아무것도 하지 않을 것"이라고 나세르에게 경고했다. Heikal, *Cairo Documents*, pp. 134-35.

23. 변화하는 군사적 능력의 영향에 관한 결론을 이끌어내려면 매우 신중해야 한다. 행동은 인식의 영향을 받기 때문이고, 중동의 지도층이 1950년대 동안 미국과 소련의 대변인들이 내세운 주장을 받아들이고 과장했을 수도 있기 때문이다. 이 시기 동안 공식 문헌에서 소련의 능력은 매우 과대평가되었기 때문에, 소련 군사력의 인상적인 실제 성장은 그다지 뚜렷하지 않을 수 있다.

24. 1958년 소련에 대한 이라크의 태도 변화는 알 아사드 정권을 전복한 혁명에 따른 것이었다. 소련에 가까워졌다가 소원해진 예멘의 움직임은 1962년 혁명과 그 이후 1969년 내전에 대한 합의의 결과였다. 그리고 이집트의 동맹 재조정은 이스라엘에 대한 미국의 영향력을 이용하려는 사다트의 소망, 서방의 투자를 유치해야 할 필요성, 그리고 특히 이집트에 있는 대규모 소련군이 그의 행동의 자유에 가하는 위협에 근거한 것이었다. 미국과 소련 간의 세력균형은 이러한 사건들 중 어느 것과도 관련이 없었다.

25. 일반적인 동맹 형성에 관해서는 다음을 참조. Rothstein, *Alliances and Small Powers*, p. 62. 중동에 관한 유사한 관찰은 다음을 참조. Brown, *International Politics and the Middle East*, pp. 198-214.

26. 예를 들어, 미국은 1951년 중동 사령부를 설립하려는 노력을 기울였는데, 이는 1954-1955년에 견고한 북부권/바그다드 협약 동맹을 구축하고, 1957년 아이젠하워 독트린을 통한 반공산주의 연합을 건설하고, 1960년대 초와 1970년대 초 이집트를 소련으로부터 떼어놓고, 1980년대 소련에 대한 전략적 컨센서스를 구축하기 위한 것이었다. 이집트의 동맹 재조정만이 성공을 거뒀다. 소련 또한 유사하게 행동했다. 그들은 반복적으로 진보 세력의 전선을 강화하려고 했고, 이들 "진보" 정권들 사이의 반복적인 분열을 한탄했으며, 특정 중동 국가들을 도울 때마다 다른 중동 국가들에서 자신의 입지를 해쳤다.

27. 물론, 전 세계적 균형의 변화(change) 정도가 지역 국가들의 반응을 보장할 만큼 크지 않았을 수도 있다. 지금까지 발생한 중요한 변화들을 고려해볼 때, 그러한 변화가 약소국의 동맹 선호에 영향을 미치려면 어느 초강대국의 능력에 있어 특별한 변화(shift)가 있어야 한다고 결론 내리는 것이 안전하다.

28. 예를 들어, 1975년 소련의 GNP는 요르단의 800배, 이라크의 63배, 시리아의 150배 이상이었다. 국방비 지출은 소련이 요르단의 400배, 이라크의 500배, 이스라엘(국방에 가장 많은 예산을 투자한 지역 국가)의 42배 정도였다. 물론 두 초강대국의 핵무기로 인한 비대칭성을 제외하더라도, 미국과 이러한 지역 국가들 사이에도 유사한 능력 불균형이 존재했다. 계산에 사용된 자료는 다음을 참조. ACDA, *World Military Expenditures and Arms Transfers 1978*.

29. Seale, *Struggle for Syria*, p. 201.

30. Heikal, *Cairo Documents*, p. 40. 헤이칼은 다음의 글에서 이러한 견해들이 널리 퍼져 있다고 전했다. "소련은 분명 위협을 의미했지만, 이로부터 즉각적이거나 직접적인 위험이 있다고 느껴지지는 않았다. 나세르를 포함한 많은 사람들은 소련과 아랍 국가들이 국경을 맞대고 있지 않다는 사실이 소련이 아랍 국가들에 대해 군사적 행동을 취하는 것을 억제할 것이라고 여겼다." Mohamed Heikal, "Egyptian Foreign Policy," *Foreign Affairs*, 56, no. 4 (1978): 720.

31. Nutting, *Nasser*, p. 271.

32. Seale, *Struggle for Syria*, p. 188.

33. 자세한 내용은 다음을 참조. Gazit, *President Kennedy's Policy*, p. 49; David Ben-Gurion, *Israel: A Personal History* (New York, 1971), pp. 688-89; Brecher, *Decisions in Israel's Foreign Policy*, pp. 247-48, 412-13; *Tanter and Stein, Rational Decisionmaking*, pp. 218-19.

34. Seale, *Struggle for Syria*, pp. 217, 224, 226.

35. 1973년 요르단에 대한 미국의 압박은 다음을 참조. Kissinger, *Years of Upheaval*, pp. 494-300.

36. 1979년, 사우디아라비아의 GNP는 760억 달러였고, 미국의 국방 예산은 약 1,500억 달러였다. 즉, 미국의 국방 지출이 사우디아라비아 전체 경제력의 약 2배에 달했다. 사우디의 국방 지출은 총 200억 달러로 미국의 13%였다. 그러나 사우디보다 재정 규모가 작은 중동 국가들에게 사우디의 재정적 자산은 실질적인 영향을 미칠 수 있다.

37. 나세르의 발언은 다음에서 인용. Meyer, *Egypt and the United States*, p. 123. 사다트의 발언은 다음에서 인용. Aronson, *Conflict and Bargaining*, p. 407. 사다트의 유사한 발언은 다음을 참조. Israeli, *Public Diary of Sadat*, 1: 238, 378. 나세르 또한 다음과 같은 진술에서 초강대국과 피후원국 사이의 시각 차이에 대한 그의 인식을 드러냈다. "초강대국으로서 미국과 소련이 함께 회담을 할 때 … 그들은 특히 정치적 합의 사안에 있어 강대국과 약소국 간에 사용되는 언어와는 다른 언어를 사용한다." 자세한 내용은 다음을 참조. "'Abd-al-Nasir's Secret Papers," p. 70.

38. 공격과 방어 능력에 관한 가설을 개념화하고 검증하는 어려움에 대해서는 다음을 참조. Levy, "The Offense/Defense Balance in Military Technology." 공격력은 수적 우위, 기존 능력의 더 효과적인 이용, 기술 발전, 정치적 선전, 전복 등에서 기인할 수 있다. 중요한 상황적인 요인들로는 근접성, 지리, 공격받은 국가들의 정치적 응집력 등이 있다.

39. 이 사건들의 영향에 대해서는 다음을 참조. Brecher, *Decisions in Israel's Foreign Policy*, pp. 228-29, 254~55, 258, 262-63; Crosbie, *Tacit Alliance*, pp. 14-15 외; Love, *Suez*, pp. 71, 75, 137; Seale, *Struggle for Syria*, p. 247; Shimon Peres, *David's Sling* (New York, 1970), chap. 3.

40. 수에즈 위기가 나세르의 위신에 미친 영향에 대해서는 다음을 참조. Nutting, *Nasser*, pp. 86-89, 193-96; Stephens, *Nasser*, pp. 251-54; Steven R. David, "The Realignment of Third World Regimes from One Superpower to the Other: Ethiopia's Mengistu, Somalia's Siad, and Egypt's Sadat" (diss., Harvard University, 1980), pp. 201-2; Nadav Safran, "Arab Politics: Peace and War," *Orbis*, 18, no. 2 (1974): 380.

41. 이 시기 아랍 정권들 사이의 혼란스런 관계에 대한 분석은 6장을 참조.

42. Nutting, *Nasser*, p. 433.

43. 이스라엘의 군사력이 완전히 우위를 점하고 1967년 7월 굴욕적인 패배로 다양한 아랍 세력들의 정당성이 약화되면서, 이스라엘은 주요 위협이 되었다. 나세르마저도 전쟁의 여파로 심각한 국내적 항의에 직면했다.

44. 자세한 내용은 다음을 참조. Stephens, *Nasser*, pp. 157-59; Brecher, *Decisions in*

Israel's Foreign Policy, pp. 255-57; Glassman, *Arms for the Arabs*, p. 9. 가자지구 습격은 이스라엘의 의도에 대한 이집트의 인식에도 영향을 미쳤을 것이다.

45. 아랍과 이스라엘의 군비 경쟁에 대해서는 다음을 참조. Safran, *From War to War*, chaps. 4, 5; Hurewitz, *Middle East Politics*, chaps. 24, 25; Colin S. Gray, "Arms Races and Their Influence on International Stability," Yair Evron, "Arms Races in the Middle East and Some Arms Control Measures Related to Them," *Dynamics of a Conflict: A Reexamination of the Arab-Israeli Conflict*, ed. Gabriel Sheffer (Atlantic Highlands, N.J., 1975).

46. 자세한 내용은 다음을 참조. Seale, *Struggle for Syria*, p. 301; Dawisha, *Egypt in the Arab World*, pp. 125-26; Aruri, *Jordan*, pp. 138-46; Safran, *Saudi Arabia*, p. 66 외.

47. 자세한 내용은 다음을 참조. Safran, *Israel*, pp. 338-40; Brecher, *Decisions in Israel's Foreign Policy*, pp. 115-22; Roi, *Soviet Decisionmaking in Practice*, pp. 417-23; Karen B. Konigsberg, *Red Star and Star of David: Soviet Relations with Israel* (senior thesis, Princeton University, 1986).

48. 자세한 내용은 다음을 참조. Stookey, *America and the Arab States*, p. 196; Nutting, *Nasser*, pp. 374-82; Stephens, *Nasser*, pp. 457-65; Burns, *Economic Aid and U.S. Policy*, p. 168.

49. Safran, *From War to War*, pp. 279-81. 한 소식통은 나세르가 1968년 11월 이집트 지도자 모임에서 다음과 같이 연설한 것으로 전한다. "미국과의 공존은 없을 것이다. 나세르가 권력을 쥐고 있는 동안 … 미국인들은 그와 합의에 도달하지 못할 것이다." " 'Abd-al-Nasir' s Secret Papers," pp. 40, 68-69, 87-88.

50. " 'Abd-al-Nasir' s Secret Papers," pp. 4-5; Rubinstein, *Red Star on the Nile*, pp. 63-65, 98-103. 물론, 소련과 관련된 나세르의 호의적인 발언들은 이 시기 동안 이집트가 소련의 원조에 의존했기 때문일 수도 있다.

51. 나세르는 사망 직전인 1970년 4월, 미국에 "새롭고, 진지하고, 명확한 시작"을 개시하기를 간청하고 7월에 로저스 휴전을 받아들임으로써 잠깐 동안의 긴장 완화를 시도했다. 이 노력은 나세르의 태도가 부드러워졌다는 점, 소모전의 비용이 과도함을 인식하고 있다는 점을 시사한다. 하지만 이집트가 로저스 협정을 위반하는 방공망의 확대를 시도했을 때 다시 긴장 국면으로 돌아섰다는 점은 나세르가 살아있는 동안 큰 성과를 거두지 못했다는 것을 나타낸다. 이러한 관점에 대해서는 다음을 참조. Shamir, "Egypt's Pro-U.S. Orientation," p. 280.

52. 이런 관점에 대해서는 다음을 참조. Quandt, *Decade of Decisions*, pp. 151-52; el-Sadat, *In Search of Identity*, pp. 230-33; Heikal, *Road to Ramadan*, p. 183; and David, "Realignment of Third World Regimes," pp. 320-24.

53. 이 결론은 다음의 논문에서 제시된 분석을 확장한다. Snyder and Diesing, *Conflict among Nations*, pp. 421-29. 그들은 양극체제에서 동맹의 대상을 결정할 때는 지리나 이념과 같은 다른 고려사항에 근거해야 한다고 인식했다. 그러나 지리적 요소나 공격력이 불확실할 때는, 이념이나 인지된 의도 같은 요소들이 훨씬 더 중요해질 것이다. 이념의 효과에 대해서는 6장에서 다룰 것이다.

54. 이런 관점은 다음을 참조. "Abd-al-Nasir' s Secret Papers," pp. 125-29; Safran, *Saudi*

Arabia, pp. 124, 126, 139-42, 145-49.

55. 자세한 내용은 다음을 참조. Dawisha, *Egypt in the Arab World*, p. 195; Baker, *Egypt's Uncertain Revolution*, pp. 141-42; Holden and Johns, *House of Sand*, pp. 288-89, 295-97.

56. 아사드는 1970년 11월 권력을 잡은 후, 이스라엘에 맞서는 "광범위한 아랍 전선"과 "모든 아랍의 참여"를 요구했다. 그는 전임자와는 다르게 1972년 유엔 결의안 242호에 대해 조건부로 수용하겠다고 제안했고, 그럼으로써 시리아와 시리아의 새로운 동맹인 이집트와 사우디아라비아 사이의 또 다른 방해물을 제거할 수 있었다. Rabinovich, "Continuity and Change in the Ba'th Regime in Syria," pp. 226-27.

57. 아랍과 이스라엘의 인식에 관한 증거는 다음을 참조. Yehoshofat Harkabi, *Arab Attitudes to Israel* (Jerusalem, 1972); John Edward Mroz, *Beyond Security: Private Perceptions among Arabs and Israelis* (New York, 1980); Ralph K. White, "Misperception in the Arab-Israeli Conflict," *Journal of Social Issues*, 33, no. 1 (1977); Daniel Heradstveit, *The Arab-Israeli Conflict: Psychological Obstacles to Peace* (Oslo, 1979); and Heradstveit, *Arab and Israeli Elite Perceptions* (Oslo, 1974).

58. 기본적인 요점을 손상시키지 않는, 이러한 관찰의 예외는 시리아가 요르단 내전에 개입하는 동안 후세인 왕에 대한 이스라엘의 지원이었다. 이 행동에 대한 설명은 매우 간단하다. 이스라엘과 요르단은 서로를 두려워하기보다 팔레스타인해방기구와 시리아가 요르단에서 승리하는 것을 두려워했다.

59. 여기서 언급된 동맹들은 다음과 같다. 1) 영국, 프랑스, 이스라엘의 수에즈 전쟁 연합, 2) 요르단, 사우디아라비아, 이라크의 왕정 동맹, 3) 아이젠하워 독트린의 후원 아래 요르단 및 사우디아라비아의 미국과의 동맹, 4) 1962년 사우디와 요르단의 방위조약, 5) 1963년 시리아와 이라크의 짧은 안보협정, 6) 1965-1966년, 사우디아라비아의 페이살이 창설한 이슬람 협약.

60. 자세한 내용은 다음을 참조. Holden and Johns, *House of Saud*, pp. 187-88, chap. 14; Safran, *Saudi Arabia*, pp. 87-90.

61. Hussein, *Uneasy Lies the Head*, p. 104.

62. Hussein, *Uneasy Lies the Head*, p. 157.

63. 자세한 내용은 다음을 참조. Hussein, *My "War" with Israel*, pp. 57, 60-61, 65-66; Dupuy, *Elusive Victory*, pp. 285-87; Herzog, *Arab-Israeli Wars*, pp. 169-70.

64. Whetten, *Canal War*, p. 238. 한 보고서에 따르면, 후세인은 골란고원에 대한 시리아의 공격이 성공하는 경우에만 이스라엘을 공격하기로 동의했다. Herzog, *War of Atonement*, p. 30.

65. Kerr, *Arab Cold War*, p. 128.

66. 이런 관점에 대해서는 다음을 참조. Kissinger, *Years of Upheaval*, pp. 490, 494, 500, 508; Quandt, *Decade of Decisions*, p. 177; Dupuy, *Elusive Victory*, pp. 536-37.

67. 1970년대 이집트의 경제적 어려움에 관한 설명은 다음을 참조. Ajami, *Arab Predicament*, pp. 90-100; Baker, *Egypt's Uncertain Revolution*, pp. 135-37; Yusif A. Sayegh, *The Economies of the Arab World* (London, 1978), pp. 358-59, 363-64; Dawisha, *Egypt in the Arab World*, p. 186.

68. 이런 관점에 대해서는 다음을 참조. Israeli, *Public Diary of Sadat*, 2: 448; Safran, *Israel*, p. 468; el-Sadat, *In Search of Identity*, pp. 230-31; Golan, *Secret Conversations of Henry Kissinger*, pp. 145-46; Kissinger, *Years of Upheaval*, pp. 223-27, 460, 637-38.

69. 스티븐 데이비드는 사다트의 동맹 재조정에 대한 완벽한 역사적 설명을 제공한다. "Realignment of Third World Regimes," pp. 418-45. 비록 그는 넓은 범위의 요인들을 다루고 있지만(특히 사다트 결정의 국내 정치에 초점을 맞추면서), 그의 견해는 여기서 제공하는 보다 이론적인 해석과 일치한다.

06 이념과 동맹 형성

1. 어려움은 다음과 같은 점들 때문에 발생한다. 1) 흔한 이념적 명칭(예를 들어, 사회주의)은 각각의 사람들에게 서로 다른 의미를 가질 수 있다(그럼으로써 합의에 대한 잘못된 인상을 만들어낸다). 2) 정치지도자들이 중요한 목적을 위해(예를 들어, 동맹으로부터 더 큰 지원을 얻기 위해) 이념적 합의의 정도를 의도적으로 과장할 수 있다. 3) 유사한 국가들 사이의 동맹은 다른 요인들(예를 들어, 외부 위협)에 의해 형성될 수 있으며, 이는 이념이 효과적이라는 잘못된 인상을 만들어낼 수 있다.

2. 이라크 바트당은 1963년 삼국통합 협정으로 처음으로 시리아, 이집트와의 동맹을 모색했다. 이러한 합의가 붕괴되었을 때, 이라크 바트당은 시리아와 양자동맹을 형성했다. 이후 아레프에 의한 바트당의 축출은 이집트와 이라크가 다시 화합하게 했다. 1968년 권력을 다시 찾은 이라크 바트당은 적극적으로 소련에 구애했고, 1972년 소련과의 우호조약에 서명했다.

3. Kerr, *Arab Cold War*, p. vi; Paul C. Noble, "The Arab System: Opportunities Constraints, and Pressures," in *The Foreign Policies of Arab States*, ed. Bahgat Korany, Ali E. Hillal Dessouki (Boulder, Colo., 1984), pp. 67-68

4. 1967년 헤이칼은 "사회적 차이는 과거나 미래에 맡겨야 한다. 이제는 광범위한 민족적, 애국적 아랍 국가 간 전선에 대한 지속적인 필요성이 있다."고 썼으며, "아랍 영토의 방어는 아랍 국가들 간 사회적, 정치적 차이와 상관없이 모든 아랍 국가들의 공동 책임"이라고 주장했다. 나세르는 "우리는 어떤 아랍 국가의 사회 체제도 바꾸고 싶지 않다. … 우리는 모든 아랍 국가가 진정한 아랍이기를 바랄 뿐이다. … 전쟁은 모든 아랍의 소총, 자금, 병력을 동원하도록 요구한다"고 말했다. *MER 1967*, p. 135.

5. 이러한 연합에 대한 대략적인 판정은 다음과 같이 할 수 있다. 1954-1979년 시기에는 중동지역에 이집트(1954-1973), 시리아(1963-1979), 예멘(1962-1970), 이라크(1958-), 남예멘 등 5개의 좌익 독재 정권이 있었다. 또한 9개의 다른 정권들(민주주의이거나 군주제, 온건한/우익 독재) 즉, 이집트(1974-1979), 시리아(1954-1958), 이라크(1954-1958), 북예멘(1954-1961, 1971-1979), 요르단, 사우디아라비아, 레바논, 이스라엘이 있었다. 만약 이념이 초강대국 동맹에 아무런 영향을 미치지 않았다면, 소련과 미국은 각각 그 시기 35%의 좌익 독재 정권(5/14)과 65%의 다른 정권들(9/14)과 동맹을 맺었을 것이다. 그러나 실제로 소련의 9개 중동지역 동맹국 중 6개국은 좌익 독재 국가였고, 나머지 2개

국은 달랐다(1954-1958 시리아, 1955-1961예멘). 미국은 이 지역의 좌익 독재 정권과는 절대 동맹을 맺지 않았다. 따라서 소련은 이념이 아무런 영향력이 없었을 경우 예상되는 것보다 두 배 더 자주 좌익 독재 국가와 동맹을 맺었고, 미국은 대충 예상되는 것보다 거의 50% 더 자주 우익 정권이나 민주적 정권과 동맹을 맺었다.

6. 이러한 관점에 대해서는 다음을 참조. Snyder and Diesing, *Conflict among Nations*, pp. 420-21; Dinerstein, "Transformation of Alliance Systems," p. 593 외; Waltz, "Stability of a Bipolar World."

7. 조지 케넌은 "이것은 세계가 자신의 적이라는 논지에서 자신이 옳다는 것을 증명하려는 모든 사람들의 부정할 수 없는 특권이다. 만약 그가 충분히 자주 되풀이하고 그의 행동의 배경으로 삼는다면, 그가 결국 옳을 수밖에 없다"라고 기술했다. George F. Kennan (Mr. X), "The Sources of Soviet Conduct," *Foreign Affairs*, 25, no. 4 (July 1947).

8. 이것은 이념이 시리아의 동맹 선택에 있어 아무런 역할도 하지 않았다고 주장하는 것은 아니다. 단지 다른 좌익 국가들과 동맹을 맺으려는 경향은 의심할 바 없이 미국의 정책에 의해 조장되었다는 것이다.

9. 소련의 외교정책에서 이념의 역할은 다음을 참조. Karen Dawisha, "The Roles of Ideology in the Decisionmaking of the Soviet Union," *International Relations*, 4, no. 2 (1972); R. N. Carew-Hunt, Samuel L. Sharp, Richard Lowenthal, "Ideology and Power Politics: A Symposium," in *The Conduct of Soviet Foreign Policy*, ed. Erik P. Hoffman and Frederic J. Fleron, Jr. (New York, 1980), pp. 101-36; Vernon V. Asparturian, "Ideology and National Interest in Soviet Foreign Policy," in *Process and Power in Soviet Foreign Policy*, ed. Vernon V. Asparturian (Boston, 1971).

10. 자세한 내용은 다음을 참조. Heikal, *Cairo Documents*, p. 41; Nutting, *Nasser*, pp. 50, 85.

11. Karen Dawisha, "The Soviet Union in the Middle East: Great Power in Search of a Leading Role," in *The Soviet Union and the Third World*, ed. E. J. Feuchtwanger and Peter Nailor (New York, 1981), p. 119.

12. Laqueur, *Struggle for the Middle East*, p. 65.

13. McLane, *Soviet-Middle East Relations*, p. 30; Roi, *From Encroachment to Involvement*, pp. 275-78.

14. Heikal, *Cairo Documents*, p. 152.

15. 이집트의 대답은 대표단의 수장인 사다트가 소련의 지도자인 후르시초프에 보내는 편지의 형태를 취했다. 관련 내용은 다음을 참조. Roi, *From Encroachment to Involvement*, p. 343.

16. Mohamed Heikal, "Communism and Ourselves: Seven Differences between Communism and Arab Socialism: History Does not Unfold on a Closed Path," *al-Ahram*, August 4, 1961; *Political and Social Thought in the Contemporary Middle East*, ed. Kamal H. Karpat (New York, 1982), pp. 117-22.

17. 자세한 내용은 다음을 참조. Shamir, "The 'Licensed Infiltration' Doctrine in Practice"; Horelick, "*Soviet Policy in the Middle East*," pp. 577, 580.

18. Roi, *From Encroachment to Involvement*, p. 468 외.

19. Pennar, *USSR and the Arabs*, p. 81.

20. Schwartz, "Failed Symbiosis," p. 22.

21. 실제로 바트당이 1958년 이집트와의 통합을 추구하게 만든 것은 공산주의자들의 권력 장악에 대한 그들의 두려움이었다.

22. Robin Buss, "Wary Partners: The Soviet Union and Arab Socialism," *Adelphi Papers No. 73* (London, 1970), p. 2; Pennar, *USSR and the Arabs*, pp. 101-3.

23. 자세한 내용은 다음을 참조. Smolansky, Soviet Union and Arab East, pp. 245-62; Yodfat, Arab Politics in the Soviet Mirror, pp. 111-17; Laqueur, *Struggle for the Middle East*, pp. 84-86.

24. 자세한 내용은 다음을 참조. Roi, *From Encroachment to Involvement*, pp. 419-24, 432-34; Avigdor Levy, "The Syrian Communists and the Ba'th Power Struggle, 1966-1970," in Confino and Shamir, *USSR and the Middle East*, pp. 396-98.

25. 시리아는 1966년 1억 2,000만 달러의 차관을 받았고, 군사 원조의 가치는 약 2억 달러에 달했다. 소련은 오랫동안 지연되었던 유프라테스 강의 댐에 대한 재정 지원과 건설을 약속했다. 세부적인 내용은 다음을 참조. SIPRI, *Arms Trade with the Third World*, p. 548; Lenczowski, *Soviet Advances in the Middle East*, pp. 113-15; McLane, *Soviet-Middle East Relations*, pp. 91-92, 96.

26. Levy, "Syrian Communists and the Ba'th"; *MER 1969-1970*, pp. 427-29, 431-32.

27. 자세한 내용은 다음을 참조. Pennar, *USSR and the Arabs*, pp. 114-15. 바트당의 우세의 예시로서, 1977년 8월 선출된 인민위원회에서 195명의 대표자 중 125명이 바트주의자였다. 1976년 8월 시리아 내각 36명 중에는 21명이 바트주의자였으며, 2명만이 공산주의자였다. 바트주의자들은 또한 총리, 국방, 외교, 내무장관 등 주요 직위를 모두 장악했다. 세부적인 내용은 다음을 참조. *MECS 1976-1977*, pp. 608-10.

28. 나세르에 대한 직접적인 도전으로, 흐루쇼프는 1959년 "동부 아랍의 국가들에서보다 이라크에서 더 진보적인 체제가 수립되고 있다"고 발언했다. 2개의 반제국주의 아랍 국가들 사이에서 선택을 강요받은 소련은, 공산당이 주도적인 역할을 수행하고 있는 국가를 더 선호했다.

29. 이 책의 3장에 있는 각주 79번을 참고할 것.

30. Smolansky, *Soviet Union and Arab East*, chap. 7, p. 108.

31. 자세한 내용은 다음을 참조. Smolansky, *Soviet Union and Arab East*, pp. 233-36; Roi, *From Encroachment to Involvement*, p. 363; SIPRI, *Arms Trade with the Third World*, p. 557; Fukuyama, "Soviet Union and Iraq," p. 25.

32. 아레프의 보수적인 사고방식과 강력한 종교적 신념은 이라크 공산주의에 대한 그의 혐오감에 영향을 끼쳤지만, 아레프는 공산주의를 적극적으로 압박하거나 박해하지는 않았다. 자세한 내용은 다음을 참조. Uriel Dann, "The Communist Movement in Iraq since 1963," in Confino and Shamir, *USSR and the Middle East*, pp. 378-81. 진보적인 아랍 국가들에 대한 소련의 평가는 다음을 참조. *MER 1967*, pp. 7, 26-28.

33. 자세한 내용은 다음을 참조. Fukuyama, "Soviet Union and Iraq," pp. 44-45; Khadduri, *Socialist Iraq*, pp. 81-87, 97-99, 145.

34. 자세한 내용은 다음을 참조. Fukuyama, "Soviet Union and Iraq," pp. 49-52, 56-58, 69; Khadduri, *Socialist Iraq*, pp. 87-91; Helms, *Iraq*, pp. 77-82.

35. 남예멘의 내부 정치와 소련-남예멘 관계에 대한 분석은 다음을 참조. Mylroie, "Soviet Presence in the PDRY"; Francis Fukuyama, "A New Soviet Strategy?" *Commentary*, 68, no. 4(1979): 55-56. 더욱 구체적인 내용은 다음을 참조. Katz, *Russia and Arabia.*

36. 이집트의 사회주의 계획에 대해서는 다음을 참조. Waterbury, *Egypt of Nasser and Sadat*, chaps. 4 and 5; Baker, *Egypt's Uncertain Revolution*, pp. 60-69. 시리아에 대해서는 다음을 참조. Rabinovich, *Syria under the Ba' th*, pp. 139-43, 178-79, 207. 소련의 반응은 다음을 참조. Yodfat, *Arab Politics in the Soviet Mirror*, pp. 64-73, 124-43.

37. 이라크의 개발 계획에 대해서는 다음을 참조. Penrose and Penrose, Iraq, chap. 18; Khadduri, *Socialist Iraq*, chap. 6; Peter Mansfield, *The Middle East: A Political and Economic Survey*, 3th ed. (London, 1980), pp. 343-55. 소련과의 관계에 대해서는 다음을 참조. Fukuyama, "Soviet Union and Iraq," pp. 35-36, 49, 54.

38. 예를 들어, 이집트의 첫 번째 5개년 계획 기간 동안 소비재 생산은 50% 이상 증가되었다. 대조적으로 이 기간 동안 중간재 및 자본재 생산은 감소했다. 세부적인 내용은 다음을 참조. Waterbury, *Egypt of Nasser and Sadat*, p. 89. 마지드 카두리는 정권의 공공부문 개발 공약에도 불구하고 1970년대 동안 민간 부문에 대한 이라크의 투자가 증가하고 있다고 보고했다. Khadduri, *Socialist Iraq*, p 130.

39. 이집트에 대해서는 다음을 참조. Waterbury, *Egypt of Nasser and Sadat*, chap. 12. 시리아에 대해서는 다음을 참조. Mansfield, *Middle East*, pp. 537-38. 시리아에서 그러한 경향은 더 큰 집단화(예를 들어, 농업협동조합을 통한)의 방향을 가리킨다는 점과 이집트는 6일 전쟁 이후 자신의 토지개혁 프로그램을 제한해야만 했다는 점을 고려하면, 이 점을 과대평가하지 말아야 한다. 비록 진행은 느렸지만 이라크는 가장 공격적인 토지 개혁을 추구했고 협동농장, 집단농장, 국가농장의 설치를 통해 농촌의 민간부문을 제거하려고 했다. 자세한 내용은 다음을 참조. Penrose and Penrose, *Iraq*, pp. 454-60; Khadduri, *Socialist Iraq*, pp. 117-23; Robert Springborg, "New Patterns of Agrarian Reform in the Middle East and North Africa," *MEJ*, 31, no. 2 (1977).

40. 이런 관점에 대해서는 다음을 참조. Waterbury, *Egypt of Nasser and Sadat*, pp. 96-97; Mansfield, *Middle East*, pp. 147-48, 354, 535, 541; Petran, *Syria*, pp. 251-32.

41. 자세한 내용은 다음을 참조. Laqueur, *Soviet Union and the Middle East*, p. 156; Yodfat, *Arab Politics in the Soviet Mirror*, p. 6; Roi, *From Encroachment to Involvement*, p. 156.

42. Roi, *From Encroachment to Involvement*, pp. 351-52.

43. Schwartz, "The Failed Symbiosis," pp. 5-9.

44. V. L. Tyagunenko, *Problems of Contemporary National Liberation Revolutions*, Schwartz, "The Failed Symbiosis," p. 8에 인용되어 있음.

45. 이런 관점에 대한 증거는 다음을 참조. Schwartz, "Failed Symbiosis"; Katz, *Third World in Soviet Military Thought*; U.S. Ftouse Committee on Foreign Affairs, *The Soviet Union and the Third World*, pp. 17-37.

46. 다음의 인용들은 이 주제에 관한 나세르의 주장이 상당한 연속성을 갖추고 있음을 보여

준다. 1) "침략의 경우, 아랍 국가들은 서방과의 연계나 제휴 없이 이 지역을 방어하기 위한 책임을 진다. … 따라서 우리는 제국주의의 위협으로부터 안전해질 것이다." Love, *Suez*, p. 88. 2) "수년 동안, 제국주의는 아랍 세계의 분열을 위해 노력하고 있다. … 제국주의는 아랍의 통일을 반대할 뿐만 아니라, 아랍의 목표가 통일되는 것 또한 막고 싶어한다. … 통일은 제국주의에 맞서는 강력한 힘이기 때문이다." Dawisha, *Egypt in the Arab World*, p. 125. 3) "아랍과 이스라엘의 분쟁은 정치적, 사회적 해방을 바라는 아랍과 이 지역에 대한 지배와 지속적인 착취를 바라는 제국주의 간 모순의 결과물이다." *MER 1969-1970*, p. 97. 추가적인 내용은 다음을 참조. Harkabi, *Arab Attitudes*, pp. 142-51; Baker, *Egypt's Uncertain Revolution*, p. 46; Vatikiotis, *Nasser and His Generation*, pp. 230-39, 274, 350-53; Dawisha, *Egypt in the Arab World*, p. 127 외.

47. V. B. Lutskiy, "The Revolution of July 1952 in Egypt." *The Middle East in Transition*, ed. Walter Z. Laqueur (New York, 1958), p. 502에 인용되어 있음.

48. "President Nasser's Visit," *New Times*, May 1958; *Soviet News*, May 16, 1958. Roi, *From Encroachment to Involvement*, pp. 252-54에 인용.

49. Nikita S. Khrushchev, "On the Middle East—Speech to the 21st Congress of the Communist Party of the Soviet Union, January 27, 1959." *The Foreign Policy of the Soviet Union*, ed. Alvin Z. Rubinstein (New York, 1969), p. 401에 인용되어 있음.

50. "'Abd-al Nasir's Secret Papers," p. 5. 추가적인 내용은 다음을 참조. Rubinstein, *Red Star on the Nile*, pp. 59-65.

51. Dawisha, *Soviet Foreign Policy towards Egypt*, p. 118.

52. 자세한 내용은 다음을 참조. Torrey, *Syrian Politics and the Military*, pp. 269-70, 294-96, 303-4; Devlin, *Ba'th Party*, pp. 31-32.

53. Roi, *From Encroachment to Involvement*, p. 232.

54. "Resolutions of the Sixth Congress of the Arab Ba'th Socialist Party," *Arab Political Documents 1963*, p. 444. 의회는 또한 사회주의 진영과의 강력한 관계는 "제국주의의 전략적 입지를 허무는 새롭고 진정한 가능성을 만들 것이다"라고 선언했다. 그러나 많은 바트당 지도자들은 이 결의안을 받아들이지 않았으며, 모스크바와의 관계 증진 목표는 수년 동안 이행되지 못했다.

55. 시리아 바트당과 소련 공산당 대표자들은 1967년 1월 공동선언문을 발표했다. "양 당은 … 아랍 세계에서의 제국주의의 음모와 반동을 비난한다. … 식민주의, 제국주의, 반동에 대한 완전한 승리를 위해 세계의 모든 사회주의 및 진보적 세력을 더욱 결집할 필요성이 있음을 단언한다." Roi, *From Encroachment to Involvement*, pp. 422-23, 434.

56. 제국주의에 관한 시리아의 믿음을 뒷받침하는 자료는 다음을 참조. Dawisha, *Syria and the Lebanese Crisis*, pp. 103, 106, 108, 147, 152, 182; Raymond A. Hinnebusch, "Revisionist Dreams, Realist Strategies: The Foreign Policy of Syria," in Korany and Dessouki, *Foreign Policies of Arab States*, pp. 291-92.

57. 자세한 내용은 다음을 참조. Khadduri, *Republican Iraq*, pp. 10-11, 14, 47; Fukuyama, "Soviet Union and Iraq," pp. 23-24; Smolansky, *Soviet Union and Arab East*, pp. 102-6, 112-16.

58. Yodfat, *Arab Politics in the Soviet Mirror*, p. 180. 아레프는 이집트와 이라크의 통합

정치 사령부가 "제국주의를 놀라게 할 권력을 낳을 것"이라고 주장했다. 세부적인 내용은 다음을 참조. Khadduri, *Republican Iraq*, p. 225. 6일 전쟁 이후, 아레프는 브레즈네프에게 아랍 국가들이 소련을 "제국주의에 맞서 싸우는 그들과 함께 하는 우호적인 사람들"로 본다고 말했다. 관련하여 다음을 참조. " 'Abd-al-Nasir' s Secret Papers," p. 20.

59. Khadduri, *Socialist Iraq*, pp. 228-29. 1972년 이라크의 부통령 사담 후세인이 모스크바를 방문하는 동안, "아랍 국가들의 연대와 그들의 친구인 사회주의 국가들과의 협력을 깨트리려는 국제 제국주의의 시도를 비난하는" 선언문이 발표되었다. Roi, *From Encroachment to Involvement*, pp. 565-66.

60. Khadduri, *Socialist Iraq*, pp. 241-42. 후쿠야마는 "이라크의 바트당의 입장에서 소련에 대한 동감(sympathy)은 항상 외교정책 차원에서 있어 왔으며, 이는 바트주의가 가진 반제국주의의 필연적 결과이다." Francis Fukuyama, "Soviet Union and Iraq," p. 16.

61. *Revolutionary Iraq, 1968-1973: The Political Report Adopted by the Eighth Regional Congress of the Arab Ba' th Socialist Party-Iraq* (Baghdad, 1974), pp- 219-21 외.

62. V. Maevski, "In the Interests of Peace and Security in the Near and Middle East," *Pravda*, November 5, 1955. Roi, *From Encroachment to Involvement*, pp. 146-48에 인용되어 있음. Wenner, *Modern Yemen*, p. 176.

63. 자세한 내용은 다음을 참조. Dawisha, "Saudi Arabia' s Search for Security," pp. 20-21; Katz, *Russia and Arabia*, pp. 24-32, 44-45.

64. 영국 마르크스주의자들의 남예멘에 대한 동정적인 견해는 다음을 참조. Fred Halliday, *Arabia without Sultans* (New York, 1975), pp. 265-71. 소련과 남예멘의 견해에 대한 대표적인 진술들은 다음을 참조. *MER 1969-1970*, 1: 447-48; *MECS 1976-1977*, pp. 559-60.

65. "Speech to the Arab Socialist Union on the 16th Anniversary of the July 23 Revolution," Roi, *From Encroachment to Involvement*, p. 488에서 인용.

66. Dawisha, *Syria and the Lebanese Crisis*, p. 75.

67. U.S. House Committee on Foreign Affairs, *The Soviet Union and the Third World*, p. 23 외.

68. 비록 이스라엘에 대한 미국의 지원은 이스라엘이 중동지역의 유일한 민주주의 국가라는 사실로 종종 정당화되지만, 이러한 요인의 상대적으로 미미한 역할은 미국이 1962년까지 이스라엘에 대한 명시적인 안보 공약을 하기를 거절했다는 사실에 의해 드러난다. 만약 이념적 연대가 가장 중요했다면, 두 국가 사이의 동맹은 훨씬 더 빨랐을 것이다. 또한 이스라엘은 원래 비동맹 정책을 채택했고, 소련 진영으로부터 군사 원조를 받았으며, 1950년대 소련과의 우호적 관계가 쇠퇴하고 나서야 서방으로 전향했다는 점을 기억할 가치가 있다.

69. 미국의 전 이집트 대사 존 바도는 1968년 다음과 같이 기록했다. "민주주의 제도와 자유기업 경제를 육성하는 것이 중요성에 있어 전략적 이익과 동등하게 평가되는 외교정책을 수행하는 것은 불가능할 것이다. … 사실, 아랍 세계의 어떤 국가들도 민주주의와 자유기업이라는 미국의 처방에 맞지 있고, 향후 수십 년 안에 그럴 가능성도 크지 않아 보인다. 엄격하게 적용된다면, 기본적 이익으로서 민주주의와 자유기업을 증진시키는 정책은 미국과 아랍 국가들 사이의 관계를 방해할 것이다." Badeau, *American*

Approach to the Arab World, p. 116.

70. 윌리엄 퀀트는 "1950년대와 1960년대 내내 사우디아라비아는 지역 내 간접적인 소련의 위협을 특히 우려했다. 사우디의 지도층들은 급진적 이념(나세르주의, 바트주의자들의 사회주의, 공산주의)을 아랍 세계에서 소련의 이익을 증진시키는 파괴적인 세력으로 인식했다." Quandt, *Saudi Arabia in the 1980s*, p. 65. 공산주의에 대한 사우디아라비아와 요르단의 적대성에 관해서는 다음을 참조. Holden and Johns, *House of Saud*, pp. 248-49, 307, 357, 390; "'Abd-al-Nasir's Secret Papers," p. 129; Hussein, *Uneasy Lies the Head*, pp. 95-96, 210-11; *MER 1960*, p. 334.

71. 이러한 발언과 관련해서는 다음을 참조. Torrey, *Syrian Politics and the Military*, p. 371; Love, *Suez*, p. 645. Buss, "Wary Partners," pp. 2-6.

72. Heikal, *Sphinx and Commissar*, p. 276; Hudson, *Arab Politics*, chap. 5; Kerr, *Arab Cold War*, pp. 2-5.

73. 예외들이 이러한 해석에 문제를 제기하지 않는다. 이스라엘의 민주주의는 중도 좌익이지만, 서방 국가들은 궁극적으로 유대인 국가 창설에 있어 적극적인 역할을 했다. 이에 따라, 이스라엘은 초창기의 비동맹 정책을 비교적 쉽게 포기했다. 예멘의 경우 1950년대 소련의 명목상의 동맹이었지만, 이 동맹의 목적은 주로 영국의 아덴 지배에 도전하는 데 소련의 지원을 얻기 위함이었다. 즉, 이스라엘은 과거에 제국주의의 지배를 받지 않았기 때문에 좌익이면서도 친서방적일 수 있었다. 반면 예멘은 이맘이 서방 세력과 싸웠던 적이 있기 때문에 보수적이면서도 친소련적일 수 있었다.

74. 남예멘의 마르크스주의 정권과 시리아의 신바트당 사례가 제시하는 것처럼, 나는 이념이 아무런 영향이 없다고 말하고 있는 게 아니다. 다만 이념의 영향이 과장되었다고 말하는 것이다.

75. 이러한 관점에 대한 추가적인 논의는 5장을 참조.

76. 무엇보다도, 중동의 석유지대를 확보하려는 미국의 시도는 아랍이 소련에 더 가까워지도록 만들 것이고, 중동에서의 소련의 팽창 노력은 소련의 현재 동맹국들이 서방으로 전향하도록 이끌 것이라고 예상할 수 있다. 소련의 아프가니스탄 침공에 대한 대응으로 이라크가 서방에 더 가까이 다가간 것은 이러한 예측을 뒷받침하는 증거다.

77. Hudson, *Arab Politics*, chap. 2, pp. 54-55. 이집트와 관련한 아랍의 연대에 관한 논의는 다음을 참조. Dawisha, *Egypt in the Arab World*, chap. 10.

78. 아랍의 믿음에 대한 사례들은 여기서 소개하기에는 너무 방대하다. 다음을 참조. Harkabi, Arab Attitudes, pp. 362-83; Hudson, *Arab Politics*, chap. 5, pp. 115-19, 124; Dawisha, *Egypt in the Arab World*, p. 128.

79. 요르단은 1970년 내전 동안은 이스라엘의 암묵적인 지지, 그리고 10월 전쟁 동안 이스라엘의 관용에 의지했다. 그러나 요르단과 이스라엘이 이러한 행동들을 공표하지 않은 것처럼, 이 사례는 아랍 국가들이 이스라엘과의 명시적인 협력을 비합법적이라고 믿고 있다는 주장을 뒷받침한다.

80. 이러한 상징성은 1964-1966년 사이 아랍 정상회담에 의해 잘 설명된다. 이집트는 시리아로부터 더 직접적으로 행동하도록 요구받았지만 이를 현명하지 못한 것으로 인식한 나세르는 그다지 위험하지 않은 조치들(팔레스타인해방기구의 설립, 이스라엘의 수로 프로젝트로부터 요르단 강 수로의 전환 등)을 지지하는 아랍 정상회담을 추진하여 시리

아의 압박을 누그려뜨렸다. 수로 전환은 완성되지 못했고, 팔레스타인해방기구는 여전히 재정적 지원을 제공하는 국가들의 통제 하에 있었지만, 이집트와 보수적인 아랍 국가들은 아랍의 대의명분에 대한 충성을 보여주었다.

81. 예를 들면, 나세르는 1965년 다음과 같이 주장했다. "우리는 모래로 덮힌 땅을 밟으며 팔레스타인에 들어가지 않을 것이다. 피로 물든 땅을 밟으며 그곳에 들어갈 것이다." Harkabi, *Arab Attitudes*, p. 38. 시리아와 도처에 있는 그의 경쟁자들로부터 압박을 받고 있었지만, 나세르는 "싸울 수 없을 때는 싸우지 않겠다. 나는 나의 국가에 재앙을 가져오지 않을 것이며 국가의 운명을 걸고 도박하지도 않을 것"임을 분명히 했다. 나세르는 다가올 전쟁을 위해 아랍 국가들이 힘을 기를 것을 지속적으로 요청했지만, 1967년 5월과 6월 결정적인 오판을 내리기 전까지는 도발을 자제했다. 이런 관점에 대해서는 다음을 참조. Kerr, *Arab Cold War*, pp. 98-100; *MER 1960*, pp. 171-73; *MER 1961*, pp. 181-83; Harkabi, *Arab Attitudes*, pp. 4-6 외.

82. Fouad Ajami, "The End of Pan-Arabism," *Foreign Affairs*, 57, no. 2 (1978-1979): 355.

83. Hudson, *Arab Politics*, p. 20.

84. 대표적인 성명들은 다음을 참조. Abdullah al-Alayili, "What Is Arab Nationalism?" in Haim, *Arab Nationalism*, pp. 120-27; "The Background of Arab Nationalism," in Karpat, *Political and Social Thought*, pt. 1, sec. 2; Hudson, *Arab Politics*, chap. 2; Devlin, *Ba'th Party*, chap. 3; Sayegh, *Arab Unity*; Gershoni, *Emergence of Pan Arabism in Egypt*; Binder, *Ideological Revolution in the Middle East*, chap. 7, pp. 204-12.

85. 아랍 통일을 위한 충분한 근거가 있다고 말하는 것이 그것이 매우 가능성이 있다는 것을 뜻하지는 않는다. 단지 통일이 아랍 국가들이 수용하기에 그럴듯한 비전이라는 것이다. 이슬람과 아랍의 두 영역에는 레바논의 기독교, 이집트의 콥트교, 시리아의 알라위, 이라크의 쿠르드족과 같은 소수파 그룹의 존재를 포함해, 중요한 분열들이 존재한다. 아랍 세계에 걸쳐 존재하는 언어적, 부족적, 사법적 분열은 말할 것도 없고 무슬림 수니파와 시아파 사이의 분열은 점점 더 중요해지고 있다. 나의 요점은 아랍 세계에 심각한 분열이 있음에도 불구하고, 아랍 민족 사이의 유사성을 강조하고 아랍 민족주의 가치를 칭송하는 대중적인 이념과 결합된 공통적인 특성의 존재가 공식적인 정치적 통합이라는 구상을 그럴듯하게 만들었다는 것이다.

86. 케말 카르팟의 말에 의하면, "나세르의 외교정책은 … 아랍 지역이 몇 개의 국가들로 인위적으로 분열된 것과 그들의 낙후된 경제, 사회, 정치 체제에 대한 반발에서 태어난 것으로 볼 수 있다. 이런 견해의 궁극적 목표는 단일 아랍 국가의 형태로 통일과 통합에 이르게 되는 범아랍주의였다. 자세한 내용은 다음을 참조. Karpat, *Political and Social Thought*, p. 159; and Dawisha, *Egypt in the Arab World*, pp. 142-43. 아랍 통일의 목표는 바트주의의 이념에서 훨씬 더 명시적이다. Devlin, *Ba'th Party*, pp. 23-29.

87. Stephens, *Nasser*, p. 343; Malcolm Kerr, *Arab Cold War*, pp. 55-36; Safran, *From War to War*, chap. 2, pp. 68-74.

88. Dawisha, *Egypt in the Arab World*, pp. 11-12, 135; Hudson, *Arab Politics*, p. 242; Dekmejian, *Egypt under Nasir*, chap. 4. 흥미롭게도, 나세르의 범아랍주의 견해는 그

가 권력을 잡은 이후에 나타났다. 이러한 관점에 대해서는 다음을 참조. Seale, *Struggle for Syria*, pp. 225-26.

89. Dawisha, *Egypt in the Arab World*, p. 14.

90. 자세한 내용은 다음을 참조. Seale, *Struggle for Syria*, pp. 225-26; and Dawisha, *Egypt in the Arab World*, pp. 134-35.

91. 양쪽 모두 시리아에서 공산주의가 정권을 잡는 것을 막고 아랍 세계에서 그들의 입지를 강화하기를 원했다. Seale, *Struggle for Syria*, chap. 22; Torrey, *Syrian Politics and the Military*, pp. 378-81; Kerr, *Arab Cold War*, pp. 7-12; Heikal, *Sphinx and Commissar*, pp. 86-87; Dawisha, *Egypt in the Arab World*, pp. 19-21.

92. 5장에서 밝혔듯이, 동맹은 근본적으로 균형의 또 다른 사례이다. 통일아랍공화국의 형성은 범아랍주의 이념의 상징과 힘에 호소할 수 있는 나세르의 위신과 능력을 강화함으로써 나세르의 경쟁자들의 정당성을 위협했다. 후세인 왕과 이라크 수상 누리 알사이드로서는 나세르를 따라 하는 것은 일종의 아첨이자 심각한 우려의 반영이었다.

93. 카셈은 공식적인 통일의 목표에 대한 어떤 언급도 회피했다. 자세한 내용은 다음을 참조. *MER 1960*, pp. 116-20.

94. Rabinovich, *Syria under the Ba'th*, pp. 16-18; Devlin, *Ba'th Party*, pp. 135-45, 196.

95. Stephens, *Nasser*, p. 343.

96. Rabinovich, *Syria under the Ba'th*, pp. 52-54.

97. Kerr, *Arab Cold War*, chaps. 3, 4, 특히 p. 56. 3자 회담에 대한 이집트의 설명에 대해서는 다음을 참조. *Arab Political Documents 1963*, pp. 73-213. 이러한 협상들에 대한 커(Kerr)의 흥미로운 분석은 이 부분을 준비하는 데 매우 도움이 되었다.

98. 시리아는 통일아랍공화국에서의 그들의 경험을 되풀이하지 않기 위해서 나세르의 공식적인 권력을 제한하고자 했다. 예상할 수 있겠지만, 나세르는 자신과 자신의 지지자들의 지배적인 역할을 유지해야 한다고 주장했다. 시리아와 이라크는 나세르가 두 나라를 필요로 하는 것보다 나세르를 더 필요로 했기 때문에, 나세르는 자기 뜻대로 했다. Kerr, *Arab Cold War*, pp. 50, 57, 70, 75-76.

99. 바트당에 대한 주요 전문가는 이러한 경향을 다음과 같이 설명했다. "바트당은 나세르보다 우월하지는 않더라도 그와는 분명히 다른 이념을 갖고 있음을 보여주는 것이 정치적으로 반드시 필요하다는 것을 깨달았다. 그들은 아랍 민족주의에서 나세르의 리더십을 효과적으로 반박하거나 이라크와 시리아의 특수주의를 대변할 형편이 아니었기 때문에, 나세르와의 갈등이 이념적 갈등이라는 점을 아랍 여론에 납득시킴으로써 그것을 정당화할 수 있다고 느꼈다." Rabinovich, *Syria under the Ba'th*, p. 84.

100. 그렇게 하려는 나세르의 능력과 의지는 1966년 이집트의 요르단 및 사우디아라비아와의 관계가 쇠퇴함에 따라 감소했다.

101. Kerr, *Arab Cold War*, pp. 121-22; Dawisha, *Egypt in the Arab World*, p. 48.

102. Safran, "Arab Politics: Peace and War," p. 395.

103. 아레프는 (카셈과 함께) 1958년 누리 알 사이드와 페이살 2세를 계승한, 이라크 정부의 공동 지도자였다. 그는 그 시기에 이집트와의 통합 합의를 협상했지만, 카셈과의 권력다툼에서 패하고 추방당했다. 이후 그는 1963년 바트당과의 제휴로 권력을 되찾았고,

몇 달 뒤 바트당을 축출했다. 아레프의 범아랍주의 신념과 관련된 증거들은 다음을 참조. Roi, *From Encroachment to Involvement*, pp. 379-85; Heikal, *Cairo Documents*, pp. 155-57.

104. Khadduri, *Republican Iraq*, pp. 224-28, 233-36, 247-49, 252-61.

105. 이 사건들에 대한 다른 견해는 다음을 참조. Lenczowski, *Middle East in World Affairs*, pp. 303-4; Khadduri, *Republican Iraq*, pp. 245-46, 255; Penrose and Penrose, *Iraq*, pp. 329-30, 345.

106. 1971년 이집트, 수단, 시리아, 리비아 사이에 형성된 아랍공화국연방에도 같은 설명을 적용할 수 있다. 나세르를 매우 존경했던 리비아의 지도자, 카다피의 작품이라 할 수 있는 연방은 사다트가 단지 나세르의 구상에 대한 충성심을 보여주기 위해 참여하기로 한 다소 제한적인 사건이었다. 자세한 내용은 다음을 참조. Peter K. Bechtold, "New Attempts at Arab Cooperation: The Federation of Arab Republics, 1971-?" *MEJ*, 27, no. 2 (1973).

107. 헌장에는 다음과 같이 쓰여져 있다. "이집트는 … 자신의 사명을 전파하고 자신이 기초로 삼고 있는 원칙들을 모든 아랍인들에게 제공해야 한다." Dawisha, *Egypt in the Arab World*, p. 35.

108. 사다트는 다음과 같이 말했다. "아랍의 연대를 위험에 빠트리는 논쟁은 무엇인가? 무엇보다 이념적 균열인데, 우리는 그 균열을 의견 차이로 바꾸어놓았고 아랍 정권들을 서로 다른 부류들로 나누는 데 사용했다." 1967년 6월의 참사가 나세르를 유사한 견해로 이끌었다는 증거도 있다. 요르단과 협력하려는 그의 의지와 이스라엘에 맞서 (공식적 통합에 대한 어떤 암시도 없이) 전 아랍 전선을 고취하려는 그의 노력은 그 역시 외부 환경의 압력 하에서 범아랍주의를 포기했다는 것을 시사한다. 사다트의 선호는 그의 발언들과 이집트의 공식 국명을 통일아랍공화국에서 이집트아랍공화국으로 바꾸기로 한 그의 결정에 의해 드러난다. 이러한 사다트의 정책에 대해서는 다음을 참조. Kerr, *Arab Cold War*, p. 129; Hudson, *Arab Politics*, pp. 248-49; Heikal, "Egyptian Foreign Policy," p. 720; Heikal, *Road to Ramadan*, pp. 133-34; Baker, *Egypt's Uncertain Revolution*, p. 126; Israeli, *Public Diary of Sadat*, 1: 403, 369, 2: 301.

109. 마지드 카두리는 다음과 같이 말했다. "이념으로서 아랍 사회주의는 아랍 통일을 향한 움직임에 있어 파괴적인 요인이 아니라 통합적인 요소였다. 그러나 아랍 통합의 핵심인 통일아랍공화국이 형성되자마자, 지역주의 및 개인적, 절차적 차이에서 비롯된 몇 가지 변형들이 등장하기 시작했다." Khadduri, *Political Trends in the Arab World* (Baltimore, 1970), pp. 171-72.

110. 7월 23일 혁명 11주년 기념 연설은 다음을 참조. *Arab Political Documents 1963*, p. 333 외.

111. James Piscatori, "Islamic Values and National Interest: The Foreign Policy of Saudi Arabia," in *Islam and Foreign Policy*, ed. Adeed Dawisha (Cambridge, England, 1983).

112. Hussein, *Uneasy Lies the Head*, p. 92 외. 후세인의 성명에 대해서는 다음을 참조. *Arab Political Documents 1963*, pp. 349-50, 362-64.

113. 사우디아라비아는 예멘 내전 당시 왕당파 세력을 지원했고, 1970년대 남예멘과 국경

전쟁을 치렀다. 자세한 내용은 다음을 참조. Dawisha, "Saudi Arabia's Search for Security," pp. 7-8, 20-21. 1965년 6월 5일에 있었던 페이살 왕의 기자회견. 바트당의 목표에 대한 사우디아라비아의 태도는 1969년 회담에서 페이살이 나세르에게 한 간결한 발언으로 드러났다. "신께서 바트당을 파괴하시길." 자세한 내용은 다음을 참조. "'Abd-al Nasir's Secret Papers," P. 127.

114. 이러한 경향은 6일 전쟁 이후 시작된, 이집트의 예멘 철수와 나세르가 "정치적 좌우 이념에 상관없이, 이스라엘에 맞서는 전 아랍 전선"을 요구한 것에서 아주 잘 드러난다.

115. 이러한 연대 유형의 주목할 만한 다른 사례는 영연방이다. 영연방의 경우, 민족적 (ethnic) 연대는 제1차, 2차 세계대전 당시 호주나 캐나다가 자신의 안보가 직접적으로 위협받지 않았는데도 불구하고 영국의 편에 선 이유를 설명한다.

116. 이러한 관점에 대해서는 다음을 참조. Adeed Dawisha, "The Soviet Union in the Arab World: The Limits to Superpower Influence," in *The Soviet Union in the Middle East: Policies and Perspectives*, ed. Adeed Dawisha and Karen Dawisha (London, 1982), pp. 19-21. 소련이 이념적 연대의 제한적인 영향을 점점 더 인식하고 있었다는 증거는 다음을 참조. Elizabeth K. Valkenier, "Revolutionary Change in the Third World: Recent Soviet Reassessments," *World Politics*, 38, no. 3 (1986); Francis Fukuyama, "Gorbachev and the Third World," *Foreign Affairs*, 64, no. 4 (1986).

07 동맹의 수단: 원조와 침투

1. CIA에 따르면, 1953-1979년 사이 중동지역에 대한 소련의 총 군사 원조(지원금, 판매, 훈련 등)는 186억 달러에 달했다. 전부가 이행되지는 않았지만, 경제 원조 합의는 약 78억 달러에 달했다. 1953-1980년 사이 미국의 총 경제 및 군사 원조는 약 300억 달러에 달했다. 자세한 내용은 다음을 참조. CIA, *Communist Aid to Non-Communist LDCs, 1979 and 1974-1979*; AID, *Overseas Loans and Grants*.

2. 1958년 이라크와 1974-1975년 이집트는 명확한 사례들이다. 이라크는 1958년 혁명 이후 미국의 원조는 받지 못했지만, 소련으로부터는 많은 차관과 지원금을 받았다. 반대로 1975년 이후 이집트는 소련의 원조는 받지 못했지만 미국의 경제 및 군사 원조를 받는 주요 피지원국이 되었다.

3. 무기 이전 자료들은 연간 기준으로 이용할 수 없는 경우가 많고, 기존 자료들은 천차만별이다. 자세한 내용은 다음을 참조. Michael Brzoska, "Arms Transfer Data Sources," *Journal of Conflict Resolution*, 26, no. 1 (1982); Gur Ofer, "Soviet Military Aid to the Middle East," in U.S. Congress, Joint Economic Committee, *Soviet Economy in a New Perspective*, 94th Cong., 2d sess., 1976; Moshe Efrat, "The Economics of Soviet Arms Transfers to the Third World—A Case Study: Egypt," *Soviet Studies*, 35, no. 4 (1983).

4. 윌리엄 번즈는 "한 국가에 대한 경제적 원조의 제공에서 비롯되는 정치적 영향력은 경제적 비용–편익의 단순 계산에 따른 수학적 산물이 아니다. 이는 지원국과 피지원국의 필

요, 인식, 야망의 복잡한 상호작용에 따른 결과이다"라고 서술했다. William J. Burns, *Economic Aid and American Policy*, pp. 211-12.

5. 이러한 경향은 선택 평향의 한 형태이다. 동맹에 대한 원조의 영향력은 원조는 단지 원조국이 원조가 효과가 있을 것이라고 생각할 때만 제공되며, 효과를 확신할 수 없을 경우 제공되지 않는다는 사실에 의해 과장될 수 있다.

6. 이러한 사건들에 대해서는 다음을 참조. Burns, *Economic Aid and American Policy*, chap. 3, 특히 pp. 80-83; chap. 4, pp. 112-14, 119-20.

7. Burns, *Economic Aid and American Policy*, pp. 180-81.

8. 몇 가지 사례를 들자면, 나세르는 이스라엘의 가자지구 습격으로 이집트의 취약성이 드러나자 소련에 무기 원조를 요청했다. (그리고 이는 이스라엘이 프랑스로부터 더 많은 무기를 획득하게 만들었다.) 미국은 이집트의 소련 무기 비축 증가에 대항하여 1962년 이스라엘에 첨단 무기를 제공하기로 동의했다. 이집트와 시리아에 대한 소련의 군사 원조는 6일 전쟁 이후 2배 이상 증가했고, 소모전 내내 지속되었는데, 이에 맞춰 이스라엘에 대한 미국의 무기 인도도 확대되었다. 다음으로 예멘에 대한 소련의 원조는 1967년 이집트의 철수 뒤 잠시 증가했다. (한편 사우디아라비아는 자국군 현대화를 위해 대규모 무기 구매를 시작했다.) 요르단에 대한 미국의 원조는 1970년 요르단 위기 이후 2배 이상 증가했고, 사우디아라비아에 대한 미국의 무기 이전은 사우디아라비아가 과거보다 더 긴급한 외부 위협에 직면했다는 공통된 인식의 결과로 1970년 이후 치솟았다.

9. Burns, *Economic Aid and American Policiy*, chaps. 5-6.

10. "Chronology," *MEJ*, 29, no. 2 (1975): 184.

11. 미국의 원조가 가진 영향력이 크지 않았던 것은 이 시기 소련이 더 높은 수준의 원조(특히 군사장비 차원에서)를 제공하고 있었다는 사실 때문이라고 주장할 수 있다. 이 주장은 미국의 원조 계획이 시리아에 보여준 사실을 간과하고 있다. 즉, 시리아가 동일한 정치적 양보(예를 들어, 소련의 축출과 이스라엘과의 평화)를 할 의향이 있다면 미국으로부터 더 많은 원조를 얻어내는 것이 가능했다는 것이다.

12. 이러한 관점에 대해서는 다음을 참조. Safran, *Saudi Arabia*, pp. 284-89, 387, 391-97; J. E. Petersen, "The Yemen Arab Republic and the Politics of Balance," *Asian Affairs*, 12, no. 3 (1981).

13. 사우디아라비아는 요르단에 약속한 지원금을 실제로 전달한 유일한 아랍 국가였다. 자세한 내용은 다음을 참조. Majduddin Omar Khairy, *Jordan and the World System: Developments in the Middle East* (Frankfurt, Germany, 1984), p. 68.

14. 다시 한번 강조하자면, 미국의 이집트에 대한 군사 원조 제한 정책과 그 이후 아스완 댐 건설 제안의 취소는 나세르의 의구심을 분명히 강화했다. 반면 서로 불화가 있는 시기에도 소련이 이집트의 요구를 충족시키려 했던 것은 이집트를 향한 소련의 우호적인 성향을 뒷받침하는 증거이다. 자세한 내용은 다음을 참조. David, "Realignment of Third World Regimes," pp. 188-93; Hoopes, *Devil and John Foster Dulles*, chap. 21; Meyer, *Egypt and the United States*, pp. 120-24, 146.

15. Burns, *Economic Aid and American Policy*, p. 208.

16. 소련과 이집트의 무기거래에 관한 자료는 다음을 참조. Glassman, *Arms for the Arabs*, pp. 24-25; McLane, *Soviet-Middle East Relations*, Lenczowski, *Soviet Advances in*

the Middle East, chap. 8. 이집트에 대한 소련의 총 원조 규모는 〈표 12〉와 〈표 13〉을 참조.

17. 이집트가 점점 더 외부 원조를 필요로 하게 된 것은 예멘 전쟁, 나세르의 아랍 국가들과 의 경쟁, 이스라엘과의 갈등 심화의 결과였다. 이집트에 대한 소련 원조의 중요성에 관한 증언은 참조. Dawisha, *Soviet Foreign Policy towards Egypt*, pp. 56-63; Glassman, *Arms for the Arabs*, pp. 88-89; el-Shazly, *Crossing of the Canal*, pp. 172-81.

18. 자세한 내용은 다음을 참조. Laqueur, *Struggle for the Middle East*, pp. 105-7; Yodfat, *Soviet Union and the Arabian Peninsula*, pp. 2-3.

19. 소련의 이집트 군사시설 이용 합의에 관해서는 다음을 참조. Remnek, "The Politics of Soviet Access," pp. 369-72. 글래스만은 6일 전쟁 이후 이집트에 대한 소련의 재보급 노력이 매우 광범위했으며, "1968년 중반까지 이집트는 전쟁 이전의 항공력을 거의 회복 했다"고 언급했다. 자세한 내용은 다음을 참조. Glassman, *Arms for the Arabs*, p. 66 외.

20. 자세한 내용은 다음을 참조. Whetten, *Canal War*, pp. 79-80; Rubinstein, *Red Star on the Nile*, pp. 100-101.

21. 자세한 내용은 다음을 참조. Rubinstein, *Red Star on the Nile*, pp. 83-87, 336 외; Breslauer, "Soviet Policy in the Middle East," pp. 77-78; Shimshoni, "Conventional Deterrence," pp. 318-19.

22. 예를 들어, 사다트는 초기 소련의 휴전 권고를 거절했고, 이집트의 초기 이득이 사라진 이후에야 권고를 받아들였다.

23. Kissinger, *Years of Upheaval*, p. 327.

24. 알빈 루빈스테인은 이집트에서 소련의 영향력에 대한 연구의 결론을 다음과 같이 내렸 다. "이집트 지도자들에게 중요한 사안에 있어 모스크바의 영향력은 상당히 제한적이었 다. … 모스크바는 소련과 이집트 관계에 있어 중요하지 않은 문제에 대해서는 이집트가 어떤 것을 원치 않아도 하게 만들 수 있었다." Rubinstein, *Red Star on the Nile*, p. 334 외.

25. 번즈에 의하면, "미국의 경제 원조 약속은 사다트가 1977–1979년 사이 평화조약 협상 에 나서게 하는 중요한 동기였다." William Burns, *Economic Aid and American Policy*, p. 192.

26. *MECS 1977-1978*, pp. 234-35. 1979년 3월 바그다드에서 열린 아랍 정상회담은 이집 트에게 추가적인 경제적 지원금 지급을 중단하는 결정에 동의했다. Safran, *Saudi Arabia*, p. 263. 이러한 제재는 결코 사소한 것이 아니었다. 아랍의 산유국들은 1973– 1978년 사이 이집트에 대략 70~80억 달러를 주었기 때문이다. 자세한 내용은 다음을 참 조. Waterbury, *Egypt of Nasser and Sadat*, p. 416 외.

27. 자세한 내용은 다음을 참조. Quandt, *Camp David*, pp. 136-48; Touval, *Peace Brokers*, pp. 288-89.

28. 무바라크는 1982년 레바논 침공 이후 텔아비브에서 이집트 대사 직무대행을 철수시켰 으며, 이스라엘 방문을 거절했다. 소련과의 외교적 관계가 1984년 복구되었으며, 그 시 기에 대사들도 교환되었다.

29. 1985년 10월 이탈리아 유람선 Achille Lauro호의 납치에 대한 이집트의 반응은 이 점

을 잘 보여준다. 팔레스타인해방기구에 대한 지원은 이집트가 아랍세계에서 자신의 정통성을 강화할 수 있게 해주고 (그리고 무바라크가 미국의 하인이라는 비난에서 벗어날수 있게 해주기) 때문에, 이집트는 유람선이 풀려나게 하면서 납치범들도 놓아주는 방안을 추진했다. 이러한 동기는 납치범들을 수송하는 이집트 항공기가 미국의 전투기에 의해 가로막혀 납치범들이 시칠리아에 착륙하도록 강요되었을 때 무바라크가 왜 그렇게 격한 반응을 보였는지를 설명한다.

30. 한 당국자에 의하면, 1970년 "시리아는 군대를 유지하기 위해 소련에 거의 전적으로 의존했다." Pajak, "Soviet Arms Aid," p. 476.

31. 소련 무기 원조의 증가는 시리아에 대한 소련의 전체 무기 이전 중 절반 가량이 1974년 이후 발생했다는 사실에 의해 드러난다. 세부적인 내용은 다음을 참조. ACDA, *World Military Expenditures and Arms Transfers*; CIA, *Communist Aid to Non-Communist LDCs, 1979 and 1954-1979*. 이 수치는 물가 상승 효과를 반영하지 않기 때문에 다소 오해의 소지가 있다. 이스라엘의 한 출처에 따르면, 10월 전쟁 이후 시리아에 대한 소련의 재공급 노력은 매우 광범위했기 때문에, 시리아군은 실제로 1974년 8월에 이르러서는 전쟁 이전보다 장비 수준이 좋아졌다. 자세한 내용은 다음을 참조. Pajak, "Soviet Arms Aid since the October War," p. 477. 소련은 1982년 이스라엘의 레바논 침공 동안 시리아가 패배한 이후, 다마스쿠스에 최신 SA-8 지대공 미사일을 공급했다. 그리고 1970년 그들이 이집트에서 했던 것처럼 시리아 방공체계에 병력을 배치하고 운용하기 시작했다. Robert G. Neumann, "Assad and the Future of the Middle East," *Foreign Affairs*, 62, no. 2 (1983- 1984): 242.

32. 이러한 관점에 대해서는 다음을 참조. Buss, "Wary Partners," pp. 18-20.

33. Glassman, *Arms for the Arabs*, pp. 42, 66. 이와 유사하게, 시리아가 1967년 7월 협상된 합의안에 대한 소련과 미국의 공동 결의안 초안을 거부했을 때, 소련은 이를 크게 신경쓰지 않았다. Whetten, *The Canal War*, pp. 47-48; Rubinstein, *Red Star on the Nile*, pp. 24-27.

34. 자세한 내용은 다음을 참조. Safran, *Saudi Arabia*, pp. 322-23; Remnek, "The Politics of Soviet Access,' pp. 381-82; Pajak, "Soviet Arms Aid," pp. 481-82.

35. Roger F. Pajak, "The Soviet-Syrian Military Aid Relationship," in *The Syrian Arab Republic: A Handbook*, ed. Anne Sinai, Allen Pollock (New York, 1976), p. 99.

36. 단계적 프로세스에 대한 소련의 견해는 브레즈네프가 키신저의 노력을 "대용품 외교" 라고 묘사한 것에 요약되어 있다. 자세한 내용은 다음을 참조. Golan, *Yom Kippur and After*, pp. 183- 85; 213-31; Freedman, *Soviet Policy in the Middle East*, rev. ed., pp. 163-67; Golan and Rabinovich, "The Soviet Union and Syria," pp. 216-19. 이러한 협상들에 대한 키신저의 설명은 시리아가 이 시기에 그들의 동맹국인 소련을 거의 신경쓰지 않았다는 점을 시사한다. 자세한 내용은 다음을 참조. Kissinger, *Years of Upheaval*, pp. 971, 1033-33, 1099-1100, 1104-5.

37. Dawisha, *Syria and the Lebanese Crisis*, pp. 169-70. 1977년 아사드가 소련을 방문한 이후 문제들이 어느 정도 개선되었음에도 불구하고, 소련과 시리아의 관계는 이집트와 이스라엘 간에 평화조약이 서명될 때까지 불안정한 상태로 유지되었다.

38. Pajak, "Soviet Arms Aid," p. 471.

39. 자세한 내용은 다음을 참조. Khadduri, *Socialist Iraq*, pp. 171-74; Fukuyama, "Soviet Union and Iraq."

40. 자세한 내용은 다음을 참조. Khadduri, *Socialist Iraq*, pp. 171-72; Lenczowski, *Middle East in World Affairs*, pp. 305-6.

41. 자세한 내용은 다음을 참조. ACDA, *World Military Expenditures and Arms Transfers*; Orah Cooper, "Soviet-East European Economic Relations with the Middle East," in U.S. Congress, Joint Economic Committee, *Soviet Economy in a New Perspective*.

42. 이러한 사건들에 관해서는 다음을 참조. Pajak, "Soviet Arms Aid," pp. 473-74; Adeed Dawisha, "The Soviet Union in the Arab World," pp. 16-17.

43. Freedman, "Soviet Policy towards Ba'athist Iraq," pp. 186-87.

44. 자세한 내용은 다음을 참조. Porter, *USSR in Third World Conflicts*, pp. 75-79, 88-89; Safran, *Saudi Arabia*, p. 131; Peterson, "Yemen and the Politics of Balance," p. 262.

45. 1967년 이래 북예멘은 갑작스런 정부의 변화를 여러 차례 겪었으며, 그에 따라 사우디아라비아, 남예멘, 초강대국들에 대한 정책을 바꾸는 경향이 있었다. 알 이리아니 내전 후 정권은 1974년 알 하마디가 이끄는 군사정권에 의해 교체되었고, 이후 1977년 알 하마디가 암살된 후 알 가쉬미 중령이 그 자리를 차지했다. 1978년 알 가쉬미는 남예멘 특사에 의해 암살되었고, 다른 군 장교인 살리흐가 그를 대신했다. 사우디아라비아와의 관계 변화 외에도, 남북 예멘은 1972년과 1979년 국경 전쟁을 벌였지만, 또한 양국 간에 공식적인 통합을 추진하기로 동의했다. 이 사건들에 대해서는 다음을 참조. Peterson, "Yemen and the Politics of Balance" "Chronology," *MEJ*, 29, no. 2 (1975): 197; no. 4 (1975): 450; *MECS 1978-1979*, pp. 65-66; Yodfat, *Soviet Union and the Arabian Peninsula*, pp. 5, 44-46, 105-8; Van Hollen, "North Yemen," p. 140 외.

46. Safran, *Saudi Arabia*, pp. 284-85. 사프란은 소련과의 관계가 얼어붙었음에도 불구하고, 이러한 발표 직후 예멘아랍공화국의 군사대표단이 모스크바를 방문했다고 지적한다.

47. 사우디와 예멘의 관계가 정점에 달한 1976년, 알 하므디 대통령은 베이징을 방문하고 경제 및 기술 협력 협정에 서명했다. 자세한 내용은 다음을 참조. Safran, *Saudi Arabia*, p. 286.

48. 이러한 관점에 대해서는 다음을 참조. Peterson, "Yemen and the Politics of Balance," pp. 261-63; Safran, *Saudi Arabia*, pp. 131-33 chap. 11.

49. 연간 원조 수치는 다음을 참조. Van Hollen, "North Yemen," p. 139. 사프란은 예멘이 1975년에 총 4억 6,000만 달러를 받았고, 1977년 12월 5억 7,000만 달러의 약속을 받았다고 알렸지만, 이 금액이 일반적이라고는 말하지 않았다. 또한 미국으로부터 제공받은 대부분의 군사 장비에 대해서는 사우디아라비아가 대금을 지불해준 반면, 소련의 군사 원조는 비록 매우 관대한 신용 조건이기는 했지만, 주로 직접적인 무기 판매로 이루어졌다는 점을 유의할 필요가 있다. 자세한 내용은 다음을 참조. Safran, *Saudi Arabia*, pp. 285-86, 288-90; Katz, *Russia and Arabia*, p. 47.

50. 북예멘에 대한 미국의 군사 원조를 긴급하게 요청한 후, 사우디아라비아는 후에 북예멘이 너무 강해질 것을 염려하여 무기 선적을 늦추려 했다. 피터슨이 말했듯이, "미국의 군

사 원조 효과는 싸움을 하는 동안 장비가 도착하지 않았고 사우디아라비아가 돈줄을 쥐고 있었기 때문에 무디어졌다"고 말했다. 자세한 내용은 다음을 참조. J. E. Peterson, "Yemen and the Politics of Balance," p. 262. 미국의 예멘 원조 계획의 기원과 성격에 관해서는 다음을 참조. U.S. House Committee on International Relations, *U.S. Arms Policies in the Persian Gulf*, pp. 73-82. Safran, *Saudi Arabia*, pp. 286, 290-93; Yodfat, *Soviet Union and the Arabian Peninsula*, pp. 105-8.

51. 따라서 소련은 1978년 '아프리카의 뿔' 지역에 개입하는 동안 남예멘의 시설들을 광범위하게 사용했다. 남예멘은 소련의 아프가니스탄 침공을 지지했고, 소련의 행동을 규탄하는 유엔 결의안에 반대했으며, 파키스탄에서 열린 침공을 규탄하는 이슬람회의 참석을 거부했다. 자세한 내용은 다음을 참조. Safran, *Saudi Arabia*, pp. 272, 318-19.

52. 누군가는 그러한 충성이 이념적 일치의 결과라고 여긴다. 남예멘이 1976–1977년 사이 사우디아라비아(그리고 아마도 서방)의 원조를 얻을 기회를 가졌으나, 1978년 루바이 알리의 축출 이후 이 선택지를 거부했던 것처럼 말이다.

53. 이스라엘의 의존을 나타내는 다른 증거로는 1968년에서 1979년 사이 이스라엘의 총 국방비 지출에서 미국의 원조가 66%를 차지했다는 점을 들 수 있다. 계산에 사용된 자료들은 다음을 참조. ACDA, *World Military Expenditures and Arms Transfers*; AID, *Overseas Loans and Grants*.

54. 자세한 내용은 다음을 참조. Brecher, *Decisiotis in Israel' s Foreign Policy*, pp. 174-75, 296-302, 310; Neff, *Warriors at Suez*, pp. 416-17, 431-34; Aronson, *Conflict and Bargaining in the Middle East*, pp. 50-51; Stock, *Israel on the Road to Sinai*, pp. 62-63; Eafl Berger, *The Covenant and the Sword* (London, 1965), pp. 116-18.

55. 자세한 내용은 다음을 참조. Tanter and Stein, *Rational Decisionmaking*, pp. 162-65; Brecher, *Decisions in Israel' s Foreign Policy*, pp. 322, 378-79, 391-93, 398-400, 417; Michael Brecher with Benjamin Geist, *Decisions in Crisis: Israel, 1967, 1973* (Berkeley, Calif., 1981), pp. 177-79, 187-88. 휴전협정의 수용에 관해서는 다음을 참조. Pollock, *Politics of Pressure*, pp. 72- 74, 176-78; Brecher and Geist, *Decisions in Crisis*, pp. 224-29.

56. Pollock, *Politics of Pressure*, pp. 179-92; Quandt, *Camp David*, pp. 302, 313-14.

57. 가장 명백한 사례로, 1975년 중동에서의 미국 정책에 대한 재평가는 이스라엘의 입장에 있어 기껏해야 작은 변화를 끌어냈다. 이스라엘의 추가적인 양보는 경제 및 군사 원조의 증가를 포함한 미국의 다양한 약속들에 의해서만 성취될 수 있었다. 이러한 관점에 대해서는 다음을 참조. Pollock, *Politics of Pressure*, pp. 192-96; Abraham Ben-Zvi, *Alliance Politics and the Limits of Influence: The Case of the U.S. and Israel, 1975-1987* (Boulder, Colo., 1984), pp. 12-21.

58. 1977년 이후, 이스라엘과 미국의 정책은 다음을 포함하여 다수의 사례에서 엇갈렸다. 1) 1978년 베이루트에 있는 팔레스타인해방기구 사무실에 대한 공습, 2) 1978년 남부 레바논에 대한 이스라엘의 침공, 3) 1981년 골란고원의 합병 결정, 4) 서안지구에서 이스라엘 정착촌의 지속적인 확장, 5) 1981년 이라크 핵 연구 시설에 대한 폭격, 6) 포괄적 평화를 위한 1982년 레이건 계획에 대한 이스라엘의 신속한 거절, 7) 1982년 레바논 침공과 베이루트 포위 등.

59. U.S. House Committee on International Relations, *U.S. Arms Policies in the Persian Gulf*, p. 28. 사우디아라비아의 국방 계획과 미국의 기여에 대한 연구는 다음을 참조. Safran, *Saudi Arabia*, chaps. 7, 17. 사우디아라비아의 무기 수입에서 미국이 차지하는 비율은 1964–1973년 기간 동안 64%였으나, 1973–1979년 기간 동안 46%로 감소했다. 자세한 내용은 다음을 참조. ACDA, *World Military Expenditures and Arms Transfers*.

60. David Deese, Joseph Nye, eds., *Energy and Security* (Cambridge, Mass., 1981), pp. 436-37.

61. 계산에 사용된 자료들은 다음을 참조. U.S. Bureau of the Census, *Statistical Handbook of the United States: 1977* (Washington, D.C., 1976); International Monetary Fund, *International Financial Statistics* (Washington, D.C., 1981).

62. 이 참여가 유대인 국가에 대한 본래의 적대감을 기반으로 한 것인지, 아니면 단지 잠재적인 아랍의 압력을 완화하기 위한 연대의 표시였는지는 중요하지 않다. 요점은 사우디아라비아가 자신을 후원하는 미국과 이스라엘의 특별한 관계에도 불구하고, 이스라엘에 대한 적대적인 입장을 채택함으로써 자신의 이익이 가장 잘 보장된다고 본다는 점이다.

63. *New York Times*, February 9, 1982.

64. Quandt, *Saudi Arabia* in the 1980s, pp. 142-43.

65. 미국의 원조는 요르단의 1958년 국방비 지출의 84% 수준이었고, 미국의 현금 지원금은 후세인이 군대의 충성심을 유지할 수 있게 했다. 거기에 더해 후세인은 개인적인 사용을 위한 직접적인 현금 지원 또한 받았다. 자세한 내용은 다음을 참조. AID, *Overseas Loans and Grants*. 후세인에 대한 미국의 직접적인 자금 지원은 다음을 참조. *Washington Post*, February 18, 1977.

66. 1970년 요르단 위기 이후, 미국의 원조는 2배 이상 증가했고, 50% 이상이 군사 원조였다. 실제로 미국은 1974년에서 1978년 사이 요르단 군사 장비의 83% 가량을 제공했다. 1967년 이전의 군사 원조는 미국의 총 원조의 16%에 불과했지만, 1971–1979년 사이에는 전체 원조의 52%였다. 자세한 내용은 다음을 참조. ACDA, *World Military Expenditures and Arms Transfers*; AID, *Overseas Loans and Grants*.

67. 5장에서 설명한 것처럼, 이러한 결정들은 누가 승리할 것인지에 대한 후세인의 계산과 아랍 연대의 이미지를 유지해야 하는 최우선의 필요성에 근거하고 있다.

68. 1967년 하르툼 정상회담 합의에 따라서 요르단은 사우디아라비아, 쿠웨이트, 리비아로부터 매년 4,300만 파운드를 받게 되었다. 1975년과 1976년 요르단에 대한 사우디아라비아의 재정적 지원은 각기 4,930만 달러, 1억 6,500만 달러에 달했다. 자세한 내용은 다음을 참조. *MER 1968*, p. 165; Dawisha, "Saudi Arabia's Search for Security," p. 18. 후세인은 적어도 세 차례(1963년, 1968년, 1975–1976년)에 걸쳐 소련으로부터 무기를 수입하겠다고 위협했다. 이런 위협은 미국이 제공하기 꺼리던 다양한 유형의 최신 무기들을 제공하도록 했다.

69. Burns, *Economic Aid and American Policy*, pp. 18-19, 22-23. 소련의 원조를 얻으려는 나세르의 동기는 평화 합의에 대한 미국의 압력에 저항하는 차원을 넘어서는 것이었다. 요점은 이집트가 미국의 지원에 대한 대체 수단을 가졌기 때문에 미국의 영향력이 제한되었다는 점이다.

70. Heikal, *Road to Ramadan*, pp. 83-90.

71. 자세한 내용은 이 장의 각주 68번 참조.

72. 자세한 내용은 다음을 참조. Remnek, "Politics of Soviet Access," pp. 369-72; *MER 1967*, pp. 135, 140-41, 263-64; " 'Abd-al-Nasir' s Secret Papers," p. 5. 렘넥은 이 결정이 이집트의 주요한 양보가 아니었다고 주장한다. 소련의 이용을 허용한 것은 이집트의 이익에도 기여했기 때문이다. 이러한 진술은 사실일 수도 있지만, 이 결정은 나세르가 오랫동안 어떤 외국인도 이집트에 주둔하지 못하게 했던 것을 뒤집은 것이기도 했다. 환경이 이러한 정책을 강요하지 않았다면, 나세르가 이렇게 소련에 가까워지지는 않았을 것이다.

73. 이집트는 선도적인 아랍 국가였고, 소련에 훌륭한 군사시설을 제공했다. 사우디아라비아도 역시 선도적인 아랍 국가였으며, 세계에서 가장 큰 석유 수출국이다.

74. " 'Abd-al-Nasir' s Secret Papers," p. 22.

75. Kissinger, *Years of Upheaval*, p. 468.

76. Sheehan, *Arabs, Israelis, and Kissinger*, p. 199.

77. 소련의 이해관계는 팔레스타인해방기구의 유지를 돕고 이스라엘과 소련의 아랍 피후원국들 사이의 주요한 분쟁을 회피하는 것으로 한정되었다. 시리아의 이해관계는 실질적으로 더 컸는데, 1) 레바논에 대한 이스라엘의 지배를 저지하고, 2) 팔레스타인해방기구에 대한 효과적인 통제력을 확보하고, 3) 레바논 영토 일부에 대한 시리아의 전통적인 권리를 주장하는 것 등이었다. 자세한 내용은 다음을 참조. Dawisha, *Syria and the Lebanese Crisis*, pp. 169-70.

78. Israeli, *Public Diary of President Sadat*, 1: 238.

79. Jonathan Randal, *Going All the Way: Christian Warlords, Israeli Adventurers, and the War in Lebanon* (New York, 1984), p. 203. 아브라함 벤즈비도 1970년대 미국과 이스라엘의 관계에 대한 연구에서 유사한 주장을 하고 있다. 그가 언급한 것처럼, "효과적인 강압 외교정책의 전제조건은 미국-이스라엘 관계의 틀 내에서는 결코 실현될 수 없다. 국내적 지지의 견고한 기반은 … 결코 등장하지 않았다. 미국에 유리한 동기의 비대칭성이 생기지 않았다." Ben-Zvi, *Alliance Politics*, p. 38 and pp. 14-16.

80. 자세한 내용은 다음을 참조. Brecher, *Decisions in Israel' s Foreign Policy*, pp. 270-74; and Spiegel, *Other Arab-Israeli Cotiflict*, pp. 137, 141-43, 147.

81. 이스라엘이 전쟁을 효과적으로 이겼다는 사실은 이 시점에서 미국의 요구에 저항하겠다는 결의를 약화시켰다. 다음을 참조. Pollock, *Politics of Pressure*, pp. 176-80; Spiegel, *Other Arab-Israeli Conflict*, pp. 264-65.

82. Burns, *Economic Aid and American Policy*, pp. 46-50, 68-70, 85-89, 143-48, 155-57.

83. 이 문제에 대해서는 주의를 기울여야 한다. 의회의 반대에도 불구하고 경제 원조를 제한하겠다는 위협은 수에즈 전쟁 이후 효과적이었고, 원조를 증가시키겠다는 대통령의 공약은 몇 차례 이스라엘의 양보를 촉진했다. 요점은 미국에서 이스라엘의 국내 정치적 지원은 대외 원조를 관할하는 분산된 의사결정 과정과 결합되어, 미국의 정책결정자들이 정치적 목적을 위해 지원을 보류하는 것을 훨씬 더 어렵게 만든다는 것이다. 1975년 재평가의 제한적인 효과에 대해서는 다음을 참조. Ben-Zvi, *Alliance Politics*, pp. 18-20.

84. 따라서 원조를 활용할 수 있는 미국의 능력은 선거가 있는 해의 고려사항이 덜 중요했

던 1970년, 1973년, 1975년에 가장 컸다. 자세한 내용은 다음을 참조. Pollock, *Politics of Pressure*, pp. 200-202, 305-6. 1957년 아이젠하워의 성공은 다음 사항의 결과로 해석되기도 한다. 1) 그의 압도적인 국내적 인기(예를 들어, 그는 선거에서 쉽게 승리했다), 2) 미국의 유대인들이 유권자 중에서 차지하는 비율이 적었다는 사실, 3) 당시 미국 정치에서 친이스라엘 세력이 상대적으로 약했다는 점.

85. 예를 들어, 영향력을 확보하기 위해 군사훈련 프로그램을 사용하는 강대국들은 분노를 유발할 두려움 때문에 이 프로그램을 강조할 가능성이 낮다. 이와 유사하게, 충성심이 외국의 침투에 의해 영향을 받는 정치지도자들은 그들이 외세의 대리인이라거나 국내 정치적 압력에 쉽게 겁을 먹는다는 것을 인정하려고 하지 않는다.

86. 자세한 내용은 다음을 참조. Dawisha, *Egypt in the Arab World*, p. 164 외; Campbell, *Defense of the Middle East*, pp. 77-78.

87. 나세르의 정치선전은 1955년 12월 요르단에서의 폭동을 촉발했고, 이는 후세인이 이집트, 시리아, 사우디아라비아와의 단기간 동맹을 선택하고 바그다드 협약을 거절하도록 조장했다. 시리아와 이집트의 통합은 부분적으로 시리아 군대 내에서 나세르의 명성의 결과이고, 반면 삼국통합 협정은 시리아의 바트당에 의해 1961년 통일아랍공화국의 해체 이후 시리아의 국내적 안정성을 위태롭게 했던 친나세르 단체들을 장악하는 수단으로 여겨졌다. 마지막으로, 이라크와의 상징적인 통합은 이라크의 대통령 아레프의 아랍 통합에 대한 관심과 나세르를 향한 개인적인 존경에서 비롯된 측면이 있다.

88. 자세한 내용은 다음을 참조. Wenner, *Modern Yemen*, pp. 182-83, 189, 195; Peterson, *Yemen*, pp. 85-88; Lenczowski, *Middle East in World Affairs*, pp. 626-28.

89. 전임 CIA 분석가에 의하면, "역사적으로, 중동에서 군사단체들은 권위의 주요 원천이었다. 서방 영향력의 초기 지표는 군사 조직에서 명확했다. 미래 군사 지도자들에 대한 소련 훈련의 효과는 이들 국가들의 정치적, 경제적 지향에 대해 어느 정도 영향을 미칠 것으로 예상할 수 있다." Tansky, *U.S. and USSR Aid to Developing Countries*, pp. 18-19. 이러한 우려는 미 국방부의 1981년 판 *Soviet Military Power*에 잘 드러나 있다. "소련은 KGB, 외교관, 군사고문단, 문화, 매체, 교육 외교 그리고 정치선전 등 눈에 잘 띄지 않는 요소들을 통해 힘과 영향력을 투사한다. … 이러한 도구들은 모스크바가 목표로 하는 국가에서의 '영향력의 기반'을 개발할 수 있게 하면서, 소련 군사력의 직접적인 도달 범위를 넘어서는 지역에 대한 침투를 가능하게 한다." 요컨대, 이러한 간접적인 수단들은 소련이 멀리 있는 국가들에게 영향을 미치거나 통제하기 위한 효과적인 방법으로 보여진다.

90. 예를 들면, 1960년에서 1974년 사이 이집트와 미국의 관계가 급격하게 악화되었음에도 불구하고, 이 기간 동안 미국에서 공부하는 이집트인의 숫자는 거의 줄지 않았다.

91. 예를 들면, 이집트는 어느 주어진 해에 거의 20만 명에 이르는 대학 인구 중 1,000명만을 소련에 보냈다. 비록 시리아와 이라크의 경우에는 그 비율이 더 크지만, 미국이나 소련에서 교육을 받는 학생 수는 여전히 총 대학 인구의 3% 미만이다. 자세한 내용은 다음을 참조. Dawisha, "Soviet Cultural Relations," p. 435.

92. 1955-1976년 사이 대략 6,000명의 이집트 군장교들이 소련에서 훈련받았다. 이들 장교들이 특히 전도 유망했고 따라서 중요한 위치에 올라갈 가능성이 높았다고 가정할지라도, 이들이 소련 훈련을 받은 것이 이집트의 이익이 다른 곳에 있을 때, 1974년 사다트

가 미국으로 전향하는 것을 막지는 못했다.

93. 자세한 내용은 다음을 참조. Rubinstein, *Red Star on the Nile*, pp. 195-96; el-Sadat, *In Search of Identity*, pp. 230-31; David, "Realignment of Third World Regimes," pp. 297-99, 319-20, 328-29.

94. U.S. House Committee on Foreign Affairs, *The Soviet Union and the Third World*, p. 82; Los Angeles Times, November 23, 1976, pt. 7, pp. 6, 8-9.

95. CIA, *Communist Aid to Non-Communist LDCs, 1979 and 1954-1979*, p. 9.

96. Heikal, *Sphinx and Commissar*, p. 166.

97. 이러한 관찰에 대한 3가지 가능한 예외가 있다. 사우디아라비아와 미국의 동맹은 어느 정도 1930년대 사우디 왕국에서 운영을 시작한 미국의 석유회사의 영향력에 의해 구축되었다. 세부적인 내용은 다음을 참조. Safran, *Saudi Arabia*, pp. 57-67 외. and Irvine Anderson, *Aramco, the United States, and Saudi Arabia: A Study of the Dynamics of Foreign Oil Policy, 1933-1950* (Princeton, N.J., 1981). 그리고 북예멘이 1956년 소련과 방위조약에 서명한 것은 바드르 황태자가 이전에 소련을 여행하는 동안 호의적인 인상을 받았기 때문이기도 했다. 그러나 두 가지 경우 모두 외부의 위협도 관련되어 있었다. 이븐 사우드는 미국의 지원을 영국, 트랜스요르단, 이라크로부터의 위협에 대해 균형을 맞추기 위한 수단으로 보았다. 바드르의 아버지 이맘 아메드는 소련의 지원을 영국이 식민지인 아덴 지역을 포기하도록 압박하는 수단으로 보았다. 마지막으로, 미국과 이스라엘의 관계는 이러한 일반화의 명백한 예외이다. 이에 대해서는 다음 절에서 세부적으로 다루어진다.

98. 자세한 내용은 다음을 참조. Nutting, *Nasser*, pp. 431-32; Heikal, *Road to Ramadan*, pp. 83-90.

99. 이라크는 소련에서 학생들을 철수시켰고, 1963년 다수의 소련 고문단을 추방했다. 알려진 바에 따르면, 이라크는 소련의 아프가니스탄 침공과 이라크 군대에서 공산주의자들 음모에 대한 폭로 후 1978년 소련의 주둔군을 감소시켰다. 시리아는 레바논 내전 개입과 관련한 모스크바와의 갈등의 결과로 1976년 다수의 소련 고문단에게 떠날 것을 요구했다. 자세한 내용은 다음을 참조. SIPRI, *Arms Trade with the Third World*, p. 557.

100. U.S. Department of Defense, *Foreign Military Sales and Foreign Assistance Facts* (Washington, D.C., various years); U.S. House Committee on International Relations, *United States Arms Policies in the Persian Gulf*, p. 39.

101. 요르단이 적절한 사례이다. 요르단의 친서방 입장은 왕국 설립 당시 영국의 역할에 의해 강화되었으며, 여기에는 아랍 부대의 형성과 훈련, 후세인이 해로우와 샌드허스트에서 교육받았던 경험도 포함된다. 요점은 이들 요인들이 그 자체로 영국과 요르단 사이의 긴밀한 관계(예를 들어, 영국의 통제)의 결과였다는 것이다.

102. 사우디아라비아의 교육 정책에 관한 의회 연구 보고서는 다음과 같이 기술하고 있다. "사우디아라비아는 젊은 사람들의 고등 교육을 위해 미국에 크게 의존하는 결정을 내렸다. … 그것은 한 세대를 그들과 매우 다른 관습과 가치관에 노출시킴으로써 발생할 수 있는 위험을 충분히 의식하고 있는 박식한 지도자들에 의해 내려진 결정이었다. 또한 사우디의 경제 및 문화 담당 차관은 '미국의 체제를 사우디의 아이들에게 가르침으로써, 모든 세대가 미국에 치우치게 될 것이다. 나는 이와 관련된 위험을 인식하고 있지만 …

이것이 최선의 대안이다'라고 말했다." U.S. House Committee on International Relations, *Notes on Educational and Cultural Exchange between the United States and Countries of the Middle East*, 95th Cong., 1st sess., 1977, p. 24.

103. 따라서 카렌 다위샤는 "소련의 문화적 관계에서 활용되는 주요 주제는 기존 태도를 강화하거나 초기 태도를 장려하는 것이었다."고 결론을 내렸다. 자세한 내용은 다음을 참조. Karen Dawisha, "Soviet Cultural Relations," p. 423. 제3세계에서 소련의 관계에 관한 광범위한 의회 연구에 따르면, "제3세계에서 (교육프로그램을 포함하여) 소련의 문화 프로그램의 지금까지 주요 기여는 이미 존재하는 우호 관계를 더욱 강화했다는 것이다. … 만약 전반적인 관계가 … 악화 중이라면, 문화적 관계는 그에 따라 어려움을 겪는 것이 일반적이다. … 정치는 소련과 제3세계 관계의 진정한 결정요인이다." U.S. House Committee on Foreign Affairs, *Soviet Union and the Third World*, p. 82.

104. 이 주장은 입증될 수는 없지만, 나세르가 절대로 "외세의 꼭두각시"가 되지 않겠다고 맹세했다는 점을 언급할 가치가 있다. 소련이 시리아에서의 기본권에 대해 아사드를 압박하자, 아사드는 소련의 "제국주의적 행동"에 대해 비판했다. 한 이라크 정치 전문가는 사담 후세인을 "온갖 종류의 외세의 지배에 대해 오래된 증오심을 가진 사람"으로 묘사했다. 자세한 내용은 다음을 참조. Khadduri, *Socialist Iraq*, p. 74. 이러한 견해들은 아랍 세계에 국한되지 않는다. 알려진 바에 따르면, 메나헴 베긴은 미국이 이스라엘과 전략적 협력을 위한 합의를 보류하는 것에 대해 "우리가 당신의 종속국인가? 우리가 당신의 바나나공화국(무역이나 외자에 대한 의존도가 높고 정치적으로 불안정한 작은 국가를 이르는 말)인가?"라며 불평했다. Spiegel, *Other Arab-Israeli Conflict*, p. 411. 이러한 진술들은 강력한 민족주의적 신념이 대부분의 중동 지도자들 사이에서 공통적인 특징이었음을 시사한다.

105. 자세한 내용은 다음을 참조. Kelly, *Arabia, the Gulf and the West*, pp. 470-73; Mylroie, "The Soviet Presence in the PDRY"; and *MECS 1977-1978*, pp. 655-66.

106. 1986년 1월, 남예멘 대통령 알리 나세르 모하메드는 정치국 내 대부분의 동료들을 암살하려고 시도했다. 이 공격으로 두 분파 사이에 격렬한 싸움이 벌어졌고, 13,000명의 남예멘 사상자가 발생했다. 아덴에 있는 소련 대사관도 심하게 파손되었으며, 모하메드는 최종적으로 패배하여 교체되었다. 새로운 정부는 친소련 성향을 유지했으나, 이 사건들은 심지어 거대한 바르샤바조약기구의 존재조차 국내적 사건들에 대한 통제를 보장하지 않는다는 것을 보여준다. 쿠데타에 대한 설명은 다음을 참조. *New York Times*, January 30, 1986, p. A4.

107. 요르단은 가장 확실한 예외이다. 자세한 내용은 이 장의 각주 101번 참조.

108. 1950년대 중국 로비가 확실한 사례이다. 자세한 내용은 다음을 참조. Koen, *The China Lobby in American Politics*; Bachrack, *The Committee for One Million*. 좀 더 일반적인 논의는 다음을 참조. Charles McC. Mathias, "Ethnic Groups and Foreign Policy," *Foreign Affairs*, 59, no. 5 (1981); Lawrence H. Fuchs, "Minority Groups and Foreign Policy," in *American Ethnic Politics*, ed. Lawrence H. Fuchs (New York, 1968).

109. 이러한 주장에 대한 예시는 다음을 참조. Paul Findley, *They Dare to Speak Out: People and Institutions Confront Israel's Lobby* (Westport, Conn., 1985); Stephen

Green, *Taking Sides: America's Relations with a Militant Israel* (New York, 1984); Richard H. Curtiss, *A Changing Image: American Perceptions of the Arab-Israeli Dispute* (Washington, D.C., 1982); John Snetsinger, *Truman, the Jewish Vote, and the Creation of Israel* (Stanford, Calif., 1974). 친이스라엘 세력이 미국의 중동 정책에 미친 영향에 대해서는 다음을 참조. Wolf Blitzer, *Between Washington and Jerusalem: A Reporter's Notebook* (New York, 1985); Congressional Quarterly, *The Middle East*, 5th ed. (Washington, D.C., 1981), pp. 63-65, 68; I. L. Kenen, *Israel's Defense Line: Her Friends and Foes in Washington* (Buffalo, N.Y., 1981); Peter Grose, *Israel in the Mind of America* (New York, 1983); M. C. Feuerwerger, *Congress and Israel* (Westport, Conn., 1979); Stephen Isaacs, *Jews and American Politics* (New York, 1974); Robert H. Trice, "Domestic Interest Groups and a Behavioral Analysis," in *Ethnicity and U.S. Foreign Policy*, ed. Abdul Aziz Said (New York, 1981); Spiegel, *Other Arab-Israeli Conflict*.

110. 이 견해에 대한 가장 좋은 예시는 다음을 참조. Emerson, American *House of Saud*; Curtis, *Changing Image*, chaps. 17 and 18; Kenen, *Israel's Defense Line*, chap. 10; Blitzer, *Between Washington and Jerusalem*, chap. 8; Congressional Quarterly, *Middle East*, pp. 65-70; Spiegel, *Other Arab-Israeli Conflict*.

111. 직접적인 증언은 의심스럽다. 로비스트들은 자신들을 강력한 정치세력으로 내세우기 위해 그들의 영향력을 과장하기도 하고, 역풍을 피하기 위해 그들이 영향력이 있다는 것을 부인하기도 하며, 침투에 영향을 받은 정치 지도층들은 로비스트가 자신의 결정에 있어 큰 역할을 했다는 점을 부인하기 때문이다. 침투는 직접 접촉, 로비활동, (뉴스 매체와 예술을 포함한) 다양한 홍보를 통해 발휘되기 때문에, 그 전반적인 영향을 측정하는 것은 매우 어렵다. 정책결정자들에 대한 로비 단체의 직접적인 영향력에만 초점을 맞추는 것은 이러한 단체들이 홍보활동을 통해 발휘하는 간접적 효과를 무시함으로써 국내 지지자들의 전반적인 중요성을 과소평가할 수 있다.

112. 로버트 트라이스는 미국계 유대인의 영향력에 관해 다음과 같이 강조했다. "시간이 지남에 따라, 하원의원들은 관련된 법안에 대한 자신들의 입장을 정할 때 조직화된 유대인들의 반응을 예상하게 된다. … 유대인 유권자들이 직접적으로 압력을 행사할 필요는 줄어들었고, 친이스라엘 법안에 대한 하원의원의 지지는 자동적으로 이뤄지게 되었다." Robert Trice, "Congress and the Arab-Israeli Conflict: Support for Israel in the U.S. Senate, 1970-73," *Political Science Quarterly*, 92, no. 3 (1977): 456.

113. 이러한 분석을 통해 보았듯, 많은 동맹들은 "여러 요인들에 의해 결정된다." 즉, 어떤 단일 요인의 정확한 영향은 다른 요인들의 영향으로부터 쉽게 분리할 수 없다.

114. 이러한 관점에 대해서는 다음을 참조. Snetsinger, *Truman, the Jewish Vote, and the Creation of Israel*, pp. 35-39, 41-42, 53-54, 67-71, 78-81, 102-6, 119-23; Evan Wilson, *Decision on Palestine: How the U.S. Came to Recognize Israel* (Stanford, Calif., 1981), p. 58; Grose, *Israel in the Mind of America*, pp. 216-17, 231-32, 264-66, 269-71. 이것은 미국의 시온주의 단체들이 트루먼의 결심에 있어 유일한 결정요소라고 주장하는 것이 아니다. 스피겔은 트루먼이 기본적으로 유대인 난민들의 역경에 대해 연민을 느꼈으며 시온주의자들의 압력에 종종 짜증냈고, 그가 국내정치에 의해 영향을 받지 않

을 것이라고 공식, 비공식적으로 주장했다는 점을 지적하며 시온주의자들의 영향력을 경시한다. 자세한 내용은 다음을 참조. Spiegel, *Other Arab-Israeli Conflict*, p. 39 외. 그러나 그는 또한 이 문제에 대한 트루먼의 망설임은 대립하는 요구들을 조화시키려 했던 그의 시도들을 반영한 것이라고 지적한다. 시온주의자들의 압력에 대한 트루먼의 불쾌감은 이 압력이 사소한 것이 아니었음을 시사하고, 국내정치에 의해 영향을 받지 않겠다는 그의 발언은 방어적인 제스처였을 수 있다. 문제는 그가 한 발언이 아니라 그가 무엇을 했는가이다. 트루먼의 결정은 많은 요인들의 산물이었다. 그리고 친시온주의 단체들의 압력이 가장 중요한 요인이었다는 점은 명확하다.

115. 자세한 내용은 다음을 참조. Neff, *Warriors at Suez*, pp. 386, 432-33; Brecher, *Decisions in Israel's Foreign Policy*, pp. 292-93, 297-98; Finer, *Dulles over Suez*, pp. 470-84 외. Love, *Suez*, pp. 664-68.

116. 유대인 정치단체의 구성원들은 1950년대 중반 동안 그들이 충분히 준비되지 않았다는 것을 인정했다. 자세한 내용은 다음을 참조. Kenen, *Israel's Defense Line*, p. 105; Blitzer, *Between Washington and Jerusalem*, p. 15.

117. Spiegel, *Other Arab-Israeli Conflict*, pp. 106-8; and Gazit, *President Kennedy's Policy*, pp. 35-48. 벤구리온의 자서전을 집필한 마이클 바조하는 1962년 케네디가 이스라엘 국무총리에게 다음과 같이 말했다고 전했다. "나는 유대계 미국인들의 투표에 의해 당선되었다. 그들에게 나의 승리를 빚지고 있다. … 내가 무엇을 하면 되겠는가?" 그는 또한 벤구리온이 이 발언에 깊은 인상을 받지 못했다고 기록했다. 자세한 내용은 Michael Bar-Zohar, *Ben-Gurion* (New York, 1977). 트루먼 행정부에서처럼, 친이스라엘 세력들은 케네디 행정부에서도 중요한 영향력을 행사했다. 예를 들어, 시몬 페레스와 케넌은 재미 유대인 공동체와 긴밀한 관계를 맺었던 마이어 펠드만 보좌관이 케네디와 존슨 행정부, 미국의 유대인들, 이스라엘 정부 사이의 효과적인 연락관이라고 밝혔다. 자세한 내용은 다음을 참조. Peres, *David's Sling*, pp. 94-96, 99; Kenen, *Israel's Defense Line*, pp. 160-62, 167, 177, 183; Spiegel, *Other Arab-Israel Conflict*, pp. 95-96, 100.

118. 자세한 내용은 다음을 참조. Spiegel, *Other Arab-Israeli Conflict*, pp. 169, 180; Kissinger, *White House Years*, pp. 202-3; Quandt, *Decade of Decisions*, pp. 79-80.

119. 따라서 키신저는 "미국은 소련의 피후원국이 미국의 전통적인 친구를 패배시키는 것을 용납할 수 없다"고 말하며, 10월 전쟁 동안 이스라엘에 대한 미국의 지원을 정당화했다. 자세한 내용은 다음을 참조. Kissinger, *Years of Upheaval*, p. 468.

120. 물론, 이 두 요인은 관련이 없다. 미국에 있는 이스라엘 지지자들은 이스라엘이 중요하고 가치 있는 동맹이라고 오랫동안 주장해왔고, 이 주장은 6일 전쟁과 요르단 위기 이후 이스라엘의 군사적 능력이 소련의 중동 영향력 증대를 막을 수 있는 방벽 역할을 할 수 있음이 드러난 이후 더욱 설득력이 높아졌다. 이 주장들의 사례에 대해서는 다음을 참조. Steven L. Spiegel, "Israel as a Strategic Asset," *Commentary*, 75, no. 6 (1983); Steven J. Rosen, "The Strategic Value of Israel," *AIPAC Papers on U.S.-Israel Relations* (Washington, D.C., 1982).

121. 울프 블리처는 "수년 동안, 민주당과 공화당 중 누가 백악관을 장악했는지에 관계없이 이스라엘은 상원과 하원에 그들을 방어해줄 수 있는 친구들을 확보할 수 있었다. 따라서

행정부는 많은 경우에 친이스라엘적 의회의 움직임에 동조할 수밖에 없었다"고 언급했다. Blitzer, *Between Washington and Jerusalem*, pp. 98-99. Spiegel, *Other Arab-Israeli Conflict*, p. 388

122. 이스라엘에 대한 원조는 1966년 1억 2,700만 달러였고, 1971년 6억 3,200만 달러, 1974년과 1976년에는 20억 달러를 넘어섰다. 1980년대까지, 이스라엘에 대한 원조는 매년 약 30억 달러에 달했다. 자세한 내용은 다음을 참조. AID, U.S. *Overseas Loans and Grants*. 울프 블리처가 지적한 것처럼, "욤키푸르 전쟁 이전, 이스라엘은 2차대전 이후 미국의 대외 원조를 받는 국가들 중 24위에 있었다. 그러나 1979년 이스라엘은 2위로 올라섰고, 오직 남베트남만이 이스라엘보다 많이 받았다." Blitzer, *Between Washington and Jerusalem*, p. 99.

123. Feuerwerger, *Congress and Israel*, pp. 29-40.

124. 이러한 사건들에 대해서는 다음을 참조. Burns, *Economic Aid and American Policy*, pp. 68, 143-46; Kenen, *Israel's Defense Line*, pp. 170-72, 180-81, 184-85; Spiegel, *Other Arab-Israeli Conflict*, pp. 303-4, 308-9, 346-49; Feuerwerger, *Congress and Israel*, pp. 34-35.

125. 이러한 지연은 이스라엘의 양보를 설득하고, 이스라엘이 이집트 깊숙이 침투한 것에 대한 미국의 불만을 표시하고, 당시 소련의 이집트 지원을 줄이도록 설득하기 위해 의도된 것이었다. 그러나 이 지연은 소모전에서 이스라엘의 행동을 완화시켰을 수 있지만 다른 긍정적인 결과를 가져오지는 못했다. 자세한 내용은 다음을 참조. Spiegel, *Other Arab-Israeli Conflict*, pp. 190-92; Pollock, *Politics of Pressure*, pp. 67-72.

126. 두 명의 상원의원은 아이오와의 존 컬버(John Culver)와 하와이의 다니엘 에노우에(Daniel Inouye)이다. Tillman, *The United States in the Middle East*, pp. 66-67; Ben-Zvi, *Alliance Politics*, pp. 17-20.

127. 윌리엄 콴트가 언급했듯이, "국내적 요인들은 넘어서는 것이 무분별해 보이는 경계를 정의함으로써 고려사항이 되는 것처럼 보인다. 가능한 활동의 범위에 대한 이러한 제한은 일반적으로 선호하는 정책을 수용하게 하는 데 있어 국내적 요인의 영향보다 더 중요해 보인다." William B. Quandt, "Domestic Influence on United States Foreign Policy in the Middle East: The View from Washington," in *The Middle East: Quest for an American Policy*, ed. Willard A. Beling (Albany, N.Y., 1973), pp. 274-73. 추가적인 사항은 다음을 참조. Spiegel, *Other Arab-Israeli Conflict*, pp. 389-90; Nadav Safran, *The United States and Israel* (Cambridge, Mass., 1963), pp. 276-79; Mathias, "Ethnic Groups and Foreign Policy," pp. 992-93; Blitzer, *Between Washington and Jerusalem*, chaps. 5-7.

128. 닉슨의 1969년 로저스 계획과 1970년 수에즈 운하 휴전, 그리고 운하를 따라 제한적 해결을 협상하려는 시도들은 모두 이스라엘과 상당한 갈등을 불러일으켰다. 키신저의 단계적 외교는 여러 번의 공개적인 언쟁으로 이어졌고 결국 1975년 짧지만 강렬한 균열이 발생했다. 지미 카터는 1) 포괄적인 평화회의를 개최하고, 2) 팔레스타인 문제를 평화 프로세스의 핵심으로 삼고, 3) 사우디아라비아에 최신 군사장비를 판매하고, 4) 캠프 데이비드 협상에서 "정직한 중개인"으로서 역할을 하는 등의 노력의 결과로서 큰 시련들을 견뎌냈다.

129. 이러한 노력들은 학술연구 지원, 출판 지원금 제공, 공식적인 로비활동, 대중 매체 참여 등을 포함한다. 자세한 내용은 다음을 참조. Emerson, American *House of Saud*; Kenen, *Israel's Defense Line*, and Congressional Quarterly, *Middle East*.

130. 특히 1978년 F-15S 60대와 1981년 AWACS 5대 판매에 대한 상원의 승인은 당시 미국 정부와 미국 내 다양한 친아랍 세력, 전문 로비스트들의 광범위한 로비의 결과였다.

131. 세부적인 내용은 다음을 참조. Isaacs, *Jews and American Politics*, chaps. 1. 13; Feuerwerger, *Congress and Israel*, chap. 3, especially pp. 82-86, 90-95.

132. Congressional Quarterly, Middle East, p. 64; Blitzer, *Between Washington and Jerusalem*, pp. 147-48.

133. 자세한 내용은 다음을 참조. Congressional Quarterly, *Middle East*, pp. 66-67; Ben Bradlee, Jr., "Lobbying for Israel," *Arizona Republic*, May 27, 1984.

134. 예를 들어, 미국의 석유 회사들은 이집트가 사우디아라비아의 적이었기 때문에, 케네디와 나세르의 화해를 지원하지 않았다. Spiegel, *Other Arab-Israeli Conflict*, pp. 95, 120.

135. Mathias, "Ethnic Groups and Foreign Policy," pp. 975-77.

136. 아미타이는 국회의사당에서 이스라엘 지지자들의 역할에 대해 다음과 같이 설명했다. "지금 여기 실무 차원에 있는 많은 사람들이 있습니다. … 누군가는 유대인이고, 누군가는 기꺼이 유대인의 관점에서 특정 문제를 보려고 합니다. … 이들 모두는 이 상원의원들을 위한 이러한 영역에서 결정을 내릴 수 있는 위치에 있습니다. … 만약 관여의 의지가 있다면, 당신은 직원 수준에서도 엄청나게 많은 일들을 할 수 있습니다." Isaacs, *Jews and American Politics*, pp. 255-57. 요컨대, 아미타이가 말했듯이, "만약 당신이 이스라엘을 돕기를 원한다면, 가장 중요한 것은 정치적 행동입니다." Blitzer, *Between Washington and Jerusalem*, p. 122.

137. 예상대로, 이러한 비난은 친이스라엘 단체의 마음에 드는 것이었다. 그 사례들에 대해서는 다음을 참조. Congressional Quarterly, *Middle East*, p. 68.

138. Blitzer, *Between Washington and Jerusalem*, pp. 147-48.

139. Bradlee, "Lobbying for Israel."

140. 미국의 유대인들은 "이스라엘에 대한 그들의 지지에는 '비애국적인' 무언가가 있다는 아주 먼 암시에 대해서조차도 본능적으로 반응한다." Congressional Quarterly, *Middle East*, p. 68.

141. 마빈 페이워거가 말했듯이, "친이스라엘 단체들은 [하원]의원이 일반적으로 동의하는 입장에 대한 그의 공약을 재확인해주기를 요구할 뿐, 비교적 적게 요구하는 편이다." Feuerwerger, *Congress and Israel*, pp. 95-96. 이러한 경향은 미국의 현재 지원 수준이 사실상 미국의 이익에 부합한다는 것을 의미하지는 않는다. 이는 단지 이스라엘과 민주주의의 관계 그리고 소련의 확장에 대한 반대가 미국의 정치체제 내에서 믿을 만한 지지를 만들어내는 주제를 불러낸다는 것을 의미한다.

142. 이런 사건들의 세부적인 내용에 대해서는 다음을 참조. Rabin, *Memoirs*, pp. 232-33; Spiegel, *Other Arab-Israeli Conflict*, pp. 409-10; *New York Times*, November 28, 1985, p. B8.

08 결론: 동맹 형성과 세계 권력의 균형

1. 전후 미국 대전략에서 동맹에 관한 숨겨진 가정들의 역할에 대해서는 Larson, "The Bandwagon Metaphor" 참조.
2. 사우디아라비아, 시리아, 이집트는 1967년 이후로 힘을 합쳤다. 요르단과 이스라엘은 1970년 시리아의 침공에 대항하기 위해 협력했다. 시리아와 요르단은 제2차 시나이 협정 이후 극적인 화해를 했다. 수없이 많은 사례들을 들 수 있지만 핵심은 명확하다. 일반적으로 외부 위협에 균형을 이루어야 할 필요성이 유사한 이념을 추구하는 국가를 지지하려는 욕구보다 중요했다.
3. 위협균형 이론은 전통적인 세력균형 이론보다 덜 간결해 보일 수 있다. 위협은 총체적 국력의 분배를 포함하여 여러 구성요소들의 산물이기 때문이다. 사실상 두 이론은 동일하게 간결하다. 그러나 위협균형 이론은 더 일반적이며 추상적이다. 분석이 일반적이고 추상적인 수준으로 갈수록, 불가피하게 더 많은 변수들을 포함하게 된다. 정의상, 더 일반적인 이론은 더 넓은 범위의 현상을 포함한다. 하지만 관련 변수들을 조직화하는 주요 개념들이 그것이 대체하는 덜 일반적인 이론의 주요 개념만큼 수가 적은 한, 더 일반적인 이론이 덜 간결한 것은 아니다. 위협균형 이론을 특징짓는 주요 개념은 위협이며, 이는 총체적 국력, 근접성, 공격 능력, 인지된 의도 등으로 구성된다. 위협균형 이론은 국가의 행위에 대한 더 일반적인 설명이지만, 더 복잡한 설명은 아니다.
4. 게다가 독일에 맞서는 동맹들은 독일이 완전히 패배할 때까지 통합된 상태에 있었는데, 이는 주로 널리 알려진 독일의 호전성에 대한 인식 때문이었다. 따라서 20세기의 두 가지 가장 중요한 동맹은 세력균형 이론에는 부합하지 않지만, 위협균형 이론에 의해서 쉽게 설명된다.
5. 스나이더가 썼듯이, "[양극세계에서 약소국들의] 동맹은 체제 구조의 논리(예를 들어, 힘의 분배)에 전혀 영향을 받지 않는다고 볼 수 있다. 만약 그들이 마음대로 할 수 있다면, 그들은 자국의 안보에 가장 적은 위협을 가할 것처럼 보이거나 이념적으로 가장 잘 맞는 초강대국을 선택할 것이다." 더 자세한 내용은 다음을 참조. Snyder and Diesing, *Conflict among Nations*, p. 421.
6. 예외는 요르단인데, 요르단은 1970년 요르단이 팔레스타인해방기구 및 시리아와 짧은 전쟁을 치르는 동안 암묵적인 이스라엘의 군사적 보장에 의존했다.
7. 가장 명백한 사례는 나세르가 소모전 기간 동안 동부사령부로부터 실질적인 지원을 획득하는 데 실패한 것이다.
8. 3장에서 설명했듯이, 6일 전쟁 당시 아랍 연합은 이스라엘로부터의 인지된 위협에 대한 아랍의 반응이었던 만큼이나 아랍 국가들 간 경쟁의 산물이었다.
9. 책임전가의 개념에 대해서는 다음을 참조. Posen, *Sources of Military Doctrine*, pp.63, 232.
10. 이 책의 다른 부분에서 언급했듯이, 친이스라엘 세력(혹은 그 점에 있어 다른 민족 로비 단체들)의 영향이 어떻게 평가되는가는 그와 같은 집단이 옹호하는 충성심이 전반적인 국익에 해롭거나 이롭다고 느껴지는지 여부에 좌우된다. 그리고 이 질문을 해결하는 것

은 이 책의 범위를 넘어서는 것이다.

11. 따라서 레이건 대통령은 1981년 10월, 미국은 사우디아라비아가 "이란처럼 되는 것"을 허용하지 않을 것이라고 발표하였으며, 이는 미국이 외부의 공격이나 내부 반란으로부터 사우디아라비아를 방어할 것임을 의미했다. 자세한 내용은 다음을 참조. *New York Times*, October 2, 1981.

12. 이스라엘은 이들에 대한 미국의 무기 판매를 강하게 반대했다. 반면 이러한 동맹국들은 이스라엘의 주요 지원국과 너무 밀접한 관계가 있는 것처럼 보이지 않도록 미국과의 연계를 조용히 유지하고 싶어했다. 전략적 합의에 대한 논의는 다음을 참조. Spiegel, *Other Arab-Israeli Conflict*, pp. 400-401; Barry Rubin, "The Reagan Administration and the Middle East," in *Eagle Defiant: United States Foreign Policy in the 1980s*, ed. Kenneth A. Oye, Robert J. Lieber, and Donald Rothchild (Boston, 1983); and John C. Campbell, "The Middle East: A House of Containment Built on Shifting Sands," *Foreign Affairs*, 60, no. 3(1981): 596-97, 612.

13. 더 자세한 내용은 다음을 참조. Dankwart A. Rustow, "Realignments in the Middle East," *Foreign Affairs*, 63, no. 3(1984): p.588 외.

14. 알려진 바에 따르면, 이집트와 요르단은 이라크군과 싸우기 위해 지원병을 보냈으며, 사우디아라비아는 대규모 재정적 원조를 제공했고 이집트는 상당한 양의 소련제 군사장비를 지원했다. 그리고 시리아는 이란에 군사장비들을 보냈으며, 다마스쿠스와 테헤란은 레바논의 특정 급진 분파들에 대한 지원을 분명히 공동으로 추진했다.

15. 걸프 협력 위원회에 관해서는 다음을 참조. Ispahani, "Alone Together."

16. 자세한 내용은 다음을 참조. Neumann, "Assad and the Future of the Middle East," p. 242

17. 이 문단은 분명히 레바논의 사건에 대해 제대로 다루고 있지는 않다. 레바논 전쟁과 전쟁의 여파에 관해서는 다음의 자료가 잘 설명하고 있다. Ehud Ya'ariand Ze'ev Schiff, *Israel's Lebanon War*(New York, 1984); Rabinovich, *War for Lebanon*; Randal, *Going All the Way*.

18. 자세한 내용은 다음을 참조. "Realignments in the Middle East," p. 588.

19. 서안지구에서 이스라엘 정착촌의 증가가 곧 돌이킬 수 없게 될 수 있다는 점을 인식하면서, 요르단, 팔레스타인해방기구, 이스라엘은 1985년 다양한 공식적, 비공식적 논의에 들어갔다. 몇 번의 시도에도 불구하고, 후세인과 아라파트는 이스라엘과의 회담을 위한 공동의 협상 입장에 합의하는 데 실패했다. 그리고 후세인과 이스라엘의 수상 시몬 페레스는 아라파트 없이 팔레스타인이 참여할 수 있는 방식을 찾지 못했다. 아랍 세계에서 거의 지지받지 못하는 상황에서(시리아는 강력하게 반대했고, 사우디아라비아는 그들이 직접적으로 관련 없는 문제에 대해서 리더십의 부담을 지려고 하지 않았다), 후세인 스스로 움직일 수 없는 상태가 지속되었다.

20. 자세한 내용은 Rustow, "Realignments in the Middle East." p.598 외.

21. 호메이니의 이란과 카다피의 리비아는 정도의 차이는 크지만 모두 급진적인 이슬람 가치를 옹호하는데, 이는 바트주의 시리아나 마르크스주의 남예멘의 세속적인 접근과는 매우 대조적이다. 물론 요르단과 사우디아라비아는 모두 군주제이나, 그들은 이라크의 바트주의 독재자와는 긴밀한 동맹을 맺어왔다.

22. 신속전개부대의 사용을 위해 이집트의 라스 바나스 기지를 확장하려는 미국의 계획을 둘러싼 긴 협상은 이집트가 협상 조건과 관련해 예상 밖의 강한 입장을 취함으로써 1983년 최종적으로 결렬되었다. 그리고 1985년 이집트가 이탈리아의 유람선 아칠레 라우로 호를 납치하고 미국인 승객을 살해한 팔레스타인해방기구의 테러리스트 집단을 방면하기로 한 결정과 그 테러리스트들을 수송하는 이집트 여객기에 대한 미국의 가로채기는 카이로와 워싱턴 사이에 심각한 균열을 초래했다. 다시 한번, 외부의 원조에 극도로 의존하는 국가조차도 자신의 후원국을 분노하게 하는 위험을 무릅쓰고 자국의 이익을 따르게 된다.

23. 자세한 내용은 다음을 참조. Campbell, "The Middle East," p.610; Spiegel, *Other Arab-Israeli Conflict*, pp.408-411.

24. 국력을 평가하는 문제에 관해서는 다음을 참조. Knorr, *Power of Nations*, chaps.3 and 4: Harold Sprout and Margaret Sprout, *Foundations of International Politics* (Princeton, N.J., 1962); Morgenthau, *Politics among Nations*, pt. 3: Ray S. Cline, *World Power Assessment 1977: A Calculus of Strategic Drift* (Washington. D.C., 1978).

25. 이 계산은 공식적인 조약관계뿐만 아니라 어느 초강대국의 항구적인 군사 훈련 사절단이 있는 국가들을 포함한다. 두 초강대국으로부터 동시에 안보 원조를 받는 국가들은 중립적이라고 간주되고 포함되지 않았다. 자세한 정보는 다음을 참조. U.S. Joint Chiefs of Staff, *U.S. Military Posture for FY1987*, overleaf to p. 1; U.S. Department of Defense, *Soviet Military Power 1986*, pp. 126-27 외. 물론 이러한 계산에 포함된 많은 국가들이 실제로 어느 초강대국과도 동맹을 맺지는 않았다는 주장이 있을 수 있다. 군사 고문단의 존재나 군사 장비의 제공 자체가 중대한 공약이 되지는 않기 때문이다. 만약 그렇다면 이 문제는 두 초강대국에 모두 영향을 미친다. 결과적으로, 이러한 수치들은 편향되지 않을 것이다. 그러나 왜곡의 가능성을 최소화하기 위해 〈표 16〉은 각각의 초강대국의 동맹에 관한 몇 개의 상이한 가정들을 반영하는 결과를 나타낸다. 더욱이 각각의 초강대국의 군사적 공약들을 확인하기 위해 사용된 출처들은 소련의 힘을 최소화하기보다는 과장하는 경향이 있다. 따라서 이러한 계산은 미국이 상당한 이점을 누린다는 명제에 대한 강력한 시험대를 제공한다.

26. 미국의 국방 및 연구 기술 차관에 따르면, 1986년 미국은 기초 기술 20개 분야 중 14개 분야에서 소련에 우세했다. 나머지 6개 분야는 동점이었으며, 소련은 어느 분야에서도 우세하지 못했다. 군사 체계에 있어서도 미국의 기술은 31개 중 16개 분야에서 우위에 있었고, 9개 분야에서 동점, 4개 분야에서 열세를 기록했다. 자세한 내용은 다음을 참조. "The Statement by the Undersecretary of Defense, Research and Engineering to the 99th Congress," in U.S. Department of Defense, *The FY1987 Department of Defense Program for Research and Development* (Washington, D.C., 1986), pp. II-11, II-12.

27. 이 결과는 윌리엄 라이커 등이 다수(n-person) 게임이론의 가정으로부터 이끌어낸 크기(size) 원칙을 반박한다. 라이커는 연합이 각자의 전리품 몫을 극대화하기 위해 승리하기에 충분할 정도로만 클 것이라고 예측한다. 그러나 〈표 16〉에 나타난 것처럼, 미국과 그 동맹국들이 모은 총 여력은 소련에 대항하기 위해 필요한 최소 수준을 훨씬 초과한

다. 라이커의 주장에 대해서는 그의 저작인 *Theory of Political Coalitions* 참조.

28. 1950년 미국은 세계 총생산량의 40% 가량을 생산했고, 소련은 13.5% 정도였다. 미국의 해군과 공군은 훨씬 우수했으며, 미국은 목표지점에 도달 가능한 핵무기라는 분명한 이점도 가지고 있었다.

29. 중요한 것으로, 서반구에서 가장 반미적인 두 국가인 쿠바와 니카라과 모두 최근 수십 년간 미국의 주요 간섭 대상이었다.

30. 이러한 의견은 매킨더의 심장부(heartland) 개념을 뒤집는 것이다. 그는 러시아가 중심부에 위치하고 있어 큰 이점을 가진다고 제시했다. 왜냐하면, "동유럽을 지배하는 자가 세계의 심장부를 지배하고, 세계의 심장부를 지배하는 자가 세계의 섬을 지배하며, 세계의 섬을 지배하는 자가 세계를 지배하기" 때문이다. 이러한 논리에 의하면 제2차 세계대전의 결과는 미국이 아닌 소련의 패권을 수립했어야 했다. 그리고 매킨더의 분석이 군사적인 면에서 사실일 수 있어도, 위협균형 이론의 함의를 도외시한다. 특히 심장부의 점령은 대결해야 할 잠재적인 적들의 숫자를 크게 증가시킨다. 매킨더의 분석에 대해서는 다음을 참조. "The Geographical Pivot of History," *Geographical Journal*, 23, no. 4 (1904): 421-44. 좀더 최근의 연구는 다음을 참조. Robert E. Harkavy, *Great Power Competition for Overseas Bases: The Geopolitics of Access Diplomacy* (New York, 1982), chap. 6; Paul M. Kennedy, "Mahan vs. Mackinder: Two Views on Naval Strategy," *Strategy and Diplomacy: Collected Essays* (London, 1983).

31. 물론 미국의 봉쇄 전략의 목표는 그들이 그렇게 하는 것을 막는 것이다.

32. 따라서 군사적 능력에 대한 소련의 강조는 대체로 소련 군대의 정치적 영향력이나 소련 공산당의 팽창주의적 목표에서 기인한 것인데, 사실상 소련의 불리한 지정학적 입지의 결과일 수 있다.

33. 소련 군사교리의 공격적인 특성에 대해서는 다음을 참조. Phillip A. Peterson and John G. Hines, "The Conventional Offensive in Soviet Theater Strategy," *Orbis*, 27, no. 3(1983); Stephen M. Meyer, "Soviet Theatre Nuclear Forces, Part 1; Development of Doctrine and Objectives," *Adelphi Paper No. 187* (London, 1984); Benjamin Lambeth, "How to Think about Soviet Military Doctrine," *RAND Paper P-5939* (Santa Monica, Calif., 1978); Jack L. Snyder, "Civil-Military Relations and the Cult of the Offensive," *International Security*, 9, no. 1 (1984).

34. 포위된 국가들이 공격 능력을 가지고 있다면, 제1차 세계대전에서 독일의 슐리펜 계획이 시도했고 6일 전쟁에서 이스라엘이 달성했던 것처럼, 적들을 연달아 상대하려 할 수 있다. 독일이 발견했던 것처럼, 이러한 접근에는 심각한 문제가 있다. 부분적으로는 작전의 규모와 반대의 수준이 이스라엘이 직면했던 것보다 훨씬 컸기 때문이다. 이러한 점에 대해서는 다음을 참조. Richard Ned Lebow, "The Soviet Offensive in Europe: The Schlieffen Plan Revisited?" *International Security*, 9, no. 4 (1985); Snyder, "Civil-Military Relations." 소련의 공격적인 교리에 대한 선호는 또한 대부분의 현대 군대가 공격적인 교리를 선호한다는 점을 감안할 때, 효과적인 민간 영향력의 부재를 드러내는 것일 수 있다. 이러한 관점에 대해서는 다음을 참조. Posen, *Sources of Military Doctrine*, pp. 42-31.

35. 서방에 의한 균형 행동의 최근 사례는 카터 행정부가 시작하고 레이건 행정부가 가속한

미국의 지속적인 국방력 증가이다. 즉, 1970년대 중국과의 화해, 노르웨이의 연안 및 공중 방어의 현대화, 노르웨이 내 미 해병대대를 위한 장비의 사전 배치, 소련의 SS-20 미사일 배치에 균형을 이루기 위한 572개의 핵미사일 배치 결정, 1976년 동맹국 방위비 실지출의 연평균 3% 증가 합의 등이다. 동맹국의 반응은 여전히 미국의 기대에는 미치지 못하는데, 이 현상은 집합재 이론에 의해 가장 잘 설명된다. 자세한 내용은 다음을 참조. Olson and Zeckhauser, "Economic Theory of Alliances."

36. 예를 들어, 힘의 상관관계라는 소련의 개념은 편승의 논리를 떠올리게 한다. 소련의 평론가들은 힘의 상관관계가 사회주의 쪽으로 이동함에 따라, 그 결과는 유리한 세계 경향의 점진적인 가속이라고 주장한다. 대항 관계에 있는 경향들이 일시적 이점을 상쇄할 수도 있다는 생각이 놀랄만큼 부재하다. 이러한 점에 대해서는 다음을 참조, William Zimmerman, *Soviet Perspectives on International Relations* (Princeton, N.J., 1969), pp. 159-64 외; Simes, "Soviet Policy towards the United States," pp. 310-11.

37. 자세한 내용은 다음을 참조. Andrew Marshall, "Sources of Soviet Power: The Military Potential in the 1980s," in *Prospects of Soviet Power in the 1980s*, ed. Christoph Bertram (Hamden, Conn., 1980), pp. 65-66; Stephen S. Kaplan, *Diplomacy of Power: Soviet Armed Forces as a Political Instrument* (Washington, D.C., 1981), chap. 5.

38. 자세한 내용은 다음을 참조. Barnet, *Intervention and Revolution*; and Blechman and Kaplan, *Force without War*.

39. 자세한 내용은 다음을 참조. Lowenthal, "Factors of Unity and Factors of Conflict"; Brzezinski, *Soviet Bloc*, chap. 19, 특히 pp. 494-96.

40. 나토의 붕괴가 임박했다는 예측이 계속적으로 나옴에도 불구하고, 여전히 30년 이상 유지되고 있다. 비관적인 관점에 대해서는 다음을 참조. Eliot A. Cohen, "The Long-Term Crisis in the Alliance," *Foreign Affairs*, 61, no. 2(1982-1983).긍정적인 평가에 대해서는 다음을 참조. Bruce Russett and Donald R. Deluca, "Theatre Nuclear Forces: Public Opinion in Western Europe," *Political Science Quarterly*, 98, no. 2 (1983); Richard C. Eichenberg, "The Myth of Hollanditis," *International Security*, 8, no. 2 (1983): 143-59. 헝가리, 체코슬로바키아, 폴란드에서의 사건들이 보여주듯이, 바르샤바 조약기구는 거의 응집력이 없는 모델이다. 동맹에 대한 자발적 충성과는 관련이 없기 때문이다.

41. 예를 들어, 모든 세계 개발 원조의 1% 미만만이 소련으로부터 나온다. 경제 원조국으로서 소련의 한계에 대해서는 다음을 참조. Henry Bienen, "Soviet Political Relations with Africa," *International Security*, 6, no. 4(1982); U.S. House Committee on Foreign Affairs, *The Soviet Union and the Third World*, p.170 외; CIA, *Communist Aid to Non-Communist LDCs, 1979 and 1954-1979*, p.8. 원자재의 중요성 감소에 대해서는 다음을 참조. Peter Drucker, "A Changed World Economy," *Foreign Affairs*, 64, no. 4(1986).

42. 자세한 내용은 다음을 참조. Feinberg and Oye, "After the Fall."

43. 자세한 내용은 다음을 참조. CIA, *Communist Aid to Non-Communist LDCs, 1979 and 1954-1979*, p. 9; and U.S. House Committee on Foreign Affairs, *The Soviet*

Union and the Third World, p. 82.

44. 냉전 내내 그랬듯이, 미국과 그 동맹국들은 1950년대 이래 세계 생산의 60% 이상을 통제했고, 소련과 그 동맹국들은 약 15%에 그쳤다. 사소한 변동이 있었고, 제2차 세계대전으로부터 미국의 동맹국들이 회복됨에 따라 서방 동맹 내에서 분배가 변했으나, 이러한 전반적인 분배의 안정성은 아주 놀랍다.

45. 자세한 내용은 다음을 참조. Gaddis, *Strategies of Containment*, especially chap. 2; Kennan, *Realities of American Foreign Policy*, Lippmann, *The Cold War*, Nicholas Spykman, *America's Strategy in World Politics* (New York, 1942).

46. 자세한 내용은 2장의 편승에 관한 논의를 참조. Larson, "The Bandwagon Metaphor"; Hoffman, "Detente," in Nye, *Making of America's Soviet Policy*, p. 242.

47. 실제로 미국은 자신의 신뢰도가 다소 떨어지면 더 좋을 수 있다. 가끔씩 무능력한 피후원국이 좌초되도록 방치함으로써, 미국은 다른 동맹국들이 자국에서나 미국과의 관계에서나 잘 행동하도록 추가적인 유인을 제공하게 된다. 필리핀의 페르디난드 마르코스와 아이티의 베이비 닥 듀발리의 축출을 촉진시킨 뒤늦은 결정은 다른 곳에서 공약을 위험에 빠트리지 않고도 부패하고 인기 없는 동맹국을 버리는 것이 가능하다는 것을 시사한다. 실제로 유사한 위치에 있는 동맹국들에 대한 효과가 유익할 것이다.

48. 중앙 아메리카의 콘트라 반군에 대한 미국의 지원처럼, 1986년 4월 리비아 폭격 이후 미국이 받은 광범위한 비난은 이러한 문제의 명백한 사례이다.

49. 이스라엘의 레바논 침공에 대한 국무장관 알렉산더 헤이그의 승인은 의심할 여지없이 소련에 맞서 1981–1982년 사이 이스라엘과의 전략적 협력을 증가시키려는 미국의 노력의 일부였다. 돌이켜보면, 이 결정은 미국에 대한 반발과 이스라엘의 재앙으로 이어졌다. 이스라엘의 공격 결정에서 헤이그의 역할에 관해서는 다음을 참조. Ze'ev Schiff, "Green Light, Lebanon," *Foreign Policy*, no. 50(1983).

50. 사례를 하나 언급하자면, 키신저는 혁명적인 마르크스주의 정권들이 세계 질서에 제기하는 위험에 대해 반복적으로 경고했다. 이러한 두려움은 칠레와 앙골라에 대한 미국 개입의 밑바탕이 되었고 베트남에서 "명예로운 평화"를 위한 헛된 노력을 연장시켰다. 그러나 키신저의 회고록은 마르크스주의 이념이 궁극적으로 분열을 초래할 것이라는 그의 인식을 드러낸다. 그가 회고록에 썼듯이, "공산주의 국가들 사이의 가장 큰 아이러니 중 하나는 항상 갈등을 종식시킬 것이라고 주장했던 공산주의 이념이 사실상 갈등을 다루기 어렵게 만들었다는 것이다. 무오류의 진실에 기반한 체제에는 오직 하나의 권위 있는 해석만이 있을 수 있다. 따라서 진정한 정설을 대표하려는 경쟁 주장은 치명적인 도전이다." 더 자세한 내용은 다음을 참조. Kissinger, *Years of Upheaval*, p. 47. 혁명적 세력에 대한 키신저의 의심에 대해서는 다음을 참조. Gaddis, *Strategies of Containment*, pp.337-39; Hoffmann, "Detente," pp.241-42; Henry A. Kissinger, "Domestic Structure and Foreign Policy," in Kissinger, *American Foreign Policy* (New York, 1974), pp. 12, 34-43.

51. 이러한 관점에 대해서는 다음을 참조. Gaddis, *Strategies of Containment*, pp. 42-48.

52. 미국과 그 동맹국들이 직면하고 있는 안보 문제의 분석과 다양한 해결책에 관해서는 다음을 참조. Barry R. Posen, Stephen W. Van Evera, "Reagan Administration Defense Policy: Departure from Containment," *International Security*, 8, no. 1(1983);

Carnegie Endowment for International Peace, *Challenges for U.S. National Security: Assessing the Balance: Defense Spending and Conventional Forces* (Washington, D.C., 1981), pt.2; William W. Kaufmann, "Non-Nuclear Deterrence," in *Alliance Security: NATO and the No-First-Use Question*, ed. John Steinbruner and Leon V. Sigal (Washington, D.C., 1984); Asa Clark et al., *The Defense Reform Debate* (Baltimore, Md., 1984); Report of the European Security Study, *Strengthening Conventional Deterrence in Europe: Proposals for the 1980s* (New York, 1983); Barry R. Posen, "Measuring the European Conventional Balance: Coping with Complexity in Threat Assessment," *International Security*, 9, no. 3 (1984-1985); Jeffrey Record, *Revising American Military Strategy: Tailoring Means to Ends* (Washington, D.C., 1984).

53. 물론 소련이 그들의 군사력을 상당한 수준으로 줄이거나, 고르바초프가 소련의 의도가 본질적으로 호의적이라고 서방을 확신시키는 데 성공한다면, 서방 동맹의 응집력은 확실히 감소하게 될 것이다. 그러나 이러한 조건 하에서는 동맹이 덜 필요할 수 있다.

각주에서 사용된 다음의 약어들은 참고문헌에서는 풀어서 적었다.
ACDA (U.S. Arms Control and Disarmament Agency), AID (U.S. Agency for International Development), CIA (U.S. Central Intelligence Agency), MFCS(Middle East Contemporary Survey), *MEJ* (Middle East Journal), MER (Middle East Record).

" 'Abd-al-Nasir' s Secret Papers." Joint Publications Research Service. *Translations on Near East and North Africa*, no. 1865, Report 72223 (November 1978).

Abidi, Aqil H. S. *Jordan: A Political Study, 1948-1957*. New Delhi: Indian School of International Studies, 1965.

Abu-Jaber, Kamal S. *The Arab Ba' th Socialist Party: History, Ideology, and Organization*. Syracuse, N.Y.: Syracuse University Press, 1966.

Abu-Lughod, Ibrahim, ed. *The Arab-Israeli Confrontation of June 1967: An Arab Perspective*. Evanston, Ill.: Northwestern University Press, 1969.

Ajami, Fouad. *The Arab Predicament: Arab Political Thought and Practice since 1967*. Cambridge: Cambridge University Press, 1981.

Ajami, Fouad. "The End of Pan-Arabism," *Foreign Affairs*, 57, no. 2 (1978-1979).

Ajami, Fouad. "The Middle East: Important for the Wrong Reasons." *Journal of International Affairs*, 29, no. 1 (1979).

Albertini, Luigi. *The Origins of the War of 1914*. London: Oxford University Press, 1952.

Altfeld, Michael F. "The Decision to Ally: A Theory and Test." *Western Political Quarterly*, 37, no. 4 (1984).

Altfeld, Michael F., Bruce Bueno de Mesquita. "Choosing Sides in Wars." *International Studies Quarterly*, 23, no. 1 (1979).

Anderson, Irvine. *Aramco, the United States, and Saudi Arabia: A Study of the Dynamics of Foreign Oil Policy, 1933-1950*. Princeton, N.J.: Princeton University Press, 1981.

Andreski, Stanislaw. *Military Organization and Society*. Berkeley: University of California Press, 1968.

Antonius, George. *The Arab Awakening: The Story of the Arab Movement*. New York: Putnam' s, 1946.

Arab Ba' th Socialist Party. *Revolutionary Iraq, 1968-1973: The Political Report Adopted by the Eighth Regional Congress of the Arab Ba' th Socialist Party-Iraq*.

Baghdad: Arab Ba' th Socialist Party, 1974.

Arab Political Documents 1963. Beirut: American University of Beirut, 1964.

Arab Political Documents 1963. Beirut: American University of Beirut, 1966.

Aronson, Shlomo. *Conflict and Bargaining in the Middle East: An Israeli Perspective.* Baltimore, Md.: Johns Hopkins University Press, 1978.

Aruri, Naseer H. *Jordan: A Study in Political Development (1921-1963).* The Hague, Netherlands: Martinus Nijhoff, 1972.

Asparturian, Vernon V., ed. *Process and Power in Soviet Foreign Policy.* Boston: Little, Brown, 1971.

Bachrack, Stanley. *The Committee for One Million: "China Lobby" Politics.* New York: Columbia University Press, 1976.

Badeau, John S. *The American Approach to the Arab World.* New York: Harper & Row, 1968.

Baker, Raymond W. *Egypt's Uncertain Revolution under Nasser and Sadat.* Cambridge: Harvard University Press, 1978.

Barnet, Richard J. *Intervention and Revolution: The United States in the Third World.* New York: Meridian, 1968.

Bar-Siman-Tov, Ya' acov. *The Israeli-Egyptian War of Attrition, 1969-1970.* New York: Columbia University Press, 1980.

Bar-Siman-Tov, Ya' acov. *Linkage Politics in the Middle East: Syria between Domestic and External Conflict, 1961-70.* Boulder, Colo.: Westview Press, 1983.

Bar-Ya' acov, N. *The Israel-Syrian Armistice: Problems of Implementation, 1949-1966.* Jerusalem: Magnes Press, 1967.

Bar-Zohar, Michael. *Ben-Gurion.* New York: Delacorte Press, 1977.

Batatu, Hanna. *The Old Social Classes and the Revolutionary Movements of Iraq: A Study of Iraq's Old Landed and Commercial Classes and of Its Communists, Ba' thists, and Free Officers.* Princeton, N.J.: Princeton University Press, 1978.

Bechtold, Peter K. "New Attempts at Arab Cooperation: The Federation of Arab Republics, 1971-?" *Middle East Journal,* 27, no. 2 (1973).

Beer, Francis A., ed. *Alliances: Latent War Communities in the Contemporary World.* New York: Holt, Rinehart and Winston, 1970.

Beling, Willard A., ed., The Middle East: Quest for an American Policy. Albany: State University of New York Press, 1973.

Ben-Dor, Gabriel, ed. *The Palestinians and the Middle East Conflict.* Ramat Gan, Israel: Turtledove Press, 1979.

Ben-Gurion, David. *Israel: A Personal History.* New York: Funk & Wagnalls, 1971.

Ben-Zvi, Abraham. *Alliance Politics and the Limits of Influence: The Case of the U.S. and Israel, 1973-1983.* Boulder, Colo.: Westview Press, 1984.

Berger, Earl. *The Covenant and the Sword.* London: Routledge & Kegan Paul, 1965.

Berry, Nicholas O. "The Management of Foreign Penetration." *Orbis,* 17, no. 3

(1973).

Bertram, Christoph, ed. *Prospects of Soviet Power in the 1980s*. Hamden, Conn.: Archon Books, 1980.

Bienen, Henry. "Soviet Political Relations with Africa." *International Security*, 6, no. 4 (1982).

Binder, Leonard. "The Middle East as a Subordinate Political System." *World Politics*, 10, no. 3 (1958).

Binder, Leonard. ed. *Politics in Lebanon*. New York: Wiley, 1966.

Blalock, Hubert. *Basic Dilemmas in the Social Sciences*. Beverly Hills, Calif.: Sage Publications, 1984.

Blechman, Barry M. "Impact of Israel' s Reprisals on the Behavior of Bordering Arab Nations Directed at Israel," *Journal of Conflict Resolution*, 16, no. 2 (1972).

Blechman, Barry M., Stephen S. Kaplan. *Force without War: U.S. Armed Forces as a Political Instrument*. Washington, D.C.: Brookings Institution, 1978.

Blitzer, Wolf. *Between Washington and Jerusalem: A Reporter' s Notebook*. New York: Oxford University Press, 1985.

Borkenau, Franz. *World Communism: A History of the Communist International*. Ann Arbor: University of Michigan Press, 1971.

Boulding, Kenneth A. *Conflict and Defense: A General Theory*. New York: Harper Torchbooks, 1962.

Bradlee, Ben, Jr. "Lobbying for Israel." *Arizona Republic*, 27 May 1984.

Brecher, Michael. *Decisions in Israel' s Foreign Policy*. New Haven, Conn.: Yale University Press, 1975.

Brecher, Michael. *The Foreign Policy System of Israel*. New Haven, Conn.: Yale University Press, 1972.

Brecher, Michael. *Nehru: A Political Biography*. London: Oxford University Press, 1959.

Brecher, Michael, with Benjamin Geist. *Decisions in Crisis: Israel 1967, 1973*. Berkeley: University of California Press, 1981.

Brown, L. Carl. *International Politics and the Middle East*. Princeton, N.J.: Princeton University Press, 1984.

Brown, Seyom. *The Faces of Power: Constancy and Change in United States Foreign Policy from Truman to Johnson*. New York: Columbia University Press, 1968.

Bruun, Geoffrey. *Europe and the French Imperium: 1799-1814*. New York: Harper & Bros., 1938.

Brzezinski, Zbigniew. *Power and Principle: Memoirs of the National Security Adviser, 1977-1981*. New York: Farrar, Strauss, and Giroux, 1983.

Brzezinski, Zbigniew. *The Soviet Bloc: Unity and Conflict*. Cambridge: Harvard University Press, 1967.

Brzoska, Michael. "Arms Transfer Data Sources." *Journal of Conflict Resolution*, 26, no. 1 (1982).

Bueno de Mesquita, Bruce, J. David Singer. "Alliance, Capabilities, and War." *Political Science Annual*, 4 (1972).

Bull, Hedley. *The Anarchical Society*. New York: Columbia University Press, 1977.

Burgess, Philip, David Moore. "Inter-Nation Alliances: An Inventory and Appraisal of Propositions." *Political Science Annual*, 5 (1973).

Burns, William J. *Economic Aid and American Policy toward Egypt, 1955-1981*. Albany: State University of New York Press, 1985.

Buss, Robin. "Wary Partners: The Soviet Union and Arab Socialism." *Adelphi Paper No. 73*. London: International Institute for Strategic Studies, 1970.

Butow, Robert J. C. *Tojo and the Coming of the War*. Princeton, N.J.: Princeton University Press, 1960.

Campbell, Donald, and Julian Stanley. *Experimental and Quasi-Experimental Designs for Research*. Chicago: Rand McNally, 1963.

Campbell, John C. *Defense of the Middle East: Problems of American Policy*. New York: Praeger, i960.

Campbell, John C. "The Middle East: A House of Containment Built on Shifting Sands." *Foreign Affairs*, 60, no. 3 (1981).

Caporaso, James A. "Dependence, Dependency, and Power in the Global System: A Structural and Behavioral Analysis," *International Organization*, 32, no. 1 (1978).

Carnegie Endowment for International Peace. *Challenges for U.S. National Security: Assessing the Balance: Defense Spending and Conventional Forces*. Washington, D.C.: Carnegie Endowment for International Peace, 1981.

Carter, Jimmy. *Keeping Faith: Memoirs of a President*. New York: Bantam Books, 1982.

Challener, Richard D. *The French Theory of the Nation in Arms*. New York: Columbia University Press, 1955.

Childers, Erskine B. *The Road to Suez*. London: MacGibbon and Kee, 1962.

Chubin, Shahram, Sepehr Zabih. *The Foreign Relations of Iran*. Berkeley: University of California Press, 1974.

Churchill, Winston S. *The Second World War*, Vol. 1: *The Gathering Storm*. Boston: Houghton Mifflin, 1948.

Churchill, Winston S. *The Second World War*, Vol. 3: *The Grand Alliance*. Boston: Houghton Mifflin, 1950.

Clark, Asa, et al. *The Defense Reform Debate*. Baltimore, Md.: Johns Hopkins University Press, 1984.

Claude, Inis L. *Power and International Relations*. New York: Random House, 1962.

Cline, Ray S. *World Power Assessment 1977: A Calculus of Strategic Drift*. Washington, D.C.: Georgetown University Press, 1978.

Cohen, Eliot A. "The Long-Term Crisis in the Alliance." *Foreign Affairs*, 61, no. 2

(1982-1983).

Confino, Michael, and Shimon Shamir, eds. *The USSR and the Middle East*. New York: Wiley, 1973.

Congressional Quarterly. *The Middle East*. 5th ed. Washington, D.C.: Congressional Quarterly, 1981.

Cordesman, Anthony. "U.S. and Soviet Competition in Arms Exports and Military Assistance." *Armed Forces Journal International*, 118, no. 12 (1981).

Craig, Gordon A. *Germany: 1866-1945*. London: Oxford University Press, 1978.

Cremeans, Charles D. *The Arabs and the World: Nasser's Arab Nationalist Policy*. New York: Praeger, 1963.

Crosbie, Sylvia Kowitt. *A Tacit Alliance: France and Israel from Suez to the Six Day War*. Princeton, N.J.: Princeton University Press, 1974.

Curtiss, Richard H. *A Changing Image: American Perceptions of the Arab-Israeli Dispute*. Washington, D.C.: American Educational Trust, 1982.

Dallek, Robert. *Franklin D. Roosevelt and American Foreign Policy: 1932-1945*. London: Oxford University Press, 1979.

Dallin, David J. *Soviet Foreign Policy since Stalin*. New York: Lippincott, i960.

Dann, Uriel. *Iraq under Qassem: A Political Flistory, 1958-1963*. New York: Praeger/Pall Mall, 1969.

David, Steven R. "The Realignment of Third World Regimes from One Superpower to the Other: Ethiopia's Mengistu, Somalia's Siad, and Egypt's Sadat." Diss., Harvard University, 1980.

Dawisha, Adeed. *Egypt in the Arab World*. London: Macmillan, 1976.

Dawisha, Adeed. "Saudi Arabia's Search for Security," *Adelphi Paper No. 158*. London: International Institute for Strategic Studies, 1979.

Dawisha, Adeed. Syria and the Lebanese Crisis. London: Macmillan, 1981.

Dawisha, Adeed. "Syria in Lebanon-Assad's Vietnam?" Foreign Policy, 33, (1978-1979).

Dawisha, Adeed, ed. *Islam and Foreign Policy*. Cambridge: Cambridge University Press, 1983.

Dawisha, Adeed, and Karen Dawisha, eds. *The Soviet Union in the Middle East: Policies and Perspectives*. London: Holmes and Meier, 1982.

Dawisha, Karen. "The Roles of Ideology in the Decisionmaking of the Soviet Union." *International Relations*, 4, no. 2 (1972).

Dawisha, Karen. "Soviet Cultural Relations with Iraq, Syria, and Egypt, 1955-1970." Soviet Studies, 27, no. 3 (1975).

Dawisha, Karen. *Soviet Foreign Policy towards Egypt*. New York: St. Martin's Press, 1979.

Dayan, Moshe. *Breakthrough: A Personal Account of the Egypt-Israel Peace Negotiations*. New York: Knopf, 1981.

Dayan, Moshe. *Diary of the Sinai Campaign*. New York: Shocken Press, 1966.

Deese, David, and Joseph Nye, eds. *Energy and Security*. Cambridge, Mass.: Ballinger Publishing, 1981.

Dehio, Ludwig. *The Precarious Balance*. New York: Vintage, 1965.

Dekmejian, R. Hrair. *Egypt under Nasir: A Study in Political Leadership*. Albany: State University of New York Press, 1971.

Deutscher, Isaac. *Stalin: A Political Biography*. London: Pelican Books, 1966.

Devlin, John F. *The Ba'th Party: A History from its Origins to 1966*. Stanford, Calif.: Hoover Institution Press, 1968.

Diesing, Paul. *Patterns of Discovery in the Social Sciences*. Chicago: Aldine Atherton, 1971.

Dismukes, Bradford, and James M. McConnell, eds. *Soviet Naval Diplomacy*. New York: Pergamon, 1979.

Donaldson, Robert H., ed. *The Soviet Union in the Third World: Successes and Failures*. Boulder, Colo.: Westview Press, 1981.

Doyle, Michael. "Liberalism and World Politics." *American Political Science Review*, 80, no. 4 (1986).

Drucker. Peter. "A Changed World Economy." *Foreign Affairs*, 64, no. 4 (1986).

Duncan, George T., and Randolph Siverson. "Flexibility of Alliance Partner Choice in Multipolar Systems: Models and Tests." *International Studies Quarterly*, 26, no. 4 (1982).

Dupuy, Trevor N. *Elusive Victory: The Arab-Israeli Wars*. New York: Harper & Row, 1980.

Efrat, Moshe. "The Economics of Soviet Arms Transfers to the Third World? A Case Study: Egypt." *Soviet Studies*, 35, no. 4 (1983).

Eichenberg, Richard. "The Myth of Hollanditis." *International Security*, 8, no. 2 (1983).

Eisenhower, Dwight D. *The White House Years, 1956-61: Waging Peace*. Garden City, N.Y.: Doubleday, 1965.

Emerson, Steven. *The American House of Saud: The Secret Petrodollar Connection*. New York: Franklin Watts, 1983.

Eran, Oded, and Jerome E. Singer. "Soviet Policy towards the Arab World 1935-71." *Survey*, 17, no. 4 (1971).

Eveland, Wilbur Crane. *Ropes of Sand: America's Failure in the Middle East*. New York: Norton, 1980.

Fedder, Edwin. "The Concept of Alliance." *International Studies Quarterly*, 12, no. 1 (1968).

Feinberg, Richard E., and Kenneth A. Oye, "After the Fall: U.S. Policy toward Radical Regimes." *World Policy Journal*, 1, no. 1 (1983).

Feis, Herbert. *From Trust to Terror: The Onset of the Cold War, 1945-50*. New York:

Norton, 1970.

Fest, Joachim. *Hitler.* New York: Vintage, 1974.

Feuchtwanger, E. J., and Peter Nailor, eds. *The Soviet Union and the Third World.* New York: St. Martin's Press, 1981.

Feuerwerger, M. C. *Congress and Israel.* Westport, Conn.: Greenwood Press, 1979.

Fidel, Kenneth, ed. *Militarism in Developing Countries.* New Brunswick, N.J.: Transaction Books, 1975.

Findley, Paul. *They Dare to Speak Out: People and Institutions Confront Israel's Lobby.* Westport, Conn.: Lawrence Hill, 1985.

Finer, Herbert. *Dulles over Suez: The Theory and Practice of His Diplomacy.* Chicago: Quadrangle Books, 1964.

Foreign Broadcast Information Service. "Daily Report for Middle East and North Africa," April 2, 1979.

Freedman, Robert O. *Soviet Policy in the Middle East since 1970.* New York: Praeger, 1975.

Freedman, Robert O. *Soviet Policy in the Middle East since 1970.* Rev. ed. New York: Praeger, 1981.

Friedman, Julian R., Christopher Bladen, and Steven Rosen, eds. *Alliance in International Politics.* Boston: Allyn & Bacon, 1970.

Frye, R. N., ed. *The Near East and the Great Powers.* Cambridge: Harvard University Press, 1951.

Fuchs, Lawrence H., ed. *American Ethnic Politics.* New York: Harper Torchbooks, 1968.

Fukuyama, Francis. "A New Soviet Strategy?" *Commentary,* 68, no. 4 (1979).

Fukuyama, Francis. "Soviet Threats to Intervene in the Middle East." *Research Note N-1577-FF.* Santa Monica, Calif.: RAND Corporation, 1980.

Fukuyama, Francis. "The Soviet Union and Iraq." *Research Note 1924-AF.* Santa Monica, Calif.: RAND Corporation, 1980.

Gaddis, John Lewis. *Russia, the Soviet Union, and the United States: An Interpretive History.* New York: Wiley, 1968.

Gaddis, John Lewis. *Strategies of Containment.* New York: Oxford University Press, 1982.

Gaddis, John Lewis, and Thomas Etzold, eds. *Containment: Documents on American Policy and Strategy, 1945-1950.* New York: Columbia University Press, 1978.

Gazit, Mordechai. *President Kennedy's Policy toward the Arab States and Israel.* Tel Aviv: Shiloah Center for Middle Eastern and African Studies, 1983.

Geiss, Imanuel. *German Foreign Policy 1871-1914.* London: Routledge & Kegan Paul, 1977.

Geiss, Imanuel. *July 1914.* New York: Norton, 1967.

George, Alexander L. "Case Studies and Theory Development." Paper presented to the 2nd Annual Symposium on Information Processing, Carnegie-Mellon University, October 15-16, 1982.

George, Alexander L., and Richard Smoke. *Deterrence in American Foreign Policy: Theory and Practice*. New York: Columbia University Press, 1974.

George, Alexander L., David Hall, and William Simons. *The Limits of Coercive Diplomacy: Laos, Cuba, Vietnam*. Boston: Little, Brown, 1971.

George, Alexander L., ed. *Managing U.S.-Soviet Rivalry: Problems of Crisis Prevention*. Boulder, Colo.: Westview Press, 1982.

Gershoni, Israel. *The Emergence of Pan-Arabism in Egypt*. Tel Aviv: Shiloah Center for Middle Eastern and African Studies, 1981.

Glassman, Jon. *Arms for the Arabs: The Soviet Union and War in the Middle East*. Baltimore, Md.: Johns Hopkins University Press, 1975.

Golan, Galia. *Yom Kippur and After: The Soviet Union and the Middle East Crisis*. Cambridge: Cambridge University Press, 1977.

Golan, Matti. *The Secret Conversations of Henry Kissinger*. New York: Quadrangle Books, 1976.

Gooch, G. P., and Harold Temperley, eds. *British Documents on the Origins of the War, 1898-1914*. London: British Foreign Office, 1928.

Green, Stephen. *Taking Sides: America's Relations with a Militant Israel*. New York: Morrow, 1984.

Greenfield, Kent Roberts, ed. *Command Decisions*. New York: Harcourt, Brace, & World, 1959.

Grey, Sir Edward, Viscount of Fallodon, K.G. *Twenty-Five Years, 1892-1916*. New York: Frederick A. Stokes, 1925.

Griffiths, William. "Soviet Influence in the Middle East." *Survival*, 18, no. 1 (1976).

Grose, Peter. *Israel in the Mind of America*. New York: Knopf, 1983.

Gulick, Edward V. *Europe's Classical Balance of Power*. New York: Norton, 1955.

Haim, Sylvia, ed. *Arab Nationalism: An Anthology*. Berkeley: University of California Press, 1962.

Haley, P. Edward, and Lewis Snider, eds. *Lebanon in Crisis: Participants and Issues*. Syracuse, N.Y.: Syracuse University Press, 1979.

Halliday, Fred. *Arabia without Sultans*. New York: Vintage, 1975.

Halpern, A. M., ed. *Policies toward China: Views from Six Continents*. New York: McGrawHill, 1965.

Halpern, Manfred. *The Politics of Social Change in the Middle East and North Africa*. Princeton, N.J.: Princeton University Press, 1963.

Hammond, Paul Y., and Sidney S. Alexander, eds. *Political Dynamics in the Middle East*. New York: American Elsevier, 1972.

Handel, Michael. *The Diplomacy of Surprise: Hitler, Nixon, Sadat*. Cambridge, Mass.: Center for International Affairs, 1981.

416

Handel, Michael. *Israel's Political-Military Doctrine*. Cambridge, Mass.: Center for International Affairs, 1973.

Harkabi, Yehoshofat. *Arab Attitudes to Israel*. Jerusalem: Keter Publishing, 1972.

Harkavy, Robert E. *Arms Trade and International Systems*. Cambridge, Mass.: Ballinger, 1973.

Harkavy, Robert E. *Great Power Competition for Overseas Bases: The Geopolitics of Access Diplomacy*. New York: Pergamon, 1982.

Haselkorn, Avigdor. *The Evolution of Soviet Security Strategy, 1965-19-75*. New York: Crane Russak, 1978.

Hasou, Tawfiq Y. *The Struggle for the Arab World*. London: KPI Ltd., 1985.

Healy, Brian, and Arthur Stein. "The Balance of Power in International History: Theory and Reality." *Journal of Conflict Resolution*, 17, no. 1 (1973). C

Heikal, Mohamed. *The Cairo Documents*. New York: Doubleday, 1971.

Heikal, Mohamed. "Egyptian Foreign Policy." *Foreign Affairs*, 56, no. 4 (1978).

Heikal, Mohamed. *The Road to Ramadan*. New York: Quadrangle Books, 1975.

Heikal, Mohamed. *The Sphinx and the Commissar*. New York: Harper & Row, 1976.

Helms, Christine Moss. *Iraq: Eastern Flank of the Arab World*. Washington, D.C.: Brookings Institution, 1984.

Heradstveit, Daniel. *Arab and Israeli Elite Perceptions*. Oslo: Universitetsforlaget, 1974.

Heradstveit, Daniel. *The Arab-Israel Conflict: Psychological Obstacles to Peace*. Oslo: Universitetsforlaget, 1979.

Herzog, Chaim. *The Arab-Israeli Wars: War and Peace in the Middle East*. New York: Random House, 1982.

Herzog, Chaim. *The War of Atonement*. Boston: Little, Brown, 1975.

Hinsley, F. H. *Power and the Pursuit of Peace: Theory and Practice in the History of Relations between States*. Cambridge: Cambridge University Press, 1963.

Hirschman, Albert O. *State Power and the Structure of International Trade*. Berkeley: University of California Press, 1945.

Hirst, David. *The Gun and the Olive Branch*. London: Futura Publications, 1978.

Hoffman, Erik P., and Frederic J. Fleron, Jr., eds. *The Conduct of Soviet Foreign Policy*. New York: Aldine, 1980.

Holden, David, and Richard Johns. *The House of Sand*. New York: Holt, Rinehart and Winston, 1981.

Holsti, K. J. *International Politics: A Framework for Analysis*. Englewood Cliffs, N.J.: Prentice-Hall, 1967.

Holsti, Ole, P. Terrence Hopmann, and John D. Sullivan. *Unity and Disintegration in International Alliances*. New York: Wiley, 1973.

Hoopes, Townsend. *The Devil and John Foster Dulles*. Boston: Little, Brown, 1971.

Hopmann, P. Terrence, Dina Zinnes, and J. David Singer, eds. "Cumulation in International Relations Research." *Monograph Series in World Affairs*. Graduate

School of International Studies, University of Denver, vol. 18, bk. 3 (1981).

Hopwood, Derek. Egypt: *Politics and Society, 1945-1981*. London: George Allen & Unwin, 1982.

Horvath, W. J., and G. C. Foster. "Stochastic Models of War Alliances." *Journal of Conflict Resolution*, 7, no. 2 (1963).

Howard, Michael. *The Franco-Prussian War*. New York: Humanities Press, 1979.

Hudson, Michael. *Arab Politics: The Search for Legitimacy*. New Haven, Conn.: Yale University Press, 1977.

Hudson, Michael. *The Precarious Republic: Political Modernization in Lebanon*. New York: Random House, 1968.

Hurewitz, J. C. *Middle East Politics: The Military Dimension*. New York: Praeger, 1969.

Hussein, King of Jordan. *My "War" with Israel*. As told to and with additional material by Vick Vance and Pierre Lauer. New York: Morrow, 1969.

Hussein, King of Jordan. *Uneasy Lies the Head*. New York: Bernard Geis, 1962.

Institute of International Education. *Open Doors: A Report on International Educational Exchange*. New York: various years.

International Monetary Fund. *International Financial Statistics*. Washington, D.C.: International Monetary Fund, 1981.

Isaacs, Stephen. *Jews and American Politics*. New York: Doubleday, 1974.

Ispahani, Mahnaz Z. "Alone Together: Regional Security Arrangements in Southern Africa and the Arabian Gulf." *International Security*, 8, no. 4 (1984).

Israeli, Raphael, ed. *The Public Diary of President Sadat*. Leiden, The Netherlands: E. J. Brill, 1978.

Jabber, Paul. *Not by War Alone*. Berkeley: University of California Press, 1981.

Jervis, Robert. "Cooperation under the Security Dilemma." *World Politics*, 30, no. 3 (1978).

Jervis, Robert. "Hypotheses on Misperception." *World Politics*, 20, no. 3 (1968).

Jervis, Robert. *Perception and Misperception in International Politics*. Princeton, N.J.: Princeton University Press, 1976.

Jervis, Robert, Richard Ned Lebow, and Janice Gross Stein, eds. *Psychology and Deterrence*. Baltimore, Md.: Johns Hopkins University Press, 1986.

Johnson, Lyndon B. *The Vantage Point: Perspectives of the Presidency 1963-1969*. New York: Popular Library, 1971.

Joshua, Wynfred, and Stephen Gibert. *Arms for the Third World*. Baltimore, Md.: Johns Hopkins University Press, 1969.

Kann, Robert A. "Alliances versus Ententes." *World Politics*, 28, no. 4 (1976).

Kaplan, Morton A. *System and Process in International Politics*. New York: Wiley, 1957.

Kaplan, Stephen S. *Diplomacy of Power: Soviet Armed Forces as a Political Instrument*. Washington, D.C.: Brookings Institution, 1981.

Karpat, Kamal H., ed. *Political and Social Thought in the Contemporary Middle East.* New York: Praeger, 1982.

Katz, Mark N. *Russia and Arabia: Soviet Foreign Policy toward the Arabian Peninsula.* Baltimore, Md.: Johns Hopkins University Press, 1986.

Katz, Mark N. *The Third World in Soviet Military Thought.* Baltimore, Md.: Johns Hopkins University Press, 1982.

Kegley, Charles W., and Gregory A. Raymond. "Alliance Norms and War: A New Piece in an Old Puzzle." *International Studies Quarterly,* 26, no. 4 (1982).

Kekkonen, Urho. A President's View. London: Heinemann, 1982.

Kelly, J. B. *Arabia, the Gulf, and the West.* New York: Basic Books, 1980.

Kenen, I. L. *Israel's Defense Line: Her Friends and Foes in Washington.* Buffalo, N.Y.: Prometheus Press, 1981.

Kennan, George F. *The Decline of Bismarck's European Order.* Princeton, N.J.: Princeton University Press, 1978.

Kennan, George F. *Realities of American Foreign Policy.* New York: New American Library, 1951.

Kennan, George F. "The Sources of Soviet Conduct." *Foreign Affairs,* 25, no. 4 (1947).

Kennedy, Paul M. "The First World War and the International Power System." *International Security,* 9, no. 1 (1984).

Kennedy, Paul M. *The Rise of the Anglo-German Antagonism, 1860-1914.* London: George Allen & Unwin, 1980.

Kennedy, Paul M. *The Rise and Fall of British Naval Mastery.* London: Macmillan, 1983.

Kennedy, Paul M. *Strategy and Diplomacy: Collected Essays.* London: George Allen & Unwin, 1983.

Keohane, Robert O. "The Big Influence of Small Allies." *Foreign Policy,* no. 2 (1971).

Kerr, Malcolm. *The Arab Cold War: Gamal 'Abdel Nasser and His Rivals.* London: Oxford University Press, 1971.

Khadduri, Majid. *Independent Iraq.* London: Oxford University Press, i960.

Khadduri, Majid. *Political Trends in the Arab World.* Baltimore, Md.: Johns Hopkins University Press, 1970.

Khadduri, Majid. *Republican Iraq.* London: Oxford University Press, 1969.

Khadduri, Majid. *Socialist Iraq: A Study in Iraq's Politics since 1968.* Washington, D.C.: Middle East Institute, 1978.

Khairy, Majduddin Omar. *Jordan and the World System: Developments in the Middle East.* Frankfurt, Germany: Peter Bern, 1984.

Khalidi, Ahmed S. "The War of Attrition." *Journal of Palestine Studies,* 3, no. 1 (1973).

Khalidi, Rashid. "Soviet Middle East Policy in the Wake of Camp David." *Institute for Palestine Studies Papers, No. 3.* Beirut: Institute for Palestine Studies, 1979.

Khalidi, Walid. *Conflict and Violence in Lebanon*. Cambridge: Harvard Center for International Affairs, 1979.

Khalidi, Walid, ed. *International Documents on Palestine 1969*. Beirut: Institute for Palestine Studies, 1972.

Khouri, Fred J. *The Arab-Israeli Dilemma*. Syracuse, N.Y.: Syracuse University Press, 1976.

Khrushchev, Nikita S. *Khrushchev Remembers*. Edited by Strobe Talbott. Boston: Little, Brown, 1970.

Kissinger, Henry A. *American Foreign Policy*. New York: Norton, 1974.

Kissinger, Henry A. *White House Years*. Boston: Little, Brown, 1979.

Kissinger, Henry A. *Years of Upheaval*. Boston: Little, Brown, 1981.

Knorr, Klaus. "Is International Coercion Waning or Rising?" *International Security*, 1, no. 4 (1977).

Knorr, Klaus. *The Power of Nations*. New York: Basic Books, 1975.

Knorr, Klaus, ed. *Historical Dimensions of National Security Problems*. Lawrence: University Press of Kansas, 1976.

Koen, Ross Y. *The China Lobby in American Politics*. New York: Harper & Row, 1974.

Konigsberg, Karen B. "Red Star and Star of David: Soviet Relations with Israel." *Senior thesis*, Princeton University, 1986.

Korany, Bahgat, and Ali E. Hillal Dessouki, eds. *The Foreign Policies of Arab States*. Boulder, Colo.: Westview Press, 1984.

Krasner, Stephen D. *Defending the National Interest: Raw Materials Investments and U.S. Foreign Policy*. Princeton, N.J.: Princeton University Press, 1978.

Krasner, Stephen D, ed. *International Regimes*. Ithaca: Cornell University Press, 1983.

Kuniholm, Bruce R. *The Origins of the Cold War in the Near East*. Princeton, N.J.: Princeton University Press, 1980.

Lacey, Robert. *The Kingdom*. New York: Harcourt Brace Jovanovich, 1981.

Lackner, Helen. *A House Built on Sand: A Political Economy of Saudi Arabia*. London: Ithaca Press, 1978.

Lambeth, Benjamin. "How to Think about Soviet Military Doctrine." *RAND Paper P-5939*. Santa Monica, Calif.: RAND Corporation, 1978.

Langer, William L. *The Diplomacy of Imperialism*. New York: Knopf, 1953.

Langer, William L. *European Alliances and Alignments*. 2d ed. New York: Random House, 1950.

Langer, William L. *Political and Social Upheaval: 1832-1852*. New York: Harper Torchbooks, 1969.

Laqueur, Walter Z. *The Middle East in Transition*. New York: Praeger, 1958.

Laqueur, Walter Z. *The Road to Jerusalem*. New York: Macmillan, 1968.

Laqueur, Walter Z. *The Soviet Union and the Middle East*. New York: Praeger, 1959.

Laqueur, Walter Z. *The Struggle for the Middle East.* New York: Macmillan, 1968.

Laqueur, Walter Z., ed. *The IsraeTArab Reader.* New York: Bantam Books, 1969.

Larson, Deborah Welch. "The Bandwagon Metaphor and American Foreign Policy." Paper delivered at the International Studies Association annual meeting, March 1986.

Lauren, Paul Gordon, ed. *Diplomacy: New Approaches in Theory, History, and Policy.* New York: Free Press, 1979.

Lebow, Richard Ned. "The Soviet Offensive in Europe: The Schlieffen Plan Revisited?" *International Security,* 9, no. 4 (1985).

Lenczowski, George. *The Middle East in World Affairs.* 4th ed. Ithaca: Cornell University Press, 1980.

Lenczowski, George. *Soviet Advances in the Middle East.* Washington, D.C.: American Enterprise Institute, 1971.

Lerner, Daniel. *The Passing of Traditional Society: Modernizing the Middle East.* New York: Wiley, 1964.

Levite, Ariel, and Athanassios Platias. "Evaluating Small States' Dependence on Arms Imports: An Alternative Perspective." Ithaca: Cornell Peace Studies Program, 1983.

Levy, Jack S. "Alliance Formation and War Behavior: An Analysis of the Great Powers, 1495-1975." *Journal of Conflict Resolution,* 25, no. 4 (1981).

Levy, Jack S. The Offensive/Defensive Balance of Military Technology: A Theoretical and Historical Analysis." *International Studies Quarterly,* 28, no. 2 (1984).

Levy, Jack S. "Theories of General War." *Unpublished manuscript,* 1984.

Lewis, Bernard. *The Middle East and the West.* New York: Harper Torchbooks, 1964.

Li, R. P. Y., and W. R. Thompson. "The Stochastic Process of Alliance Formation Behavior." *American Political Science Review,* 72, no. 4 (1978).

Lippmann, Walter. *The Cold War: A Study of U.S. Foreign Policy.* New York: Harper & Bros., 1947.

Liska, George. *Nations in Alliance: The Limits of Interdependence.* Baltimore, Md.: Johns Hopkins University Press, 1962.

Love, Kennett. *Suez: The Twice-Fought War.* New York: McGraw-Hill, 1969.

Lowe, C. J. *The Reluctant Imperialists.* New York: Macmillan, 1967.

Lowenthal, Richard. "Factors of Unity and Factors of Conflict." *The Annals,* 349, (1963).

Lowenthal, Richard. *Model or Ally? The Communist Powers and the Developing Countries.* London: Oxford University Press, 1977.

Lowenthal, Richard. *World Communism: The Disintegration of a Secular Faith.* New York: Oxford University Press, 1964.

Lundestad, Geir. *America, Scandinavia, and the Cold War: 1945-1949.* New York: Columbia University Press, 1980.

Luttwak, Edward N. *The Grand Strategy of the Roman Empire.* Baltimore, Md.: Johns

Hopkins University Press, 1976.

Luttwak, Edward, and Daniel Horowitz. *The Israeli Army*. New York: Harper & Row, 1975.

McDonald, H. Brooke, and Richard Rosecrance. "Alliance and Structural Balance in the International System: A Reinterpretation." *Journal of Conflict Resolution*, 29, no. 1 (1985).

McDonald, Robert W. *The League of Arab States: A Study in the Dynamics of Regional Organization*. Princeton, N.J.: Princeton University Press, 1965.

MccGwire, Michael, and John McDonnell, eds. *Soviet Naval Influence*. New York: Praeger, 1977.

Mackinder, Halford. "The Geographical Pivot of History." *Geographical Journal*, 23, no. 4 (1904).

McLane, Charles. *Soviet-Middle East Relations*. London: Central Asia Research Centre, 1973.

McNaugher, Thomas L. *Arms and Oil*. Washington, D.C.: Brookings Institution, 1985.

McNeill, William H. *America, Britain, and Russia: Their Cooperation and Conflict, 1941-1946*. London: Oxford University Press, 1953.

Mangold, Peter. *Superpower Intervention in the Middle East*. New York: St. Martin's Press, 1978.

Mansfield, Peter. *The Middle East: A Political and Economic Survey*. 5th ed. London: Oxford University Press, 1980.

Mastanduno, Michael. "Strategies of Economic Containment." *World Politics*, 37, no. 4 (1985).

Mathias, Charles McC. "Ethnic Groups and Foreign Policy." *Foreign Affairs*, 59, no. 5 (1981).

Mattingly, Garrett. *Renaissance Diplomacy*. Boston: Houghton Mifflin, 1971.

Mearsheimer, John J. *Conventional Deterrence*. Ithaca: Cornell University Press, 1982.

Meo, Leila. *Lebanon: Improbable Nation*. Bloomington: Indiana University Press, 1965.

Meyer, Gail C. *Egypt and the United States: The Formative Years*. Cranbury, N.J.: Associated University Press, 1980.

Meyer, Stephen M. "Soviet Theatre Nuclear Forces, Part 1: Development of Doctrine and Objectives." *Adelphi Papers No. 187*. London: International Institute for Strategic Studies, 1984.

Middle East Contemporary Survey. London: Holmes and Meier, various years.

Middle East Record. Tel Aviv: Israel Universities Press, various years.

The Military Balance. London: International Institute for Strategic Studies, various years.

Miller, Aaron David. *Search for Security: Saudi Arabian Oil and American Foreign Policy, 1939-1949*. Chapel Hill: University of North Carolina Press, 1980.

Miller, Steven E. "Arms and Impotence." Paper delivered at the International Institute for Strategic Studies New Faces Conference in Bellagio, Italy, 1979.

Modelski, George. "The Study of Alliances: A Review." *Journal of Conflict Resolution*, 7, no. 4 (1963).

Monger, G. W. The End of Isolation: British Foreign Policy, 1900-1907. London: Thomas Nelson, 1963.

Morgenthau, Hans J. "A Political Theory of Foreign Aid." *American Political Science Review*, 56, no. 2 (1962).

Morgenthau, Hans J. *Politics among Nations*. 4th ed. New York: Knopf, 1967.

Mroz, John Edward. *Beyond Security: Private Perceptions among Arabs and Israelis*. New York: American International Peace Academy, 1980.

Neff, Donald. *Warriors at Suez*. New York: Linden Press, 1981.

Neumann, Robert G. "Assad and the Future of the Middle East." *Foreign Affairs*, 62, no. 2 (1983-1984).

Neustadt, Richard. *Alliance Politics*. New York: Columbia University Press, 1970.

Newman, David. "Security and Alliances: A Theoretical Study of Alliance Formation." Diss., University of Rochester, 1984.

Nicolson, Harold. *The Congress of Vienna*. New York: Harcourt, Brace, 1946.

Nicolson, Harold. *Diplomacy*. London: Oxford University Press, 1963.

Nutting, Anthony. *Nasser*. London: Constable, 1972.

Nye, Joseph S., ed. The Making of America's Soviet Policy. New Haven, Conn.: Yale University Press, 1984.

O'Ballance, Edgar. *The War in the Yemen*. London: Faber and Faber, 1971.

Olson, Mancur, and Richard Zeckhauser. "An Economic Theory of Alliances." *Review of Economics and Statistics*, 48, no. 3 (1966).

Osgood, Robert E., and Robert W. Tucker. *Force, Order, and Justice*. Baltimore, Md.: Johns Hopkins University Press, 1967.

Oye, Kenneth A., Robert J. Lieber, and Donald Rothchild, eds. *Eagle Defiant: United States Foreign Policy in the 1980s*. Boston: Little, Brown, 1983.

Pajak, Roger F. "Soviet Arms Relations with Syria and Iraq." *Strategic Review*, 4, no. 1 (1976).

Pennar, Jaan. *The USSR and the Arabs: The Ideological Dimension*. New York: Crane, Russak, 1973.

Penrose, Edith, and E. F. Penrose. *Iraq: International Relations and National Development*. Boulder, Colo.: Westview Press, 1978.

The Pentagon Papers: The Defense Department History of United States Decisionmaking in Vietnam. Senator Gravel edition. Boston: Beacon Press, 1971.

Peres, Shimon. *David's Sling*. New York: Random House, 1970.

Peterson, Horace C. *Propaganda for War: The British Campaign against American Neutrality, 1924-1938*. Norman: University of Oklahoma Press, 1939.

Peterson, J. E. "The Yemen Arab Republic and the Politics of Balance." *Asian Affairs*, 12, no. 3 (1981).

Peterson, J. E. *Yemen: The Search for a Modern State*. London: Croom Helm, 1980.

Peterson, Phillip A., and John G. Hines. "The Conventional Offensive in Soviet Theater Strategy." *Orbis*, 27, no. 3 (1983).

Petran, Tabitha. *Syria*. New York: Praeger, 1972.

Philips, Walter Alison. *The Confederation of Europe*. London: Longmans, Green, 1920.

Polk, William C. *The Arab World*. Cambridge: Harvard University Press, 1981.

Pollock, David. *The Politics of Pressure: American Arms and Israeli Policy since the Six Day War*. Westport, Conn.: Greenwood Press, 1982.

Porter, Bruce D. *The USSR and Third World Conflicts: Soviet Arms and Diplomacy in Local Wars, 1945-1980*. Cambridge: Cambridge University Press, 1984.

Posen, Barry R. "Measuring the European Conventional Balance: Coping with Complexity in Threat Assessment." *International Security*, 9, no. 3 (1984-1985).

Posen, Barry R. *The Sources of Military Doctrine: France, Britain, and Germany between the World Wars*. Ithaca: Cornell University Press, 1984.

Posen, Barry R., and Stephen W. Van Evera. "Reagan Administration Defense Policy: Departure from Containment." *International Security*, 8, no. 1 (1983).

Pridham, B. R., ed. *Contemporary Yemen: Politics and Historical Background*. New York: St. Martin' s Press, 1984.

Quandt, William B. *Camp David: Peacemaking and Politics*. Washington, D.C.: Brookings Institution, 1986.

Quandt, William B. *Decade of Decisions: American Policy toward the Arab-Israeli Conflict, 1967-1976*. Berkeley: University of California Press, 1977.

Quandt, William B. *Saudi Arabia in the 1980s: Foreign Policy, Security, Oil*. Washington, D.C.: Brookings Institution, 1981.

Quandt, William B. "Soviet Policy in the October 1973 War." *Research Report R-1864-ISA*. Santa Monica, Calif.: RAND Corporation, 1976.

Quandt, William B., Ann Mosely Lesch, and Fuad Jabber. *The Politics of Palestinian Nationalism*. Berkeley: University of California Press, 1972.

Qubain, Fahim I. *Crisis in Lebanon*. Washington, D.C.: Middle East Institute, 1961.

Quester, George. *Offense and Defense in the International System*. New York: Wiley, 1977.

Ra' anan, Uri. *The USSR Arms the Third World: Case Studies in Soviet Foreign Policy*. Cambridge, Mass.: MIT Press, 1969.

Rabin, Yitzhak. *The Rabin Memoirs*. Boston: Little, Brown, 1979.

Rabinovich, Itamar. *Syria under the Ba' th: The Army-Party Symbiosis*. New York: Halsted Press, 1974.

Rabinovich, Itamar. *The War for Lebanon, 1970-1985*. Ithaca: Cornell University Press, 1985.

Rabinovich, Itamar, and Haim Shaked, eds. *From June to October.* New Brunswick, N.J.: Transaction Books, 1978.

Rahmy, Ali Abdel Rahman. *The Egyptian Policy in the Arab World: The Intervention in Yemen, 1962-1967 Case Study.* Washington, D.C.: University Press of America, 1983.

Randal, Jonathan. *Going All the Way: Christian Warlords, Israeli Adventurers, and the War in Lebanon.* New York: Vintage, 1984.

Record, Jeffrey. *Revising American Military Strategy: Tailoring Means to Ends.* Washington, D.C.: Pergamon-Brassey's, 1984.

Reich, Bernard. *Quest for Peace: United States-Israel Relations and the Arab-Israeli Conflict.* New Brunswick, N.J.: Transaction Books, 1977.

Report of the European Security Study. *Strengthening Conventional Deterrence in Europe: Proposals for the 1980s.* New York: St. Martin's Press, 1983.

Riker, William H. *The Theory of Political Coalitions.* New Haven, Conn.: Yale University Press, 1962.

Roi, Ya'acov. *Soviet Decisionmaking in Practice: The USSR and Israel, 1947-1954.* New Brunswick, N.J.: Transaction Books, 1980.

Roi, Ya'acov, ed. *From Encroachment to Involvement: A Documentary History of Soviet Foreign Policy in the Middle East, 1945-1973.* New Brunswick, N.J.: Transaction Books, 1974.

Roi, Ya'acov. *The Limits to Power: Soviet Policy in the Middle East.* London: Croom Helm, 1979.

Rokach, Livia. *Israel's Sacred Terror.* Belmont, Mass.: Association of Arab-American Graduates, 1980.

Rood, Robert, and Patrick McGowan. "Alliance Behavior in Balance of Power Systems." *American Political Science Review,* 79, no. 3 (1976).

Rosecrance, Richard, Alan Alexandroff, Brian Healy, and Arthur Stein. "Power, Balance of Power, and Status in Nineteenth Century International Relations." *Sage Professional Papers in International Studies.* Beverly Hills, Calif.: Sage Publications, 1974.

Rosen, Steven J. "The Strategic Value of Israel." *AIPAC Papers on U.S.-Israeli Relations.* Washington, D.C.: American-Israel Public Affairs Committee, 1982.

Rothenberg, Morris. "Recent Soviet Relations with Syria," *Middle East Review,* 10, no. 4 (1978).

Rothstein, Robert L. *Alliances and Small Powers.* New York: Columbia University Press, 1968.

Rubinstein, Alvin Z, ed. *The Foreign Policy of the Soviet Union.* New York: Random House, 1969.

Rubinstein, Alvin Z. *Red Star on the Nile: The Soviet-Egyptian Influence Relationship since the June War.* Princeton, N.J.: Princeton University Press, 1977.

Rubinstein, Alvin Z. *Soviet and Chinese Influence in the Third World.* New York: Praeger, 1975.

Russett, Bruce, and Donald R. Deluca. "Theatre Nuclear Forces: Public Opinion in Western Europe." *Political Science Quarterly,* 98, no. 2 (1983).

Rustow, Dankwart A. "Realignments in the Middle East." *Foreign Affairs,* 63, no. 3 (1984).

Sachar, Howard M. *Egypt and Israel.* New York: Richard Marek, 1981.

Sachar, Howard M. *The Emergence of the Middle East: 1914-1924.* New York: Knopf, 1969.

Sachar, Howard M. *Europe Leaves the Middle East: 1936-1954.* New York: Knopf, 1972.

Sachar, Howard M. *A History of Israel: From the Rise of Zionism to Our Time.* New York: Knopf, 1979.

Sadat, Anwar el-. *In Search of Identity: An Autobiography.* New York: Harper & Row, 1977.

Safran, Nadav. "Arab Politics: Peace and War." *Orbis,* 18, no. 2 (1974).

Safran, Nadav. *From War to War: The Arab-Israeli Confrontation,* 1948-1967. New York: Pegasus, 1969.

Safran, Nadav. *Israel: The Embattled Ally.* Cambridge: Harvard University Press, 1981.

Safran, Nadav. *Saudi Arabia: The Ceaseless Quest for Security.* Cambridge: Harvard University Press, 1985.

Safran, Nadav. *The United States and Israel.* Cambridge: Harvard University Press, 1963.

Said, Abdul Aziz, ed. *Ethnicity and U.S. Foreign Policy.* New York: Praeger, 1981.

Sayegh, Fayez. *Arab Unity.* New York: Devin-Adair, 1938.

Sayegh, Yusif A. *The Economies of the Arab World.* London: Croom Helm, 1978.

Schiff, Ze'ev. "Green Light, Lebanon." *Foreign Policy,* no. 50 (1983).

Schmidt, Dana Adams. *Yemen: The Unknown War.* London: The Bodley Head, 1968.

Schmitt, Bernadotte C. *The Coming of the War in 1914.* New York: Howard Fertig, 1968.

Schmitt, Bernadotte C., and Harold M. Vedeler. *The World in the Crucible: 1914-1918.* New York: Harper & Row, 1984.

Schroeder, Paul W. "Quantitative Studies in the Balance of Power: An Historian's Reaction." *Journal of Conflict Resolution,* 21, no. 1 (1977).

Schwartz, Morton. *The Failed Symbiosis: The USSR and Leftist Regimes in Less Developed Countries.* Santa Monica, Calif.: California Seminar on Arms Control and Foreign Policy, 1973.

Schwarzenberger, Georg. *Power Politics.* London: Jonathan Cape, 1941.

Scott, Andrew M. *The Revolution in Statecraft: Informal Penetration.* New York: Random House, 1965.

426

Seabury, Paul A., ed. *Balance of Power.* San Francisco: Chandler Publishing, 1965.

Seale, Patrick. *The Struggle for Syria: A Study of Arab Politics, 1945-1958.* London: Oxford University Press, 1965.

Sella, Amnon. *Soviet Political and Military Conduct in the Middle East.* New York: St. Martin's Press, 1981.

Shaked, Haim, and Itamar Rabinovich, eds. *The Middle East and the United States: Perceptions and Policies.* New Brunswick, N.J.: Transaction Books, 1980.

Shazly, Saad el-. *The Crossing of the Canal.* San Francisco: American Mideast Research, 1980.

Sheehan, Edward R. F. *The Arabs, Israelis and Kissinger.* Pleasantville, N.Y.: Reader's Digest Press, 1976.

Sheffer, Gabriel, ed. *Dynamics of a Conflict: A Reexamination of the Arab-Israeli Conflict.* Atlantic Highlands, N.J.: Humanities Press, 1975.

Sherwig, Robert. *Guineas and Gunpowder: British Foreign Aid in the Wars with France, 1793-1815.* Cambridge: Harvard University Press, 1969.

Shimshoni, Jonathan. "Conventional Deterrence: Lessons from the Middle East." Diss., Princeton University, 1985.

Shirabi, Hisham B. *Nationalism and Revolution in the Arab World.* New York: Van Nostrand, 1966.

Shlaim, Avi. "Conflicting Approaches to Israel's Relations with the Arabs: Ben-Gurion and Sharett, 1953-1956," *Middle East Journal,* 37, no. 2 (1983).

Shultz, George P. "New Realities and Ways of Thinking." *Foreign Affairs,* 63, no. 3 (1985).

Sinai, Anne, and Allen Pollock. *The Hashemite Kingdom of Jordan and the West Bank: A Handbook.* New York: American Academic Association for Peace in the Middle East, 1977.

Sinai, Anne, and Allen Pollock. *The Syrian Arab Republic: A Handbook.* New York: American Academic Association for Peace in the Middle East, 1976.

Singleton, Fred. "The Myth of Finlandisation." *International Affairs,* 47, no. 2 (1981).

Smith, Denis Mack. *Mussolini.* New York: Knopf, 1982.

Smoke, Richard. *War: Controlling Escalation.* Cambridge: Harvard University Press, 1977.

Smolansky, Oles M. *The Soviet Union and the Arab East under Khrushchev.* Lewisburg, Pa.: Bucknell University Press, 1974.

Snetsinger, John. *Truman, the Jewish Vote, and the Creation of Israel.* Stanford, Calif.: Hoover Institution Press, 1974.

Snyder, Glenn. "The Security Dilemma in Alliance Politics." *World Politics,* 36, no. 4 (1984).

Snyder, Glenn, and Paul Diesing. *Conflict among Nations: Bargaining, Decision, Making, and System Structure in International Crises.* Princeton, N.J.: Princeton

University Press, 1977.

Snyder, Jack L. "Civil-Military Relations and the Cult of the Offensive." *International Security*, 9, no. 1 (1984).

Sontag, Raymond J. *European Diplomatic History, 1871-1932*. New York: Appleton-Century-Crofts, 1933.

Spiegel, Steven L. "Israel as a Strategic Asset." *Commentary*, 75, no. 6 (1983).

Spiegel, Steven L. *The Other Arab-Israeli Conflict: Making America's Middle East Policy from Truman to Reagan*. Chicago: University of Chicago Press, 1985.

Springborg, Robert. "New Patterns of Agrarian Reform in the Middle East and North Africa." *Middle East Journal*, 31, no. 2 (1977).

Sprout, Harold, and Margaret Sprout. *Foundations of International Politics*. Princeton, N.J.: Van Nostrand, 1962.

Spykman, Nicholas. *America's Strategy in World Politics*. New York: Harcourt, Brace & World, 1942.

Starr, Harvey, and Benjamin Most. "The Substance and Study of Borders in International Relations Research." *International Studies Quarterly*, 20, no. 4 (1976).

Steinbruner, John, and Leon V. Sigal, eds. *Alliance Security: NATO and the No-First-Use Question*. Washington, D.C.: Brookings Institution, 1984.

Stephens, Robert. *Nasser: A Political Biography*. New York: Simon & Schuster, 1971.

Stern, Fritz. *Gold and Iron: Bismarck, Bleichroder, and the Building of the German Empire*. New York: Vintage, 1979.

Stinchcombe, Arthur L. *Constructing Social Theories*. New York: Harcourt, Brace & World, 1968.

Stock, Ernest. *Israel on the Road to Sinai*. Ithaca: Cornell University Press, 1967.

Stockholm International Peace Research Institute (SIPRI). *The Arms Trade with the Third World*. New York: Humanities Press, 1971.

Stookey, Robert W. *America and the Arab States: An Uneasy Encounter*. New York: Wiley, 1975.

Stookey, Robert W. *South Yemen: A Marxist Republic in Arabia*. Boulder, Colo.: Westview Press, 1982.

Stookey, Robert W. *Yemen: The Politics of the Yemen Arab Republic*. Boulder, Colo.: Westview Press, 1978.

Strategic Survey. London: International Institute for Strategic Studies, various years.

Sunday Times Insight Team. *Insight on the Middle East War*. London: Andre Deutsch, 1974.

Tansky, Leo. *U.S. and USSR Aid to Developing Countries: A Comparative Study of India, Turkey, and the UAR*. New York: Praeger, 1967.

Tanter, Raymond, and Janice Gross Stein. *Rational Decisionmaking: Israel's Security Choices, 1967*. Columbus: Ohio State University Press, 1980.

Tatu, Michel. *Power in the Kremlin*. New York: Viking Press, 1970.

Taylor, A. J. P. *The First World War*. New York: Perigee Books, 1980.

Taylor, A. J. P. *The Struggle for Mastery in Europe: 1848-1918*. London: Oxford University Press, 1952.

Taylor, Alan R. *The Arab Balance of Power*. Syracuse, N.Y.: Syracuse University Press, 1982.

Taylor, Telford. *Munich: The Price of Peace*. New York: Vintage, 1980.

Thomas, Hugh. *Suez*. New York: Harper & Row, 1966.

Thompson, W. Scott. "The Communist International System." *Orbis*, 20, no. 4 (1977).

Tillman, Seth P. *The United States in the Middle East: Interests and Obstacles*. Bloomington: Indiana University Press, 1982.

Torrey, Gordon H. Syrian *Politics and the Military, 1943-1938*. Columbus: Ohio State University Press, 1964.

Touval, Saadia. *The Peace Brokers: Mediators in the Arab-Israeli Conflict, 1948-1979*. Princeton, N.J.: Princeton University Press, 1982.

Toynbee, Arnold, and Veronica Toynbee, eds. *Survey of International Affairs, 1939-46: Hitler's Europe*. London: Oxford University Press for The Royal Institute for International Affairs, 1954.

Trice, Robert. "Congress and the Arab-Israeli Conflict: Support for Israel in the U.S. Senate, 1970-73." *Political Science Quarterly*, 92, no. 3 (1977).

Ulam, Adam. *Expansion and Coexistence: Soviet Foreign Policy, 1917-1973*. New York: Praeger, 1974.

U.S. Agency for International Development (AID). *U.S. Overseas Loans and Grants*. Washington, D.C.: Government Printing Office, various years.

U.S. Arms Control and Disarmament Agency (ACDA). *World Military Expenditures and Arms Transfers*. Washington, D.C.: Government Printing Office, various years.

U.S. Bureau of the Census. *Statistical Abstract of the United States 1977*. Washington, D.C.: Government Printing Office, 1976.

U.S. Central Intelligence Agency. *Communist Aid to Non-Communist Less Developed Countries, 1979 and 1954-1979*. Washington, D.C.: n.p., 1980.

U.S. Central Intelligence Agency. *Handbook of Economic Statistics*. Washington, D.C.: n.p., various years.

U.S. Congress. House. Committee on Foreign Affairs. *The Soviet Union and the Third World: Watershed in Great Power Policy?* 97th Cong., 1st sess., 1977.

U.S. Congress. House. *The Soviet Union in the Third World, 1980-85: An Imperial Burden or Political Asset?* 99th Cong., 1st sess., 1985.

U.S. Congress. House. Committee on International Relations. *Military Sales to Saudi Arabia, 1975*. 94th Cong., 1st sess., 1976.

U.S. Congress. House. *Notes on Educational and Cultural Exchange between the United States and Countries of the Middle East*. 95th Cong., 1st sess., 1977.

U.S. Congress. House. *United States Arms Policies in the Persian Gulf and Red Sea*

Areas: Past, Present, and Future. 95th Cong., 1st sess., 1976.

U.S. Congress. Joint Economic Committee. *The Political Economy of the Middle East: A Compendium of Papers.* 96th Cong., 2d sess., 1977.

U.S. Congress. Joint Economic Committee. *Soviet Economy in a New Perspective.* 94th Cong., 2d sess., 1976.

U.S. Congress. Senate. Committee on Appropriations. *U.S. Policy toward Anti-Communist Insurgencies.* 99th Cong., 1st sess., 1985.

U.S. Congress. Senate. Committee on Foreign Relations. *Hearings on Memoranda of Agreements between the Governments of Israel and the United States.* 94th Cong., 2d sess., 1975.

U.S. Department of Defense. *Foreign Military Sales and Foreign Assistance Facts.* Washington, D.C.: n.p., various years.

U.S. Department of Defense. *The FY1987 Department of Defense Program for Research and Development.* Washington, D.C.: n.p., 1986.

U.S. Department of Defense. *Soviet Military Power.* Washington, D.C.: n.p., various years.

U.S. Department of Defense. "U.S. Military Strength Outside the U.S.: Fact Sheet." Washington, D.C.: n.p., quarterly, various years.

U.S. Department of State. "The Sandinista Military Buildup." Inter-American Series 119. Washington, D.C.: Government Printing Office, 1985.

U.S. Department of State. Bureau of Public Affairs. "Communist Influence in El Salvador." Washington, D.C.: n.p., 1981.

U.S. Department of State. *Current Policy No. 264.* Washington, D.C.: n.p., March 19, 1981.

U.S. Departments of State and Defense. "The Soviet-Cuban Connection in Central America and the Caribbean." Washington, D.C.: Government Printing Office, 1985.

U.S. Economic and Business Relations with the Middle East and North Africa. *Department of State Bulletin,* 14 June 1976.

U.S. Joint Chiefs of Staff. *U.S. Military Posture for FY1987.* Washington, D.C.: n.p., 1986.

Van Dam, Nikalaos. *The Struggle for Power in Syria: Sectarianism, Regionalism, and Tribalism in Politics, 1961-1978.* New York: St. Martin's Press, 1979.

Van Evera, Stephen W. "Causes of War." Diss., University of California, Berkeley, 1984.

Van Hollen, Christopher. "North Yemen: A Dangerous Pentagonal Game." *Washington Quarterly,* 5, no. 3 (1982).

Vatikiotis, P. J. *The Modern History of Egypt.* New York: Praeger, 1969.

Vatikiotis, P. J. *Nasser and His Generation.* New York: St. Martin's Press, 1978.

Vatikiotis, P. J. *Politics and the Military in Jordan: A Study of the Arab Legion, 1928-1957.* London: Frank Cass, 1967.

Viner, Jacob. International Economics: Studies. Glencoe, Ill.: *Free Press*, 1952.

Waltz, Kenneth N. "The Stability of a Bipolar World." *Daedalus*, 93, no. 3 (1964).

Waltz, Kenneth N. *Theory of International Politics*. Reading, Mass.: Addison-Wesley, 1979.

Ward, Michael Don. "Research Gaps in Alliance Dynamics." *Monograph Series in World Affairs*. Graduate School of International Studies, University of Denver, 19, no. 1 (1982).

Waterbury, John. *The Egypt of Nasser and Sadat: The Political Economy of Two Regimes*. Princeton, N.J.: Princeton University Press, 1983.

Webster, Charles K. *The Foreign Policy of Palmerston*. London: G. Bell and Sons, 1951.

Weinland, Robert G. "Land Support for Naval Forces: Egypt and the Soviet Escadra, 1962-1976." *Survival*, 20, no. 2 (1979).

Weinstein, Franklin B. "The Concept of a Commitment in International Relations." *Journal of Conflict Resolution*, 13, no. 1 (1969).

Wenner, Manfred. *Modern Yemen*. Baltimore, Md.: Johns Hopkins University Press, 1967.

Wheelock, Keith. Nasser's New Egypt. New York: Praeger, 1960.

Whetten, Lawrence. *The Canal War*. Cambridge: MIT Press, 1974.

White, Ralph K. "Misperception in the Arab-Israeli Conflict." *Journal of Social Issues*, 33, no. 1 (1977).

Wight, Martin, and Herbert Butterfield, eds. *Diplomatic Investigations*. London: George Allen & Unwin, 1966.

Williamson, James A. *Great Britain and the Commonwealth*. London: Adam and Charles Black, 1965.

Wilson, Evan. *Decision on Palestine: How the U.S. Came to Recognize Israel*. Stanford: Calif.: Hoover Institution Press, 1981.

Wohlstetter, Albert. "Illusions of Distance." *Foreign Affairs*, 46, no. 2 (1968).

Wolf, John. *The Emergence of the Great Powers*. New York: Harper Torchbooks, 1962.

Wolfers, Arnold, ed. *Alliance Policy in the Cold War*. Baltimore, Md.: Johns Hopkins University Press, 1959.

Wolfers, Arnold. *Discord and Collaboration: Essays on International Politics*. Baltimore, Md.: Johns Hopkins University Press, 1962.

Wright, Claudia. "Libya and the West: Headlong into Confrontation?" *International Affairs*, 58, no. 1 (1981-1982).

Ya' ari, Ehud, and Ze' ev Schiff. *Israel's Lebanon War*. New York: Simon & Schuster, 1984.

Yodfat, Aryeh. *Arab Politics in the Soviet Mirror*. New Brunswick, N.J.: Transaction Books, 1973.

Yodfat, Aryeh. *The Soviet Union and the Arabian Peninsula: Soviet Policy towards the*

Persian Gulf and Arabia. New York: St. Martin' s Press, 1983.

Yost, Charles W. "The Arab-Israeli War: How It Began." *Foreign Affairs*, 46, no. 2 (1968).

Zagladin, V. V. *The World Communist Movement.* Moscow: Progress Publishers, 1973.

Zimmerman, William. *Soviet Perspectives on International Relations.* Princeton, N.J.: Princeton University Press, 1969.

Zinnes, Dina, and William Gillespie, eds. *Mathematical Models in International Relations.* New York: Praeger, 1976.